U0907178

2020上海工会年鉴

《上海工会年鉴》编纂委员会

上海社会科学院出版社

《上海工会年鉴(2020)》编纂委员会

《上海工会年鉴》编辑部

上海市劳动模范和先进工作者代表共同庆祝2019年五一国际劳动节

新时代追梦人
"国际劳动节特别节目
全国劳动模范

▲ 9月23日，中共上海市委书记李强在中科院上海分院为全国劳模唐希灿院士佩戴“庆祝中华人民共和国成立70周年”纪念章（陶丽娟供稿）

▲ 9月23日，中共上海市委副书记、市长应勇为全国劳模杨怀远佩戴“庆祝中华人民共和国成立70周年”纪念章（陆莹莹供稿）

▲ 6月14日，上海市人大常委会主任殷一璀在东方网调研（展翔摄）

▲ 7月17日，上海市政协主席董云虎在上海石化调研（金松摄）

▲ 6月19日，中华全国总工会党组书记、副主席、书记处第一书记李玉赋在上海电影（集团）有限公司调研（高羿供稿）

▲ 1月18日，中共上海市委副书记尹弘在市总工会调研（吴良荣摄）

▲ 12月24日，在市总工会召开的推进非公企业工会改革工作现场会上，市人大常委会副主任、市总工会党组书记、主席莫负春为本市非公企业工会改革街镇（开发区）创新案例颁奖（朱擎摄）

▲ 1月22日，上海市总工会十四届三次全委（扩大）会议召开（吴良荣摄）

▲ 2月27日，上海工会深化经审改革工作推进会召开（周静摄）

▲ 3月6日，市总工会女职工委员会七届二次全委（扩大）会议召开（许燕军供稿）

▶ 11月19日，市总工会与中国宝武举行中国宝武上海工会社工聘任仪式（施琮摄）

▶11月7日，市总工会党组副书记、副主席姜海涛在市总机关系统党务干部培训会上讲话（马育群供稿）

◀ 1月8日，市总工会副主席周奇出席长宁区总工会召开的深化非公企业工会改革推进会（贡放摄）

◀ 4月19日，长三角区域一体化发展工会合作会议在上海召开（顾潇供稿）

◀ 11月8日，长三角地区劳模工匠创新工作室联盟成立（吴良荣摄）

▶ 8月15日，由沪苏浙皖总工会等主办的首届中国长三角地区燃气行业职工劳动技能"燃气管道调压"创新立功竞赛在上海举行（顾潇供稿）

▶ 8月31日，长三角化工园区一体化发展联盟乒乓球团体邀请赛在上海化学工业区举办（邹毅摄）

▶ 9月19日，九城市总工会助推长三角G60科创走廊高质量发展职工劳动技能竞赛工业机器人编程决赛举行（高浩振摄）

◀ 9月28日，长三角地区民营企业劳动竞赛现场交流会暨纺织行业职工职业技能竞赛举行（孙全海摄）

◀ 9月28日，上海工匠馆开馆。中华全国总工会副主席、书记处书记、党组副书记张工，中共上海市委副书记尹弘为上海工匠馆揭牌（刘峙钒摄）

◀ 4月4日，著名全国劳模、全国道德模范、上海市总工会兼职副主席、上海电气液压气动有限公司液压泵厂数控工段长李斌同志先进事迹报告会在中共上海市委党校举行（金卫星摄）

▶ 4月18日，在第七届中国（上海）国际技术进出口交易会上，市总工会副主席王曙群介绍航天飞行器对接技术（吴良荣摄）

▲ 4月30日，上海市庆祝五一国际劳动节特别节目举行（吴良荣摄）

▲ 12月10日，举行2019年"上海工匠"选树命名大会，新一批上海工匠合影（刘峙钒摄）

▲ 4月26日，黄浦区总工会举办庆"五一"先进表彰大会暨第二届职工文化艺术节开幕式（陆中斌供稿）

▶ 10月25日，2019年度上海市“十佳城市美容师”揭晓（金卫星摄）

◀ 12月2日，2019年智慧城市建设“智慧工匠”选树、“领军先锋”评选活动颁奖典礼举行（黄俭　顾捷供稿）

◀ 9月11日，本市物业行业举行第二届进博会物业服务保障动员暨上海市第三届“最美物业人”颁奖大会（金卫星摄）

▶ 5月16日，上海职工科技节开幕（刘峙钒摄）

◀ 2月28日，市总工会、市水务局召开城乡中小河道整治劳动竞赛2018年总结暨2019年“碧水保卫战”推进大会（吴泽民摄）

◀ 中国宝武参加第三届全国工业机器人技术应用技能大赛，获得团体第一名，个人一、二等奖（徐卫摄）

◀ 3月29日，上海五部委联合举办加快科创中心建设主题立功竞赛启动仪式（吴良荣摄）

◀ 6月29日，上海市职工安全生产知识大赛决赛举行（汪佳侃供稿）

▶ 6月1日，上海电气迪拜项目部举行“安康杯”竞赛启动仪式（陈维军摄）

▶ 7月22日，市总工会副主席张得志调研上海铁路工务段基层一线民主管理工作(杨駉摄)

▶ 市总工会副主席朱雪芹接待农民工法律咨询（庄有光供稿）

▶ 12月4日，市总工会开展“弘扬宪法精神、助力城市治理现代化”普法宣传活动（王晶摄）

◀ 6月25日，市总工会举办上海工会企业改革调整稳定劳动关系业务培训班(王晶供稿)

◀ 5月22日，闵行区职工维权律师志愿团年会暨闵行工会“百千万”职工法律服务行动启动仪式举行（李乘风摄)

◀ 11月3—5日，上海工会代表队晋级全国首届城市工会集体协商竞赛决赛(金邓凯供稿)

◀ 3月6日，市总工会举办上海工会纪念三八国际劳动妇女节主题活动（吴良荣摄）

▶ 1月3日，上海工会服务职工实事项目发布会暨元旦春节送温暖活动启动仪式举行（汪佳侃供稿）

▶ 9月26日，上海工会"'我的青春我做主'大学生择业洽谈会"在上海理工大学举办（赵田野摄）

▶ 8月1日，市人大常委会副主任、市总工会党组书记、主席莫负春慰问一线电力产业工人（汪佳侃供稿）

▶ 11月26日，市总工会、上海农商银行及上海交通卡公司宣布，上海工会会员服务卡升级叠加全国交通一卡通功能（汪佳侃供稿）

◀ 1月14日，中建八局、招商蛇口股份公司、上海文广电视联合举办“2019致敬上海城市建设者打工春晚”公益活动（李现花摄）

◀ 8月6日，市总工会副主席戴光铭在鲁中矿业慰问一线职工（李宗峰摄）

▶ 8月9日，市总工会副主席刘言浩看望巴士集团退休百岁老人（胡磊摄）

▶ 7月26日，市总工会经审会主任丁巍在上海昌强工业科技股份有限公司慰问职工（汪佳侃供稿）

▶ 9月28日，中国劳动组合书记部旧址陈列馆修缮开馆，中华全国总工会副主席、书记处书记、党组副书记张工，中共上海市委副书记尹弘，市人大常委会副主任、市总工会党组书记、主席莫负春，副市长彭沉雷等出席开馆仪式（吴良荣摄）

◀ 9月23日，市工人文化宫举办“致敬!劳动者”庆祝中华人民共和国成立七十周年主题图片展（吴良荣摄）

◀ 9月27日，“中国梦·劳动美——与共和国同成长、与新时代齐奋进”上海职工故事大赛举行（孔孝元供稿）

◀ 8月15日，《新时代产业工人的楷模——李斌的故事》和《闪光的群体》在2019上海书展首发，市总工会副主席桂晓燕为职工书屋代表授书（朱擎摄）

▶ 12月20日，"上海电气杯"第三届上海职工微电影节颁奖典礼举行（宋昶供稿）

◀ 2020年1月13日，2019年上海职工文化网络大赛颁奖仪式举行（陈鸿摄）

▲ 4月28日，徐汇区总工会举办“中国梦　劳动美”文艺演出（赵丽蓉摄）

▲ 9月19日，普陀区总工会举办“我和我的祖国”为祖国喝彩职工文艺汇演（钱子欣摄）

▲ 9月27日，宝山区举行“庆祝中华人民共和国成立70周年”纪念章颁发仪式暨“我和我的祖国·在一起”文艺演出（庄轶凡摄）

▲ 9月27日，金山区总工会举行“不忘初心、牢记使命”庆祝中华人民共和国成立70周年大会（卫婷怡摄）

▲ 9月4日，中远海运集团举行庆祝中华人民共和国成立70周年职工文艺汇演（王楷越摄）

▶ 9月21日，上海联通举行庆祝新中国成立70周年展演（康迪摄）

▶ 12月26日，市医务职工第九届文化艺术节闭幕式暨2019年度市医务工会总结表彰主题活动举行（池朝霞摄）

▶ 8月19日，由市纺织工会承办的“庆共和国七十华诞 展新时代职工风采”——全国财贸轻纺烟草行业职工摄影作品巡展开幕（方整源摄）

◀ 9月21日，上海市职工趣味定向赛举行（宋昶供稿）

◀ 11月13日，中国宝武第一届职工运动会开幕（颜海云摄）

▶ 11月10日，中建八局首届上海地区职工运动会举办（陈湘摄）

▶ 10月16日，上海海洋石油局第四届职工运动会开幕（谢晖摄）

◀ 5月14日，市总工会副主席周奇率团访问越南胡志明市劳联(管一珉供稿)

◀ 5月12日，市总工会副主席张得志率团访问意大利米兰市总工会(管一珉供稿)

▶ 5月11日，市总工会副主席桂晓燕率团访问圣彼得堡工联(管一珉供稿)

▶ 9月8日，市教育工会与澳大利亚昆士兰教师工会、昆士兰独立教育工会代表团会谈交流（焦丽佳摄）

编辑说明

1.《上海工会年鉴》是系统记述上年度本市工会工作成果的资料性工具书。本年鉴编纂工作由上海市总工会主办，各区局(产业)工会及市总工会机关部室、直管单位供稿，年鉴编辑部负责编纂，至今连续出版了25卷。

2.本年鉴框架体例采用分类编排方法，设置栏目—分目—条目三级架构。共设22个栏目，98个分目，1217个条目，选辑照片245幅，图表36份，年鉴总字数为103万字。

3.本年鉴卷首设宣传彩页，用以概要记录上海工会重要信息。正文起首部分设“特载”“专文”“专记”等栏目，“特载”用以特辑党和国家领导以及全国总工会、上海市委领导的重要文章（讲话）；“专文”选辑上海市总工会领导对上海工会工作所作的总结性、综合性、指导性的署名文章(讲话)；“专记”则着重记录上年度上海工会各项特色性、开创性工作。

4.各记事栏目之首设“综述”，区局(产业)工会及市总工会直管单位栏目设“概况”，用以综合记述本地区(系统)、本部门(单位)的总体情况，便于考察比较各年度工作连续性及对比资料的完整性、系统性。除此之外，各记事分目之首设“概要”，记录专项工作取得的新进展并介绍各级工会的经验做法。

5.本年鉴所辑录的市总工会机关部室、区局(产业)工会、直管单位提供的文章、照片、图表等资料，其记录时间均为2019年1月1日至12月31日；其编排按机关部室、区局(产业)工会、直管单位的顺序排列，年鉴卷尾设“索引”以便查询。

6.“统计”栏目中所辑录的相关统计数据均由市总工会统计部门提供，在其他栏目中出现的数据，则由相关撰稿单位的作者提供。

7.本年鉴的目录索引采用主题词分析索引法，按条目主题词首字汉语拼音字母顺序排列。

8.本年鉴的正文内容制作成CD−R电子光盘，附于年鉴的封三随书赠送，便于读者使用检索。

目录

特　　载

专　　文

专　　记

要闻大事

工会概貌

基层组织建设

经济建设

劳模先进与工匠培育选树

劳动关系

经济权益

宣传教育

女职工工作

退休职工工作

党建与自身建设

理论研究

综合工作

区局(产业)工会概况

直管单位概况

人　物

表　彰

统　计

索　　引

特载

在2019年庆祝“五一”国际劳动节暨全国五一劳动奖和全国工人先锋号表彰大会上的讲话

（2019年4月23日）

王东明

同志们：

今天，我们在这里隆重集会，热烈庆祝全世界工人阶级和劳动群众的光辉节日——“五一”国际劳动节。在此，我代表中华全国总工会，向全国各族工人、农民、知识分子和其他各阶层劳动群众，向荣获全国五一劳动奖、全国工人先锋号荣誉的先进集体、先进个人以及各条战线的劳动模范和先进工作者，向新中国成立70年来各行各业涌现出的劳动模范和先进工作者，向全国广大工会干部和工会积极分子，致以节日的祝贺和崇高的敬意！

这次受到表彰的先进集体和个人，是工人阶级和广大劳动群众的杰出代表，大家立足本职、埋头苦干，勤勤恳恳、无私奉献，在平凡的岗位上创造出了不平凡的业绩。希望大家珍惜荣誉、保持本色，谦虚谨慎、再接再厉，继续发挥示范引领作用，始终站在时代最前列，为全社会树立拼搏奋斗的榜样。希望广大职工积极响应倡议书号召，以先进为标杆，向先进学习，以主人翁的责任感和昂扬向上的精神状态，在推动高质量发展、实现中国梦的伟大进程中努力奔跑，做新时代的追梦人，不断创造新业绩，铸就新辉煌！

今年是新中国成立70周年，是全面建成小康社会、实现第一个百年奋斗目标的关键之年。新中国成立70年来特别是改革开放以来，我国经济社会发展取得辉煌成就，综合国力显著增强，人民生活持续改善，国际地位不断提升。党的十八大以来，在以习近平同志为核心的党中央坚强领导下，党和国家事业取得历史性成就、发生历史性变革，中国特色社会主义进入新时代，中华民族迎来了从站起来、富起来到强起来的伟大飞跃。70年来，工人阶级在中国共产党领导下，始终走在时代前列，积极投身社会主义革命、建设、改革伟大实践，辛勤劳动、诚实劳动、创造性劳动，铸就了功勋卓著、彪炳史册的人间奇迹。实践充分证明，我国工人阶级不愧为中国共产党最坚实最可靠的阶级基础，不愧为我们社会主义国家的领导阶级，不愧为坚持和发展中国特色社会主义的主力军。

党的十九大描绘了决胜全面建成小康社会、夺取新时代中国特色社会主义伟大胜利的宏伟蓝图。将美好蓝图变为现实，是一场新的伟大长征，这是全党全国各族人民的共同任务，更是工人阶级的庄严使命。广大劳动模范和职工群众一定要紧紧围绕党和国家中心工作，切实增强积极性主动性创造性，发扬奋斗精神，以“踏平坎坷成大道、斗罢艰险又出发”的豪情壮志，在新时代新征程展现新面貌新作为。

要站稳立场、旗帜鲜明，坚定不移听党话、跟党走。历史和现实充分证明，我国工人运动从来都同党的中心任务紧密联系在一起，紧跟党的步伐、听从党的指挥，是工人阶级的鲜明政治立场。当前我国经济发展总体平稳、稳中有进，社会大局保持和谐稳定，同时也面临不少困难和挑战。广大职工要继承光荣传统，以党的旗帜为旗帜、以党的方向为方向、以党的意志为意志，与党和国家的事业同呼吸、共命运、心连心，想在一起、干在一起，自觉用习近平新时代中国特色社会主义思想武装头脑，切实增强“四个意识”、坚定“四个自信”，坚决做到“两个维护”，始终在思想上政治上行动上同以习近平同志为核心的党中央保持高度一致，坚定不移听党话、矢志不渝跟党走。要正确把握形势，充分认识我国发展重要战略机遇期的新内涵，看到经济社会发展的有利条件，坚定战胜各种困难的信心和决心，做好打硬仗的充分准备，直面问题、迎难而上，有效应对风险挑战，推动经济高质量发展，跑好民族复兴路上“关键一程”。要自觉维护社会大局和谐稳定，正确处理好个人与集体、当前与长远、局部与整体的利益关系，识大体、顾大局，依法理性有序表达诉求，发挥示范带动作用，当好维护社会和谐稳定的中流砥柱。

要爱岗敬业、拼搏奉献，为实现中国梦努力奋斗。奋斗创造历史，实干成就伟业。回首过去，共和国70年辉煌，工人阶级风雨兼程、奋勇当先、砥砺前行。展望未来，全面建成小康社会、实现“两个一百年”奋斗目标，工人阶级责无旁贷、大有可为。我国工人运动的时代主题是为实现中华民族伟大复兴的中国梦而奋斗。广大职工要牢牢把握这个主题，围绕“一带一路”建设、京津冀协同发展、长江经济带发展等国家重大战略，在重大工程、重大项目、重点产业中，广泛深入持久开展“当好主人翁、建功新时代”主题劳动和技能竞赛，充分发挥工人阶级的主力军作用。要找准推动企业发展的切入点，积极开展技术革新、技术协作、发明创造、合理化建议、网上练兵和“小发明、小创造、小革新、小设计、小建议”等群众性经济技术创新活动，最大限度释放创新创业创造活力。要坚持稳中求进总基调，努力推动高质量发展、振兴实体经济，参与深化供给侧结构性改革，投身防范化解重大风险、精准脱贫、污染防治三大攻坚战，将庆祝新中国成立70周年的喜悦之情转化为创新动力、创业活力、创造伟力，为全面建成小康社会收官打下决定性基础。

要弘扬正气、引领风尚，积极践行社会主义核心价值观。人心是最大的政治、共识是奋进的力量，核心价值观是凝聚人心、汇集共识的精神支柱和行动向导。培育和践行社会主义核心价值观是全社会的共同责任，需要广大职工的广泛参与。广大职工要把社会主义核心价值观融入生产生活各方面，踊跃参加"中国梦·劳动美——与共和国同成长、与新时代齐奋进"主题宣传教育活动，积极参加以职业道德建设为重点的"四德"建设，在理想信念、价值理念、道德观念上紧紧团结在一起，充分激发爱国热情、广泛凝聚奋进力量。要大力弘扬劳模精神、劳动精神、工匠精神，以劳模和工匠人才为学习榜样，唱响劳动最光荣、劳动最崇高、劳动最伟大、劳动最美丽的主旋律，涵养劳模文化、工匠文化，厚植奋斗理念和劳动情怀，推动全社会形成尊重劳模、爱护劳模、学习劳模、争当劳模的良好风尚。要推动形成健康文明、昂扬向上、全员参与的职工文化，积极开展形式多样、丰富多彩的职工文化活动，展示锐意创新的勇气、敢为人先的锐气、蓬勃向上的朝气，充分展现新时代工人阶级的新风采。要积极主动参与到庆祝新中国成立70周年各项活动中去，用心、用情、用功营造共庆祖国华诞、共享伟大荣光、共铸复兴伟业的浓厚氛围。

要加强学习、提升素质，不断发展工人阶级先进性。新时代要保持和发展工人阶级先进性，巩固党执政的阶级基础和群众基础，必须适应科技进步日新月异的新形势和实施制造强国战略的新要求，全面提高职工队伍的整体素质。广大职工要自觉加强政治理论学习，深入学习习近平新时代中国特色社会主义思想和党的十九大精神，增强对党的创新理论的政治认同、思想认同、情感认同，自觉做习近平新时代中国特色社会主义思想的坚定信仰者、有力传播者、忠实实践者。要密切关注行业、产业前沿知识和技术进展，及时学习掌握新的科学文化知识和相关专业技术知识，广泛参加各种技术技能培训，以勤学长知识、以苦练精技术、以创新求突破，不断提高技术技能水平，努力成为知识型、技能型、创新型劳动者。要立足岗位实际，在掌握关键核心技术上下真功夫、下苦功夫、下硬功夫，增强创新意识、培养创新思维，激发创新才智、勇于创新实践，把创新发展主动权牢牢掌握在自己手中，为新时代的发展添砖加瓦，在新时代的熔炉淬火成钢。

同志们，工会是党领导下的群众组织，是党联系职工群众的桥梁和纽带。各级工会要坚持不懈强化理论武装，始终把牢工会工作正确政治方向，以习近平新时代中国特色社会主义思想为指导，深入学习贯彻习近平总书记关于工人阶级和工会工作的重要论述，把保持和增强政治性、先进性、群众性作为工会工作的根本标尺和长期任务，所有工作、所有活动、所有服务都要在增强"三性"的要求下来进行。要牢牢把握工人运动时代主题，团结带领广大职工积极投身经济建设主战场，扎实推进产业工人队伍建设改革，努力打造一支有理想守信念、懂技术会创新、敢担当讲奉献的宏大的产业工人队伍，在实现伟大中国梦的奋斗中更好发挥工人阶级主力军作用，不断彰显工人阶级主人翁地位。要加强对职工的思想政治引领，加强和改进职工思想政治工作，多做统一思想、凝聚人心、汇聚力量的工作，把广大职工群众最广泛最紧密地团结在党的周围。要切实履行维护职工合法权益、竭诚服务职工群众基本职责，面对面、心贴心、实打实做好职工群众工作，大处着眼、小事做起，春风化雨、日积月累、润物无声，使工会组织在职工群众中看得见身影、听得到声音、发挥出作用。要强化忧患意识，坚持底线思维，切实防范化解劳动领域政治风险，坚决防止敌对势力借所谓"维权"插手煽动、渗透破坏，坚决防止所谓"独立工会""民间工会"的出现，坚决维护职工队伍和工会组织的团结统一，坚决维护企业和社会大局和谐稳定，坚决捍卫中国共产党领导和我国社会主义制度。要深化工会改革创新，加强工会组织覆盖和工作覆盖，把快递小哥、送餐员、网约工、货车司机、自由职业者等群体吸引过来、组织起来、稳固下来，把工会组织建设得更加充满活力、更加坚强有力，努力把所有工会组织都建成名副其实的职工之家，使所有工会干部都成为职工群众信赖的娘家人、贴心人。

各级工会要自觉接受同级党委的领导，依法依章程创造性开展工作，重大事项、重大问题要及时请示报告，推动全心全意依靠工人阶级方针贯彻到党和国家政策制定、工作推进全过程，落实到企业生产经营各方面，做到在政治上保证、制度上落实、素质上提高、权益上维护。要积极争取政府的支持，推动解决劳动就业、收入分配、社会保障、劳动安全卫生等职工最关心最直接最现实的利益问题，帮助广大职工特别是困难职工、农民工解决实际困难，让广大职工群众共享改革发展成果。

当前，世界多极化、经济全球化深入发展，和平、发展、合作、共赢的时代潮流更加强劲。中国工会将高举"和平、发展、合作、工人权益"的旗帜，围绕国家总体外交战略和"一带一路"建设，讲好中国故事、中国工人阶级故事、中国工会故事，全面加强与各国工会和劳动界交流交往，增进同各国工人阶级的友谊，为推动构建人类命运共同体作出贡献。

同志们，70年披荆斩棘，70年风雨兼程，新时代赋予工人阶级新使命，工人阶级必将为新时代创造新辉煌。让我们更加紧密地团结在以习近平同志为核心的党中央周围，坚持以习近平新时代中国特色社会主义思想为指导，坚定不移走中国特色社会主义工会发展道路，团结动员亿万职工奋发有为、开拓进取，为实现"两个一百年"奋斗目标、实现中华民族伟大复兴的中国梦而努力奋斗！

《关于做好本市稳就业工作有关事项的通知》

沪人社规〔2019〕34 号

各区人力资源和社会保障局、财政局：

为贯彻落实《上海市人民政府关于做好本市当前和今后一个时期促进就业工作的实施意见》（沪府规〔2019〕1 号），积极应对外部因素对本市就业的影响，确保就业局势保持稳定，经市政府同意，现就做好本市稳就业工作的有关事项通知如下：

一、加强职业技能培训

（一）2019 年经认定有培训需求的困难企业按本市地方教育附加专项资金支持企业职工培训的有关规定开展职工在岗培训，并在企业职工教育经费中列支培训费的，对培训合格人员按实际培训费用 100% 给予培训费补贴。其中，对纳入本市职业技能培训补贴目录的培训项目，补贴额度最高不超过公布的补贴标准。

困难企业应当是面临暂时性生产经营困难且恢复有望、坚持不裁员或少裁员的参保企业，由其税收征管所在区人力资源社会保障部门综合考量区域产业发展情况、企业亏损状况和裁员情况（可参考企业年度财务报表、社保缴费记录等）、企业职工培训需求和地方教育附加缴纳等情况（可参考企业职工教育经费提取使用凭证、地方教育附加缴纳凭证等），明确认定条件，确定认定范围，认定条件和认定结果报市人力资源社会保障部门备案。

（二）2019 至 2020 年，各区对本市户籍就业困难人员和零就业家庭成员参加社会化职业技能培训的，在培训期间按本市当年度城乡居民最低生活保障标准再给予生活费补贴，补贴期限最长不超过三个月，所需资金从各区就业补助资金中列支。生活费补贴政策原则上每人每年只享受一次，且不可同时领取失业保险金。

二、加大就业服务力度

（一）建立企业跟踪联络机制。各区要针对受外部市场因素影响的企业（以下简称"受影响企业"）建立日常联络制度，摸清底数，及时掌握企业的生产经营情况、裁员意向和服务需求，密切关注苗头性、倾向性问题。对于可能存在的失业风险要及时上报区委区政府和市人力资源社会保障部门，并提前做好应急处置预案。

（二）加大政策宣传落实力度。各区要结合调查排摸工作，对"受影响企业"普遍开展一次就业创业、职业培训等人社领域的政策宣传，帮助企业熟悉了解政策，指导其对照享受政策，提高企业对政策措施的获得感。要做好劳动法律法规的宣传，对有裁员考虑的企业，指导其做好裁员方案，避免引发劳动关系矛盾。

（三）建立职工实名信息库。各区要对"受影响企业"及其职工登记造册，建立实名制信息库，加强动态管理。要主动排摸企业分流职工的求职需求，分类做好职业指导、转岗培训、就业见习、岗位推荐、就业援助等工作，帮助其尽快再就业。

（四）加大岗位供给力度。各区要广泛搜集区域内的岗位招聘信息，做好岗位资源的储备工作。对于行业相近、岗位相似的企业，探索开展企业间用工调剂。发动社会各方力量，整合资源，适时在受影响集中的区域分片区集中组织专场招聘会，方便有转岗需要的职工就近求职面试。

（五）做好常住失业人员就业服务。对于持有本市居住证、处于法定劳动年龄内、有一定劳动能力和就业要求的非本市户籍常住人员，失业后可到本市就近的街道、乡镇就业服务机构进行失业登记。其中，在本市失业登记满 6 个月、因自身就业条件差而难以实现市场化就业的非本市户籍大龄人员（男性年满 45 周岁、女性年满 40 周岁）、残疾人和享受城乡居民最低生活保障家庭成员，可到常住地的街道、乡镇就业服务机构提出就业困难人员认定申请。

对于认定为就业困难人员的非本市户籍人员，各区要加大公共就业服务力度，加强实名制管理，提供精准服务，切实做好职业指导、职业介绍、创业指导、职业培训等就业援助服务工作，促进其实现就业创业。

（六）落实失业保险待遇。对符合条件的失业人员，及时做好失业保险待遇的发放工作。本市各项失业保险待遇的计发条件等规定，按《上海市失业保险实施细则》及相关规定执行。

三、其他

（一）根据人力资源社会保障部、财政部、国家发展改革委、工业和信息化部《关于失业保险支持企业稳定就业岗位的通知》（人社部发〔2019〕23 号）规定，本市暂不执行对经营困难且恢复有望企业的失业保险返还政策。

（二）根据人力资源社会保障部、财政部、国家发展改革委、工业和信息化部《关于失业保险支持企业稳定就业岗位的通知》（人社部发〔2019〕23 号）规定，申请享受稳岗补贴政策的本市用人单位，应参加本市失业保险并足额缴纳失业保险费 12 个月以上。各区人力资源社会保障部门要加大政策宣传力度，进一步扩大政策受益面；加强跟踪问效，指导用人单位按规定用途用好补贴资金。

（三）自本通知实施之日起，本市户籍就业困难人员创办小微企业、民办非企业单位、农民合作社、个体工商户并担任法定代表人或负责人，申请享受《关于落实本市鼓励创业带动就业专项行动计划有关事项的通知》（沪人社规〔2018〕37 号）规定的初创期创业组织社会保险费补贴、初创期创业场地房租补贴、首次创业一次性补贴等相关创业扶持政策的，不能同时享受本市公益性岗位相关补贴政策。

本通知自 2019 年 8 月 1 日起实施，有效期至 2023 年 12 月 31 日。

上海市人力资源和社会保障局

上海市财政局

2019 年 7 月 31 日

2020
上海工会年鉴

专文

在市总十四届五次全委(扩大)会议结束时的讲话

(2019年7月18日)

莫负春

各位委员,同志们:

在大家的共同努力下,本次全委会即将完成各项议程、圆满结束。下面,我再谈三点意见。

一、认真分析把握发展形势,进一步增强做好工会工作的责任感、使命感和紧迫感

一方面,宏伟蓝图催人奋进。当前,中国特色社会主义已经进入新时代,我们国家即将全面建成小康社会,正朝着建成社会主义现代化强国、实现中华民族伟大复兴的中国梦的宏伟目标大踏步迈进。上海正在按照中央要求,建设"五个中心"、打造"四大品牌"、全力实施新的三项重大任务。处在这样的历史时期,身在上海这个光荣而伟大的城市,完成如此宏伟的战略任务,我们每一个人身上都肩负着沉甸甸的担子。特别是我们工会组织是党领导的职工群众组织,工会工作是党治国理政一项经常性、基础性的重要工作,在推进经济社会发展中发挥着十分重要的作用。我们要主动自觉围绕中心、服务中心,更好地承担起工会组织的"政治责任、发展责任、社会责任和改革责任"。

另一方面,困难挑战也前所未有。首先,外部环境更加错综复杂。经济全球化遭遇波折,国际贸易保护主义加剧,多边主义受到冲击。特别是去年以来,美国特朗普政府发动贸易战,外部不稳定、不确定因素明显增加。而且贸易摩擦正在从经贸领域向科技、金融、地缘政治等领域扩散,且呈现长期化的趋势。对我国的出口贸易带来严峻挑战,导致部分出口企业减产停产,而且可能增加我国金融领域的波动与风险。其次,经济持续面临下行压力。国内经济增长的新旧动能转换尚未完成,周期性、结构性问题叠加,消费增速减慢,实体经济困难较多。从上海情况看,经济增长总体平稳,经济发展向好的基本面仍然不变,但同时也面临一些新情况、新问题。今年一季度,上海GDP增速5.7%,在一线城市中最低。同时,工业生产出现下降,5月,全市工业总产值下降4.4%;其中汽车制造业下降12.7%,下降幅度在六大重点行业中居首。财政收入也受到很大影响,相关指标为多年所不遇。第三,劳动关系矛盾多发易发。随着经济社会的不断发展,职工利益诉求呈现多元化、复杂化、个性化特征,劳动关系状况总体平稳,但劳动关系矛盾呈现多发易发态势。截至5月,群体性劳资纠纷预防预警数量则同比大幅上升,增幅高达143%,其中企业经营不善及搬迁、关闭等触发的预警占据相当数量。对这些困难和挑战,我们要充分认识,切实增强工作的危机感和紧迫感,不畏困难、积极工作,在确保大局和谐稳定中充分发挥工会的作用。

二、突出重点,抓好工作的落实落地

全委会工作报告对做好下半年工作作了全面部署,希望大家认真抓好贯彻落实。这里再强调几项工作:

(一)关于宣传思想工作。越是形势严峻、越是任务繁重,越是要加强宣传思想工作、越是要凝聚共识。去年,中央和市委召开了宣传思想工作会议,市总工会也召开了工会的宣传思想工作会议。下半年,一要举办好庆祝新中国成立七十周年系列活动。除了市总举办的大型活动外,各区局(产业)工会都要结合实际组织策划开展好,上下联动,营造浓厚的氛围,让正能量更强大、主旋律更高昂。二要推进各级工会宣传阵地建设。最近我们举行了纪念劳动报创刊70周年座谈会,启动了融媒体改革,劳动观察APP上线运行(希望大家下载支持)。希望各区局(产业)工会要高度重视宣传阵地建设,加强与主流媒体的合作,在维护职工权益、发展工会事业、营造正能量方面发出工会和职工的声音。三要加强产业工人队伍建设特别是思想政治工作。8月份,市委组织部、市总工会、市委党校将联合举办专题研讨班,请市各有关部门负责人、各区(产业)的领导和工会主席以及部分非公企业负责人参加,请各相关区做好非公企业负责人参训人员的推荐落实工作。同时,在当前背景下,我们要充分发挥工会的优势,引导职工群众坚定理想信念、提振发展信心、斗志昂扬踏上新征程。今年,中办下发了关于加强和改进新时代产业工人队伍思想政治工作的意见,我们要以贯彻这个文件为抓手,研究推出上海的贯彻措施,推动职工思想政治工作落地见效。

（二）关于开展劳动竞赛。要进一步发挥劳动竞赛在凝聚力量、集聚智慧、激发活力、鼓舞斗志、促进发展中的作用。一要抓好科创中心建设主题立功竞赛活动。要聚焦人工智能、生物医药、集成电路等产业，探索科创领域立功竞赛的办法路径，推出一批创新成果，选树一批先进个人和优秀团队，引导更多职工踊跃投身创新创造。二要抓好长三角更高质量一体化发展主题竞赛活动。上半年，三省一市签署了劳动竞赛合作协议，目前在多个区域、多个领域开展了相关竞赛活动。相关的区局（产业）工会要高度重视、积极参与。三要抓好浦东新区新时代高质量发展主题劳动竞赛。最近市委制定了《关于支持浦东新区改革开放再出发实现新时代高质量发展的若干意见》。要聚焦市委明确的重大任务开展相关竞赛活动。此外，服务中国国际进口博览会，去年开展主题立功竞赛活动，今年要继续推进。

（三）关于推进职工技能提升。充分发挥工会"大学校"作用，积极开展各类职业技能培训，促进企业技能储备，促进职工长远发展。一要主动把握机会，推动相关部门贯彻落实中央关于实施职业教育改革、开展技能提升的文件要求，推出上海贯彻意见和措施。二要发挥工会优势，充分发挥各类劳模、工匠、职工创新工作室和职工学堂的育人作用，以及技能晋升、高师带徒、专利奖励等实事项目的引导作用，激发职工学技术、学技能的主动性和积极性。三要整合社会资源，搭建更多便利职工学习的平台载体。促进企业发挥主体作用，推进职工培训企业合作、产教合作，推进打造职工网上学习平台等。

（四）关于确保劳动关系和谐稳定。要在党的领导下，以确保劳动关系的稳定促进社会的和谐稳定。一要加强预判预警。要加强对劳动关系整体情况及劳动关系矛盾等的排摸和分析研判，及早发现劳动关系领域的苗头性、倾向性问题。二要加强及时化解。一旦发生劳资纠纷，要第一时间到达现场了解情况，稳定职工情绪，做好劳资双方的沟通协调工作，配合党政妥善处置纠纷。前段时间，闵行的电装公司在开展集体协商中产生了一些争议，闵行区总及时介入推动，作了很好的处理。这里我特别强调，对于一些影响较大的群体性事件，各级工会领导要亲自出面做好工作，及时稳定事态。要增强政治敏锐感，坚决做好防范抵御工作，坚决防止扩散。三要加强汇报沟通。涉及劳资纠纷的信息和工作及时向同级党政和上级工会汇报通报，确保信息畅通。四要加强联动协同。要持续完善"四位一体""四方合作"的劳动关系工作机制，整合各方资源做好劳动关系矛盾的预防调处工作。

（五）关于加强安全生产和劳动保护。今年上半年昭化路事故教训深刻。要充分发挥工会群防群治优势，督促有关部门和单位落实安全生产，保障劳动者安全、健康权益。一要做好宣传教育。充分利用各类宣传载体，开展安全知识宣传教育活动，提升职工安全生产意识。上半年组织的全市职工安全生产知识大赛，职工参与面广、社会知晓度高，取得了很好的效果。二要参与专项检查。配合政府相关部门开展安全生产专项检查活动，督促企业有效落实安全责任，切实消除安全隐患。三要推进机制建设。建立健全企事业单位重大隐患治理情况向负有安全生产监督管理职责的部门和企业职代会"双报告"制度，推动形成安全生产事故隐患排查治理长效机制。四要开展群众性安全竞赛活动。组织发动职工群众有效防范各类生产事故的发生。

（六）关于推进工会改革。7月5日，中央召开了深化党和国家机构改革总结会议，习近平总书记发表重要讲话。工会改革是全面深化改革的重要组成部分。我们要继续推进工会改革，构建联系广泛、服务职工的工会工作体系。一要深化非公企业工会改革，加强街镇"小二级"工会建设，探索创新非公企业工会经费管理使用机制，推动更多的非公企业工会建起来、转起来、活起来。二要全面推进国企工会改革，发挥国企工会在工会工作中的基础性、示范性作用，带动工会工作整体发展。三要推进事业单位工会改革，发挥工会在教育、卫生、科技、文化等各类事业发展中的重要作用。四要统筹推进网上工会、"四位一体"立体经审监督体系等各项改革。

三、加强干部队伍建设，奋力担当新时代新使命

一要深入开展"不忘初心、牢记使命"主题教育。中共中央政治局6月24日下午就"牢记初心使命，推进自我革命"举行第十五次集体学习，习近平总书记强调全党必须始终不忘初心牢记使命，坚持自我净化、自我完善、自我革新、自我提高。要认真开展主题教育，把握守初心、担使命，找差距、抓落实的总要求，确保理论学习有收获、思想政治受洗礼、干事创业敢担当、为民服务解难题、清正廉洁作表率。要加强理论武装，原原本本学原著、悟原理，切实增强"四个意识"、坚定"四个自信"、做到"两个维护"，自觉在思想上政治上行动上同以习近平同志为核心的党中央保持高度一致。要坚持问题导向，精准查摆问题，着力破瓶颈、补短板，推动工会工作再上新台阶。要把学习教育、调查研究、检视问题、整改落实贯穿主题教育全过程，真正把初心和使命转化为党员干部锐意进取、开拓创新的精气神和埋头苦干、真抓实干的自觉行动。

二要深入开展大调研活动。要按照市委要求，继续开展大调研活动。各级工会干部特别是市总和各区局（产业）工会领导一定要抽出足够的时间，深入基层一线，与基层企业和职工群众进行面对面、心贴心、实打实的沟通交流，真心实意与职工群众交朋友、打成一片。要坚持问题导向、需求导向，倾听企业和职工群众的意见建议，第一时间直接解决和推动解决存在的问题和困难。

三要引导工会干部充满激情、富于创造、迎接挑战。习近平总书记强调，上海干部"干事创业要充满激情、面对困难要富于创造、迎接挑战要勇于担当"。对于党的群众工作，各级工会干部要有感情、热情、激情和豪情，就是对于职工群众要有感情，对工会事业要有热情，对于群团改革要有激情，对中国特色社会主义工会道路自信要有豪情。只有对职工群众充满感情，工会组织才能获得职工群众拥护支持；只有对工会事业充满热情，才能推动工会事业蓬勃发展；只有对改革创新充满激情，才能使群团改革增添不竭动力、持续深化；只有对中国特色社会主义工会道路自信充满豪情，中国工会发展之路才能坚定不移、越走越宽。

同志们，当前正值高温酷暑季节，根据市气象部门预测，今年夏天上海将呈现汛期雨量偏多、高温天数偏多、台风影响个数略多、台风强度偏强的特点。各级工会要进一步做好防暑降温工作，切实预防和控制高温中暑等事故的发生，开展高温慰问和送清凉活动，关心好职工的生产生活。

各位委员，同志们：本次全会已圆满完成各项议程、顺利结束。让我们以习近平新时代中国特色社会主义思想为指导，深入贯彻落实习近平总书记考察上海重要讲话精神，在市委和全总的领导下，以锐意创新的勇气、敢为人先的锐气、蓬勃向上的朝气做好下半年各项工作，以优异的成绩庆祝新中国成立70周年！

持续深化非公企业工会改革，规范工会经费管理使用

姜海涛

上海非公企业工会改革开展三年多，至今已步入深水区，如何进一步深化改革，任务艰巨。深化非公企业工会改革，要按照中央和市委关于工会改革政治性、先进性和群众性的总体要求，进一步巩固提高非公企业工会改革成效，更好地发挥非公企业工会在推进上海经济社会发展中的作用，更好地团结凝聚非公企业职工坚定不移跟党走，巩固和扩大党的执政基础。

一是制定下发《上海市总工会关于加强街镇“小二级”工会组织建设的指导意见》，主抓最重要的工作环节促进改革深化。通过对近年来持续推进小三级工会建设情况分析，市总认为，小二级”工会是街镇工会组织体系承上启下的重要节点，在服务小微企业和灵活分散就业群体方面具有独特优势，同时是落实非公企业工会改革任务最直接的力量。因此，2019年，市总工会专门制定了《上海市总工会关于加强街镇“小二级”工会组织建设的指导意见》，从“小二级”工会组织的地位和作用、基本原则和方式、基本职能、制度保障等方面作了制度设计：一是定义“小二级”工会组织的基本原则和方式。指导街镇（开发区）总工会，根据经济社会结构、经济规模和业态分布，规范建立“小二级”工会联合委员会。以园区（片块）、商圈、楼宇、街面、城市综合体等为核心，原则上按30-100家工会组织、2000-10000名会员的规模建立若干个“小二级”工会组织。二是明确“小二级”工会组织的基本职能包括：负责辖区内工会组建和会员发展工作，力争辖区内企业建会和职工入会率动态保持在85%以上；履行“上代下”维权服务职能，建立区域性行业性集体协商和职代会制度，建立和运行劳动关系预防预警调解调处工作机制，及时上报劳资矛盾情况；建设和管理区域内的服务站点等。三是加强“小二级”工会组织建设的制度保障。以有人办事、有场所理事、有经费保障为基本目标，推进“小二级”工会有效运作。根据“小二级”工会规模，2000名会员以上一般配备1名专职工作人员，落实办公场地，设立“小二级”工会账户，确保“小二级”工会规范运作的经费。

二是制定下发《关于调整民营企业工会经费管理体制的意见》（试行）和《上海非公有制企业工会经费收支管理实施办法》，解决最突出的难点问题实现新的突破。针对非公企业工会改革有很多难点，比如，组建工会难、经费收缴难、兼职工会主席履职难等，其中经费问题尤为突出。市总工会针对经费的收缴和使用管理，分别制定了《关于调整民营企业工会经费管理体制的意见》（试行）和《上海非公有制企业工会经费收支管理实施办法》。在依法治会的基础上，贯彻落实以职工为中心的工作理念，明确把民营企业工会经费收缴工作的重心从上级“收多少”转到企业工会账户“有多少”上来，推动各级工会和民营企业确立“经费为职工所拨，为企业发展所用”的管理理念。重点关注企业是否按规定拨缴工会经费，基层工会工作是否有经费做基础，职工会员活动、福利是否有经费做保障。在非公企业工会经费的使用上，明确实行非公企业与机关事业单位、国企工会相区别的政策，适应非公企业工会工作的实际和发展需要，切实提高非公企业工会工作的经费保障水平，以此推进解决难点问题上新的突破。

2020年，各级工会要持续深化非公企业工会改革，要提高站位，把学习贯彻党的十九届四中全会精神与推进非公企业工会改革结合起来。“小二级”工会建设是非公企业工会改革的重要环节，工会经费收支管理是非公企业工会改革的重要支撑，是适应经济基础和社会管理变化重构工会组织的基础性工作，各级工会组织要把加强“小二级”工会建设和工会经费管理放在改革发展的大背景下

来思考和谋划，实现非公企业工会改革的既定目标。各级工会要紧密结合本地区非公企业工会改革的实际情况，做好《加强街镇"小二级"工会组织建设的指导意见》相关制度设计、措施配套、工作部署等，加强机制保障。《调整民营企业工会经费管理体制的意见》(试行)将率先在浦东、徐汇、杨浦、宝山、闵行5个区，以及普陀区长寿路街道试点。上级工会要加强对文件实施过程中出现问题的指导沟通协调，加强对重点工作部署及推进的督促检查考核，形成合力，整体提高工作成效。

着力凝聚职工力量 激发基层工会活力建新功

周 奇

近年来，上海工会基层工作以习近平新时代中国特色社会主义思想，特别是习近平总书记关于工人阶级和工会工作的重要论述为指引，始终围绕中心、服务大局，在基层工会组建、立功竞赛、先进评选表彰等方面，将夯实基层、搞活基层、服务基层、激励基层、联系基层的各项要求落到了实处，不断激发工会基层组织活力。

一是把握政治站位，着力推进非公企业工会改革。团结引导广大职工群众坚定不移听党话、跟党走是工会工作的重要职责。推进非公企业工会改革，聚焦"小二级"工会组建，组织制定《上海市总工会关于加强街镇"小二级"工会组织建设的指导意见(征求意见稿)》，建设1009个"小二级"工会，指导建设工会服务职工阵地4994个，开展培训提升区、街镇工会社工技能素质。聚焦灵活就业群体入会和服务保障，组建区域性、行业性工会联合会、用好"灵活就业群体"会员项目经费，为会员提供多方位服务。做好"户外职工爱心接力站"实事项目，持续升级拓展，进一步提升精准服务能力，相关测评名列全市实事项目前列。关心关爱环卫职工，推动26家环卫作业企业完成建会。聚焦推进农民工建会入会，以江南造船为试点，促进劳务派遣和项目外包单位建立工会组织。以大型央企国企为试点推进农民工工会会员实名制管理，实现25万农民工登记入会，持续推进工会组织活力提升。

二是围绕大局中心，立功竞赛活动助推高质量发展。聚焦长三角区域一体化发展，会同苏浙皖总工会签订《推进中国长三角地区职工劳动技能创新战略合作协议》。聚焦人工智能、生物医药、集成电路三大产业，开展加快科创中心建设主题立功竞赛，积极推动国家、上海及相关行业重要工作、重点项目顺利实施。评选首届"上海职工优秀创新成果奖"，助力生物医药、人工智能、航天科研等高端产业项目崭露头角。开展第二届"凝心聚力进博会、建功立业创一流"立功竞赛和崇明世界级生态岛建设引领性劳动和技能竞赛，有力服务保障第二届进博会相关工作积极推进，有序推动了崇明世界级生态岛建设重大生态项目的持续建设。

三是完善培训体系，推进产业工人队伍技能素质持续提升。推动上海职工学堂和百家实训基地建设，积极沟通协调政府有关部门和基层工会等各方积极性，为产业工人提供了更多培训机会，为在校学生争取了更多实习岗位。协同推动行业职工岗位技能等级评价体系建设，联合行业协会发布《中国长三角地区燃气行业职工专项技能等级标准》，推动行业龙头企业制定技能等级标准，助力职工技术等级晋升。积极推进校企合作，探索产教合作、校企一体的职工技能培训新模式，打造地方急需、优势突出、特色鲜明的产学研项目，培育高技能人才。推动地方教育附加专项资金使用，专题研讨《关于进一步优化地方教育附加专项资金支出结构加强职工职业培训和技能人才队伍建设的实施意见》，切实提高专项资金在提高职工职业技能素质方面的作用。

四是注重先进引领，劳模工匠选树工作进一步完善。围绕全国和上海市五一劳动奖评选，商请纪检、监察等部门共同核查候选对象信息，确保评选质量。围绕"上海工匠"培养选树，严格执行预审、专家评审、答辩发布等评审流程，102人荣获"上海工匠"称号。围绕劳模创新工作室建设，修订并印发《上海市"劳模创新工作室"管理办法(修订)》，有效指导2019年74家工作室申报工作。搭建长三角劳模工匠交流平台，开展"中国长三角地区劳模工匠人才创新工作室选树活动"，充分体现劳模工作室在技术创新、科研攻关中的示范引领作用。

各级工会要紧紧围绕中央交给上海的三项新的重大任务，开展好"建会"和"建功"工作。持续深化非公企业工会改革，实现组建向区域化、网格化转变，提升工会组织力；持续加强产业工人队伍建设，为推进职工技能提升提供更大平台；持续助力上海科创中心建设和长三角区域高质量一体化发展，团结凝聚广大职工建功立业。让工会在基层社会治理创新中更好发挥作用，打造一支与上海高质量发展相匹配的高素质职工队伍。

深化改革，改进作风，不断提升做好工会劳动关系和权益保障工作的能力和水平

张得志

近年来，上海工会围绕中心、服务大局，以职工群众为服务和工作中心，以政治建设为统领，持之以恒深化工会改革，切实增"三性"、去"四化"、促"三转"，进一步增强改革动力、保持发展活力、提高队伍能力，努力推动工会建设实现高质量创新发展。工会劳动关系和权益保障工作涉及面广，政策性强，任务重，直接关系到工会服务大局、服务职工的能力、水平和效果，全体工会劳动关系和权益保障干部要振奋精神，改进作风，真抓实干，主动适应面临的新形势、新要求，努力推进上海工会劳动关系和权益保障工作再上新台阶。

一、抓好专业能力素质培养。新形势下，劳动关系、就业和社会保障领域的新情况新问题层出不穷，新理论新知识日新月异。各级工会劳动关系和权益保障干部要强化对宏观经济、社会建设、劳动保障等理论和法规政策的学习，改善知识结构，拓宽工作视野，不断提高自身的政策理论水平，努力将工会劳动关系和权益保障干部培养成社保政策的专家、调查研究的行家、维权服务的能手；要努力拓宽工作视野，学会综合运用法律、经济、政策、舆论等多种手段，解决工作中的复杂问题，不断增强分析问题和解决问题的能力，提高服务职工的主动性、科学性和有效性。今年，市总工会将继续加强对专业干部的分类培训，要有意识地变忙于事务为主动研究，了解把握各类职工群体的实际需求，坚持问题导向，推动工作更有针对性和实效性。

二、抓好网上工会能力建设。市工会十四大报告中指出，要走好网络群众路线，做好网络群众工作。推进"互联网+"建设不仅是群团改革、工会改革的要求，也是做好职工维权服务工作的基础。去年，市总工会依托"申工通"网上工作平台，相继开发并启用了群体性劳资纠纷预防调处、工会会员服务卡办卡、生产安全事故上报和职工疗休养、健康体检申报、预约等信息化工作平台，相关工作的便捷性和体验度均得到了较大提升。但当前网上建设工作还在经历一段阵痛期，一些数据的对接仍不够顺畅，各级工会要注重实现维权服务工作线上线下的深度融合，积极融入上海智慧城市建设大局，整体提升工会劳动关系和权益保障干部的信息化水平，为广大职工提供高效、便捷的维权服务。

三、抓好工作品牌建设。各级工会要结合新时代职工队伍的新特点和新需求以及本地区、本行业、本系统的实际情况，不断创新工作的方式方法和体制机制，善于总结基层好的经验和做法，加强工作品牌和工作典型的选树和培养，希望各区局（产业）多为市总工会选树、输送可复制、可推广的一些成功经验和做法，推动各项工作取得新成效；要创新工会组织的工作方式和活动方式，注重整合职工维权服务类社会组织的资源，努力带动更多的社会力量为职工服务；要积极探索通过协调、利用各方力量扩大工会劳动关系和权益保障工作的参与面、影响力和凝聚力。

四、抓好工作作风建设。作风建设永远在路上，加强作风建设是对我们工会干部的基本要求，特别对于劳动关系和权益保障条线的干部更是如此。各级工会劳动关系和权益保障干部要牢固树立群众观念，坚持走群众路线，满怀对职工群众的深厚感情，真心诚意办实事，尤其是那些与职工群众直接打交道的窗口服务单位的工会干部，特别要注意小事小节和小微权力的规范运作；要发扬求真务实精神，大兴求真务实之风，深入基层，深入职工群众，开展调查研究，了解掌握职工群众的生产生活状况，认真分析和研究解决本地区、本行业、本单位涉及职工群众切身利益的热点难点问题和带有倾向性、苗头性的问题，提出有针对性的对策措施，努力改变调研工作中一般调查多、深入研究少的状况，使调查研究成为工会源头参与的科学依据和政策主张。

进入新时代，对标新要求，展示新作为。我们要高举习近平新时代中国特色社会主义思想伟大旗帜，在市委和全总的领导下，不忘初心、牢记使命，勇于突破瓶颈，敢于

先行先试，努力推进上海工会劳动关系和权益保障工作不断创新发展，为上海落实好“新的三大任务”，建设“五个中心”和卓越的全球城市、具有世界影响力的社会主义现代化国际大都市，实现中华民族伟大复兴的中国梦，作出新的更大贡献。

全面开展幸福关爱行动 竭诚当好贴心“娘家人”

桂晓燕

上海市总工会女职工委员会围绕“一切为了女职工的幸福”这一主题，针对女职工进入职场后在婚恋交友、怀孕哺乳、子女托管、健康呵护、困难帮扶等方面的急难愁忧问题，积极回应，主动作为，对接女职工职业发展不同阶段的实际需求，创设工作品牌，创新运作机制，全面开展幸福关爱行动，当好女职工的知心人、贴心人、娘家人。

一、集聚资源，社会化建设爱心妈咪小屋

历经五年发展，市总女工委推进建设的“爱心妈咪小屋”已达3000余家，遍布全市机关企事业单位，并在经济园区、开发区、商场、楼宇等场所生根开花，为备孕期、怀孕期、哺乳期女职工提供了私密舒适的温馨家园。

社会化管理运行。成立由市卫健委和妇儿委分管领导、区局工会女职工分管领导和相关企业领导等组成的项目管理委员会，群策群力进行管理决策；委托爱心企业设立创建办公室，负责小屋日常运维、组织星级评定等；把小屋建设纳入到各级工会职工之家、职工服务站等管理考核序列，成为上海工会“大学校、大舞台、大家庭、大平台”阵地建设的重要组成部分。

社会化筹措资金。连续五年将小屋建设纳入服务职工实事项目，仅市总层面投入扶持资金达1200万元；浦东新区等10个区将小屋列入区政府或区总实事项目，多方提供资金补贴；小屋所在单位行政无条件给予场地、设备设施、人力资源等支持；汇聚社会爱心企业提供的4000余万元资金和物资支持小屋持续发展。

社会化举办活动。在“三八”“六一”、母乳喂养宣传日、国际母乳喂养宣传周等重要节点，协同社会力量发起组织“爱心妈咪小屋母乳喂养宣传”系列活动，以“职场妈妈·‘喂’爱坚持”为主题，把妈咪课堂、公益讲座送到女职工身边，拓展小屋功能，提升服务能级，扩大社会影响力和受益面。

二、回应关切，人性化设计职工亲子工作室

面对进入“全面二孩”时代，“有能力生、无能力带”成为育龄职工不愿意生育二孩的现状，市总女工委率先在有条件有意愿的单位打造职工亲子工作室，为职工解决后顾之忧。三年来，全市共建立职工亲子工作室100余家，已托管近6000名职工子女。托管服务以人为本，精心管理，得到社会各界好评。

人性化制定管理规范。依据职工需求、单位实际，制定《上海工会“职工亲子工作室”设置和管理暂行办法》，对场地要求、消防安全、应急预案、购买保险、食品安全等做出详细规定，确保孩子开心、职工放心。

人性化加强服务指导。邀请专业保险公司度身定制专属险种；联合财政、人社等五部门发文，明确单位可用福利费补贴为职工提供子女托育服务，并将亲子工作室纳入上海工会服务职工实事项目，为工作室建设提供资金保障；公开遴选社会责任强、产品质量优的企业，为基层工会办好工作室提供环境布置、空气检测、免费公益课程等配套服务。

三、开发网上平台，信息化运作青年职工交友项目

市总女工委针对青年职工工作节奏快、压力大、交友圈窄等情况，牵头举办“四季恋歌”青年职工交友活动，并积极开发“会缘”小程序，搭建线上交友平台，帮助单身职工更便捷、更安全地寻觅“有缘人”。

绑定会员服务卡体现可靠性。“会缘”小程序以400万上海工会会员的实名认证信息为依托，线上注册需绑定工会会员服务卡，确保人员可靠、信息准确，为工会会员打造放心、靠谱的交友平台。

自动匹配信息体现精准性。单身职工通过“会缘”小程序设置个人择偶条件，由后台系统自动匹配牵线，可以更快、更准地在茫茫人海中找到适合自己的缘分，并为提高线下活动成功率打下了基础。

全程免费体现公益性。从个人注册到设置择偶条件，从后台匹配到12351专线服务，从线上寻缘到线下活动，“四季恋歌”项目全部免费，倾力帮助单身职工牵线搭桥、邂逅爱情。

四、建立长效机制,精准化关爱帮扶各类女职工

精准化保障安全健康。上海工会首开先河,推出了《灵活就业群体工会会员专享基本保障计划》,为家政服务、护工护理、商场信息等灵活就业女职工提供互助保障。每年暑期组织高温作业岗位女职工 10 万多人次参加专项健康体检,持续为 6 万多名困难企业女职工提供免费"两病"筛查;推动 76.6 万多名女职工加入《女职工团体互助医疗特种保障计划》,共计 3622 人获得保障给付,给付金额达 3657 万元。

精准化维护劳动经济权益。修订女职工专项集体合同示范文本,将退休年龄、产后返岗、妇科体检等涉及女职工特殊利益的内容纳入专项合同,共签订女职工权益专项集体合同 1.89 万份,覆盖女职工 218.4 万人。为供给侧结构性改革中转岗安置的女职工提供就业指导、职业介绍和创业扶持,已成功帮助 2900 多名女职工实现转岗就业。

精准化推进困难女职工解困脱困。采取分类分层梯度帮扶措施,为 1.33 万名困难单亲女职工发放助学资金;通过工会会员服务卡专项保障项目,为 8765 名参保的患病女职工给付了 1.2 亿元保障金;坚持开展大病职工慰问行动,补贴大病重病女职工 427.7 万元。

五、提升服务效应,品牌化实施宣传推广

充分发挥上海工会申工网、申工通、申工社"三位一体"网上工作平台优势,搭载女职工幸福关爱工作模块,提高工作效率,扩大工作覆盖。开展线上调查和宣传,及时了解职工需求,评估项目实施满意度。常态化发布各类活动信息,有奖征集职工意见建议,提升项目关注度,吸引女职工广泛参与。经过努力,爱心妈咪小屋、职工亲子工作室、青年职工交友、女职工维权帮扶等幸福关爱系列行动,已日益成为上海工会打动人心、温暖人心、赢得人心的闪亮品牌。

新时代赋予新使命,新征程谱写新篇章。上海工会女职工委员会将以"新时代,共奋斗;女职工,更幸福"为工作主线,广泛凝聚女职工奋斗力量,竭诚服务女职工幸福追求,团结引领广大女职工共创美好未来、共享幸福生活。

构建常态化经审监督体系
为工会事业健康发展保驾护航

丁　巍

近年来,上海市总工会全面贯彻落实市委《上海市群团改革试点方案》中"建立群团组织经费有效监督机制,依法加强群团经费审计,按规定实行信息公开和绩效评价"的要求,将工会经审改革作为上海工会改革的一个重要组成部分,同时全面贯彻落实中国工会十七大关于经审工作的最新部署,加强顶层设计,完善制度机制,逐步构建常态化经审监督体系,为推进工会组织"建起来转起来活起来"发挥积极作用,为工会事业健康发展保驾护航。

一、贯彻工会十七大,落实经审监督工作部署

2019 年 2 月 27 日,市总工会会同市审计局联合召开了上海工会深化经审改革工作推进会。会上,传达了中国工会十七大的会议精神,要求各区局(产业)工会认真学习并贯彻落实。目前,上海工会已逐步形成以国家审计为指导、以工会经审组织为主体、以社会审计为补充、以职工会员监督为基础的常态化经审监督体系。

一是加强沟通协调,主动接受国家审计取得新成效。市总工会要求各级工会主动接受国家审计指导,积极配合国家审计监督。市、区两级工会经审组织主动加强与国家审计机关的对接与联系,国家审计也通过不同形式参与指导工会经审工作。如建立工作会商制度、委员兼任制度、审计结果共享制度及纳入政府与工会联席会议议题制度等。通过充分沟通协商,进一步促进双方在加强工作协同、完善共享机制等方面达成共识。

二是建立健全制度机制,工会经审组织主体作用发挥迈出新步伐。市总工会要求各级工会经审组织依法开展审查审计,加强事前、事中、事后监督,以制度建设确保审计监督落地见效。建立请示报告制度、工会经审工作目标管理和考核制度、工会财务状况和审计结果公开制度、重大项目安排大额度资金使用等重大事项集体决策制度及审计整改制度等,全过程跟踪审计、集体决策,对发现的问题限期进行整改。

三是借助社会中介力量,认真开展对下审计取得新进展。市总工会及时出台《上海市总工会经费审查委员会办公室关于聘请社会中介机构参与审计工作管理办法》,

通过公开招标的方式选取5家具备会计师事务所执业资格的单位和3家具备工程造价咨询资质的单位成立“市总工会社会中介机构审计备选库”，借助社会中介力量，提高经审工作的专业性和公允性。各区局（产业）工会也通过购买社会服务、聘请社会中介机构开展审计工作，形成了以上带下、上下联动的审计监督态势。

四是坚持公开透明，促进职工会员监督作用发挥推出新举措。为回应基层关切、规范基层工会经费收支管理、加大经费使用透明度提供制度供给，市总工会及时出台了《关于在推进“四位一体”立体经审监督体系中充分发挥基层工会职工会员监督作用的实施办法（试行）》。办法明确，监督应遵循公开性、真实性、全面性和及时性原则，监督内容应包括职工集体福利、促进职工职业发展、丰富职工精神文化生活等八个涉及职工切身利益的经费使用支出情况（简称“八公开”），要求基层工会切实做到依据、内容、程序、结果公开。同时，市总工会在全市全面推广实施的基础上，将127家基层工会列为示范点，予以重点落实，积极探索可复制、可推广的改革经验。

二、经审工作取得的典型经验和主要亮点

一是促进工会经费使用管理在阳光下运行。上海工会经审改革打破了原本工会内部审计封闭运行、内部循环、自我监管的状况，进一步加强国家审计、引入社会审计，扩大职工会员监督，充分运用外部监督、民主监督的力量，推动工会经费在阳光下运行，促进其使用管理更加科学合理、规范高效。

二是提升各类工会专项资金的使用绩效。工会经费除了税前列支的职工工资总额的2%拨缴外，还有一部分中央财政和市财政的政府补助或财政拨款。经审改革中，借鉴财政管理和国家审计的做法，通过经审自行审查审计或委托社会中介组织对资金的拨付、管理、使用进行全面审计，发现问题，敦促整改，严格规范工会各类专项资金管理办法，确保资金用在刀刃上，发挥出应有的绩效。

三是提升工会组织在职工群众中的凝聚力和向心力。工会经审改革通过实施一系列内部和外部监督、上级与同级监督、直接与间接监督相结合的“组合拳”，使工会经费使用方向更精准、结构更优化、流程更规范、制度更严明，使得职工对工会工作的参与度更高了，参加活动的获得感更强了，对工会的信赖度、支持度、满意度也随之提升。

四是促进工会系统党风廉政建设。工会经费属于社会公共资金范畴，如果使用管理出了问题，将会极大损害工会组织的公信力。借助工会经审改革，工会努力在资金监管方面探索实践，一方面积极推动了社会公共资金监管制度的健全完善，另一方面有效地推动了工会系统党风廉政建设，进一步扎密制度的笼子，严防使用管理上出现黑洞、漏洞，坚决杜绝腐败现象的发生。

三、经审工作中存在的主要问题和困难

一是当前工会经审工作的发展还不够平衡。不同层级工会经审组织的工作基础、对经审工作的思想认识及重视程度仍然存在差别。至今为止，仍有相当一部分工会特别是基层工会的领导干部对经审工作认识不到位，没有把经审工作摆上应有的位置，认为经审工作可有可无，不像工会其它职能一样重要。

二是当前对工会经审干部的培养机制和激励机制还不够。一方面，随着工会改革的推进，对于工会经审干部的专业知识、审计经验等都提出了更高的要求，但是现在工会举办的针对经审人员的培训面还不够广、力度还不够大。另一方面，工会内部对于经审干部的成长通道还不够明确，且缺乏行之有效的奖励机制，不利于调动工会经审干部的工作积极性。

三是当前工会主要领导干部经济责任审计缺乏制度规定。中共中央办公厅、国务院办公厅先后印发了《党政主要领导干部和国有企业领导人员经济责任审计规定》和《党政主要领导干部和国有企事业单位主要领导人员经济责任审计规定》两个文件。《规定》中明确，领导干部经济责任审计对象包括中央和地方各级党政工作部门、事业单位和人民团体等单位的正职领导干部或者主持工作1年以上的副职领导干部。根据上述文件精神，对于掌握着一定经费（含工会经费、会员会费、行政补助经费、上级工会拨款等）的工会组织，其主要领导也理应纳入经济责任审计对象范围。但是，现在工会对于领导干部的经济责任审计没有专门的制度规定，使得工会内部的经济责任审计实施率较低、审计的标准和要求也不够明确。

四、对进一步提高工会经审工作的意见和建议

针对当前工会经审工作存在的主要问题和困难，我们提三点建议。

一是强化责任意识，明确经审工作地位。建议明确将工会经审工作纳入到同级工会的重要工作职责中，要求工会领导坚持定期听取工会经审工作情况汇报，认真研究解决经审工作面临的新情况、新问题。建议在工会各类评优评先活动中将经审工作作为一个重要的考核内容，倒逼工会主要领导承担起关心、重视、支持工会经审工作的责任。

二是加强队伍建设，关心经审干部成长。建议进一步加大对工会经审干部的培训力度，增加培训次数、放宽培训名额，使不同层级的经审干部都有接受系统培训的机会。建议明确对于经审干部的培养机制和激励机制，工会主要领导要支持经审干部依法履职，要拓宽经审干部的职业发展通道，同时通过一定的激励机制，调动经审干部的工作积极性。

三是加强顶层设计，工会监督不留“盲区”。建议适时修订相关规章制度，明确对工会主要领导干部开展经济责任审计的工作要求，使该项工作有章可循、有规可依。明确工会主要领导干部任职期间至少进行一次经济责任审计，凭经济责任审计报告方能变更法人代表，倒逼工作常态化、长效化。

面对新形势、新任务、新挑战，我们要把握工会工作的特点和规律，上下同心、开拓奋进，进一步推动工会经审体制机制改革，引领工会经审工作与时俱进。

上海市人力资源和社会保障局上海市财政局关于本市贯彻《职业年金基金管理暂行办法》的实施意见

沪人社规[2019]1 号

市社会保险事业管理中心,各年金管理机构:

为贯彻落实《人力资源社会保障部 财政部关于印发职业年金基金管理暂行办法的通知》(人社部发〔2016〕92 号)及相关配套政策规定,规范职业年金基金管理,维护各方当事人的合法权益,现就做好本市职业年金基金投资运营工作提出如下意见:

一、本市实账积累形成的职业年金基金,按照国家有关规定实行市场化投资运营,所涉及的基金管理及监督适用本意见。

二、市社会保险事业管理中心(以下简称"市社保中心")代表本市机关事业单位及其工作人员集中行使委托职责,将归集的职业年金基金委托受托人进行受托管理,受托人委托托管人和投资管理人分别对基金财产进行保管和投资管理。市社保中心同时负责职业年金基金账户管理业务。

三、本市建立多个职业年金计划对基金财产进行运营管理。每个职业年金计划应当只有一个受托人、一个托管人,至少三个投资管理人。多个职业年金计划暂实行统一收益率。

四、成立市职业年金基金管理机构评选委员会(以下简称"市评选委员会"),负责通过招标形式选择、更换受托人。市评选委员会人数为 7 人,由市人力资源社会保障局、市财政局、市社保中心、基金规模较大的机关事业单位等部门和单位派员参加。

市评选委员会办公室设在市社保中心,承担相关事务工作。市社保中心制订市评选委员会章程、受托人评选工作方案、职业年金计划资金分配办法、受托人履职考核办法等,并经市人力资源社会保障局、市财政局审核,报市政府同意后实施。

五、市评选委员会开展受托人的评选工作。根据本市职业年金基金运营管理的要求,市评选委员会遵循公正、公开、透明的原则对参评的受托机构进行评选,确定本市职业年金计划受托人。

六、经市评选委员会评选选定的受托人,应当按规定为职业年金计划确定托管人和投资管理人。受托人在选择职业年金计划托管人和投资管理人时,应遵循风险分散的原则,并充分考虑管理机构的综合实力和管理能力,根据本计划的管理目标和资产配置要求,选择合适的托管人和投资管理人。

七、职业年金计划基金资产,可以由投资管理人设立投资组合进行投资管理。一个职业年金计划中,每个投资管理人投资运营的资金不得超过该计划基金资产净值的 40%;当受托人兼任投资管理人时,其自身投资运营的资金受上述比例的限制。

八、受托人应当将其与市社保中心签订的职业年金计划受托管理合同以及与托管人、投资管理人签订的职业年金计划委托管理合同报市人力资源社会保障局备案。市人力资源社会保障局于收到符合规定的备案材料之日起 15 个工作日内,出具职业年金计划确认函,给予职业年金计划登记号。

九、市社保中心依据受托人履职考核办法,对各职业年金计划的受托人进行绩效考核。每年度,市社保中心根据考核结果,提出下一年度增量资金向各职业年金计划分配的方案,经市人力资源社会保障局、市财政局审核,并报市政府同意后实施。一个受托管理合同期限届满时,市社保中心按各职业年金计划的累计收益等情况,对受托人在合同期内的履职情况进行考核评价。市社保中心根据考核结果和职业年金基金管理需要,提出计划增减、受托人更换以及各计划资金分配调整的方案,经市人力资源社会保障局、市财政局审核,并报市政府同意后实施。

受托人制定对托管人和投资管理人的绩效考核办法,经市社保中心审核后,定期对本计划的托管人和投资管理人进行考核评价,并及时将考核结果报送市社保中心。

十、为满足多个职业年金计划统一收益的要求,由市社保中心会同各职业年金计划的托管人、受托人协商确定承担统一收益率计算(托管人)及审核(受托人)的管理机构。

为保证职业年金支付的准确高效,可在一个计划下设立支付组合,专门用于待遇支付、转移支付等。根据实际管理情况,也可单独设立支付计划。市社保中心应根据支付需要,做好支付资金的核算工作,并按照职业年金基金管理合同约定,通知该计划的受托人向托管人发出支付指令。

上述承担统一收益率核算、职业年金支付的管理机构可根据职业年金基金管理需要进行更换。

十一、职业年金基金管理费用的标准按照《职业年金基金管理暂行办法》和有关的行业规定予以确定,并建立管理费用计提与绩效考核挂钩机制,对受托费、投资管理费采取浮动管理费方式,即包括基本管理费和业绩报酬。具体费率标准通过职业年金基金管理合同约定。

十二、市社保中心、受托人、托管人、投资管理人应当建立有效的风险控制机制,根据风险控制目标,设定风险评估指标,切实加强风险管理和预警提示,严格控制职业年金基金投资运营的各项风险。

十三、市社保中心、受托人、托管人、投资管理人应当按照有关规定定期向市人力资源社会保障局、市财政局报告职业年金基金管理情况,并对所报告内容的真实性、准确性、完整性负责。

十四、市人力资源社会保障局、市财政局加强对本市职业年金基金管理情况的监督,可实施监督检查或聘请具有相关业务资格的会计师事务所进行审计,及时发现并纠正相关管理机构的不当行为,发现违法违规问题报人力资源社会保障部、财政部。

十五、本意见未尽事宜按照《人力资源社会保障部 财政部关于印发职业年金基金管理暂行办法的通知》及其配套政策、规定执行。

十六、本意见自 2019 年 1 月 2 日起施行,有效期至 2024 年 1 月 1 日止。

2020 上海工会年鉴

专记

上海工会庆祝中华人民共和国成立70周年、上海解放70周年

【上海工会庆祝中华人民共和国成立70周年】 为庆祝新中国成立70周年，展示全市职工精神风貌，丰富广大群众文化生活，上海工会推出了内容丰富、形式多样的群众性主题宣传教育活动，引导广大职工坚定理想信念，听党话、跟党走，继承传统、接续奋斗，为完成上海新一轮的改革发展任务，实现中华民族伟大复兴不断创造新的传奇。

一、重温历史，传承深厚红色文化、工运文化基因

上海是红色文化、工运文化的发祥地。上海工会加强职工群众的思想政治引领，引导广大职工群众重温革命发展荆棘之路，勇担工人先锋光荣使命，筑牢岗位建功坚定信念。

中国劳动组合书记部是中国共产党第一个公开领导全国工人运动的总机关，是中华全国总工会的前身。国庆前，市总工会联合市委宣传部、静安区委在中国劳动组合书记部旧址陈列馆举行修缮开馆仪式。中国劳动组合书记部的旧址陈列馆于10月1日重新对公众开放，国庆期间，约有2000余名游客参观了中国劳动组合书记部旧址陈列馆，重温中国共产党领导下的中国劳动组合书记部引领中国工人运动走向高潮的光辉历程，体会工人运动的壮丽诗篇，感悟红色基因的历史传承。

召开上海工会"庆祝中华人民共和国成立70周年"纪念章颁发暨劳模先进座谈会。9月16日，市总工会邀请新中国成立以来在上海各条战线中做出突出贡献的劳模先进代表以及新老工会工作者、职工代表，通过他们的亲身经历、切身感受和深刻体会，从不同侧面反映上海70年来的发展历程和宝贵经验，特别是十八大以来在以习近平同志为核心的党中央领导下取得的重大成就，激励广大职工把爱国精神转化为立足岗位做贡献的实际行动，激发广大职工的劳模精神、劳动精神和工匠精神。

开展上海万名职工红色文化寻访活动。以工业文明、都市文明、工运知识为主要内容，融入城市打卡、网络联动等时尚元素，设立中国劳动组合书记部、上海工人第三次武装起义指挥部、上海劳动模范风采展等纪念馆以及红色基地、博物馆、工业遗迹共百余处寻访点，设计10余条主题路线，让职工了解上海作为党和工人运动发祥地的深厚文明，弘扬革命精神，激发爱国情怀。

二、发展共奋进，再现上海工人阶级发展伟力

上海工会以庆祝新中国成立70周年为契机，弘扬和传承上海工人阶级自力更生、艰苦奋斗、奋进创新、拼搏奉献的光荣传统和精神品质，弘扬劳动精神、劳模精神、工匠精神。

9月16日，上海工会庆祝中华人民共和国成立70周年纪念章颁发暨劳模先进座谈会召开　　（陶丽娟）

由市总工会举办"致敬！劳动者——庆祝中华人民共和国成立70周年"主题图片展。图片展从超2万张有关劳动者的优秀摄影作品中，精心挑选出300多幅劳动者照片，根据时间线索分为"崛起——建设新中国""激荡——改革大发展""筑梦——奋进新时代"和"跃变——光影中国梦"四大篇章，以"衣、食、住、行"等方面的新旧对比组照，呈现上海自新中国成立以来70年里取得的重大成就，充分反映了上海工人阶级作为带头羊，在城市发展中前赴后继、奋楫争先、拼搏开拓的精神。

建功新时代，弘扬和传承工匠精神。继上海劳模馆正式对外开放，成为外滩吸引各方游客和本市职工群众参观的"打卡地"后，国庆节期间正式对外开放上海工匠馆。在市工人文化宫推出上海工匠展示馆，展现上海各个历史时期工匠，立体化呈现各领域大国工匠们的技艺和成材故事，让广大职工群众沉浸式聆听工匠故事，感受工匠精神，分享工匠情怀。

（宋　昶）

【浦东新区总工会召开"庆祝中华人民共和国成立70周年"纪念章颁发暨劳模先进座谈会】 9月26日，浦东新区总工会召开浦东工会"庆祝中华人民共和国成立70周年"纪念章颁发暨劳模先进座谈会。区人大常委会副主任、总工会党组书记、主席王辛翎为浦东21名全国劳模及先进工作者代表佩戴"庆祝中华人民共和国成立70周年"纪念章。浦东新区共有39名全国劳模及先进工作者获此殊荣。区总工会党组副书记、副主席李幼林宣读贺信。座谈会上，原上海市建平中学校长冯恩洪、浦东新区河道管理事务中心副主任孙瑛、上工申贝（集团）股份有限公司董事长兼总裁张敏代表劳模先进畅谈体会。　（陈　维）

【徐汇区总工会举办系列活动庆祝新中国成立70周年】 为庆祝新中国成立70华诞，徐汇区总工会举办一系列全区职工参与的庆祝活动。包括与"共和国同成长·与新时代齐奋进"庆祝成立中华人民共和国成立70周

年纪念章颁发暨徐汇劳模故事会活动，职工故事大赛，徐汇职工“康健杯”健身嘉年华区职工运功会，“green-MT”徐汇职工健步走活动，“不忘初心跟党走，牢记使命奔向前”徐汇职工红色之旅千人城市定向赛活动等等，各项活动在区域内为祖国70华诞营造了热烈氛围，丰富了职工的文化精神生活。 （徐艳杰）

【杨浦区总工会举办庆祝新中国成立70周年主题活动】 9月26日，杨浦区总工会在沪东工人文化宫职工文体中心举行“礼赞七十年奋进新杨浦”——杨浦职工庆祝新中国成立70周年主题活动，致敬劳模先进、回望峥嵘岁月、激发爱国情怀。区人大常委会副主任、总工会主席麦碧莲，区委“不忘初心、牢记使命”主题教育第二指导组组长孙革军出席活动。根据市总工会要求，区总工会向区内全国劳动模范（先进工作者）代表颁发“庆祝中华人民共和国成立70周年”纪念章。新中国成立70年来，杨浦区涌现了2600余名全国和上海市级劳模先进，区总工会、区作家协会从中甄选了一批事迹突出、影响广泛、具有行业代表性的典型人物，邀请作家进行采访，汇编成《七十年，七十人》劳模先进报告文学集。会上，成立了由老、中、青三代劳模先进代表、工运史专家学者以及杨浦职工志愿者代表共同组成的“沪东工人运动史宣讲团”，将进园区、进企业、进班组、进社区、进学校开展沪东工人运动史和劳模先进事迹宣讲活动。宣讲团成员现场讲述了王孝和、王根英等革命先辈的感人故事和“人民教育家”于漪、全国先进工作者刘海燕、上海市五一劳动奖状集体长阳创谷的奋斗事迹。为扩大宣传教育覆盖面，区总工会在“杨浦职工之家”微信公众号推出《沪东工人、工厂、工运电子画册》，通过网络生动形象地展示沪东地区发生过的工人运动、遗留下的工厂陈迹、涌现出的先进模范。区总工会班子成员，全区劳模先进集体和个人代表，区作家协会会员代表，各行业、街道、直属工会负责人，职工代表，志愿者代表和区总工会机关、事业单位干部百余人参加活动。 （张东寅）

9月26日，杨浦区总工会举办庆祝新中国成立70周年主题活动 （张东寅）

【静安区举行中国劳动组合书记部旧址陈列馆修缮开馆仪式】 9月28日，中国劳动组合书记部旧址陈列馆修缮开馆仪式举行，该馆经过一年的闭馆修缮，定于10月1日重新对公众开放，献礼中华人民共和国成立70周年。中华全国总工会副主席、书记处书记、党组副书记张工，上海市委副书记尹弘，市人大常委会副主任、市总工会主席莫负春，市政府副市长彭沉雷，以及区领导陆晓栋、于勇、黄红、姜鸣、叶坚华等出席。仪式上，张工、尹弘为中国劳动组合书记部旧址陈列馆修缮开馆揭幕。张工、彭沉雷分别致辞。仪式结束后，与会领导参观中国劳动组合书记部旧址陈列馆。位于上海成都北路893弄的中国劳动组合书记部，是中国共产党建立的第一个领导全国工人运动的公开机构。这个成立于1921年8月11日的机构，是中国共产党领导工人运动的起点，是中华全国总工会的摇篮。此次修缮，从成都北路893弄1-7号扩大至成都北路893弄1-11号，新增的两间石库门原汁原味地保留原有石库门建筑格局。整体建筑在“修旧如旧”文物保护原则下，进一步提升建筑质量，既展示上海石库门建筑的历史风貌，又呼应“从石库门到天安门”的理念。 （陈迪嘉）

【宝山区举行“庆祝中华人民共和国成立70周年”纪念章颁发仪式暨宝山工会庆国庆文艺演出】 9月27日，宝山区举行“庆祝中华人民共和国成立70周年”纪念章颁发仪式暨“我和我的祖国·在一起”宝山工会庆国庆文艺演出。仪式上，宝山区19位劳模先进获颁“庆祝中华人民共和国成立70周年”纪念章，区总工会“长江风”职工艺术团等举行“我和我的祖国·在一起”宝山工会庆国庆文艺演出。宝山区委书记汪泓出席活动并致辞，代表区委、区政府，向荣获纪念章的劳模先进表示热烈祝贺，向为宝山改革发展做出贡献的老同志致以崇高敬意。区领导、各街镇园区、委办局、全国劳模、全国道德模范代表及工会干部职工参加活动并参观区总工会“我爱祖国·大美滨江”主题摄影图片展。 （沈 英）

【嘉定区举行庆祝五一国际劳动节暨国家技能人才激励试点工作推进会】 4月26日，由嘉定区委、区人民政府主办，区总工会、区技能人才激励试点工作联席会议办公室承办的“劳动铸辉煌·建功新时代”2019年嘉定区庆祝五一国际劳动节暨国家技能人才激励试点工作推进会举行。嘉定区委副书记周金林，区人大常委会副主任、区总工会主席王建新，区人民政府副区长傅俊，区政协副主席陈宾出席。周金林代表区四套班子向获得先进荣誉的集体和个人表示热烈的祝贺，向全区广大职工群众和劳动模范致以节日的问候崇高的敬意。会上启动"中国梦·劳动美"庆祝新中国成立70周年系列活动,为2019年"嘉定工匠"终身成就奖获得者徐小平颁奖,为8家高技能人才培育示范单位代表授牌,为2019年"嘉定工匠""嘉定技能标兵""嘉定技术能手"获得者颁奖。大会用"共成长""齐奋斗""创未来"3个篇章来描绘嘉定职工"逐梦之路"。嘉定区技能人才激励试点工作联席会议成员;各镇、街道、嘉定新城、嘉定工业区、菊园新区负责人,各委、局、公司工会分管负责人,工会主席,劳模先进职工代表等共260人参加大会。

（黄点点）

【金山工会举行庆祝中华人民共和国成立70周年大会】 9月27日,金山区总工会在区文化馆举行"不忘初心、牢记使命"金山工会庆祝中华人民共和国成立70周年大会,并以金山区第十四届职工读书节和第五届职工文化艺术节的成果,向劳动者致敬,向祖国母亲献礼。金山区委书记赵卫星,市总工会党组副书记、副主席姜海涛及金山区总工会领导班子成员,各直属工会主席、副主席,各历史时期的劳模代表,第十四届职工读书节暨第五届职工文化艺术节获奖个人及集体代表,区总机关部室和区工人文化宫负责人,以及来自各基层单位的职工代表等共计450余人出席大会。大会还特邀云南省普洱市总工会、浙江省嘉兴市总工会、上海石化股份有限公司工会和上海化学工业区工会的领导莅临指导。

大会分《初心·筑梦》《崛起·追梦》《奋进·圆梦》3个篇章,以劳模访谈的形式,从建国初期、改革开放以及新时代三个不同的社会主义建设历史时期,回顾金山建设与发展的奋斗历程,展现金山劳动者心手相连、砥砺奋进的壮烈情怀,讴歌"爱岗敬业,争创一流,艰苦奋斗、勇于创新,淡泊名利,甘于奉献"的伟大劳模精神。各基层单位的职工以诗歌朗诵、歌曲联唱、舞蹈等文艺形式致敬共和国70年绘就的壮丽篇章。大会表彰了金山区第十四届职工读书节和第五届职工文化艺术节优秀组织奖、2019年度"一会一品"十佳职工读书示范项目、"缤纷职工秀·共圆中国梦"金山职工原创文艺节目奖、"最美！劳动者！"抖音短视频大赛优秀奖等先进集体和个人。

（卫婷怡）

【松江工会召开"庆祝新中国成立70周年"纪念章颁发仪式暨劳模先进座谈会】 9月27日,松江工会"庆祝新中国成立70周年"纪念章颁发仪式暨劳模先进座谈会召开。区总工会党组书记、副主席,区劳模协会会长陈军康,松江区12名获"庆祝新中国成立70周年"纪念章的全国劳模(先进工作者)出席会议。会上陈军康宣读贺信,并为全国劳模(先进工作者)颁发了纪念章。石海云、叶火良、沈忠良、乔世伟、杨靖基等5位全国劳模代表交流发言。 （杨佳玲）

【松江区总工会举行庆祝新中国成立70周年文艺演出】 9月27日,区总工会举行"不忘初心跟党走,牢记使命再出发"庆祝新中国成立70周年文艺演出。区总工会党组书记、副主席陈军康,区总工会党组成员、经审委主任孙爱华,区总工会副主席孙禄君、副主席刘建其等领导出席。陈军康为活动致辞。文艺演出现场,表演了舞蹈《我爱你中国》、诗朗诵《中国,我的中国》、小品《调解室的故事》和《工会组建》、快板《工会服务在行动》、空灵鼓演奏《茉莉花》、女生对唱《我的未来不是梦》、合唱《我的中国心》和《我和我的祖国》等多种形式的文艺节目。区总工会、区文化宫、工惠服务中心全体人员近150人参加了文艺演出。

（韩春丽）

【机电工会举行庆祝新中国成立70周年纪念章颁发仪式】 9月25日,市机电工会在集团本部报告厅举行"庆祝中华人民共和国成立70周年纪念章颁发仪式"。集团党委书记、董事长郑建华,集团党委副书记朱兆开,市机电工会主席朱斌,为出席仪式的24名全国劳模代表佩戴纪念章,并合影留念。"庆祝中华人民共和国成立70周年纪念章"由中共中央、国务院、中央军委颁发,是新中国成立70周年系列庆祝活动之一,旨在表彰为新中国建立和社会主义现代化建设作出重要贡献的同志。70年来,上海电气共涌现全国劳模183人,目前健在的有35人,其中在职的有8人。此次,获得纪念章的全国劳模有37人。（彭伟光）

【市化学工会举行庆祝新中国成立70周年庆祝活动】 10月15日,市化学工会举办庆祝新中国成立70周年暨2019年先进表彰大会,以庆祝新中国成立七十周年为契机,集中表彰2019年评选出的各类先进。华谊集团党政领导和老领导、受到表彰的各类先进、集团中层以上干部及各单位党政工团代表共计800余人参加表彰会。随后,还举行了主题为"辉煌七十年,建功新时代"华谊职工文艺演出,来自各单位的职工献上了一场精彩纷呈的演出,展示了华谊人的风采。

（张雪莲）

【市医药工会举办新中国成立70周年合唱大赛】 10月13日,"放歌·逐梦"上海医药集团庆祝新中国成立70周年合唱比赛在浦东大观舞台开赛,集团各子公司的20支参赛队伍和2支表演队伍,用歌声向祖国母亲献礼。本次遴选参赛的歌曲,既有传颂久远的红色歌曲,也有企业自己创作的司歌。大赛将参赛队伍分为A、B两组,分设一、二、三等奖,同时根据网络投票结果评选出人气奖。 （陈玮雯）

【中船集团举办"庆祝新中国成立70周年"纪念章颁发仪式暨交响诗歌音乐会】 9月25日,中船集团"庆祝中华人民共和国成立70周年"纪念章颁发仪式暨"我和我的祖国"主题交响诗歌音乐会在沪举行。中船集团党组成员、副总经理孙伟,党组成员、总会计师贾海英出席仪式,并向中船集团获得"全国劳动模范"荣誉称号的陈时宗、张国新、刘维新、冯国良、张翼飞、陈云琪、丛焕武、陈庆城、洪刚和郭志刚颁发了庆祝新中国成立70周年纪念章。孙伟代表中船集团党组向获奖的劳模表示热烈祝贺。希望各位劳模当好发展的顶梁柱,在高质量发展中再立新功、再创佳绩,为国家建设和中船集团发展率先垂范。劳模们也表示,把建设海洋强国、科技强国、制造强国的重任担在肩上,为中船集团高质量发展、全面建成世界领先的海洋科技工业集团作出新的更大贡献。

（周　莺）

【中远海运老劳模杨怀远荣获“庆祝中华人民共和国成立七十周年”纪念章】 9月23日,市委副书记、市长应勇一行登门慰问全国劳模杨怀远,向他颁发“庆祝中华人民共和国成立70周年”纪念章。中远海运集团党组书记、董事长许立荣陪同。杨怀远是原上海海运管理局长柳轮服务员、全国劳动模范,他几十年如一日,以一根扁担为人民服务,被人们亲切地称为“杨扁担”。应勇与老劳模坐在一起,拉起了家常,关心地询问他和家人的日常生活情况。应勇说,我们不能忘记劳模的精神和作出的贡献,上海要在更高水平上全面建成小康社会,“扁担精神”不能丢,为人民服务的宗旨不能丢。 (陆莹莹)

9月29日,上港集团召开庆祝中华人民共和国成立70周年大会

(汪正明)

【上港集团召开庆祝中华人民共和国成立70周年大会】 2019年,上港集团各级工会广泛开展庆祝中华人民共和国成立70周年系列活动,9月29日,由集团工会承办的上港集团庆祝中华人民共和国成立70周年大会隆重召开。集团党委书记、董事长顾金山在大会致辞中强调,全港干部职工要继续深入贯彻落实习近平总书记“把上海港建设好、管理好、发展好”的殷切嘱托,以改革开放再出发的勇气,瞄准发展新高度,坚持发展新理念,做强做优国企的胸襟和格局,担起打造全球卓越的码头运营商和港口物流服务商的抱负和重任。会上,演出了一台职工自编自导自演的精彩节目。节目分为“一面红旗”“一艘巨轮”“一座大港”3个篇章,以配乐诗朗诵、表演唱、现场采访、小品、原生态舞蹈、情景音乐剧、大合唱等形式,热情讴歌我和我的祖国、我和我的上海港。 (张 容)

9月25日,上海机场集团举办庆祝中华人民共和国成立70周年文艺演出

(陈 娟)

【上海邮政工会举行“庆祝中华人民共和国成立70周年”纪念章颁发仪式】 9月26日,上海邮政工会按集团公司党组和上海市总工会要求,举行“庆祝中华人民共和国成立70周年”纪念奖章颁发仪式,向10名新中国成立前参加革命工作、健在的老战士老同志代表、全国劳模先进代表颁发纪念章,并宣读贺信、合影留念,表达对上海邮政各位老战士老同志、全国劳模先进,长期来为党分忧、为国奉献、为民服务的感谢。活动邀请上海邮政全体班子成员,新中国成立前参加革命工作、健在的老战士老同志代表、全国劳模先进代表、离退休职工代表、各二级单位领导、团员青年代表等400余人参加。活动结束后,对其余61名老战士老同志、全国劳模先进由市分公司领导等带队分组逐一上门颁发纪念章,宣读贺信,送上祝福和感谢。 (王 瑛)

【上海机场集团举办庆祝中华人民共和国成立70周年文艺演出】 9月25日,上海机场(集团)有限公司举行“我和我的祖国”——庆祝中华人民共和国成立70周年文艺演出活动。集团公司党委书记、董事长秦云出席活动并致辞,集团公司党委副书记、工会主席张永东为3位全国劳动模范颁发“庆祝中华人民共和国成立70周年”纪念奖章,集团公司副总裁周俊龙、财务总监莘澍钧、副总裁赵海波出席活动,集团公司职能部室主要负责人、直属单位党政领导、工会主席与劳模先进和机场工匠代表们共同观看了演出。文艺演出由上海机场集团党委主办、工会承办,演出融入歌唱、朗诵、舞蹈、音诗画、情景剧等多种艺术形

式，近百名职工与职工子女参与演出。（尹慧旻）

【上海海事局举行“庆祝中华人民共和国成立70周年”纪念章颁发仪式暨座谈会】 9月29日，上海海事局举行“庆祝中华人民共和国成立70周年”纪念章颁发仪式，并召开老干部、劳模先进座谈会。上海海事局党组书记、局长肖跃华出席会议并讲话，局纪检组组长邱铭主持会议。局领导班子成员和部管干部，获颁纪念章的离休老干部代表、全国劳模先进，局机关处室及办事机构主要负责人，各分支局、理赔事务中心、后勤管理中心主要负责人，先进个人代表以及青年代表参加会议。会上，肖跃华向离休老干部、全国劳模先进颁发中共中央、国务院、中央军委授予的“庆祝中华人民共和国成立70周年”纪念章，向大家转达党中央、国务院的关怀，转达上级党组织的慰问，褒扬大家为党和国家事业、为交通运输事业和为上海海事事业做出的突出贡献。（陆智静）

【上海建工集团举行颁发“庆祝中华人民共和国成立70周年”纪念章活动】 在9月27日召开的建工集团精神文明建设大会上，集团党委书记、董事长徐征与党委副书记、总裁卞家骏，为王世雄、曹恩民、周俊才等离休干部，石礼文、叶可明、林元培、钱培、陆凯忠等劳模先进颁发“庆祝中华人民共和国成立70周年”纪念章，党委副书记张立新代表集团党政宣读贺信。集团共有210余人获此荣誉。全国劳模陆凯忠作为全国建筑业“大国工匠”代表，受邀在“十一”期间赴北京参加国庆观礼活动。会上，徐征、卞家骏为集团《“三大文化基因”专题片》揭幕。（余轶群）

【市绿化和市容管理局开展“庆祝中华人民共和国成立70周年”纪念章发放工作】 在全国人民喜迎中华人民共和国成立70周年之际，市绿化和市容管理局局党组书记、局长邓建平以及方岩、顾晓君、朱心军、崔丽萍等领导班子成员和局直属单位老干部活动室、市园林科研院、水管处、环境学校、废管处、上海动物园、绿化指导站、市农林局招待所的主要领导以走访慰问形式逐一登门拜访36名离休干部及其家属，亲自把“庆祝中华人民共和国成立70周年”纪念章送到他们的手上，感谢老同志为中华人民共和国的成立和建设做出的突出贡献，向他们表示慰问，并详细询问他们的身体情况，祝他们健康长寿。此项工作充分体现尊崇英雄、彰显功绩的仪式感、庄重感，并把党中央的关怀送到每一位获得者的心坎上。（胡　磊）

【鲁中矿业工会举行庆祝新中国成立70周年活动】 在全国上下隆重庆祝中华人民共和国成立70周年、深入推进“不忘初心、牢记使命”主题教育之际，9月28日，鲁中矿业工会在职工体育场举办庆祝新中国成立70周年升国旗仪式、健步行及“我和国旗合个影”活动。鲁中矿业1000余名干部职工欢聚一堂，以简约而庄重的方式，共同庆祝新中国成立70周年。（李宗峰）

上海海事局举行庆祝中华人民共和国成立70周年纪念章颁发仪式（陆智静）

【上海市税务局工会举办“我和我的祖国”征文歌咏比赛】 为庆祝新中国成立70周年，上海市税务局工会举办“我和我的祖国”——庆祝中华人民共和国成立70周年征文、歌咏比赛。5月，征文活动共收到稿件200余篇。经市总工会、市级机关工委、市文明办等评委评选，最终《四季歌》等48篇作品获奖，普陀区税务局等5个单位获优秀组织奖。市税务局工会同时将优秀作品报送第二十一届上海市读书节，获优秀组织奖，报送作品获二等奖、三等奖、优秀奖各1个，入围奖3个。9月20日，歌咏比赛决赛在上海市群众艺术馆举行，前期系统23家单位报名参赛，经过初赛12家单位参加决赛。最终徐汇区税务局获得最佳组织奖，嘉定区税务局、静安区税务局获得一等奖。市税务局局领导及千余名上海税务干部参加，共同以歌声向新中国成立70周年献礼。（娄晓辉）

【市教育工会召开“庆祝中华人民共和国成立70周年”纪念章颁发仪式暨劳模先进座谈会】 9月26日，上海市教育工会召开“庆祝中华人民共和国成立70周年”纪念章颁发暨劳模先进座谈会。市教卫工作党委副巡视员、市教育工会常务副主席李蔚主持会议，为劳模先进代表佩戴纪念章、发放慰问金并讲话。原上海第一医学院附设护士学校校长、1979年全国劳动模范张济华，中国工程院院士、上海大学复合材料研究中心主任、2015年全国先进工作者孙晋良，原上海电力学院院长、2000年全国劳动模范曹家麟，上海市教科院原副院长、1989年全国劳动模范顾泠沅，上海城建职业学院讲师、高级物流师、全国劳动模范赵桂新等先后发言。（高　芳）

【光明食品集团举行“庆祝中华人民共和国成立70周年”纪念章颁发仪式】 9月26日，光明食品集团举行

9 月 26 日，市教育工会召开“庆祝中华人民共和国成立 70 周年”纪念章颁发仪式暨劳模先进座谈会（曾 昕）

“庆祝中华人民共和国成立 70 周年”纪念章颁发仪式。集团党委书记、董事长是明芳为万国良、杨德新、金卫国、严顺昌、赵才标、王永芳等 6 名全国劳模颁发纪念章。集团党委副书记、总裁刘平讲话，集团工会主席潘建军主持仪式并宣读贺信。集团相关部门负责人及全国劳模所在单位的工会负责人参加纪念章颁发仪式。会议要求广大职工要以劳模为榜样，在集团系统积极营造学习劳模、尊敬劳模、崇尚劳模的良好风气。要学习劳模、关心劳模，发挥劳模作用，培养选树更多的劳模，用劳动精神推进集团高质量发展、创造高品质生活，努力实现“五年再造一个光明，十年构建实力光明”的战略目标。（朱莉英）

【锦江国际集团举行“庆祝中华人民共和国成立 70 周年”纪念章佩戴仪式】 9 月 29 日，锦江国际集团举行“庆祝中华人民共和国成立 70 周年”纪念章佩戴仪式。集团党委书记、董事长俞敏亮出席并为纪念章获得者代表——全国劳动模范郭予文佩戴纪念章。颁发纪念章活动充分体现了以习近平同志为核心的党中央，对老战士、老同志、劳模先进的关心关爱，集团号召广大干部群众要以劳模先进为榜样，进一步弘扬在革命、建设、改革各个历史时期，为党、为国家、为上海、为锦江事业而奋斗的精神。集团还通过多种形式，为属于颁发范围内的集团128 名老战士、老同志、劳模先进佩戴纪念章，并对此次活动进行专题宣传报道。（顾明方）

【百联集团工会举办“庆祝中华人民共和国成立 70 周年”纪念章颁发活动】 9 月 25 日，百联集团工会在第一百货商业中心 8 楼培训中心举办“庆祝中华人民共和国成立 70 周年”纪念章颁发活动。集团工会副主席祁月红传达《关于做好“庆祝中华人民共和国成立 70 周年”相关工作的通知》，宣读致纪念章获得者的贺信，向百联的全国劳动模范颁发“庆祝中华人民共和国成立 70 周年”纪念章。纪念章获得者做了交流发言，并在现场合影留念。（姜 杰）

【上海联通举行庆祝新中国成立 70 周年展演】 9 月 21 日，上海联通在上海商城剧院举行“礼赞 70 年，奋斗新时代”——上海联通庆祝新中国成立 70 周年展演庆祝活动。市总工会副主席桂晓燕、市通信管理局等上级领导、上海联通退休老领导和上海联通全体班子成员以及近 900 名员工出席庆祝活动。展演庆祝活动分为“祝福祖国”“奋斗新时代”两个篇章，展现了上海联通员工朝气蓬勃、积极向上、充满创新活力的精神风貌以及对祖国和新时代的赞美。（康 迪）

【临港产业区工会举办“庆祝建国 70 周年我与祖国共成长”主题读书活动】 为纪念新中国成立 70 周年，临港产业区工会于 10 月 15 日开展“庆祝建国 70 周年，我与祖国共成长”主题读书活动。来自集团总部多个部门的员工汇聚一堂，围绕活动主题展开热烈讨论与交流。活动中，每位员工选取一本自己认为的好书，与其他同事分享畅谈自己对建国 70 年来波澜壮阔历史的感悟、对革命先辈不畏艰险、砥砺奋进精神的敬仰、对祖国未来发展道路的思考。（闫昊鹏）

【市工人疗养院举办国庆 70 周年主题文艺汇演】 9 月 28 日，为庆祝新中国成立 70 周年，市工人疗养院举行“共忆燃情岁月 · 携手再创辉煌”文艺汇演。文艺汇演全篇贯穿“不忘初心，方得始终；牢记使命，砥砺前行”的主题，18 个汇演节目全面展示了工疗人用实际行动诠释使命担当，表达了深情讴歌壮丽新时代的喜悦与自豪。9 月，市工人疗养院动员广大干部职工拍摄“我和我的祖国（工疗篇）”、举办歌颂祖国文艺汇演等系列活动，以丰富多样的演出形式，表达对新中国成立 70 周年的祝贺。（梁 栋）

“不忘初心、牢记使命”主题教育

【市总机关系统扎实开展“不忘初心、牢记使命”主题教育】 市总工会党组紧紧围绕学习贯彻习近平新时代中国特色社会主义思想这一主线，紧扣“守初心、担使命、找差距、抓落实”的总要求，自 6 月 6 日至 8 月 31 日组织开展了“不忘初心、牢记使命”主题教育。主题教育体现了 3 个特点：一是创新学习方法，促进党员学深悟透。党组以上率下带头学习，先后举办 10 次专题学习研讨，机关系统 90 多名处级以上干部参加，人人撰写学习体会。学习会围绕“坚持不忘初心，忠诚党的事业”“围绕中心大局，牢记肩负使命”“践行党的宗旨，服务职工群众”等专题开展，通过与 90 高龄的老党员、党的十九大代表、“人民满意公务员”、全国劳模等共话初心使命，举办主题教育朗诵音乐学习会等多种方式。同时，各直管单位党组织面向全体党员开展学习教育，做到主题教育全覆盖。二是坚持问题导向，广泛开展调查研究。市总党组领导牵头，围绕工会改革的重点难点问题和职工关注的“三最”利益问题，深入基层开展调研。每个党组成员撰写调研报告，调研报告直面难点问题，从问题根源入手，认真分析研判，提出对策措施，并注重将调研成果转化为政策制度和工作措施，促进问题解决。7 月 31 日，市总党组举行了主题教育调研成果交流会。三是开门检视问题，整改取得显著成效。市总党组对照《党章》《准则》《条例》检视问题，通过深入基层调研、召开群众座谈会、进行个别访谈、“申工社”微信公众号征求意见等方式广泛听取意见，党组共查找了 29 个问题，形成问题清单和整改清单，明确整改措施、责任人和完成时间。各直管单位班子也积极查找问题，落实整改任务。8 月 28 日，市总党组召开主题教育专题民主生活会，9 名党组成员逐一检视剖析问题，进行批评和相互批评，党组民主生活会质量得到市委第七巡回指导组的高度评价。11 月 18 日市总主题教育“回头看”情况显示，市总工会查找的 29 个问题件件有对策，各项整改措施都按时间节点落实。主题教育推进解决了一批长期存在的“老大难”问题和改革的瓶颈问题，推出了一系列服务职工的新举措，有力提升了职工群众的获得感和满意度。（马育群）

【宝山区总工会深入开展“不忘初心、牢记使命”主题教育】 自 9 月开始，宝山区总工会按照守初心、担使命，找差距、抓落实的总要求，深入开展“不忘初心、牢记使命”主题教育。制订下发《中共上海市宝山区总工会党组关于开展“不忘初心、牢记使命”主题教育的实施方案》，高质量抓好学习研讨、调查研究、检视问题，整改落实。开展集中学习 26 次，组织红色景点参观 6 次，领导班子成员和处级干部交流发言 24 次、讲专题党课 6 场次，形成调研报告 6 份。坚持边学边查边改，聚焦深化工会改革、加强工会干部队伍建设、创新工会依法维权竭诚服务职工工作体系等方面梳理问题 35 条，列出措施 80 条并全部整改到位，切实推动主题教育不断深入、取得实效。（沈 英）

【闵行区总工会扎实开展“不忘初心、牢记使命”主题教育】 闵行区总工会认真贯彻落实区委关于“不忘初心、牢记使命”主题教育的各项部署要求，主题教育期间全体党员干部参与理论学习，自觉加强理论武装；班子成员着重围绕灵活就业人员建会入会、非公企业工会建会、机关党建工作等与职工群众切身利益相关的、工会工作中遇到的重点、难点、热点问题，深入开展调查研究，形成调研成果。通过听取意见、对照检查等方式找差距，发现并剖析问题根源。对调研发现的问题、群众反映的问题、自身查找的问题、上级点出的问题列出清单、建立台账，逐条研究制定具体的解决办法和整改措施，扎实做好主题教育各项工作，确保主题教育有实效。

（金 靓）

【金山区总工会召开“不忘初心、牢记使命”主题教育动员大会】 9 月 12 日，金山区总工会召开“不忘初心、牢记使命”主题教育动员会。区委第三指导组组长彭宏出席会议并讲话，区人大常委会副主任、区总工会党组书记、主席朱喜林作动员部署。区总党组常务副书记、副主席汪敏良主持会议，区总工会领导班子成员、副科级以上干部、区工人文化宫党政班子成员及区总工会主题教育工作组成员参加了会议。（沈勇军）

【松江区总工会召开“不忘初心、牢记使命”主题教育动员会】 9 月 12 日，松江区总工会召开“不忘初心、牢记使命”主题教育动员会。区总工会党组书记、副主席、总工会主题教育领导小组组长陈军康，区委主题教育第一指导组副组长顾凤顺等领导出席会议。会上传达区委关于开展主题教育的重要精神和总体要求，介绍区委指导组的有关工作，肯定区总主题教育前期准备工作，并对区总工会做好主题教育工作提出明确具体要求。区总工会机关、区工人文化宫、工惠服务中心全体党员，区总及区工人文化宫离退休党支部书记参加会议。

（倪晓玲）

【奉贤区总工会开展“不忘初心、牢记使命”主题教育】 奉贤区总工会在主题教育期间，坚持抓早工作部署、抓严学习教育、抓牢教育主体、抓实调查研究、抓紧问题检视和抓细整改落实，开展集中学习研讨和外出参观学习 13 次，党组班子成员带头发言，每位党员干部至少发言一次。深入基层开展调研，形成涉及“高素质产业工人队伍建设、高技能人才管理服务方面的探索和改进、环卫职工权益保障情况”等问题的调研报告 3 篇。进一步加大对“三会一课”、民主生活会和组织生活会、谈心谈话、民主评议党员和主题党日等制度落实情况的管理力度，严肃党内政治生活，强化党章党规党纪意识和党内监督，切实加强党风廉政建设，筑牢党员干部拒腐防变的思想道德防线，营造工会系统风清气正的良好政治生态。（钱 洁）

【中国宝武工会组织开展“不忘初心、牢记使命”《宝武管理者问卷》调查】 根据集团公司党委要求，组织开展 2019 年《宝武管理者问卷》调查，了解职工对集团公司“一基五元”战略业务布局、“三步走”总体安排和“亿万千百十”战略目标的感知度，检视各单位开展“不忘初心、牢记使命”主题教育成效，倾听职工心声。集团公司党委办公厅、战略规划部、党委组织部、公司治理部、党委宣传部、纪委、科技创新部、工会、团委等部门共同制定调查方案和问卷题目。一线职工按照工号等距抽样，覆盖集团所有二级单位，占集团在岗职工总数的 5.43%；D 层级以上领导人员全部参与。职工卷收回 6565 份，回收率 99.36%；领导卷收回 1374 份，回收率 98.28%。调查结果显示，职工党员对所在党组织开展“不忘初心、牢记使命”主题教育的总体感受评价高，职工、各级领导和职工党员认为所在党组织开展“不忘初心、牢记使命”主题教育“领导重视，领导带头积极行动”“按照计划，各项工作有序开展”。（李士伟）

【市运输工会召开主题教育系列调研座谈会】 运输工会围绕“守初心、担使命、找差距、抓落实”的总要求，深入开展“不忘初心、牢记使命”主题教育各项工作。按照交运集团党委的要求，围绕“工会工作模式及组织机制创新与优化，提升工会工作动力和基层活力建设”主题，先后召开直属单位工会主席、基层单位工会干部、劳模先进代表等多个层面的调研座谈会，根据主题教育“六对照一结合”的要求，查找差距，听取大家对运输工会面上工作开展情况、工会班子作风精神和提升工会活力建设的意见建议。在调研座谈基础上，运输工会及时列出“主题教育检视问题即知即改项目”，并率先推进4个方面工作，即：制定2019年下半年工会干部培训工作计划，注重强化基层工会干部业务培训，切实提高工会干部业务能力水平；进一步加强“劳模、首席员工（技师）工作室”培育和创建工作，总结行之有效运作制度、培养制度、项目制度、活动制度和考核奖励制度；积极建立网上工会、手机APP、工会微信群等新媒体渠道，加快推动网上工会基础工作建设，推进工会工作线上线下、网上网下的融合发展；扩大恳谈交流制度的实施范围，积极倡导和要求直属单位和基层企业建立完善相应恳谈制度。

（杨伟民）

【上海工会管理职业学院党委深入开展主题教育调查研究】 6月6日至8月30日，上海工会管理职业学院作为第一批主题教育单位开展“不忘初心、牢记使命”主题教育，学院党委制定主题教育实施方案，成立主题教育领导小组，建立每周一次组织集中学习，每周一次汇总调研情况并梳理检视问题的工作机制，制定涵盖学习教育、调查研究、问题检视、整改落实、成果成效5大项主要任务41项主要内容的主题教育工作安排，扎实推进主题教育取得实效。按照市委“不忘初心、牢记使命”主题教育实施方案（沪委发〔2019〕11号文）关于调查研究“一个结合、五个围绕”的要求，工会学院领导班子成员结合学院实际，制定具体调研工作方案，有针对性地开展调研。党委书记王厚富以《中心城区楼宇工会建设调研——以南京东路街道“科技京城”为样本》为专题，深入南京东路街道科技京城，调研总结当前商业楼宇中工会组织建设和工会会员发展的要点、重点，剖析在推进非公企业工会改革中、在特大型城市工会建设中，“小二级”楼宇工会建设的瓶颈与难点，为深化工会改革提供可借鉴的意见建议。党委副书记、院长李友钟以《上海工会干部培训现状、问题及对策调研》为专题，深入基层工会，开展新时代工会干部队伍结构和能力素质模型调研，为培训规划制定和课程体系建设打牢基础。党委副书记、纪委书记马景红以《工会学院干部人才队伍状况及建设措施调研》为专题，深入同类院校及学院各部门，调研人才队伍状况、存在问题和建设措施，制定学院人才队伍建设规划，促进干部人才队伍全面、协调、健康、持续发展。党委委员、副院长李学兵以《关于来沪职工居住证办理使用情况的调研》为专题，前往人社、公安等部门，并深入基层工会、街道等，调研来沪职工居住证办理使用情况，为市总工会深化改革建言献策。党委委员、副院长张荣富以《加强学院教学管理、提高培训质量的调研》为专题，深入各级各类工会干部培训班，开展工会干部培训教学管理和培训质量情况的调研，为提高工会干部培训质量提出对策建议。截至8月31日，学院领导班子成员完成调研24次，共收集调研反馈的问题45个。

（张桂华）

学习宣传李斌同志先进事迹

【学习宣传李斌同志先进事迹】 为深入学习宣传李斌同志的先进事迹和崇高精神，激励党员干部和职工群众在新时代大力发扬党员先锋模范作用和工人阶级的主人翁精神，为决胜全面建成小康社会、夺取新时代中国特色社会主义伟大胜利作出新的更大贡献，中共上海市委组织部、中共上海市委宣传部、上海市总工会、上海市国资党委决定在全市组织开展向李斌同志学习的活动。提出，一是要学习李斌同志信念坚定、爱党爱国的政治品格。要像李斌同志那样，始终坚定共产主义远大理想，牢固树立中国特色社会主义理想信念，自觉用习近平新时代中国特色社会主义思想武装头脑，始终在思想上政治上行动上同以习近平同志为核心的党中央保持高度一致，坚定不移听党话，矢志不渝跟党走，以实际行动做爱党爱国最坚定的践行者。二是要学习李斌同志不忘初心、胸怀大局的担当情怀。要像李斌同志那样，富有强烈的大局观念和责任意识，把理想追求融入伟大事业，牢记使命，担当有为，努力为实现党和国家确立的发展目标贡献智慧和力量。三是要学习李斌同志开拓创新、精益求精的敬业精神。要像李斌同志那样，辛勤劳动、诚实劳动、创造性劳动，勤学善做、敬业笃行，与时俱进、勇于创新，攻坚克难、追求卓越，在推进高质量发展中勇当排头兵、敢为先行者。四是要学习李斌同志淡泊名利、无私奉献的道德情操。要像李斌同志那样，牢固树立正确的世界观、人生观、价值观，不为困难所惧，不为利益所惑，不计较个人得失，始终保持质朴之风、平常之心、奉献之志，恪守共产党人的价

4月4日，李斌同志先进事迹报告会和巡展在市委党校举行 （吴良荣）

值追求和高尚品德。从4月4日起，由市总工会牵头，共举办了15场学习宣传李斌同志先进事迹报告会。以引领新时代上海产业工人队伍建设安排巡讲路线，选取嘉定区、松江区、闵行区、机电工会等产业工人聚集区域、行业，国资委系统、经信委系统等一批大型央企、国企内职工以及上海市党建服务中心开展报告会，由点及面地将李斌同志的先进事迹延伸到广大党员、群众职工中去。报告会场场座无虚席，各单位党委分管领导、工会主席、工会干部、劳模先进代表、班组长代表、一线职工代表在现场聆听报告。除了设立主会场，还通过平台直播的方式深入到各个基层站点，吸引了包括企业白领、志愿者等更多人自发前往观看，已有四十多万党员、群众收看。（陈　洁）

【静安区举办李斌同志先进事迹报告会】 4月18日，李斌同志先进事迹报告会和巡展在静安区党建服务中心举行，追思李斌同志的先进事迹，回忆他平凡而又伟大的一生，进一步宣传弘扬李斌同志的崇高精神，大力弘扬劳模精神、劳动精神、工匠精神，在全社会营造尊重劳动、崇尚技能、鼓励创造的良好氛围。报告会上，李斌生前单位领导、李斌的徒弟、同事和熟悉李斌的媒体工作者从不同侧面、不同角度，满怀深情地介绍了李斌同志的先进事迹，感人肺腑、发人深省、激人奋进，在场的所有人深深感受到了李斌同志信念坚定、爱党爱国的政治品格，不忘初心、胸怀大局的担当情怀，开拓创新、精益求精的敬业精神，淡泊名利、无私奉献的道德情操。（姚　磬）

【闵行区举办李斌同志先进事迹专场报告会】 4月15日，由市总工会主办，闵行区总工会承办，中船711、726所、莘庄工业区总工会协办的李斌同志先进事迹报告会（闵行专场）在莘庄工业区得丘礼享谷文化创意园举行。报告会由闵行区总工会副主席李伟主持。李斌生前单位领导、李斌的徒弟、李斌的儿子以及熟悉李斌的媒体人员等5位讲述人分别从企业、师徒、父子和媒体的角度，回忆李斌平凡而又伟大的一生。报告会动员全区职工群众向李斌同志学习，兴起学习新知识、掌握新技能、争作新贡献的热潮，大力弘扬劳模精神、劳动精神和工匠精神。400余名职工到场聆听李斌同志的先进事迹。（王　凯）

【市工人文化宫开展宣传学习李斌同志先进事迹报告会和巡展活动】 4月4日，李斌同志先进事迹报告会和巡展在市委党校举行，400多名党员群众现场参与。本次活动由市工人文化宫联合市党建服务中心，通过“党员远教平台”向全市16个区2万余个基层站点直播，当日达到40万人收看。同时，市工人文化宫还将李斌同志先进事迹做成了展板（每套28块）、海报（每套12张）以微展的形式深入全市16区240个街镇、园区的党建服务中心，近7万人观看。（王家辉）

产业工人队伍建设改革

【市总工会持续推进产业工人队伍建设改革】 2019年市总工会发挥牵头协调作用，强化工作统筹和协调服务职能，持续推动各区、各部门建立完善组织领导机制，初步形成党委领导、政府负责、工会推动、各方参与的改革格局，推动嘉定、闵行、松江等3个区在园区和企业积极开展改革试点工作。《深化产业工人队伍建设改革调研》作为一号重点课题，由市人大常委会副主任、市总工会主席莫负春牵头组成课题调研组，采用文献收集、实地走访、专题座谈、专家咨询等方式，在汇总整理各有关单位、部门和地区工作推进情况的基础上，组织开展关于深化上海产业工人队伍建设改革的专题调研，对近年来本市产业工人队伍建设改革推进情况进行摸底调研，分析上海推进实施产业工人队伍建设改革中存在的问题和挑战，提出进一步深化推进本市产业工人队伍建设改革的对策建议。5月，市总工会会同市委督查室、市委改革办、市政府督查室等组成实地督查小组，深入16个区、17个市级相关职能部门和部分企业开展联合督查并形成督查报告，共计梳理出12个方面的问题或难点，提出下阶段工作建议。8月和10月，市总工会与市委组织部、市委党校共同举办“加强产业工人职业技能素质提升”专题研讨班，首次举办产业工人队伍建设改革联络员培训班，组织各区、市有关部门和单位、部分企业有关负责人以及联络员，学习习近平总书记关于工人阶级和产业工人重要论述，研究产业工人队伍建设面临的新机遇新挑战，分享典型案例和实践经验，推动形成上下联动、全面推进的良好局面。11月，中共上海市委副书记、市推进产业工人队伍建设改革联席会议召集人尹弘在全国推进产业工人队伍建设改革工作电视电话会议上作《认真学习贯彻习近平总书记重要论述精神　扎实推进上海产业工人队伍建设改革》的交流发言。（张　敏）

【浦东新区召开产业工人队伍建设改革推进会】 为贯彻落实中央、市委相关要求，部署推进浦东新区产业工人队伍建设改革工作，9月18日，浦东新区产业工人队伍建设改革推进大会在新区办公中心召开。区委副书记冯伟出席大会。浦东新区产业工人建设改革领导小组成员，各直属工会分管领导、工会主席、专职副主席，企业和产业工人代表等200余人参加大会。大会由区人大常委会副主任、区总工会主席王辛翎主持。会上，区委下发《关于围绕“四高”战略及更高质量发展大局推进新时期浦东新区产业工人队伍建设改革行动方案（2019—2021）》。方案以贯彻落实中央、市委要求为主线，紧紧围绕浦东“四高”战略、推进六大“硬核”产业发展，明确改革的总原则是坚持党的领导，讲好浦东故事，加强产业工人队伍思想政治引领；坚持服务大局，聚焦主导产业，提升产业工人队伍建设能级；坚持以人为本，注重源头参与，加强产业工人队伍维权保障；坚持需求导向，完善公共服务，优化产业工人队伍发展环境，形成4个方面15项改革任务和举措。方案明确改革的总目标是努力打造一支与浦东“四高”战略及更高质量发展大局相适应的产业工人大军，促进浦东产业工人队伍素质整体提升、作用持续发挥、权益有效维护、产业粘性更加明显、创新成果不断涌现，切实发挥新时代浦东工人阶级主力军作用。同时，为增强推进工作的合力，成立了由区委分管领导任组长的区推进产业工人队伍建设领导小组，统筹推进各项改革工作。建立贯彻落实协调机制，由区总工会牵头，区委组织部、区委宣传部、区发改委、区教育局、区人社局、区财政局、国际旅游度假区、自贸区管理局等24个成员单位参与，加强对产业工人队伍建设的政策协调和改革推进。（陈 维）

【市联合督查组赴长宁督查推进产业工人队伍建设改革工作】 5月8日，由市推进产业工人队伍建设改革领导小组办公室（市总工会）、市委督查室和市政府督查室组成的联合督查组赴长宁对推进产业工人队伍建设改革工作进行督查。长宁区人大常委会副主任、总工会主席刘英，长宁区政府副区长孟庆源，长宁区委办、区府办督查科负责人，长宁区总工会党组书记、副主席邱刚及相关部室负责人，长宁区委组织部、宣传部、发改委等9家委办局负责人参加会议。孟庆源代表长宁区委、区政府汇报了长宁区推进产业工人队伍建设改革落实情况。会后，联合督查组分别同与会区有关部门负责人及基层企业负责人、产业工人代表进行座谈。与会基层企业负责人、产业工人代表就产业工人队伍建设改革工作推进过程中存在的主要困难和问题、需要支持和改进方面提出了建议和意见。座谈会后，联合督查组对长宁推进产业工人队伍建设改革工作进行了反馈和建议。（万 黎）

【市联合督查组督查普陀区产业工人队伍建设改革工作】 5月17日，普陀区召开区产业工人队伍建设改革督查汇报会。区推进产业工人队伍建设改革领导小组副组长、区人大常委会副主任、区总工会主席李松海，区推进产业工人队伍建设改革领导小组副组长、副区长张伟，区推进产业工人队伍建设改革领导小组部分成员，部分基层企业负责人及一线职工代表等26人出席会议。会前，区委书记曹立强、区委副书记姜冬冬与由市总工会副主席周奇带队的市推进产业工人建设改革第三联合督查组进行座谈。张伟专题汇报区推进产业工人队伍建设改革情况。区委组织部、区委宣传部、区人社局、区教育局、区发改委、区总工会等10家领导小组成员单位和8名一线产业工人、高技能人才、行政管理代表参加座谈会。周奇在总结反馈时肯定了区委区政府在推进产业工人队伍建设改革工作中取得的成效，并提出三方面建议：一是希望普陀形成自己定位和特色，进一步围绕产业结构调整中企业需求和短板推进改革；二是希望普陀在加大产业工人队伍培训力度，培育普陀重点产业高技能人才队伍建设方面有更好举措；三是进一步加大对产业工人集聚的园区区域公共服务的提升和改善。（陆 蕾）

【市推进产业工人队伍建设改革督查组赴宝山开展专项督查】 5月17日，市推进产业工人队伍建设改革督查组组长、市总工会副主席桂晓燕带队赴宝山就推进产业工人队伍建设开展督查，召开企业、职工代表座谈会和部分委办局座谈会，听取产业工人队伍建设改革工作情况及意见建议。督查组肯定宝山推进产业工人建设改革工作取得的成效。要求突出提升产业工人主人翁地位和主人翁意识；突出产业工人队伍结构、规模和素质匹配上的转型升级；突出保障发展产业工人劳动经济权益；突出公共服务匹配和产业工人需求能力。建议进一步完善制度保障，提高协调配合，形成宝山工作特色。区人大常委会副主任、区总工会党组书记、主席王丽燕，副区长陈尧水出席督查会议。2019年，区总工会先后出台《关于推进新时期宝山产业工人队伍建设改革的实施意见》《宝山区总工会关于充分发挥工会在推进新时期宝山产业工人队伍建设改革中重要作用的实施办法》等文件，充分发挥区总工会在产业工人队伍建设中的牵头作用。（沈 英）

【闵行区举办产业工人队伍建设改革培训研讨班】 8月26日，闵行区新时期产业工人队伍建设改革培训研讨班在闵行经济技术开发区举办。会上，区人大常委会副主任、总工会主席倪学斌传达了市推进产业工人队伍建设改革专题研讨班精神、莫负春主席专题辅导报告精神。会议要求各级工会组织要深化产业工人队伍建设改革工作的再认识，增强做好产业工人队伍建设改革工作的意识、解决产业工人队伍建设改革领域重点问题、切实抓好跟踪检查。工会组织要重点从加强思想政治引导，着力提升技能素质，优化社会公共服务，深入维权保障机制建设，深化基层工会组织建设等方面下功夫，充分发挥好工会组织在宏观指导、政策协调、组织推进、督促检查方面的牵头协调作用，确保各项任务的顺利推进。区总工会、区人社局、区房管局分别对产业工人队伍建设改革、职业技能提升以及与职工住房保障相关政策进行了解读；围绕技能提升、住房保障、交通出行、医疗卫生等4个方面，参训人员对产业工人公共服务领域有效覆盖存在的问题进行了深入交流和研讨。部分改革领导小组

5月17日，市推进产业工人队伍建设改革督查组在宝山督查 （庄轶凡）

成员单位、街镇工会主席以及闵行经济技术开发区等园区工会负责人参加培训研讨。会后集体参观了上海汽轮机厂技师工作室和企业文化中心。
（王 凯）

【闵行区开展产业工人队伍公共服务领域有效覆盖调查】 3月，闵行区人大常委会副主任、总工会主席倪学斌牵头开展关于共同加强产业工人队伍公共服务领域有效覆盖专题调研。区总工会作为调研牵头单位，会同区内区卫健委、区交通委、区人社局、区教育局、区房管局等相关单位，深入园区、企业开展调研走访，先后调研了莘庄工业区、虹桥商务区、闵行经济技术开发区、紫竹高新园区、临港高科技（浦江）园区、智谷园区等园区（开发区），组织召开产业园区和企业经营管理者座谈会、高技能人才座谈会、一线产业工人座谈会18场，参加企业49家，回收有效问卷1633份。经过半年多的调查研究，于10月生成题为“闵行区产业工人队伍公共服务领域有效覆盖的调查研究”项目报告书，分析阐述了当前闵行区产业工人的分布结构以及产业工人在技能提升、住房保障、交通出行和教育医疗等公共服务领域覆盖的基本情况。报告针对区产业工人公共服务存在的短板和问题，进行深入探讨并提出有关对策和建议。
（王 凯）

【嘉定区打通产业工人文化服务“最后一公里”】 嘉定区总工会突出思想政治引领、阵地建设、团队培育和需求导向，以高质量文化供给和服务积极回应产业工人对美好生活的向往。嘉定区工人文化宫内，职工创新馆展出的数十项创新成果引得参观的职工称赞。同样“吸睛”的还有劳模风采馆、工会发展史料馆等弘扬劳模精神、创新意识的思想教育场馆。依托工人影剧场、文化展厅、阅览室、培训教室等功能设施推出影视演出、展示展览、团队活动、艺术课堂等十大公益性服务项目；在产业工人相对集中、文化设施相对缺乏的工业园区、开发区和城郊接合部的社区，一年13场“文化进企”的密集演出，深受职工欢迎。嘉定工会还通过多途径、挖掘和引导职工组建文化团队，已有获评一星级职工文化特色团队73支，二星级15支，并对于获评的文化团队提供资金和师资保障、并依托工人文化宫提供活动场所和设施。在深入推进文化活动阵地和特色团队建设不断加强的同时，区总工会以五一国际劳动节、庆祝新中国成立70周年等重要节庆日为契机，以职工艺术节为平台，举办“五一”大会、“我爱主持”主持人大赛、嘉定职工“好声音”大赛、职工摄影作品展和“三区三市”文化交流活动等丰富多彩的职工文化活动。（钱晓明）

【市推进产业工人队伍建设改革联合督查第三组到金山开展督查工作】 5月14日，市推进产业工人队伍建设改革联合督查组第三组组长、市总工会副主席周奇一行到金山开展督查工作。区政府党组成员、副区长吴瑞弟出席会议并向督导组汇报金山产业工人队伍建设改革工作推进情况。区委组织部、区委宣传部、区总工会、区发改委、区经委、区教育局、区人社局、区国资委等部门负责人以及部分基层企业负责人、产业工人代表共20余人参加会议。情况汇报会后，督查组分别召开区有关部门及基层企业负责人、产业工人代表座谈会，多方听取对改革工作推进情况的意见建议。周奇代表第三督查组对督查情况进行反馈，肯定金山区委区政府对于产业工人队伍建设领导重视、准备充分，多方联动，举措明确，重点突出。同时建议：抓紧筹划，全区推进；进一步细化实施意见，融入金山特色；进一步提升和完善产业工人公共服务，加大地方教育附加返还用于产业工人的培训力度。
（郁 蔚）

【金山区召开产业工人队伍建设改革领导小组工作会议】 10月28日，金山区召开产业工人队伍建设改革领导小组工作会议。区委副书记、区政府副区长、区产业工人队伍建设改革工作领导小组组长刘健出席会议并作讲话，区人大常委会副主任、区总工会主席、区产业工人队伍建设改革工作领导小组副组长朱喜林主持会议。区产业工人队伍建设改革领导小组成员单位主要负责人、区总工会班子成员等30余人参加会议。会议肯定了区产业工人队伍建设改革工作取得的成绩，同时希望各成员单位要提高政治站位、强化改革担当，要聚焦重点项目、确保改革实效，把体制机制创新摆在重中之重的位置。聚焦技能素质提升这一核心任务，依法保障产业工人的劳动经济权益，增强面向产业工人的公共服务能力。要细化责任分工、形成改革合力，区总工会作为全区这项改革的总牵头协调单位，各成员单位通过精准施策、分类施策，不断提升改革的针对性和有效性。会上对《关于围绕打响“上海制造”品牌重要承载区加快推进新时期金山产业工人队伍建设改革的实施意见（送审稿）》进行审议。
（翁引明）

【松江区召开加强产业工人队伍建设改革推进会】 7月11日，松江区召开进一步加强产业工人队伍建设改革推进会，副区长、区推进产业工人队伍建设改革领导小组副组长陈晓军出席会议并讲话。区总工会党组书记、副主席、区推进产业工人队伍建设改革领导小组办公室常务副主任陈军康就去年以来松江产业工人队伍建设改革工作进行了总结并就下一步工作进行了部署。区交通委、区人社局、区文旅局、区房管局分别作交流发言。区推进产业工人队伍建设改革领导小组全体成员，各街镇（经开区）总工会主席、常务副主席、专职副主席，相关委局工会主席共80余人参加会议。
（朱 慧）

【青浦区多措并举推进产业工人队伍建设改革】 青浦区建立区产业工人队伍建设改革协调领导小组，构建党委领导、政府负责、工会协调、各方推动的工作格局。畅通政治参与渠道，积极推荐产业工人中的先进模范人物作为党代表、人大代表、政协委员。加大在产业工人队伍中培养发展党员力度，全区发展党员中产业工人占比逐年递增，召开全区外资企业党建工作会议，在产业园区、科技园区开展“融入青浦、助力发展”主题实践活动。成立区级层面企业职工职业培训工作协调小组，开设企业集中服务平台和区域重点培训项目。出台《关于进一步促进青浦区中等职业学校校企合作基地建设的实施意见》，建设3个职业学校实训基地。成立区首席技师培训选拔工作小组，建立技能人才职业晋升体系。实施“青浦工匠”培养选树活动，培养选树27名青浦工匠。提升产业工人公共服务水平。落实房源供应，建立优秀企业人才与5%保障房配建房源的对应供给体系。成立职业健康综合防控服务“一体化”工作组，服务清单内容由原来的4类9项增加为8类19项，为工业园区内52家企业1460多名产业工人提供家庭医生服务。优化轨交17号线沿线工业园区公交网络，配套6条公交线路与工业园区接驳。完善公共文体设施布局，依托区图书馆“清阅朴读”系列活动、区文化馆“市民大课堂”等文化惠民工程，为企业进行常态化文化配送。打造区、街镇、社区（企业）三级职工文化服务网络，依托街镇社区文化中心建设职工文体中心。出台《关于2019—2021年推进集体协商提质增效工作的实施意见（试行）》《关于在本区劳动争议调解仲裁工作领域加强人社、工会部门合作的实施意见（试行）》，强化条块合力，进一步规范用工管理。制定《关于开展厂务公开民主管理工作的实施意见》，深化厂务公开民主管理工作。采取“外派内驻，内外结合”的管理模式，在区管企业建立健全监事会，通过职工代表大会选举不少于2名职工进入监事会。

（朱建强）

【青浦区召开产业工人队伍建设改革推进会】 6月28日，青浦区产业工人队伍建设改革推进会在区会议中心召开。区推进产业工人队伍建设改革领导小组组长、区委副书记杨小菁出席会议并讲话，区推进产业工人队伍建设改革领导小组副组长、区人大常委会副主任、区总工会主席赵宏林主持会议，区推进产业工人队伍建设改革领导小组副组长、副区长王凌宇就我区《关于推进新时期青浦产业工人队伍建设改革的实施意见》作了说明。会上，杨小菁向基层工会干部、产业工人代表赠送学习书籍和青浦区工会服务地图。区人社局、区发改委、区总工会3家单位分别就“提升产业工人队伍技能、加强公共服务、服务职工群众”三个方面内容进行交流发言。区推进产业工人队伍建设改革领导小组成员，各镇、街道、区级公司党（工）委副书记、行政分管领导，各基层单位工会主席，以及来自基层一线的劳模、产业工人和企业工会主席代表150余人参加会议。

（朱建强）

【奉贤区召开产业工人队伍建设改革推进会议】 5月10日，奉贤区召开产业工人队伍建设改革推进会议。区委副书记王霄汉在会上讲话。会议要求全区各级工会组织、各有关部门提高政治站位、明确改革目标、加强组织领导，落实好产业工人队伍建设改革的工作责任，在打造新时期“奉贤美、奉贤强”的新高峰新传奇中充分发挥产业工人的主力军作用。区总工会党组书记、常务副主席张辉凤主持会议并做文件解读。区总工会、区人社局、东方美谷集团分别作交流发言。

（夏 伟）

【市推进产业工人队伍建设改革情况联合督查第三工作组到奉贤开展工作督察】 5月15日，市总工会副主席周奇带领市推进产业工人队伍建设改革情况联合督查第三工作组赴奉贤开展工作督查。区推进产业工人队伍建设改革领导小组组长、区委副书记王霄汉出席会议，并对奉贤区推进产业工人队伍建设改革工作的情况做了说明。会上，区相关部门交流了本系统推进产业工人建设改革的工作制度、工作机制、工作项目、取得的成效以及存在的主要困难、瓶颈问题和意见建议；基层企业负责人、产业工人代表交流职工教育培训、技能提升、收入待遇等方面工作情况以及存在的问题和困难，需要支持和改进的意见建议。周奇对奉贤产业工人队伍建设改革工作给予肯定并提出进一步要求。

（夏 伟）

【上海仪电发布《关于推进新时期上海仪电产业工人队伍建设改革的实施方案》】 5月10日，仪电集团召开一届五次职代会，审议通过《关于推进新时期上海仪电产业工人队伍建设改革的实施方案》。《实施方案》是上海仪电深入贯彻习近平新时代中国特色社会主义思想特别是习近平总书记关于产业工人队伍建设的重要论述，落实中央和本市关于新时期产业工人队伍建设的一系列精神的指引下制定的。《实施方案》将大力弘扬劳动光荣、技能宝贵、创造伟大的时代风尚，以推进造就一支有理想守信念、懂技术会创新、敢担当讲奉献的上海仪电产业工人队伍，进一步发挥高技能人才在上海仪电新一轮改革发展中的示范、引领和骨干带头作用，推动上海仪电新战略实施为重点，推动产业工人队伍建设改革工作。

（邵秀根）

【中国国防邮电职工技术协会秘书长调研中船上海地区产业工人队伍建设】 1月9—10日，中国国防邮电职工技术协会秘书长张铭一行4人赴中

5月15日，市推进产业工人队伍建设改革情况联合督查第三工作组赴奉贤开展工作督察

（钱 洁）

船集团所属江南造船和沪东中华进行专题调研。调研过程中，调研组一行听取了上海船舶工会和江南造船、沪东中华工会对新时代工匠学院创建情况汇报，深入两家单位的教育培训实训场地进行了考察、评估。张铭对中船上海船舶系统在弘扬劳模精神、劳动精神和工匠精神，在推进职工素质提升和技能提升方面给予肯定。

（贾　晶）

【上港集团积极推动港口产业工人队伍建设改革】 上港集团工会紧紧围绕习近平总书记在上海考察期间提出的“要把上海港建设好、管理好、发展好”和“要就做最好的”指示，结合王东明同志讲话精神，以“人才强港”为目标，推动新时期港口产业工人队伍建设迈上新台阶。通过开展劳动功臣评选、劳模先进班组、工匠精神大讨论、组织参观上海港史馆等形式，讲好上港故事，不断增强广大职工群众的荣誉感、自豪感和责任感。推动制订《上港集团职业技能等级认定管理办法》，组织开展集团职工技能竞赛，持续实施职工技能登高奖励计划和“百师百徒”带教，不断夯实集团技能人才队伍。2019 年底集团高技能人才比例达 40%。以生产立功竞赛、党工团突击队、劳模先进创新工作室等为载体，引导职工聚焦急难险重任务开展攻关、围绕创新改革锐意突破，以机制建设激发职工建功立业、创新创造的活力。通过健全多级职代会制度，聚焦厂情发布会、集体协商、职工代表提案、巡视等工作，构建职工与企业共建共商、共担共享的良好氛围。不断完善职工服务体系，构建温馨和谐上港家园。优化职工生产生活环境；服务职工的“上港之爱”“上港文体”等 APP 不断扩容，“上港杯”足球赛、“爱就一起走”健康徒步、“爱上港”文化进一线活动形成品牌，职工的获得感、幸福感不断提升。

（施文卿）

【市总工会组织开展全市产业工人技能提升培训开支及需求状况调研】 2019 年，市总工会职工援助服务中心持续关注社会热点和职工生活需求，在全市范围内开展产业工人技能提升再教育开支及需求状况调研并形成调研报告，受到市总工会主席莫负春的圈阅批示。本次调研主要采取了问卷调查、召开座谈会等方式。其中问卷调查以线上、线下相结合的方式进行，线上通过“申工社”“问卷星”平台，线下深入产业工人集聚的浦东康桥工业园区、闵行开发区、松江经济技术开发区和嘉定工业园区，共计回收样本 10591 份，有效样本 7640 份。调研发现，产业工人用于技能提升培训支出占其自身年平均工资的 4.53%；职工培训支出占年收入的比例总体较低；职工参加技能提升培训的积极性普遍较高；越是年轻的职工，培训开支占其收入的比重越高；高技能产业工人技能提升培训投入比明显高于其他人员；网络学习已成为职工参加技能提升培训的主要方式；七成半职工愿意花费业余时间提升技能。同时，在对产业工人技能提升培训相关问题进行梳理的基础上，提出相关对策建议，主要包括：建议政府职能部门进一步优化培训政策、加大政策引领力度；发挥工会广泛联系职工的组织优势，强化需求调查、加大宣传教育、建好“职工学堂”；进一步引导企业发挥培训主体作用，形成企业发展与职工技能提升双赢的良性循环。

（黄洋帆）

加快上海科创中心建设立功竞赛

【加快上海科创中心建设立功竞赛概况】 2019 年市总工会联合市科创办、市发改委、市经信委、市科委开展“聚力新科技、奋进新时代”加快科创中心建设主题立功竞赛。3 月 29 日，主题立功竞赛仪式启动。竞赛聚焦集成电路、人工智能、生物医药等重点领域，旨在推动建设一批国家重大科技创新平台、大科学设施和装置建设项目，推动形成一批创新企业集群和战略领先的现代产业集群，推动建设一支高技能高素质专业人才队伍。8 月 30 日，市总工会与市科创办、市发改委、市经信委、市科委共同主办 2019 年世界人工智能大会系列活动暨科创中心建设立功竞赛推进会。活动主动对接世界人工智能大会，进一步展示上海广大职工在人工智能领域所形成的创新思想、创新成果和创新理论。9 月 19 日，市总工会举行加快科创中心建设（生物医药）立功竞赛交流推进会，现场发布一批优秀创新成果，由国内生物医药领域专家对各项创新成果进行点评与指导，对上海生物医药产业体制机制创新及管理效率和服务能力提升起到有力的推动作用。

以张江科学城为代表的上海科创核心区域，围绕“五个一批”项目建设，加快集聚创新资源。首轮“五个一批”73 个项目，已累计完工 40 个，包括微软人工智能和物联网实验室、阿里巴巴上海研发中心在内的新一轮“五个一批”16 个项目也已开工。

竞赛中，市总工会共收到 210 家单位的 294 项创新成果，并会同市经信委、市科委、电科所及相关行业协会组成百人评审专家库。

专家评委从创新性、实用性、应用效果及推广前景等方面，对 294 项成果进行分析，最终评选出 90 个特别优秀的创新成果。（潘名家）

【杨浦科创立功竞赛助推人工智能高地建设】 8 月 29 日，备受瞩目的 2019 世界人工智能大会在上海浦江两岸拉开帷幕。30 日，2019 世界人工智能大会系列活动暨加快科创中心建设主题立功竞赛推进会在浦东新区张江人工智能岛举行。杨浦区总工会携多家区内参赛企业参加活动，区人大常委会副主任，总工会主席麦碧莲交流了立功竞赛激发创新活力，助推人工智能高地崛起相关做法。为了激发新时代劳动者的创新活力，杨浦区总工会在连续 7 年举办科技创新立功竞赛的基础上，进一步聚焦人工智能等重点产业，打造科技创新立功竞赛升级版，助推人工智能高地建设。

（张东寅）

【宝山区总工会围绕“三大产业”举办加快科创中心建设主题立功竞赛】 2019 年，宝山区总工会围绕集成电路、人工智能、生物医药三大产业举办加快科创中心建设主题立功竞赛，获上海市加快科创中心建设主题立功竞赛优秀组织奖。顾村镇总工会推荐的上海阿为特精密机械股份有限公司《低温微米推进机构的关键制造技术创新与应用》项目；高境镇总工会推荐的上海复控华龙微系统技术有限公司《北斗新一代导航基带处理芯片》

项目；宝山城市工业园区总工会推荐的上海衡道医学病理诊断中心有限公司《肠癌病理人工智能辅助诊断》项目获2019年加快科创中心建设主题立功竞赛活动评优秀项目。

（沈　英）

【长三角G60科创走廊九城市校企合作培育万名高技能人才计划暨职工劳动技能竞赛开幕】 9月18日，长三角G60科创走廊九城市校企合作培育万名高技能人才计划暨职工劳动技能竞赛在松江开幕。市人大常委会副主任，市总工会党组书记、主席莫负春，松江区委书记程向民，松江区人大常委会主任唐海东，松江区政协主席刘其龙，上海工程技术大学校长、党委副书记夏建国等出席活动并讲话。市总工会副主席周奇主持开幕式。会上，莫负春为“长三角G60科创走廊九城市校企合作高技能人才实训基地”揭牌，并与程向民、唐海东、刘其龙、夏建国等领导以及九城市总工会领导共同启动长三角G60科创走廊九城市校企合作培育万名高技能人才计划暨职工劳动技能竞赛。在松江区总工会的牵头下，长三角G60科创走廊九城的浙江省嘉兴市、杭州市、金华市、湖州市，江苏省苏州市，安徽省宣城市、芜湖市、合肥市等市总工会组织广大职工参加两项技能竞赛，经选拔，分别有45名工业机器人系统操作编程选手、36名数控加工赛项选手参加决赛。自4月上海市总工会聚焦长三角更高质量一体化发展国家战略，率先发起中国长三角地区职工劳动技能创新战略合作，并与苏浙皖三省总工会签署协议，并在组织实施九城市职工劳动技能竞赛中建立形成了“四大机制”，即发挥松江牵头作用，形成组织保障机制；树立九城同向目标，形成三级联动机制；搭建四方合作平台，形成人才共育机制；开启“挂图作战”模式，形成合力推进机制。发挥机器人编程和数控机床加工两个赛项的示范引领作用，以点带面，带动九城市各类职工劳动技能竞赛和创新活动。竞赛于9月19日闭幕。

（杨佳玲　褚安琪）

【松江区总工会召开松江区九城市职工劳动技能竞赛活动总结暨松江工匠命名表彰大会】 12月30日，松江区总工会召开松江区九城市职工劳动技能竞赛活动总结暨松江工匠命名表彰大会。会上，宣读了《松江区总工会关于对九城市总工会助推长三角G60科创走廊高质量发展职工劳动技能竞赛松江区优秀选手、优秀集体和优秀个人表彰的决定》和《关于表彰2019年度“松江工匠”的决定》。命名王晶等10人为2019年度“松江工匠”，并同时授予松江区五一劳动奖章称号。对获得九城市总工会助推长三角G60科创走廊高质量发展职工劳动技能竞赛一、二、三等奖的松江区优秀选手给予奖励，授予丁霖等7人松江区五一劳动奖章称号。授予永丰街道总工会等5家单位九城市总工会助推长三角G60科创走廊高质量发展职工劳动技能竞赛优秀组织奖。授予泗泾镇总工会等8家单位九城市总工会助推长三角G60科创走廊高质量发展职工劳动技能竞赛组织奖。授予孙秋权等6人九城市总工会助推长三角G60科创走廊高质量发展职工劳动技能竞赛优秀组织者称号。

（黄玮宁）

【上海隧道公司召开服务长三角，全力打响“上海制造”品牌誓师大会】 9月19日，上海隧道公司在隧道股份上海隧道机械制造分公司召开服务长三角，全力打响“上海制造”品牌誓师大会。市总工会副主席周奇，隧道股份工会主席朱东海，以及上海隧道党委书记、董事长李波，总经理裴烈烽等领导出席。会上，机械制造分公司总经理龚卫发言表达打响“上海制造”品牌的决心；朱东海为“上海工匠陈柳峰创新工作室”“上海工匠宋云创新工作室”授牌。周奇为机械制造分公司“地下工程装备产业工人队伍建设示范基地”揭牌，并宣布“工人先锋号”超大直径盾构机正式下线，同时宣布长三角市域铁路超大直径盾构机研发制造启动。会后，周奇等参观机械制造分公司的展示厅、60米企业优秀成果照片展示区，并观摩“上隧机械工匠杯”职业技能大赛及综合实训室。

（顾歆臻）

服务长三角区域一体化发展

【服务长三角区域一体化发展概况】 4月19日，沪苏浙皖总工会在上海召开长三角区域一体化发展工会合作会议，三省一市总工会共建信息交流平台，积极推进首届中国长三角地区职工劳动技能创新立功竞赛，在促进创新发展、推动重大项目、提升职工技能、提供服务保障等方面发挥作用，充分体现品牌效应。

建设行业职工岗位技能等级评价体系。举办首届中国长三角地区燃气职工劳动技能创新立功竞赛，聚焦燃气管道调压工种，覆盖三省一市燃气行业420家企业10万余职工，中国城市燃气协会、竞赛组委会联合发布《中国长三角地区燃气行业职工专项技能等级标准》，示范引领各行业协会、龙头企业开展技能等级认定。

4月19日，长三角工会合作签约仪式举行　（吴良荣　摄）

聚焦校企合作培育高技能人才。启动“长三角 G60 科创走廊九城市校企合作培育万名一线高技能人才计划暨职工劳动技能竞赛”，发挥专业院校高技能实训基地作用，打造由地方政府、工会组织、高校和行业企业组成的“产教命运共同体”。

打造长三角生态绿色一体化发展示范区。青浦、吴江、嘉善三地总工会签订合作协议，三地下属六镇建立毗邻地区工建共建联动工作载体，举行现代物流技能比武展示活动，并推动生态基础设施项目建设。金山与嘉兴两地携手开展“毗邻碧水保卫战”等多项劳动竞赛，打破属地界线限制，构建“上下游一盘棋”的生态绿色一体化发展新格局。

选树首届中国长三角地区劳模工匠人才创新工作室。经过两轮评审，从 339 个劳模工匠人才创新工作室中挑选综合评分特别优秀的 90 个组成“中国长三角地区劳模工匠人才创新工作室联盟”（上海 24 个、江苏 23 个、浙江 22 个、安徽 21 个），覆盖医药、医疗、汽车、能源、铁路、航空等产业，为长三角地区劳模工匠搭建交流平台。

开展重点行业系列活动。在杭州举行“全国首个‘926 工匠日’暨长三角工匠论坛”，在绍兴举行“中国长三角地区纺织行业职工职业技能竞赛”，提供工匠技艺的交流平台和工匠精神的展示窗口。

做好劳模疗休养等服务保障工作。召开长三角职工疗休养区域协作推介会，签署《推进中国长三角地区职工疗休养区域战略合作协议》。结合“卡卡福利”活动，推出上海旅游“长三角 PASS”卡上海工会会员服务卡持卡会员专属福利购活动。

（陈振兴　余嘉毅　殷崇莉）

【第一届沪浙滇区域工会联席会议在金山区召开】 12 月 24 日，第一届沪浙滇区域工会联席会议暨“沪浙滇区域工会联席会议框架协议”签约仪式在金山举行，金山区区委副书记、副区长刘健，区人大常委会党组副书记、副主任，区总工会党组书记、主席朱喜林，云南省普洱市人大常委会党组成员、副主任，市总工会主席秦永勋，上海石化股份有限公司党委副书记、纪委书记、工会主席马延辉，浙江省嘉兴市总工会党组成员、副主席丁曙明，上海化学工业区管理委员会计划财务处处长、工会副主席庄彬英等出席会议。会上，上海市金山区总工会、浙江省嘉兴市总工会、云南省普洱市总工会、上海石化工会、上海化学工业区工会共同签署《关于建立沪浙滇区域工会联席会议制度的框架协议》，并协商确定了第二届沪浙滇区域工会联席会议主办方，同时围绕困难职工帮扶主题进行工作交流。区总工会领导班子，各镇、街道、工业区及部分委办局工会主席，区总工会机关部室负责人，区工人文化宫领导班子及基层职工代表等共计 60 余人出席大会。（翁引明）

【青浦区总工会聚焦共建共育打造区域工会合作新模式】 青浦区总工会聚合青浦、吴江、嘉善三地工会组织资源，签署《服务长三角更高质量一体化发展职工劳动技能创新战略合作协议》，以提高三地职工劳动技能为抓手，推进“一个共建平台、两个重点项目、三个合作联盟”，打造长三角区域工会合作新模式。三地总工会围绕服务职工劳动技能创新发展主题，建立工建共建联席会议平台，形成区域间定期交流、实体化工作、信息共享三大工作机制。建立三方联络员制度，共建信息交流平台。深化三地劳动和技能竞赛活动，组织开展“聚焦示范区建设、聚力高质量发展”长三角一体化发展示范区立功竞赛活动，青浦、吴江、嘉善三地工会先后联合开展物流服务、智慧安保、文旅等行业技能比武活动。建设三地工匠学习交流平台，成立上海工匠学院青浦分院。聚焦重点产业、重点企业，建立“百家职工学堂”联盟，联合社区学校、校企联动平台和企业技术练兵比武平台等，持续加强对广大产业工人的思想政治引领；建立“百家企业工会联盟”，把立功竞赛深度融入到企业文化建设中去，推进企业转型升级；建立“三地劳模创新工作室联盟”，搭建技术交流学习平台，组织劳模创新工作室团队之间参观学习、交流经验。（朱建强）

【市纺织工会组队参加长三角纺织行业职工技能竞赛获佳绩】 9 月 28 日，长三角地区民营企业劳动竞赛现场交流会暨纺织行业职工职业技能竞赛在浙江绍兴柯桥开幕。活动以“携手长三角　建功新时代”为主题，由上海、浙江、江苏、安徽四省市总工会共同发起，共同探讨长三角一体化战略中工会作用发挥、产业工人队伍建设、工匠精神传承及行业职工技能提升等话题。全国总工会劳动和经济工作部部长王晓峰出席开幕式并讲话。在工匠沙龙活动中，上海森马服饰有限公司行政中心副总监、工会主席蒋成乐做《如何培育企业工匠文化》发言。本次长三角地区纺织行业职工技能竞赛设纺织面料设计（电脑图案设计）、服装制作、印染打样 3 个竞赛项目，市纺织工会组织了长宁、普陀、青浦、奉贤和东方国际集团 12 名选手代表上海市参加服装制作项目的比拼。经过角逐，上海雅缇服装有限公司王爱莲荣获服装制作竞赛一等奖，并获“长三角地区纺织行业技术能手”称号。上海八达纺织印染服装有限公司孟维玉，上海智浩服饰有限公司陈美全、方晓娟荣获二等奖。上海青禾服装股份有限公司史国荣、上海市服装研究所有限公司邓秀等获三等奖。

（郑鸦峰）

【上海医药集团开展零售门店长三角一体化劳动竞赛】 为落实上海市总工会首届中国长三角地区职工劳动技能创新立功竞赛活动的具体要求，上海医药集团工会在 2019 年组织开展了上海医药集团长三角地区零售门店“双比双争”劳动竞赛。竞赛自 6 月起拉开帷幕，得到了苏浙沪皖三省一市 10 家零售企业 600 余个零售门店的积极响应。此次技能竞赛是上海医药集团劳动竞赛的重要组成部分，是三省一市门店员工个人综合素质和技能水平的集中展示，对加强长三角地区之间技术比武、技能交流、技艺切磋，促进区域融合发展，提高窗口企业一线产业工人素质提升具有重要意义。（宋晓波）

【中建八局召开立功竞赛暨长三角一体化劳动竞赛推进大会】 为贯彻落实上海市委、市政府关于推动长三角一体化高质量发展的工作部署和立功竞赛活动的要求，4 月 16 日，中建八局在上海公司上钢社区租赁住房项目部召开 2019 年立功竞赛暨长三角一

上海医药集团开展零售门店长三角一体化劳动竞赛　　（王贤征）

体化劳动竞赛推进大会。大会表彰了金杯公司、金杯团队两项荣誉，为工会联合会、纪检创双优、农民工业余学校揭牌，为优秀农民工向云国工匠创新工作室授牌。与会领导分别为中建八局15个分赛区，项目党员先锋号、工人先锋号、青年文明号授旗。现场400余人集体宣誓，表达广大建设者参与长三角一体化建设和八局高质量发展的决心。4家单位和农民工代表先后发言，交流了金杯公司、优秀公司创建，优秀建设者岗位建功，农民工技能提升的经验和体会。自2014年开始，八局作为独立赛区参加上海市重点工程实事立功竞赛活动以来，各级工会积极推进，建立了局、公司、项目部三级联动的竞赛体系，激发了15个分赛区近10万人的参赛热情，6年来，共有75个集体、84名个人被上海市政府授予金杯公司、金杯团队、优秀公司、优秀团队、建设功臣和优秀建设者等荣誉称号，20名个人在年度立功竞赛表彰大会上受到上海市委、市政府领导的亲切接见，展示了八局铁军风采，提升了企业品牌影响力。

（郝国元）

非公企业工会改革

【非公企业工会改革情况】 2019年，市总工会按照“企业为主，区域覆盖、行业推动，分类实施、全面推进”的工作思路，聚焦“三个1000”工会建设，聚焦八大灵活就业群体，聚焦农民工建会入会，制订下发非公企业工会改革3.0版指导意见，推动非公企业工会改革持续深化。全年新成立基层工会组织2731个，工会组织总数较去年增长3.49%，新吸收基层工会会员99585人，工会会员总数较去年增长1.24%。聚焦三个“1000”建设，不断夯实工会基层组织基础。培育指导建设好1000个有活力的“小二级”工会。据统计，目前全市共有1009个“小二级”工会，覆盖基层单位5.34万家，覆盖职工130.3万名。打造1000个服务职工阵地。指导各区总更加聚焦“小二级”工会，建设与之相对应的1000个服务阵地，发挥其联系职工、服务职工的作用，将工会服务的触角进一步向基层延伸。配备建设好1000名“小二级”工会社工队伍，现有在街镇及以下的工会社工1145名。聚焦八大灵活就业群体，推动工会组织和服务有效覆盖。全市共吸纳灵活就业群体会员10.03万人，下拨配套资金2107.6万元，保障灵活就业职工入会服务资金，增强职工入会积极性。为10万名灵活就业群体工会会员提供一份价值80元为期一年的保障，切实提高会员抵御和防范疾病、意外风险的能力。在推动各护工护理员所在企业属地建会的基础上，通过市医务工会建立市级医疗机构护工护理行业工会。聚焦发挥央企国企示范引领作用，重点破解农民工建会入会难题。以江南造船为试点，开展劳务工建会入会，促进劳务派遣和项目外包单位建立工会组织。组织召开“稳就业促发展”农民工工作专题会议、农民工建会入会暨会员实名制管理工作推进会，在中建八局、上海船舶等10家大型央企国企试点推进农民工工会会员实名制管理。建立农民工工会会员数据库，录入25万农民工工会会员，提升对农民工会员组织、管理和服务的工作效能。　　（赵　萌）

【徐汇区总工会着力推进“小二级”工会建设】 徐汇区总工会以“小二级”工会组织建设为重点，指导各街镇总工会采取切实措施，推动区域内的园区、楼宇、小区以及企业较为集中的行业普遍建立“小二级”工会组织，并培育先进典型。全年共有4家单位被评选为上海市“小二级”工会示范点，其中3家被纳入优秀成果选评范围；3个基层单位创新案例被评为非公企业工会改革创新案例；2家企业工会被评为2019年非公企业工会改革民营企业工会示范点，2人被评为非公企业工会改革先进个人。　　（徐艳杰）

【长宁区总工会召开深化非公企业工会改革推进会】 1月7日，长宁区深化非公企业工会改革推进会在北新泾街道召开，市总工会副主席周奇，长宁区人大常委会副主任、总工会主席刘英，长宁区副区长孟庆源，各街道（镇、园区）分管副书记，总工会主席、专职副主席以及北新泾街道非公企业工会主席等100人参加会议。与会领导实地参观上海兰卫医学检验所股份有限公司实验室，随后观看北新泾街道工会工作专题片并听取上述单位的交流发言。会上，与会领导为北新泾街道“职工服务分中心”“新时代职工学校”揭牌。　　（贲　放）

【宝山区非公企业工会改革取得成果】 2019年，宝山区非公企业工会改革不断推进深化，高境、大场、月浦总工会相继召开深化非公企业工会改革现场会；罗店、淞南案例获评上海市非公企业工会改革创新案例；大场、罗泾、宝山工业园区等4家企业获评民营企业工会示范点；顾村、高境、杨行、庙行、张庙、吴淞等10家“小二级”工会获评上海市非公企业工会改革“小二级”工会示范点，顾村镇工业园区

工会联合会获评示范点优秀成果一等奖。（沈　英）

【金山区召开深化非公企业工会改革现场推进会】 10月16日，“不忘初心、牢记使命”金山区深化非公企业工会改革现场推进会暨第三季度直属工会主席例会在海阔东岸文化创意产业园召开，区委常委、区委组织部部长白锦波出席会议，区人大常委会副主任、区总工会主席朱喜林主持会议，区非公企业工会改革工作领导小组成员，各直属工会主席，各街镇（工业区）总工会副主席，各“小二级”工会主席、专职工会干部以及区总工会机关各部室负责人、区工人文化宫班子成员等120余人参加会议，会议邀请区“不忘初心、牢记使命”主题教育第三指导组现场指导。会上对2019年深化非公企业工会改革中期评估总体情况进行通报，对“不忘初心、牢记使命”百人以上企业建会专项行动进行了部署，还以书面形式部署了深化非公企业工会改革集中建制专项行动，并为15家上海职工学堂授牌。（卫婷怡）

【松江区总工会召开深化非公企业工会改革推进会】 7月3日，松江区总工会召开进一步深化非公企业工会改革推进会，区总工会党组书记、副主席陈军康在会上提出，要提高政治站位，进一步提高对深化非公企业工会改革工作的认识。要明确改革目标，不断加大非公企业工会改革的推进力度。要抓好工作落实，推进非公企业工会改革向纵深发展。区总工会副主席王斌解读《松江区总工会关于深入推进非公有制企业工会改革发展的意见》，方松街道、九亭镇、经开区、车墩镇总工会作交流发言。（朱　慧）

【青浦区赵巷镇总工会扎实推进非公企业工会改革工作】 青浦区赵巷镇总工会加强基层工会组织建设，推动完善联席会议工作制度，努力提升工会干部队伍素质能力，让非公企业工会“建起来”“转起来”“活起来”。一是扩大基层工会组建率。以区域化党建为引领，聚焦工会主责主业，把依法依规推动非公企业建会作为重要工作内容。按照“哪里有职工群众，哪里就要有工会组织”的原则，根据经营规模、员工数量，进行重点企业走访调研，探索新型业态工会的建会工作，完善工会组织网络。二是推进制度落实常态化。不断扩大集体协商、集体合同的覆盖面，把协商领域由传统产业向新兴产业拓展。有效落实商业商务区改善营商环境联席会议制度，每年召开2次会议。通过联席会议平台，探索专业化、常态化的组织活动形式，加强工会工作交流，促进企业劳动关系融洽和谐。三是提升工会干部专业性。建立健全工会积极分子、工会工作志愿者队伍，完善社会化、职业化社工队伍。根据工会干部的岗位特点和实际需求，多层次、全方位开展培训，通过培训使工会干部明确“做什么”“怎么做”，提升工会的影响力、吸引力、凝聚力。（朱建强）

国企工会改革

【上海国有企业工会改革取得成效】 2019年，上海各区、局（产业）工会高度重视国有企业工会改革，积极推进改革工作取得成效。在全市88家国企改革试点单位中，94%的企业党组织健全完善了定期研究工会工作重大问题机制，92%的单位将工会工作纳入党建、行政考核范畴，59家单位修改了公司章程纳入工会改革内容，制订或修订253个企业管理制度，80%的试点单位建立会员评价工会工作机制，平均满意率达96%，取得党组织和职工“双满意”、企业效益和工会工作成效“双提升”的良好效果。从中选树50个优秀案例，形成《上海国企工会改革试点单位工作成果汇编》，其中20家被确定为国企工会改革工作示范单位，总结推广“2+6”的工作经验。“2”即“2个必须”：必须加强党组织对工会工作的领导和把关定向，必须健全完善会员群众对工会工作的评价机制。“6”即“6个强化”：强化工会工作融入企业治理结构，强化企业民主管理制度建设，强化面向产业工人的工会工作，强化国企切实履行社会责任，强化构建服务关爱体系，强化工会组织自身建设。（王珍宝　陈　蓓）

【城投水务集团积极推进业务外包单位建会】 水务集团把业务外包单位是否建立工会作为与企业合作的准入条件，要求集团采购管理中心会同供水公司，对于合同期内的业务外包单位，明确要求其在合作期内必须建会，并指导督促其尽快完成建会工作；对于拟通过招标方式形成合作关系的业务外包单位，在招标文件中明确建会要求，并将相应条款写入合同文本，督促其建会。并要求业务外包单位主动联系上级工会，依法依规开展建会工作。同时，集团工会制订下发《关于推进业务外包公司普遍建会工作的实施意见》。全部16家业务外包单位全部完成建会工作，并签订《城投水务集团业务外包单位工会联建、共建协议》，实现了“分类指导，上下联动、资源整合、优势互补”的工作格局。水务集团还积极带领业务外包单位开展立功竞赛、技能比武、评先评优等活动，并做好业务外包工的劳动保护、健康体检等工作。（沈忆锋）

【徐汇区推进国有企业工会改革走好“三步”、增强“三性”】 一是党委靠前一步，加强对国企工会的组织领导，不断增强国企工会的政治性。区委加强对国企工会改革的领导和支持。牵头成立国企工会改革工作领导小组，指导制订“1+N”方案体系，下发规范性文件，并召开专题部署会，明确国企党委对工会建设的领导责任，要求区属国企党委将工会建设纳入企业党建同部署、同推动、同考核。优化国企工会领导班子人选同级党组织推荐机制，改进工会工作人员的结构和来源方式。二是工会深入一步，推动完善职工参与的企业治理结构，不断增强国企工会的群众性。工会推进企业治理“三个纳入”。将工会、职代会、集体协商、职工董监事制度等内容纳入企业治理体系，全区各集团公司全面完成了各自企业章程的修订。全区各集团公司修订了《职工代表大会实施办法》，建立了多级职代会制度；制定出台了职工董监事产生程序，鼓励职工董监事依法履职；持续推进集体协商制度，签订集体合同与专项集体合同。通过劳模创新工作室带动、制定职称提升规划等，推动知识型、技术型、创新型职工队伍建设。三是作用拓展一步，切实围绕中心服务大局，不断增强国企工会的先进性。探索国企工会与地区工会合作机制，区属集团公司与街道总工会联动促进所辖园区非公企业建会、建制和开展集体协商；鼓励区属国有企业工会将资源向所在社区、上下游企业和相关的产业园区开放共享；建立工会干部专兼挂制度，试行区总工会与国企工会干部双向挂职锻炼机制，鼓励非公企业工会干部到国有企业工会挂职，把国企工会建设为工会干部交流培养平台。

（王正望）

【浦东新区总工会全面推进国有企业工会改革工作】 12 月 25 日，浦东新区总工会召开全面推进加强和改进浦东新区国有企业工会工作会议，在总结试点经验基础上，对全区国有企业工会改革工作作出部署。区总工会采取试点探路、由点到面的工作路径，在 18 家区属企业中确定陆家嘴集团、张江集团、金桥集团、外高桥集团、浦发集团和浦交公司等 6 家在区域或行业中具有引领性或代表性的区直属国有企业作为试点单位，经一年多的探索，6 家试点单位特点明显，并取得阶段性成效，为全面推进国有企业工会改革工作提供了典型经验。 （陈 维）

【徐汇区总工会深入推进国有企业工会改革】 新徐汇（集团）有限公司被列入全市国企工会改革市级层面 10 家试点单位之一，在徐汇区总工会指导下，制订出“1+7”国企工会改革体系方案并予以实施，形成许多成功经验。在新徐汇集团改革试点的基础上区总工会全面推进区内国有企业工会改革工作。通过点对点、面对面的辅导，指导企业工会做好共性规定动作，在自选动作上突出亮点，取得良好效果。徐汇区 9 家集团公司、2 家区国资委直属企业工会以及华泾镇 2 家试点单位，全部建立领导小组，制订了总方案和子方案，并根据各单位具体情况组织实施，结合各单位的特点形成了一批各有特色的经验做法。 （李 莹）

【青浦区总工会召开加强和改进国有企业工会工作推进会】 3 月 19 日，青浦区总工会召开加强和改进国有企业工会工作推进会。区委组织部、区国资委及区属国有企业相关负责人参加会议。青浦淀山湖新城公司、青浦巴士公司 2 家试点单位做了工作交流。会议介绍国企工会改革工作的背景、市总工会对于国企工会改革工作的要求及青浦区开展国企工会改革工作的现状，并就接下来如何做好区内国企工会改革工作做了具体部署。

（朱建强）

【市仪电工会召开会议传达国有企业工会改革工作会议精神】 11 月 13 日，市仪电工会召开重点子公司和直属单位工会主席会议，传达国有企业工会改革工作会议精神，仪电工会领导和各重点子公司、直属单位工会主席出席会议。会议传达学习了全国推进产业工人队伍建设改革工作电视电话会议精神和本市全面推进国有企业工会改革工作会议精神，部署仪电工会近期及下阶段重点工作。各重点子公司和直属单位进行了工作交流。会议要求，仪电系统各级工会要贯彻全总和市总会议精神，要以党的十九届四中全会精神为指导，扎实推进当前工作，认真谋划好明年工作，要以务实创新的工作作风，全面深入推进实施工会改革和产业工人队伍建设改革工作，要以更担当的精神，落实好仪电工会当前的各项重点工作。 （周黎俊）

【上港集团进一步加强和改善党对工会工作的领导】 上港集团党委会专题研究工会改革试点工作方案，建立了由党委分管领导牵头的试点工作领导小组，统筹规划试点工作总体目标和阶段性方案。在集团党委的推动下，基层党组织将工会工作纳入党委会议事范围，形成季度专题研讨机制和酝酿工会改革创新重要举措、筹备召开重要会议、计划重大财务支出等重大问题及时向同级党组织和上级工会请示、报告的机制，形成了两级互动、有效衔接的领导体系。工会组织建设坚持做到“三个同步”，即：工会组织与企业经营机构同步设置，工会干部和企业经营人员同步配备，工会工作和企业经营活动同步开展。目前，集团 39 个二级工会均为独立建制，配备专职工会干部 56 人；党委建制二级单位原则上由党委副书记兼任工会主席，工会人员培养、任用、交流纳入党委干部部总体安排；工会副主席相当于部门正职职级的覆盖率达到 93.75%；部门工会主席和三级单位工会主席专职化稳步推进。集团将职工信任度测评纳入干部考核体系，将职工满意度测评纳入会员监督体系，将工会工作纳入党建责任制考核机制，保障各项改革举措落到实处，体现实效。在考核结果应用上抓好“两个挂钩”，即考评结果与基层单位党政领导年度考评挂钩、与党政领导效益激励挂钩，产生了良好的督促效应。

（施文卿）

【锦江国际集团持续推进国有企业工会改革】 根据市总《关于加强和改进本市国有企业工会工作的指导意见》要求，结合《关于全面推进本市国有企业工会改革的通知》精神，锦江国际集团工会持续深化、有序推进国有企业工会改革，2 家试点单位虹桥郁锦香宾馆和上海食品研究所改革方案形成了具体案例，在集团相关单位中起到了借鉴和推广作用。围绕市总和集团党委的工作要求，集团工会认真落实新时代党的建设总要求，积极依靠党建带工建，工建促党建，在“不忘初心，牢记使命”主题教育活动中，提升各级工会组织力，让广大职工更有幸福感、获得感。 （顾明方）

劳动报融媒体改革

【劳动报融媒体改革】 劳动报社自 2018 年 7 月起正式启动融媒体改革工作。报社群策群力，草拟方案、反复论证，市总工会先后多次召开党组会、主席办公会、专题会，听取报社融媒体改革工作的汇报。市总领导前后 7 次到报社专题调研，报社领导班子召开专题研讨会 22 次，方案修改数十稿，最终形成了 6 个方面的改革举措。2019 年 3 月 4 日，五大中心筹备组成立，分头落实中心筹备工作，各自制订中心运作方案。5 月 20 日，五大中心正式成立。6 月 10 日，融媒体试运行启动，劳动观察 APP 启动试运行。7 月 5 日，以庆祝《劳动报》创刊 70 周年座谈会为契机，劳动观察 APP 正式上线。一是全力打造劳动观察 APP，媒体工作格局不断优化。以坚持新闻属性，兼顾服务功能为宗旨，APP 首页开设头条、城事、工会、就业、劳权、生活等 9 个频道，各频道下设 2—4 个栏目，做到体量轻、内容专、特色鲜明。

APP 聚焦工会和职工关注的热点问题，日均发稿量 169 篇，成为职场人的天地、劳动者的家园、工会干部的好帮手。同步建设融媒体指挥中心——中央厨房，构建以报和网为支撑、以微和端为核心的融媒体平台全新格局，实现“一体策划、一次采集、多元生成、多渠道传播”。二是实现采编流程再造，提高采编体系运行效率。结合劳动观察 APP 的开发上线和中央厨房的建设，对采编流程进行了调整优化，制订了全平台采编流程方案。坚持编前会和三审制度，健全由记者、编辑、二审和三审构成的稿件质量保证体系。将全体采编人员生产制作的各类新闻产品纳入报社采编系统管理流程，构建顺畅安全高效的采编体系。三是实现大部制扁平化管理，放大一体效能。根据市总党组有关大部制设置、扁平化管理的工作要求和媒体融合发展的趋势，报社将原来 16 个部门进行撤销、归并和整合，成立党政中心、工会中心、时政中心、编辑中心、经营中心（报业公司）五大中心，取消行政级别，实行总监负责制。同时对办公大楼的功能布局进行重新规划设计，按照五大中心的格局，对办公环境空间进行改造，实现了物理层面的聚合，为媒体融合提供现实基础和行政保障。四是完善绩效考核机制，调动报社员工的积极性。重新打造了全新的绩效考核机制，合理提高薪酬水平，并建立了有各中心特点的考核激励机制。对采编、管理和经营人员实行统一管理、分类考核，建立全新的激励导向，大大地激发了员工的积极性，记者完成字数、稿件数均创记录。五是优化经营模式，做强内部管理。实行采编与经营分开，做实经营中心，实现采编工作与经营工作之间业务分开、队伍分开、考核奖励分开、财务分开、管理分开。拓展订阅模式，做好发行工作，除了“微信扫码订阅”“网站订阅”“电话订阅”3 种方式，在劳动观察 APP 上开通了订报渠道，作为主打订阅方式进行推广，吸引更多读者下载劳动观察 APP。探索新的盈利模式，开辟新的经济增长点。2019 年报社继续扩大对外合作，承接拍摄、微信制作等业务，在做好《上港足球周刊》《健康周刊》的同时，推出《幸福女性周刊》《教育周刊》《东方时尚周刊》，紧贴职工所需，反映职工所求，同时取得了社会效益和经济效益双丰收。

（胡晓云）

工匠馆建成开馆

【“时代奋斗者”——上海工匠馆建成】 集中展示上海 150 余位大国工匠、上海工匠，全国第一个 5G 信号覆盖的现代展馆——坐落于上海市工人文化宫（西藏中路 120 号）一楼的“上海工匠馆”，9 月 28 日正式对外开放，献礼中华人民共和国成立 70 周年。中华全国总工会副主席、书记处书记、党组副书记张工，上海市委副书记尹弘共同为上海工匠馆揭牌。市人大常委会副主任、市总工会主席莫负春，副市长彭沉雷等出席开馆仪式。约 1750 平方米的展馆，讲述了海派工匠的发展历史，展现了百余年来海派工匠的智慧与精湛技艺，开设了工匠学堂，邀请了上海工匠走进展馆现场展示技艺、传授技能、弘扬精神，让观展者在兼具可看性、实操性和仪式感的临展区中，亲身体验到“明日工匠”的快乐和自豪，让更多的青年职工在这里接受匠心传承的“第一课”。上海工匠馆开馆三个月内共接待团队 355 批次，总人数 48155 人。

上海工匠馆由 6 大部分组成，即：序厅、四个主体部分、临展空间。展厅主体部分以时间为脉络分为四个部分：第一部分 1843—1949 年，初生萌芽、汇聚“能工巧匠”。主要通过外滩万国建筑群集中展现了上海匠人巧夺天工的高超技艺、敢于挑战的民族精神；以江南制造总局为代表的上海近代最早民族工业发展，讲述了一代代匠人学贯中西、兼收并蓄，刻苦钻研、探索制造的故事。第二部分 1949—1978 年，自力更生、孕育“上海制造”。在万吨水压机等大型制造设备的研制，航天、纺织、建桥、造船等行业的快速发展中，涌现出一批批“上海老师傅”，他们以“蚂蚁啃骨头”精神，团结协作、匠心报国，为上海建设先进工业和科学技术基地奉献了青春和汗水。第三部分 1978—2012 年，开放包容、重铸“上海品牌”。主要讲述浦东开发开放、四个中心建设、文化教育卫生事业和城市建设、以及知名品牌中的工匠故事，折射上海城市建设和发展离不开工匠的勤劳和智慧。第四部分 2012 年至今，创新引领、迈入“匠心智造”。重点展现了洋山四期“无人码头”、上海中心、北横通道等重大工程建设、载人空间站交会对接、大飞机、汽车电子主轴、核工业叶片、机械臂等制造业发展、玉佛寺平移、海派陶瓷艺术、金山丝毯、顾绣等传统技艺及非遗文化，展示了富有旺盛的创新激情和创造活力的上海工匠新形象、新贡献。

上海工匠馆按照“以物见技、以技见人、以人见精神”的展示原则，以“时代、人物、技艺、成果”为展示要素，以实物、模型、多媒体、互动等展示方式，展示了纺织机、工具磨床、玉兔二号、北横通道盾构、981 钻井平台、万吨水压机等 150 余件实物或模型，讲述了包起帆、李斌、徐小平、王军、胡双钱、王曙群等 100 余位上海工匠的故事。馆内还采用了较多互联网信息技术及互动装置等，如“上海工匠铸就城市荣光”查询屏、“魔镜墙”趣味问答、5G 体验等互动设施 10 余项。

上海工匠馆的建设还引入了众筹办馆理念，本市各级工会积极响应，献计献策、收集展品、捐献实物、订制模型。不少上海工匠都积极投身工匠馆的建设中，例如：已故的上海市总工会兼职副主席、上海电气液压气动有限公司液压泵厂数控工段长、上海工匠李斌生前把亲手做的“指环王”零件交给工匠馆筹建组。（王家辉　王奇峰）

【中国电信上海公司为“上海工匠馆”提供通信网络保障】 9 月 28 日，全国第一个 5G 信号覆盖的现代展馆——“上海工匠馆”正式开馆。中国电信上海公司作为唯一通信运营商为“上海工匠馆”提供 5G 覆盖，摄制了 9 位代表上海工匠水平的 8k 纪录片，并为工匠馆提供 8k 超高清电视、智慧党建 VR 眼镜、AR 智慧工业、5G CPE 等展品。中国电信上海公司副总经理、工会主席常朝晖，全国劳模、上海工匠徐珺出席工匠馆揭牌仪式。徐珺受邀在揭牌开馆现场为出席揭牌开馆仪式的全总和市委领导进行暗线穿管和隐形光纤的演示。新业务部、移互部、中区局、办公室和徐珺工作室为工匠馆提供通信网络保障。（殷　茵）

要闻大事

领导调研指导

【李强看望慰问劳模先进代表柴闪闪】 5月1日，市委书记李强前往中国邮政集团上海市邮区中心局上海站邮件转运部，看望慰问坚守岗位的基层一线职工和劳模先进代表柴闪闪，并代表市委、市政府向广大劳动者致以诚挚的节日问候。李强观摩操作车间，了解上海邮政物流网络建设、智能分拣、提高邮递准确率等方面工作进展，同节日加班的邮政工人一一握手，仔细询问他们的工作和生活情况，并走进柴闪闪工作室，了解他所在青年班组的业务开展和团队建设情况，勉励广大青年职工大力弘扬劳模精神、劳动精神、工匠精神，干一行爱一行，钻一行精一行，不断提高综合素质，练就过硬本领，为上海建设"五个中心"、打响"四大品牌"贡献智慧和力量。（王 瑛）

【李玉赋新春慰问一线职工】 1月11日，全国总工会党组书记、副主席、书记处第一书记李玉赋先后前往闵行区总工会、上海拉夏贝尔服饰股份有限公司和上海航天技术研究院，走进职工食堂、科研实验室，同大家一起包馄饨汤圆，写春联、"福"字，送上全国总工会的节日问候。在"新春送祝福春联"送温暖送祝福活动现场，和环卫职工、生产一线职工一起欣赏新春节目。在上海航天技术研究院，他参观科研实验室、职工之家、樊蓉巾帼创新工作室，接见上海航天设备制造总厂有限公司对接机构总装组班组长王曙群等劳模先进代表，与科研一线职工亲切交谈，并送上节日问候。（徐鑫悦）

【李玉赋赴上影集团调研】 6月19日，全国总工会党组书记、副主席、书记处第一书记李玉赋带领调研组，围绕学习贯彻习近平总书记在"不忘初心、牢记使命"主题教育工作会议及在同全总新一届领导班子成员集体谈话时的重要讲话精神，结合开展主题教育，落实工会十七大目标任务，赴上海基层联系点上海电影（集团）有限公司开展调研。李玉赋强调，"不忘初心、牢记使命"主题教育已经全面展开，各级工会要按照党中央的统一部署，精心组织实施、抓好工作落实。要深入学习贯彻习近平新时代中国特色社会主义思想特别是习近平总书记关于工人阶级和工会工作的重要论述，牢记全心全意为人民服务的根本宗旨，牢牢把握工人运动时代主题，切实履行基本职责，以实际行动赢得职工群众的信赖和支持。李玉赋要求，各级工会要在职工群众中大力培育和弘扬劳模精神、劳动精神、工匠精神，组织动员职工群众积极建功新时代。工会干部要提高能力水平，带着感情去做职工群众工作，把包括农民工在内的广大职工组织起来，真情关心关爱职工群众，既要送物质温暖，也要送精神食粮，把职工群众更加紧密地团结在党的周围。上海市人大常委会副主任、市总工会党组书记、主席莫负春、市总工会副主席姜海涛陪同调研，上影集团董事长、党委书记任仲伦，党委副书记、副总裁马伟根，纪委书记何文权，上影集团工会主席严峻等参加调研。（高 昇）

【李玉赋慰问一线职工】 12月25—26日，全国总工会党组书记、副主席、书记处第一书记李玉赋先后前往市公安局青浦分局国家会展中心治安派出所、上海工匠馆以及上影演员剧团，为一线干警、劳模工匠们、老艺术家们带上大红围巾，向困难职工递上慰问金，送去来自工会的关怀。在上海工匠馆，仔细观看百年海派工匠发展史。在上影演员剧团，为上海电影制片厂国家一级导演于本正，上影集团金牌制片人张建民等市劳模代表，以及剧团内的佟瑞欣、崔杰、毛永明、张芝华、毕远晋、严永瑄、王志华、吴海燕、达式常等一批老艺术家们一一戴上红围巾，递上慰问信和慰问礼包，并祝愿老艺术家们身体健康，平安幸福。（徐鑫悦）

【郭明义调研国网上海市电力公司谢邦鹏劳模创新工作室】 7月11日，全国总工会副主席郭明义一行到浦东公司谢邦鹏劳模创新工作室调研。上海市总工会副主席周奇，公司工会主席娄为，浦东公司党委书记奚珣等陪同调研。郭明义一行参观工作室并与青年员工开展座谈，就公司劳动竞赛、创新创意工作开展情况等进行研讨。郭明义充分肯定了谢邦鹏劳模工作室发挥劳模示范的聚集效应、辐射效应和品牌效应，为弘扬工人阶级伟大品格和劳模精神起到了良好的示范作用，并希望谢邦鹏劳模工作室能进一步解决生产经营活动中的重点和难点问题，推进产业工人队伍建设深入发展。此外，郭明义还详细询问了国网上海市电力公司劳动竞赛制度以及培训、考核体系，深入了解公司青年员工的成长经历和参加劳动竞赛的情况，劳动竞赛组织是如何体现创新、实现专业融合、如何扎根一线突出实用性。郭明义表示，来自生产型企业的建议，可以为党中央决策给到帮助，为下一步工作提供方向，此次调研，为今后全国总工会劳动竞赛工作开展带来不少新启发。（潘 锋）

【郭明义一行到中建八局调研指导】 7月11日，全国总工会副主席郭明义率领全总调研组赴中建八局总部，就工会开展劳动技能竞赛和创建劳模创新工作室等工作进行调研，听取农民工及一线职工代表关于改进劳动技能竞赛的意见和建议。全国总工会经济工作部副部长闵迎秋，上海市总工会副主席周奇等领导陪同调研。局党委副书记、工会主席于金伟，副主席王为兵及八局职工代表参加调研会议。会上，郭明义与八局农民工代表和职工代表进行座谈交流，并向参会代表赠送《改革先锋》《幸福就这么简单》等自著书籍。上海市五一劳动奖章获得者、农民工代表黄德彪、陈浩、向云国等结合自身的工作经历，汇报了参加八局劳动技能竞赛的感受和体会。全国五一劳动奖章获得者毛登文、上海工匠孙晓阳从一线职工角度介绍了基层项目开展劳动竞赛推动工程建设的经验。大家还从不同角度就企业开展劳动技能竞赛等问题提出了建设性意见和建议。郭明义对八局的企业实力和品牌影响力印象深刻，对八局开展劳动技能竞赛和劳模创新工作室创建工作给予了充分肯定，尤其是对八局劳动竞赛及时考核及时兑现的特色做法，对优秀农民工积极选树和优先使用的经验给予了高度评价。同时，他强调企业要加大对一线职工尤其是农民工的关心关爱力度，积极为农民工的技能提升和成长成才搭建平台；要打通企业与高技能工人之间的用工通道，把能力出众、技术精湛的优秀工人吸纳到企业中来，实现企业和人才的共同促进、共同成长。（郝国元）

【郭明义一行调研职工技能培养情况】 7月12日，全国总工会副主席郭明义一行来到陆家嘴金融贸易区总工会上海中心大厦职工服务站调研指导工作，参观位于空中花园区的全国职工书屋示范点，并现场认领了"微心愿"。他高度肯定浦东劳动和技能竞赛近几年取得的成绩，希望浦东在这方面继续深入探索，大胆突破尝试，为劳动竞赛开辟新的赛道，为广大奋战在改革开放第一线的职工群众搭建广阔舞台。在中建八局总部，他对工会开展劳动技能竞赛和创建劳模创新工作室等工作进行调研，郭明义强调企业要加大对一线职工尤其是农民工的关心关爱力度，积极为农民工的技能提升和成长成才搭建平台，实现企业和人才的共同促进、共同成长。

（徐鑫悦）

【许山松一行来沪专题调研《工会法》实施情况】 3月12—13日，全国总工会书记处书记、党组成员许山松，全国总工会法律工作部部长江南，在上海市总工会副主席张得志、刘言浩陪同下，实地走访宝山区总工会、中国电信上海公司、罗氏制药等单位就《工会法》实施情况进行专题调研。听取上海市总工会作的《上海工会贯彻实施〈工会法〉情况汇报》和《上海工会法律工作情况汇报》。13日，在中国电信上海公司召开座谈会，会上许山松一行听取了中国电信上海公司、上海汽轮机厂、上海罗氏制药公司、上海新徐汇集团公司《工会法》实施情况的专题汇报，并同与会人员进行了座谈交流。全总领导和市总领导对中国电信上海公司推进实施《工会法》的具体举措和在强化党对工会的领导、加强基层工会组织建设、关心关爱员工、维护员工合法权益等方面的做法给予充分肯定。希望上海公司和上海公司工会继续坚持以员工为中心的工作导向，全面贯彻《工会法》，履行好维护员工合法权益、竭诚服务职工群众的基本职责，坚持依法建会、依法治会、依法维权，面对新情况新问题主动寻找对策，勇于探索、加强研究，不断创造出更多鲜活的经验和做法。许山松一行还实地参观了中国电信上海公司信息生活体验馆，并体验了5G云VR、云电脑等新业务。

（王晶殷茵）

11月8日，市人大常委会副主任、市总工会主席莫负春一行在进博会慰问医疗保障人员（马艳芳）

【莫负春赴嘉定考察劳动就业情况】 2月24日，市人大常委会副主任、市总工会主席莫负春来到嘉定区春风行动暨百家企业招聘洽谈会现场了解招聘就业情况。招聘洽谈会聚集了传统制造业、生活服务业、新能源汽车产业和服务业等多个行业的企业招聘人员和求职者。在现场，莫负春与摊位前求职者和企业招聘人员逐一交流，仔细了解求职者的就业意向、薪资要求、学历层次和技能水平，了解企业的经营状况、春节后外省市户籍职工返岗情况、当前招工情况等问题。随后，莫负春主持召开座谈会，认真听取了嘉定区人社局、嘉定区总工会关于稳定就业的工作做法，并听取、了解区内3家企业用工情况的介绍。（黄点点）

【莫负春带队深入进博会现场慰问医疗保障人员】 11月8日，市人大常委会副主任、市总工会主席莫负春和市总工会副主席周奇一行来到进博会场馆和场外的城市保障指挥中心，看望和慰问了服务、保障进博会的医疗、海关、司法、交通保障、内宾接待、绿化环卫、网格化管理等一线职工。莫负春一行在市卫生健康委党组副书记、市医务工会主席郑锦、华山医院党委书记邹和建、市卫健委应急办主任何智纯、市医务工会常务副主席何园等的陪同下来到位于国家会展中心北大厅一站式服务中心内的1号医疗站点慰问在场的医务人员、疾控中心、急救中心工作人员和红十字会医疗志愿者等。莫负春认真听取有关人员的汇报和介绍，并且与大家亲切交谈。他再三叮嘱大家要保重身体，在充分肯定医疗保障服务工作的同时，勉励大家再接再厉，全力以赴，继续以最昂扬的精神、最充足的干劲做好进博会医疗保障服务工作，为上海新一轮发展建功立业。（马艳芳）

2019 年大事记

1 月

3 日 上海工会服务职工实事项目发布会暨元旦春节送温暖活动启动仪式，在中国（上海）创业者公共实训基地举行。市总工会领导，各区局（产业）工会主席，市总工会机关各部室、各直管单位负责人，部分职工代表出席启动仪式。市人大常委会副主任，市总工会党组书记、主席莫负春出席并讲话。

4 日 市总工会召开市总工会女职工委员会联席会议。市总工会女职工委员会主任、联席会议成员出席会议。市人大常委会副主任，市总工会党组书记、主席莫负春；市总工会党组副书记、副主席姜海涛到会并讲话，市总工会副主席、女职工委员会主任桂晓燕主持会议。

8 日 全国厂务公开民主管理检查调研上海汇报会在市总工会机关举行，市总工会领导、市厂务公开成员单位领导、市总工会机关有关部室负责人出席汇报会。

9 日 全总党组书记、副主席、书记处第一书记李玉赋一行来沪送温暖，前往上海拉夏贝尔服饰股份有限公司和上海航天技术研究院等单位慰问一线职工。市人大常委会副主任，市总工会党组书记、主席莫负春，市总工会党组副书记、副主席姜海涛，副主席张得志，秘书长宋钟蓓陪同慰问。

18 日 市委副书记尹弘到市总工会机关调研，听取市总工会工作汇报。市总工会领导及机关各部门负责人参加。

22 日 市总工会召开市总工会十四届三次全委（扩大）会议，回顾总结 2018 年工作，研究部署 2019 年主要任务。市委副书记尹弘到会并讲话。

24 日 “团团圆圆年夜饭——上海工会向外来建设者致敬”活动在浦东新区举行，市人大常委会副主任，市总工会党组书记、主席莫负春出席并讲话，市总工会党组副书记、副主席姜海涛，副主席张得志、刘言浩，秘书长宋钟蓓出席活动。市总工会为节日期间坚守岗位、为城市发展做出贡献的外来建设者送上年货、电话卡、文艺演出等。

27 日 市人大常委会副主任，市总工会、党组书记主席莫负春赴沙家浜休养院，慰问援外干部。市政府合作交流办党组书记、主任姚海，市总工会党组副书记、副主席姜海涛，副主席张得志以及来自浦东、徐汇、普陀、宝山、松江、市级机关等区局（产业）工会主席一同参加了慰问。

2 月

2 日 市总工会召开市总工会机关系统 2018 年度先进表彰会。市总工会领导，市总机关干部、各直管单位班子成员参加。

20 日 市总工会召开机关系统全面从严治党暨加强党风廉政建设大会。市人大常委会副主任，市总工会党组书记、主席莫负春出席会议并讲话；市总工会党组副书记、副主席姜海涛主持会议，市纪委监委驻市总工会机关纪检监察组组长高黎萍及市总班子其他成员参加会议。

20 日 市总工会召开市总工会十四届四次全委（扩大）会议，传达学习全总十七届二次执委会和三次主席团会议精神。

20 日 市总工会召开上海工会 2019 年度劳动关系和权益保障工作会议。市总工会副主席张得志、刘言浩出席会议并讲话。

25 日 李斌同志追悼大会在上海市龙华殡仪馆大厅举行。李斌同志是中国共产党的优秀党员、中国工人阶级杰出代表、新时代知识工人的楷模、著名全国劳模、上海电气液压气动有限公司液压泵厂数控工段长，上海市总工会兼职副主席，他于 2 月 21 日在上海逝世，享年 58 岁。

27 日 市总工会召开上海工会深化经审改革工作推进会。市总工会党组副书记、副主席姜海涛，市纪委监委驻市总工会机关纪检监察组组长高黎萍，市总经审会主任丁巍以及市总工会经审会委员，各区局（产业）工会主席、工会经审主任、干部，市审计局相关处室及区审计局主要负责人，市总工会相关职能部门、直管单位负责人出席会议。市人大常委会副主任，市总工会党组书记、主席莫负春到会并讲话。

3 月

5 日 市总工会发布年度调研课题计划，形成“9（重点课题）+21（招标课题）+16（委托课题）”的课题体系，推动大调研常态化制度化。9 个重点课题共梳理出 29 个问题清单，并同步建立措施清单、解决清单、制度清单，推动解决劳务派遣工、项目外包工建会入会、非公企业工会经费收缴管理等一批重点难点问题，完成多篇课题调研报告。

5 日 市总工会召开“稳就业、促发展、加快农民工队伍建设”推进会。市总工会党组副书记、副主席姜海涛，副主席周奇、刘言浩，秘书长宋钟蓓，以及各产业（集团）工会主席出席会议，市人大常委会副主任，市总工会党组书记、主席莫负春到会并讲话。

6 日 市总工会女职工委员会七届二次全委（扩大）会议举行。市总工会副主席、女职工委员会主任桂晓燕出席并作工作报告，秘书长、女职工委员会副主任宋钟蓓出席会议。

6 日 市总工会举办上海工会纪念三八国际劳动妇女节 109 周年主题活动。市总工会领导班子成员，市妇联有关领导，市总工会机关部室负责人、女职工委员，区局（产业）工会女职工干部，本市女劳模、女职工代表出席会议。

12 日 全总《工会法》实施情况调研组来沪调研，全总书记处书记、党组成员许山松、全总法律工作部部长江南指导调研，市总工会党组副书记、副主席姜海涛，副主席张得志、刘言浩陪同调研。

18 日 2019 年“户外职工爱心接力站”“上海职工学堂”工作推进会在上海科学会堂举行，市总工会副主席周奇、张得志、刘言浩，各区总工会分管主席、基层工作部部长、职工援助服务中心主任及项目负责人出席会议。

29 日 市总工会召开“聚力新科技奋进新时代，加快科创中心建设”主题立功竞赛活动启动大会，市总工会、市经信委、市发改委、市科委有关领导，以及竞赛参赛单位代表等出席大会。市人大常委会副主任，市总工会党组书记、主席莫负春到会并讲话。

4月

1日　市总工会网宣办与人民网舆情中心合作，建立上海市总工会舆情监测系统平台。监测全网500万家新闻网站、微信公众号、论坛、博客、微博等新媒体，对它们中涉及劳动权益等方面互联网信息进行实时监测、采集、内容提取。

3日　市总工会召开上海工会困难职工帮扶工作推进会，市总工会领导，各区总工会主席、各区局（产业）工会分管主席、权益保障部部长、各区总工会职工援助服务中心负责人出席会议。

4日　李斌同志先进事迹报告会（首场）在市委党校举行，市总工会领导班子成员，全体机关干部、直管单位领导班子成员聆听了李斌同志先进事迹。

19日　市总工会举办沪苏浙皖长三角区域一体化发展工会合作工作会议。全国总工会副主席、书记处书记阎京华出席会议并讲话。上海市人大常委会副主任，市总工会党组书记、主席莫负春，江苏省总工会党组书记、副主席朱劲松，浙江省人大常委会副主任、省总工会主席史济锡，安徽省人大常委会副主任、省总工会主席李明商讨《长三角区域一体化发展工会合作发展框架》，并签订《推进中国长三角地区职工劳动技能创新战略合作协议》。

24日　“礼赞新中国　建功新时代”第二十一届上海读书节在上海世博会博物馆开幕。市委副书记尹弘到会并讲话。市人大常委会副主任，市总工会党组书记、主席莫负春，市委副秘书长燕爽，市委宣传部副部长、市文明办主任、市振兴中华读书指导委员会第一副主任潘敏出席开幕式。市总工会副主席桂晓燕出席并介绍读书节示范项目情况。

30日　市总工会举行上海市庆祝五一国际劳动节特别节目。市委副书记尹弘等市委、市府、市人大、市政协领导、市总工会领导、市有关部委办领导及劳模先进代表等观看节目。观看节目前，市总工会领导班子成员与新一届劳模先进代表合影留念。

5月

6日　市总工会、市委督查室、市政府督查室召开联合督查启动会，对推进产业工人队伍建设改革工作督查工作进行专题部署。市总工会领导班子成员，市、区相关部门和单位，市总有关部门负责人、联络员出席会议，市人大常委会副主任，市总工会党组书记、主席莫负春到会并讲话。该专项督查分设4个实地督查小组，深入全市16个区、17个市级相关职能部门和部分企业进行实地督查，并形成督查报告。

7日　上海职工优秀创新成果奖总结表彰大会在中科院上海高等研究院召开，市总工会、市经信委、市科委、市人社局、市知识产权局等委办局领导和获奖代表出席表彰会，市人大常委会副主任，市总工会党组书记、主席莫负春；副市长吴清到会并讲话。

7日　市总工会召开上海工会困难职工帮扶专项审计工作部署会。有关区局（产业）工会经审、保障、财务负责人出席会议，市总工会副主席张得志、经审会主任丁巍出席会议并讲话。

30日　市总工会召开加快科创中心建设立功竞赛活动推进会。市总工会副主席周奇出席会议并讲话。

30日　市总工会召开长三角地区职工劳动技能创新立功竞赛活动推进会。市总工会副主席周奇出席会议并讲话。

6月

6日　市总主题教育领导小组召开市总机关系统“不忘初心、牢记使命”主题教育动员大会。市人大常委会副主任，市总工会党组书记、主席莫负春作动员；市委主题教育第七巡回指导组组长张汪耀讲话。

10日　市总工会召开各区街镇园区推进非公企业工会改革工作会议。市总工会副主席周奇出席会议并讲话。

18日　市总工会主题教育领导小组组织参观中共二大会址纪念馆及龙华烈士陵园。市总工会领导，市总工会机关处级干部、各直管单位党政主要负责人参加。

20日　市总工会召开市总机关系统“不忘初心、牢记使命”主题教育专题学习会。市总工会领导班子成员，纪检组处级干部，市总工会机关、直管单位处级干部参加学习会。

28日　市委副书记尹弘为本市工青妇干部上党课。市总工会领导班子成员、市总工会机关各部室、部分区局（产业）工会主要负责人听党课。“不忘初心、牢记使命”主题教育中央第六指导组副组长金德水出席。

29日　市总工会会同市应急管理局联合举办上海市安全生产知识大赛决赛。市人大常委会副主任，市总工会党组书记、主席莫负春；市应急管理局党组书记、副局长俞烈，副局长桂余才；市总工会党组副书记、副主席姜海涛，副主席张得志、刘言浩参加有关活动。

7月

1日　市总工会举行庆祝建党98周年市总工会机关系统“双争”活动表彰会暨主题教育朗诵音乐学习会。市总工会领导班子成员、市总工会机关全体党员，直管单位领导班子成员参加学习会。

4日　市总工会举行市总机关系统“不忘初心、牢记使命”主题教育——“围绕中心大局，牢记肩负使命”专题学习研讨会。市总工会领导班子成员、派驻纪检组处级干部，市总工会机关各部室、各直管单位党政主要负责人参加研讨。

11日　市总工会举行市总机关系统“不忘初心、牢记使命”主题教育主题学习会。市总工会领导班子成员，派驻纪检组、市总工会机关部室处级干部，直管单位班子成员参加学习会。

18日　市总工会召开市总工会十四届五次全委（扩大）会议，回顾总结上半年工作，部署下半年主要任务。会议选举王曙群为市总工会兼职副主席，王辛翎为市总工会常委。

26日　市总工会召开工会组织和会员信息平台管理工作、科创中心建设竞赛组织工作推进会。市总工会副主席周奇出席会议并讲话。

30日　市总工会召开首批中国

长三角地区劳模和工匠人才创新工作室交流发布会，三省一市66个劳模工匠（职工）创新工作室现场交流工作室建设思路，发布创新项目和创新成果，市总工会副主席周奇出席并讲话。

31日　市总工会机关系统“不忘初心、牢记使命”主题教育调研成果交流会举行。市委第七巡回指导组组长张汪耀、副组长胡敏出席会议；市人大常委会副主任，市总工会党组书记、主席莫负春出席并讲话。市总工会领导班子成员、派驻纪检组处级干部，市总工会机关处级干部，直管单位班子成员参加交流会，8名市总工会党组成员交流调研成果。

8月

15日　市总工会举行“首届中国长三角地区燃气行业职工劳动技能（燃气管道调压）创新立功竞赛”总决赛，现场发布中国长三角地区燃气行业职工《“燃气管道调压”专项技能等级标准》。市人大常委会副主任，市总工会党组书记、主席莫负春；市总工会党组副书记、副主席姜海涛，副主席周奇，中国城市燃气协会理事长刘贺明以及全国总工会、沪苏浙皖总工会、燃气协会、市经信委、市教委、市人社局相关负责人出席仪式。

19日　市总工会举办工会经济责任审计业务专题培训班。各区局（产业）工会经审会主任、市总工会直管单位负责人参加培训，市总工会经审会主任丁巍出席并作动员。

20日　市总工会召开2019年非公企业工会改革“小二级”工会组织示范点优秀成果现场评审会。“小二级”工会组织示范点单位负责人参加，市总工会副主席周奇出席。

22日　市总工会、市委组织部、市委党校联合举办领导干部推进产业工人队伍建设改革专题研讨班。有关市委办局领导，区委副书记、区总主席，有关局（产业）工会主席，市总机关各部室负责人参加研讨班。市委副书记尹弘出席开班式并作动员，市人大常委会副主任，市总工会党组书记、主席莫负春主持开班式；市总工会副主席周奇、桂晓燕、王曙群参加研讨。该培训以“加强产业工人职业技能素质提升”为重点，组织市和各区有关部门和单位、部分企业有关负责人，学习习近平总书记关于工人阶级和产业工人重要论述，研究产业工人队伍建设面临的新机遇新挑战，分享典型案例和实践经验。

28日　市总工会建立上海工会二级网评员队伍并投入运转，同时纳入上海市委网信办主管的网评体系。网评员队伍由56个区局（产业）工会的81人实名制组成。

30日　市总工会召开2019年世界人工智能大会系列活动上海职工科创中心建设立功竞赛推进会。市人大常委会副主任，市总工会党组书记、主席莫负春到会并讲话，市总工会党组副书记、副主席姜海涛，副主席周奇出席。

9月

4日　市总工会召开上海工会统计工作会议，各区总工会分管主席、统计部门负责人，区局（产业）工会统计员参加会议，市总工会副主席桂晓燕出席并讲话。

10日　市总工会召开推进上海环卫职工建会入会服务现场会。市总工会党组副书记、副主席姜海涛，副主席周奇出席相关活动。

12日　市总工会在上海欢乐谷举办“万户一线职工家庭畅游欢乐谷”公益活动，来自一线的劳动模范和交通运输、电力、环卫的一线职工代表，参加上海建设的外来建设者、快递小哥等参加活动。市总工会副主席刘言浩出席仪式。

17日　市总工会举办2018年上海市五一新闻奖评审会。解放日报《C919“强度团”：把党旗插在型号最前线》、文汇报《打造一支高素质劳动者大军》、新民晚报《让人和手机都凉快一会儿》、劳动报《一线职工为啥频摘市科技进步奖》、上海广播电视台东方广播中心《新政“33条”，如何支持上海产业工人队伍建设改革？》5篇作品获“上海市五一新闻奖”一等奖。市总工会副主席桂晓燕出席。

19日　市总工会举行“加快科创中心建设（生物医药）立功竞赛交流推进会”，现场交流发布生物医药创新项目，市总工会副主席周奇出席会议并讲话。

24日　上海市劳动关系矛盾预防化解工作会议举行，市“四方合作”成员单位领导及职能部门负责人出席会议，市委副书记尹弘、副市长彭沉雷到会并讲话，市人大常委会副主任，市总工会党组书记、主席莫负春主持会议。市总工会、市高院、市人社局、市司法局、闵行区委负责人先后发言。

27日　市总工会举办上海职工故事大赛决赛。各区局（产业）工会分管主席、宣教部长，劳模、职工代表观看决赛，市总工会副主席桂晓燕出席指导。

28日　举行中国劳动组合书记部旧址陈列馆修缮和上海工匠馆开馆仪式，全总副主席、书记处书记、党组副书记张工，市委副书记尹弘为陈列馆和工匠馆揭牌。市人大常委会副主任，市总工会党组书记、主席莫负春，市总工会党组副书记、副主席姜海涛分别主持陈列馆和工匠馆开馆仪式。

10月

14日　市总工会举办市总工会机关系统科级干部培训班开班式。市人大常委会副主任、市总工会党组书记、主席莫负春，市总工会党组副书记、副主席姜海涛出席开班式并讲话。

16日　第二届“凝心聚力进博会、建功立业创一流”立功竞赛推进会在上海国展中心召开。会议要求团结动员所有参与进博会运行、保障、建设和服务的单位和职工，确保各项工作落地落实。市人大常委会副主任，市总工会党组书记、主席莫负春为“国家会展中心区域工会联合会”揭牌，市总工会党组副书记、副主席姜海涛，副主席周奇出席会议。

24日　“知史爱党，知史爱国”市总工会机关系统讲故事大赛决赛在市档案馆举行。市总工会党组副书记、副主席姜海涛，副主席桂晓燕，经审会主任、直属机关系统党委书记丁巍出席。

31日　市总工会首次举办产业工人队伍建设改革联络员培训班。各区、部分局（产业）工会相关部门负责人围绕国家已经出台的职业教育改革实施方案、关于推行终身职业技能培训制度等文件进行集中培训和专题研讨,进一步明晰目标任务、聚焦重点工作,推动形成上下联动、全面推动的良好工作局面。市总工会副主席桂晓燕出席开班式并讲话。

11 月

8 日　市总工会举办首届中国长三角地区劳模工匠创新工作室授牌交流活动。上海市人大常委会副主任,市总工会党组书记、主席莫负春;江苏省人大常委会副主任、省总工会主席魏国强为“中国长三角地区劳模工匠人才创新工作室联盟”揭牌,上海市总工会党组副书记、副主席姜海涛,浙江省总工会副主席张卫华,安徽省总工会副主席张文静为首批“中国长三角地区劳模工匠创新工作室”授牌。

9 日　全面推进本市国有企业工会改革工作会议在漕河泾开发区会议中心召开。市总工会、市委组织部、市委宣传部、市国资委党委、市经信党委和市建交党委共同下发了《关于全面推进本市国有企业工会改革的通知》,明确本市国有企业工会改革主要任务清单。市人大常委会副主任、市总工会主席、党组书记莫负春出席会议并讲话,市委组织部副部长陈皓等出席会议,市总工会党组副书记、副主席姜海涛主持会议。

19 日　市总工会举行上海工会社工聘任仪式。市人大常委会副主任,市总工会党组书记、主席莫负春;副主席周奇出席。

19 日　市职工保障互助会五届二次会员大会召开。市总工会副主席张得志、刘言浩出席。

22 日　市总工会举行崇明世界级生态岛建设引领性劳动和技能竞赛启动大会。市人大常委会副主任,市总工会党组书记、主席莫负春;崇明区委书记唐海龙,市总工会副主席张得志,市交通委员会副主任杨小溪,市水务局副局长王华杰,市绿化和市容管理局巡视员崔丽萍,上海海事局纪检组组长邱铭为参赛单位授旗,市总工会副主席周奇主持会议。

28 日　市总工会举办长三角职工疗休养区域协作推介会,全总资产部,江浙皖三省、云南省、遵义市总工会及疗休养院所负责人出席推介会。市人大常委会副主任,市总工会党组书记、主席莫负春;党组副书记、副主席姜海涛,副主席张得志、戴光铭、刘言浩出席相关活动。

12 月

9 日　市总工会举办上海工会宣传舆论工作专题培训班。市总工会副主席桂晓燕出席开班式并讲话。

10 日　市总工会召开 2019 年“上海工匠”选树命名大会,选树命名 102 名 2019 年“上海工匠”。市人大常委会副主任,市总工会党组书记、主席莫负春到会并讲话,市总工会党组副书记、副主席姜海涛,副主席周奇出席会议。

11 日　市总工会举行“第九批上海市劳模创新工作室授牌仪式暨第九期劳模创新工作室研修班开班仪式”,现场为第九批 48 家“上海市劳模创新工作室”授牌。市总工会副主席周奇出席会议并讲话。

18 日　2020 年上海市总工会服务职工实事项目发布新闻通气会举行。市总工会副主席张得志、桂晓燕出席并对外发布实事项目。

23 日　2019 年度市政府与市总工会联席(扩大)会议在市政府三楼第一会议室召开。市人大常委会副主任、市总工会主席、联席会议协调小组组长莫负春,市政府副市长、联席会议协调小组组长彭沉雷出席会议并讲话。市政府副秘书长、联席会议协调小组副组长赵祝平,市总工会党组副书记、副主席、联席会议协调小组副组长姜海涛,市政府办公厅、市发展改革委、市经济信息化委等部门的分管领导和市总工会主席室领导,各区总工会主席,部分产业(系统)工会主席、劳模代表等出席会议。

23 日　市总工会出台《上海非公有制企业工会经费收支管理实施办法》(沪工总财〔2019〕242 号),对非公有制企业工会经费支出实行差异化管理。

24 日　市总工会召开上海推进非公企业工会改革工作现场会。市总工会领导班子成员,各区总工会主席、分管主席,各街镇工会负责人,获奖单位和个人代表,以及市总机关各部室负责人出席会议,市人大常委会副主任,市总工会党组书记、主席莫负春讲话。

25 日　全国总工会党组书记、副主席、书记处第一书记李玉赋一行来沪送温暖。前往市公安局青浦分局国家会展中心治安派出所、上海工匠馆以及上影演员剧团,慰问看望一线干警、劳模工匠、老艺术家和困难职工。市人大常委会副主任,市总工会党组书记、主席莫负春;副主席姜海涛、张得志陪同慰问。

26 日　市总工会十四届六次全委(扩大)会议召开,会议回顾总结 2019 年工作,研究部署 2020 年主要任务。

12 月 26 日,市总工会十四届六次全委(扩大)会议召开　(吴良荣　摄)

国务院办公厅关于全面推进生育保险和职工基本医疗保险合并实施的意见

国办发〔2019〕10 号

各省、自治区、直辖市人民政府,国务院各部委、各直属机构:

全面推进生育保险和职工基本医疗保险(以下统称两项保险)合并实施,是保障职工社会保险待遇、增强基金共济能力、提升经办服务水平的重要举措。根据《中华人民共和国社会保险法》有关规定,经国务院同意,现就两项保险合并实施提出以下意见。

一、指导思想

以习近平新时代中国特色社会主义思想为指导,全面贯彻党的十九大和十九届二中、三中全会精神,认真落实党中央、国务院决策部署,统筹推进"五位一体"总体布局和协调推进"四个全面"战略布局,坚持以人民为中心,牢固树立新发展理念,遵循保留险种、保障待遇、统一管理、降低成本的总体思路,推进两项保险合并实施,实现参保同步登记、基金合并运行、征缴管理一致、监督管理统一、经办服务一体化。通过整合两项保险基金及管理资源,强化基金共济能力,提升管理综合效能,降低管理运行成本,建立适应我国经济发展水平、优化保险管理资源、实现两项保险长期稳定可持续发展的制度体系和运行机制。

二、主要政策

(一)统一参保登记。参加职工基本医疗保险的在职职工同步参加生育保险。实施过程中要完善参保范围,结合全民参保登记计划摸清底数,促进实现应保尽保。

(二)统一基金征缴和管理。生育保险基金并入职工基本医疗保险基金,统一征缴,统筹层次一致。按照用人单位参加生育保险和职工基本医疗保险的缴费比例之和确定新的用人单位职工基本医疗保险费率,个人不缴纳生育保险费。同时,根据职工基本医疗保险基金支出情况和生育待遇的需求,按照收支平衡的原则,建立费率确定和调整机制。

职工基本医疗保险基金严格执行社会保险基金财务制度,不再单列生育保险基金收入,在职工基本医疗保险统筹基金待遇支出中设置生育待遇支出项目。探索建立健全基金风险预警机制,坚持基金运行情况公开,加强内部控制,强化基金行政监督和社会监督,确保基金安全运行。

(三)统一医疗服务管理。两项保险合并实施后实行统一定点医疗服务管理。医疗保险经办机构与定点医疗机构签订相关医疗服务协议时,要将生育医疗服务有关要求和指标增加到协议内容中,并充分利用协议管理,强化对生育医疗服务的监控。执行基本医疗保险、工伤保险、生育保险药品目录以及基本医疗保险诊疗项目和医疗服务设施范围。

促进生育医疗服务行为规范。将生育医疗费用纳入医保支付方式改革范围,推动住院分娩等医疗费用按病种、产前检查按人头等方式付费。生育医疗费用原则上实行医疗保险经办机构与定点医疗机构直接结算。充分利用医保智能监控系统,强化监控和审核,控制生育医疗费用不合理增长。

(四)统一经办和信息服务。两项保险合并实施后,要统一经办管理,规范经办流程。经办管理统一由基本医疗保险经办机构负责,经费列入同级财政预算。充分利用医疗保险信息系统平台,实行信息系统一体化运行。原有生育保险医疗费用结算平台可暂时保留,待条件成熟后并入医疗保险结算平台。完善统计信息系统,确保及时全面准确反映生育保险基金运行、待遇享受人员、待遇支付等方面情况。

(五)确保职工生育期间的生育保险待遇不变。生育保险待遇包括《中华人民共和国社会保险法》规定的生育医疗费用和生育津贴,所需资金从职工基本医疗保险基金中支付。生育津贴支付期限按照《女职工劳动保护特别规定》等法律法规规定的产假期限执行。

(六)确保制度可持续。各地要通过整合两项保险基金增强基金统筹共济能力;研判当前和今后人口形势对生育保险支出的影响,增强风险防范意识和制度保障能力;按照"尽力而为、量力而行"的原则,坚持从实际出发,从保障基本权益做起,合理引导预期;跟踪分析合并实施后基金运行情况和支出结构,完善生育保险监测指标;根据生育保险支出需求,建立费率动态调整机制,防范风险转嫁,实现制度可持续发展。

三、保障措施

(一)加强组织领导。两项保险合并实施是党中央、国务院作出的一项重要部署,也是推动建立更加公平更可持续社会保障制度的重要内容。各省(自治区、直辖市)要高度重视,加强领导,有序推进相关工作。国家医保局、财政部、国家卫生健康委要会同有关方面加强工作指导,及时研究解决工作中遇到的困难和问题,重要情况及时报告国务院。

(二)精心组织实施。各地要高度重视两项保险合并实施工作,按照本意见要求,根据当地生育保险和职工基本医疗保险参保人群差异、基金支付能力、待遇保障水平等因素进行综合分析和研究,周密组织实施,确保参保人员相关待遇不降低、基金收支平衡,保证平稳过渡。各省(自治区、直辖市)要加强工作部署,督促指导各统筹地区加快落实,2019年底前实现两项保险合并实施。

(三)加强政策宣传。各统筹地区要坚持正确的舆论导向,准确解读相关政策,大力宣传两项保险合并实施的重要意义,让社会公众充分了解合并实施不会影响参保人员享受相关待遇,且有利于提高基金共济能力、减轻用人单位事务性负担、提高管理效率,为推动两项保险合并实施创造良好的社会氛围。

国务院办公厅
2019 年 3 月 6 日

工会概貌

工会组织

【组织概述】 上海市总工会机关设9个内设机构,分别为办公室、研究室、组织部、基层工作部、劳动关系工作部、权益保障部、宣传教育部、财务资产管理部、经费审查委员会办公室。按有关规定设置直属机关党委、纪委和工会,与组织部合署办公。市总工会机关核定人员编制82名,所辖区局(产业)工会119个。截至9月底,市总工会下属上海工会管理职业学院、海鸥控股(集团)有限公司等17个企事业单位。 (庄 勤)

工会事业发展状况

【综述】 2019年,上海工会以习近平新时代中国特色社会主义思想特别是关于工人阶级和工会工作的重要论述为指引,认真贯彻落实中央、市委和全总各项决策部署,各项工作取得新进展新成效。一是深入开展"不忘初心、牢记使命"主题教育,以庆祝新中国成立70周年为契机,开展"中国梦·劳动美——与共和国同成长、与新时代齐奋进"系列主题宣传教育活动。修缮中国劳动组合书记部旧址陈列馆,建成上海工匠馆。组织开展向李斌同志学习活动,编辑出版《新时代产业工人的楷模——李斌的故事》。二是推进产业工人队伍建设改革,推动各区、各部门建立完善组织领导机制。开展"上海百万在岗人员学力提升行动计划",建成300家"职工学堂"。推动职工科技创新,评选出46项首届"上海职工优秀创新成果奖"。评选产生一批国家和上海市"五一"劳动奖状(章)、工人先锋号,培养选树第四批102名"上海工匠",命名第九批"上海市劳模创新工作室"和工匠(职工、技师、巾帼)创新工作室。深入开展各级各类劳动和技能竞赛,助力上海科创中心建设。联合苏浙皖工会召开长三角区域一体化发展工会合作会议,开展首届中国长三角地区燃气职工劳动技能创新立功竞赛,并发布行业技能等级标准,填补国内行业技能等级评价标准空白。三是做好维权服务工作,推进政府与工会联席会议机制,推动形成市区两级联席会议制度全覆盖并向街镇扩大延伸的工作格局。参与本市最低工资标准、高温津贴标准、生育医疗两险合并等相关政策制定工作。推进工会法律援助、劳动法律监督、集体协商和民主管理"四位一体"的工会维权机制体系建设。完善"四方合作"共同预防化解劳动关系矛盾机制,建立市总工会舆情监控体系。完成服务职工实事项目,建成运行1200余家"户外职工爱心接力站",推行"灵活就业群体工会会员专享基本保障"项目,加大爱心妈咪小屋、发明专利奖励、公益乐学、"四季恋歌"等的工作力度。健全完善工会常态化就业服务机制,重点聚焦转改制去产能企业职工、农民工、大学生等就业群体。建立三级梯度帮扶机制,拓展"安康杯"竞赛参赛范围。加强工会文化服务阵地建设,推动工会文体场馆公益转型,组织开展首届职工健康趣味运动会。四是推进国企工会改革、非公企业工会改革,调研总结改革试点单位经验,重点培育建设"小二级"工会、打造线下服务阵地、配备建设"小二级"工会社工队伍。组建区域性、行业性工会联合会,推行农民工工会会员实名制管理。五是加强工会自身建设,深化"争当工会改革实干家,争做职工信赖娘家人"主题活动。推动大调研工作常态化,深化推进"四位一体"立体经审监督体系改革。加强网上工会建设,升级"申工社"网上服务平台,拓展网上服务职工项目。推进工会系统内部控制体系建设,制订《2019—2023年上海工会干部教育培训规划》,开展女职工特殊权益保障专项检查,推进退休职工管理服务工作、劳动报社融媒体改革以及工会对外交流、信息信访督查、统计年鉴等各项工作。

(邹晓鹰 陈 蓓)

工会改革进展情况

【综述】 2019年,上海工会不断拓展工会改革广度深度,增强工会组织活力。一是深入推进国企工会改革。联合市委组织部、宣传部、国资党委、经信党委、建交党委等6家单位联合下发《关于全面推进本市国有企业工会改革的通知》,明确国企工会改革的目标任务、工作重点和工作措施,并列出主要任务清单。调研总结88家改革试点单位经验,形成调研报告;选树20家改革工作示范单位,确定50个优秀改革案例,为全市深入推进国企工会改革工作提供可复制、可推广、可借鉴的典型。二是深化非公企业工会改革。加大力度培育建设"小二级"工会,组织制订《上海市总工会关于加强街镇"小二级"工会组织建设的指导意见(征求意见稿)》;指导各区总工会建设与"小二级"工会相对应的服务职工阵地,并把党建阵地和工会阵地共建、共享,将工会服务的触角进一步向基层延伸;配备建设好"小二级"工会社工队伍,指导各区总工会将更多工会社工下沉至街镇及"小二级"工会,在推进基层工会组织建设、劳动关系协调机制建设等方面发挥重要作用,不断夯实工会基层基础。聚焦灵活就业群体和农民工群体,通过组建区域性、行业性工会联合会、网上入会等方式,努力把各类职工群众团结凝聚到工会组织中来,并在中建八局、中船上海船舶等10家大型央企国企试点推进农民工工会会员实名制管理。2019年,全市基层工会组织4.8万家,较去年增长3.49%;基层工会会员705.7万人,较去年增长1.24%。三是深化推进"四位一体"立体经审监督体系改革。研究制定《关于推进在"四位一体"立体经审监督体系中充分发挥基层工会职工会员监督作用的实施办法(试行)》,通过加强基层职工会员监督,提升基层工会经费管理水平,提升基层工会职工会员的民主参与水平和参与程度,进一步发挥其在推进基层工会"建转活"中的重要作用。四是加强网上工会建设。成立网络安全和信息化领导小组办公室,实行实体化运作,进一步提升市总工会机关系统信息化工作管理水平。推进"申工通"三期项目建设,拓展5项"一网通办"政务服务事项,推动市总工会劳模先进管理系统、市职工技协服务中心网上工作平台、市职保中心险种信息管理系统、市援助服务中心物价监督管理系统等一批已建信息系统迁移至"政务云",促进公共数据开放共享;升级"申工社APP"和"申工社微信"等网上服务平台,不断拓展网上服务职工项目。

(何文庆)

工会界别政协委员参政议政

【综述】 2019年，总工会界别深入贯彻落实党的十九大精神和市委决策部署，围绕全市工作大局和政协工作全局以及工会中心工作，在组织委员加强培训学习、提高履职能力、体现界别特色的基础上，聚焦经济发展、城市建设、社会治理、劳动关系等领域的重大现实问题，积极开展专题考察调研，及时反映社情民意，集思广益建言献策。一是在1月召开的市政协大会上作《关于做好新形势下稳就业促发展工作的建议》的大会发言，聚焦“职工技能素质提升需求、企业稳岗政策、预防调处劳动关系矛盾、维护经济社会稳定”等重点难点问题建言献策。二是27名工会界别市政协委员结合各自岗位实际，积极递交政协提案，围绕上海经济社会发展的热点难点问题建言献策，作为第一提案人的有16篇，联名提案74篇，其中1篇提案被评为优秀；提交社情民意4篇，其中3篇得到政协领导的批示。三是赴北横通道新建工程Ⅱ标段项经部、上海印刷集团、劳动报社等地开展考察调研活动，了解上海经济社会发展、科技创新、城市建设等领域的最新成果和进展，以及相关领域遇到的新情况、新问题，就进一步加强安全生产、保障职工健康权益、创新职工宣传教育方式等问题开展研讨，发挥委员们参政议政作用。

（朱　军）

【提案办理力求规范实效】 市总工会认真贯彻2019年度政协提案办理工作会议精神，本着办理促工作的原则，做好办理工作。全年共承办政协委员提案5件，其中3件主合办件，2件会办件。在办理过程中，增强主动性，做到勤调查、勤分析，严格按照时间节点完成办理任务；办理提案，不就事论事，从全局的高度回答问题、解决矛盾，所有主、合办件都必须走访、询问和答复委员。在办理程序上，各承办职能部门严格按照办理程序，件件由分管领导阅批，由办公室统一答复格式并上网。办公室由专人定期督促各承办部门，加强办理中途的督查和工作推进，并负责做好与会办单位、委员之间的沟通联络工作。在答复过程中，积极做好委员的走访工作，把代表委员的建议切实落在实处，融合在日常的工作之中。市总工会定期举办工会界别专题活动，关注职工群众诉求，反映社情民意，体现界别特色。

（赵瑞章）

政府与工会联席会议

【全面推进政府与工会联席会议制度】 近年来，上海政府与工会联席会议制度在市委、市政府的高度重视和支持下，机制逐步完善，内涵不断拓展，成效日益显现，已成为工会参政议政和源头维护职工合法权益的重要途径及政府知民情、聚民智、解民忧的重要议事平台，为保障工会全面履行社会职能、突出主责主业，团结动员广大职工促进经济社会全面发展提供了强有力的支撑。截至年底，全市16个地区100%建立区层面政府与工会联席会议制度，并逐步向社区（街道）、镇和工业园区一级延伸，全市70%的街镇已召开政府与工会联席会议制度，其余多数街镇和工业园区已制订建制计划表。议题内容方面，16个区联席会议共提出43项议题，其中工会方提出32项议题，政府方提出8项议题，共同提出3项议题。议题主要围绕产业工人队伍建设、劳动关系调处、服务职工、工会自身发展等相关问题。目前，上海已初步构建了“市—区—街镇(社区)—工业园区”的多级工会与政府联席会议制度体系，各地区还在实践中总结和摸索出“形成共识是前提，制订制度是基础，选好议题是关键，讲究实效是保证”的经验，加强实践创新。

（庄若冰）

【2019年度市政府与市总工会联席会议】 12月23日，市政府与市总工会联席会议在市政府会议室召开。会议审议并通过“关于推动职工队伍技能提升　不断推进产业工人队伍建设改革”“关于将在职低收入市劳模纳入上海市劳模低收入补助金范围”“关于组织本市灵活就业从业人员参加《上海工会灵活就业会员专享基本保障》”3项议题。市人大常委会副主任，市总工会党组书记、主席，联席会议协调小组组长莫负春，市政府副市长、联席会议协调小组组长彭沉雷出席会议并讲话。市政府副秘书长、联席会议协调小组副组长赵祝平，市总工会党组副书记、副主席、联席会议协调小组副组长姜海涛，市政府办公厅、市发展改革委、市经济信息化委等部门的分管领导和市总工会主席室领导，各区总工会主席，部分产业（系统）工会主席、劳模代表等出席会议。会上，市政府通报了2018年联席会议议题落实情况和2019年经济社会发展情况。市总工会通报了各地区联席会议推进情况和上海工会服务市委、市政府工作大局的重要举措和重点工作。会议认为，在各方协同下，联席会议制度建设取得新突破，2019年审议通过的三项议题均得到有效落实，并推动全市16个区和70%以上的街镇（园区、开发区）建立联席会议制度。会议强调，要认真学习领会党的十九届四中全会精神，充分发挥政府与工会联席会议制度在坚持和完善中国特色社会主义制度、推进国家治理体系和治理能力现代化中的重要作用；要抓住关键环节，提高联席会议运行质量；要聚焦工作重点，发挥联席会议制度机制性作用；要坚持党委统一领导，工会会同政府有关部门健全完善联席会议协调联动工作机制、督促落实机制和激励约束机制，确保联席会议各项工作有序开展。

（庄若冰）

【浦东新区召开政府与工会联席会议】 10月29日，2019年浦东新区政府与工会联席会议召开，会议落实中央、市、区委有关完善政府与工会联席会议工作的要求，就本区域内相关工作情况梳理形成议题进行审议。区人大常委会副主任、区总工会党组书记、主席王辛翎主持会议，副区长李国华出席会议并讲话。会上，区政府通报浦东新区上半年经济社会发展情况，区总工会通报上半年区总工会主要工作。区总工会、区人社局就“关于地方教育附加专项资金及补贴职工职业培训情况”，区总工会、区生态环境局、区人社局就“进一步加强本区环卫职工权益保障，提升环卫行业监管”两项议题进行审议。会上，印发《关于浦东新区建立完善政府与工会联席会议制度的意见》，明确建立政府与工会联席会议制度、工作机构、主要内容、议题提出确定、联席会议筹备召开及新区各街镇、开发区层面联席会议制度建制等,为充分发挥好联席会议这一重要协商平台提供依据。
（陈　维）

【徐汇区召开政府与工会联席会议】 2019年,徐汇区总工会多次召开与区政府联席会议,拟定联席会议工作制度,收集上会议题,推动工会审批事项率全市之先入驻区行政服务中心。推动建立区总工会和区绿化市容局维护环卫职工权益的双牵头机制,制定出台工作方案,保障各项措施落地落实。认真开展大调研工作,明确调研课题,组建调研队伍,深入基层一线走访。推进落实"四位一体"经审监督体系建设,建立区经审联席会议制度,定期交流工会经费的审查审计情况和审计整改工作的推进落实情况。
（徐艳杰）

【长宁区召开区政府与区总工会联席会议】 6月5日,长宁区召开区政府与区总工会联席会议,长宁区人大常委会副主任、区总工会主席、政府与工会联席会议协调小组组长刘英,长宁区副区长、政府与工会联席会议协调小组组长孟庆源出席,长宁区政府与工会联席会议成员单位有关领导,各街道(镇、园区)负责人和工会主席、副主席,长宁区政府与工会联席会议办公室成员参加会议。会上审议并讨论通过"推进长宁区产业工人队伍发展,构建高技能产业工人资源储备库""建立长宁区企业重大劳动关系调整服务机制,促进区域劳动关系和谐稳定""推动长宁区家庭医生进企业,建立职业人群健康管理平台"3项议题。
（杨柳青）

【普陀区政府与工会联席会议】 10月17日,普陀区政府与工会联席会议召开。区人大常委会副主任、区总工会主席、政府与工会联席会议协调小组组长李松海,副区长、政府与工会联席会议协调小组组长王珏出席会议并讲话。区总工会、区人社局、区司法局、区财政局、区绿化市容局等部门20余人参加会议。王珏主持会议。李松海围绕工会如何进一步推动完善联席会议制度、更好地服务经济社会发展大局做了发言。会上,区府办和区总工会分别通报政府和工会工作。会议审议通过《关于落实社区工作者工会经费保障的议题》和《关于建立群体性劳动关系矛盾预防处置机制促进劳动关系和谐的议题》。（陆　蕾）

【虹口区召开政府与工会联席会议】 11月12日,虹口区政府与虹口区总工会在区机关大楼举行联席会议。会议审议并通过"虹口区人力资源和社会保障局与虹口区总工会关于推进和谐劳动关系建设的合作纪要""关于做好2015—2019年度上海市劳动模范、先进工作者和模范集体推荐评选工作的议题""关于推进虹口区产业工人队伍建设改革,加大高技能产业工人资源储备的议题"等3个议题,印发《上海市虹口区人民政府关于本区建立完善政府与工会联席会议制度的意见》,进一步明确,区联席会议协调小组组长由分管副区长和区总工会主席担任,成员单位包含34个政府部门和单位。同时,还印发《关于进一步保障我区环卫职工合法权益构建和谐劳动关系的实施意见》等文件。
（马伟杰）

1月30日,宝山区召开2019年政府和工会联席会议　（庄轶凡）

【黄浦区政府与工会联席会议】 8月5日,黄浦区召开政府与工会联席会议。会议审议通过"关于办理工会法人资格证书登记及职工互助保障业务入驻区行政服务中心的建议""关于推动工会采购统一纳入政府采购平台的建议""关于在街道层面完善工会参与劳动关系矛盾预防处置机制的建议"等三项议题。区人大常委会副主任、区总工会主席屠奇敏就工会如何推动完善联席会议制度、更好地服务黄浦经济社会发展大局提出4点意见:充分认识健全完善联席会议的重要意义,共同推动联席会议制度规范有效运作;聚焦发展大局,协助政府推动黄浦经济社会实现高质量发展;坚持以职工为中心,着力维护职工合法权益,促进劳动关系和职工队伍和谐稳定;借势借力,不断优化工会工作的社会环境。副区长李原对下阶段工作提出三方面要求:抓紧落实会议各项议定事项;加大对工会工作的支持保障力度;加快完善各层级联席会议制度。政府与工会联席会议协调小组成员单位,各委办局、各街道办事处、各街道总工会相关负责人参加会议。
（陆中斌）

【静安区召开2019年政府与工会联席会议】 6月12日,2019年区政府与区总工会联席会议(扩大会议)召开。会上下发《关于本区建立完善政府与工会联席会议制度的意见》,审议并通过"构建和谐劳动关系加强职工法律援助工作""加强地方教育附加专项资金管理提升产业工人队伍能力水平"两项议题。区人大常委会副主任、区总工会主席、联席会议协调小组组长叶坚华,区政府副区长、联席会议协调小组组长鲍英菁出席。会上,区发展改革委通报近期本区经济社会发展情况和政府涉及工会工作情况。区总工会通报群团改革以来静安工会服务区委、区政府工作大局的重要举措和重点工作推进情况。（严 琪）

【宝山区召开2019年度政府与工会联席会议】 宝山区总工会在深化工会改革,加强协调劳动关系制度建设的基础上,制订《宝山区政府与工会联席会议制度实施办法》,率先在全市区级层面召开政府与工会联席会议。1月30日,宝山区召开区政府与区总工会联席会议(扩大会议)。会上,审议并通过"工会参与群体性劳动矛盾预防处置机制促进劳动关系和谐""进一步推动工会经费主动接受国家审计"两项议题,议题相关委办局、各街镇(园区)、行业工会、劳模及基层工会代表等出席会议。在联席会议召开后,区总工会第一时间成立议题推进落实工作组,多次召开专题会议,通过年中商讨对策措施、年末评估总结等工作机制,确保会议议定事项得以推进落实。同时,为了积极发挥各街镇(园区)政府与工会沟通协商机制,推进联席会议制度的贯彻落实,区总工会将各街镇(园区)联席会议制度的建立和执行情况纳入区委对各街镇年度考核,列入各街镇(园区)工会全年工作任务清单,进行中途检查、指导推进,并由区政府和区总工会联合下发通知,对完成情况开展监督检查。年底前,实现全部14个街镇、园区100%召开政府与工会联席会议,共计提出议题30个,在促进区域改革发展、社会和谐、服务职工、工会自身建设等方面发挥积极作用。（王正园）

【闵行区召开2019年度政府与工会联席会议】 3月29日,闵行区召开区政府与区总工会联席(扩大)会议。会上审议并通过"关于加强推进产业工人队伍公共服务领域覆盖""关于有效调处及降低利益性劳资矛盾突发事件""关于进一步推动工会经费主动配合国家审计的议题"3项议题,并就"多渠道筹措产业工人租赁住房房源""加大对企业技能培训政策扶持力度""盘活优化交通出行资源配置""完善园区卫生服务站点布局"等方面达成了共识,提出具体工作举措。全区14个街镇均已建立政府与工会联席会议制度,各街镇不断探索具有本地区特色的工作内容和工作方法,如华漕镇将改善环卫一线作业环境、提高绩效工资作为联席会议议题;浦江镇将协调劳动关系体系建设作为重要议题提交讨论。各项议题均制订计划、提出任务落实要求。（汤 怡）

【嘉定区召开2019政府与工会联席会议】 6月5日,嘉定区政府和嘉定区总工会召开2019年政府与工会联席会议,区人大常委会副主任、区总工会主席王建新,区人民政府副区长陆祖芳出席会议并讲话。区总工会党组书记、常务副主席金伟荣主持会议。会上,区政府和区总工会分别通报了区2018年经济社会发展情况,以及政府工作中涉及的工会工作情况和群团改革以来嘉定工会服务区委、区政府中心工作的重要举措和重点工作推进情况。会议审议并通过"共同开展劳动法律监督促进劳动关系和谐稳定""共同开展推进'职工学堂建设',提升职工综合素质"以及"建立健全与国家审计机关的沟通协作机制"等3项议题。会上还下发《上海市嘉定区人民政府办公室关于本区建立完善政府与工会联席会议制度的意见》。联席会议将从区委、区政府工作大局出发,围绕全面深化改革、促进产业工人队伍建设、维护职工切身利益,影响劳动关系和谐稳定的突出问题,以及工会在推进经济社会发展中需要政府协调解决的实际问题等方面提出议题。区政府与工会联席会议成员单位的领导以及各街镇联系工会工作的副镇长和街镇总工会主席,政府与工会联席会议办公室成员等60余人参加会议。（钱晓明）

【金山区召开政府与工会联席(扩大)会议】 7月11日,金山区政府和金山区总工会召开2019年联席(扩大)会议,区人大常委会副主任、区总工会主席、联席会议协调小组组长朱喜林,副区长、联席会议协调小组组长王益洋出席会议并讲话。会上,区政府和区总工会分别通报了区经济社会发展情况,以及政府工作中涉及的工会工作情况和金山工会服务区委、区政府中心工作的重要举措和重点工作推进情况。会议审议并通过"关于进一步加强区劳动人事争议联合调解中心建设,完善多元调解机制的议题""关于进一步加强本区建筑行业农民工、环卫工人关怀服务,提升环卫行业监管的议题"两项议题,并签署工作协议。会上还下发《金山区人民政府办公室关于本区建立完善政府与工会联席会议制度的意见》。联席会议将从区委、区政府中心工作出发,聚焦全面深化改革、促进产业工人队伍建设、保障职工切身利益、和谐劳动关系创建工作中的突出问题,以及工会在维护职工合法权益、竭诚服务职工群众中需要政府协调解决的实际问题等方面提出议题。联席会议成员单位分管领导,各街镇(工业区)行政分管领导、

6月5日,嘉定区召开2019年政府与工会联席会议（黄点点）

9 月 3 日，奉贤区政府与区总工会召开 2019 年度联席（扩大）会议

（钱　洁）

总工会主席，基层劳模代表、一线职工代表等 60 余人出席会议。（钱海东）

【松江区召开政府与工会联席（扩大）会议】 7 月 11 日，松江区政府和松江区总工会召开 2019 年联席（扩大）会议，副区长、联席会议协调小组组长陈晓军出席会议并讲话。区政府办公室副主任张磊通报了区 2019 年上半年经济社会发展情况，以及松江政府工作中涉及的工会工作情况。区总工会党组书记、副主席、政府与工会联席会议协调小组副组长陈军康通报了群团改革以来松江工会服务区委、区政府中心工作的重要举措和重点工作推进情况及下一步主要工作设想。会议审议并通过“进一步加大社会化工会工作者财政保障”“以‘公益乐学’实事项目服务产业工人队伍建设”2 项议题。区总工会与区财政局、人社局、文旅局、教育局、体育局就相关议题作交流发言。会上下发《松江区人民政府办公室关于本区建立完善政府与工会联席会议制度的意见》。（丁　璇）

【青浦区召开政府与工会联席会议】 6 月 19 日，青浦区政府与工会联席会议在区会议中心召开。会上，通报了 2019 年区政府重点工作实施挂图作战进展情况，区总工会重点工作推进情况。联席会议围绕提升和改善产业工人队伍整体素质、加强和提高产业工人公共服务水平、维护和发展产业工人劳动经济权益等议题开展协商沟通，区人社局、区建管委、区房管局、区卫健委和区总工会 5 家单位作了交流发言。联席会议成员单位分管领导，各街镇行政分管领导、总工会主席出席会议。（朱建强）

【奉贤区政府与区总工会召开联席（扩大）会议】 9 月 3 日，2019 年区政府与区总工会联席会议在区会议中心召开，区人大常委会副主任、总工会主席陆建国，副区长袁园出席会议并讲话。会议审议通过《关于进一步加强本区环卫行业监管和一线环卫职工队伍建设》《关于建立劳动关系矛盾预防处置机制促进劳动关系和谐》《关于进一步完善奉贤区高技能人才管理服务措施》等 3 项议题。区总工会、区教育局、区人社局、区绿化市容局等部门分别对议题做出回应。（钱　洁）

【芷江西路街道深化创新街镇政府与工会联席会议制度】 在市、区两级联席会议召开后，静安区芷江西路街道党政领导主动对标上级会议要求，努力将联席会议制度打造成为街道党委领导下各方高度协作融合的议事管理平台，为街道全面提升社区治理能力和服务水平赋能。一是抓好顶层设计，形成具有针对性的制度办法。芷江西路街道根据市、区联席会议制度建设要求，结合本街道实际情况制订下发《静安区芷江西路街道办事处关于本街道建立完善行政与工会联席会议制度的意见》，在组织领导配置、成员单位设置、会议召开模式开展制度创新，形成滚动循环的闭环管理模式。二是会前精挑细选，形成具有实效性的议题内容。芷江西路街道通过广开言路、走访调研、会前协商，形成更具针对性、实操性的会议议题，为接下来的充分审议打下扎实基础。三是会上充分研讨，形成措施意见。为了更好发挥联席会议议事平台作用，芷江西路街道除了设立正式议题外，还开创性地设立了补充议题形式，经联席会议协调小组研究后，可转化为正式议题，从而进一步拓宽会议审议范围，引导会议向着更加务实高效的方向发展。四是会后狠抓落实，形成具有保障性的督办机制。为确保议定事项的落实，街道特别设定了“三级督办机制”，成为倒逼相关责任部门的有力手段，使得落实会议职责更清，目标更细，落实更有保障。（吴碧丽）

市总工会重要文件目录

发文日期	文　号	文　件　名
1 月 23 日	沪工总权〔2019〕11 号	上海市总工会关于印发《上海工会送温暖工作的实施办法（试行）》的通知
2 月 15 日	沪工总权〔2019〕18 号	关于进一步深化上海工会困难帮扶工作的实施意见

续 表

发文日期	文　号	文 件 名
2 月 15 日	沪工总权〔2019〕19 号	上海市总工会关于印发《上海工会深度困难职工帮扶工作实施办法(试行)》的通知
2 月 15 日	沪工总权〔2019〕20 号	上海市总工会关于印发《上海工会困难职工帮扶工作的实施办法(试行)》的通知
2 月 25 日	沪工总审〔2019〕27 号	上海市总工会关于印发《关于在推进“四位一体”立体经审监督体系中充分发挥基层工会职工会员监督作用的实施办法(试行)》的通知
2 月 26 日	沪工总基〔2019〕28 号	关于授予“凝心聚力 提质增效”打响“上海文化”品牌,打通公共文化服务“最后一公里”立功竞赛先进集体和个人上海市五一劳动奖的决定
2 月 27 日	沪工总基〔2019〕24 号	关于授予“打好河道整治攻坚战,全面提升上海城乡水环境”劳动竞赛先进集体和个人上海市五一劳动奖的决定
3 月 5 日	沪工总研〔2019〕30 号	上海市总工会关于坚持大调研常态化制度化做好 2019 年调查研究工作的通知
3 月 14 日	沪工总基〔2019〕39 号	关于授予架空线入地和合杆整治工作立功竞赛活动先进集体和个人上海市五一劳动奖的决定
3 月 14 日	沪工总基〔2019〕40 号	关于授予“聚焦精准发力、助推脱贫攻坚”劳动竞赛先进个人上海市五一劳动奖章的决定
3 月 14 日	沪工总基〔2019〕41 号	关于授予非公企业工会改革优秀“小二级”社工团队和“户外职工爱心接力站”优秀爱心接力站等先进集体上海市工人先锋号的决定
3 月 14 日	沪工总基〔2019〕42 号	关于授予出租汽车行业“最美的哥的姐”评选先进个人上海市五一劳动奖章的决定
3 月 19 日	沪工总基〔2019〕44 号	关于授予在上海市重点工程实事立功竞赛等 6 个项目中涌现出的先进集体和个人上海市五一劳动奖的决定
4 月 3 日	沪工总办〔2019〕60 号	关于深入开展向李斌同志学习的决定
4 月 29 日	沪工总基〔2019〕92 号	上海市总工会关于印发《上海工会“爱心妈咪小屋”设置及管理办法》的通知
5 月 10 日	沪工总宣〔2019〕97 号	关于开展“中国梦・劳动美——与共和国同成长、与新时代齐奋进”上海职工故事大赛的通知
5 月 28 日	沪工总权〔2019〕110 号	关于做好 2019 年本市夏季职工劳动保护和防暑降温工作的通知
6 月 5 日	沪工总研〔2019〕114 号	关于公布 2019 年市总工会委托调研课题中标单位的通知
6 月 18 日	沪工总权〔2019〕123 号	关于对在 2018 年度全国“安康杯”竞赛中成绩突出的优胜单位和先进个人授予上海市五一劳动奖状(奖章)荣誉称号的决定
7 月 10 日	沪工总权〔2019〕144 号	关于对在“上海市职工安全生产知识大赛”中表现突出的单位和个人予以通报表扬的通知

续 表

发文日期	文 号	文 件 名
7月12日	沪工总宣〔2019〕147号	关于在广大职工中开展“中国梦·劳动美——与共和国同成长、与新时代齐奋进”庆祝新中国成立70周年主题宣传教育活动的通知
7月18日	沪工总基〔2019〕151号	关于印发《上海市五一劳动奖状(奖章)、工人先锋号评选管理办法(修订)》的通知
7月31日	沪工总研〔2019〕156号	关于公布2018年度上海工会优秀调研报告、论文评选结果的通知
7月31日	沪工总宣〔2019〕157号	关于举办庆祝中华人民共和国成立70周年“中国梦·劳动美”2019年上海职工文化网络大赛的通知
9月11日	沪工总权〔2019〕181号	关于进一步深化和推进本市“安康杯”竞赛活动的通知
10月9日	沪工总基〔2019〕191号	关于印发《上海市“劳模创新工作室”管理办法(修订)》的通知
11月7日	沪工总发〔2019〕22号	关于全面推进本市国有企业工会改革的通知
11月7日	沪工总基〔2019〕206号	关于印发《上海市总工会关于加强街镇“小二级”工作组织建设的指导意见》的通知
11月9日	沪工总劳〔2019〕201号	关于命名上海电气集团股份有限公司工会等20家单位“上海国有企业工会改革工作示范单位”的决定
11月10日	沪工审〔2019〕41号	关于印发《上海市总工会经费审查委员会关于聘请社会中介机构参与审计工作管理办法》的通知
11月12日	沪工审〔2019〕42号	关于印发《上海市总工会经费审查委员会关于对参与工会审计业务的社会中介机构审计质量评价办法(试行)》的通知
11月29日	沪工总基〔2019〕219号	关于命名第九批“上海市劳模创新工作室”的决定
12月3日	沪工安〔2019〕7号	关于表彰上海市“班组安全管理成果”的决定
12月23日	沪工总财〔2019〕242号	上海市总工会关于印发《上海非公有制企业工会经费收支管理实施办法》的通知
12月27日	沪工总组〔2019〕246号	上海市总工会关于印发《2019—2023年上海工会干部教育培训规划》的通知

上海市总工会领导及各部室负责人名单

中共上海市总工会党组名录

党组书记 莫负春
党组副书记 姜海涛
党组成员 高黎萍(女) 周 奇 张得志
桂晓燕(女) 戴光铭 刘言浩
宋钟蓓(女,2019.3免)
丁 巍(女,2019.7任)

上海市总工会第十四届委员会主席、副主席、常委名录

主 席 莫负春
副主席 姜海涛 周 奇 张得志 桂晓燕(女)
戴光铭(挂) 刘言浩(挂)
李 斌(兼,2019.2逝世)
朱雪芹(女,兼) 王曙群(2019.7任,兼)
常 委 (按姓氏笔画为序)
丁 巍(女) 王辛翎(2019.7任) 王厚富
麦碧莲(女) 李友钟
沈 云(女,2019.7免)

宋钟蓓(女,2019.7 免) 张永东
陈 欣(女) 娄 为 耿道颖(女) 倪学斌
徐 文

上海市总工会经费审查委员会主任、副主任、常委名录

主 任 丁 巍(女)
副主任 倪伟琦
常 委 (按姓氏笔画为序)
韦 理 许耀武 张居正 金伟荣
祝培莉(女) 黄银萍(女,2019.1 免)

上海市总工会巡视员、秘书长等名录

巡视员 何惠娟(女,2019.1 免)
秘书长 宋钟蓓(女,2019.2 免)
副巡视员 吴 萌(2019.1 免)
二级巡视员 沈雄德(2019.11 任)

上海市总工会各部室负责人名录

办公室
主 任 沈雄德
副主任 陈展阳(挂)
副主任 邹晓鹰(女,挂)
研究室
主 任 崔校军
副主任 张 敏(女)
组织部
部 长 庄 勤(女)
基层工作部
部 长 张 刚
副部长 竺 敏(2019.11 免)
副部长 赵 萌(女,挂)
副部长 何文庆(女,挂)
劳动关系工作部
部 长 周永宝
副部长 陈 嵘(2019.11 免)
权益保障部
部 长 陈美琴(女)
副部长 杨 敏(女,2019.11 免)
副部长 曹宏亮(挂)
宣传教育部
部 长 陈必华
副部长 李 伟
副部长 张 路(女,挂)
副部长 季轩丞(女,挂)
财务资产管理部
部 长 黄银萍(女)
副部长 卢家平(2019.12 免)
副部长 徐冬梅(女,2019.12 任)
周 静(女,2019.12 任)
副部长 梁 军(挂,2019.7 免)
吴振华(挂,2019.8 任)
经审办
主 任 倪伟琦
副主任 陆 娟(女,2019.12 任)

上海市总工会直属机关党、纪、工、团负责人名录

直属机关党委
书 记 姜海涛(兼,2019.5 免)
丁 巍(兼,女,2019.5 任)
副书记 桂云林(女)
直属机关纪委
书 记 桂云林(女)
直属机关工会
主 任 夏 勇(2019.8 免)
桂云林(女,2019.12 任)
直属机关团委
书 记 庄 勤(兼,女)

中华人民共和国人力资源和社会保障部
国 家 医 疗 保 障 局 令

第 41 号

《香港澳门台湾居民在内地(大陆)参加社会保险暂行办法》已经人力资源社会保障部部务会、国家医疗保障局局务会审议通过。现予公布,自 2020 年 1 月 1 日起施行。

人力资源社会保障部部长 张纪南
医保局局长 胡静林
2019 年 11 月 29 日

香港澳门台湾居民在内地(大陆)参加社会保险暂行办法

第一条 为了维护在内地(大陆)就业、居住和就读的香港特别行政区、澳门特别行政区居民中的中国公民和台湾地区居民(以下简称港澳台居民)依法参加社会保险和享受社会保险待遇的合法权益,加强社会保险管理,根据《中华人民共和国社会保险法》(以下简称社会保险法)等规定,制定本办法。

第二条 在内地(大陆)依法注册或者登记的企业、事业单位、社会组织、有雇工的个体经济组织等用人单位(以下统称用人单位)依法聘用、招用的港澳台居民,应当依法参加职工基本养老保险、职工基本医疗保险、工伤保险、失业保险和生育保险,由用人单位和本人按照规定缴纳社会保险费。

在内地(大陆)依法从事个体工商经营的港澳台居民,可以按照注册地有关规定参加职工基本养老保险和职工基本医疗保险;在内地(大陆)灵活就业且办理港澳台居民居住证的港澳台居民,可以按照居住地有关规定参加职工基本养老保险和职工基本医疗保险。

在内地(大陆)居住且办理港澳台居民居住证的未就业港澳台居民,可以在居住地按照规定参加城乡居民基本养老保险和城乡居民基本医疗保险。

在内地(大陆)就读的港澳台大学生,与内地(大陆)大学生执行同等医疗保障政策,按规定参加高等教育机构所在地城乡居民基本医疗保险。

第三条 用人单位依法聘用、招用港澳台居民的,应当持港澳台居民有效证件,以及劳动合同、聘用合同等证明材料,为其办理社会保险登记。在内地(大陆)依法从事个体工商经营和灵活就业的港澳台居民,按照注册地(居住地)有关规定办理社会保险登记。

已经办理港澳台居民居住证且符合在内地(大陆)参加城乡居民基本养老保险和城乡居民基本医疗保险条件的港澳台居民,持港澳台居民居住证在居住地办理社会保险登记。

第四条 港澳台居民办理社会保险的各项业务流程与内地(大陆)居民一致。社会保险经办机构或者社会保障卡管理机构应当为港澳台居民建立社会保障号码,并发放社会保障卡。

港澳台居民在办理居住证时取得的公民身份号码作为其社会保障号码;没有公民身份号码的港澳居民的社会保障号码,由社会保险经办机构或者社会保障卡管理机构按照国家统一规定编制。

第五条 参加社会保险的港澳台居民,依法享受社会保险待遇。

第六条 参加职工基本养老保险的港澳台居民达到法定退休年龄时,累计缴费不足15年的,可以延长缴费至满15年。社会保险法实施前参保、延长缴费5年后仍不足15年的,可以一次性缴费至满15年。

参加城乡居民基本养老保险的港澳台居民,符合领取待遇条件的,在居住地按照有关规定领取城乡居民基本养老保险待遇。达到待遇领取年龄时,累计缴费不足15年的,可以按照有关规定延长缴费或者补缴。

参加职工基本医疗保险的港澳台居民,达到法定退休年龄时累计缴费达到国家规定年限的,退休后不再缴纳基本医疗保险费,按照国家规定享受基本医疗保险待遇;未达到国家规定年限的,可以缴费至国家规定年限。退休人员享受基本医疗保险待遇的缴费年限按照各地规定执行。

参加城乡居民基本医疗保险的港澳台居民按照与所在统筹地区城乡居民同等标准缴费,并享受同等的基本医疗保险待遇。

参加基本医疗保险的港澳台居民,在境外就医所发生的医疗费用不纳入基本医疗保险基金支付范围。

第七条 港澳台居民在达到规定的领取养老金条件前离开内地(大陆)的,其社会保险个人账户予以保留,再次来内地(大陆)就业、居住并继续缴费的,缴费年限累计计算;经本人书面申请终止社会保险关系的,可以将其社会保险个人账户储存额一次性支付给本人。

已获得香港、澳门、台湾居民身份的原内地(大陆)居民,离开内地(大陆)时选择保留社会保险关系的,返回内地(大陆)就业、居住并继续参保时,原缴费年限合并计算;离开内地(大陆)时已经选择终止社会保险关系的,原缴费年限不再合并计算,可以将其社会保险个人账户储存额一次性支付给本人。

第八条 参加社会保险的港澳台居民在内地(大陆)跨统筹地区流动办理社会保险关系转移时,按照国家有关规定执行。港澳台居民参加企业职工基本养老保险的,不适用建立临时基本养老保险缴费账户的相关规定。已经领取养老保险待遇的,不再办理基本养老保险关系转移接续手续。已经享受退休人员医疗保险待遇的,不再办理基本医疗保险关系转移接续手续。

参加职工基本养老保险的港澳台居民跨省流动就业的,应当转移基本养老保险关系。达到待遇领取条件时,在其基本养老保险关系所在地累计缴费年限满10年的,在该地办理待遇领取手续;在其基本养老保险关系所在地累计缴费年限不满10年的,将其基本养老保险关系转回上一个缴费年限满10年的参保地办理待遇领取手续;在各参保地累计缴费年限均不满10年的,由其缴费年限最长的参保地负责归集基本养老保险关系及相应资金,办理待遇领取手续,并支付基本养老保险待遇;如有多个缴费年限相同的最长参保地,则由其最后一个缴费年限最长的参保地负责归集基本养老保险关系及相应资金,办理待遇领取手续,并支付基本养老保险待遇。

参加职工基本养老保险的港澳台居民跨省流动就业,达到法定退休年龄时累计缴费不足15年的,按照本条第二款有关待遇领取地的规定确定继续缴费地后,按照本办法第六条第一款办理。

第九条 按月领取基本养老保险、工伤保险待遇的港澳台居民,应当按照社会保险经办机构的规定,办理领取待遇资格认证。

按月领取基本养老保险、工伤保险、失业保险待遇的港澳台居民丧失领取资格条件后,本人或者其亲属应当于1个月内向社会保险经办机构如实报告情况。因未主动报告而多领取的待遇应当及时退还社会保险经办机构。

第十条 各级财政对在内地(大陆)参加城乡居民基本养老保险和城乡居民基本医疗保险(港澳台大学生除外)的港澳台居民,按照与所在统筹地区城乡居民相同的标准给予补助。

各级财政对港澳台大学生参加城乡居民基本医疗保险补助政策按照有关规定执行。

第十一条 已在香港、澳门、台湾参加当地社会保险,并继续保留社会保险关系的港澳台居民,可以持相关授权机构出具的证明,不在内地(大陆)参加基本养老保险和失业保险。

第十二条 内地(大陆)与香港、澳门、台湾有关机构就社会保险事宜作出具体安排的,按照相关规定办理。

第十三条 社会保险行政部门或者社会保险费征收机构应当按照社会保险法的规定,对港澳台居民参加社会保险的情况进行监督检查。用人单位未依法为聘用、招用的港澳台居民办理社会保险登记或者未依法为其缴纳社会保险费的,按照社会保险法等法律、行政法规和有关规章的规定处理。

第十四条 办法所称"港澳台居民有效证件",指港澳居民来往内地通行证、港澳台居民居住证。

第十五条 本办法自2020年1月1日起施行。

基层组织建设

综 述

上海工会聚焦“三个1000”工会建设和重点人群,推动工会组建,完善基层工会组织规范化建设机制,制订下发非公企业工会改革3.0版指导意见,召开上海市深化非公企业工会改革现场会。全年新成立基层工会组织2731个,工会组织总数较去年增长3.49%,新吸收99585名基层工会会员,工会会员总数较去年增长1.24%。一是聚焦三个“1000”建设,不断夯实工会基层组织基础。培育指导建设好1000个有活力的“小二级”工会。据统计,目前全市共有1009个“小二级”工会,覆盖基层单位5.34万家,覆盖职工130.3万名。打造1000个服务职工阵地。指导各区总更加聚焦“小二级”工会,建设与之相对应的1000个服务阵地。配备建设好1000名“小二级”工会社工队伍。二是聚焦八大灵活就业群体,推动工会组织和服务有效覆盖。全市共吸纳灵活就业群体会员10.03万人,下拨配套资金2107.6万元,保障灵活就业职工入会服务资金,增强职工入会积极性。为10万名灵活就业群体工会会员提供一份价值80元为期一年的保障,切实提高会员抵御和防范疾病、意外风险的能力。三是聚焦发挥央企国企示范引领作用,重点破解农民工建会入会难题。以江南造船为试点,开展劳务工建会入会,促进劳务派遣和项目外包单位建立工会组织。组织召开“稳就业促发展”农民工工作专题会议、农民工建会入会暨会员实名制管理工作推进会。建立农民工工会会员数据库,共录入25万农民工工会会员,进一步提升对农民工会员组织、管理和服务的工作效能。四是推进工会干部队伍建设。截至年底,全市共有工会社工1059人。组织工会社工初训班和轮训班,共培训770人。举办“第二届上海市工会社工技能比武交流活动”,选树10支优秀工会社工团队。从宝武集团定向招聘36名工会社工,进一步充实基层工会干部力量。组织大中型企业工会主席、街镇总工会主席等培训班,共培训1890人。五是推动户外职工爱心接力站建设。全年完成新增200家站点,完善升级200家现有站点服务功能的目标,共计建成1175家“户外职工爱心接力站”,为环卫工人、快递员等户外职工提供饮水、避暑取暖等服务。在年终市政府实事项目满意度评议中,该项目综合排名第二。六是加强调查研究。深入开展调研,并形成了《上海市工会组织和工会服务有效覆盖新兴就业群体研究》《本市劳务工群体工会建会入会和开展工会工作的情况调研报告》等12篇调研报告。

(赵 萌)

农民工入会

【概要】 2019年,市总工会聚焦发挥央企国企示范引领作用,重点破解农民工建会入会难题。以江南造船为试点,开展劳务工建会入会,促进劳务派遣和项目外包单位建立工会组织。3月,组织召开“稳就业促发展”农民工工作专题会议。会议明确,要大力抓好工会组建,扩大工会组织对农民工的有效覆盖。7月,组织召开农民工建会入会暨会员实名制管理工作推进会,在中建八局、上海船舶等10家大型央企国企试点推进农民工工会会员实名制管理。建立农民工工会会员数据库,共录入25万农民工工会会员,进一步提升对农民工会员组织、管理和服务的工作效能。在市总的指导下,各区总用好用足“灵活就业群体”项目经费政策,进一步促进基层推动灵活就业群体建会入会,让会员得到了更多的“红利”。借力灵活就业群体项目经费,金山区吕巷镇总工会推动2家以货运司机、保安为主体的企业建会;奉贤区海湾镇总工会成立了海湾镇综合联合工会,吸收街面商铺、快递企业等灵活就业人员入会。全市共吸纳新兴就业群体会员100352人,下拨配套资金2107.4万元(含市财政配套资金),保障新兴就业职工入会服务资金,增强职工入会积极性和获得感。

(王翀达)

【宝山区举行庆祝“环卫工人日”暨环卫行业工会联合会揭牌仪式】 10月26日,宝山区总工会、区绿化市容局在区工人文化活动中心举行区庆祝“环卫工人日”暨环卫行业工会联合会揭牌仪式。仪式上为环卫职工代表送上开展职工文化活动、电影赠送活动、慰问品赠送活动、困难职工专项帮扶活动、“亲情电话卡”赠送活动、服务大礼包赠送活动、冬季防护品赠送活动、法律宣传活动等八大实事项目。区委常委、副区长王益群,区人大常委会副主任、区总工会党组书记、主席王丽燕出席仪式。区总工会、区绿化市容局及杨行镇、大场镇总工会、区环卫行业工会联合会第一次代表大会代表及各环卫企业职工代表200多人参加。

(沈 英)

【宝山区总工会推进“货运司机集中

10月26日,宝山区举行区庆祝“环卫工人日”暨环卫行业工会联合会揭牌仪式

(庄轶凡)

入会”全国试点工作】 宝山区总工会有序推进“货运司机集中入会”全国试点工作，推出培训服务惠职工、岗位练兵强职工、健康体检爱职工、随车药箱护职工、互助保障安职工、帮扶救助暖职工、文体活动乐职工、评先推优励职工8大服务项目，开展“创和谐交通、建文明城区”宝山区货车司机交通安全宣传系列活动。宝山实地实体型道路运输企业建会率和入会率均达到75%以上。在完成灵活就业职工入会申请3622人中，货车司机839人，超额完成市总任务指标。（沈 英）

【闵行区总工会组织召开家政服务行业工会组建宣传培训会】 6月18日，闵行区家政服务行业工会组建宣传培训会在莘庄彩生活广场会议室召开。区总工会副主席许向东、市家庭服务行业协会常务副会长陈锡珠出席会议并讲话。培训会就“什么是工会”“为什么要建会入会”“家政服务行业如何建会”等内容，为家政服务企业和服务员作了详尽的讲解和宣传。来自各街镇和莘庄工业区家政服务企业负责人和家政服务员代表共110余人参加会议。（杨叙文）

【青浦区总工会开展“百日集中行动”扩大工会组织覆盖和工作覆盖】 青浦区总工会聚焦非公经济组织和灵活就业群体人员，从4月起在全区范围内开展组建工会“百日集中行动”。一是加强领导，统筹推进。认真分析，科学制订建会目标，调动各方力量，在“百日集中行动”期间，各类经济园区、产业园区内的非公企业建会工作以及物流货运企业、快递服务、家政服务等重点行业内职工入会工作有新突破，“两新组织”职工入会有新发展，区域行业工会建设更加规范。二是积极探索，创新模式。把“百日集中行动”与加强园区工会联合会（联合工会）建设、行业工会建设等有机结合起来，大胆探索有利于组建工会的方法和模式，通过单独组建、区域联建、行业统建等方式，因企制宜，因势利导，创造性地开展组建工作。三是广泛宣传，营造氛围。充分利用新闻媒体和工会宣传阵地，广泛宣传工会组建的重要意义和作用以及会员的权利和义务，形成集中行动的舆论氛围。精心培育典型，大力宣传典型的好经验好做法，发挥典型示范引领作用。四是完善机制，规范建设。按照非公企业工会改革的工作要求，加强对基层工会工作指导，不断完善工作制度，提高规范化建设水平。（朱建强）

【奉贤区总工会推动灵活就业人群入会】 年内，奉贤区总工会印发《奉贤区街镇“小三级”工会经费补助实施办法》，进一步下沉资源、夯实基层人财物基础，全年下拨建会补贴等专项经费95.8万余元。推进网上网下、企业内与企业外入会深度融合，夯实灵活新型就业人群入会渠道。用好“灵活就业”等专项资金保障政策，激发企业外职工入会积极性，全面推进先服务后建会工作，为符合条件的8700余名“灵活就业”职工办理入会手续，下拨专项补助资金191万余元，并全部办理了灵活就业人员专项保障计划。（夏 伟）

【上海宝冶工会大力推进农民工入会工作】 上海宝冶工会积极落实农民工入会各项举措，8月，发布《关于做好非合同制员工加入工会的指导意见》，并通过工会系统对所辖22家基层单位的非合同制员工情况进行调研，为3929名非合同制员工办理上海工会会员服务卡并参保会员专享基本保障；出台费用补贴政策，补贴期限为3年，第一年全额补贴，第二、三年补贴50%。与此同时，宝冶工会大力推进、指导各区域公司工会为属地员工做好属地化入会和参保。推动入会工作，进一步增强了员工的归属感、主人翁意识以及对“宝冶·家”文化的认同，使企业更具凝聚力。（张 冉）

【中交三航局完成上海地区劳务派遣员工入会工作】 中交三航局作为上海市总工会确定的推动劳务派遣员工入会工作重点单位之一，目前有劳务派遣员工约4100人。三航局工会按照上海市委、市政府《关于推进新时期上海产业工人队伍建设改革的实施意见》等文件精神，下发了《中交三航局劳务派遣员工入会三年行动计划（2019—2021年）》，并召开专题会议进行布置。12月19日，中交三航局新能源公司工会举行劳务派遣员工会员委托代管签约仪式，标志着三航局在沪单位完成劳务派遣员工入会工作。（黄书展）

小三级工会

【概要】 2019年，根据中央、市委群团改革会议精神和市委创新社会治理加强基层建设的要求，结合市总工会《关于规范“小三级”工会建设的意见》和《街镇“小三级”工会经费补助的实施办法》文件精神，进一步夯实街镇“小三级”工会组织规范化程度，激发基层活力。一是扩大组织覆盖面。推进实地实体型单位组建工会2731家，吸纳会员19.1万名，其中非公企业占90%以上，累计发放补助资金529.1万元。二是拓展职工入会渠道。累计发放会员活动经费补助62.96万元，惠及1.05万名企业外入会职工。三是调动非公企业工会主席积极性。在地区考核发放履职津贴的基础上，给予获市级及以上模范职工之家、优秀工会工作者、五一劳动奖状（章）及劳动模范等称号的非公企业工会兼职主席每月给予200元补贴，累计为536名工会主席发放补贴119.8万元。（王翀达）

【浦东新区总工会打造职工版“家门口”服务体系建设】 针对浦东新区商圈楼宇多、开发园区多、企业总量多的特点，浦东新区总工会创新推出职工版“家门口”服务。11月27日，浦东新区职工版“家门口”服务体系建设现场推进会召开。会议现场发布了浦东新区职工版“家门口”服务站点电子地图。职工只要打开“浦东工会通”微信号，找到“服务大厅”，点击“工会地图”，即可就近寻找“家门口”服务站点地址，预约各站点的服务项目，满足职工的多元需求，畅通服务职工的“最后一公里”。年内，建成职工版“家门口”服务站点754个，其中，职工服务总站44个，职工服务站91个，企业职工服务点409个，市级户外职工爱心接力站159个，区级户外职工驿站51个。（陈 维）

【宝山区健全完善“小三级”工会组织体系】 2019年，宝山区出台区级“小二级”工会建设文件，召开现场推进会，开展“小二级”工会星级创建以及资金补助，着力形成组织下延一级、维权上提一级、阵地辐射一圈、资源融合一体的工作格局，全区“小二级”工会达到56个。落实街镇“小三级”工会市总专项补贴45.8万元、区总配套资金38.7万元，对新建19家“小二级”补助51万元。审核区“1+9”专项资金扶持企业工建情况1300余家次，推动65家企业建会。，宝山区4家企业获评民营企业工会示范点，10家“小二级”工会获评上海市非公企业工会改革“小二级”工会示范点，顾村镇工业园区工会联合会获评一等奖。（沈 英）

【宝山区召开加强“小二级”工会建设推进会】 6月25日，宝山区于高境镇长江软件园召开区加强“小二级”工会建设推进会。会议指出，加强“小二级”工会建设是深化非公企业工会改革的重要路径和重要举措，各“小二级”工会要根据各自区域、行业的特点，强化组织覆盖、维权服务、阵地辐射、资源融合等方面的工作，更好地服务职工、服务企业、服务经济社会发展；各街镇园区党（工）委要加强对“小二级”工会建设的重视，因地制宜地开展服务阵地建设，在推动党建、群建、社建融合发展等方面多指导、多下功夫。会议就加强宝山区“小二级”工会建设作部署，并为新建立的长江软件园工会联合会揭牌，为宝山区2019年新建“小二级”工会代表颁发运转启动资金补助牌，4家单位做交流发言。区委副书记周志军，市总工会副主席周奇，区人大常委会副主任、区总工会党组书记、主席王丽燕，市总工会基层工作部部长张刚出席会议。区总工会、高境镇主要领导，各街镇园区分管副书记、工会主席，各区级行业工会主席、社工，全区“小二级”工会主席等90余人参加会议。（沈 英）

【闵行区选举产生新一届物业管理行业工会联合会委员】 7月18日，闵行区物业管理行业工会联合会第二届第一次会员代表大会在群艺职校503会议室召开。区总工会副主席许向东，区住房保障和房屋管理局党组副书记、工会主席徐健出席会议并致辞。大会选举产生了以李俊南为主席的新一届物业管理行业工会联合会“三委”班子成员。来自各街镇和莘庄工业区物业服务企业的会员代表和列席代表共130人参加会议。（杨叙文）

【国家会展中心区域工会联合会成立】 10月16日，由青浦区总工会、长宁区总工会、闵行区总工会、国家会展中心、虹桥商务区管委会、虹桥机场、上海铁路局等21家单位下属相关工会组织组成的国家会展中心区域工会联合会揭牌。按照属地化管理原则，国家会展中心区域工会联合会负责做好工会组织建设全覆盖、工会服务引领全覆盖、构建和谐劳动关系全覆盖等工作。（朱建强）

【奉贤区成立绿化市容环卫行业工会联合会】 6月4日，奉贤区绿化市容环卫行业工会联合会暨第一次会员代表大会召开，选举产生奉贤区绿化市容环卫行业工会联合会主席、副主席、委员，张卫当选工会联合会主席。会议还选举产生了第一届工会经费审查委员会主任、副主任、委员。区内22家绿化市容环卫企业成为首批会员单位，覆盖职工2300余名。会议审议通过《行业集体合同》和《行业工资专项集体协议》，并进行现场签约。（钱 洁）

【奉贤区成立温州商会工会联合会】 12月18日，奉贤区温州商会工会联合会成立暨第一次会员代表大会召开，选举产生奉贤区温州商会工会联合会主席、副主席、委员，李丰林当选工会联合会主席。会议还选举产生了第一届工会经费审查委员会主任、副主任、委员，第一届工会女职工委员会委员。区内166家企业成为首批会员单位，覆盖职工6308名。（钱 洁）

【市机电工会研讨交流异地工会工作】 7月9日，市机电工会在上海电气风电设备东台有限公司召开上海电气异地企业工会工作研讨座谈会。机电工会、地方上级工会、母体企业工会和异地企业工会就异地企业职工（代表）大会制度、集体协商、厂务公开等企业民主管理工作进行研讨交流。市机电工会主席朱斌在会上表示，随着上海电气产业梯度转移和企业内迁，异地生产型实体企业的增多，异地企业职工人数也逐年增加，异地企业是电气发展的必然选择，异地企业工会建设工作将越来越重要。对于异地工会工作，需要地方上级工会、母体企业工会、机电工会的共同关心、支持和帮助，缺一不可。异地企业工会需要多方支持和帮助，使其更有效地服务异地企业职工，更好地调动职工的积极性，积极倡导企业与员工同舟共济、共享劳动成果的理念，进一步凝聚职工，为异地企业发展发挥好工会的作用。（毛鑫磊）

【市级医疗机构护工护理行业工会联合会召开成立大会暨第一次会员代表大会】 2020年1月10日，市级医疗机构护工护理行业工会联合会成立大会暨第一次会员代表大会在复旦大学附属中山医院召开。中国教科文卫体工会主席章国贤，中国教科文卫体工会二级巡视员宋蕴馥，上海市总工会副主席周奇，市卫生健康委党组副书记、市医务工会主席郑锦等出席会议。大会选举产生市级医疗机构护工护理行业工会联合会第一届委员会主席、副主席、委员和经费审查委员会主任、委员。马艳芳当选主席，俞郁萍、陈克信、庹焱、池朝霞当选副主席，张居正当选经费审查委员会主任。（池朝霞）

工会社工队伍建设

【概要】 社会化工会工作者队伍建设是工会在推进基层创新社会治理中的一项重要举措。2019年，上海工会持续深入探索工会工作者的职业化、社会化道路，通过孵化培育等举措，初步建立了一支业务能力强、素质过硬的社会化工会工作者队伍。这支队伍在工会改革尤其是非公企业工会改革过程中为推进基层工会组织建设、劳动关系协调机制建设、职工经济技术创新活动开展等方面发挥了非常重要的作用。一是社会化工会工作者队伍稳定发展。2019年全市社会化工会工作者队伍规模总体保持稳定。截至年底，全市活跃在街镇“小三级”的工会工作者共有1059人。二是社会化工会工作者队伍建设模式创新。2019年市总工会和宝武集团合作，由徐汇、虹口、杨浦、宝山和嘉定5个区定向招聘了36名宝武工会社工，进一步充实基层工会干部力量。三是社会化工会工作者培训深化推进。为提高社会化工会工作者的业务能力，更好地开展工会工作，市总全年共组织开展了3期社会化工会工作者初任培训班，有130名新晋工会社工参与了为期一个月的培训。同时，组织开展9期为期3天的工会社工轮训提高班，共有640名工作满一年且表现优秀的工会社工参加培训。市总还组织开展"第二届上海市工会社工技能比武交流活动"，通过活动进一步提升广大工会社工的业务能力和工作水平。（王翀达）

【徐汇区总工会设立基层社工工作站点 探索社工工作新模式】 徐汇区总工会进一步推进工会专设社会工作者队伍建设，探索基层社工工作站模式，结合区域情况，按片区设置工作站点，科学制订工作站职责。在已划定的徐家汇、虹梅、长桥、龙华4个片区内，结合区域情况各设置一个基层工作站点，每个工作站覆盖并对接3—4个街镇，除滨江建设者之家及部分专业岗位以外，将全体社工均安排至工作站工作。全面梳理汇总区总工会涉及工作站的各项职责任务，结合督查办法对街镇的考核指标，科学合理确定工作站的工作职责。由区总机关及事业单位人员担任站点指导员，逐步推进社工分层分类管理，推动社工队伍在联系服务企业、推动基层工会组织建设、增强工会组织活动方面的积极作用。（李莹）

【宝山区加强工会社工队伍建设】 宝山区总工会聘用职业化工会社工主管15人，新招聘社工12名，举办职业资质培训、团队建设等活动8次。顾村镇总工会、杨行镇总工会社工团队获评第二届上海市社会化工会工作者技能比武奖项。4月1日，上海宝山公惠职工事务服务中心召开社工主管任职集体谈话会。会议要求新任社工主管坚定初心，增强思想定力；找准定位，增强职业自信；历练本领，增强能力自信；知行合一，增强团队力量，做出最好的成绩。7月26日，宝山区总工会举办2019年社会化工会工作者技能比武决赛，共有7支团队参赛。（沈英）

11月15日，第二届上海市社会化工会工作者技能比武交流活动大赛举行（丁周栋）

【闵行区承办第二届上海市社会化工会工作者技能比武交流活动大赛】 11月15日，由市总工会主办，闵行区总工会承办的"第二届上海市社会化工会工作者技能比武交流活动大赛"在莘庄工业区得丘园举行。市总工会副主席周奇，闵行区人大常委会副主任、区总工会主席倪学斌等出席活动。大赛将"岗位练兵、技术比武"活动与"比工作态度、看沟通能力，比工作质量、看专业能力，比工作创新、看处理思路，比工作方法、看个人素质，比工作效率、看服务效果"的"五比五看"内容紧密结合，现场10支工会社工队伍通过视频、朗诵、情景演示等形式展现了社工人员真实的工作情况。活动现场表彰了"小二级"非公企业工会改革十大服务职工品牌项目和上海工会网上工作平台十佳"金点子"。来自全市各区总工会的领导、工会社会工作服务中心负责人和工会社工代表到场观赛。（王凯）

【金山区工荟社会工作服务中心签订集体合同保障社工队伍稳定】 10月17日，金山区工荟社会工作服务中心一届八次职工大会暨集体合同签约仪式在区工人文化宫召开，金山区总工会副主席曹冠及工荟中心近50名社工参加。此次协商共达成多项成果，一是确定2019年度除经营者以外的职工月基本工资在上年度的基础上增长4%；二是就2019年度年终奖金基准基数和分配办法进行详细说明；三是明确约定工荟中心每年组织社工开展健康体检、定期开展疗休养活动、社工每年享有参加市职工互助保险等；四是就工作时间、休息休假、劳动安全卫生、女职工三期保护达成了一致。集体协商工作的开展，有效地保障了会员的权益，增加了社工的收入，稳定了社工队伍，促进了工荟中心的发展和劳动关系的和谐稳定。（金赞红）

【市绿化市容行业工会组建垃圾分类宣传督导员队伍】 为进一步加强《上海市生活垃圾管理条例》的宣传，让垃圾分类深入人心，确保全市生活垃圾推进工作的全面实施，同时进一步履行承诺垃圾分类投放、承诺门前市容环境卫生责任自律自治，5月28日，上海市绿化市容行业工会在爱心接力站牵头单位中组织开展了单位员工垃圾分类宣传督导员培训，培养组建起一批有爱心、懂专业、会表达的垃圾分类宣传督导员队伍。首批140名宣传督导员参与培训。（耿静）

户外职工爱心接力站工作

【概要】 2019年，市总工会继续推进上海市政府实事项目——"户外职工爱心接力站"建设，全年目标是新增

200家站点，完善升级200家现有站点服务功能。“户外职工爱心接力站”最初重点解决户外职工工作时的饮水供给、避暑取暖、餐食加热、手机充电、休息如厕等实际问题，初步具备6项基本设施：空调、冰箱、微波炉、饮水机或茶桶、充电排插和桌椅等。2019年，在6+X基础上，市总工会甄选200家具备WIFI及公共厕所的站点升级改造，增添充电宝、书报架等设施。此外，市总工会督促全市各区、局（产业）切实加强日常自查，对站点的硬件设施、站点人员、服务环境等定期进行考核，对设施缺、服务差的站点实行整改、摘牌；梳理分析并建立各站点周边的户外工作者“分布情况图”，形成相对固定的服务人群，为其提供更有针对性的服务和帮助；通过微信公众号、微博、电视、报纸等媒体渠道广泛宣传，切实营造“关爱户外职工”的良好氛围。截至年底，在全市共创设“户外职工爱心接力站”1175家，涉及全市16个区、16个局（产业），周均接待服务职工近1万人次，累计接待服务超过90万人次。在年终市政府实事项目满意度评议中，该项目获得全市排名第二的佳绩，同时相关站点及个人分别荣获市重点工程实事立功竞赛优秀团队和优秀建设者等称号。此外，市总工会还开展优秀组织奖等奖项评选，并按一定比例向优秀站点和管理单位颁发“上海市工人先锋号”荣誉称号。（左鑫荣）

【杨浦区总工会成立“飞行检查队”巡查爱心接力站】 4月，杨浦区总工会带领劳模先进、退休工会干部和职业化社会工作者等志愿者组成“飞行检查队”，按照7条预设检查线路，对辖区内48家户外职工爱心接力站进行全覆盖式巡查。巡查过程中，志愿者按照市总工会“8+x”升级版创设标准，逐一对照、检查并拍摄影像资料。根据检查结果，提出具体的整改意见，要求主管单位纠正。杨浦区总工会服务中心还提出“三个首创”：根据户外职工的作息时间延伸服务时间，从早上8点半到晚8点，双休日照常服务“不打烊”；根据户外职工工作特点，制作移动二维码贴在饮料瓶上，方便签到和扩大宣传；在户外搭建凉亭，因地制宜打造室外休息场所，将爱心接力站建成民生工程。杨浦区总工会职工服务中心被上海市政府授予2018年度上海市重点工程立功竞赛优秀团队，其户外职工爱心接力站点还获得上海市总工会授予的“上海市工人先锋号”荣誉称号。（张东寅）

【静安区总工会举办户外职工爱心义诊活动】 4月29—30日，静安区总工会区属户外职工爱心接力站——区党建服务中心站点举办了迎“五一”户外职工爱心义诊活动。医疗志愿者团队利用午休时段来到站点为交警、环卫工人、城市执法者等户外一线职工送去血压、血糖、心率检测、眼科检查等医疗问诊服务和健康知识宣传普及。义诊为期2天，参加义诊的人员有站点工作人员、医护人员和志愿者。（张 兰）

【闵行区全面升级户外爱心接力站服务功能】 闵行区总工会认真落实市政府实事项目“户外职工爱心接力站”，以爱心接力站创设为契机，切实做好接力站的创建、运行和管理，为户外职工提供优质服务，打造工会服务品牌。2019年全区新增站点13家，并在原有站点的基础上对13家“爱心接力站”进行改造升级，在“6+X”服务功能的基础上，增加WIFI、公共充电宝、医药服务包，报刊书籍等个性化的服务。闵行区总工会组建爱心接力站管理团队，负责98家爱心接力站的日常监督检查，通过细化服务措施，夯实服务基础，提升爱心接力站点的温度和力度，该团队被授于“上海市工人先锋号”。（朱荣锋）

【松江区总工会荣获“户外职工爱心接力站”优秀组织奖等多个奖项】 3月18日，市总工会召开2019年“户外职工爱心接力站”“上海职工学堂”工作推进会，松江区总工会荣获“户外职工爱心接力站”优秀组织奖，区援助服务中心工作人员张婷荣获接力站优秀工作者和优秀志愿者称号，新浜镇“户外职工爱心接力站”被评为先进站点，站长孙怡获得明星站长的称号。2018年全区共创建“户外职工爱心接力站”66个，其中街镇（经开区）总工会共建有24个站点。2019年区总工会对符合拥有免费对外开放的“WIFI、厕所”两项基本设施的10个接力站提出了升级计划，另外根据属地空白区和户外职工人员的实际情况，再新增4家“户外职工爱心接力站”。市总工会2019年推出了服务职工实事项目“上海职工学堂”，松江区总工会计划创设3家“上海职工学堂”，每所学堂根据自身的行业特点，采取“1+N”的课程体系，本着“开门办学、资源共享”的原则，提供课程服务。在创设标准上，区总工会努力向市总工会提出的“四有一能”标准努力，即有固定场所、有培训设施、有精品课程、有专人负责和能对社会免费开放。（朱 慧）

【奉贤区总工会大力建设户外职工爱心接力站】 奉贤区总工会坚持建管结合，在大力新建站点的同时，通过规范管理、充分宣传、用心服务，让每个爱心接力站点都“转”起来、“活”起来、“热”起来，为环卫工、快递员、协管员、送餐员、出租车司机、物流驾驶员、交警辅警等户外职工提供歇脚、如厕、喝水、热饭、充电等服务。全区63个站点，累计服务职工达15万人次。柘林镇户外职工爱心接力站被评为2019年上海市工人先锋号。（钱 洁）

【奉贤区总工会召开户外职工爱心接力站总结表彰暨工作推进会】 4月11日，奉贤区户外职工爱心接力站总结表彰暨工作推进会在区老年大学召开。会上对荣获市工人先锋号、市总工会户外职工爱心接力站优秀工作者和优秀志愿者、奉贤区户外职工爱心接力站明星站点和奉贤区户外职工爱心接力站明星站长的单位和个人进行表彰。柘林镇、金汇镇和南桥镇3家单位分别代表工会、接力站和户外职工进行交流发言。会上，区职工援助服务中心代表全区爱心接力站接受上海市凯宝药业股份有限公司捐赠的价值20万元的物资。区人大常委会副主任、区总工会主席陆建国出席推进会并作讲话。（钱 洁）

【中国移动上海公司工会户外爱心接力站彰显企业社会责任】 中国移动上海公司工会根据上海市总工会的总体部署，配合2019年上海市实事项目，持续推进公司“户外职工爱心接力站”相关工作，为户外职工提供“暖人心、聚人气、有温度、展形象”的小家，让户外职工感受到移动的“温度”，并通过飞行检查、定期督查等方式，提升整体水平。中国移动上海公司工会还开展了上海公司户外职工爱心接力站“明星站点”和“明星站长”的评选，10 家站点、10 位站长分别被评为上海公司明星站点和明星站长，西区分公司新华路营业厅被评为上海市户外爱心接力站十大明星站点之一。其中，上海公司《屋檐下有你，用心连接彰显移动的温度》在中国通信企业协会举办的 2018 年度信息通信行业企业社会责任实践案例征集中被评为最佳社区贡献实践案例，并获得中国移动通信集团公司 2018 年度优秀企业社会责任年度 CSR 十佳实践奖，进一步扩大了户外职工爱心接力站的影响力。 （徐睿璐）

市绿化市容行业工会开展关爱环卫工人“爱心接力站”服务提升行动
（耿 静）

【虹桥机场改建员工公共驿站为区域单位员工提供服务】 高温季节前，虹桥机场飞行区机坪、西区市政楼这 2 家公共员工驿站通过全面改造翻新，内部放置桌椅、空调、电风扇等设施，升级服务功能。一排 5 间 200 余平方米的机坪公共驿站，依次设为员工公共驿站、一门式服务中心、保安保洁办公室、公共茶水室、卫生间和浴室，并配齐电视机、电冰箱、饮水机、热水器等软硬件设备。员工公共驿站不仅服务于机场基层一线员工，还面向机坪区域内航空公司、地勤、航服、保安、保洁等员工（包括驻场单位和非公企业员工）的服务辐射。同时，80 余平方米的西区市政楼一楼接待大厅员工公共驿站，也为驻楼的航空公司、地服公司和外航地服公司，以及大楼的保安、保洁及外卖小哥提供服务。
（朱媛萍）

【市绿化市容行业工会推进“户外职工爱心接力站”政府实事项目】 1 月 24 日，市绿化市容行业工会组织召开 2019 关爱环卫工人“爱心接力站”工作推进会，市绿化市容行业工会、市市容环境质量监测中心相关人员以及中国电信、中石化、浦发银行、上海银行、房产中介行业等 17 家爱心企业参加会议。会上，各爱心企业代表围绕爱心接力站创设和推进情况、当前存在的问题以及今后工作设想和建议等方面展开交流，推动爱心接力站不断提升服务质量和服务品质。市绿化市容行业工会与国泰保险、新华保险沟通协调，2019 年继续为全市环卫工人提供免费意外保险。同时，市绿化市容行业工会还联合建设银行、SMG 融媒体中心和 WEWORK 公司开展高温慰问环卫工人、创设爱心接力站等活动。协调中石化上海分公司，深化合作共建，为全市绿化市容行业 4200 余名职工办理“市绿化市容行业集团个人加油卡”，让职工切实享受到加油优惠政策。会同市总工会组织召开 2019 年“户外职工爱心接力站”工作总结推进会，表彰 93 个在 2018 年项目推进中做出突出贡献的单位和个人；积极动员社会力量申报创建新的“户外职工爱心接力站”，全年共新建 205 家、升级改造 200 家户外职工爱心接力站，提前超额完成市政府实事项目任务。 （耿 静）

【市绿化市容行业工会开展“爱心接力站”服务提升行动】 为进一步关爱环卫工人，打造关爱环卫工人“爱心接力站”升级版，7 月 19 日，市绿化市容行业工会与上海链家房地产经纪有限公司共同开展关爱环卫工人“爱心接力站”服务提升行动，以实际行动为环卫工人带去清凉。市绿化市容行业工会主席肖龙根、上海链家房地产经纪有限公司党支部书记、工会主席戚宇红等出席活动并讲话。揭牌仪式上，上海链家宣布全市 960 家关爱环卫工人“爱心接力站”链家站点正式升级进入 2.0 时代，除基础服务配套设施外，另提供打印复印、电话传真、代缴水电煤、夏季清凉用品等 4 项升级服务，尤其针对夏季高温，雷雨突发等情况，根据环卫工人的工作特点，精心准备应急雨披、盐汽水、风油精、花露水等夏季劳防用品，保障户外工作人员安然度夏。 （耿 静）

【市教育系统积极申报“爱心接力站”】 市教育工会积极发动教育系统基层工会申报户外职工爱心接力站。2019 年新增 4 家单位成功申报“爱心接力站”，他们是上海中医药大学、上海电子信息职业技术学院、上海思博职业技术学院、上海市青少年校外活动营地。另外，有 10 家教育系统基层工会的户外职工爱心接力站通过总工会评审，其中上海交大“爱心接力站”被评为先进站点并顺利升级站点。 （高 芳）

【光明食品集团“户外职工爱心接力站”获表彰】 在市总工会召开 2019 年“户外职工爱心接力站”工作推进会上，光明食品集团工会荣获“户外职工爱心接力站优秀组织奖”，牛奶棚康健路店获“户外职工爱心接力站先进站点”，光明食品集团朱菊英获“户外职工爱心接力站优秀工作者”，牛奶棚康健路店钱红获“户外职工爱心接力站明星站长”。光明食品集团积极响应上海市政府、上海市总工会的号召，设立20家爱心接力站。爱心接力站切实解决了户外职工工作中遇到的饮水、休息等实际问题，为上海打造“更有温度的城市”做出了贡献。

（周碧青）

职工之家建设

【概要】 2019年，市总工会指导各区总工会、街镇总工会在工会基层组织中持续深入开展建家活动，把建会建制与建家有效的结合起来，把建家活动作为工会的一项经常性、长期性的工作，进一步推进工会基层组织的工作水平。按照“会、站、家”一体化工作思路，以职工需求为导向，构建覆盖广泛、快捷有效的服务职工工作体系，提供更多普惠性服务，让职工群众更多更公平地分享改革成果，有更多获得感。尤其是非公企业工会通过建家活动，努力把工会基层组织建设成为组织健全、制度完善、维权到位、运作规范、开拓创新、作用明显和深受职工信赖的职工之家。浦东区总工会开展职工之家评选活动，把创建先进、合格职工之家作为加强基层工会全面建设的抓手，扎实做好创建、申报、验收工作，努力把基层工会建设成为职工信赖的温馨之家。闵行区总工会通过深入开展职工之家创建活动，贯彻落实《工会基层组织选举工作条例》《基层工会会员代表大会条例》。（赵 萌）

【上海电建公司工会坚持开展“最具活力工会”创建活动提升职工之家建设】 “最具活力工会工作”成果发布活动是上海电建公司工会每年坚持开展的一项工作，此项活动在工会职工之家创建工作中发挥了积极作用。通过发布、评审，《跃动青春，畅享幸福》《逆境中彰显作为，吹响竞赛集结号》和《我的工会手礼》成果分别获得2019年度上海电建“最具活力工会”工作成果发布前三名。2019年，公司工会通过职工关爱机制建设、职工家属座谈会、项目工地现场婚礼、职工集体生日宴、开通绿色生命保障线等一系列活动，职工群众获得感得到增强。

（傅 诚）

【中国宝武组织评选2018年度“好工会”】 为表彰先进，示范带动各级工会进一步加强职工之家建设，4月17日，在各二级单位工会“本级自评”、基层一线职工与工会工作者的“会员评价”、中国宝武工会各有关部门“专业评价”的基础上，经中国宝武工会一届二次常委会无记名投票评选，武钢集团、宝钢股份、八一钢铁、宝武炭材、宝钢工程、宝钢发展、欧冶云商工会等7家单位被评为“好工会”；鄂城钢铁、宝钢资源、集团总部机关工会等3家单位被评为“好工会提名”；韶关钢铁工会等13家单位被评为“较好工会”。

（李士伟）

【铁路上海局集团公司工会加强“职工之家”建设】 2019年，铁路上海局集团公司工会深化开展“建家”活动，将蚌埠工务段宿州重点维修车间作为铁路总工会“职工之家”重点建设单位，抓好班组工会小组、民管会、职工小家等制度建设，以点带面推动基层工会建家工作。开展2018年度集团公司“两模两优”评选，按照组织建设、民主管理、维护职能、劳动竞赛和工作创新等5项内容和标准开展评选活动，共评选出“模范职工之家”10个、“先进职工之家”20个，“模范职工小家”148个、“优秀工会工作者”94名、“优秀工会积极分子”200名。（王卫东）

【中国移动上海公司工会开展“模范职工之家”擂台赛】 2月22日，中国移动上海公司工会开展公司2018年度“模范职工之家”评选以及擂台赛，活动旨在搭建展示建家成果的平台，总结交流各单位工会工作中的亮点和特色，为提升公司整体工作水平奠定基础。擂台赛运用模范职工之家互检互学的工作机制，以走进现场、分组互评的形式，为各基层工会搭建横向交流平台。经现场专家评委打分、大众评审“和工社”线上打分，以及擂台赛前员工投票综合评分后，北区分公司工会等10家工会荣获中国移动上海公司2018年度“模范职工之家”荣誉称号。

（徐睿璐）

【鲁中矿业工会开展建家评家活动】 为加强工会组织建设，增强基层工会活力和工会吸引力，发挥工会在“服务职工、促进发展”中的突出作用，鲁中矿业工会开展2017—2018年度建家工作先进评选工作。本次评审围绕服务职工有新举措、促进改革有新作为、融入大局有新业绩的“三新”内容展开。经评审，共评出模范职工之家8个，模范职工小家8个，工会之友4名，优秀工会工作者2名，工会积极分子37名，并对先进个人和集体进行了表彰。

（李宗峰）

【市人社局工会开展区域化职工之家建设】 12月27日，市人社局工会在市人才大厦26楼建立的局属单位区域化职工之家揭牌。局属单位区域化职工之家建设是2019年市人社局工会按照“高标准、有品质、重节俭”的工作思路，以“党建带工建”为依托，在人才大厦职工之家基础上改建、以创新思维建立的区域化职工之家。职工之家全面考虑职工学习、交流、休闲、减压、健体、聚集、娱乐的需要，设计党建阅览室、体操房、乒乓室、健身房、台球房、心理解压室、妈咪小屋、美发室等，丰富了职工工余生活，为职工搭建起交流平台。设立党员阅览室，赋予职工之家党建服务功能。内设红色读书角、工会荣誉墙、入党宣誓墙等，成为党员们和职工学习教育的新天地。市人社局工会会同4家局属单位工会研究制订《市人社局人才大厦职工之家管理办法》，对人才大厦职工之家的日常管理、设备维护等作出规定，并形成人才大厦职工之家文明活动公约，建立长效管理工作机制。

（瞿葆仁）

【隧道股份上海路桥顶管事业部职工学堂成立暨职工之家揭牌仪式】 4月26日，上海路桥职工学堂成立暨职工之家揭牌仪式举行。仪式上，隧道股份工会主席朱东海，路桥集团党委副书记、纪委书记周翀凯为上海路桥顶管事业部“职工学堂”揭牌。会上介绍了“职工学堂”开展的情况及职工参与和培训方面取得的成效。职工学堂的“优秀老师”“优秀学员”进行了交流发言，路桥集团工会主席吴朝为“优秀老师”“优秀学员”颁奖。在隧道股份工会的支持下，上海路桥顶管事业部“职工学堂”被评为“上海职工学堂”。

（陆 健）

经济建设

综 述

2019年,市总工会以习近平新时代中国特色社会主义思想,特别是习近平总书记关于工人阶级和工会工作的重要论述为指引,聚焦推动经济高质量发展、激发职工创新活力、提升职工技能素质和岗位创新能力三项主责主业,进一步激发上海工人阶级推动企业成长、促进经济发展的主力军作用。一是扎实开展岗位建功。牵头组织举办“聚力新科技,奋进新时代”加快科创中心建设主题立功竞赛,聚焦人工智能、生物医药、集成电路三大产业开展立功竞赛活动;围绕长江经济带发展战略,开展第二届进博会立功竞赛和崇明世界级生态岛建设引领性劳动和技能竞赛;联合苏浙皖总工会签订《推进中国长三角地区职工劳动技能创新战略合作协议》,在长三角地区广泛组织开展系列劳动和技能竞赛。二是大力推动职工创新。组织开展首届“上海职工优秀创新成果奖”评选,发动全市15个区、45个产业局系统工会参与并最终评选出46个获奖项目。联合相关委办局举办2019年上海职工科技节、第三十一届上海市优秀发明选拔赛等职工创新活动。评审命名了第九批48家上海市“劳模创新工作室”。三是不断推进技能登高。推进上海职工学堂和百家高技能人才实训基地建设,优化地方教育附加专项资金用于一线职工技能提升的培养;指导各行业依托行业协会、龙头企业逐步建立起政府政策扶持、企业自主负责、职工积极参与、社会各方支持的企业技能人才培养和评价新机制;以长三角G60科创走廊为平台,探索产教合作、校企一体的职工技能培训新模式。四是持续强化班组建设。市总工会深入实施团队创先行动,以创建“工人先锋号”活动为载体,进一步推动“学习型、技能型、创新型、管理型、效益型、和谐型”六型班组建设,动员广大职工立足岗位、争创一流。 (潘名家)

劳动竞赛

【开展加快科创中心建设主题立功竞赛】 市总工会牵头组织举办“聚力新科技,奋进新时代”加快科创中心建设主题立功竞赛启动仪式,聚焦“3+1”重点领域和产业(即人工智能、生物医药、集成电路三大产业以及本市国家级、市级、区级等相关产业园区)开展立功竞赛活动,全力推动国家、上海及相关行业重要工作、重点项目顺利实施。 (顾 潇)

【开展第二届“凝心聚力进博会、建功立业创一流”立功竞赛】 市总工会发动各家参与进博会运行、保障、建设和服务的区局产业有关单位参与立功竞赛,在安全保卫、交通组织、城市管理、餐饮住宿、窗口服务、市容市貌等方面优化提升。指导青浦区总工会、国家会展中心等19家单位下属相关工会组成的国家会展中心区域工会联合会,按照属地化管理原则做好组织建设、工会服务等工作,保障第二届进博会顺利举行。 (潘名家)

【开展崇明世界级生态岛建设引领性劳动和技能竞赛】 市总工会按照市委、市政府关于加快推进崇明世界级生态岛建设的重要部署,围绕生态环境有效治理等五大领域开展劳动竞赛,有序推动崇明世界级生态岛建设重大生态项目、重点工作和三年行动计划重点推进项目。 (叶 懿)

【组织开展首届中国长三角地区职工劳动技能创新立功竞赛】 4月19日,沪苏浙皖总工会联合举行长三角区域一体化发展工会合作会议,签订《推进中国长三角地区职工劳动技能创新战略合作协议》。市总工会贯彻落实会议精神,在长三角地区广泛组织开展系列劳动和技能竞赛,推动行业职工岗位技能等级评价体系建设,推动校企合作培育高技能人才,推动中国长三角地区劳模工匠人才创新工作室发挥示范引领作用。 (潘名家)

【浦东新区总工会开展加快科创中心建设主题立功竞赛等活动】 6月15日,浦东新区总工会联合区发改委、科经委等区职能部门及上海自贸区管委会等开展的“改革开放再出发创新发展勇突破”2019上海市加快科创中心建设主题立功竞赛浦东十大品牌项目发布暨“张江杯”集成电路技能大赛启动仪式在张江科学城展示厅拉开帷幕。市人大常委会副主任、市总工会主席莫负春,浦东新区区委副书记冯伟等领导出席活动。浦东各直属工会、企业职工代表等200余人参加活动。会上启动浦东新区科创中心立功竞赛暨“张江杯”集成电路技能大赛。上海集成电路技术与产业促进中心、上海集成电路研发中心有限公司、上海硅知识产权交易中心有限公司和上海英内物联网科技股份有限公司、金桥创客天地以及上海普兰金融服务有限公司等6家单位分别设立集成电路产业、物联网技术、众创产教融合和金融服务业职工实训中心。会议发布上海市加快科创中心建设主题立功竞赛浦东十大品牌项目,包含集成电路产业竞赛一项、生物医药产业竞赛两项、人工智能产业竞赛一项、航空航天产业竞赛一项、张江科学城国家战略创新型劳动竞赛一项、围绕自贸试验区建设国家战略创新型劳动竞赛一项,另外聚焦浦东经济发展七大硬核、围绕智能制造开展的竞赛有两项,围绕数据港开展的竞赛有一项。 (陈 维)

【徐汇区总工会围绕上海科创中心建设开展立功竞赛】 徐汇区总工会根据推进新时期上海产业工人队伍建设的相关要求,在市总的总体框架内,结合区域实际,聚焦生物医药产业,会同区科委、枫林集团公司,在区内开展“点亮健康新科技,开创奋进新时代”主题立功竞赛活动,有10家生物医药企业的科技项目进入市总工会终审环节,其中2个项目负责人被推荐为上海市五一劳动奖章、2个项目团队被推荐为上海市工人先锋号。区总工会获优秀组织奖。组织发动区内劳模创新工作室和职工创新工作室参与首届中国长三角地区职工劳动技能创新立功竞赛活动。经评审,有4家工作室被授牌“中国长三角地区劳模工匠创新工作室”,其中有2家入选长三角工作室联盟。 (李 莹)

【普陀区总工会举办H5垃圾分类技能比武大赛】 7月3日,由普陀区总工会、长征镇总工会主办,普陀区区人社局、区科委指导,上海天地软件园协办,上海新忠盟企业管理咨询有限公司承办的"为国庆献礼"普陀区各行各业职业技能大比武系列活动之舞动于代码间的垃圾分类大赛在天地科技大厦落幕。区总工会党组书记、副主席李戌渊,副主席王鹏,区人社局副局长印华莲,区科委副主任王蓓,长征镇人大副主任、总工会主席杨宝琴和各委、办、局、街镇工会主席及参赛职工代表参加颁奖大会。此次技能大赛将垃圾分类与科技创新相结合,着力调动各科技型园区、科技公司职工宣传和参与垃圾分类工作积极性。比赛历时4个月,各参赛凭借团队智慧和创新创造力,交出一份份形式新颖、内容丰富、互动性强、易于传播的H5动画作品,加强自身对垃圾分类认识的同时,进一步宣传和推广垃圾分类工作。最终共有15支参赛队伍获奖,其作品涵盖垃圾分类的知识科普、问答、宣传、指导等。波克科技股份有限公司、柏项网络科技(上海)有限公司和上海敬庸信息科技有限公司分获一、二、三等奖。另有12家单位荣获最佳创意奖、最佳设计奖、最佳科普奖和优秀奖。 (陆　蕾)

【普陀区举办餐饮行业职工技能大赛】 10月22日,由普陀区总工会、区人社局主办,长寿路街道总工会、区餐饮行业工会承办的"2019普陀区餐饮行业职工技能大赛"在上海红子鸡美食总汇举行。本次比赛旨在充分展示本区餐饮行业职工技能水平,大力弘扬工匠精神,进一步深化"普陀工匠""技术能手"培育选树工作,加快建设"知识型、技术型、创新型"职工队伍。大赛特邀享受国务院特殊津贴、全国五一劳动奖章、上海市劳模、上海工匠,锦江汤臣洲际酒店中餐运营总监翁建和等3位上海知名餐饮技能大师担任专业评委。来自全区7个街道镇、国资、人社系统的18个餐饮企业、培训学校参赛。比赛分为"蟹香溢金秋"热菜烹饪、"舌尖上幸福"花式冷拼和"甜蜜的生活"甜品点心3个单元。在3小时比拼中,选手们将炸、炒、溜、烩等技艺展现得淋漓尽致。最终,中环国际酒店上海有限公司、上海成事园餐饮有限公司和尝珍餐饮管理有限公司摘得热菜、点心和冷拼类一等奖,另有24家单位分获三大类二、三等奖。 (陆　蕾)

【杨浦区召开重大工程建设暨立功竞赛推进会】 3月29日,2019年杨浦区重大工程建设暨立功竞赛推进会召开。区委书记李跃旗,区人大常委会主任魏伟明,区政协主席部荀,区人大常委会副主任、总工会主席麦碧莲,副区长、区重大工程指挥部总指挥徐建华,市重大办副主任、市竞赛办主任金燕出席会议。会上宣读了2018年区重大工程及重点项目立功竞赛先进集体和先进个人代表表彰决定,部署了2019年立功竞赛工作;通报了2018年区重大工程推进情况和2019年主要工作安排。会议明确,区总工会、区建设和管理委员会、区重大工程建设指挥部办公室要以"创新你我他,建功在杨浦"为立功竞赛主题,深化"比工程进度,赛项目推进力度""比文明施工,赛工程安全质量""比科技含量,赛创新技术应用""比和谐氛围,赛党建联建成效""比办事效率,赛服务水平提升"等"五比五赛",适时开展"送清凉、送健康、送文化、送保障、送慰问"等五送活动,深入推进劳模(先进)、技师创新工作室创建和高师带徒工作,将慰问演出、"午间一小时"文艺沙龙、"白领学堂"工地版课程送入重大工程工地,组织一线职工体检和疗休养,持续激发广大建设者参与立功竞赛的热情和活力。区相关委、办、局主要负责人,部分重大工程项目建设单位及相关参建单位负责人,2018年度区立功竞赛先进集体代表和先进个人共150余人参加会议。 (张东寅)

【首届长三角茶行业职工技能大赛在静安区举办】 9月7日,"石生茶叶杯"第一届长三角茶行业职工技能大赛在上海展览中心举办。本次活动由上海市总工会指导,静安区总工会和上海茶学会主办,大宁国际茶城承办。市总工会副主席周奇,静安区人大常委会副主任、区总工会主席叶坚华和江苏、浙江、安徽等省、市总工会的相关领导出席。大赛围绕知茶、辨茶、茶叶审评3项内容展开,知茶环节主要考查选手对茶叶理论知识的熟悉程度,辨茶环节要求参赛选手在规定时间内辨别出茶叶的名称、产地、级别,现场还有茶叶冲泡礼仪演示的互动环节,整场比赛集茶叶知识普及和茶叶技能展示于一体,考验选手的专业技能水平。大赛自启动以来,汇集来自上海、江苏、浙江、安徽、江西、福建、湖北等省市的参赛选手。经过专家评审,来自福建省的选手孙凡袆获得大赛第一名。 (张　欣)

【静安区总工会举办2019年金融行业劳动竞赛】 8月29日,静安区举办"文明服务展风采,岗位建功迎进博"——2019年静安区金融行业劳动竞赛。区人大常委会副主任、区总工会主席叶坚华等出席。本次劳动竞赛立足于展示进口博览会背景下银行窗口职工的技能风采,通过强化金融行业服务规范,以"文明服务展风采,岗

杨浦区召开惠民实事工程立功竞赛 (张东寅)

位建功迎进博”为目标，提升银行窗口职工技能水平，迎接第二届进博会。大赛围绕点钞技能比拼、知识问答以及银行窗口特色展示 3 个竞赛项目展开。参与竞赛的 18 名选手从 50 余个静安区各类银行机构、230 家银行窗口网点中选拔产生，通过比拼，浦发银行闸北支行以团队总分第一的成绩获一等奖。兴业银行静安支行选手盖继元荣获银行技能尖兵个人奖项。 （宋怡文）

【宝山区总工会举办多种劳动竞赛岗位练兵活动】 年内，宝山区总工会组织举办“美好宝山·健康餐饮”餐饮行业职业技能竞赛，“创和谐交通·建文明城区”物流货运行业交通安全知识竞赛、千名职工急救志愿者持证培训等多种劳动竞赛，开展职工岗位练兵。2019 年，宝山区 688 家企业、2474 个班组、4.5 万名职工参加“安康杯”竞赛，1 家企业获评全国“安康杯”竞赛优胜五连冠。 （沈 英）

【闵行区举办“红色物业”行业技能竞赛】 11 月 28 日，闵行区总工会、闵行区住房保障和房屋管理局、颛桥镇人民政府共同举办“党建领航红色物业，精技传承匠心筑梦”闵行区物业行业技能竞赛。闵行区委副书记、组织部部长王观宝、区人大常委会副主任、区总工会主席倪学斌等出席活动。全区 15 个街镇级赛区中选拔出的 43 支代表队共 390 名选手，围绕保安人员风采展示、管道拼装、电工安装维修、消防水带接装、生活垃圾分类和物业理论知识等 6 个方面展开角逐。竞赛推动在职工中掀起学技术、比技能的热潮，在全行业形成弘扬“工匠精神”、创建“一流业绩、一流团队”的浓厚氛围。 （朱荣锋）

【闵行区开展立功竞赛助推区域高质量发展】 闵行区总工会围绕区委区府中心工作，以立功竞赛为载体，组织发动、团结动员全区广大职工群众发挥主力军作用，助推闵行高质量发展。联合区城管执法局开展“美丽街区”创建立功竞赛、联合区绿化市容局开展“生活垃圾分类”立功竞赛、联合区招商中心开展“招商引资”立功竞赛活动。活动吸引了 450 家单位、53569 名职工参加，评选表彰 98 家先进单位、112 个先进班组、102 位先进个人。 （朱荣锋）

【嘉定区物业管理行业技能比武活动收官】 6 月 15 日，嘉定区总工会、人社局、房管局、绿容局、妇联 5 家单位联合主办 2019 年中国技能大赛——嘉定区第十四届职业技能竞赛物业管理行业技能比武决赛暨“当好主力军、建功新时代”岗位练兵、技能比武立功竞赛。各主办单位市级、区级相关领导、各街镇分管领导、全区各物业企业、职工代表等 900 人参加活动。竞赛自启动以来，共有近 40 家企业，233 个班组，753 人次职工报名参赛，项目分为技能比武、岗位练兵两部分组成，共设 9 个项目，其中技能比武竞赛内容包括：垃圾分类、维修技能（水泵线路控制安装）、维修技能（PPR 管连接）、会务服务；岗位练兵内容包括：知识竞赛、队列展示、安全巡视、消防演练、树木加固。全程围绕物业管理行业新发展需求，重点聚焦物业“美丽家园”建设，全面提升全员业务素质和履职能力。 （钱晓明）

【金山区·嘉兴市毗邻交通重大工程立功竞赛启动】 为落实长三角区域一体化发展国家战略，着力推动上海市金山区和浙江省嘉兴市两地交通基础设施高质量互联互通，7 月 9 日，“吴根越角一路同行”毗邻交通重大工程立功竞赛活动启动仪式在嘉善县姚杨公路项目部举行。金山区人大常委会副主任、总工会主席朱喜林，金山区人民政府副区长吴杰，嘉兴市人大常委会副主任、市总工会主席沈利农，嘉兴市人民政府副市长洪湖鹏等领导出席本次活动。启动仪式上，两地领导作动员讲话，并宣布立功竞赛启动。金、嘉两地作为沪浙毗邻地区，于 2017 年签署区域联动发展全面战略合作框架协议，并长期保持着良好的联合发展和战略合作关系。嘉善县交通建设投资集团有限公司、上海新金山投资控股集团有限公司代表分别发言。 （卫婷怡）

【金山区总工会、嘉兴市总工会召开劳动和技能竞赛专题工作交流会暨合作协议签订仪式】 为助推“长三角一体化”发展国家战略，落实“两区一堡”战略定位，加快打造“三区”“五地”、全面建设“三个金山”，发挥“三区三地”联动，党建带工建，3 月 13 日，金山区总工会、嘉兴市总工会召开劳动和技能竞赛专题工作交流会暨合作协议签订仪式。双方共同签订“守护共同的家园”主题劳动和技能竞赛合作协议。希望通过交流找到相应的方向及路径，推进双方工运事业迈上新台阶。 （郁 蔚）

【青浦区举办绿化市容行业职工技能竞赛】 10 月 13 日，青浦区第六届“劳动最光荣”绿化市容行业职工技能竞赛活动在夏阳街道社区活动中心

7 月 9 日，金山嘉兴毗邻交通重大工程立功竞赛启动 （卫婷怡）

举行。区绿化市容局党委书记、局长为竞赛活动致辞，市绿化市容局、市市容环境质量监测中心、市环境学校、区总工会、区文明办相关领导应邀出席活动。本次技能竞赛共设置道路清扫、废物箱保洁、公厕保洁、车辆例行保养和装卸工吊桶5个参赛项目，来自全区环卫各条线的一线工人参加技能竞赛活动。（朱建强）

6月2日，青浦、吴江、嘉善三地物流服务技能竞赛举行（朱建强）

【青浦区举办“青吴嘉”三地联合技能比武展示活动】 6月2日，青浦区现代物流技能比武展示活动暨青浦、吴江、嘉善三地物流服务技能竞赛活动举行。本次活动由青浦、吴江、嘉善三地人社部门和总工会联合主办，市物流协会、区快递物流行业工会联合会协办，市物流职业技能培训学校、上海空拓培训学校有限公司承办。来自青浦、吴江、嘉善三地30家物流服务企业180名职工参加竞赛，上海韵达货运有限公司张伟获得技能竞赛一等奖。11月26日，青浦区总工会联合区人力资源和社会保障局、区文化和旅游局共同举办“初心凝聚匠心、技能创造未来”2019年中国技能大赛——上海市青浦区职业技能竞赛“青吴嘉”三地会展服务技能比武展示活动。来自青浦、吴江、嘉善三地会展服务企业参加商务会议铺台、会展茶歇布置2个比赛项目，同时进行酒会鸡尾酒调制展示性比赛项目，上海朱家角皇家郁金香花园酒店获得团体金奖。（朱建强）

【崇明世界级生态岛建设引领性劳动和技能竞赛启动】 11月22日，“聚力绿色发展·建功生态崇明”崇明世界级生态岛建设引领性劳动和技能竞赛在崇明启动。市人大常委会副主任、市总工会主席莫负春出席，并为“崇明世界级生态岛建设引领性劳动和技能竞赛现场办公室”揭牌。区委书记唐海龙，区人大常委会副主任、区总工会主席张建英，副区长郑益川，区政协副主席顾钱菊等出席。本次劳动和技能竞赛活动分生态环境、生态产业、生态生活、乡村振兴和花博会筹备五大赛区，目标是将崇明打造成为生态环境标杆之地、生态空间共享之地、生态经济创新之地、生态产业升级之地、生态环境集成之地、生态能源示范之地、生态生活先行之地、生态公民辈出之地、生态安全首善之地和生态制度引领之地。启动大会向参赛单位代表授旗。区总工会、中车山东公司上海分公司、上实东滩投资开发（集团）有限公司、光明集团花博会指挥部办公室作交流发言。（陈思佳）

11月22日，崇明世界级生态岛建设引领性劳动和技能竞赛启动（陈思佳）

【市仪电工会组织基层参加各类劳动竞赛】 市仪电工会积极组织相关基层企业和一线职工参加首届中国长三角地区职工劳动技能创新立功竞赛活动和上海市“聚力新科技，奋进新时代”加快科创中心建设立功竞赛活动。其中，仪电中央研究院“仪电 i-stack 智慧城市操作系统”等3个项目入围市加快科创中心建设立功竞赛优秀项目。（邵秀根）

【市化学工会组织基层员工开展安全知识竞赛】 11月18日至12月22日，市化学工会通过华谊员工安全知识学考平台，连续5周在线举办2019年华谊集团安全知识竞赛，共计44011人次参与安全知识竞赛活动，实现了基层单位全覆盖。组队参加上海市职工安全生产知识大赛中取得良好成绩，市化学工会获得优秀组织奖、上海天原（集团）有限公司代表队荣获优胜奖，天原公司代表队成员詹江

琴荣获“安全知识之星”称号。（任健庭）

【东方国际集团工会举行劳动竞赛助力企业提质增效】 东方国际集团工会围绕中心工作，积极组织开展“零风险、零差错，提质增效”主题劳动竞赛。竞赛活动以企业班组、工种、岗位为实战点，在集团内按贸易、生产制造、供应链（物流）、园区管理、科研教育、产业地产六大板块，鼓励职工秉承“万米无疵布”精神，激发广大干部职工奋力开创集团优质持续发展新局面。期间，集团工会将此项竞赛摆在全年工作的突出位置，发挥工会组织优势，全力推进竞赛的开展。集团下属各公司工会抓紧、抓实、抓好竞赛的各个环节，探索和采取了许多行之有效的办法，整个竞赛活动呈现了“快、深、实”（即：快速启动、快速行动；深化管控，深入推进；落到实处，取得实效）等特点。（郑鹞峰）

【市电力公司工会召开供电“服务之星”劳动竞赛表彰交流座谈会】 9月24日，国网上海市电力公司召开2019年供电“服务之星”劳动竞赛表彰交流座谈会，公司工会主席娄为，营销部、工会、培训中心相关负责人，各基层单位工会主席及服务之星选手参加会议。自6月公司供电“服务之星”竞赛活动启动以来，经过13家单位层层选拔，35名选手进入了决赛。各单位参赛选手充分展现了公司营销人员精湛的业务技能和良好的精神风貌。经工作业绩考评、综合业务知识考试，浦东供电公司邹海涵等10人荣获“十佳”供电服务之星称号。推动公司营销服务水平与服务质量再上新台阶。（陈　纯）

【上海电建公司工会开展2019年职工技能竞赛活动】 9—12月，上海电建公司工会开展2019年职工技能竞赛活动。竞赛分为核心工种类和管理类共7个专业，经过各单位初赛选拔，共有131位选手参加决赛。公司工会对部分比赛项目在内容和形式上进行拓展和创新，针对性和实用性有了明显的增强，更能体现出选手的专业素养。公司工会从3个环节确保了比武的顺利进行。一是合力精心策划。注重完善比武的每一个细节，体现比武的公平、公正和实效。二是广泛宣传发动。以上下联动的方式，多层次开展宣传动员，调动职工参与的积极性。三是拓宽活动载体。通过集中培训、业余自学、互帮互学、实战演练等形式，普遍提高了职工的技能和比武选手的技能水平。（傅　诚）

【中国宝武扎实开展“团队争先、岗位创优”劳动竞赛】 2019年，中国宝武深入开展以改革创新、生态圈建设、智慧制造、安全生产、环境经营、降本增效等为主要内容的“团队争先、岗位创优”劳动竞赛。经全体职工的共同努力，全年实现降本增效108.49亿元，为助推公司生产经营业绩持续提升做出了重要贡献。“融合创新协同共建高质量钢铁生态圈”竞赛，以“实现资源协同配置价值最大化、成本最低化”为目标，聚焦“圈比提升”组织开展劳动竞赛。“智慧制造生产力水平提升”以智慧制造的“四个一律”提升安全本质化水平和劳动效率，以安全本质化水平和劳动效率提升检验智慧制造成效，聚焦钢铁生态圈建设和分业经营功能定位，按业务分类开展专项劳动竞赛。“降本增效对标”竞赛聚焦生产经营中的重点和难点，以“一切成本皆可降”的理念为指导，开展全员、全方位、全过程降本增效对标劳动竞赛，分层、分类确定重点竞赛项目，层层分解到基层、到班组、到岗位，确保降本增效对标竞赛执行有力、取得实效，全年实现降本增效108.49亿元。“环境经营水平提升”竞赛分钢铁单元和多元产业二个参赛区，扎实推进“三治”环保举措，积极创建“四化”绿色企业，持续提升环境经营水平，强化员工监督、管理环保工作的民主意识，营造让员工倍感身心愉悦、舒心体面的工作氛围。（徐　卫）

上海电建公司工会开展2019年职工技能竞赛活动　（傅　诚）

【宝钢工程大力推进智慧制造劳动竞赛项目】 2019年度，宝钢工程紧紧围绕3D岗（Dangerous风险大、Dusty环境脏、Duplicate重复劳动），紧扣智慧制造“四个一律”原则（即：操作室一律集中、操作岗位一律机器人、运维一律远程、服务环节一律上线），大力推进智慧制造劳动竞赛项目。共形成“31项子公司级+20项工程级+7项宝武级”智慧制造劳动竞赛项目，成功参与实施宝钢股份2050全产线智能运维建设、三高炉四烧结设备远程诊断系统示范性应用、全生命周期智慧连铸产线、宁波宝新智慧中心建设项目、湛江1750智能磨辊间建设、自然导航无人驾驶框架车项目和燃气管道智能巡查机器人研制等智慧制造的系列新、改、扩建、技术改造项目，努力实现以智慧制造为引领，加速数字化设计、数字化交付、数字化运维的融合，提升安全本质化水平和劳动效率。（周玉亭）

【宝武环科深入推进群众性劳动竞赛】 2019年，宝武环科持续深入开展“团队争先、岗位创优、对标找差”劳动竞赛,累计立项劳动竞赛项目176项。在降本增效劳动竞赛方面,全年累计申报完成降本增效4884万元,完成集团公司基础目标的165%,挑战目标的147%。在共建钢铁生态圈劳动竞赛方面,推进工业固(危)废全量化处置工作项目、冶金炉窑协同处置城市固(危)废及资源化利用工作项目,各项目取得阶段性成果。在环境经营水平提升劳动竞赛方面,重点围绕“三治四化”和“三室一堂一所”环境改善等工作开展专项劳动竞赛,全年立项78个,除特殊原因外按计划完成70个;在智慧制造劳动竞赛方面,制订《宝武环科智慧制造行动方案(2019—2020年)》,2019年策划27项智慧制造项目,其中甲A类项目22项,已按计划完成甲A类项目17项,4项按计划完成阶段性目标,1项替换为其他项目。 (赵向锋)

【宝钢发展深入推进群众性劳动竞赛】 2019年,宝钢发展根据中国宝武劳动竞赛要求和宝钢发展2019年度重点工作,聚焦产业园区的开发和运营等核心业务及2324万元的降本增效挑战目标,明确两项全员及五项专项竞赛方案,并推动各单位竞赛立项127项,确定公司重点推进项目21项。同时制订《公司级重点推进项目情况汇总表》,每季度跟踪推进情况;围绕生态圈与智慧制造等专项竞赛开展6次专项竞赛调研,及时协调解决项目推进过程中的问题。全年公司顺利完成降本增效4041万元,挑战指标的172.47%。 (朱 宏)

【上海石化开展“创先争优、建功立业”劳动竞赛】 2019年,上海石化开展“创先争优、建功立业”劳动竞赛,采用全员劳动竞赛及专项劳动竞赛相结合竞赛模式,共设“1+5”个项目,即1个“增收节支”全员增效项目及“成本核算进班组”“包机制”“DCS报警管理”“仪表自控率提升”“班组劳动纪律达标”5个专项劳动竞赛项目。“增收节支”全员增效竞赛共24家单位100个项目,全年增效6.97亿元。“成本核算进班组”专项劳动竞赛,共10家单位45个竞赛单元参加,设置148个关键技术经济考核指标,全年240个竞赛指标(频次)达到竞赛目标值,675个竞赛指标(频次)达到竞赛挑战值,得奖率68.69%。“包机制”专项劳动竞赛,共12个二级单位112个装置(车间)参加,分A、B两组竞赛,评出季度先进装置(车间)24个、季度标杆设备26台、季度进步装置(车间)13个;年度先进装置(车间)5个、年度标杆设备5台、年度先进单位2家。“DCS报警管理”专项劳动竞赛,有10套生产装置参加,评选出指标先进装置54套(频次),“平均报警速率”从0.83下降到0.29,“高峰报警速率”从65.9下降到20.59,“报警响应率”从88.9%提高到98.5%。“仪表自控率提升”专项劳动竞赛,11个二级单位和电气仪表中心仪表站为竞赛对象,考核仪表自控率达标情况、提升情况、日常工作开展情况以及攻关情况4个方面,仪表自控率从95%上升到97.98%,无法投用自控回路从512个下降到71个。 (徐 军)

【上海航天局工会开展面向科技人员的“聚星杯”劳动竞赛】 年内,上海航天局工会不断创新劳动和技能竞赛的新模式,按照“五位一体”劳动竞赛新理念,积极探索在科技人员中开展劳动竞赛的新途径、新载体,举办了面向全院卫星领域的“聚星杯”数字化协同设计劳动竞赛,8家单位7支队伍98名设计人员参赛,此次劳动竞赛推动了科研模式转变,实现了由传统模式向基于数字化设计与制造的现代模式转型,形成开放共赢合作模式的新载体,助力上海制造全面向上海“智”造转型。 (周欣彬)

【上海航天局工会举办首届长三角地区燃气行业职工技能竞赛】 为贯彻落实习总书记“支持长三角区域一体化发展并上升为国家战略”的讲话精神,落实中央、上海市委推进新时期产业工人队伍建设改革方案的有关要求。在市总工会的指导下,上海航天局工会进一步创新劳动和技能竞赛新形式,积极探索“培训、练兵、竞赛、晋级、激励”“五位一体”的新模式,依托航天能源“上海职工燃气输配技术”实训基地,举办了首届长三角地区燃气行业职工技能竞赛,并发布行业技能等级标准,填补国内行业技能等级评价标准空白,推动工会事业融入服务长三角一体化发展国家战略,为广大职工切磋技艺、交流经验、提高技能、展现风采搭建平台。 (周欣彬)

【中船上海船舶系统举办技术比武】 为加强船舶行业设备维修技能人才队伍水平,更好地为船企设备管理创新发展服务,7月17—19日,中船上海船舶工业有限公司、中船上海船舶工业有限公司工会、上海市设备管理协会在江南技校联合举办“新时代、新技能、新工匠”维修钳工、维修电工技术比武。参加本次技术比武的有上海地区造修船企业、配套企业,合资企业及海军装备维修企业等11家单位

中船上海船舶系统举办“新时代、新技能、新工匠”技术比武 (贾 晶)

63名选手。竞赛分应知理论考试和实操考试。(贾 晶)

【上汽集团工会举办全员营销技能大赛等活动】 为积极应对严峻的市场形势,进一步扩大上汽的品牌影响力、市场号召力,4月1日,由上汽集团工会牵头,"上汽职工之家"微信平台推出"上汽车有惠"栏目。并举办"车有惠营销技能大赛""车优惠少儿演讲大赛"、联合整车厂特卖会等活动,动员广大职工投身于传播上汽资讯,主动推荐亲友购车积极开拓企业市场的活动中。全年共吸引近4万名职工参与上汽品牌文章和车型传播,扩散分享文章总数量400余篇,累计获得亲友阅读量近63.2万人次;职工通过上汽车有惠平台推荐亲友购买上汽旗下品牌车型共计564台,形成了全员营销的浓郁氛围,发挥了广大职工群众在促进企业转型升级中的主力军作用。(范 融)

【华东电网组织开展交流特高压技术技能竞赛】 11月15日,华东电网第五轮技术技能竞赛(调度运行专业)决赛在国网安徽培训中心举行。国家电网有限公司副总工程师、华东分部主任、党委书记李桂生等领导及华东分部和四省一市电力公司相关部门处室负责人现场观摩。竞赛从4月启动,华东区域调度运行专业参赛人员近800人。经过各省市全员培训、初赛、集训等环节,5支代表队共30位选手进入到决赛的角逐。整个决赛历时3天,通过理论考试、反事故演习、现场竞答3个环节考察选手的整体知识水平和解决实际问题的能力。最终国网安徽省电力有限公司获得团体一等奖;马斌等6名选手获得华东个人奖前六名;安徽省电力有限公司获优秀组织奖。(施炜伟)

【中国铁路上海局集团公司工会广泛开展劳动竞赛】 2019年,中国铁路上海局集团公司工会围绕年度目标任务,引导职工以"当好主人翁、建功新时代"为主题,深入开展各类竞赛活动。一是坚持常态,持续推进客运提质、货运增量、复兴号品牌劳动竞赛以及"安康杯"竞赛,细分竞赛内容,明确考评标准,各单位各系统加强竞赛组织管理,通过专业检查、月度通报等形式,提高竞赛实效,职工参赛率达到90%以上。二是突出重点,在春运、新线联调联试和运行试验等关键期间,组织开展"五比"春运立功竞赛、"开拓创新、追求卓越"立功竞赛等阶段性竞赛,通过集中竞赛、集中表彰,激励干部职工岗位建功。春运期间,共表彰先进单位24个、先进车间49个、先进班组70个、先进个人500名。三是搭建擂台,开展劳动竞赛擂台赛活动,采取年初备案、年中检查、年末评选的形式,指导各单位利用微秀、PPT演示、视频等形式,总结推广经验,加强竞赛交流。年内共表彰10个优胜单位、10个优秀组织单位、10名先进个人。(王茂盛)

【上海船舶运输科学研究所工会组织开展劳动竞赛】 2019年,上海船舶运输科学研究所工会围绕企业改革发展总体部署,对标"高质量发展"目标,组织开展"当好主人翁、建功新时代"劳动竞赛活动。航运技术与安全部工会围绕智能航运、智能制造,构建创新技术实验平台,开展船模试验手段、试验载体优化竞赛;交通工程工会着眼工程业务中最重要的"招投标"环节,从商务标和技术标两条主线,开展招投标数据整理、流程梳理、工具开发等环节竞赛,提升工作效率,实现资源共享;航运信息化工会结合承担集团各领域信息化管理系统的开发,积极在产业协作、精益运营、服务配套等方面开展多形式、多内容的技术创新、商业模式创新比武;中海电信工会结合船舶通导设备安装、调试、维修、检测、制造等环节,开展生产流程"小革新"、电子海图安装比武、通导设备维修优秀案例征集等活动,挖掘一专多能型"通才";北京中远海科工会结合集团"护网行动"征集"网信安全、从我做起"合理化建议,开展"创新求突破,提质敬国庆"技术创新比武;贵州新思维结合高速公路运维需要,举办首届青年职工技能比武,在运维相关知识竞赛的基础上,进行电缆接头制作、光缆熔接、接地电阻测试等系列个人技能实操比武。(顾霞琴)

【上港集团开展"建功新时代,强港勇担当"立功竞赛活动】 2019年,上港集团以做强国企的"主业、技术、品

上港集团开展"建功新时代,强港勇担当"立功竞赛活动 (朱燕娜)

牌"为目标,围绕"四个港口"建设,深入开展以"建功新时代,强港勇担当"为主题的立功竞赛活动。深入开展"重服务、重效率、重品牌"的港口主业生产立功竞赛,不断做强港口主业,优化营商环境;继续实施基层特色立功竞赛专项资助,不断扩大竞赛范围,提升竞赛效果;广泛开展职工创新创意立功竞赛,持续鼓励岗位创新,激发创造活力;开展形式多样的"安康杯"竞赛活动,实现一线职工全覆盖,确保维护职工权益,促进健康安全。

(施文卿)

【交运集团召开2019年立功竞赛动员大会】 4月11日,交运集团在总部十二楼嘉会堂召开2019年立功竞赛总结动员大会。交运集团各单位党政工领导、集团总部相关部室负责人、集团系统劳模先进代表、2018年立功竞赛先进集体和个人代表等100余人参加会议。2019年交运集团以"建功十三五、创新当先锋;岗位作贡献、创业谋发展"为主题,积极开展"双创双提升"竞赛活动,即:创建"工匠智囊团",着力加强高技能人才队伍的培育打造;创建"导师联谊会",集成发挥导师队伍的引领带教作用;提升产业工人队伍素质,搭建"比武、安全、献策"三大平台;提升立功竞赛活动品牌,优化"劳动、团队、管理"三大载体。通过"双创双提升"竞赛活动,动员和引导交运员工提高岗位技能、练就专业本领、展示职业风采。会上播放了集团2018年立功竞赛活动成果宣传展示片,对获得交运集团2018年立功竞赛活动的各类先进集体和个人进行表彰,交运日红、交运制造、浦江游览等单位的先进集体和个人代表作交流发言。

(袁俐俊)

【中国移动上海公司工会开展系列劳动竞赛】 2019年,中国移动上海公司工会以员工综合素质提升、企业核心能力提升和企业高质量发展为基石,围绕"培育增长动能,助推高质量发展"的总体目标,组织开展五大主题竞赛、三大专项竞赛、四大技能竞赛和全员竞赛,并根据集团、市总工会的统一部署,开展集团及市级层面进博会等劳动竞赛、技能竞赛。竞赛展现出树品牌、促创新、增能力三大亮点。

(徐睿璐)

【中交上航局开展"五聚焦五提升"劳动竞赛助推企业转型发展】 2019年,中交上航局按照市总工会关于开展劳动竞赛的要求,围绕公司提出"改革创新、转型升级"的战略部署,开展以"五聚焦五提升"为主题的劳动竞赛活动。继续打造5个竞赛平台,即:科技创新、工程创精、岗位创优、管理创效、文明创佳竞赛平台。各单位有针对性开展竞赛活动,并在竞赛过程中积极探索竞赛的新途径和新方法,取得显著成绩。航道物流公司荣获上海市五一劳动奖状,2个基层班组分别荣获全国工人先锋号和上海市工人先锋号,1人荣获上海市五一劳动奖章;在2019年度上海市重点工程实事立功竞赛活动中,航道赛区荣获优秀公司,6个集体获优秀团队,10人分别荣获上海市"建设功臣""优秀建设者"称号。公司对劳动竞赛中涌现出来的10个先进集体、10名航道功臣、15名优秀航道建设者予以表彰奖励。

(于美庆)

【上海海事局工会开展劳动竞赛助推职工科技创新】 2019年,上海海事局工会聚焦"建功十三五,争当排头兵""崇明世界级生态岛建设引领性劳动和技能竞赛"及"凝心聚力进博会,建功立业创一流"等主题的立功竞赛活动,按照"提升海事队伍的有效履职能力、科学执法能力和管理服务能力"要求,大力推动岗位技能比武。鼓励引导职工学习行业前沿技术知识,增强创新意识和能力,推动形成"比创新、比技术、比管理"的创新氛围。年内,上海海事局共有5名职工自主创新项目获得上海市职工先进操作法和合理化建议优秀奖。

(陆智静)

【本市物业行业举行第二届进博会物业服务保障动员暨上海市第三届"最美物业人"颁奖大会】 9月11日,"初心使命永不忘,进博服务勇担当"——第二届中国国际进口博览会物业服务保障动员暨上海市第三届"最美物业人"颁奖典礼举行。会上,市住建委副主任、市房管局局长王桢作第二届进博会物业服务保障动员。第一届进博会服务保障获奖单位和第二届进博会物业服务保障志愿者,向全市近90万物业从业人员发出倡议:不忘初心、牢记使命、建功进博、为国争光。用物业人热情、周到、精细和满意的物业服务保障,为第二届中国国际进口博览会增光添彩。大会对上海市第三届最美物业人和最美物业服务团队进行表彰。2019年第三届最美物业人评选活动自3月份开始启动。经推荐、申报、初审,共162名最美物业人选和26支最美物业服务团队入围。评选工作领导小组根据事迹材料,参考网络投票,遴选确定100名最美物业人、12名最美物业人标兵和12支最美物业服务团队候选名单。在充分听取居委会、业委会、业主代表、客户代表等各方面对候选对象的意见和反映,结合评审专家小组意见,最终确定了本市第三届最美物业人、最美物业人标兵和最美物业服务团队名单。

(钱　蓉)

【中铁上海工程局深入开展劳动竞赛】 2019年,中铁上海工程局集团公司及各单位深入开展了劳动竞赛活动,动员广大职工为完成企业年度生产经营任务目标建功立业。根据集团公司在建项目类型、规模等实际情况,集团公司工会牵头修订了"单位夺金杯、项目夺金牌"劳动竞赛考核评比办法,专门将集团公司直管的大型铁路项目单独设为竞赛组,激发了直管项目经理部的竞赛劲头。对半年产值达5000万元以上的工程项目进行参赛分组,分上、下半年进行了评比表彰。在安九铁路项目部召开2019年集团公司劳动竞赛现场推进会,表彰劳动竞赛优胜单位、交流劳动竞赛工作经验、授予"工人先锋队"旗帜、发出倡议书,为掀起全年生产大干营造了浓厚氛围。各子分公司根据本单位实际,系统规划竞赛活动,开展"华海扬帆杯""渤海建功杯""创业杯"等各具特色的主题劳动竞赛。各重点工程项目也结合不同阶段生产管理目标,大力开展各种形式的劳动竞赛,多个项目部在业主劳动竞赛季度评比中斩获第一名,为超额完成年度生产计划做出积极贡献。通过参与各级组织开展的劳动竞赛活动,获得诸多荣誉。二公司上海地铁15号线项目获上海市工人先锋号，市政公司李增红电工技能劳模创新工作室获首届长三角地区劳模工匠创新工作室命名等。

（钱　蓉）

【上海建工集团召开上海市重点工程实事立功竞赛表彰大会】 1月11日，2018年度上海市重点工程实事立功竞赛表彰大会在上海展览中心召开。市委书记李强，市委副书记、市长应勇，市人大常委会主任殷一璀，市政协主席董云虎，市委副书记尹弘等领导会见包括市政总院周军、机施集团李志宏、材料公司李志猛、总承包部王伟良、基础集团杨成龙等在内的60名全市立功竞赛先进集体和先进个人代表。集团党委副书记、总裁卞家骏，工会主席卞炯出席表彰大会。卞家骏在会上作了题为《传承竞赛精神，勇当建设先锋》的交流发言。一批市重点工程实事立功竞赛先进集体和先进个人受表彰。（余轶群）

【上海建工集团召开2019年立功竞赛中途推进会暨长三角地区立功竞赛示范项目命名仪式】 8月15日，上海建工集团召开2019年"精品杯"立功竞赛中途推进会暨长三角地区立功竞赛示范项目命名仪式。市总工会副主席周奇，市竞赛办副主任王国君出席会议并讲话。集团党委副书记、总裁卞家骏主持会议，集团工会主席卞炯宣读《关于表彰集团2019年度上半年"精品杯"立功竞赛优秀集体的决定》《关于命名集团长三角地区立功竞赛示范项目的决定》和《关于表彰集团2019年"十佳金点子"的决定》。集团副总裁、立功竞赛领导小组组长叶卫东总结了上半年竞赛工作，并提出竞赛工作要求。集团有关部门、各单位党政工团领导及重大工程建设者代表近200人参加会议。大会表彰3个立功竞赛优秀组织奖、14个立功竞赛优秀集体和"十佳金点子"，命名7个长三角地区立功竞赛示范项目，一建集团、四建集团、材料公司和总承包部等4家单位主要领导作交流发言。

（余轶群）

【市交通委工会组织开展行业劳动技能竞赛活动】 年内，市交通委工会组织开展本市出租汽车行业最美班（车）组评选，最终产生10个最美班（车）组及10个提名奖；会同上海市公共交通行业协会组织开展纯电动车节能比武大赛，选派选手参加全国决赛，分获10.5米和12米纯电动车组两个全国第一。组织开展水上旅游客运行业"安全生产趣味竞技"竞赛等，全面提升交通窗口行业的服务质量与服务水平。（肖佳男）

【第六届上海教师书法·板书·钢笔字·中国画大赛开赛】 5月11日，市教育系统42所高校、16个区县、36所中职校共计1034位教师参加第六届上海书法·板书·钢笔字·中国画大赛。比赛分中年组和青年组，书写内容由统一命题和自行创作两部分组成。市教育工会常务副主席李蔚希望大赛强化教师钢笔字、毛笔字、粉笔字等教学基本功，激励教师提升教学水平和技能，展示上海教师风采。

（高　芳）

5月11日，第六届上海教师书法·板书·钢笔字·中国画大赛开赛

（陈晓丹）

【第三届上海基础教育青年教师爱岗敬业教学竞赛总结暨表彰会举行】 11月9日，市总工会、市教卫工作党委和市教委在上海师范大学举行第三届上海基础教育青教赛总结暨表彰大会。竞赛参赛选手、获奖单位、集体代表以及各区教育局党政工负责同志等300多人参加会议。市总工会副主席戴光铭，市教卫党委副书记、市教育工会主席滕建勇，市教育工会常务副主席李蔚华等出席大会。本届青教赛，全市共有40岁以下青年教师73408人参加初赛，16个区教育局和行业中职校250名青年教师参加总决赛。最终，29名获得竞赛特等奖、一等奖的青年教师获得"上海市教学能手"称号，其中7名特等奖青年教师还荣获上海市五一劳动奖章。大会对在青年教师队伍建设中成效显著的8家单位和12个集体授予五一劳动奖状、工人先锋号和优秀组织奖。（高　芳）

【市科技工会举办首届劳动技能大赛总结会】 11月9日，市科技工会举办"科创先行者、建功新时代"上海市科技系统职工首届劳动技能大赛总结会。会议由市科技工会常务副主席赵福祥主持，市科技工会常委、委员及基层工会主席、工会工作人员50余人参加会议。市科技党委副书记、市科技工会主席陈龙出席并讲话。会上，市科技工会以视频形式回顾了全年的大赛活动。中电711所作为主赛场承办方介绍活动情况；中科院上海硅酸盐所、中电21所和煤科院分别作经验交流。大会希望各个科研单位结合自身特点，开展具有科技系统特色的竞赛活动，建立健全与科技特点相适应的管理机制，努力形成科技系统的竞赛品牌。（冯　莺）

【市民政局深入推进群众性劳动竞赛】 市民政局工会组织基层工会紧

紧围绕上海民政事业新发展，深入开展以“当好发展主力军，建功民政‘十三五’”为主题的劳动竞赛和合理化建议活。20家基层工会组织3629人次开展劳动竞赛，提出合理化建议319条，采纳121条，有力地调动了广大职工的积极性、主动性和创造性，涌现出一批工作创新、管理创先、服务创优、团队创佳、精神文明创水平的先进集体，为民政各项事业创新发展做出新贡献。局工会在“五一”前夕，表彰了一批在劳动竞赛中取得突出成绩的先进集体，并授予市社会救助事务中心社会救助工作部等15个班组（部门）为2019年上海市民政局“工人先锋号”荣誉称号。（胡积伟）

市监狱管理局开展干警职业技能竞赛（程　鹏）

【市监狱管理局工会开展干警职业技能竞赛】 市监狱局工会围绕干警履职能力核心，聚焦执法能力关键，开展干警职业技能竞赛，形成由局工会搭台、教育培训部门牵头、业务条线参与的共建机制，局工会为局系列实训、竞赛提供奖励平台和经费支持。干警职业技能竞赛采用“海选比拼，层层晋级”通关法，本届技能竞赛沿用“5+1”项目模式，由“罪犯个别教育”“犯情研判——重要罪犯的掌控”“看板管理与安全隐患排查”“刑罚执行实务”“狱内侦查实务”的5个单项竞赛冠亚军11名选手参加总决赛。11月29日，监狱局干警职业技能竞赛总决赛举行，中国农林水利气象工会副主席孙涛、市总工会副主席周奇等领导出席，600人观摩比赛。总决赛设置“快问快答”“攻坚克难”“烽火再起”“人气复活”和“终极对决”五大PK环节。历时120分钟决出总冠军。（江海群）

【上海飞机设计研究院工会开展主题劳动竞赛，助推科研创新发展】 2019年，上海飞机设计研究院（以下简称上飞院）工会牵头，联合党工部、项目部、科技部、质量部等部门，聚焦上飞院型号研制和能力建设重点任务、重大节点、重大难关，精心策划开展“强质量保安全”主题劳动竞赛，推进大飞机事业健康稳步发展。年内，有200个团队、3323人次参与其中，每季度评选“明星团队”10个，和“明星个人”150名。对于明星团队，院党委领导到工作现场颁旗，工会对团队成员进行实物慰问；对明星个人给予现金奖励。建立群策群力推进保障机制，评选群策群力达人及优秀成果，举办群策群力成果展，采纳职工提案4289项，评审、奖励提案3296项，奖励6018人次。一大批员工的“金点子”转化为型号研制和创新发展的“金钥匙”。上飞院工会举办“基于场景应用的商用飞机设计创新”为主题的首届大飞机设计师创新大赛，鼓励设计师在商用飞机的设计过程、产品应用、设计环境以及管理等4个方面，运用“云、大、物、智”等新知识新技术，开展场景开发应用。143个团队1400余人次报名参赛，促生了143个飞机研制应用场景，体现了较高的创新思维和成熟的实施路径，其中部分已被遴选进入创新谷孵化，成为下一阶段推进落地落实的重点。（曾菊敏）

【上海飞机制造有限公司工会开展劳动竞赛活动】 上海飞机制造有限公司工会按照中国商飞公司“牢记嘱托，岗位建功”活动要求，引导职工岗位建功，劳动竞赛覆盖全部门、全班组、全员工。如C919事业部围绕全年架次任务开展架次劳动竞赛，采供物流中心开展配送效率比拼等。开展竞赛选优、评优，涌现出百名（个）劳动之星（集体、个人），通过岗位比拼激发型号一线团队和个人的劳动热情，有效促进型号现场降本增效。开展同岗位工作质量和效率“PK”，探索“量化”比拼方式，聚焦ARJ21新支线飞机项目和C919大型客机项目现场问题、难题，开展“制孔、连接与端接无差错”等专项劳动竞赛，以架次、架份或周期内作业质量合格率进行比拼；强化岗位比拼过程管理，职能部门、业务部门、检验部门共参与，制作劳动记录统计表，凭借实际工作量完成量比拼“工作纪录”。通过比拼，涌现出了ARJ21事业部200工位无差错制孔连续4周单周突破1000个、凯飞事业部235班组组员每周无差错制孔最高突破23000个等成果。（邹建军）

【市工人疗养院康柏苑酒店代表队在海鸥集团“岗位练兵、技术比武”比赛上荣获佳绩】 12月16日，市工人疗养院康柏苑酒店代表队在海鸥控股集团第四届“岗位练兵、技术比武”活动中尽展工疗人精神风貌，荣获佳绩。其中，马骁、陆二伟、葛金梦获得消防技能比赛第一名，平家俊、倪守芳获得中式铺床第三名。（梁　栋）

职工创新

【评选首届“上海职工优秀创新成果奖”】 市总工会组织开展首届“上海职工优秀创新成果奖”评选，发动全市15个区、45个产业局系统工会申报优秀创新成果项目674项，一线职工项目占55%。经申报资格审核、初审、复审、终审、公示等环节，邀请60余名专家组成评审专家委员会，评选出46个获奖项目,其中生物医药、人工智能、航天科研等高端产业的项目数有20个,占比43.5%;先进制造业获奖项目共有12个,占比26%,有力地调动和激发产业工人的积极性、主动性、创造性。 (叶 懿)

【2019年度上海市工匠(技师、职工、巾帼)创新工作室创建命名活动】 根据市总工会、市发改委等单位联合制订的《关于推动一线职工岗位创新,促进"大众创业、万众创新"的若干意见》和《"上海市技师创新工作室"管理办法》,11月,在全市范围内开展上海市工匠(技师、职工、巾帼)创新工作室创建命名活动。据统计,全市共有43家区局(产业)工会推荐申报上海市工匠创新工作室75个,产生25个上海市工匠创新工作室。全市共有61家区局(产业)工会推荐申报上海市职工(技师、巾帼)创新工作室243个,产生100个职工、技师、巾帼创新工作室,其中,技师创新工作室33个,巾帼创新工作室28个,职工创新工作室39个。市总工会对最终创建命名的25个市工匠创新工作室,分别给予2万元的创建资助;100个市技师、职工、巾帼创新工作室,分别给予1万元的创建资助,并原则上要求区局(产业)工会或基层工会应给予1∶1配套经费,支持其开展工作。 (潘名家 王奇峰)

【举办2019年上海职工科技节】 5月16—24日,市总工会、市发改委、市科委、市教委、市人力资源社会保障局、市知识产权局、团市委、市科协等8家单位联合举办2019年上海职工科技节。本届职工科技节围绕"岗位建功,创新圆梦——向具有全球影响力的科技创新中心进军"主题,集聚职工创新资源,推进市、区局(产业)和基层单位3个层面的职工科技活动,集中表彰职工创新先进,展示职工创新成果,组织职工创新知识培训,同时动员全市职工进一步深化职工科技创新活动。其中仅区局(产业)工会组织的主要活动项目就达220余项,充分展现了各地区、各系统共同推进职工创新活动的良好态势。据初步统计,全市共有140余万名职工参与,对于进一步弘扬劳动精神、工匠精神、创新精神,营造创新氛围,深化职工创新活动起到了重要的推动作用。 (陈志渊)

【举办第九届李斌技师创客论坛及长三角工匠论坛】 2019年上海职工科技节邀请沪苏浙皖工会领导、工匠代表,围绕"传承李斌精神,打造匠心文化"主题在开幕式现场开展论坛活动,借助于"东方网"进行网上直播,台上台下、线上线下互动,交流职工岗位创新心得、体会,弘扬李斌精神,激励高技能人才在企业创新驱动、转型发展中发挥示范引领和骨干带头作用。活动通过东方网首页推送,并在全市各区的16个东方网智慧屋、创客屋设立分会场,分会场吸引5千余名市民观看,网上点击量近10万。 (陈志渊)

5月16日,2019上海职工创新大会暨第九届上海职工科技节开幕式举行 (汪自强)

【上海参加第十四届"海峡两岸职工创新成果展"】 由全国总工会主办,福建省总工会承办的第十四届海峡两岸职工创新成果展于6月17—21日在福州海峡国际会展中心举行。本次展览以"创新逐梦、携手共赢"为主题,突出弘扬劳模精神、劳动精神和工匠精神,集中展示上海、吉林、宁夏、河北、福建省和中国台湾的职工创新项目61项。上海市职工技协推荐上海航天设备制造总厂有限公司王曙群的《航天超细直径小腔捡漏管路制造技术及推广应用》(特邀)、上海市基础工程集团有限公司钱美刚的《地下非开挖隧道工程自动测量系统关键技术研发及其应用》参展。展会期间,举行"大国工匠,创新逐梦"论坛。论坛邀请荣获2018年国家科学技术进步奖二等奖、2018年度全国五一劳动奖章的上海航天设备制造总厂有限公司班组长王曙群,中车长春轨道客车股份有限公司轨道车辆装调工罗昭强,对话新时期产业工人队伍建设改革方略,探索工匠成长之路。 (谢 磊)

【市职工技协推荐30个职工优秀技术成果参加第二十三届全国发明展】 11月7—9日,第二十三届全国发明展览会在广东(潭州)国际会展中心举办,市职工技协共推荐30项职工优秀技术成果参展。经过展会评委专家的评审,20项参展成果获奖。其中,上海祥羚光电科技发展有限公司"降蓝光LED二次激发光转换技术"等5个项目获得金奖;安川首钢机器人有限公司上海分公司"工件打磨装置及打磨方法"等7个项目获得银奖;上海芯哲微电子科技股份有限公司"一种直流/直流转换集成电路测试装置"等8个项目获得铜奖。 (谢 磊)

【推荐优秀职工发明创新项目申报2019年度市科学技术进步奖】 根据上海市科学技术奖推荐工作要求,市职工技协推荐14项由一线职工发明创造的优秀技术成果,参加2019年度上海市科技进步奖项目评审。项目受理推荐、形式审查、公示、专家评审等程序,最终有1项成果获得2019年度

上海市科技进步二等奖，1 项成果获得 2019 年度上海市科技进步三等奖。（谢　磊）

【第三十一届上海市优秀发明选拔赛】 2 月，由市总工会、市知识产权局、团市委、市科协、上海发明协会等单位联合举办的第三十一届上海市优秀发明选拔赛，经各区局（产业）集团和有关单位认真组织、广泛发动，本届选拔赛共收到报名参赛项目数 1512 项。按照《上海市优秀发明选拔赛评审办法》，经初审（资格审查）、复审（专业评审）和答辩终评，共评选出优秀发明获奖项目 762 项。其中优秀发明金奖 59 项（包括青少年）、银奖 198 项、铜奖 245 项；职工创新成果金奖 35 项、银奖 48 项、铜奖 73 项、入围奖 104 项。（谢　磊）

【征集命名 2018 年度上海市职工合理化建议和先进操作法优秀成果】 由市总工会、市科委、和市经信委联合组织开展的上海市职工合理化建议和先进操作法优秀成果征集命名活动，共有 82 家区局（产业）工会 359 家基层单位工会申报 568 项职工“五小”成果。经专家初审和复审等程序，上海交通建设总承包有限公司的《浅海工况大型电液疏浚抓斗研制与应用》等 20 项合理化建议被命名为 2018 年度上海市职工合理化建议优秀成果，中建八局第二建设有限公司的《铝木模板通用边框快速安装》等 20 项先进操作法被命名为 2018 年度上海市职工先进操作法优秀成果；华东都市建筑设计研究总院有限公司的《基于 RHINO 装配式全过程设计软件研发》等 100 项合理化建议被命名为 2018 年度上海市职工合理化建议项目创新奖，上海液化天然气有限责任公司的《扩建项目 20 万方储罐底板的质量控制优化》等 100 项先进操作法被命名为 2018 年度上海市职工先进操作法创新奖。（王奇峰）

【静安区开展职工节能减排金点子征集活动】 3 月 19 日，静安区总工会召开会议部署 2019 年静安区职工节能减排金点子征集活动。会上，介绍了 2018 年以来静安区职工节能减排活动的开展情况，并部署 2019 年工作。区总工会在全区各级工会广泛开展了节能减排金点子征集活动，得到各级工会的配合响应，1100 多人次通过微信网络参与“节能减排我们在行动”在线宣传活动，提升全区的节能减排工作水平。活动中，区总工会、区发改委对在节能减排金点子征集活动中表现突出的优秀单位进行表彰。（张　欣）

【闵行区举办第九届上海职工科技节开幕式】 5 月 16 日，第九届上海职工科技节在闵行区吴泾镇拉夏贝尔工业园报告厅拉开帷幕。开幕式上表彰了国家和上海市科技进步奖、全国职工优秀创新成果的获奖项目，命名第八批“上海市劳模创新工作室”，命名本市 10 家“上海职工学堂”，颁发上海市职工科普讲师团成员聘书。市人大常委会副主任、市总工会主席莫负春宣布第九届上海职工科技节开幕，鼓励各级工会再接再厉，积极动员职工群众为上海创新发展和科创中心建设做出更大成绩。闵行区委常委、副区长曹扶生为活动致辞，区人大常委会副主任、区总工会主席倪学斌等领导出席活动。活动现场还设置了闵行区职工科技创新成果展示。开幕式后举办了第九届李斌技师创客论坛及长三角工匠论坛。（王　凯）

【闵行区选送职工发明项目参加第三届中国（上海）国际发明创新博览会】 4 月 18—20 日，闵行区总工会选送 80 个职工发明项目参加第三届中国（上海）国际发明创新博览会。参展项目涵盖医疗、制造业、电子电器、生物、新材料等领域，兼具新颖性、创造性和实用性。经大会组委会评选，闵行区选送的 21 个项目获得金奖，26 个项目获得银奖，33 个项目获得铜奖。同时，中国农业科学院上海兽医研究所的水禽重要细菌病防控技术研究及应用项目在市总工会举办的 2019 年首届“上海职工优秀创新成果奖”评选中获二等奖，中航华东光电（上海）有限公司的机载人工智能语音识别控制系统、上海洛丁森工业自动化设备有限公司的高精度单晶硅智能差压/压力变送器项目获三等奖。（王　凯）

【闵行区总工会表彰 2019 年度职工创新项目成果】 5 月 28 日，闵行区职工科技周系列活动之职工创新项目表彰大会在上海市群益职业技术学校举行。区人大常委会副主任、总工会主席倪学斌出席大会。大会发布《关于命名闵行区劳模职工创新工作室决定》和《关于表彰 2019 年度职工创新项目成果决定》，现场为 19 个获得年度职工科技创新成果的项目和 5 家闵行区劳模（职工）创新工作室进行颁奖和授牌。全国劳模、华东师范大学国际航运物流研究院院长包起帆为闵行区职工做《在创新中践行核心价值观》专题讲座。闵行区总工会、区科委、区教育局、区人社局分管领导，各镇、街道、莘庄工业区和委局工会主席，劳模职工创新工作室代表、职工科技创新项目代表、企业职工等 400 余人参加会议。（朱荣锋）

【嘉定新增 21 个创新工作室】 2019 年以来，以“嘉定工匠”为引领的高技能人才品牌建设工作在区政府领导下，在区技能人才激励试点工作联席会议指导下开展，选树表彰 21 名“嘉定工匠”等高技能人才，推动所在单位创建创新工作室，通过专题片、画册及巡讲等宣传工匠精神。下发《上海市嘉定区人民政府关于命名 2019 年“嘉定工匠”等高技能人才创新工作室的决定》，命名徐小平工作室为嘉定工匠终身成就奖创新工作室，印定军等 5 个工作室为嘉定工匠创新工作室，柏国荣等 5 个工作室为嘉定技能标兵创新工作室，薛峰等 10 个工作室为嘉定技术能手创新工作室。（黄点点）

【松江区多项职工科技项目在第九届上海职工科技节上获奖】 5 月 14 日，第三十一届上海市优秀发明选拔赛总结表彰大会暨第九届上海职工科技节闭幕式上，松江区有多项职工科技项目获奖。聚威工程塑料（上海）有限公司“新能源汽车部件用低成本高性能电镀性工程塑料合金研制与产业化”获得金奖；上海江河幕墙系统工程有限公司“幕墙钢板牵拉支撑结构系统”和正泰电气股份有限公司“一种双拉杆驱动的三相一字形排列布置接地开关结构”获得银奖；上海熊猫线缆股份有限公司“矢量可控航空发动机数据控制电缆及其生产方法”等6家单位7个项目获得铜奖。在职工技术创新奖项目评选中，上海华铭智能终端设备股份有限公司“智能化检票机（平开式阻挡机构）开发应用项目”获得金奖，上海博讯医疗生物仪器股份有限公司“光触媒灭菌生物安全柜”获得铜奖。在2018年度上海市职工合理化建议和先进操作法奖项目评选中，上海玉丹药业有限公司“甲苯的回收再利用”获得合理化建议创新奖，上海江河幕墙系统工程有限公司“幕墙吊装‘一体机’的运用建议”和“球形玻璃幕墙曲面吊装操作方法”分别获得合理化建议创新奖和先进操作法成果奖，上海中锦建设集团股份有限公司“拆锚式悬挑脚手架”获得先进操作法创新奖。（朱　慧）

【市职工技协职工科技创新工作专题座谈会暨工匠服务队进企业交流会在松江举行】 8月2日，市职工技协服务中心党总支书记、主任钱传东等一行8人到上海超硅半导体有限公司召开“职工科技创新工作专题座谈会暨工匠服务队进企业交流会”。区总工会党组书记、副主席陈军康，党组成员、副主席王斌，石湖荡镇党委委员、镇总工会主席徐坚明，上海工匠卢航、唐建平参加了座谈和交流。座谈交流中，钱传东阐述了在当前经济下行的形势下市技协品牌工作建设意义，介绍了在产业工人队伍建设方面能够提供的资源。陈军康介绍了松江区总工会在产业工人队伍建设和职工技术创新方面的工作，特别对九城市助推G60科创走廊高质量发展职工技能创新活动进行了全面介绍。上海超硅半导体有限公司工会、上海共久电气有限公司工会、上海圣克赛斯液压机械有限公司工会、上海安凯希斯汽配有限公司工会、普利茂斯永乐胶带（上海）有限公司工会、伟普思精密塑胶（上海）有限公司等6家企业工会主席以及石湖荡镇总工会主席就公司目前存在的人才流失率较高、企业培训管理认证困难、学历教育不达标等突出问题进行探讨与交流。（琚天祥）

【上海工匠与崇明工匠开展创新工作室互访】 根据《新时期产业工人队伍建设改革方案》精神，结合崇明世界级生态岛建设大局，为搭建崇明工匠素质提升、交流协作平台，开拓工匠技术视野，打通工匠技能提升瓶颈，5月22日，崇明区总工会举办结对工匠交流活动，组织上海工匠与崇明工匠开展创新工作室互访。分别前往中华鲟保护基地、上海明珠湖智能生态猪场、上海冠华不锈钢制品有限公司、上海超诚电子科技有限公司、上汽大众发动机一厂参观学习。通过互访活动，工匠们有机会与不同行业的工匠交流学习，受益匪浅。（陈思佳）

5月22日，上海工匠与崇明工匠开展创新工作室互访　（陈思佳）

【市仪电工会举行劳模创新工作室挂牌暨现场推进会】 12月27日，市仪电工会在仪电科学仪器公司举行了“上海市劳模创新工作室”——魏乐樵电化学仪器开发劳模创新工作室挂牌仪式暨仪电劳模（工匠）创新工作室工作现场推进会。仪电工会主席顾文及来自仪电系统部分在职全国劳模、上海市劳模、仪电工匠，各级劳模（工匠）创新工作室代表20余人参加挂牌仪式。在随后召开的仪电劳模（工匠）创新工作室工作现场推进会上，仪电科学仪器党、政、工和劳模创新工作室代表分别围绕如何加强新时期产业工人队伍建设、为企业的发展增添力量，劳模创新工作室的建设和工作开展情况以及今后的工作方向等方面交流了体会心得。（周黎俊）

【市化学工会推进技能大师（劳模）工作室的创建活动】 市化学工会积极推进技能大师（劳模）工作室的创建活动，支持和加强已有技能大师（劳模）工作室平台建设，充分发挥工作室平台在企业创新发展、员工技能提升等方面的积极作用。2019年，经过实地调研、核查，6家基层企业的技能大师（劳模）创新工作室获得了集团级创建资格认可并得到了资金资助。2019年度，上海华谊能源化工有限公司顾志权大师工作室被上海市人力资源和社会保障局评为上海市技能大师工作室；上海华谊能源化工有限公司汪峻大师工作室被市总工会评为上海市技师创新工作室。（任健庭）

【国网上海市电力公司苏伟工作室被授予“上海市劳模创新工作室”】 12月11日，在市总工会举行的第九批“上海市劳模创新工作室”授牌仪式上，上海电力公司所属市南集团公司“苏伟不停电作业劳模创新工作室”获得该荣誉。苏伟工作室表示将努力培养、挖掘创新人才，做到引领上海电力不停电作业的尖端技术，进一步提升城市电网精细化管理和供电可靠率。（陈　纯）

【国网上海市电力公司徐爱蓉、张国强工作室获“长三角地区劳模工匠创新工作室”】 在2019年首届中国长三角地区劳模工匠创新工作室授牌仪式上，上海电力公司所属青浦供电公司“徐爱蓉电力服务创新工作室”、华东送变电工程有限公司“张国强劳模创新工作室”被评为“中国长三角地区劳模工匠创新工作室”。公司工会将坚持弘扬劳模精神、劳动精神、工匠精神，深化培育具有引领性、示范性的劳模创新工作室，为推动长三角一体化发展国家战略贡献智慧和力量。

（陈　纯）

【上海电建公司工会开展第十一届“智慧能量”职工五小成果征集发布活动】 8月份，上海电建公司工会组织职工开展2019年“智慧能量”职工五小成果发布活动，这是公司连续第十一年开展此项活动。通过组织发动、基层选送，共征集到职工“五小”成果37项。公司工会举办专题发布会，发布选手通过现场PPT演讲，当场回答专业评委的提问等环节，展示各自的成果。经过评审，《大型火电机组再热蒸汽管道阀门热处理工法》《大板梁改进型脚手架》和《大型垃圾焚烧厂母管制汽机主控控制策略》等成果分获一、二、三等奖。获奖优秀成果推荐参加市总工会职工创新成果系列奖项评审，其中1项成果获“上海市职工先进操作法创新奖”，1项成果获“上海市职工合理化建议优秀成果奖”。

（傅　诚）

【中国宝武职工岗位创新成果显著】

2019年，中国宝武10项创新成果参加了第118届巴黎国际发明展，摘得2项金奖，4项银奖，4项铜奖，获奖率100%；11月份，参加第二十三届全国发明展，169项一线岗位创新成果参展，126个项目获奖，其中，金奖28个、银奖35个，铜奖63个，获奖率74.6%，比上届提升4%，金奖比例提升1.4%。吉志勇、李斌的创新成果分别获上海市科技进步二等奖、三等奖；吉志勇创新工作室被授予“上海市劳模创新工作室。组织参加首届上海职工优秀成果奖申报，中国宝武一线职工金国平、丁海绍分别荣获上海职工优秀创新成果奖一等奖和三等奖；一线工人宋俊的创新成果荣获中央企业熠星创新创意大赛优秀奖。杨建华、陈杰荣获上海工匠，张铭、程龙荣获湖北荆楚工匠，张烨、李强荣获安徽江淮杰出工匠，陈科荣获广东南粤工匠称号。7个合理化建议、先进操作法获优秀成果奖、项目创新奖。

（徐　卫）

【中国宝武持续深化岗位创新活动】

12月，举办以“新时代，智创未来”为主题的中国宝武“员工创新活动日”，表彰了2018—2019年度中国宝武示范型、集团公司级职工创新工作室和十佳职工创新工作室，并为15个职工“智能制造技术应用攻关创新工作室”颁发匾牌。通过创新工作室结对、创新指标对标、创新志愿者指导等方式，带动基层岗位创新工作实现新跨越，年轻岗位创新人才后备梯队得到进一步夯实，中国宝武产业工人高超的创新能力得到了中国发明协会、上海市总工会高度评价。目前拥有自主管理（JK）小组5278个，取得JK成果4836项；职工经济技术创新小组1525个，共有1.4万名职工参与创新小组活动；岗位创新申请专利2197件，其中发明专利1186件（发明专利占比54%）；技术秘密1936项；总结先进操作法456项。

（徐　卫）

【宝武环科岗位创新活动成果丰硕】

2019年，宝武环科着力发挥创新工作室引领作用，推动产生专利授权数20项，发明专利授权数3项，形成技术秘密数3个。坚持组织和选拔优秀创新成果，参加第三十一届上海市优秀发明选拔赛，获得3项银奖6项铜奖；1个项目参加2019年巴黎国际发明展获得铜奖；择优推荐8个项目参加第二十三届全国发明展，获得6铜的成绩；1项先进操作法获得上海市优秀成果奖；1项合理化建议获得上海市职工合理化建议创新奖。组织推进职工岗位创新成果“交易”活动，促进岗位创新工作的共建共享共赢。年内，经过访谈沪内基层单位工会、各单位积极申报，形成潜在创新成果“交易”项目36项；同时与公司各专业协同组沟通，进一步挖掘可“交易”项目12项。

（赵向锋）

【宝钢工程举办一线创新人才培训活动】 为贯彻落实《新时期产业工人队伍建设改革方案》，提升基层一线职工岗位与时俱进的创新能力和创新活力，积极推广5G技术在“智慧工厂”建设中的应用，4月，宝钢工程工会组织开展了以“大话5G，智造前行”为主题的创新人才培训活动。分别邀请华为公司、上海电信等5G技术研发专家，宝钢股份运改部、硅钢部等中国宝武智慧制造项目负责部门和项目经理现场授课，并组织学员参观了华为公司上海工业应用研发实验室、中国移动“5G”全球创新港、中国电信5G技术展示厅等，增加创新人员的感性认识、拓展创新人员的创新视野。

（范萍萍）

【宝钢发展持续推进职工创新创造】

2019年，宝钢发展围绕管理模式创新、业务优化、技术改进等内容，开展创新项目征集工作，共征集各类创新项目27项，并做好推进过程中的协调与跟踪。同时组织优秀职工创新成果参加第二十三届全国发明展，获得1银1铜。开展对标和学习交流活动，组织各单位创新骨干及工会干部30余人赴宝地资产及金桥股份开展实地对标交流，通过对标学习绿色园区、商业体、智能园区等，进一步开拓创新思维。

（朱　宏）

【上海石化推进“职工创新工作室”创建】 2019年，上海石化按照《上海石化“职工创新工作室”管理办法》，推进上海石化劳模、技师、标兵等创新工作室创建与管理。12月，由公司相关专业条线负责人担任评委考评情况，11家创新工作室围绕工作室创新攻关及带教育人两方面工作的开展情况参与发布评审，对考评通过的创新工作室下达工作经费支持。年内，新建的4家创新工作室（塑料部钱红军技师创新工作室、热电部徐俊技师创新工作室、物资采购中心杨文标兵创新工作室、投发公司职工创新工作室）通过创建验收。“富小青技师创新工作室”获评上海市技师创新工作室。

（徐　军）

【上海航天局工会推动职工“双创”活动】 在国家倡导“大众创业，万众创新”的时代背景下，上海航天局工会继续推动职工“双创”活动，进一步激发广大职工个体的创新创造意识。年内，组织各单位工会、创新协会成员前往深圳参观交流，学习最前沿的创新机制、运营模式，助力职工“双创”工作。完成首批16个创新基金资助项目的结题验收；完成第二批23个创新基金项目的中期检查，投入孵化基金107.1万元；组织参加全国总工会2019年创博会。上海航天设备制造总厂有限公司金红新获上海市科技进步二等奖；上海空间推进研究所及上海空间电源研究所的两个项目分获首届上海职工优秀创新成果一等奖、二等奖，并获得奖金10万元、5万元。

（周欣彬）

【中远海运集运工会举行“创客行动”成果展示大赛】 2019年，中远海运集运工会以“创客行动”为抓手，搭建职工深度参与公司数字化进程的平台，鼓励一线职工立足本职发现数字化应用场景并自行攻克解决，激发职工的创新热情。年内共收到76个申报项目，创客指导委员会先后3次召开项目评审会，从项目立意、实现方法、项目实践、资金预算等方面对各项目逐一进行评估，先后审核通过了15个项目，涉及智能定价、用箱天预测、燃油采购、电子发票、堆场管理、一站式服务、客户信用管理、客户投诉管理、客户价值分析等诸多领域，并举办创客行动成果展示大赛。大赛邀请集装箱运输行业内数字化专家作为评委，从项目的创新程度、突破难易、推广价值、现场效果等4个维度进行综合打分，评定出“全程物流电子信息化”“单船燃料油采购智能订单模块”“进口网上自助客服”“航运产品智能运价”“内外部数据结合助力精准决策”等优秀项目。

（钱　华）

【中远海运能源推进合理化建议活动，汇集聪明才智】 2019年公司工会开展了两次职工合理化建议征集和评审活动，共收到1200余条合理化建议，内容涉及企业管理提升、船舶安全管理、船舶设备管理、关心关爱职工、节能减排、提质增效、降本节支、人才强企、党建工作、企业文化等方面，具有可行性、创新性和高质量的“金点子”，为助推公司改革发展、提质增效做出了贡献。

（方明晓）

【中远海运重工工会推进劳模创新工作室创建】 2019年，中远海运重工有限公司工会依托中远海运集团劳模创新工作室的创建和推广行动，加大劳模、技师、巾帼创新工作室的创建力度。该公司工会把创建劳模创新工作室作为年内重点工作之一，大力推进，重点扶持。召开劳模创新工作室创建工作推进会，通过梳理创建流程、组织实地参观，交流沟通创建工作的经验和心得，推进劳模创新工作室创建工作。到年底，上海重工夏学禹劳模创新工作室等3个劳模创新工作室已初具规模，劳模等先进人物的示范、引领和辐射作用得到放大。

（魏敬民）

【上航局工会组织召开创新工作室交流推进会】 9月19日，上航局工会组织召开创新工作室交流推进会，市总工会基层工作部部长张刚，公司党委副书记、工会主席包中勇出席会议并讲话，公司相关部门、基层单位分管负责人和创新工作室带头人参会，会议由公司工会副主席汪正主持。会上，上航局所属中港疏浚公司、勘察设研公司、达华测绘公司分别结合创新工作室工作开展情况做了交流汇报，参会人员围绕创新工作室制度建设、成果转化、人才培养等主题进行座谈交流。张刚对上航局创新工作室的创建工作给予肯定，并希望工作室在弘扬劳模精神，体现创新工作室的联盟，互学互助技能提升、岗位成才3个方面进一步发挥作用。

（于美庆）

9月19日，上航局工会组织召开创新工作室交流推进会　（于美庆）

【上航局项目获评首届上海职工优秀创新成果奖】 5月7日，2019年“上海职工优秀创新成果奖”总结表彰大会在中科院上海高等研究院举行，市人大常委会副主任、市总工会主席莫负春，副市长吴清，市府副秘书长陈鸣波等领导出席会议并颁奖。上航局的长江南京以下12.5米深水航道项目团队凭借项目《潮流界以下河段滩槽水沙输移特征及工程应用研究》获评2019年“上海职工优秀创新成果奖”三等奖，项目设计负责人刘红上台领奖。上航局获奖项目围绕上海“五个中心”“四大品牌”建设要求，经过层层选拔，从674个申报项目中脱颖而出，与其他45个聚焦集成电路、生物医药、人工智能、航天科研等高端产业的科研项目共同获评这一殊荣。

（于美庆）

【上海机场3家创新工作室获颁首批“中国长三角地区劳模工匠创新工作室”称号】 首批“中国长三角地区劳模工匠创新工作室”授牌交流活动11月8日在上海国家会计学院国际会议中心举行。市人大常委会副主任，市总工会党组书记、主席莫负春为首届长三角地区劳模工匠创新工作室联盟揭牌。市总工会党组副书记、副主席姜海涛等领导为3家工作室授牌。上海机场集团工会副主席于明洪出席会议。集团公司共有3家创新工作室入选首批中国长三角地区劳模工匠创新工作室，他们分别是杨令炅机场安检创新工作室、吴娜安捷组创新工作室以及周亮职工创新工作室。其中，杨令旻机场安检创新工作室入选首届中国长三角地区劳模工匠创新工作室联盟,工作室领衔人、全国五一劳动奖章获得者杨令旻在大会上做交流发言。(张雯倩)

【上海机场集团员工在中国民航登机桥操作员职业技能大赛中表现出色】 11月28日,2019年中国民航登机桥操作员职业技能大赛在广州落幕。经过4天的角逐,虹桥公司机电信息保障部任炬、股份公司机电信息保障部张晓青荣获个人综合三等奖,股份公司及虹桥公司工会获得大赛优秀组织奖。本次大赛分为预赛和全国决赛,预赛覆盖登机桥操作员岗位5000余名职工。通过培训、大练兵,37个大中型机场共选拔出148名优秀选手参加决赛。上海机场集团共派出股份公司、虹桥公司两支参赛队共8名选手参加比赛。(陈昌华)

【国核自仪公司工会推进创新工作平台建设】 国核自仪公司工会围绕"一体系两平台"创新体系(即创新工作制度保障体系、职工自主创新管理平台、职工创新工作室平台),先后发布《职工创新工作室管理细则》等10余份制度,激励和保障全员创新工作开展;通过3个市级、集团级职工创新工作室定期开展创新沙龙活动以提升全员创新意识和创新能力;通过职工自主创新管理平台,开展全员自主管理创新工作并每月就创新成果予以表彰奖励。近年来,仅创新类成果荣誉就有51项,其中省部级和行业协会21项。(钱 蓉)

【上海建工集团两项成果获评首届"上海职工优秀创新成果奖"】 在5月7日召开的首届"上海职工优秀创新成果奖"总结表彰会上,上海建工集团有两项成果分获上海职工优秀创新成果二、三等奖,具体是四建集团选送的《传统木结构庙宇建筑带佛像整体移位施工技术》和基础集团选送的《地下非开挖隧道工程自动测量系统关键技术研发及其应用》。集团工会主席卞炯以及集团获奖单位代表等出席表彰会。(余轶群)

【上海建工集团一批职工创新成果荣获市级奖项】 在5月24日召开的"第三十一届上海市优秀发明选拔赛总结表彰会暨第九届上海职工科技节闭幕式"上,上海建工集团一批成果荣获市级奖项。四建集团的《低环境影响的工业化全预制桥梁快速化施工关键技术研究与应用》和七建集团的《高空百米跨度多层钢连廊整体提升和平移关键技术》等2个项目获优秀发明金奖;一建集团和五建集团的《复杂环境超深超大基坑绿色施工创新技术》等4个项目获优秀发明银奖;园林集团的《上海崇明东滩湿地生态恢复关键技术研究和示范》等5个项目获优秀发明铜奖。市政总院的《一种预警地下管道接口渗漏的监测方法》获职工技术创新金奖;五建集团的《文物建筑战争痕迹修缮复原施工技术与应用》获职工技术创新银奖;七建集团的《复杂环境下滨江沿岸公共空间改造项目关键技术研究》等2个项目获职工技术创新铜奖。机施集团的《大型展馆不停展改造楼板加固设计方案优化》获职工合理化建议优秀成果奖;一建集团的《桁架连体超高核心筒与模板同步施工整体提升钢平台体系》获职工合理化建议成果创新奖;二建集团的《预制装配式结构安全防护无脚手体系施工操作法》等3个项目获职工先进操作法成果创新奖。(余轶群)

【鲁中矿业工会深化合理化建议活动】 2019年,鲁中矿业工会坚持开展合理化建议和五小成果活动,征集、评审、表彰由各二级单位组织实施,对所征集到合理化建议统一进行回复,做到事事有回音,形成PDCA闭环管理。小官庄铁矿组织实施的"离心式空压机节能改造"项目,荣获2018年度上海市职工合理化建议项目创新奖。莱新铁矿组织实施的"使用自助加工管道合茬器进行施工管路合茬"项目,荣获2018年度上海市职工先进操作法创新奖。(李宗峰)

【中建八局两家创新工作室获评"中国长三角地区劳模工匠创新工作室"】 11月8日,由上海、江苏、浙江、安徽三省一市总工会共同举办的首届中国长三角地区劳模工匠创新工作室授牌交流活动在沪举办。中建八局党委副书记、工会主席于金伟作大会交流发言。中建八局投资公司"朱庆涛建筑节能创新工作室"、四公司"谢海波建筑技术创新工作室"2家创新工作室获评"首届中国长三角地区劳模工匠创新工作室"荣誉。来自沪苏浙皖三省一市评分最优的首批90家创新工作室,组成"首届长三角地区劳模工匠创新工作室联盟"。"朱庆涛建筑节能创新工作室"入选首届长三角工作室联盟。(郝国元)

【中建八局企业高质量发展金点子评审会召开】 10月30日,中建八局企业高质量发展金点子评审会在沪召开,来自科技、工程、安全、财务、商务、人力、党群、行政等系统的30项金点子进行现场+视频发布,发布人立足岗位、针对问题、提出建议,为企业高质量发展凝聚共识、贡献智慧。局工会于4月份启动企业高质量发展金点子征集活动,在各单位初评的基础上,共征集金点子190余项,涵盖工程、科技、安全、商法、财务、人力、党群、行政综合等多个业务系统,经过各业务系统的初选,推选30个金点子进行现场评审。经评审,南方公司抽屉式卸料平台等5个点子获评金奖,二公司"四部工作法"创建基层示范党支部等10个点子获评银奖,青岛公司墩柱保护层控制用可调型镀锌螺栓代替传统垫块等15分点子获评铜奖。(郝国元)

【市卫生健康系统新添一批劳模创新工作室和示范点】 2019年,市医务工会命名7家2017—2018年度上海市卫生健康系统劳模创新工作室示范点和14家2017—2018年度上海市卫生健康系统劳模创新工作室。至此,市卫生健康系统共有15个劳模创新工作室示范点,64个劳模创新工作室,其中包括13个上海市劳模创新工作室。7家劳模创新工作室示范点是:宁光内分泌学研究劳模创新工作室,刘嘉湘肿瘤防治劳模创新工作室,张长青骨科劳模创新工作室,徐亚伟心梗数字化诊疗劳模创新工作室,翁心华感染科劳模创新工作室,黄国英儿科心血管劳模创新工作室,刘颖斌肝胆胰疾病手术劳模创新工作室。14家劳模创新工作室是:程忠平妇产科团队劳模创新工作室，施雁护理劳模创新工作室，姜格宁胸外科劳模创新工作室，姚礼庆内镜微创劳模创新工作室，陈晓军子宫内膜病变保留生育功能劳模创新工作室，包玉倩内分泌劳模创新工作室，范存义肢体创伤修复劳模创新工作室，桂永浩胚胎源性疾病工作室，郑民华微创胃肠外科劳模创新工作室，何悦口腔颌面-头颈肿瘤劳模创新工作室，夏强儿童肝移植研究劳模创新工作室，高月求肝病防治劳模创新工作室，卢伟“互联网+”卫生监督劳模创新工作室，张曦病原微生物检测劳模创新工作室。 （池朝霞）

【市医务职工科技创新“星光计划”大赛结果揭晓】 第九期上海市医务职工科技创新“星光计划”优秀项目和个人评选结果揭晓：共有50个优秀项目获奖，其中：复旦大学附属中山医院阎作勤的“旋股内侧动脉分支转子间骨瓣精准植入修复技术（FM-CVB-PG）及专用手术器械设计”等7个项目为一等奖，复旦大学附属华山医院艾静文的“感染性疾病二代测序病原分子诊断技术平台创建与应用”等16个项目为二等奖，市第六人民医院陈立波的“一种用于治疗甲状腺功能亢进症的系统”等27个项目为三等奖，市第九人民医院刘剑楠等9人为“创新之星”，市疾病预防控制中心黄卓英等6人获“创新之星”提名。 （李易杰）

【光明乳业研究院获首届“上海职工优秀创新成果奖”三等奖】 在首届上海职工优秀创新成果奖”总结表彰大会上，光明乳业研究院“植物乳杆菌ST-III基因组学研究及其产业化”项目被授予上海市职工优秀创新成果三等奖。“植物乳杆菌ST-III基因组学研究及其产业化”项目是光明乳业研究院结合比较基因组学和转录组学，通过构建基因，挖掘功能及增殖技术，开发了一系列发酵性乳制品。 （朱菊英）

【锦江国际集团工会举办第六届“锦江杯”职业技能大赛】 为鼓舞广大职工投身到第二届进博会服务保障中，锦江国际集团工会举办第六届“锦江杯”职业技能大赛，大赛设酒店高档商务宴和汽车维修两个分赛场，分别在进博会倒计时100天和50天之际进行决赛阶段比赛，汽车赛场开展以驾驶技术、车辆排故为主的竞赛项目，与历年重大接待任务相匹配，引导企业员工积极进取，提高技能水平，打造有锦江鲜明特色的技术人才梯队，营造“比学赶帮超”的良好和谐工作氛围。酒店赛场展示了最高的竞技水平，聚焦“商务宴”和“会议茶歇”两大项目，集团旗下“6+1”酒店品牌公司来自全球的员工共同参与，历时两个月最终从123家酒店1100名员工中层层选拔出16支参赛队64名选手进入决赛。 （顾明方）

9月26日，锦江国际集团工会举办“锦江杯”职业技能大赛颁奖暨进博誓师仪式 （顾明方）

【城投集团2家劳模创新工作室获评中国长三角地区劳模工匠创新工作室】 2019年11月8日，由上海市和江苏省、浙江省、安徽省“三省一市”总工会共同主办的“首届中国长三角地区劳模工匠创新工作室”授牌交流活动在上海国家会计中心召开。会上，城投集团宣建岚污泥干化焚烧创新工作室、顾士杰创新工作室获得首批“中国长三角地区劳模工匠创新工作室”授牌。 （熊　巍）

【刘伟杰道路与交通工程创新工作室获首批中国长三角地区劳模工匠创新工作室授牌】 11月8日，首批中国长三角地区劳模工匠创新工作室授牌仪式举行，“刘伟杰道路与交通工程创新工作室”成为首批长三角地区劳模工匠创新工作室，由三省一市联合授牌。刘伟杰领衔的“道路与交通工程创新工作室”是首批被命名为“上海市劳模创新工作室”。工作室致力于捕捉行业热点信息，引领交通规划、道路设计、智能交通、有轨电车、地下空间、BIM等多专业的交叉融合，打造新的突破点。 （陈可心）

【隧道股份第一管线金文皓创新工作室被命名为上海市职工创新工作室】 由隧道股份第一管线推荐申报的金文皓创新工作室经过层层选拔后脱颖而出，被命名为“2019年度上海市职工（技师、巾帼）创新工作室”，并获得创建资助。第一管线金文皓创新工作室主要从事与管道施工和运维有关的技术研发和应用实践，包括管道不停输、管道应急抢修以及管道在线检测等管道综合运维技术。尤其在管道不停输技术上有着丰富的施工经验，并通过工程实践和持续研发，在科技创新上取得了丰硕的成果。其中《天然气管道膨胀筒式带压封堵方法》和《天然气管道结构》2项发明获得国家发明专利；《移动燃气放散装置》《天然气管道结构的施工方法》等多项创新成果获得实用新型专利，为今后探索城市能源设施的智慧运维模式奠定了坚实的基础。 （郁　成）

【上海飞机客户服务有限公司工会群策群力改进创新助推安全发展】 2019年,中国商飞客服公司工会围绕研号研制和运营保障中心任务,坚持需求导向、问题导向、项目导向,开展"保运营,提能力"群策群力大练兵活动。围绕"三大型号任务",开展四大专项活动,确立攻关项目88个,形成提案91条。在中国商飞群策群力推进大会上,客服公司展示优秀案例51个,其中6个案例获评中国商飞公司优秀案例,2个部门获评先进集体,4位个人获评先进个人,1人获评群策群力达人。全年提出提案809条,形成创新成果237个。 (徐 雷)

技能提升

【概要】 市总工会持续用好"培训、练兵、比武、晋级、激励"五位一体促进职工技能提升。鼓励开展职工技能培训和技能竞赛,搭建职工技术技能水平提升平台,加速职工成长成才。加强技能竞赛平台作用。推动各区总工会、行业工会开展旅游饭店行业、纺织行业、钟表行业等竞赛。鼓励参加全国工业机器人技术应用技能大赛、中国海员技能大比武等全国性技能竞赛,通过点面结合更好的激发竞赛对职工技能提升的推动作用。加强职工技能提升载体建设。推动市级实训中心、行业企业培训中心,以及300个上海职工学堂等职业教育资源为职工技能提升提供服务,支持有条件的大型企业、行业协会、产业园区建设实训、实习基地,鼓励企事业单位为职业学校提供实习基地,接纳职业学校学生实习。进一步推动李斌学院等"校企合作"模式在建设高素质产业工人队伍发挥作用。加强地方教育附加专项资金作用。通过组织专题研讨、优化资金支出结构、完善职工培训模式、落实资金监督管理等措施,持续推动专项资金更有效的助力职工职业技能提升。 (王 点)

【推进优化地方教育附加专项资金用于一线职工技能提升的培养】 市总工会与市人社局、市财政局、市教委相关部门讨论研究地方教育附加专项资金用于职工队伍技能素质提升实际成效,与各区局(产业)工会代表以及职业院校、行业协会代表专题讨论《关于进一步优化地方教育附加专项资金支出结构加强职工职业培训和技能人才队伍建设的实施意见》,同时征求市总工会相关部门意见。从优化资金支出结构、完善职工培训模式、加强政府公共服务、落实资金监督管理、组织保障等方面进一步优化完善,切实提高专项资金在职工职业技能素质方面发挥作用。 (潘名家)

【静安区旅游饭店行业举办技能竞赛】 9月25日,静安区总工会会同区文明办、区文旅局举办2019年静安区旅游饭店行业劳动竞赛。静安区人大常委会副主任、区总工会主席叶坚华等出席。本次劳动竞赛旨在提高旅游饭店行业职工队伍素质、提升行业职工的总体技能水平,通过比赛展示静安旅游饭店行业文化,挖掘各旅游饭店特色,为不同的品牌酒店工会职工搭建互相交流学习的平台,更好地服务第二届上海进口博览会。静安香格里拉大酒店、宝格丽酒店、北上海大酒店等11家区内知名星级酒店参加比赛。竞赛有中式摆台和西式摆台两个项目,在特定主题要求下,参赛选手在规定时间内要完成餐桌摆盘、口布折花等操作,在规定动作中结合花艺、品酒,将艺术灵感融入到餐桌设计中,展示了各个选手的业务技能和职业风采。 (张 欣)

【"闵工学堂"试行"1+N"课程培训体系】 1月25日,闵行区总工会在群益职业技术学校举办"知识成就梦想·技能铸就未来""闵工学堂"启动仪式。市总工会副主席周奇,闵行区委副书记于勇等领导受邀出席活动。首批"闵工学堂"教学点和课程正式发布,第三届上海工匠获得者洪永楠开启"闵工学堂"培训第一课。"闵工学堂"是由闵行区总工会牵头发起,联合企业、职校、政府职能部门及专业服务机构等,以提升对职工的思想引领、业务技能水平和综合文化素质为重点,以培养一支知识型、技能型、创新型劳动者大军为目标,形成协作联动、优势互补、利益共享的线上线下培训模式。"闵工学堂"以本区职业院校教师、劳模工匠、创新工作室负责人、领军人才以及区内相关政府部门、社会团体中的专业人士为师资的基础课程,以职工需求为导向,充分利用培训资源,同时发挥各学堂自身优势,形成相关配套课程,共同打造"1+N"课程体系("1"即各教学点主推精品课程,"N"即拓展课程)。目前,全区范围内已设立21家"上海职工学堂"和19家"闵工学堂",逐步打造覆盖全区职工的培训网,开设10大类共计195门课程,累计为6863人次职工提供培训服务,投入资金达20.8万元。 (王 凯)

【崇明区总工会举办区消防安全技能大比武决赛】 为全面提升广大职工的消防安全意识,以赛促训、以赛促学,提高志愿消防队、义务消防员的防火、灭火及应急响应能力。10月22日,由崇明区总工会联合区消防救援支队组织开展的消防安全技能大比武

1月25日,闵行区总工会举办"知识成就梦想·技能铸就未来""闵工学堂"启动仪式 (汪自强)

决赛在区体育场开赛。本次赛事项目分为个人项目百米干线水带调换二带一枪操、30 米佩戴空呼一带一枪出水操、小组赛 4×100 米接力灭火操。技能比武产生个人、小组和团体的一、二、三等奖及优秀奖。 （陈思佳）

【市机电工会“校企合作”建设高素质产业工人队伍】 9 月 21 日，上海电气“3+3+3”技术工人培养第十五期至十七期培训班毕业典礼暨第二十二期培训班开学典礼在上电举行。市人大常委会副主任、市总工会主席莫负春，上海市人力资源和社会保障局副局长张岚，上海电气集团党委副书记、总裁黄瓯出席并讲话。上海电机学院校长胡晟为毕业学员致勉励词。为加强产业工人队伍建设，上海电气李斌技师学院于 2008 年推出“3+3+3”技术工人培训新模式，即考察选拔素质高且有 3 年工作经历的技术工人进行培养，给予 3 年半工半读的学习机会，培养成为高级工，再用 3 年时间深造，培养成为技师、高级技师。该模式先后获得上海市教委教学成果一等奖、国家教育部教学成果一等奖。“李斌杯”技能大赛被市总工会评为上海职工素质工程十佳品牌之首。莫负春对上海电气“3+3+3”技术工人培养成绩给予充分肯定，希望机电工会充分发挥工会“大学校”作用，努力推动建设一支与新型产业体系要求相适应的高素质职工队伍；李斌技师学院充分发挥“校企合作”“工学结合”作用，不断创新课程内容和教学方法，全力做好职业教育和培训相关工作；广大学员树立终身学习理念，争做有智慧、有技术、能发明、会创新的新时代职工。 （彭伟光）

【市化学工会开展安全知识培训】 6 月 21 日，华谊集团“员工安全知识大讲堂”开讲，讲堂授课人全部来自于集团基层企业的安全管理和一线岗位的班组长岗位，为集团安全内训师。他们具有丰富的一线岗位工作经验，了解基层企业安全管理现状和存在的突出问题，课程设计和讲课贴合实际，针对性强。167 名基层企业一线班组长和安全管理人员等参加了大讲堂安全培训，所有的课件和授课视频在华谊集团安全知识学考平台 APP 上在线发布。 （任健庭）

【上海轻工举行上海钟表行业手表装配与调试技能比武大赛】 11 月 16 日，上海轻工业工会联合会与上海钟表行业协会、上海徐汇区职业技能竞赛组织委员会联袂举行上海钟表行业手表装配与调试技能比武大赛，经大赛组委会裁判委员会对所有参赛选手评分考核，上海景时表业有限公司杨晓峰以满分 100 分的成绩获得大赛冠军。 （徐俊彦）

【市纺织工会牵头举办“三枪杯”纺织制版师技能竞赛】 8 月 31 日—9 月 1 日，由上海市纺织工会、上海服装行业协会主办，上海龙头（集团）股份有限公司、上海三枪（集团）有限公司、上海工程技术大学联合承办的“三枪杯”2019 年上海市纺织行业服装制版师技能竞赛暨全国服装制版师大赛选拔赛在上海工程技术大学召开。本次竞赛依据国家相关职业标准高级工的技能要求，分为服装制版、样衣制作、立体裁剪、理论考试 4 个考核部分，来自全市各区的 21 名选手积极报名参与。为体现赛事的专业性、公正性、严谨性和权威性，特聘请了知名企业及院校服装专业专家组成评审委员会。经过 2 天的紧张角逐，上海之禾时尚实业（集团）发展有限公司选手张真玉获一等奖，上海蔓楼兰企业发展有限公司陈桂花和上海裔森服饰有限公司赵叶云获二等奖，上海三枪（集团）有限公司姚黎、毛海燕、上海乔治白实业有限公司杨月获三等奖，上海徽美服饰有限公司陈忠联等 10 名选手获竞赛优胜奖。 （郑鹦峰）

【上海电力建筑工程有限公司工会开展“师徒带教”活动】 上海电力建筑工程有限公司“黄耀丰技师创新工作室”，积极开展“师徒带教”活动，通过三个“带”，帮助青年职工在岗位实践中加强学习，在技能学习中得到锻炼，在能力锻炼中实现创新，为企业人才梯队建设增添动力。一是带思想。首先在了解青工的思想动态后，通过开展专题教育以及视频、板报、橱窗等方式，学习宣传上海电建的企业文化、形势任务与文化理念，使青工随时了解掌握公司的发展动态，增强使命感与紧迫感，立足学好技能知识，岗位成长成才。二是带能力。工作室在站工会的支持下，16 对师徒签订师徒合同。明确要求师傅向徒弟传授工作技能、职业道德、安全生产经验，帮助他们尽快适应岗位角色，熟悉各专业工作流程，熟练掌握实践技能。三是带创新。通过师傅和徒弟共同考核的创新带教形式，分季度对青工现阶段的学习进度，按岗位需求制订具体的学习内容，评选出优秀师徒对子给予奖励。 （杜英宏）

【中国宝武出征第三届全国工业机器人技术应用技能大赛】 10 月，中国宝武组织参加由国家工业和信息化部、人力资源社会保障部、教育部、中华全国总工会、共青团中央举办的“2019 年中国技能大赛——第三届全国工业机器人技术应用技能大赛”，中国宝武参赛队取得全国团体总分第一名的优异成绩，创集团参加全国一类大赛历史最优成绩。中国宝武同时被授予“团体总分奖”“优秀组织奖”“央企优胜奖”。中国宝武 3 名参赛选手中，李成刚荣获全国一等奖，陈钢、卢杨光荣获二等奖。近年来，公司人力资源部、工会在技能人才培养方面顺应智慧制造技术发展，加大实操技能训练和解决实际问题能力的培养，在智慧制造领域培养了一批高技能人才。 （徐 卫）

【宝钢股份工会深入开展工业机器人技术培训技能竞赛】 2019 年，宝钢股份工会聚焦公司“智慧人才”培养的总体规划，策划并组织“工业机器人技能大赛”，助推“智慧制造”战略。目前，宝钢股份拥有工业机器人 400 余台套，覆盖四大基地 11 个生产制造单元，全岗位人员达到 221 人。公司工会重视岗位练兵和培训工作，坚持“以赛促训、以赛代练、赛训结合”，精心组织 15 期“ABB 工业机器人应用维护培训班”通过全员培训和层层选拔，48 名员工最终入围决赛。其中，3 名选手代表中国宝武集团参加“2019 年中国技能大赛——第三届全国工业机器人技术应用技能大赛”，取得全国“职工组”团体总分第一名的优异成绩，1 名职工荣获一等奖，2 名职工荣获二等奖，充分展示了宝钢股份高技能人才的精湛技能。通过本次大赛,宝钢股份全系统设备人员的“智慧设备应用维护技能”得到显著提升,建立起完整的“工业机器人应用维护培训体系”,营造了“智慧制造引领”的良好氛围,助推了公司智慧制造战略。（顾卫兵）

【上海王宝和大酒店开展第一届岗位员工技能比武】 5月15日至9月2日,上海王宝和大酒店有限公司工会以“点燃激情、挑战自我、展示才华、和搏一流”为主题开展了首届岗位员工技能比武竞赛,技能竞赛历时111天,共涉及10个赛项,252人参与。与以往的技能考核不同,本年度技能竞赛注重内容与形式的创新性与寓教性,在项目标准设置、竞赛评委团设置等方面都做了很大的改进,并根据不同岗位进行多层次、多类型、多渠道的小型竞赛,不断扩大活动的参与面,推进活动的实效。（姜晓菁）

【上汽开展技能竞赛助力职工技能提升】 2019年,上汽集团按照“新四化”战略,抓好职工素质提升。组织营销技能竞赛、安全知识竞赛、计算机辅助设计竞赛、汽车内外饰创意设计等11个技能竞赛项目,共计30830人参赛。其中“营销技能竞赛”为本年重点竞赛项目,通过网上员工竞答,线下参赛单位笔试,沪内外同步开考,华域视觉队荣获竞赛一等奖。（范　融）

【中远海运集团工会组织第三届“中远海运杯”职工技能竞赛】 4—5月,第三届“中远海运杯”职工技能竞赛数控车工、船体装配工、钳工大赛先后在南京国际船舶配件有限公司和启东中远海运海洋工程有限公司举办。来自中远海运发展、中远海运重工、中远海运港口、青岛中远海运4家直属单位的24支代表队94名选手进入决赛。竞赛期间,中远海运集团工会主席张善民先后考察赛事承办单位,慰问一线员工,并为启东中远海运海洋工程有限公司职工宿舍区新落成的职工活动中心揭牌。（张　进）

【中远海运集团职工在第五届中国海员技能大比武活动取得佳绩】 中国海员技能大比武活动是中华人民共和国海事局和中国海员建设工会联合主办的海员技能最高水平的大赛活动,自2001年以来,每2年组织一届。本届活动共有来自全国及港澳台13家航运企业和30所航海院校的486名选手参赛。中远海运一队和中远海运二队分别包揽了企业组团体总分冠、亚军,同时夺取了6个单项比赛中的5项第一名、2项第二名和3项第三名。（陈　珺）

【上港集团持续开展“百师百徒”带教活动】 2019年度,有108对师徒成为上港集团“百师百徒”结对对象,其中新任导师60名。年内,共有9名徒弟获得技能等级或专业技术职称的晋升;师徒合作取得20项职工技术创新、流程优化等项目成果;总结提炼出12项操作法、带教法。上港集团于2014年年末启动了“百师百徒”活动项目,通过师徒带教,大力培养强港建设亟需的高技能人才和紧缺专业人才,形成梯次合理、素质优良的技能人才队伍,为集团创新驱动、转型发展提供坚强的人才保证和智力支持。（施文卿）

【上港集团开展年度职业技能竞赛】

2019年,上港集团组织开展第十五届职业技能竞赛活动。技能竞赛设有盛东公司、张华浜分公司、教培中心3个分赛区,共有14家单位的93名选手参加了门座式起重机、内燃叉车、岸边集装箱起重机、轮胎式集装箱门式起重机、液压传动安装、PLC编程6个项目的比拼。各分赛区承办单位加强与集团职业技能竞赛活动组委会和组委会办公室的沟通联系,各单位工会会同人事、生产业务、工程技术、后勤行政等部门,确保赛场布置、后勤保障等工作落实到位,圆满完成赛事组织任务。（施文卿）

【中国电信上海市工会召开客户服务品质提升系列竞赛及优秀案例发布会】 11月22日,由中国电信上海市工会、公司客服质监部联合主办的“守初心担使命,全员服务在行动”优秀案例发布暨客户服务品质提升系列竞赛颁奖仪式在信息大楼举行,公司副总经理、工会主席常朝晖出席活动并颁奖。来自西区局的化树明、崇明局的邱莉娜、上海NOC的韩俊等8名选手分别围绕“品质保障”和“智慧服务”两大重点,结合日常抱怨案例、创新服务、流程优化、精细管理等方案,现场演绎了“全流程、全触点品质提升及贡献”的优秀服务案例。（殷　茵）

【中交上航局职工在中国海员技能大比武中斩获佳绩】 作为第九个“世界海员日”的重要活动,由中国海员建设工会和交通运输部海事局联合主办的第五届中国海员技能大比武于6月25—28日在浙江舟山举行。此次大比武共有全国航运企业及航海院校的43支代表队共486名选手参赛,其中港澳台海员工会组织5支航海院校代表队参赛。新加坡两大海员工会组织、国际劳工组织中蒙局等派员观摩了比赛。由上航局选派的崔忠超、郭凡、李俊雨、杨鹏飞、吴杰、张文国6名选手,参加中国交建代表队,取得了航运企业组团体二等奖、海上操艇航运企业组第二名、海员铁人三项接力航运企业组第二名的喜人成绩。中国交建代表队获得全国第四名集体荣誉。（于美庆）

【中交上航局举办第七届职工技术比武大赛】 11月14—21日,中交上航局举办第七届职工技术比武大赛。技术大赛以建设知识型、技术型、创新型劳动者大军为目标,增加了高级船员比武项目,142余名职工参加8个工种大赛。此次比武大赛,分为船舶驾驶员、轮机员、水手、机工、电工、管线工、船舶厨工、测量工。经过一周的理论实操的比赛,决出团队前三名,个人前六名。在上级单位组织的各类技能竞赛中,船舶水手、船舶机工、电工、测量工等多个工种不断取得新突破,多名选手获得“全国技术能手”“中央企业技术能手”称号。（于美庆）

【上海国际机场地服公司在航空器地面设备操作员职业技能竞赛获得好成绩】 10月28—31日,2019年民航华东地区航空器地面设备操作员职业技能竞赛在山东威海举行。来自华东地区的25支机场代表队75名选手参赛,上海国际机场地面服务有限公司经过选拔,派出陆雪原、宋爱荣、章民3人代表出征。竞赛设置现场模拟操作飞机牵引车、客梯车、升降平台车、行李传送车、除冰车等项目,角逐产生个人单项及团体奖项。经过3天激烈比拼,陆雪原夺得客梯车单项第一名,代表队荣获团体总分第五名的好成绩。（陈昌华）

【上海机场集团与东航集团开展特种车辆比武竞赛活动】 5月6日,上海机场集团与东航集团共同组织开展特种车辆比武竞赛。集团公司工会主席张永东,东航集团工会主席袁骏等相关领导亲临现场观摩。比赛共有100余人参加,30位选手入围决赛。竞赛共设5个项目:升降车靠机、客梯车靠机、传送车靠机、摆渡车侧方移位、行李牵引车绕桩及对孔。每个项目各有6名选手参赛。（吴云舟）

【上海机场两名员工获得“全国技术能手”称号】 股份公司安检护卫保障部石昼云和航油公司孙建强在2017年参加全国民航工会组织的全国民航机场安检员和航油加注员职业技能大赛决赛中取得优秀成绩,经国务院人力资源和社会保障部批准,分别授予两人为“全国技术能手荣誉称号”,这是上海机场员工首次荣获此项殊荣。7月24日,集团工会在股份公司举行“全国技术能手荣誉称号”授牌仪式。集团公司工会主席张永东、股份公司工会主席刘红为获奖人员授牌、颁发证书和奖章。（陈昌华）

【上海建工集团举办示范食堂表彰会暨烹饪技能比武】 1月15日,上海建工集团召开2018年度示范食堂总结表彰会,举办大众菜肴烹饪技能比武。集团工会主席卞炯,副总裁、总经济师薛永申,集团相关部门负责人及各单位工会主席、分管领导和技能比武选手共200余人参加。会上,卞炯宣布2018年度集团示范食堂表彰名单以及烹饪技能比武结果。总承包部浦东机场卫星厅项目部、一建集团龙之梦项目部和二建集团、机施集团交流发言;与会人员观看了餐饮从业人员培训视频;总裁事务部做行政后勤工作总结。（余轶群）

【上海建工集团举办财务审计管理理论及实践技能比赛决赛】 11月13日,上海建工集团举行2019年财务审计管理理论及实践技能比赛决赛及颁奖仪式。集团党委副书记、总裁卞家骏,党委副书记张立新,工会主席卞炯,总会计师尹克定出席并为获奖代表颁奖。集团各单位总会计师、工会主席、财务部经理、审计部经理、集团相关负责人等200余人参加。会议要求,要牢固树立财务与审计管理体系建设的主体意识、看齐意识,全力推进财务与审计管理各项工作落实,为开创持续健康发展的新局面做出贡献。市政总院、房产公司获得一等奖;机施集团、安装集团、一建集团获得二等奖;投资公司、二建集团、装饰集团、四建集团、基础集团获得三等奖,市政总院获最佳答辩奖和最佳演示奖;一建集团、安装集团获优秀组织奖。（余轶群）

海洋石油工会举办首届技能大赛（解　晖）

【海洋石油工会举办首届职工技能大赛】 10月下旬,海洋石油工会举办系列职工技能大赛。比赛设有安全技能比武、石油钻井工、船舶机工、船舶水手、海洋勘探震源工、试油测试工6个项目,由二级单位承办,并有各承办单位负责制订竞赛方案,包括竞赛时间、地点、考核内容、考核办法,以及组织人员报名,选拔裁判员等各项工作。主委会对各比赛项目的前三名予以表彰,并授予“上海海洋石油技术能手”荣誉称号。获奖者将在企业今后的推优评先中予以优先考虑,获奖的劳务派遣人员、业务外包工等选手在成熟人才引进、技能等级认定时予以优选推荐。（耿卫军）

【中建八局举办第二届“铁军杯”建筑产业工人技能大赛】 11月23日,中建八局第二届“铁军杯”建筑产业工人技能大赛在上海公司上钢社区举办。大赛由国家人力资源和社会保障部、中国建筑业协会、上海市总工会、上海市建筑协会指导,中建八局主办,上海公司承办。中建八局党委副书记、工会主席于金伟主持开幕式。33支参赛代表队选手、大赛裁判等300余人参加。大赛设有砌筑和镶贴2个比赛项目,由理论考试和实操阶段两部分组成,设团队奖和单项奖。经过2天的激烈角逐,专家评审团现场打分,来自上海公司的王兵、东北公司的孙铎分获镶贴、砌筑个人一等奖,南方公司获团队奖一等奖,上海公司荣获最佳组织奖。（袁丰宝）

【中建八局第六届BIM应用大赛举办】 2020年1月6日,由中建八局工程研究院和局工会共同主办,三公司承办,北京麦格天宝科技股份有限公司支持的第六届“中建八局BIM应用大赛”在南京工业大学举办。19家单位的110余名代表参加比赛,经组委会评选,产生了第六届中建八局BIM应用大赛团体奖和个人奖。专家

对选手做了点评。（袁丰宝）

【**中建八局第十届工程量算量技能大赛决赛落幕**】 11月11日，由中建八局工会和商务管理部联合举办的局第十届工程量算量技能大赛在上海举办，本次大赛以房建算量为主题，旨在巩固商务专业基础技能，提升商务精益管控水平，强化商务人员精算能力。大赛自10月份启动，有16家二级单位的2036名商务人员经初赛选拔，共计46名选手进入决赛。大赛产生团体奖、个人奖、最佳组织奖。

（袁丰宝）

【**中建八局在第九届上海职工科技节中荣获6个奖项**】 5月24日，“第三十一届上海市优秀发明选拔赛总结表彰会暨第九届上海职工科技节闭幕式在沪召开。局二公司“铝木模板通用边框快速安装”操作法荣获上海市职工先进操作法成果奖，一公司、上海公司、南方公司三项成果获评上海市职工先进操作法创新奖，上海公司、南方公司二项成果获评上海市职工合理化建议项目创新奖。局工会共上报14项合理化建议及先进操作法参加科技节评选。（李现花）

【**市人社局工会举办技能竞赛活动**】 2019年，局工会组织开展“亮人社风采，迎祖国华诞”为主题的办公软件应用技能竞赛活动。组织15家单位102名参赛职工进行word、excel、PPT及各类综合题的集中培训。组织参赛选手参加职业技术考试，对考试成绩合格的参赛选手，颁发ATA职业技能评价合格证书。据统计，本次获得ATA职业技能评价合格证书共有75人，成绩排名前20名选手参加决赛。并对积极组织职工参赛的工会颁发优秀组织奖、对参赛小组成绩优秀的颁发团体优胜奖、对参与决赛的选手颁发匠心筑梦奖。（瞿葆仁）

【**光明地产开展“幸福之光”食堂员工厨艺大比武**】 光明地产工会开展“幸福之光”2019光明地产食堂员工厨艺大比武。来自光明地产集团所属13家工会的24名选手参赛。集团工会、企业文化部、组织部、基层工会领队及员工评委等50余人观摩了比赛。此次活动是2018年光明地产集团工会开展的“员工幸福指数调研”活动的延续，旨在通过活动不断提升集团员工的用餐质量，增强员工对企业的归属感和认同感。同时也为默默无闻的食堂厨师及员工提供施展才艺的舞台，提高食堂餐饮烹饪技术水平，提升食堂餐饮质量。活动分为制作指定菜肴和创意菜肴2个环节，活动评委由特邀评委、员工代表组成。（柏　英）

【**光明糖酒集团开展2019糖业板块技能大赛**】 10月21日，糖业云南英茂板块2019年员工技能比武大赛举办。12家企业共计125名选手、21名裁判参加竞赛。大赛由光明食品（集团）有限公司工会主办，上海市糖业烟酒（集团）有限公司工会协办，云南英茂糖业（集团）有限公司承办，比武分为“安全、消防，CAD制图，金工切割、焊接，设备维修，电工技术，农业技术”6大部分。（吴啸莹）

【**上海飞机设计研究院工会打造技术荣誉体系助推技术人员岗位技能提升**】 上海飞机设计研究院（以下简称上飞院）工会，创新开展“标兵、达人、首席/精英设计师”评选，针对不同群体、不同层级类型的人员搭建成长平台，打造具有研发特色的技术荣誉奖励体系，助推型号研制、技术攻关和专业能力建设，为实现大飞机事业高质量发展提供内生动力。一是开展月度“奋勇争先标兵和攻坚克难标兵”评选，及时表彰奖励在推进型号关键任务和技术攻关中做出突出贡献的个人。在每月的院计划考核会上，对标兵进行专题表彰和宣传。二是开展“大飞机达人”选拔赛。2019年，举办了“大飞机达人”挑战赛第一季，5名员工挑战成功，分别获评机型识别达人、模拟飞行达人、虚拟维修达人、“摄”计达人、起落架达人称号，并加大对“大飞机达人”的宣传。三是开展“大飞机首席/精英设计师”评选，制订出台《上飞院“大飞机首席/精英设计师”评选办法（试行）》。评价指标，主要由型号任务业绩和能力建设业绩两大部分组成。年内首批评选20名精英设计师，对获评人员给予重奖。（曾菊敏）

【**海鸥集团举办第四届“岗位练兵、技术比武”**】 为了提升工会实事项目服务能级，进一步弘扬工匠精神，营造“尊重知识、尊重劳动、尊重人才、尊重创造”的良好氛围，12月16日，海鸥集团第四届“岗位练兵、技能比武”在上海千禧花月亭拉开帷幕。来自海鸥集团下属单位上海千禧海鸥大酒店、杭州千禧度假酒店、康柏苑大酒店、上海市工人疗养院、上海职工休养旅游服务总社、常熟沙家浜大酒店、西山休养院、黄山休养院、公惠置业有限公司等单位的参赛选手，通过消防技能、中式铺床、中式摆台和厨艺烹饪等4个项目的比拼，以赛促训、以赛促学，现展海鸥集团各服务岗位的精神

12月16日，海鸥集团举办第四届“岗位练兵、技术比武（姚芸婕）

面貌。 （姚芸婕）

【沙家浜大酒店组织开展服务与技能专题培训】 8—9月，沙家浜大酒店在全酒店陆续开展“讲规范、究细节”专题培训活动，通过专业的理论知识学习和实操练兵，使酒店员工在前厅、客房、餐饮方面的服务知识与技能得到了进一步提升，并结合疗休养活动特性，优化疗休养活动的接待流程，增强个性化服务方面的项目。 （邱紫娟）

【市工人疗养院护理组举办业务操作交流演示】 5月6日，为迎接第108个国际护士节到来，围绕“引领之声——人人享有健康”节日主题，市工人疗养院护理组在多功能厅会议室举办静脉采血及单人徒手心肺复苏操作交流演示。通过本次活动旨在提升护士们的专业技能，了解自身在专业方面存在的缺陷和不足，不断提升护理服务能力，提高工疗整体护理服务水平。 （梁　栋）

【西山休养院开展职工技能比赛提升服务技能】 1月10日，西山休养院工会在营销接待部、客房部、厨房部、餐饮部、娱乐部、工程部6个部门开展职工技能比赛，共76名职工参加，共产生一等奖6名，二等奖6名，三等奖5名。为提升职工的服务能力与服务水平，西山休养院组织相关人员参加OTA（在线旅游公司）营销培训，邀请金天鹅金牌老师来院做全方位服务指导，加强市场销售力度，提升营销服务技能。OTA线上销售较往年有大幅度增长，携程评分由年初的3.9分上升至4.4分，商圈排名由第205位提升至18位，OTA订单量相较去年，增幅达470%。此外，休养院以苏州海鸥湖心岛度假村微信平台开通5周年为契机，开展微信订房享折扣、送景点门票、消费代金券等特惠活动。特邀上海电视台生活时尚频道来院拍摄专题片，做宣传推广，增加知名度，吸引市场客源。 （蔡玉蓉）

【黄山休养院举办服务规范培训讲座】 8月3日、10月7日，市总工会黄山休养院特邀黄山旅游专科学校老师，分别举办2场服务规范培训讲座。根据实际需要，培训详细地介绍了服务礼仪、职业术语以及突发情况的处理。结合未来转型发展的需要，黄山休养院将紧贴市场形势，以常态化的方式抓好职业培训，让每一位客人感受到“如沐春风”般的服务体验。 （刘希婷）

技术协作

【举办2019上海职工海派插花花艺专业组大赛】 为进一步普及和推广中国传统文化和海派插花艺术，助力第四十六届世界技能大赛在上海举办，市职工技协依托上海市职工技协插花花艺专业委员会，于5—12月，由上海市插花花艺协会、上海植物园和上海市插花花艺进修学校共同举办的《美在生活中》2019上海职工海派插花花艺专业组大赛，经过5个多月12场预复赛，共有16个区和市级产业局工会组织了万余名市民群众（职工）学习花艺、参与大赛活动，并吸引700多人参加花艺职业培训班系统学习，共有1219名选手参加比赛。最终，共有24名选手最终获得名次，其中金奖4名、银奖8名、铜奖12名。 （金　妮）

【开展2019年上海职工焊接技术论文征集活动】 为进一步加强全市职工焊接技术交流与共享、提升职工专业理论素养，市技协焊接专业委员会于8—11月，在全市范围内开展2019年上海市职工焊接技术论文征集活动，鼓励非公企业和园区职工参与活动，最终选出一等奖5篇、二等奖8篇、三等奖10篇，优胜奖17篇。适时对获奖论文进行表彰、奖励，同时编写《2019年上海职工焊接论文集》，为推动本市焊接技术进步、产业工人队伍建设、推动上海创新发展做出贡献。 （赵志灏）

【开展2019年上海职工焊接技术骨干培训、交流活动】 市技协焊接技术专业委员会于11月19日，组织全市近50名焊接专业技术骨干前往唐山松下产业机器有限公司焊接实训基地举行参观交流活动，研讨“焊接工艺与焊接设备发展的关系”及“焊接设备发展前景”，体验前沿焊接设备。通过组织参观交流活动，促进优秀的焊接技术人员在理论知识方面的学习，为促进本市各行业的焊接技术人员相互交流，相互学习提供帮助。 （陆卫超）

【举办2019年上海职工数控软件技能竞赛】 11月26日，上海市职工技术协会主办的2019年上海市职工数控软件技能竞赛落幕，全市基层一线的近百名选手参加竞技，最终根据选手的成绩和完成度评选出团体奖、个人奖和优秀组织奖。通过竞赛，把培训、交流、比武三者有机结合起来，更好地发挥数控专业委员会在聚焦全市数控领域高技能人才培养、选拔和激励等方面的功效。 （金　妮）

【举办2019年上海职工数控技术骨干培训交流活动】 市技协数控技术专业委员会于12月11—13日，委托上海职工数控实训基地（上海航天局技能实训中心），组织全市近50名企业数控专业骨干，开展为期3天的职工数控专业骨干培训。通过开展先进数控加工设备及技术发展趋势、数控加工工艺、数控加工与刀具选用、加工中心典型零件分析等专业理论讲座，及学习观摩交流会，使学员们拓宽了专业视野和思路。 （陆卫超）

【市职工技术协会汽修技术专业委员会成立揭牌】 12月29日，市职工技协在上海交通职业技术学院汽车类实训基地举行汽修技术专业委员会成立仪式。该专委会由市交通工会、上汽集团工会、市运输工会、锦江集团工会等共同参与；市职业能力鉴定中心党支部书记顾青峰、市交通工会副主席周建荣共同为市职工技协汽修技术专业委员会揭牌；市总工会副主席周奇出席活动并为上海职工学堂授牌。 （陆卫超）

【举办二维工程图识图和智能制造技术技能培训送教下企业活动】 2019年上半年，市职工技协设计制造专业委员会，联合上海市工程图学学会，先后在航天、上汽、机电、宝山、隧道等工会系统下属的5家企业开展识图技能培训工作和智能制造技术培训工作，来自机械加工、零件测绘、产品装配、设备维修、划线放样、产品检验等700

名一线技术工人接受培训。

（赵志灏）

【举办上海市职工二维工程图识图技能培训暨竞赛活动】 2019年下半年，为进一步提升本市广大一线技术工人的二维工程图识图能力，为企业一线工人搭建学习交流与技能展示的平台，上海市职工技术协会、上海市图学学会联合举办了"2019年上海市职工二维工程图识图技能培训暨竞赛"活动，来自全市23个区局、产业工会组织的227名一线职工参加本项培训暨竞赛活动，最终，浦东新区总工会等23家单位获得优秀组织单位，上汽大众汽车有限公司等7家单位获得团体一等奖，上海隧道机械制造分公司等18家单位获得团体二等奖，上海航天设备制造总厂有限公司朱磊等选手获得个人一、二、三等奖称号。

（陆卫超）

【举办2019年长三角职工数控论文征集活动】 为进一步提高长三角地区数控职工的技能水平，上海市职工技协联合苏、浙、皖三地职工技协，开展首届长三角地区职工数控技术论文征集评选活动，共收集到优秀论文136篇，经过初评、复评和终评，最终选出一等奖5篇、二等奖8篇、三等奖10篇，优胜奖17篇。对评选出来的优秀论文将汇编成册，用以帮助更多的数控技能人员学习借鉴和掌握更具实效的研究成果；推荐优秀作品刊登在全国知名的数控专业核心杂志。

（金　妮）

【上海科普讲师团进企业作报告】 上海职工科普讲师团进企业活动每年采取"菜单式"上门服务方式，聘请在教学、科研、生产等领域内颇有建树的专家、教授、工程技术人员以及著名劳模、工匠，围绕岗位创新、节能减排、科技创新、知识产权、法制宣传、食品卫生、医疗保健等方面的内容，举办专题报告会和科普讲座等活动，为广大的职工送上知识大餐。年内共举办讲座21场，培训总人数达7460余名。其中，非公企业12场。（黄玉香）

【上海工匠服务队到园区开展技术服务活动】 市职工技协组织上海工匠，开展工匠技术服务队进园区、进企业活动，进一步发挥工匠人才的示范引领作用，助力民营企业解决技术难题，推进企业科技进步。年内，组织近20名上海工匠到嘉定、闵行、宝山等区的工业园区和非公企业开展技术交流、技术咨询、技术服务等公益活动，得到相关工会、园区企业的欢迎。

（赵志灏）

班组建设

【概要】 市总工会以创建"工人先锋号"活动为载体，以提高班组成员整体素质为重点，进一步推动"学习型、技能型、创新型、管理型、效益型、和谐型"六型班组建设，动员广大职工立足岗位、争创一流。一是加强班组间交流学习，指导各区局（产业）工会开展班组论坛、班组长沙龙等丰富多彩的班组建设交流活动，总结推广班组建设经验，增强班组工作活力，把班组建设成为工会工作的重要阵地，引导职工立足岗位、创先争优。二是加强职业能力培训，提高班组成员素质。从班组工作实际出发，加强班组文化建设和民主管理，不断提高班组成员思想道德、科学文化和专业技能水平；积极引导班组成员学习新知识、钻研新技术，不断提高学习能力、实践能力和创新能力。（潘名家）

【市仪电工会举办"推进新时期产业工人队伍建设"第一期班组长培训班】 为深入推进仪电集团《关于推进新时期上海仪电产业工人队伍建设改革的实施方案》和有关行动计划的要求，11月28日—30日，为期3天的"推进新时期产业工人队伍建设"第一期班组长培训班在仪电培训中心开班。来自仪电系统各基层企业班组长共计120余人参加培训。培训采用集中授课、实地参观、座谈交流等形式，以加强新时期产业工人队伍，进一步弘扬劳模精神、劳动精神和工匠精神，推动仪电的转型发展为主题对仪电系统班组长进行专题培训。（邵秀根）

【市医药工会举办"卓越班组长"培训】 8月5—9日，来自上海医药集团16家直属企业推荐的49位优秀班组长参加由上海医药集团工会举办的第三届卓越班组长培训班。在5天的培训中，参训的班组长们聆听了集团总体战略、卓越制造、数字化建设的总体规划，学习了情绪与压力管理、数字化转型中一线班组长的挑战与机遇等课程。课程不仅增长了班组长的专业技能和管理方法，同时更加坚定了他们为企业发展助力的决心和信心。

（宋晓波）

【宝钢发展进一步加强"五有"班组建设】 2019年，宝钢发展制订下发《关于进一步加强班组建设的实施意见》，明确"五有"班组建设的主要目标、工作要求和具体举措。为确保各项工作在基层班组有效落实、扎实推进，宝钢发展一是做好方案的解读及部署，以班组长研修会活动为平台，对《关于进一步加强班组建设的实施意见》进行培训解读，重点围绕基层班组的实操层面，部署各项工作的时间节点及重点推进内容。二是做好过程的管控及协同，通过编制《班组建设推进情况汇总表》，每月对各单位班组建设推进情况进行小结，并在工会主席例会上交流工作开展情况。三是不定期到现场各班组实地调研督查，并开展半年度班组优秀案例评选活动，总结提炼各单位班组建设特色工作。（朱　宏）

【宝钢工程举办基层班组长研修活动"】 为加强宝钢工程基层班组建设，深化安全"1000"班组创建活动，积极支撑中国宝武打造"高效、绿色、智能"的世界一流钢铁生产基地，6月，宝钢工程工会举办了"智造引领、智慧管理"基层班组长研修活动。会上邀请3位2019年度"示范班组"进行班组管理经验交流，邀请宝钢工程智慧制造创管中心介绍中国宝武和宝钢工程2019年智慧制造探索与实践，邀请宝钢工程安全能环部介绍中国宝武"三治四化"工作情况，并组织学员参观江南船厂安全体验中心、宝钢股份2050热轧智能产线。通过研修活动，促进了基层班组长要围绕时代主题和当今技术发展，任职能力和现场管理能力"智慧化"的提升和改善。

（范萍萍）

【宝钢工程深入推进安全“1000”班组创建，创新分层分级分类管理模式】 2019年，宝钢工程在原有创建标准基础上实施分层分级分类管理，推进星级安全“1000”班组创建，从而进一步指导班组提升创建工作实效。星级安全“1000”班组创建要求落实4项原则，一是全面覆盖。即：纵向到底，横向到边，所有班组按照标准进行评价分级。二是分层分级。即：对照标准及班组现状，所有生产型班组根据评价得分划分星级（一星至五星）。三是关注短板。即：既鼓励表扬高星级先进班组，更要关注低星级短板班组，通过重点关注、严格管理防控安全风险。四是持续改进。即：五星级班组通过细化管理、优化标准不断提升水平，低星级班组每年必须有一定比例的班组提升至高星级。宝钢工程通过星级班组的分级评定建立年度星级班组数据库，并逐年更新，2019年度，入库并完成星级评价班组/项目团队星级评价共计436个，通过推进星级安全“1000”班组创建工作，聚焦低星级班组开展指导和提升工作，努力使各星级班组逐年争取上一个等级，促进公司整体班组安全管理水平提升。（周玉亭）

【高桥石化公司工会推进标准化班组建设】 高桥石化公司工会围绕推进基层“标准化班组”建设重点，研究和细化落实进一步加强班组思想政治引领、规范班组设置、推进班组标准管理、落实班组长培养选拔等工作措施，使公司班组创建工作更加融入中心，符合实际。一是注重发挥班组建设办公室职能。做好班组建设月度创建、季度讲评工作。2019年，尤其对季度班组自主申报和作业部验收环节加强检查，逐步培养班组长在班组创建过程中的争创意识。2019年，经基层推荐、考核考评、审核公示，最终评选表彰了10位明星班组长。二是抓实抓好班组核心团队建设，修订完善《关于加强班组核心小组建设的指导意见》，形成以班长、备员、党小组长、工会小组长、班组安全员为骨干的班组核心，通过明确工作职责、定期开展活动、激励措施到位，推动班组核心建设工作的有序推进。三是强化在岗班组长的培训。以“强化班组长能力建设，推进人才强企工程”为主题，组织88位在岗班组长分2期，每期4天进行专题培训。四是进一步完善公司“班组长联谊会”建设，注重班组管理经验共享，通过开设“班长讲坛”、加强与承包商班组队伍的共建，进一步增强了受训班组长的学习能力，管理水平和沟通技巧。（吴 斌）

【上海石化工会开展“三标班组”创建活动】 2019年，为进一步突出和发挥班组示范引领作用，不断提升企业核心竞争力，结合中国石化集团公司“三基”工作要求，上海石化工会以近3年来获得公司“三标班组”荣誉称号班组所在的装置（车间）为对象，持续推进“三标”班组（内部管理标准化、作业环境标准化、岗位操作标准化）创建活动，全年共有11家单位15套装置（车间）参与创建。（石小建）

【上海航天局工会持续推进班组工程建设】 上海航天局工会以质量为主线、以效益为目标、以创新为动力，深化“质量效益”班组创建主题，不断夯实班组创建的基础。投入96万元支持卓越、示范班组建设，极大激励了一大批班组争先创优；践行中国航天科技集团有限公司“高质量、高效率、高效益”发展要求，举办科研类、生产类班组论坛，引领全局班组持续创新、精益生产管理持续深化；组织4名优秀班组长参加全总和集团公司境外交流培训；将48个班组建设优秀案例汇编成册，发至1068个班组学习借鉴，发挥先进班组辐射带动作用。年内，3个班组荣获中国航天科技集团有限公司“航天金牌”班组荣誉，每个班组获得30万元奖励；唐建平班组荣获中国国防邮电工会“三型班组”荣誉称号，王曙群获中国国防邮电工会“模范班组长”荣誉称号。（周欣彬）

【华东电网举办优秀班组长培训班】 8月26—30日、9月2—6日，华东电力工委举办了第二十七期、二十八期华东电网系统优秀班组长培训班，华东四省一市电力公司近100名优秀班组长参加培训。培训围绕班组长角色定位、价值观念、能力素质、地位作用等方面精心设计内容和形式。首次聘请国网领军人才进行讲课，普及特高压、全球互联电网知识，学习掌握现代班组管理理念、技巧和方法，增强了班组长的团队精神和团队意识。（施炜伟）

【中远海运财产保险自保有限公司工会推进“学习型组织”建设】 2019年，中远海运财产保险自保有限公司工会通过加强硬件和软件配置，不断推进“学习型组织”的建设。一是开设“自保讲堂”，为职工提升业务能力和专业技能水平搭建理论学习平台。该公司定期邀请外部专家以及内部人员担任讲师，分享交流专业知识，开展专题研讨。2019年“自保讲堂”共举办16期，内容涉及保险、航运、法律、安全、宏观行业局势等多个方面，取得良好效果。二是不断推进完善职工书屋建设，培育良好学习环境。公司工会在布局紧凑的办公空间里挤出一片学习天地，为职工静心阅读、放松身心、陶冶情操提供了场地支持。在精心打理下，书屋藏书丰富，人均藏书量达55册；管理有序，借阅归还情况良好；配置齐全，保证了职工的阅读体验。职工书屋成功入选第二十一届上海读书节示范项目，并荣获2019年上海工会职工书屋示范点称号。截至年末，书屋已有藏书2500册，涉及航运、保险、法律、政治、经济、文化、生活等多个领域，为职工在工作和闲暇之余提供了富足的精神食粮。（薛 堃）

【上港集团开展“示范班组”创建评选活动】 2019年，为进一步发挥好班组团队在强港建设中的积极作用，提升基层单位班组的创建水平，上港集团开展“示范班组”创建评比活动。集团23家基层单位好中选优推荐了以技术型、服务型、生产型班组为主的26个先进班组参加评选。经过班组基础条件审核、职能部室意见征询、班组品牌、班组案例的综合筛选，产生了16个入围候选班组。11月，集团组织开展了候选班组“擂台赛”，以现场发布的形式让他们展示风采，分享经验，同时号召全港职工进行了为期一周的微信投票。最终，经过现场评分、微信投票、班组长互评等方式综合各项分值，评定产生10个2019年度上港集团“示范班组”。（王 辰）

【机场集团工会启动新一轮班组长轮训】 5月15—17日、5月22—5月24日，机场集团工会举办2019年2期班组长轮训班，来自基层一线的60名优秀班组长参训。此次培训是集团工会新一轮班组长轮训计划的首次集团层面培训，在课程安排上，有安全、服务等班组管理的实务课程，以及拓展视野、提升修养的素质提升课程；培训形式有户外拓展、参观展览、晚间一小时讨论、撰写微论文等，有效提升了学员的学习积极性和主动性。（顾　胤）

【鲁中矿业工会举办班组长培训班】 为加强班组长队伍建设，提升班组长的业务水平和履职能力，8月27日，鲁中矿业工会举办2019年新任班组长培训班，近三年来新任班组长70余名参加培训。培训班从如何当好班组长、班组成本管理等方面为新任班组长进行了详解。培训班还特别为班组长提供了展示的平台，让班组长也走上讲台，来自各二级单位的6位优秀班组长分享了班组建设和班组管理的经验，对公司班组建设下一步发展进行了探讨。（李宗峰）

8月27日，鲁中矿业工会举办2019年班组长培训班　（李宗峰）

【市经济和信息化工作系统工会举办班组长岗位培训班】 4月2—4日，市经济和信息化工作系统工会2019年第一期班组长岗位培训班在上海工会管理职业学院举行。为期3天的培训班采用集中授课、研讨交流和现场教学相结合的形式进行。结业典礼上，中核海洋核动力发展有限公司杨旭、上海市商业学校戴舒、上海华大半导体有限公司徐文煜、号百控股股份有限公司的赵骞翩等4名学员代表交流了学习心得体会。系统60余名班组长参加本次培训。

（黄　俭　顾　捷）

【中国商飞公司工会启动以"精益"为主题的新一轮班组建设】 中国商飞公司工会启动以"精益"为主题的新一轮班组建设。制订出台《大飞机精益班组建设实施方案》，根据班组特点和管理模式，细化质量管控、安全生产、效率效益、创新改进、思想文化、廉政廉洁等各项创建指标，推动基层班组建设水平全面提升、全面过硬。区分设计类、制造类、服务类、管理类不同类型班组，策划举办不同类型班组培训班，评选大飞机精益班组，逐步推进形成基础坚实、分层创建、品牌响亮的班组建设塔形体系和工作机制。

（阎　超）

【上海飞机制造有限公司工会推进班组建设】 一是推进精益班组建设机制升级。根据中国商飞公司《大飞机精益班组建设实施方案》要求，制订《上飞公司大飞机精益班组建设实施方案(试行)》，制订4大类班组共40条创建指标，组织全部班组进行了分类申报创建。二是完善工作推进机制，拓展班组建设月度例会内容范畴，围绕现场、围绕问题，班组长与各管理层级、工匠大师谈观点、提建议，累计组织37次班组建设月度工作例会，形成标准工作方法、班组岗位操作方法视频等成果输出。三是强化精益班组管理工具升级。强化班前会综合管理平台效用，连续组织近500次班前会联合检查和通报，针对质量问题开展班组管理专项检查活动，发挥班前会强化质量安全意识、规范流程意识教育的平台作用。四是强化班组长能力提升。注重核心班组长队伍建设，推进"100名优秀班组长"培育，其中85人(次)获得晋升、荣获上飞工匠与创新"达人"、入围中国商飞公司拔尖技能人才，启动新一轮"100名优秀班组长"创建。五是拓展班组培训内容，全年组织34名班组长分别参加了赴日本、赴德国的出境培训。实行岗位培训进班组，组织500余名正副班组长开展精益管理提升轮训，前往浪潮集团大数据管理中心、蔚来汽车、苏州高新区智能制造实践中心现场交流学习。持续举办"班组长大讲堂"，邀请中车唐山资深接线专家刘莉莉，全国劳模、著名职工发明家郭晋龙，航空工业成飞集团，中国航发黎明公司专家授课，启迪思维，学习借鉴。

（邹建军）

【中国商飞民用飞机试飞中心工会深入开展精益班组建设工作】 组织中心班组参与中国商飞公司班组考核评比活动，共有6个优秀班组荣获金银铜班组称号；组织3名优秀班组长赴日本学习考察，夯实班组建设平台，服务型号试验试飞；班组建设坚持内外结合的培训理念，在中心内部邀请金牌班组长为各个班组长进行经验交流；赴东营一线了解测试工程部相关班组在一线开展班组建设的具体情况并给予相关指导，更好地让班组建设服务一线，服务型号；组织优秀班组长赴西吉培训；组织部分班组长赴中船沪东造船厂进行学习调研，学习先进企业的班组建设理念和优秀做法。2019年大飞机精益班组创建申报工作已全部完成，中心55个班组全部创建申报，申报率为100%。（常育彰）

国务院办公厅关于印发降低社会保险费率综合方案的通知

国办发[2019]13号

各省、自治区、直辖市人民政府,国务院各部委、各直属机构:

《降低社会保险费率综合方案》已经国务院同意,现印发给你们,请认真贯彻执行。

降低社会保险费率,是减轻企业负担、优化营商环境、完善社会保险制度的重要举措。各地区各有关部门要以习近平新时代中国特色社会主义思想为指导,全面贯彻党的十九大和十九届二中、三中全会精神,坚持稳中求进工作总基调,坚持新发展理念,统筹考虑降低社会保险费率、完善社会保险制度、稳步推进社会保险费征收体制改革,密切协调配合,抓好工作落实,确保企业特别是小微企业社会保险缴费负担有实质性下降,确保职工各项社会保险待遇不受影响、按时足额支付。

国务院办公厅

2019年4月1日

降低社会保险费率综合方案

为贯彻落实党中央、国务院决策部署,降低社会保险(以下简称社保)费率,完善社保制度,稳步推进社保费征收体制改革,制定本方案。

一、降低养老保险单位缴费比例

自2019年5月1日起,降低城镇职工基本养老保险(包括企业和机关事业单位基本养老保险,以下简称养老保险)单位缴费比例。各省、自治区、直辖市及新疆生产建设兵团(以下统称省)养老保险单位缴费比例高于16%的,可降至16%;目前低于16%的,要研究提出过渡办法。各省具体调整或过渡方案于2019年4月15日前报人力资源社会保障部、财政部备案。

二、继续阶段性降低失业保险、工伤保险费率

自2019年5月1日起,实施失业保险总费率1%的省,延长阶段性降低失业保险费率的期限至2020年4月30日。自2019年5月1日起,延长阶段性降低工伤保险费率的期限至2020年4月30日,工伤保险基金累计结余可支付月数在18至23个月的统筹地区可以现行费率为基础下调20%,累计结余可支付月数在24个月以上的统筹地区可以现行费率为基础下调50%。

三、调整社保缴费基数政策

调整就业人员平均工资计算口径。各省应以本省城镇非私营单位就业人员平均工资和城镇私营单位就业人员平均工资加权计算的全口径城镇单位就业人员平均工资,核定社保个人缴费基数上下限,合理降低部分参保人员和企业的社保缴费基数。调整就业人员平均工资计算口径后,各省要制定基本养老金计发办法的过渡措施,确保退休人员待遇水平平稳衔接。

完善个体工商户和灵活就业人员缴费基数政策。个体工商户和灵活就业人员参加企业职工基本养老保险,可以在本省全口径城镇单位就业人员平均工资的60%至300%之间选择适当的缴费基数。

四、加快推进养老保险省级统筹

各省要结合降低养老保险单位缴费比例、调整社保缴费基数政策等措施,加快推进企业职工基本养老保险省级统筹,逐步统一养老保险参保缴费、单位及个人缴费基数核定办法等政策,2020年底前实现企业职工基本养老保险基金省级统收统支。

五、提高养老保险基金中央调剂比例

加大企业职工基本养老保险基金中央调剂力度,2019年基金中央调剂比例提高至3.5%,进一步均衡各省之间养老保险基金负担,确保企业离退休人员基本养老金按时足额发放。

六、稳步推进社保费征收体制改革

企业职工基本养老保险和企业职工其他险种缴费,原则上暂按现行征收体制继续征收,稳定缴费方式,“成熟一省、移交一省”;机关事业单位社保费和城乡居民社保费征管职责如期划转。人力资源社会保障、税务、财政、医保部门要抓紧推进信息共享平台建设等各项工作,切实加强信息共享,确保征收工作有序衔接。妥善处理好企业历史欠费问题,在征收体制改革过程中不得自行对企业历史欠费进行集中清缴,不得采取任何增加小微企业实际缴费负担的做法,避免造成企业生产经营困难。同时,合理调整2019年社保基金收入预算。

七、建立工作协调机制

国务院建立工作协调机制,统筹协调降低社保费率和社保费征收体制改革相关工作。县级以上地方政府要建立由政府负责人牵头,人力资源社会保障、财政、税务、医保等部门参加的工作协调机制,统筹协调降低社保费率以及征收体制改革过渡期间的工作衔接,提出具体安排,确保各项工作顺利进行。

八、认真做好组织落实工作

各地区各有关部门要加强领导,精心组织实施。人力资源社会保障部、财政部、税务总局、国家医保局要加强指导和监督检查,及时研究解决工作中遇到的问题,确保各项政策措施落到实处。

2020上海工会年鉴

劳模先进与工匠培育选树

五一劳动奖(章)

【概要】 2019年,上海工会大力弘扬劳模精神、劳动精神、工匠精神,扎实做好劳模先进评选。一是根据全总相关文件精神,做好全国五一劳动奖和全国工人先锋号评选工作,共推荐评选3家单位全国五一劳动奖状、31名个人全国五一劳动奖章(其中产业工会推荐1人)和32个全国工人先锋号集体(其中产业工会推荐3个集体);二是按照评选先进向基层一线倾斜的要求,采取集中、专项和即时等三类形式开展上海市五一劳动奖状、奖章和上海市工人先锋号评选表彰。在"五一"集中表彰期间,共有201家单位获市五一劳动奖状、319名个人获市五一劳动奖章、335个集体获市工人先锋号。 (叶 懿)

【浦东新区总工会召开庆祝五一国际劳动节表彰大会】 4月28日,2019年浦东新区庆祝五一国际劳动节表彰大会在新区行政中心四楼会议室召开。获2019年全国、上海市、浦东新区五一劳动奖和工人先锋号的单位和个人,区总工会机关事业单位,各直属工会,浦东职工代表等400余人参加大会。大会表彰获得上海市、浦东新区五一劳动奖和工人先锋号的集体和个人代表,为荣获2018年上海工匠、浦东工匠,上海市劳模创新工作室,浦东新区劳模工匠创新工作室的代表授牌。浦东新区城市运行综合管理中心、上海浦东建筑设计研究院有限公司总建筑师朱邦范荣获2019年全国五一劳动奖状、奖章;15个集体和26名个人获2019年上海市五一劳动奖状、奖章,19个集体获上海市工人先锋号;35个集体和105名个人获2019年浦东新区五一劳动奖状、奖章,60个集体获浦东新区工人先锋号。 (陈 维)

【徐汇区总工会举办系列活动弘扬劳模工匠精神】 徐汇区总工会加强职工先进选树,坚持面向非公企业,面向基层一线选拔推荐职工先进。举办"中国梦·劳动美"——庆祝五一劳动节主题活动,对职工先进进行表彰。2019年共获得全国五一劳动奖状1家,全国五一劳动奖章1个,上海市五一劳动奖状9家,上海市五一劳动奖章16个,上海市工人先锋号16家,上海工匠1人。以"讲述劳模故事,传颂劳模精神"为主题,举办庆祝新中国成立70周年劳模故事会活动,向全国劳模颁发"庆祝中华人民共和国成立70周年"纪念章。同时,区总工会推行一系列举措,服务劳模。推动区劳模协会换届,形成协会换届后实体化运作的初步思路。提升劳模服务工作水平,为48位徐汇区属高龄、特困劳模开展结对助医工作,组织近180名退休劳模参加免费健康体检,开展"庆祝中华人民共和国成立70周年·劳模送文化"主题活动。 (徐艳杰)

【长宁区举行庆祝五一国际劳动节大会】 4月28日,"新时代共奋斗,新征程再出发"——长宁区庆祝五一国际劳动节大会在区工人文化宫举行。春秋航空股份有限公司维修工程部荣获2019年全国工人先锋号称号。光华中西医结合医院等4家单位荣获2019年上海市五一劳动奖状。长宁区江苏路第五小学孟水莲等6人荣获2019年上海市五一劳动奖章。上海欧坊装饰设计有限公司工程部等6家班组荣获2019年上海市工人先锋号称号。长宁区人民检察院检务保障部等105个班组荣获2019年长宁区工人先锋号称号。长宁区委副书记陈华文、市总工会经审会主任丁巍等领导出席会议并为获奖代表颁奖。长宁区历届劳模代表,各系统(集团、公司)、各街道(镇、园区)、直属单位党委主要领导,工会主席、工会干部以及基层职工代表共280余人参加会议。 (杨柳青)

【宝山区举行庆祝五一国际劳动节大会】 4月30日,宝山区举行"奋斗·追梦新时代"庆祝五一国际劳动节大会。区委书记汪泓出席并致辞。大会为2019年全国工人先锋号、全国工会之友、全国模范职工小家及2019年市、区五一劳动奖章、五一劳动奖状、工人先锋号等获奖代表颁奖。大会以奋勇当先创新篇、奋力拼搏建新功、奋发有为谋新篇三大篇章,通过合唱、微言讲、微访谈、上海说唱、音舞快板、情景歌舞等形式,展现宝山职工风采,营造浓厚的节日氛围,唱响劳动光荣的主旋律。会前,区四套班子领导接见了先进代表并合影留念。 (沈 英)

【松江区举行庆祝五一国际劳动节暨先进表彰大会】 4月28日,松江区举行庆祝五一国际劳动节暨先进表彰大会。区委副书记、区长陈宇剑,区人大常委会主任唐海东,区政协主席刘其龙,副区长陈晓军,区政协副主席刘健等区领导出席大会。会上,出席领导为全国工人先锋号、市五一劳动奖章、市五一劳动奖状、工人先锋号等获奖代表颁奖。大会播放了由区总工会精心摄制的微纪录片《70年,我们一起追过的松江劳模》。 (倪晓玲)

【奉贤区总工会大力培育先进群体】 年内,经奉贤区总工会推荐,莹特菲勒化妆品(上海)有限公司工会被评为全国模范职工之家,上海悦华大酒店工会主席张明被评为全国优秀工会工作者。获评市级五一劳动奖状5个、劳动奖章6个、工人先锋号10个,3人获评"上海工匠","奉贤工匠"及"奉贤工匠提名奖"各10名,区五一劳动奖状61个、奖章121个、工人先锋号63个,区模范职工之家16个,区优秀工会工作者29人。创建上海市工匠创新工作室1个,技师创新工作室2个。获得职工晋升技师、高级技师奖励52名,一线职工授权发明专利奖励20人,带教师傅奖励61名。 (钱 洁)

【崇明区总工会召开劳模协会第一次代表大会】 4月12日,崇明区总工会在会议中心召开区劳模协会第一次代表大会,本次会议应到代表47名,实到代表36名。会议审议《上海市崇明县劳模协会第三届理事会工作报告》《关于〈上海市崇明区劳模协会章程〉的修改说明》《上海市崇明县劳模协会第三届理事会财务收支报告》(书面)。会议通过无记名投票选举崇明区劳模协会第一届理事会理事、监事和会长、副会长。沈斌当选会长。 (陈思佳)

【市仪电系统集体和个人获上海市五一劳动奖状(章)和工人先锋号荣誉】 为了大力弘扬劳模精神、工匠精神、劳动精神，市仪电工会积极组织仪电基层申报推荐2019年上海五一奖状（章）、工人先锋号。2019年，云赛智联荣获上海市五一劳动奖状，仪电中央研究院刘超荣获上海市五一劳动奖章。飞乐工程建设国家会展中心智慧景观照明改造工程班组、仪电楼宇创新事业部、中央研究院i-stack智慧城市操作系统团队和“汇享福”智慧医疗项目团队4个基层班组（团队）荣获上海市工人先锋号称号。

（邵秀根）

【国网上海市电力公司1家单位、2名职工分获中央企业先进集体和劳动模范称号】 9月，中央企业先进集体和劳动模范表彰大会在人民大会堂举行，国家电网公司董事长、党组书记寇伟出席会议。公司所属国网上海市南供电公司获“中央企业先进集体”称号、国网上海奉贤供电公司吴家华、国网上海浦东供电公司吴志炜2名职工获“中央企业劳动模范”称号。

（陈　纯）

【宝钢发展加强先进典型引领弘扬社会主义核心价值观】 年初，宝钢发展开展了2017—2018年度先进评选工作，评选“十佳”先进工作者10名、先进工作者40名、先进班组（团队）20个，通过职代会进行表彰；年底组织开展了“最美发展人”评选活动，评选出20名在推进公司转型调整工作中涌现出来的“最美发展人”。同时，置业公司国益公司被评为上海市五一劳动奖状；职业健康公司体检中心被评为中央企业先进集体；有2人荣获中国宝武“银牛奖”、7人荣获中国宝武优秀员工；各级工会开展“最美的职工、最绝的手艺、最动人的故事”宣传122次，进一步引导广大职工立足岗位，努力创造最佳实践。（朱　宏）

【上海航天局工会加强劳模的培育、选树与宣传】 上海航天局工会坚持把弘扬劳模精神、劳动精神、工匠精神作为重要任务，多措并举加以推进。邀请全国著名劳模、改革先锋包起帆为全局班组长、工会干部作创新事迹报告。以新中国成立70周年为契机，举办上海航天局全国劳模座谈会，向12名全国劳模转授“庆祝中华人民共和国成立70周年”纪念章。在《中国工运》《上海工运》《劳动报》《上海航天报》等报刊杂志上集中宣传先进集体和个人，在职工群众中唱响了劳动光荣、创造伟大的主旋律。在2019年的劳模评选中，张玉花获得全国五一劳动奖章，董瑶海、蔡红豪获得央企劳模，朱士青、李琦凤获得上海市五一劳动奖章；上海航天控制技术研究所获央企先进集体，上海复合材料科技有限公司、上海航天实业有限公司获上海市五一劳动奖状，上海精密计量测试研究所筛选试验班组、上海航天智能装备有限公司实训班组获上海市工人先锋号。

（周欣彬）

【上海烟草召开劳模先进座谈会】 5月13日，上海烟草召开2019年劳模先进座谈会，局、集团公司党组副书记、纪检组组长、工会主席杨桂选出席会议并讲话。各工商单位工会负责人、劳模及先进培育对象、优秀班组长代表等参加会议。会议回顾总结了2018年劳模管理、先进培育、创新工作室创建、上海烟草工匠评选、推动职工技术创新等工作情况，动员部署了深入推进集团2019年劳模、工匠、工作室以及职工队伍建设等相关工作，表彰荣获2019年全国、上海市五一劳动奖状（章）、工人先锋号以及全国烟草行业第七届先进集体、劳动模范等荣誉称号的集体和个人，部分获奖代表作交流发言。

（俞　帆）

【中国铁路上海局集团公司工会开展劳模先进选树】 2019年，中国铁路上海局集团公司工会大力弘扬劳模精神、劳动精神和工匠精神，积极为劳模工匠发挥作用搭建平台、提供舞台。共有26名先进个人、21个先进集体获省部级以上荣誉，其中获全国五一劳动奖章1名，获全国工人先锋号2个。评选表彰2018年度集团公司先进集体130个、先进生产（工作）者428名。深化劳模工作室创建，开展第三批劳模工作室创建申报验收和对已命名劳模工作室进行年中检查，严格创建标准，规范日常运作，提升整体创建水平。规范荣誉休养工作，严格落实荣誉休养相关制度，制订以“五个一”活动为主要内容的荣誉休养措施，即一次劳模先进座谈会、一次先进企业（新农村）参观学习、一次文体活动、一次爱国主义教育、一次职业健康讲座，为劳模先进休养身心、交流学习提供良好服务。年内共组织8批500余名劳模先进赴南昌、重庆休养。

（王茂盛）

【上海建工集团举行劳模先进座谈表彰会】 4月30日，上海建工集团举行庆五一劳模先进座谈会暨2019年全国和上海市五一劳动奖表彰会。集团党委书记、董事长徐征，党委副书记张立新，纪委书记何士林，工会主席卞炯，副总裁叶卫东出席。大会要求集团各级党政工团要引导广大职工坚持传承“三大文化基因”、弘扬劳模先进

4月30日，上海建工集团举行劳模先进座谈会表彰会　（余铁群）

精神，讲好新时代奋斗者的故事，不断凝聚广大职工团结奋斗的正能量，推进集团各项事业再上新台阶。会上宣读荣获2019年全国和上海市五一劳动奖的名单。以及《关于开展2019年度“上海建工工匠”评审选树活动的通知》，启动“上海建工工会职工关爱服务计划”。集团相关部门负责人、各单位党政领导、工会主席、2019年全国和上海市五一劳动奖获得者以及历届劳模、上海工匠、劳模创新工作室负责人等代表70余人参加。

（余轶群）

【市科技系统举行2017—2018年度先进集体评选活动】 4月23日，市科技工会举行2017—2018年度先进集体候选对象成果发布会及先进集体评选。活动中，来自科技系统的中科院单位、央企在沪单位和市属单位的17个集体作为2017—2018年度科技系统先进集体候选对象，围绕近两年在国家重点工程建设或完成重大科研项目、增强科技自主创新能力和产业核心竞争力、促进院所职工文化建设或综合管理等方面，且创新成果达到国际或国内先进水平，获得国家专利或在省市级以上科技创新成果评选中获奖的成果进行集中展示和发布。经评选，中科院上海生命科学研究院“灵长类体细胞克隆猴”科研团队、中科院上海光学精密机械研究所大尺寸高性能激光钕玻璃研制团队、中科院上海技术物理研究所红外探测关键技术研究集体、中国电子科技集团公司第五十研究所中电科（上海）公共设施运营管理有限公司、中船重工集团公司第七〇四研究所船舶装置部、中煤科工集团上海有限公司采煤机械研究所、上海软件中心上海市计算机软件评测重点实验室当选科技系统2017—2018年度先进集体。

（杨　莹）

【SMG工会举贤推优获得多项荣誉】 2019年，SMG工会举办的劳动竞赛在全国和市级评比中取得佳绩。上海东方广播有限公司“直通990工作室”获评全国工人先锋号；上海东方传媒技术有限公司、上海歌舞团有限公司荣获上海市五一劳动奖状；东方明珠塔黄晋、东方有线张利明荣获上海市五一劳动奖章；融媒体中心时政报道组、东方卫视中心《我们在行动》项目组获评上海市工人先锋号。第二届中国国际进口博览会，上海广播电视台、上海文化广播影视集团有限公司有12家单位和部门、3200人参与宣传与保障工作，涌现出一批先进集体和个人。其中，上海文广实业有限公司获得上海市五一劳动奖状，上海舞台技术研究所进博会光影秀创作团队、东方卫视中心大型活动部导演团队获评先进集体，融媒体中心赵慧侠、技术中心奚培获评先进个人。在宣传系统进博会立功竞赛表彰中，上海明珠水上娱乐发展有限公司明珠2号游船服务班组、东方有线网络有限公司“第二届进博会”专项保障团队获评先进集体，东方广播中心毛维静、第一财经邹婷、幻维数码孙博获评先进个人。

（秦伊龄）

5月17日，市经济和信息化工作系统召开庆祝五一国际劳动节表彰活动

（黄　俭　顾　捷）

【市经济和信息化工作系统召开庆祝五一国际劳动节表彰活动】 5月17日，市经济和信息化工作系统召开庆祝五一国际劳动节表彰活动。活动为系统获得全国、上海市五一劳动奖状、五一劳动奖章和工人先锋号荣誉的集体和个人代表颁发了奖项。表彰会上，对系统内劳模、工匠进行现场采访并展示了系统18家单位的优秀工会工作成果。市经济和信息化工作系统各单位工会主席、工会干部、获奖代表和优秀职工代表150多人参加活动。

（黄　俭　顾　捷）

【市经济和信息化工作系统举行“庆祝中华人民共和国成立70周年”纪念章颁发暨劳模先进座谈会】 9月27日，市经济和信息化工作系统工会“庆祝中华人民共和国成立70周年”纪念章颁发暨劳模先进座谈会隆重举行。会上，市经信系统相关领导为工会系统21名全国劳模颁发了“庆祝中华人民共和国成立70周年”纪念章。会议宣读贺信，4名全国劳模先进代表进行交流发言。市总工会、市经济信息化工作党委相关部门负责人、系统各单位工会负责人代表共60多人出席会议。（黄　俭　顾　捷）

【市民政局培育选树工匠等先进典型】 市民政局工会在全系统大力弘扬劳模精神、劳动精神、工匠精神，让广大职工学有榜样、赶有目标，争做新时代民政事业的奋斗者。上海假肢厂有限公司假肢制作高级技师吕永兵，30多年来致力于假肢制作技术研究，善于运用国际假肢的新技术、新工艺，使上海假肢厂的假肢装配技术水平始终立于全国领先位置，先后获得全国民政行业技术能手称号等荣誉，享受国务院政府特殊津贴，被命名为2019年“上海工匠”。此外，市儿童临时看护中心荣获上海市五一劳动奖状，市宝兴殡仪馆遗体整容化妆工许培培荣获上海市五一劳动奖章，市民政第一精神卫生中心医疗纠纷办主任吴晓敏荣获2017—2018年度上海市三八红旗手，市宝兴殡仪馆火凤凰女子化妆组荣获2017—2018年度上海市三八红旗集体称号，市救助管理二站甄别科荣获上海市工人先锋号。（胡积伟）

【市监狱管理局工会注重劳模先进选树和工作室的创建】 市监狱管理局工会注重市级劳模先进的培养选树，在全局和社会上产生了积极效应，到四岔河监狱举行纪念章颁发仪式，为全国先进工作者吴桂堂颁发“庆祝中华人民共和国成立70周年”纪念章。年内，北新泾监狱荣获上海市五一劳动奖状、五角场监狱民警许冬荣获上海市五一劳动奖章、新收犯监狱三监区荣获上海市工人先锋号荣誉；青浦监狱“清流玉雕创新工作室”、周浦监狱“徐徐创新工作室”获评上海市技师创新工作室；参加市职工技协开展的职工合理化建议和先进操作法优秀成果申报，女子监狱“认知行为治疗实务操作法”被评为上海市职工先进操作法创新奖。青浦监狱“罪犯严管评估矫正一体化初探”项目被评为上海市职工合理化建议创新奖。（江海群）

【绿地集团荣获多个“五一”奖项】 为弘扬劳模精神和工匠精神，营造“劳动最光荣”的企业风尚，2019年绿地集团工会积极组织参加上海市五一劳动奖状（奖章）和工人先锋号的评比活动，坚持自下而上、好中选优的民主推荐方式，同时严格履行推荐评比程序，最终绿地酒店旅游集团荣获上海市五一劳动奖状，江西事业部总经理助理武敏刚荣获上海市五一劳动奖章，虹桥世界中心项目荣获上海市工人先锋号。（翟晓璠）

工匠培育选树

【概要】 4月18日，市总工会启动2019年度“上海工匠”培养选树活动，经单位推荐、社会推荐、个人自荐等三种申报渠道，全市共有573名职工参与申报，通过资格审核的378名候选人中（其中75个区局、产业工会推荐350名、5个行业协会推荐12名、申工社APP网上自荐16名）。共有54个区局（产业）工会和行业协会在区域或行业内开展工匠选树活动，在全市内掀起了学习工匠、争当工匠的热潮。经资格认定、专场面试、专家初评、集中复审、评审发布等环节，最终选树命名102名2019年度“上海工匠”和10名“上海工匠”提名奖。（陆卫超）

【举办第七届中国（上海）国际技术进出口交易会上海工匠风采展】 为弘扬工匠精神、展示工匠风采，上海市总工会在4月18—20日中国（上海）国际技术进出口交易会期间举办“上海工匠风采展”，启动2019年度上海工匠培养选树活动。“上海工匠风采展”围绕“上海制造、上海服务、上海文化、上海购物四大品牌”，聚焦“智能制造、集成电路、生物医药”三大新兴产业，以上海工匠创新工作室为切入点，邀请工匠现场展示技艺、科普讲解、技术服务、品评交流等，结合VR互动、播放纪录片、实物展示等手段，讲述工匠故事，宣扬工匠精神，营造尊重工匠、崇尚工匠、学习工匠、争当工匠的良好氛围。（陈志渊）

【与上海开放大学合作举办上海工匠研修班】 为提高本市工匠的职业技能和创新能力，5月22—24日，市职工技协与上海开放大学工匠进修学院共同举办第三期上海工匠研修班，共有60人参加培训。针对工匠学员的特点和需求，采取专家讲座、现场教学、考察实践、书籍研读、工作坊研讨、分组交流等多种学习形式，务求培训的实用性和实效性。邀请相关领域的重量级专家，让学员走进上海航天技术研究院，感受“智能制造”“智慧企业”带来的科技魅力，感受大国重器运载火箭总装研制生产带来的震撼体验，领悟大师们的工匠精神，体会智能化、信息化时代带来的新机遇与新挑战。此次工匠研修班，上海工匠还直面德国工匠，聆听德国工业4.0的发展历程与现状的同时与德国工匠现场连线互动交流，从而拓展视野，启迪思维，更全面、深入地理解《中国制造2025》的制造强国战略。9月18—20日，市职工技协与开放大学再次合作举办区局（产业）工会“工匠研修班”，共有120人参加。通过多内容、多形式的培训，弘扬工匠精神，传承匠心文化，助力“上海工匠”选树，为各区局（产业）创新转型发展提供有力的人才支撑。（黄玉香）

【举办苏浙沪三地工匠交流活动】 12月12日，市职工技协在中石化上海会议中心举办苏浙沪三地工匠互访互学互帮助力长三角一体化发展暨第二届上海工匠俱乐部活动。百名“上海工匠”代表“齐聚一堂，邀请3名长三角地区工匠代表和1名上海工匠代表围绕岗位创新、能力提升、团队建设助力长三角发展进行交流。（黄玉香）

【静安区2名职工被授予“上海工匠”称号】 12月10日，市总工会在科学会堂举办2019年“上海工匠”选树命名大会，静安区吴有伟、吴灶发两人被授予“上海工匠”称号。吴有伟在与老房子打交道的近40年中，主持参与了上海音乐厅、上海展览中心、黄浦剧场、和平饭店等30多幢优秀历史建筑的修缮，项目竣工优良率达到98%以上，获得多项上海市以及全国性的建筑装饰奖项。吴灶发的玉雕作品被专家誉为有乡情温度。他将我国宋代花鸟作品的传统神韵与现代美学中的艺术表现手法相融合，创造出具有传统花鸟画韵味又兼具现代审美趣味的玉雕作品。并创建工作室，积极承担社会责任，先后带教过30多个徒弟。（宋怡文）

【青浦区金泽镇总工会举办“寻找身边的工匠”颁奖展示活动】 12月6日，青浦区金泽镇总工会在莲湖村举办“寻找身边的工匠”颁奖展示活动。来自环淀山湖毗邻镇的青浦区朱家角镇、练塘镇，嘉善县西塘镇、姚庄镇，昆山市锦溪镇、周庄镇和吴江区黎里镇的工会负责人、金泽镇基层工会主席、工匠代表参加活动。本次“寻找身边的工匠”活动由青浦区总工会指导、金泽镇总工会主办，经基层推荐、初步审核、公众投票、专家评审等环节，评选出阮玉英等10人为“金泽工匠”、朱惠宝等5人获评“金泽工匠提名奖”。环淀山湖毗邻镇工会联盟也在本次活动上揭牌成立。（朱建强）

【崇明区总工会举办工匠选树命名活动】 4月25日,崇明区总工会在区会议中心举行"奋斗者·追梦人"崇明区庆祝"五一"国际劳动节暨2019年"最美崇明劳动者"、"崇明工匠"表彰会。表彰会以"奋斗""创新"和"追梦"3个主题为篇章,授予沈雁君等10人为2019年"最美崇明劳动者"荣誉称号,授予万惠东等10人为"最美崇明劳动者"提名奖;命名王敏惠等10人为年度"崇明工匠",兰平等10人为年度"崇明工匠"提名奖。 (陈思佳)

【市仪电集团举办工匠表彰仪式】 9月20日,"礼赞祖国·奋进仪电"——上海仪电庆祝新中国成立70周年工匠表彰仪式暨职工合唱比赛在华鑫天地中心广场举行。上海仪电党政领导班子成员、本部中层干部,各重点子公司党政工团领导,2018—2019年度"上海仪电工匠"、2019年上海仪电"劳模(工匠)创新工作室"荣誉称号获得者及所在单位领导,文化体育节各竞赛项目优胜者代表,部分基层企业职工代表,以及参加合唱比赛的演职人员共800余人参加活动。仪式上,宣读了关于表彰2018—2019年度"上海仪电工匠"命名2019年上海仪电"劳模(工匠)创新工作室"的决定》,受表彰的先进个人和集体代表上台领奖。在随后举行的合唱比赛中,来自各重点子公司和基层企业的10支参赛队伍用歌声抒发对党的热爱,对新中国的礼赞和对新时代的美好祝愿。 (邵秀根)

【市仪电工会举办系统劳模、工匠培训班】 11月28—30日,为期3天的2019年仪电系统劳模、工匠培训班在仪电培训中心开班。来自仪电系统部分在职全国劳模、上海市劳模、仪电工匠,各级劳模(工匠)创新工作室代表30余人参加培训。本次培训以推动仪电的转型发展为主题,对仪电系统劳模、工匠进行专题培训。采用集中授课、实地参观、座谈交流等形式,以推动新时期产业工人队伍建设,进一步弘扬劳模精神、劳动精神和工匠精神。 (邵秀根)

【上海医药3人当选"上海工匠"】 12月10日,在市总工会主办的2019年"上海工匠"选树命名大会上,来自上药集团旗下上药第一生化的丁金国、上药药材和黄药业的朱俊江、上药华宇控股德华国药的王平被授予"上海工匠"荣誉。迄今为止,上药集团已经有7人当选"上海工匠"。3位工匠通过集团工会推荐、个人自荐和所在区总工会推荐等方式,经市总工会多轮评选,从全市573名候选人中脱颖而出,入选第四批102名"上海工匠"行列。 (宋晓波)

【国网上海市电力公司4名职工获评"上海工匠"】 12月10日,2019年"上海工匠"选树命名大会在上海科学会堂举行,102名2019年"上海工匠"名单揭晓并受到表彰。奉贤供电公司吴家华、电科院沈冰、华东送变电公司汪强、久隆集团赵斌4人获此荣誉。截至目前,公司共有13人获评"上海工匠"。 (陈 纯)

9月20日,市仪电集团举行工匠表彰仪式 (周黎俊)

【上海烟草召开"上海烟草工匠"选树评审发布会】 4月9—10日,上海烟草召开2018—2019年"上海烟草工匠"选树评审发布会,39名入围"上海烟草工匠"的候选人参与发布会。会上,邀请12个机关处室、工商单位专业条线的15名专家担任评委,组成专业评审组,分技术组、技能组和综合组(商业)等3个专业组,围绕工匠领衔、工艺专长和高超技能、领军作用、突出贡献、曾获荣誉、对工匠精神内涵理解等方面对候选人进行评审。候选人分别从自我介绍、工艺专长和绝技高招展示、工匠故事讲述、工匠精神诠释等方面进行发布。会后,工作小组将根据年度培养选树活动开展情况和专家组评审结果,形成本年度"上海烟草工匠"培养选树工作情况报告,提请培养选树领导小组复审。最终候选人名单上报局、集团公司党组会审定通过,在候选人工作单位进行公示完毕后,确定2019年"上海烟草工匠"名单。 (俞 帆)

【上汽集团选树工匠和职工(劳模)创新工作室】 通过企业推荐、网上投票、专家评审和集团审定结合方式,上汽集团授予泛亚汽车技术中心有限公司吴坚等30人2019年"上汽工匠"称号,并在年中干部大会上予以表彰。其中制动系统邵满良、上汽大众严海桥、上汽通用夏樑3人被上海市总工会授予2019年"上海工匠"。同时,对15家企业申报的30个创新工作室进行评审发布。经审议,命名"苏宇创新工作室"等17个创新工作室为2019年上汽职工(劳模)创新工作室。赛科利张生春劳模创新工作室和南京依维柯SOFIM工装维修创新工作室获中国长三角地区劳模工匠创新工作室;汇众公司汪伟栋、上柴公司纪丽伟劳模创新工作室被评为上海市劳模创新工作室;上汽变速器方少飞加工中心等2个工作室被评为上海市工匠(技师、职工)创新工作室。(范 融)

【上港集团评选产生第四届"上海港劳动功臣"】 "五一"前夕，上港集团开展第四届"上海港劳动功臣"评选活动，经过专家评审、全港投票、综合评选等环节，并经集团党委会审议通过，尚东分公司桥吊远程操作员黄华、张华浜分公司单船主管陈立敏、盛东公司安全监督部经理徐建国、龙吴分公司工程技术部设备维修工池永琪、宜东分公司工程技术部经理助理李惠卿、海勃公司软件四部经理范莉青、引航站高级引航员汤国峰、沪东公司工程技术部党支部书记石岩、星外滩公司工程技术部副经理刘静君、罗泾分公司重庆装卸承包队党支部书记、队长张洪科荣获第四届"上海港劳动功臣"称号。他们从36名正式候选人中脱颖而出，由全港15116名职工和13912名业务承包工共同投票产生。

（施文卿）

【市运输工会开展首届"交运工匠"评审】 12月16日，市运输工会在交运集团11楼会议室组织召开2019年度"交运工匠"评审活动。交运集团党委委员、运输工会主席张正，市交通委工会副主席周建荣，交运集团总裁办主任徐以刚等7人担任评委。经过初评产生的8位候选人进行了现场答辩，评委围绕"自我介绍真实、简明扼要""对待本职工作兢兢业业、工作成效明显""拥有工艺专长和高超技能""善于解决疑难杂症、善于攻坚克难，带领团队解决实际问题，热心带教徒弟"等方面进行点评和打分。经综合评审，浦江游览公司丛中芹（女）、交运锦湖公司骆海安、交运制造公司顾云峰、交运沪北公司秦李平、汽修公司翟军斌等5人荣获2019年度"交运工匠"。

（夏文庆）

【中国移动上海公司工会厚植工匠文化，关注工匠培育成长】 2019年，中国移动上海公司工会不断深化"移动工匠—中国移动工匠—智慧工匠—上海工匠"四级递进式工匠培育模型。在2019年开展"中国移动工匠"评选推荐工作，中国移动上海公司工会推荐的5名员工全部被授予首届"中国移动工匠"荣誉称号。此外，还积极响应市总工会、市经信委的号召，开展上海智慧城市建设"智慧工匠"选树、"领军先锋"评选活动推荐申报工作，荣获"领军先锋"称号、智慧工匠提名奖、智慧城市建设方案创意竞赛三等奖及优胜奖等荣誉。并制作劳模工匠先进视频宣传片，利用"和工社"微信公众平台发布系列先进典型推文，开展"讲好身边劳动者的故事"微朗诵、微故事分享活动。

（徐睿璐）

【中交上航局工会开展第二届航道工匠评选活动】 五一前夕中交上航局工会开展了"情系航道、奉献航道"——2019年"航道工匠"评选表彰活动，倡导工匠精神，培育行业大师。公司各基层单位共推荐15名"航道工匠"候选人。经网络投票和评审会投票，杨生朋、杨春雷、李纪元、胡仲强、袁士彬等5人荣获"航道工匠"称号，阳建云、汪治强、鲜丕成、何俊、陈金龙等5人荣获"航道工匠"提名奖称号。上航局同步建立工匠人才库，从中择优推荐参评上海工匠。

（张广雷）

【市建设交通工会开展首届"建交工匠"培养选树活动】 为落实市总工会《关于在本市开展"上海工匠"培养选树千人计划的实施意见》文件精神，市建设交通工会开展首届"建交工匠"培养选树活动。活动面向建设交通行业的在职职工，重点关注基层、一线、操作岗位职工群体，建工集团、隧道股份、华建集团、城投公司、部分区建委、央企和直属单位等积极推荐，通过专家初审、评审发布、公示等环节，命名首届"建交工匠"20人。

（钱　蓉）

【上海建工集团2人获评"上海工匠"】 10月8日，102名技术能手当选2019年"上海工匠"，上海建工集团有两人上榜，他们是：集团工程研究总院工程装备研究所的副所长扶新立和材料工程公司湖州新开元石矿的副总工程师万连环。从2016年市总工会实施上海工匠培养选树千人计划以来，上海建工已有10人获"上海工匠"称号，入选人数在上海各产业（局）中名列前茅。

（余轶群）

【中建八局2人荣登"新中国成立70周年建筑工匠"榜单】 9月17日，在全国建筑系统开展的"新中国成立70周年建筑工匠"评选活动中，中建八局二公司窦安华、钢结构公司陈浩荣登榜单。本次活动由中国海员建设工会与中国建筑业协会联合推出，在全国建筑系统内评选100名建筑工匠，窦安华从事智能建筑行业20余载，他参与30余个工程建设工作，获得6项专利，发表10余篇论文，推广数十项"智慧工地"技术。陈浩从事焊接工作10余载，他参与10余个全国重点工程钢结构焊接工作，为焊接工程的安全、进度、质量做出了贡献。

（郝国元）

【市医务工会开展"上海医务工匠"评选表彰活动】 根据市总工会下发的

市建设交通工会开展首届建交工匠培养选树活动　（钱　蓉）

《关于在本市开展"上海工匠"培养选树千人计划的实施意见》等有关文件精神,市医务工会于2019年首次开展"上海医务工匠"评选表彰活动。经单位推荐、资格审查、专家评审、社会公示等环节,命名夏树阶等25人为2019年"上海医务工匠"。(马艳芳)

【SMG工会开展"SMG工匠""上海工匠"选树评选活动】 上海广播电视台、上海文化广播影视集团有限公司连续四年开展"SMG工匠"评选活动。在各级党政组织领导下,工会以增强SMG的核心竞争力和职工创新能力为目标,对竞赛评选活动内容进行细化和完善。经基层工会推荐、台集团工会审核批准,58人获评"SMG工匠"。SMG演艺集团旗下的上海舞台技术研究所首席舞美灯光设计师谢渝熙被命名2019年"上海工匠"。(秦伊龄)

【上海智慧城市建设"智慧工匠"选树、"领军先锋"评选活动颁奖典礼举行】 12月2日,2019上海智慧城市体验周开幕式暨2019上海智慧城市建设"智慧工匠"选树、"领军先锋"评选活动颁奖典礼在上海世博会博物馆举行。市总工会、市经信两委、市纪委兼委驻市经信工作党委监察组、市农委、市民政局等相关领导,各区、委办局相关负责人及媒体代表等约300人出席颁奖典礼。2019年选树和评选活动在保持传统项目的基础上,锁定了集成电路和人工智能两个领域,新增了集成电路版图设计赛和人工智能编程赛。与往年相比,报名人数再创新高,参与面更加扩大,涵盖集成电路、人工智能、工业互联网、大数据、信息基础设施、智慧应用等重点领域。自9月启动以来,共有747名选手报名参赛,最终选拔出20名在智慧城市建设行业各个领域水平最高的"智慧工匠"和"领军先锋"。会上,市总工会、市经信两委、市纪检监察委驻市经信委监察组、市经信系统工会的领导分别为"领军先锋"和"智慧工匠"及其提名奖、活动优秀组织奖颁奖。(黄俭 顾捷)

【锦江国际集团工会组织开展首批"锦江工匠"培养选树评选活动】 根据"上海工匠"培养选树计划,锦江国际集团组织开展评选2019年"锦江工匠"。在集团产业工人队伍中构筑具有竞争力的技能人才高地,努力打造集团技能人才成长体系。选树活动在各单位选拔推荐的基础上,经上级工会资格审查、行业专家专场面试审核、单位张榜公示等环节,报集团党委讨论审议后决定,卫建荣等15人被命名为2019年"锦江工匠"。经集团培养选树,和平饭店马浩成被命名为第四批"上海工匠",评选活动进一步激励集团技术骨干和广大职工,围绕集团发展战略和目标任务,爱岗敬业,发挥潜能,共同做强"锦江"民族品牌。(顾明方)

SMG工会开展"SMG工匠""上海工匠"选树评选活动 (秦伊龄)

【"百联匠心"线上劳模品牌团队进社区】 4月27日,百联集团工会组织"百联匠心"线上劳模品牌团队来到长宁区南洋新都社区,在五一劳动节前夕为居民提供服务。集团党委副书记、工会主席许国良到活动现场慰问劳模团队,并与社区居民沟通交流。在社区活动中心内,三联公司蓝金康团队提供了专业验光服务,东方商厦许宁团队提供了健康饮食指导服务,第一百货朱雯瑾团队提供了首饰编织服务,第一医药陶依嘉、郁建强团队提供了医药咨询和听力筛查服务,100多位社区居民参加了活动,并成为了i百联的会员。SMG新闻综合频道进行了采访,i百联APP专门开通了活动通道,向广大消费者们展现"百联匠心"品牌"线上+线下""商品+服务""营销+文化"的特色。(姜杰)

【申通集团开展第三届"地铁工匠"和"地铁职工创新工作室"培养选树活动】 3月26日,申通集团工会启动评选工作,经基层工会组织发动,职工踊跃报名,11位工匠候选人、8个工作室入围本年度评选。4月上旬,对所有候选材料进行初步筛查以及客观分评分,并于4月19日组织专家组面试评审。最终产生5位"地铁工匠"和3个"地铁职工创新工作室"。其中林宏被推荐评为"上海工匠"。(李雯琪)

劳模宣传服务

【概要】 2019年是中华人民共和国成立70周年,国庆前夕,本市举行了国庆系列活动。结合70周年纪念章颁发,开展劳模慰问工作,市四套班子主要领导、市总党组成员于国庆前夕分别走访慰问了在革命、建设、改革各时期为上海做出贡献的老劳模和一线劳模代表,为他们佩戴纪念章并致以崇高敬意和亲切问候。组织邀请了近200名劳模参加上海市各界庆祝中华人民共和国成立70周年大会、国庆招待会、国庆文艺晚会、向人民英雄敬献花篮仪式和国庆升旗仪式等国庆系列活动。部署各区局(产业)工会根据自身实际,开展国庆和春节走访慰问活动。委托第三方机构拍摄李斌展示馆及李斌等创新工作室的VR制作。

编印了《闪光的群体》《劳模李斌》书籍;及时、规范、有序做好劳模“三金”的发放,实现劳模信息管理网络化、动态化。同时组织劳模三金发放培训会,提高具体操作人员对劳模先进管理系统平台使用能力。修订编印了新版《劳模服务手册》。全年组织开展各类劳模疗休养活动1200余人次。（师荣欣）

【2019年上海劳模休养】 4—11月,根据年初安排,市总工会先后组织1120多名在上海的全国劳模、全国五一劳动奖章获得者、上海市劳模、省部级劳模分赴中华全国总工会休养基地、上海市总工会休养基地进行休养活动。重点为生产一线特别是劳动环境艰苦的劳模和在重大工程、重点科研项目中发挥骨干作用的劳模;首次组织安排女劳模疗休养活动专场。为开拓劳模视野、服务长三角一体化战略,疗休养地除市总工会屏风山、西山、沙家浜、黄山休养点外,还新增加了江苏常州、江苏宜兴、江苏溧阳、浙江宁波4个相关省市挂牌劳模休养基地。活动安排以劳模休息疗养、康复治疗、健康讲座、革命教育、文体活动为主,与爱国主义教育、提升劳模素质、增进学习交流相结合。（师荣欣）

【做好在沪全国劳模健康工程工作】

从2017年起,除上海工人疗养院外,增加各区指定的1家体检机构接受体检,并在相关文件中明确各级工会组织劳模体检的责任、义务和标准。向上海市总工会黄浦区工人体育馆补贴为本市劳模办理“劳模VIP”健身卡。修订编印新版《劳模服务手册》。（师荣欣）

【第五季《上海工匠》纪录片拍摄】 由上海市总工会、东方卫视联合拍摄的庆祝新中国成立70周年的第五季《时代奋斗者——上海工匠》大型系列纪录片,于10月3—7日期间,在东方卫视强档首播,纪录片以“时代奋斗者”为主题,从102名2019年上海工匠中选出10人,涵盖芯片制造、航天技术、深海采油、生物医药等十大领域,聚焦上海一线产业工人和行业领军人物,热情讴歌敢于追梦、勇于创新的“上海工匠”,以点带面展示每个工匠背后所代表的各行各业的新发展、新变化和新成就。（金 妮）

【浦东新区劳模协会换届选举】 7月15日,浦东新区劳动模范协会第五次会员代表大会召开,全区各行各业的95名劳模代表、劳模工作者参加会议。会议审议通过浦东新区劳模协会第四届理事会工作报告和财务收支报告,修改协会章程,选举产生浦东新区劳模协会第五届理事会。上海市劳模,浦东新区总工会兼职副主席,上海高桥捷派克石化工程建设有限公司党委书记、工会主席刘华新当选新一届理事会会长。（陈 维）

【长宁区总工会举办劳模精神宣讲报告会】 10月16日,长宁区总工会在区工人文化宫举办“不忘初心·牢记使命”劳模精神宣讲报告会,邀请“长宁劳模精神宣讲团”的全国劳动模范、萍聚工作室党支部书记朱国萍,全国五一劳动奖章获得者、上海市光华中西医结合医院副院长何东仪,上海市劳动模范、延安实验初级中学教师祝玮等3位宣讲员,分别以《守初心、担使命,扎根基层,奋斗终生》《不忘初心,牢记使命,永葆医者本色》《素怀博爱铸师魂》为题,为长宁区总工会机关、长宁区工人文化宫及全区各级基层工会干部讲述自己的奋斗经历和初心故事,进一步在长宁广大干部群众中激发初心使命,弘扬劳模精神、劳动精神、工匠精神,争做新时代的奋斗者。“长宁劳模精神宣讲团”由来自区各行各业的全国劳模、全国五一劳动奖章获得者及上海市劳模们组成。自5月成立以来,通过专题报告、“组团式”宣讲等形式,共开展宣讲79场次。（王亚文）

【普陀区总工会举行庆“五一”劳模先进表彰大会】 4月28日,普陀区总工会举行“追梦新时代 建功新普陀”——2019年区庆祝五一国际劳动节劳模先进表彰大会。区四套班子以及区总工会领导,会见徐虎、金晶、朱雪芹、于井子、杨兆顺、梁慧丽等历届劳模先进代表及获得本届“五一奖”的先进代表及所在单位领导;各系统、街镇工会分管领导、工会干部、职工代表等200余人出席活动。表彰大会上,区领导为本届“五一奖”、上海工匠、普陀工匠等荣誉获奖代表颁奖。为倡导和践行垃圾分类,区总工会组建“垃圾分类普陀劳模志愿服务队”,将深入社区、园区、企业开展宣讲和巡访活动。（陆 蕾）

【普陀区总工会举办庆祝中华人民共和国70周年劳模风采展】 9月29日,普陀区总工会举办“普陀区庆祝中华人民共和国70周年劳模风采展”。展览在普陀区曹杨新村村史馆(花溪路199号)展出。新中国成立后,普陀区走出了纺织工人杨富珍、裔式娟等一批模范人物;改革开放以来,“新时代雷锋”徐虎、“城市美容师”陈

4月28日,普陀区总工会举行庆“五一”劳模先进表彰大会（钱子欣）

5月7日，虹口区总工会召开"五一"表彰座谈会暨市、区实事项目"爱心接力站"授牌仪式会议 （盛群芳）

扣娣等先进典型相继涌现；进入新世纪，"人民的孺子牛"曹道云、"最美火炬手"金晶、"农民工代言人"朱雪芹、"医护天使"于井子、"光明使者"张兴儒、"草根书记"杨兆顺、"社区绣娘"梁慧丽、"见义勇为"杨明辉等先进人物薪继火传，共同创造了"劳动光荣、创造伟大"的生动实践，共同筑就了"追求卓越、尚德包容、务实坚韧、团结奋斗"的普陀精神。 （陆　蕾）

【虹口区总工会举办"中国梦·劳动美""五一"表彰座谈会暨市、区实事项目"爱心接力站"授牌仪式】 5月7日，虹口区总工会举办"中国梦·劳动美""五一"表彰座谈会。会议首先为本年度"上海市五一劳动奖状（章）"、全国工人先锋号获奖个人和集体颁奖。"上海市五一劳动奖状"获奖代表——上海中远海运集装箱运输有限公司党委书记陈建尧、"全国工人先锋号"获奖代表——上海亿君汽车服务有限公司运营部负责人周俊、"2018年上海市劳模年度人物"——上海洗霸科技股份有限公司董事长王炜先后进行交流发言。随后举行"爱心接力站"授牌仪式。市总工会副主席桂晓燕、相关工作部领导，虹口区委副书记洪流、副区长张雷，各界劳模先进代表、基层工会代表、爱心接力站代表、职工代表等百余人出席活动。 （马伟杰）

【杨浦区举行庆祝五一国际劳动节大会暨沪东工人运动史展揭幕仪式】 4月29日，"铭记红色工运，建功创新杨浦"杨浦区庆祝五一国际劳动节大会暨沪东工人运动史展揭幕仪式在沪东工人文化宫职工文体中心举行。市总工会副主席周奇、市委党史研究室副主任严爱云等市相关部门领导，杨浦区委书记李跃旗等出席会议。大会由"中国梦·薪火相传""新时代·致敬匠心""幸福路·携手铸就"三部分组成。会上，由区总工会联手区委党史研究室举办的《沪东工人运动史展》开展，周奇、严爱云为"史展"揭幕。李跃旗等分别为2019年全国和上海五一劳动奖章（奖状）、工人先锋号、杨浦工匠和最美劳动者等50余个集体和个人颁奖。新一批受表彰的集体和个人共同向全区职工发出倡议"当好主人翁、建功新杨浦"。全区相关委办局、街道、群众团体、企事业单位党组织负责人，各条战线劳模先进代表，各级工会干部和职工代表，区工建联盟成员单位，工建之友、百领导师、职工学堂代表等200余人出席会议。会后，与会者参观了沪东工人运动史展。 （张东寅）

【静安区总工会举办五一国际劳动节庆祝活动】 4月25日，静安区总工会在商城剧院举办五一国际劳动节庆祝活动，静安区委书记陆晓栋，市总工会党组副书记、副主席姜海涛，区人大常委会副主任、区总工会主席叶坚华等出席活动，并向荣获全国五一劳动奖章、全国优秀工会工作者、全国模范职工小家、上海工匠、市五一劳动奖状、市五一劳动奖章、市工人先锋号、静安工匠等先进集体和先进个人颁奖。市、区领导和全体人员900余人还共同观摩了文艺演出。 （姚　磬）

【静安区劳模先进进校园】 6月25日，静安区总工会在静安区教育学院附属初级中学开展劳模进校园活动。静安区劳模志愿团的两位劳模，全国先进工作者、静安区城市管理执法局

4月29日，杨浦区总工会举行庆祝五一国际劳动节大会暨沪东工人运动史展揭幕仪式 （张东寅）

4 月 25 日，静安区总工会举办五一国际劳动节庆祝活动　　（裘梅芳）

曹家渡中队副中队长董之益，上海市劳动模范、2012 年感动上海十大人物、彭浦镇社区卫生服务中心全科团队长严正，走进校园与师生们零距离接触，向中学生宣讲十九大精神，让中学生感受劳动模范的魅力。宣讲会上，劳模用他们真诚朴实的语言生动讲述了各自在岗位上的奋斗历程，董之益劳模的勇于实践、勇挑重担，严正劳模的砥砺奋进、仁心仁术，从不同角度诠释了立足本职、爱岗敬业、锐意进取、无私奉献的新时代劳模精神，赢得了全场师生们的热烈掌声。

（杨宇骏）

【宝山劳模工匠风采馆建成开馆】 5 月 17 日，宝山劳模工匠风采馆建成开馆。仪式上，区总工会向入展劳模工匠代表赠送“入展典藏证书”。市人大常委会副主任、市总工会党组书记、主席莫负春，区四套班子主要领导及相关区领导，市总工会各部门、单位领导，区相关单位部门领导，宝武集团、上海大学、中冶宝钢、宝冶集团等区域单位及区直属工会领导，入展劳模工匠与职工群众代表 100 余人参加开馆仪式。宝山劳模工匠风采馆是全市第一家集劳模工匠事迹宣传、史料展陈、交流学习、服务社会、专门书册查阅等功能于一体的劳模工匠主题展馆。风采馆占地面积 300 平方米，通过展板、实物、音像、电子档案等形式，展示宝山区 392 名劳模工匠的先进事迹并设置劳模工匠慧客厅、劳模工匠创新工作室。风采馆采用预约参观方式向公众开放，定期组织“劳模工匠面对面”“劳模工匠故事会”等活动，为劳模工匠交流联谊、为民服务搭建平台。

（沈　英）

【宝山区总工会举办首场“劳模工匠展示日”活动】 6 月 10 日，宝山区总工会在区工人文化活动中心举办首场“劳模工匠展示日”，启动“宝连登——乐学在宝山”公益乐学活动。市总工会副主席桂晓燕出席并致辞。展示日上，展映了《劳模工匠讲故事》系列微视频，劳模工匠精神宣讲团讲述了宝山 3 位全国劳模的感人故事，还推出“工匠绝活展示”环节。“宝连登——乐学在宝山”公益乐学活动也在当天启动，将包括职工学校、职工学堂、“在职职工学力提升计划”、女职工紫色修身行动、“劳模工匠面对面”等纳入职工“公益乐学”的大范畴。区总工会、区属工会代表，宝山历届劳模工匠代表、社工代表、职工群众代表等 200 余人参加活动。

（沈　英）

【闵行区举办庆祝五一国际劳动节主题活动】 5 月 10 日，闵行区总工会举行“我们都是追梦人”——2019 年庆祝五一国际劳动节主题活动。区委常委、副区长曹扶生，区委常委、统战部部长李红珍，区人大常委会副主任、区总工会主席倪学斌出席大会。大会表彰闵行区获得 2019 年全国五一劳动奖章，上海市五一劳动奖、工人先锋号的先进集体和个人；表彰全国双爱双评先进企业，2018 年度闵行区劳动关系和谐园区、闵行区职工信赖的企业经营管理者、闵行区创建上海市和谐劳动关系达标企业。活动现场，区总工会党组书记赵芝娟为区劳模宣讲团授旗，区委常委、区统战部部长李红珍代表党和政府帮助困难职工完成心愿。会上还举行了闵行职工“美丽街区”“垃圾分类”“招商引资”“工会组建”等四大立功竞赛启动仪式。

（王　凯）

【闵行区总工会暖心服务关爱劳模先进】 闵行区总工会关心关爱劳模先进，春节前夕为劳模之家送演出送祝福，组织闵行的劳模先进观看交响乐《起航》和京剧《智取威虎山》。关爱困难退休劳模，对获得全国劳动模范和 3 次以上市劳动模范荣誉称号的退休劳模，其退休工资低于全区职工上年度工资平均水平的，发放工资补差补助金，全年累计发放 80.97 万元。将高龄劳模家政补贴列入区总工会实事项目，为 80 岁以上劳模提供每月 200 元的家政补贴，扩大服务劳模工作的覆盖面，全年累计发放补贴 17.73 万元。

（兰　奇）

【嘉定工会扎实推进劳模关爱措施】 根据嘉定区总工会的调研数据，截至 2018 年底，嘉定区内劳模人数为 391 人，退休劳模有 309 名，生活上或多或少会产生各种困难。经过调研、试点，嘉定区总工会结合上海市 2018 年开始实施的为老服务项目“长期护理保险”试点工作，有针对性地开展具有工会特色的关爱高龄劳模的服务，加大对劳模特别是困难老劳模的关心帮扶力度，进一步帮助劳模先进解决生产、生活中的后顾之忧。对于已参保上海市长期护理保险的居住在嘉定辖区的高龄劳模，区总工会将补贴这部分劳模长护险自负费用，同时为长护险评估五级及以上的高龄劳模提供 1∶1 配比的家政服务，费用由区总工会和接受服务的劳模按适当比例承担。劳模小组长同时担任高龄劳模养老顾问，以解决高龄劳模对身边的养老服务资源不了解、不熟悉以及供需信息不对称导致的问题。年内已有 11 名 85 岁以上的劳模率先受益。区总梳理了服务劳模方面坚持的“八个一”工程，持续营造“学习劳模、崇尚劳模、关爱劳模、争当劳模”的良好社会氛围。一是加强劳模协会建设，不断优化服务劳模的一个平台。二是建成“嘉定劳模风采馆”，打造展示劳模事迹和弘扬劳模精神一个阵地。三是热心公益、责任心强由劳模小组长组成的一支队伍，承担起联系、服务、组织、管理的责任，使关心服务劳模工作常态化。四是每年送上一份生日祝福，订阅一份《劳模》杂志和《劳动报》。五是每年组织全区退休劳模进行一次免费健康体检。六是每年开展一次高温慰问制度。七是每人制作一张结对服务卡。每名退休劳模拥有此卡足不出户就能享受到指定的社区医生为他们提供的医疗服务。八是每位劳模至少走访慰问一次。在重大节日期间，各级党政领导和工会干部走访慰问劳模，特别是加强了对困难劳模的走访。对于患病住院的劳模，在知晓后的第一时间前往探望。

（汤利强）

【金山区召开“中国梦·金山情·劳动美”五一国际劳动节庆祝大会】 4月29日，金山区庆祝五一国际劳动节暨先进表彰大会在区文化馆剧场举行。区委副书记程鹏，区委组织部部长白锦波，区人大常委会副主任，区总工会党组书记、主席朱喜林等领导出席大会，并向荣获全国工人先锋号、上海市五一奖、金山工匠等各级各类荣誉的先进集体和个人代表颁奖。区团委、区妇联、上海石化股份公司工会、上海化学工业区工会领导应邀出席。围绕“两区一堡”战略定位，在打响“四大品牌”、建设“三区”“五地”的创新实践中，涌现出一批先进集体和个人，产生了1个全国工人先锋号、7名上海市五一劳动奖章、5个上海市五一劳动奖状、7个上海市工人先锋号、10名金山工匠、10名金山工匠提名奖、157名鑫工巧匠、59个金山区工人先锋号和267个活力鑫工会。“金山工匠”培养选树活动领导小组成员，区总工会领导班子成员，各直属工会主席、副主席，区总工会机关部室负责人，区工人文化宫班子成员，历届劳模先进代表及受表彰的各级各类先进集体和个人代表共450余人出席大会。

（卫婷怡）

【松江区总工会举行“壮丽70年·奋斗新时代”劳模精神进企业宣讲活动】 5月31日，松江区总工会在经开区职工学堂举行以“壮丽70年，奋斗新时代”为主题的首场劳模精神进企业宣讲活动，拉开全区劳模精神进企业巡回宣讲的序幕。区总工会党组书记、副主席陈军康出席并讲话。上海市劳模骆春、吴纪盛、张锡章分别讲述自己履职敬业、追梦筑梦、奋斗圆梦的亲身经历，以真人真事和真情实感讲述劳模故事。会上播放了区总工会摄制的微纪录片《70年，我们一起追过的松江劳模》。劳模巡回宣讲将持续开展半年。来自经开区各个企业的150名职工代表现场聆听了劳模的报告。

（吴　琼）

4月28日，奉贤区总工会召开庆祝五一国际劳动节暨先进表彰大会

（钱　洁）

【松江区总工会举行2019—2020批次劳模家政服务配送签约仪式】 9月25日，松江区总工会、区劳模协会举行2019—2020批次松江区劳模家政服务配送签约仪式，区总工会党组书记、副主席、区劳模协会会长陈军康，区总工会经审委主任、区劳模协会副会长孙爱华，区家政协会会长郭秋琴出席。陈军康代表区劳模协会与区家政协会会长郭秋琴签订了新一年的合作协议，将为61名劳模配送家政服务。松江区老劳模关爱合作项目自2014年启动以来，已实施5年，已成为区劳模协会的特色服务品牌。

（高秀珍）

【青浦区总工会举办“聚力一体化，建功长三角”主题活动】 4月25日，“聚力一体化，建功长三角”青浦区庆祝“五一”主题活动暨长三角三地职工文艺汇演活动在区文化剧场举行。文艺汇演活动启动前，宣读了青浦区荣获2019年度全国工人先锋号、上海市五一劳动奖状（章）、工人先锋号等先进集体（个人）名单，向青浦、吴江、嘉善三地劳模创新工作室带头人颁发“工作室联盟公益导师”聘书，向三地职工（工匠）学堂示范基地授牌。

（朱建强）

【奉贤区总工会召开庆祝五一国际劳动节暨先进表彰大会】 4月28日，奉贤区总工会在会议中心召开“建功新时代·扮靓新家园”2019年奉贤区庆祝“五一”国际劳动节暨先进表彰大会。会上，区领导为全国模范职工之家、全国优秀工会工作者、市和区五一劳动奖状（奖章）代表、市和区工人先锋号代表、上海工匠、奉贤工匠，区模范职工之家代表、区优秀工会工作者代表，“水天一色”立功竞赛综合奖、单项奖及个人奖代表颁奖。大会分为“敬礼工匠”“致敬功臣”“歌唱祖国”3个篇章。

（祝笑成）

**【奉贤区劳动模范协会第四届代表大

会召开】 6月14日，奉贤区劳动模范协会第四届代表大会召开。大会审议通过《上海市奉贤区劳动模范协会第三届理事会工作报告》《上海市奉贤区劳动模范协会第三届理事会财务收支报告》《上海市奉贤区劳动模范协会章程(修订案)》。大会选举产生区劳动模范协会第四届理事会和监事会。区人大常委会副主任、区总工会主席陆建国出席会议并讲话。区劳模协会第三届理事会理事长季伯明出席会议并对新一届劳模协会理事会提出希望。（陆晓岚）

【奉贤区总工会组建劳模讲师团宣传弘扬劳模精神】 年内，奉贤区劳模讲师团围绕“讲劳模故事、学劳模精神、做新时代劳模”主题，巡回宣讲53次，现场听讲职工1万余人次。通过探索和挖掘基层劳模事迹激发职工群众干事创业的热情，进一步弘扬宣传劳模精神、劳动精神和工匠精神。唱响“不忘初心、牢记使命”的主旋律。创建4家“劳模创新工作室”，发挥劳模传帮带作用，培养爱岗敬业、业务精通、创新钻研的职工队伍。（陆晓岚）

【崇明区12名全国劳模荣获“新中国成立70周年”纪念章】 为庆祝中华人民共和国成立70周年，中共中央、国务院、中央军委颁发“庆祝中华人民共和国成立70周年”纪念章，崇明区共12名全国劳模获此殊荣。9月27日，区总工会召开崇明工会“庆祝中华人民共和国成立70周年”纪念章颁发暨劳模座谈会。会上，区总工会党组书记、副主席秦文新为劳模佩戴“庆祝中华人民共和国成立70周年”纪念章，区总工会副主席王可杰宣读贺信。对不方便参会的高龄全国劳模，区总工会班子领导通过走访慰问为他们送上纪念章与贺信，向劳模致以崇高的敬意。（陈思佳）

【上海仪电举办劳模工匠培训班】 11月28日，仪电工会在仪电培训中心组织召开2019年仪电系统劳模、工匠培训班座谈会。仪电系统的劳模、工匠、劳模(工匠)创新工作室领衔人及代表近30人参加座谈会。仪电集团党委书记、董事长吴建雄与会和劳模先进一起座谈。座谈会上，各位劳模、工匠和劳模(工匠)创新工作室领衔人分别结合各自的成长经历、工作学习情况，围绕企业技术创新、产业联动、管理提升和扎实开展党群工作等方面，畅谈体会、提出建议。吴建雄在充分肯定仪电劳模、工匠等先进为推动仪电的发展所做出的贡献的同时，就如何进一步发挥好劳模、工匠等各类先进群体的作用提出要求。（邵秀根）

【国网上海市电力公司工会召开庆五一劳模先进表彰会】 4月28日，市电力公司召开庆“五一”劳模先进表彰会。会议宣读《关于对荣获2019年全国和上海市五一劳动奖状(章)、工人先锋号和2018年度上海工匠给予表彰的通报》和《关于命名表彰公司2017—2018年度“电力工匠”的决定》。公司领导为获奖集体和个人颁奖。公司系统在职全国劳模、央企劳模、上海市劳模、国网公司劳模及荣获2019年全国和上海市五一劳动奖状(章)、工人先锋号的代表、个人和2018年度上海工匠、公司工匠等参加会议。（潘 锋）

【上海电建公司工会举办“薪火相传”劳模先进工作法宣讲会】 4月28日，电建公司工会召开“薪火相传”劳模先进工作法宣讲会，邀请来自各基层单位的省部级劳动模范、五一奖章获得者、职工创新工作室领衔人等8位先进代表，通过交流演讲的形式分享他们在各自岗位上的工作经验和方法，展示劳模先进的优秀形象，学习劳模先进的工作方法，体会劳模先进的工作心得。本次活动是上海电建公司开展“劳模先进示范基地”创建系列活动的又一次创新实践，进一步丰富劳模先进引领、劳模培养选树、劳模创新攻关等方面的创建活动。（傅 诚）

【上港集团广泛开展劳模精神进班组主题交流活动】 为进一步弘扬新时代劳模精神、劳动精神和工匠精神，上港集团各级工会组织相继开展“劳模精神进班组，先进榜样面对面”主题交流活动，通过讲述成长经历、传授经验绝活、分享工作感悟、为职工答疑解惑等方式，讲好“身边最美海港人”的故事。2019年，共开展交流活动33场，参与职工1235人次。集团号召全体职工牢固树立“劳动最光荣、劳动最伟大、劳动最美丽”的行动自觉，将劳模先进的优秀品质与工作方法化己所有，做新时代强港建设的奋斗者！（施文卿）

【上港集团隆重召开2019年“五一”表彰大会】 4月29日，上港集团召开“五一”表彰大会，对第四届“上海港劳动功臣”及提名奖获得者、荣获全国和上海市“五一”劳动奖的先进集体和先进个人进行表彰。原上港集

4月28日，国网上海市电力公司召开庆“五一”劳模先进表彰会
（夏 雨）

4月29日，上港集团召开2019年“五一”表彰大会　　（陈海文）

团党委书记、董事长陈戌源作大会致辞。表彰环节由第四届“上海港劳动功臣”的家人、同事现场讲述一个个温暖的故事，传递出上海港人为强港建设默默付出的精神。集团总部机关各部门负责人、基层单位党政工团主要负责人、一线职工代表、在岗集团属全国及省部级劳动模范和历届“上海港劳动功臣”、第四届“上海港劳动功臣”家属代表出席大会。　（张　容）

【上海邮政工会举行“当好主人翁、建功新时代”全国劳模传经送宝先进事迹报告会】　12月11日，上海邮政工会举行“当好主人翁、建功新时代”全国劳模传经送宝先进事迹报告会。邀请四川省甘孜州分公司驾押组组长、时代楷模其美多吉，江苏省泰兴市江平路支局支局长、全国劳模何健忠，北京市东城区东四支局邮政营业班长、“全国五一劳动奖章”获得者陈兰颖为上海邮政全体干部职工作先进事迹宣讲报告。　（王　瑛）

【上航局工会承办港珠澳大桥建设者及劳模事迹巡讲】　5月30日，中国交建工会联合会举办首次港珠澳大桥建设者及劳模事迹巡讲，上航局作为轮值单位承办了此次活动。中国交建工会联合会副主席姚彦敏与上海协作区各单位工会主席、工会办主任、职工代表100余人共同聆听了建设者和劳模代表的感人事迹。报告团成员从不同侧面，回顾了大桥建设过程中一个个生动感人的场景和瞬间，振华重工和上航局两位劳模也作了先进事迹宣讲。现场的观众聆听之后深受教育和感动。　（金　晶）

【上海海事局工会组织开展2019年劳模先进职工疗休养工作】　根据上海市总工会2019年服务职工实事项目，上海海事局工会组织劳模先进和首届进博会立功竞赛先进职工代表50人到上海市总工会黄山休养院疗休养。此次疗休养主要以休息疗养、健康养生、公益乐学等方式开展，以休息休养为主。疗养期间，组织劳模先进参观了安徽省爱国主义教育基地、廉政教育基地红军北上抗日先遣队纪念馆。通过红色教育参观学习，海事职工受到了精神洗礼。　（陆智静）

【市建设交通行业召开纪念五一国际劳动节暨先进表彰大会】　4月26日，市建设交通工作党委在上海铁路工人文化宫举行“致敬建设者，奋进新时代”——上海市建设交通行业纪念五一国际劳动节暨先进表彰大会。会上表彰了建设交通行业荣获全国工人先锋号、全国五一劳动奖章、上海市五一劳动奖状、上海市工人先锋号、上海市五一劳动奖章、上海工匠、首届建交工匠、上海市劳模创新工作室等荣誉的先进代表，并举行了上海市物业劳模“匠心”联盟的揭牌仪式。通过对全国劳模张雄伟、全国五一劳动奖章毛登文、赵辉、严如珏等劳模先进和工匠代表的采访，以及刘广红劳模创新工作室在洋山四期自动化码头设计中创新成果的讲述，充分展现了建设交通行业职工开拓创新、奋勇拼搏的精神面貌和风采。市总工会、市妇联、市建设交通工作党委、市住建委等领导、全国劳模徐虎以及400余名行业先进和干部职工出席大会。　（钱　蓉）

【上海建工集团召开2018年度先进表彰会】　1月11日，建工集团召开2018年度先进表彰大会。集团党委书记、董事长徐征向受到表彰的集体和个人表示祝贺。集团党委副书记、立功竞赛领导小组副组长张立新宣读《关于表彰2017—2018年度集团文明单位、2018年度集团突出贡献奖、集团先进集体和先进个人的决定以及上海城市服务保障首届中国国际进口博览会立功竞赛表彰名单》。集团副总裁、立功竞赛领导小组组长叶卫东总结2018年度竞赛工作，部署2019年立功竞赛工作，要求立功竞赛活动再上新台阶，再创新佳绩。集团部门负责人、各单位相关领导、先进代表、职工代表等近300人参加。　（余轶群）

【鲁中矿业工会举办“五一”故事会】

在“五一”节前夕，鲁中矿业工会举办“五一”故事会，回忆公司广大干部职工奋斗的历程。近300名职工现场聆听了8位讲述者带来的劳动故事，并通过网络向全体职工进行现场直播。本次活动集中讲述了公司劳模的先进事迹、重点工作中的感人故事。其中，有团队合作，攻坚克难的大阵仗，也有平凡岗位，默默奉献的小插曲；有追求事业，技术创新的成长故事，也有情真意切，温馨动人的家庭故事；每个故事，都是一段精彩人生都透着一股劳动精神。　（李宗峰）

【市教育系统举行先进表彰会】　5月31日，市教育系统先进表彰会在上海科技大学举行，表彰教育系统2019年获得的全国工人先锋号、市工人先锋号、市五一劳动奖状（章）、2014—2018年度上海市教育系统优秀工会工作者、优秀工会积极分子、心系教职工好领导以及上海市“教育先锋号”。教育系统的先进集体和个人代表及工会干部350余名参加会议。市教育工会常务副主席李蔚主持会议，市教卫工作党委副书记、市教育工会主席成旦红出席会议并讲话。会上播映了以同济大学姚启明劳模创新工作室为创作原型的微电影《创新在路上》。4位获奖代表围绕"立德树人·砥砺前行"，进一步增强教师育人工作和工会工作的针对性和有效性作了发言。（高　芳）

【市级医疗卫生单位劳模联谊会召开四届五次理事会】 3月6日，市级医疗卫生单位劳模联谊会四届五次理事会在上海市医务工会职工文化活动中心召开。联谊会会长俞卓伟，副会长宋耀君、贾伟平、蔡秉良、何园出席会议。何园在会上总结了联谊会2018年工作并介绍了2019年工作设想。会上，各位理事对如何继续发挥劳模引领作用、凝聚青年医务职工、打响医疗服务品牌、服务长三角一体化、拓展医务劳模服务社会渠道等积极建言献策，并就2019年主要工作达成6项共识：一是努力做好劳模先进的选树和宣传工作，二是继续发挥劳模的创新引领作用，三是继续打响劳模活动品牌，四是服务长三角一体化发展，带动长三角区域卫生健康事业共同发展，五是创新服务劳模工作载体，六是加强协会自身建设。（池朝霞）

【市卫生健康系统举办"守护生命"劳模专家大型义诊】 9月28日，"守护生命——上海市卫生健康系统劳模专家大型义诊"在上海展览中心举办。参加义诊的劳模专家有：中国科学院院士、全国劳模、复旦大学附属眼耳鼻喉科医院耳鼻咽喉—头颈外科专家王正敏，全国劳模、内科专家、市级医疗卫生单位劳模联谊会会长、华东医院原院长俞卓伟；全国劳模、华山医院神经外科专家季耀东，全国劳模、龙华医院乳腺外科专家陈红风，全国五一劳动奖章获得者、市劳模、市公共卫生中心传染病学专家巫善明，市劳模、中山医院内镜专家姚礼庆等近百位来自市区两级医疗卫生单位的劳模先进和专家代表。义诊开始前，市卫生健康委党组书记黄红，市总工会经审委主任丁巍向王正敏、俞卓伟、季耀东、陈红风4位全国劳模颁发了由中共中央、国务院、中央军委特制的"庆祝中华人民共和国成立70周年纪念章"，并向全体参与义诊的劳模专家送上慰问和祝福。（池朝霞）

【市经济和信息化工作系统工会召开李斌同志先进事迹报告会】 4月18日，市经济和信息化工作系统工会联合市经济和信息化机关工会、市信息化行业工会联合会邀请李斌同志先进事迹报告团作专场报告。本场报告会是市经信系统工会"中国梦，劳动美"庆祝新中国成立70周年系列活动的第二场。系统各单位党委分管领导、工会主席、工会干部、劳模先进代表、班组长代表、经信两委机关干部和信息化行业工会联合会委员近200人参加会议。（黄　俭　顾　捷）

【光明食品工会集团召开"不忘初心、牢记使命"主题教育暨郁非典型事迹巡回宣讲会】 7月19日，光明食品集团举行"不忘初心、牢记使命"主题教育暨郁非典型事迹巡回宣讲会。集团党委书记、董事长是明芳，党委副书记、副董事长李中宁等领导在会前接见了郁非典型事迹宣讲团全体成员。会上，全体与会者观摩了由全国五一劳动奖章获得者、上海市劳动模范，来自上海第一食品连锁发展有限公司南京东路旗舰店"壹食壹品"专柜柜长郁非出演的微电影《郁非的一天》。微电影展现郁非不忘初心、信念坚定的政治品格，刻苦钻研、追求卓越的工匠精神，以诚相待、顾客至上的服务技能。7位宣讲者分别从不同侧面、不同角度讲述了他们眼中的郁非，分享了各自对"郁非精神""郁非服务"的理解和感悟。集团党政班子成员、各子公司班子成员、工会主席、劳模先进代表；集团总部全体员工近600人出席宣讲会。（周碧青）

【锦江国际集团召开劳模座谈会】 五一国际劳动节前夕，锦江国际集团召开劳模座谈会，向上海市五一劳动奖状（奖章）、工人先锋号、首届进博会先进集体、劳模创新工作室、上海工匠等一批先进集体和个人颁发奖状和奖章。座谈会上，劳模先进和员工代表分享了与锦江共成长的感人故事。锦江集团工会深入调研劳模创新工作室创建和运行情况，发挥劳模创新工作室示范引领作用，出台《锦江国际

9月28日，市卫生健康系统举办劳模专家大型义诊（池朝霞）

4月29日，城投集团召开"五一"先进表彰会暨我身边"最美劳动者"的故事宣讲 （何 韵）

职工(技师、巾帼)创新工作室管理办法》,使之成为高技能人才领衔的技术团队,为集团发展储备技能人才。国际饭店徐黎明海派西点创意工作室被命名为上海市第九批"上海市劳模创新工作室",虹桥郁锦香的陈刚中式烹饪工作室被命名为职工创新工作室,翁建和烹饪大师工作室被命名为首届中国长三角地区劳模创新工作室,进一步扩大了集团劳模先进影响力。 （顾明方）

【市级机关举办劳模先进宣传展示活动】 4月25日,市级机关举办以"勇当追梦人创造新传奇"为主题的宣传展示活动。表彰市级机关荣获2019年上海市五一劳动奖状、工人先锋号和五一劳动奖章的单位、集体和个人。市级机关工作党委常务副书记杨峥出席并讲话,市总工会副主席周奇致辞。市级机关劳模先进代表和各级工会主席、干部约300余人参加活动。活动通过视频、采访和演讲等多种形式,展示了市级机关劳模先进的生动事迹,激励市级机关干部职工以劳模先进为榜样,用勤劳与智慧、坚守与担当、实干与创新,奋力谱写新时代上海改革发展新篇章,以优异成绩庆祝新中国成立70周年。全国劳模彭非代表市级机关5万多会员发出倡议:要在2019年"改革先锋、岗位建功"市级机关劳动竞赛活动中,做学用新思想的践行者,建功新时代的主力军,创造新传奇的追梦人。 （王 颖）

【城投集团召开"五一"先进表彰会暨我身边"最美劳动者"故事宣讲】 4月29日,城投集团召开"五一"先进表彰会暨我身边"最美劳动者"的故事宣讲。集团党委书记、董事长蒋曙杰出席会议并讲话,集团领导班子成员,集团相关部门负责人;各直属单位和核心企业党政主要领导、工会负责人,部分劳模先进、一线职工代表等160余人参加会议。集团工会主席徐文为表彰宣讲活动致辞。会议表彰了荣获2018—2019年全国工人先锋号、上海市五一劳动奖状(章)、上海市工人先锋号、各类市级科技创新荣誉以及2019年城投集团第四届城投工匠、劳模先进创新工作室及工作室优秀成果、第十届十佳金点子、职工优秀创新成果等先进个人和集体代表。会议围绕最美劳动故事主题由8位一线职工进行集中宣讲。 （朱文慧）

【隧道股份工会举办标兵大讲堂】 在五一国际劳动节来临之际,隧道股份水务建设工会举办"标兵传匠心 逐梦新时代"——迎"五一"公司第二届标兵大讲堂。公司工会通过"大讲堂"活动,让优秀职工展示才华,树立职业精神、进行经验交流,打造"明星职工",传承"工匠精神",彰显企业文化。本次"标兵大讲堂"的7名演说者分别来自6家基层单位的不同岗位,曾获得过市、局级各项荣誉的先进工作者和先进集体,演讲者的精彩演讲和图文演示,让参加活动的职工们受益匪浅。 （谢 菁）

【上海联通举行先进表彰盛典】 4月30日,"致敬奋斗者"——上海联通2018年度先进表彰盛典在上海交通大学文治堂举行。市总工会、市精神文明建设委员会办公室、市经济和信息化委员会、市通信管理局等有关领导,上海联通公司领导班子及2018年获得各类先进集体和先进个人奖项的干部员工近800人参加盛典。盛典上对上海联通55个先进集体、227名先进个人进行表彰。表彰盛典上,通过

4月30日,上海联通举行先进表彰盛典 （康 迪）

阿拉联通人创新工作室创作的新歌曲《致·劳动者》、小品《业务财务那点事》、配音《五湖四海话先进》、舞剧《劳动最美》、朗诵《奋斗者之歌》等各种文艺形式，表现上海联通的干部员工们在平凡岗位上创造出的不平凡业绩，体现了上海联通奋斗者的精神风貌和价值追求。（康　迪）

【上海飞机制造有限公司工会叫响做实劳模工匠品牌】 壮大先进队伍，打造榜样标杆，推选王伟、陈夏萍获评首批"中央企业百名杰出工匠"，每人分别获得公司20万元重奖，并分别建立了创新工作室；推选陈夏萍获评2019年上海市五一劳动奖章；推选易俊兰作为"飞梦"巾帼创新团队代表，赴京参加"巾帼心向党·建功新时代"全国妇女岗位建功先进典型事迹分享大会，在人民大会堂作交流发言，展现了上飞公司科技工作者的风采。举行第二届"上飞工匠"评选表彰，10名技术骨干成为新晋"上飞工匠"。目前，上飞公司已形成11名省部级劳模、36名各级工匠、8名省部技术能手构成的职工榜样标杆队伍。发挥劳模工匠作用，鼓励工匠"树好工匠精神、立好工作标杆、带好队伍作风"，通过给工匠下"三个一"攻关、授课、带徒指标，使工匠在育人、带人、树人方面发挥更大作用。上飞公司工会推出第二辑上飞工匠故事书籍，进一步传播工匠故事，弘扬工匠精神。关心关爱劳模，全年组织2批共10人(次)省部级劳模参加疗休养活动。以劳模工匠精神助力职工素质工程建设，协同打造面向全体职工的素质工程，为技能人才队伍建设注入新的动力。积极组织高技能人才与行业内优秀专家、大师交流学习，推荐优秀技能人员参加2期"新时代工匠学院"学习交流班，推进职工岗位技能提升，与培训中心共同组织51名职工参加上飞·汉莎学院培训，组织职工参加上海开放大学在职学历提升宣讲并举办学习班，不断拓宽职工职业成长通道。与浦东新区共同举办2019"大飞机杯"航空制造业技能大赛，公司内外近40余名铆接能手参加了比拼，并夺得优异成绩。依托社会资源积极参与外部技能培训，组织8名职工参加上海市2019年职工数控软件技能培训暨大赛，组织18名职工参加上海市职工二维工程图识图培训暨竞赛，获得1个团体一等奖。（邹建军）

4月25日，世纪出版集团举办五一表彰大会　（周文强）

【世纪出版集团举办五一表彰大会】 4月25日，世纪出版集团工会举行"中国梦·劳动美——与共和国同成长、与新时代齐奋进"庆祝五一国际劳动节表彰大会。集团党委成员、总裁助理与近年来集团获得全国、上海市劳动模范、五一劳动奖状(奖章)及工人先锋号、三八红旗手(集体)、巾帼文明岗、巾帼标兵的先进集体代表和先进个人，以及集团各直属单位分管领导、集团总部职能部门负责人、各级职工代表共270余人，共同庆祝第129个"五一"国际劳动节。大会现场通过光荣册、视频播放和图片介绍等，展示获奖先进风采，举行隆重的颁奖仪式，世纪集团领导向每位获奖者颁发获奖证书，并合影留念。（江　文）

【市工人疗养院创体检服务新模式为劳模健康"保驾护航"】 作为全国劳模定点体检机构基地之一，市工人疗养院积极响应市总工会号召，以做好劳模健康管理工作为原则，以为劳模建立科学有效的健康管理为重点，综合数年来的劳模体检接待经验从提升内涵为角度，在劳模群体中开展有针对性的健康管理服务。在"四个一"劳模健管模式基础上，优化体检套餐设计，推出"1+X+2"方案、设立了劳模体检日专家讲堂、检后的健康指标趋势分析从3年提增为5年、检后增加三甲医院就医绿色通道等，用全心经营好"劳模健康管理之家"，推动劳模服务工作的创新发展和服务水平，让劳模切实感受到来自党和政府、工会的关怀。（梁　栋）

人力资源和社会保障部办公厅关于职工基本养老保险关系转移接续有关问题的补充通知

人社厅发〔2019〕94号

各省、自治区、直辖市及新疆生产建设兵团人力资源社会保障厅(局):

为加强人社系统行风建设,提升服务水平,更好保障流动就业人员养老保险权益及基金安全,现就进一步做好职工基本养老保险关系转移接续工作有关问题补充通知如下:

一、参保人员跨省转移接续基本养老保险关系时,对在《人力资源社会保障部关于城镇企业职工基本养老保险关系转移接续若干问题的通知》(人社部规〔2016〕5号,简称部规5号)实施之前发生的超过3年(含3年)的一次性缴纳养老保险费,转出地社会保险经办机构(简称转出地)应当向转入地社会保险经办机构(简称转入地)提供书面承诺书(格式附后)。

二、参保人员跨省转移接续基本养老保险关系时,对在部规5号实施之后发生的超过3年(含3年)的一次性缴纳养老保险费,由转出地按照部规5号有关规定向转入地提供相关法律文书。相关法律文书是由人民法院、审计部门、实施劳动监察的行政部门或劳动人事争议仲裁委员会等部门在履行各自法定职责过程中形成且产生于一次性缴纳养老保险费之前,不得通过事后补办的方式开具。转出地和转入地应当根据各自职责审核相关材料的规范性和完整性,核对参保人员缴费及转移信息。

三、因地方自行出台一次性缴纳养老保险费政策或因无法提供有关材料造成无法转移的缴费年限和资金,转出地应自收到转入地联系函10个工作日内书面告知参保人员,并配合一次性缴纳养老保险费发生地(简称补缴发生地)妥善解决后续问题。对其余符合国家转移接续规定的养老保险缴费年限和资金,应做到应转尽转。

四、参保人员与用人单位劳动关系存续期间,因用人单位经批准暂缓缴纳社会保险费,导致出现一次性缴纳养老保险费的,在参保人员跨省转移接续养老保险关系时,转出地应向转入地提供缓缴协议、补缴欠费凭证等相关材料。转入地核实确认后应予办理。

五、社会保险费征收机构依据社会保险法等有关规定,受理参保人员投诉、举报,依法查处用人单位未按时足额缴纳养老保险费并责令补缴导致一次性缴纳养老保险费超过3年(含3年)的,在参保人员跨省转移接续基本养老保险关系时,由转出地负责提供社会保险费征收机构责令补缴时出具的相关文书,转入地核实确认后应予办理。

六、退役士兵根据《中共中央办公厅国务院办公厅印发<关于解决部分退役士兵社会保险问题的意见>的通知》的规定补缴养老保险费的,在跨省转移接续基本养老保险关系时,由转出地负责提供办理补缴养老保险费时退役军人事务部门出具的补缴认定等材料,转入地核实确认后应予办理,同时做好退役士兵人员标识。

七、参保人员重复领取职工基本养老保险待遇(包括企业职工基本养老保险待遇和机关事业单位工作人员基本养老保险待遇,下同)的,由社会保险经办机构与本人协商确定保留其中一个基本养老保险关系并继续领取待遇,其他的养老保险关系应予以清理,个人账户剩余部分一次性退还给本人,重复领取的基本养老保险待遇应予退还。本人不予退还的,从其被清理的养老保险个人账户余额中抵扣。养老保险个人账户余额不足以抵扣重复领取的基本养老保险待遇的,从继续发放的基本养老金中按照一定比例逐月进行抵扣,直至重复领取的基本养老保险待遇全部退还。《国务院办公厅关于转发人力资源社会保障部 财政部城镇企业职工基本养老保险关系转移接续暂行办法的通知》(国办发〔2009〕66号)实施之前已经重复领取待遇的,仍按照《人力资源社会保障部关于贯彻落实国务院办公厅转发城镇企业职工基本养老保险关系转移接续暂行办法的通知》(人社部发〔2009〕187号)有关规定执行。

参保人员重复领取职工基本养老保险待遇和城乡居民基本养老保险待遇的,社会保险经办机构应终止并解除其城乡居民基本养老保险关系,除政府补贴外的个人账户余额退还本人。重复领取的城乡居民基本养老保险基础养老金应予退还;本人不予退还的,由社会保险经办机构从其城乡居民基本养老保险个人账户余额或者其继续领取的职工基本养老保险待遇中抵扣。

八、各级社会保险经办机构要统一使用全国社会保险关系转移系统办理养老保险关系转移接续业务、传递相关表单和文书,减少无谓证明材料。要提高线上经办业务能力,充分利用互联网、12333电话、手机APP等为参保人员提供快速便捷服务,努力实现"最多跑一次"。

各级人力资源社会保障部门养老保险跨层级、跨业务涉及的相关数据和材料要努力实现互联互通,对可实现信息共享的,不得要求参保单位或参保人员重复提供。跨省转移接续基本养老保险关系时一次性缴纳养老保险费需向转入地提供的书面承诺书、相关法律文书等,不得要求参保人员个人提供,原则上由转出地负责。其中,转出地与补缴发生地不一致的,由补缴发生地社会保险经办机构经由转出地提供。

九、各级社会保险经办机构要完善经办规定,规范经办流程,严格内部控制,确保依法依规转移接续参保人员养老保险关系。各省级社会保险经办机构应当认真核查转移接续业务中存在的一次性缴纳养老保险费情况,按季度利用大数据进行比对。发现疑似异常数据和业务的,应当进行核实和处理,并形成核实情况报告报部社保中心;未发现异常数据和业务的,作零报告。发现疑似转移接续造假案例的,应当在10个工作日内上报部社保中心进行核实。部社保中心按季度对养老保险关系转移接续业务进行抽查。

十、要加强对跨省转移接续基本养老保险关系业务的监管,严肃查处欺诈骗保、失职渎职等行为,防控基金风险。对地方违规出台一次性缴纳养老保险费政策的,按照国家有关规定严肃处理。对社会保险经办机构工作人员违规操作、提供不实书面承诺书、参与伪造相关法律文书等材料的,由人力资源社会保障行政部门责令改正,对直接负责的主管人员和其他责任人员依法依规给予处分。发现参保单位或参保人员通过伪造相关文书材料等方式办理养老保险参保缴费、转移接续基本养老保险关系的,由人力资源社会保障行政部门责令清退相应时间段养老保险关系,构成骗取养老保险待遇的,按照社会保险法等有关规定处理。

劳动关系

综　述

【综述】 上海各级工会以工会群团改革为重点，全面深化“四位一体”工会协调劳动关系体系建设，着力发挥工会在源头参与、调处劳动关系矛盾、维护职工权益中的积极作用，各项工作取得积极进展。一是健全工作机制，切实有效推进工会预防调处劳动关系矛盾工作。年初，市总工会联合市协调劳动关系三方和市司法局，制订《关于促进本市企业重大改革调整中劳动关系稳定的操作指引》；加强排摸，有序化解劳动关系苗头性、倾向性矛盾；按照《上海工会预防和参与处置群体性劳资纠纷实施办法》，推进工会参与群体性劳资纠纷预防调处工作；加强合作，健全“四方合作”预防化解劳动关系矛盾工作机制。二是总结成功经验，全面深入推进国企工会改革工作。开展专题调研，选树确定20家国企工会改革工作示范单位；征集典型优秀案例50个，收录24份试点单位的制度文件，形成《上海国企工会改革试点单位工作成果汇编》；会同市委组织部、宣传部、国资党委、经信党委、建交党委等6家单位联合下发《关于全面推进本市国有企业工会改革的通知》，推进国企工会工作向纵深发展。三是加大工作力度，推进政府与工会联席会议机制落地见效。牵头协调，共同推进落实“加强本市环卫行业监管”“建立群体性劳动关系矛盾预防处置机制”等2018年市政府与市总工会联席会议议题；加大推进各地区、街镇二级联席会议机制，全市16个区均已召开了联席会议并制订制度文件，并推动所辖53个街镇召开联席会议；积极筹备召开2019年市政府与市总工会联席会议及相关工作。四是努力提质增效，积极推进集体协商与民主管理工作。持续提升集体协商工作的针对性实效性，参加首届全国城市工会集体协商竞赛，获得第四名好成绩；编写上海市企事业单位、区域性行业性职工代表大会、集体协商工作规范以及相关实务工作手册，扎实推进厂务公开、区域性行业性民主管理工作。五是切实依法维权，加强职工法律援助和工会劳动法律监督工作。做实做好工会法律援助实事项目。指导基层工会劳动争议调解站点切实加强实体化运行，充分借助四方力量开展劳动争议调处、提供职工法律维权服务；组织开展劳动法律业务培训，升级完善工会法律援助工作平台；推选职工维权优秀律师和优秀案例，扩大工会法律援助工作社会影响力；深入开展工会劳动法律监督工作。此外，继续推进和谐劳动关系创建活动；继续做好普法宣传、工会社会联络、服务农民工等工作。

（周永宝）

集体协商

【概要】 结合本市非公企业工会改革和国有企业工会改革相关工作要求，做好本市集体协商工作，发挥集体协商稳就业、促发展、构和谐的积极作用。一是不断夯实集体协商工作基础。按照全总《深入开展集体协商质效评估工作方案》相关要求，结合本市工作开展实际，制订上海市企业集体协商提质增效《工作规范》和《实务工作手册》，指导基层工会通过建立和完善以职工参与率、知晓率、满意率和企业认可率为导向的集体协商质效评估标准，提升职工对集体协商工作的获得感和企业的认可度。二是持续推进本市行业集体协商工作。制订完善本市区域性、行业性集体协商和职代会《工作规范》和《实务工作手册》，对区域性、行业性集体协商的协商主体、协商内容、协商程序、合同履行等内容进行规范和细化。加强与市绿化市容管理局、市水务局的沟通协调，推动环卫、绿化、管道、河道行业完成市级行业工资集体协商，持续提高上述行业职工劳动报酬和福利待遇。同时，结合2018年市政府与工会联席会议相关议题要求，以环卫行业为基础在行业工会组建、权益维护、关心关爱等方面进行有益探索，促进行业劳动关系和谐、稳定。三是积极参加首届全国城市工会集体协商竞赛。根据全总相关要求，由上海市机电工会与上海建工集团工会联合组队，代表本市参加首届全国城市工会集体协商竞赛。晋级全国四强，为上海工会争取了荣誉。四是切实加强基层集体协商针对性指导。对杨浦、普陀、青浦等地区，以及锦江、石化等产业系统的工会干部、协商代表开展有针对性的专题培训指导，提升工会干部和协商代表能力水平。指导推动青浦区在全市率先出台《关于2019—2021年青浦区实施集体协商提质增效工作的实施意见》，为持续深化集体协商提质增效打下坚实基础。

（金邓凯）

【全总赴沪调研集体协商和劳动关系矛盾预防化解工作】 9月16—18日，全总保障部副部长王晓华一行3人赴沪调研集体协商和劳动关系矛盾预防化解工作。全总调研组先后赴闵行莘庄工业区、徐汇区总工会，以及三菱电梯公司，围绕劳动关系面上情况、集体协商开展情况、劳动关系监测点工作落实情况开展调研座谈。市总工会副主席刘言浩陪同调研，并向调研组就本市集体协商工作和劳动关系工作整体情况做了专题汇报。王晓华对本市集体协商和劳动关系矛盾预防化解工作给予肯定，特别是高度认可上海工会开创性地建立劳动关系矛盾预防化解“四方合作”机制，在多元化解劳动关系矛盾中发挥了积极作用。同时，他要求上海工会继续围绕党的十九届四中全会和中国工会十七大精神，继续高度重视集体协商和协调劳动关系各项工作，突出工会组织主业主责，彰显新时期新形势下工会组织的新担当新作为。

（金邓凯）

【上海工会代表队成功晋级全国首届城市工会集体协商竞赛决赛】 11月3—5日，全国首届城市工会集体协商竞赛在浙江宁波举行。这是集体协商工作开展以来，首次组织城市级竞赛活动。此次竞赛致力于以赛促训，培养选拔一批优秀协商人员，通过竞赛提高广大工会干部协商能力，提升集体协商工作质量。全国共由20个城市工会组队参加竞赛。上海工会代表队由上海建工集团工会和上海市机电工会派员共同组成，4名队员平均年龄不到30岁。在大家的共同努力下，经过初赛、复赛，最终上海工会代表队成功晋级决赛，并荣获全国第四名的优异成绩，展示了上海工会的优秀风采。

（金邓凯）

【市总举办上海工会劳动关系工作指导员培训班】 11月18日、25日，

2019年度上海工会劳动关系工作指导员培训班在上海工会管理职业学院举办，全市16个区近200名指导员分二批参加培训。培训邀请闵行区总工会副主席于璐，围绕工会如何进一步做好群体性劳动关系矛盾调处工作为大家授课。与以往不同的是，此次培训特别安排了案例交流分享环节，由16个地区派指导员代表，就当年本地指导员亲自参与、指导的企业、区域、行业集体协商或一个群体性劳动争议事件化解，亦或是个人劳动争议调解等真实案例进行现场交流分享。这种形式为下一步工作的推进提供了借鉴，打开了工作思路。（金邓凯）

【宝山区总工会进一步推进集体协商建制】 在推进国企健全完善集体协商机制基础上，依法依规配足配强公司制企业职工董事监事，联合区国资委修订8家直管企业公司章程单列"工会"章节，加强工会在企业改革改制中的源头参与。积极推动国有企业履行社会责任，试点以劳务派遣公司建会作为劳务签约或项目外包的主要条件，加大对劳务派遣工、项目外包工及农民工等群体的关心关爱力度。开展十大集体协商民主管理示范案例评选，持续推进企事业单位职代会和集体协商制度达标规范建设。

（沈　英）

【青浦区总工会扎实推进集体协商提质增效】 一是加强分类指导。根据区内企业生产经营实际情况，划分七大类别，明确每个类别协商重点，突出协商针对性和实效性。坚持从企业实际出发，结合上海市最低工资标准和工资增长指导线，围绕关乎职工切身利益的内容进行集体协商。二是规范协商程序。优化职工协商代表结构，将代表的名额向一线职工倾斜，确保协商主体的代表性。通过召开座谈会、信箱、微信、个别访谈等多种形式，了解职工的诉求并作为协商的内容。协商后签订的协议通过职代会进行审议表决，报审核确认公示后生效，确保履约评价的实效性。工会在协议履行期间加以监督，督促协议内容落地见效。三是推进区域性、行业性民主协商制度。指导区域性、行业性集体协商与职工代表大会制度紧密结合，做到协商主体合法、协商代表产生规范、协商程序符合法规。拓展行业领域，从传统的建筑、餐饮服务业等向现代服务业、高新技术产业等领域延伸，关注区域内企业的发展状况，对于符合条件的企业，指导其在区域集体协商的基础上适时开展二次协商。总结推广赵巷奥莱商圈民主议事制度，促进民主议事制度与区域性集体协商、职代会制度有机联动。（朱建强）

【奉贤区召开和谐劳动关系创建活动暨民主管理集体协商工作推进大会】 6月5日，奉贤区召开和谐劳动关系创建活动暨民主管理集体协商工作推进大会。会议部署本区和谐劳动关系创建活动、民主管理和集体协商等工作，并对上海市和谐劳动关系达标企业代表、2018年度集体协商示范单位代表和十大行业（区域）集体协商优秀案例进行表彰。区人大常委会副主任、区总工会主席陆建国，副区长梅广清出席会议并讲话。区厂务公开工作领导小组成员单位负责人，区和谐劳动关系创建活动领导小组成员单位分管领导，区协调劳动关系三方委员会及四方联动单位成员，各街镇、社区、开发区厂务公开分管领导，协调劳动关系领导小组三方代表，相关委、局、集团公司、行业工会主席、专职副主席和企业代表等180余人参会。

（李凤英）

【上海电气集团召开2019年集体协商会议】 2月20日，上海电气集团2019年集体协商会议在集团本部召开。集团党委书记、董事长郑建华见证行政方和职工方的协商，强调要坚持集体协商制度，促进职工与企业建立事业共同体、利益共同体和命运共同体。集团党委副书记朱兆开主持。市机电工会主席朱斌、集团财务总监胡康出席。会上，集团资产财务部介绍了2018年集团财务预算完成情况、经济运行部介绍了2018年集团经济运行情况、人力资源部介绍了2018年集团人工成本使用及所属企业执行集团工资专项集体合同情况、机电工会介绍了《上海电气集团2019年集体合同（草案）》《上海电气集团2019年女职工权益保护专项集体合同（草案）》《上海电气集团2019年工资专项集体合同（草案）》主要条款修改情况。

（沈剑宏）

【中国宝武集体协商通过企业年金方案】 中国宝武始终坚持把关心关爱职工放在首位，在集团公司总部集体协商的基础上，研究制订《中国宝武下属各级子公司实施企业年金的指导意见（草案）》。在集团公司党委的坚强领导下，在各单位和全体代表共同努力下，中国宝武一届二次职代会以无记名投票方式一致审议通过《中国宝武下属各级子公司实施企业年金的指导意见（草案）》（含《中国宝武钢铁集团有限公司企业年金方案》）。下半年，集团公司工会指导各单位规范履行民主程序，审议通过本单位企业年金方案，进一步提高了职工的获得感、幸福感、安全感。（李士伟）

【上海船舶运输科学研究所工会围绕公司重组后劳动关系开展集体协商】 上海船舶运输科学研究所与中远海运科技股份有限公司实施重组，不同公司的重组将改变原有劳动关系。4月起，根据重组后的公司管理现状和职工需求，所工会及时与行政开展新一轮《集体合同》和《女职工专项集体合同》的协商，在充分维护两家公司职工原有权益的基础上，根据新公司的实际，进一步明确职工关于劳动报酬、工作时间、休息休假、劳动安全卫生、保险福利、职工培训、劳动纪律等涉及切身利益方面的意见和需求。合同经广泛征求职工代表意见后提交年中职工代表视察工作会议审议通过，并及时报送中远海运集团工会和浦东新区人力资源保障部门备案生效，有效保障职工合法权益。在协商过程中，为帮助职工了解相关权益，所工会还组织了"新时代职工与法同行"法律培训，邀请专家对《劳动合同法》中薪酬构成、劳动合同变动等职工关心的内容进行讲解，帮助职工知法、懂法，有效维护职工权益。（顾霞琴）

【中远海运发展股份有限公司对《集体合同》等进行协商】 4月25日，公司召开"中远海运发展集体合同等平等协商会议"，公司总经理刘冲担任企业方首席代表，工会主席朱冬林担任员工方首席代表，双方代表各5名，

3 月 4 日,交运集团举行第十九次集体协商会议 (杨伟民)

协商会议由总经理刘冲主持。双方代表对《中远海运发展股份有限公司集体合同(草案)》《中远海运发展股份有限公司女职工权益保护专项集体合同(草案)》的有关条款进行协商,最终全体代表一致同意两份合同草案及其有关条款内容,并提交职代会审议通过后签订。 (刘　霞)

【交运集团举行第十九次集体协商会议】 3 月 4 日,交运集团股份有限公司与市运输工会举行第十九次集体协商会议。行政方首席代表、交运集团党委副书记、总裁朱戟敏;工会方首席代表、交运集团党委委员、运输工会主席张正,以及协商双方代表出席会议。会上,双方代表认真听取了交运集团第十八次集体协商议题落实情况汇报,就《推进 2019 年主题立功竞赛和提高职工队伍整体素质》《推进深化集团第二批导师带徒工作》《调整 2019 年集团系统在岗职工最低工资标准》《实施 2019 年交运一线职工岗位创新激励措施》《落实 2019 年交运职工疗休养线路》等 5 项议题进行讨论和协商,并达成一致意见。交运集团行政与运输工会双方首席代表签署了第十九次集体协商协议草案,并提交交运集团一届三次职代会审议通过。 (杨伟民)

【市环卫行业第九次工资集体协商会议】 4 月 30 日,在市绿化市容管理局的见证下,市绿化市容行业工会与市市容环境卫生行业协会召开 2019 年环卫行业工资集体协商会议,会上围绕完善环卫职工收入正常增长机制、调整环卫行业最低工资标准、设立绩效考核奖、提高夏季高温津贴标准等 4 项议题展开磋商。经过协商,达成共识,签订《2019 年上海市环卫行业工资集体协商协议书》。 (鲍　斌)

【市绿化养护行业第四次工资集体协商会议】 4 月 30 日,在市绿化市容管理局的见证下,市绿化市容行业工会与市园林绿化行业协会召开了 2019 年绿化养护行业工资集体协商会议,会上就完善绿化养护职工收入正常增长机制、调整绿化养护行业最低工资标准、设立绩效考核奖、提高夏季高温津贴标准、建立职工意外保险制度、加强对职工的技能培训等 6 项议题展开。经过协商,达成一致意见,签订了《2019 年上海市绿化养护行业工资集体协商协议书》。 (鲍　斌)

职代会和厂务公开

【概要】 全市各级工会督促企事业单位依法推进职代会和厂务公开制度建设,在维护职工群众民主权利并促进企事业单位发展中取得积极成效。一是在上海推进供给侧结构性改革的背景下,由于企业的关停并转迁等改革调整,职代会与厂务公开建制数虽然保持相对稳定,但总体呈小幅下降趋势。据上海工会年报统计,截至 9 月底,全市建立职代会(含职工大会)制度的单位总数为 120249 个,其中建立职代会制度单位数为 65806 个,建立职工大会制度数为 54443 个。在单独建立职代会制度的 37180 家单位中,其中国有、集体及其控股的企事业单位职代会建制 9044 家,非公企业职代会独立建制 28136 家,已建区域性、行业性职代会 7372 家,覆盖非公企业 117717 家。全市实行厂务公开的单位总数为 124283 家,其中单独建制的 37337 家单位中,国有、集体及其控股的企事业单位实行厂务公开制度的为 9209 家,非公有制企业实行厂务公开的为 28128 家。二是扎实推进民主管理工作。市总工会组织编写《上海市企事业单位职工代表大会工作规范》《上海市企业集体协商工作规范》《上海市区域性、行业性集体协商、职工代表大会工作规范》,并举办两期《上海市职工代表大会条例》《上海市集体合同条例》培训班,为企事业单位扎实推进民主协商制度提供工作指导。许多区局、产业工会和基层单位也举办了相应的专题培训,有力地推动了民主管理工作。三是民主管理的工作实效得到提升。市总工会将民主管理工作纳入国企工会改革和非公企业“四位一体”的劳动关系协调体系建设内容加以部署,许多企事业单位在工会改革工作的推动下,得到单位主要领导的重视,认真落实职代会的职权,规范运作程序,健全组织制度和工作制度,并丰富厂务公开的内容和形式,使民主管理的运作质量得到有效提升。 (王珍宝)

【联合多方共同制订《关于促进本市企业重大改革调整中劳动关系稳定的操作指引》】 本市由于受到外部宏观经济形势、产业结构转型升级等多重影响,企业的关停并转迁等重大改革调整已成为当前和今后一段时期内的新常态。经过一年多的酝酿,在全面梳理了国家和本市相关法律法规,以及中共中央、国务院和市委、市政府有关构建和谐劳动关系政策文件规定的基础上,4 月,由市总工会牵头,联合市人力资源和社会保障局、市司法局、市企业联合会/市企业家协会和市工商业联合会共同制定了《关于促进本市企业重大改革调整中劳动关系稳定的操作指引》。《操作指引》出台后，市总工会及时联合市协调劳动关系三方，以及市司法局、市律师协会开展多场专题培训，进一步对企业经营管理者、企业人力资源干部、社会律师、各级工会干部等群体强化民主协商意识，共同推动劳动关系的和谐稳定。（金邓凯）

【徐汇区总工会深化厂务公开民主管理】 徐汇区总工会着力推进职代会建设，以规范职工疗休养申报、教育附加申请和职工先进推荐等工作流程，倒逼企业落实职代会各项民主管理职能，保障职工的主人翁地位。把劳动关系指导员队伍作为推进集体协商工作的重要力量，进一步提升全区集体合同的签约率，全年全区新签订集体合同 227 份，涵盖企业 2558 家，覆盖职工 46088 人；新签订工资专项集体合同 774 份，涵盖企业 7641 家，覆盖职工 153606 人；企业女职工权益保护专项集体合同签订率 100%。广泛组织动员全区企业职工积极参加 2019 年度市安康杯竞赛活动，共上报企业数达 314 家，有 7 家单位获“优胜奖”，4 家获“优秀班组奖”，2 家获“优秀组织奖”，2 人获“先进个人奖”。（徐艳杰）

【全总在静安区召开非公企业民主管理工作座谈会】 5 月 29 日，全国总工会在静安区召开非公企业民主管理工作座谈会。出席座谈会的有全总基层工作部部长金善文、基层工作部民主管理处处长钱鑫、副调研员张雯、市总工会副主席刘言浩等。静安区人大常委会副主任、区总工会主席叶坚华等参加调研。座谈会上，叶坚华介绍了静安工会的基本情况、特色工作，以及推进非公企业民主管理工作的主要做法。芷江西路街道、上海高桥捷派克石化工程建设有限公司、上海杉达学院、上海三菱电梯有限公司、上海浦江物业有限公司、普陀长征工业区等 6 家单位交流发言。芷江西路街道重点介绍了推进小区职代会制度建设的情况。全总调研组在听取各单位的汇报后，给予高度评价，认为上海的非公企业民主管理工作起步早、认识高、定位准、思路明、效果好。上海非公企业民主管理工作的成功之处，在于各级党政和社会各界对推进民管工作的高度重视，各级工会在抓民管工作上创新机制、积极作为，各企事业单位在推进民管工作中取得的显著成效，对民主管理制度建设从外延到内涵都有了新的拓展。（严 琪）

【嘉定召开首届区物业管理行业职工代表大会】 12 月 19 日，嘉定区物业管理行业一届一次职工代表大会在嘉定区工人文化宫召开。市总工会副主席刘言浩出席大会并讲话。市物业管理行业协会党建指导委员会主任王志兴到会致开幕词。市总工会劳动关系部部长周永宝，嘉定区总工会党组书记、常务副主席金伟荣，嘉定区住房保障房屋管理局党委副书记潘红芳，嘉定区总工会党组成员、副主席张肖楠等出席会议。81 位来自全区 30 家物业管理企业推选的职工代表参加大会，大会审议通过《嘉定区物业管理行业职工代表大会制度》《嘉定区物业管理行业集体合同、工资专项集体合同和女职工特殊利益专项集体合同》以及《嘉定区物业管理行业一届一次职工代表大会决议》。会上还为物业行业企业女职工代表送上了“非公企业女职工专项体检礼包”。（汤利强）

【上海电气集团二届四次职工代表大会召开】 2 月 22 日，上海电气集团二届四次职工代表大会在上海电气培训基地召开。集团党委书记、董事长郑建华讲话，集团党委副书记、总裁黄瓯作行政工作报告。大会表决通过并签订了《上海电气集团 2019 年集体合同》《上海电气集团 2019 年女职工权益保护专项集体合同》《上海电气集团 2019 年工资专项集体合同》。大会要求各级干部和广大员工围绕集团 2019 年发展目标，进一步弘扬主人翁精神，解放思想、转变观念，开拓创新、扎实工作，为上海电气又高又快又好地实现“电气梦”和“三步走”战略目标而不懈奋斗。会上，代表们对集团领导干部和职工董监事进行了民主评议。（彭伟光）

【上海仪电集团召开一届五次职代会】 上海仪电（集团）有限公司第一届职工代表大会第五次全体会议于 5 月 10 日在华鑫慧享中心会议厅召开。大会听取并审议《上海仪电（集团）有限公司经营工作情况报告》《上海仪电（集团）有限公司 2018 年职工代表提案落实情况和 2019 年提案工作情况报告》《上海仪电（集团）有限公司 2019 年职工代表巡视检查工作情况报告》，卸免、替补了第一届职代会民主管理委员会部分委员，审议通过《关于推进新时期上海仪电产业工人队伍建设改革的实施方案》，审议通过并签订《上海仪电（集团）有限公司 2019—2021 年集体合同》。（邵秀根）

【上海仪电集团职代会民主管理委员会组织职工代表开展巡视检查工作】

5 月 10 日，上海仪电集团召开一届五次职代会（王 硕）

2019 年一季度，上海仪电职代会民主管理委员会组织部分职工代表开展了 2019 年职工代表巡视检查工作。职工代表分 4 个巡视检查工作小组，分别对各重点子公司以及所属 7 家基层工会工作改革试点单位进行巡查。仪电集团党委副书记、纪委书记、仪电集团职代会民主管理委员会主任谢卫平，仪电集团副总裁、仪电集团职代会民主管理委员会副主任陈靖，仪电工会主席、仪电集团职代会民主管理委员会副主任顾文，以及仪电集团职代会民主管理委员会部分委员、各重点子公司工会主席、部分职工代表等参加巡查。巡视检查中，职工代表们通过听取工作汇报、组织座谈交流、进行现场参观等方式，对被巡视检查单位工会改革工作的总体情况，以及在强化党的领导、融入企业管理、推进产业工人队伍建设、关心关爱职工、履行社会责任和加强工会自身建设等方面进行检查。同时，对检查中发现的问题提出了意见或建议。（邵秀根）

【国网上海市电力公司工会召开六届一次职代会】 1 月 23 日，国网上海市电力公司召开六届一次职代会暨 2019 年工作会议。会议传达了市委书记李强，市长应勇，副市长吴清近期对公司 2018 年工作情况汇报作出的批示；传达了国网公司三届四次职代会暨 2019 年工作会议精神。市府副秘书长陈鸣波、国家能源局华东监管局副局长郑逸萌、国网公司华东分部副主任张怀宇出席会议并讲话，市发改委副主任周强、市经信委副主任张建明应邀出席会。公司董事长、党委书记钱朝阳作题为《勇担当善作为，再创新再争先，奋力谱写世界一流城市能源互联网企业建设新篇章》的工作报告。会议指出，2019 年工作总的要求是以习近平新时代中国特色社会主义思想为指导，贯彻国网公司三届四次职代会精神和上海市决策部署，按照稳中求进工作总基调和高质量发展要求，以建设世界一流城市能源互联网企业为目标，以安全为基础、客户为中心、服务为根本，改革创新、锐意突破，加强党建引领和职工队伍建设，全力打造“三型两网”企业，全力支撑国网公司做强做优做大，服务上海更好地落实中央赋予的战略定位和特殊使命，向建国 70 周年献礼。（俞画屏）

1 月 23 日，国网上海市电力公司工会召开六届一次职代会（傅为民）

【上海电力建设有限责任公司培训中心深化企业民主管理工作】 2019 年，上海电力建设公司培训中心坚持以职工大会为基本形式落实民主管理制度，进一步加强和完善职工大会和平等协商集体合同机制。一是突出公开透明，保证职工群众的知情权和参与权。凡涉及职工群众最关心、反映最强烈的热点问题，涉及职工切身利益的事项，容易形成矛盾和滋生腐败现象的问题，以及经营管理、人事管理中的重大事项都要向职工公开，让职工群众知晓。二是坚持实事求是，公开事项都能够紧密贴合企业实际情况，做到真实可靠，准确可信。组织召开职工大会，将涉及职工权益的薪酬和绩效考核制度经由职工审议通过。结合培训中心自身特点，以个别访谈、座谈会、职工大会、书面意见表等形式进行职工意见征求，确保相关必要的信息及时公示公开，开展的各类推荐推选工作完全符合实际，全体职工的民主权力得到了充分体现。（陈琪）

【中国宝武工会推动各单位将职工民主管理融入公司治理】 中国宝武工会认真落实《中央企业公司章程指引（试行）》要求，配合法律事务部制订公司章程管理办法，指导韶关钢铁、鄂城钢铁、宝信软件、华宝信托等 11 家子公司在各级党组织领导下，开展公司章程修订，把职工民主管理相关要求纳入公司章程、融入公司治理，推动科学合理、有效制衡、高效协同的公司治理体系建设。（李士伟）

【中国宝武加强改革过程中民主管理，助推厂办大集体改革】 中国宝武根据国家有关法律法规以及人社部、国家发展改革委、国资委、全总等八部门《关于切实做好化解过剩产能中职工安置工作的通知》（人社部发〔2019〕56 号）等要求，将职工转型发展工作作为重中之重，坚持与深化改革、整合融合、转型发展同谋划、同部署、同推进，夯实责任，加强协调，精准施策。集团公司人力资源部、法律事务部、工会、信访办协同研究厂办大集体改革等改革过程中涉及职工切身利益的重大事项方案以及涉及的职工安置方案、履行民主程序方案、维稳工作预案等方案，严格把关，监督实施，防范风险。加强研判，指导基层单位规范履行民主程序。武钢集团、鄂城钢铁、武钢资源等各单位工会主动参与改革方案和有关政策的调研论证、制定，耐心细致做好职工思想政治和心理疏导工作，统一认识，引导预期，攻坚克难，促进了厂办大集体改革等各项重大改革事项平稳有序推进。（李士伟）

【中国宝武举办第三次职工代表看宝武活动】 “职工代表看宝武”活动是

职工代表履职尽责的重要载体，是各单位沟通交流、相互学习的机会，更是促进公司融合发展的重要平台。11月，中国宝武集团公司以“从智慧制造看环境改善、绿色发展”为主题举办第三次“职工代表看宝武”活动。活动不仅组织代表们听取高质量钢铁生态圈建设、智慧制造等专题介绍，现场观摩，与集团公司领导座谈交流，还通过微信平台开通智慧制造项目网上点赞投票，增加了活动的互动性，让代表们感知了中国宝武智慧制造改善工作环境、降低劳动强度、提升劳动效率、促进职工技能提升的显著成效，加深了对智慧制造、绿色发展的认识理解，增强了自豪感和干事创业的紧迫感，更加坚定了对中国宝武未来发展的信心。沪内外各单位同步组织，近200名代表参加，马钢集团、武钢集团、韶关钢铁等沪外单位还各安排了12名沪外基层代表来上海参与活动。代表们普遍表示，通过参与活动感知了智慧制造、环境改善、绿色发展的生动局面和丰硕成果，对“一基五元”发展战略有了更深入了解，进一步坚定了信心、鼓足了干劲、增强了爱岗敬业、热爱宝武的情怀。（李士伟）

【中国宝武举行2019年厂务公开专题报告会】 9月27日，中国宝武举行2019年厂务公开专题报告会，会议报告了集团公司领导班子“不忘初心、牢记使命”专题民主生活会召开情况及中央巡视整改阶段性情况，以及集团公司上半年“经营绩效”“党风廉政建设”“能源环保”“安全管理”“领导人员履职待遇、业务支出”“厂务公开民主管理”等情况。集团工会就集团公司一届一次职代会期间代表们对总经理工作报告等议案所提意见建议落实情况作了反馈。中国宝武党委副书记伏中哲、工会主席傅连春参加会议并讲话。集团公司有关职能部门负责人，集团公司职代会综合民主管理委员会委员、部分集团公司职代会代表，二级单位厂务公开民主管理分管领导、部分职代会代表等150余人参加，其中15家沪外单位职工代表70余人视频参加。（李士伟）

【中国宝武召开一届一次职代会】 1月31日，中国宝武集团一届一次职代会在宝武管理学院大礼堂召开。大会听取并审议了胡望明总经理所作的《筑梦新征程、再创新辉煌，创新提升体系能力，协同共建钢铁生态圈》工作报告，集团公司工会主席傅连春报告了集团公司一届一次职代会预备会议讨论审议情况，大会听取并审议《2018年安全生产管理情况及2019年工作计划报告》《集团公司2018年能源环保工作情况及2019年工作计划报告》，书面审议《集团公司2018年企业年金运作和管理情况报告》《集团公司2018年职工教育经费使用情况及2019年培训计划报告》《集团公司2018年职工需求与关注点信息管理情况报告》《集团公司2018年厂务公开民主管理工作综合报告》《集团公司一届一次职代会筹备工作报告》《集团公司第一届职代会代表资格审查报告》等专项报告，审议通过《集团公司第一届职代会表决办法》《集团公司职代会制度》《集团公司职代会综合民主管理委员会工作细则》《集团公司第一届职代会综合民主管理委员会委员名单》。审议通过《集团公司一届一次职代会决议》。通过本次换届工作促进了厂务公开民主管理制度化、规范化、标准化建设。（李士伟）

【中国宝武组织开展2018年度领导人员民主评议】 按照中国宝武《职工代表大会民主评议领导人员工作细则》以及中国宝武党委组织部关于开展2018年度集团公司直管领导人员重点管理岗位人员绩效评价工作的整体安排，2月，党委组织部、工会等有关部门组织开展了2018年度领导人员民主评议，对158名直管领导人员进行了民主评议。2702名职工代表参与评议，完成率为98.69%。集团公司2018年度直管领导人员民主评议“优秀率”和“能力素质”综合得分连续三年上升。党委组织部和工会对民主评议结果中反映出的问题进行分析，并向集团公司提出相关意见建议，推动公司干部队伍建设水平持续提高。（李士伟）

【宝钢发展规范完善多级职代会运行管理】 2019年，宝钢发展进一步规范完善多级职代会运行管理：一是召开十届一次职代会，选举产生新一届职工代表、民管会委员、集体协商职工方代表、劳动争议委员会职工代表。二是召开十届一次职代会联席会议选举产生宝钢发展职工董事、职工监事。三是召开十届二次职代会，全票通过《宝钢发展企业年金方案》等5项议案。四是广泛开展集体协商提案、议案征集活动，共征集了职工代表提案、议案20件，并就“继续实施企业年金”“增加女职工健康体检项目”“增加职工健康体检项目”“增加职工转岗培训的投入”和《2019年度宝钢发展有限公司集体合同（草案）》等6项议题在2019年集体协商会议上达成共识。五是规范完成中国宝武职代会、工代会民主流程，召开宝钢发展九届九次职代会联席会议选举产生宝钢发展出席中国宝武职代会代表；召开工会会员代表会议选举产生宝钢发展出席中国宝武工代会代表。（朱 宏）

【宝钢发展进一步深化厂务公开民主管理】 2019年，宝钢发展进一步深化厂务公开民主管理：一是召开宝钢发展2019年厂务公开报告会，就公司经营绩效、党风廉政、履职待遇、业务支出管理，安全生产和能源环保等情况向职工代表们报告；同时，公司党政主要领导针对职工普遍关注的问题在会上与职工代表沟通交流，进一步加大职工代表对公司发展与生产经营情况的知情参与力度。二是根据2018年问卷调研情况，对《宝武管理者问卷》进行分析，形成《战略转型发展与领导作风建设专项调研分析报告》，并在公司党委中心组学习上进行了报告；组织开展了2019年《宝武管理者问卷》调研工作，形成数据分析报告报公司领导和相关部门决策参考。三是源头参与公司改革改制工作的民主管理，积极参与宝钢发展法人压减和餐饮管理公司深化改革工作，确保申宝公司、新事业公司和餐饮管理公司在压减、改制过程规范履行民主程序；参与技术服务分公司部分业务划转置业公司、宝钢国旅委托置业公司管理的对接沟通；指导制造服务事业部做好绿化管理部划转人力中心、不锈特钢业务合并对接，确保业务划转期间职工平稳过渡。四是主动协助党政做好维稳工作，召开劳动争议调解委员会会议及帮困送温暖领导小组会议，就相关职工的劳动争议开展调解工作，妥善协调处理好历史遗留问题。（朱 宏）

【宝钢工程加强职代会的体系管理，规范运行多级职代会】 2019 年，宝钢工程发挥职代会作为厂务公开民主管理主渠道的作用，把职代会作为员工参与民主决策、民主管理和民主监督的重要平台，召开宝钢工程三届一次职代会，组织职工代表讨论审议公司行政的年度重点工作，征集改革发展意见和建议，促进企业持续健康平稳发展。宝钢工程创新职代会的运行方式，在代表、主席团人数、结构等合规的情况下，将集团型、公司型职代会一体化运行，同步启动宝钢工程第三届职代会、宝钢工程（法人项下）第三届职代会的换届工作，同步召开宝钢工程三届一次职代会、宝钢工程（法人项下）三届一次职代会，提升职代会运行效率。同时宝钢工程加强职代会的体系管理，进行“穿透式”管理，预审基层单位职代会换届方案及议程，做好指导和服务工作，提升基层职代会的运行质量。（蔡兴目）

【宝武环科加强厂务公开民主管理】

2019 年，宝武环科采取多种形式加强厂务公开民主管理工作，主要做法：一是组织召开 2019 年度公司职代会。组织职工代表充分审议总经理工作报告等 5 项议案。闭会期间，组织 16 人次职工代表对基层单位开展劳动保护和安全环境改善情况进行现场巡视。同时年内指导直属 3 家单位完成职代会、工代会换届工作。二是深化集体协商工作机制，召开总部 2019 年职工代表会议，对 2018 年度集体合同履行情况进行报告，对 2019 年职工代表会议职工代表议案征集情况及提交本次协商 4 项议题进行说明，修订公司年金方案、完善女职工健康体检项目。三是规范履行民主程序，助推公司转型发展。召开 2019 年厂务公开报告会，向职工代表通报公司经营绩效、集团巡视整改落实、主题教育开展等情况，并组织 80 名职工代表进行满意度测评，经测评，参会代表对厂务公开民主管理满意度达 90.79%。各级工会围绕公司整合融合、深化改革认真履职，按要求填写企业改革事项跟踪表，助推企业改革发展稳定。四是进一步推动劳动关系和谐企业创建。年内，沪内单位各级子公司均完成“上海市和谐劳动关系达标企业”申报创建工作，其中已有 3 家公司被评为“和谐劳动关系达标企业”。（赵向锋）

【上海不锈加强厂务公开民主管理，切实维护职工合法权益】 2019 年，按照集团公司《职工民主管理制度》要求，建立完善《上海不锈职工民主管理基本制度》，认真落实职代会要求，策划实施了公司三届二次职代会、公司领导人员民主评议和二级单位职代会换届等工作，进一步推进职工民主管理工作。针对企业年金调整，系统策划，统一布置，年中召开公司三届三次职代会，通过公司企业年金调增方案。充分发挥职代会综合民管委作用，定期组织开展工会劳动安全保护监督检查。全年开展 4 次专项督查，督查发现安全隐患 8 项，已落实隐患整改。深入推进“我的安全我管理、我的生命我珍惜”为主题的职工岗位安全教育、岗位安全风险描述、隐患闭环整改等安全自主管理活动，共查找岗位安全风险描述 1516 条，其中修订完善 2 个相关制度，通过设备设施进行整改 3 条建议，1511 条进行即查即改。活动中评选 6 个“优秀案例”，真正实现“风险辨得全、危害认得清、措施定得准。开展安全“隐患随手拍”自查自纠自改活动，按季度推进，共收到职工发现问题 24 件，强化了本质化安全管理，倡导安全文化建设，真正使“我要安全”成为了职工行为习惯。（方爱国）

【宝钢工程组织厂情通报会，进行“双向沟通”】 为了进一步贯彻全心全意依靠职工办企业的方针，拓展和丰富职工的民主管理活动，8 月，宝钢工程召开年度厂情通报会暨第三届职代会综合民主管理委员会（扩大）会。公司领导及相关职能、业务部门负责人，第三届职代会综合民主管理委员会委员、职工代表等近 60 余人参加会议。会上通报了宝钢工程 2019 年 1—7 月份经营绩效情况、党风建设和反腐败工作情况、领导人员履职待遇、业务支出情况、安全能环工作情况、领导人员民主评议结果、智慧制造工作情况。同时进行“双向沟通”，公司领导和与会人员就基层员工关注的在当前形势下企业深化改革、核心人才培养及能力的发挥、人员队伍结构优化、劳动保护等方面进行交流互动，进一步增强企业管理的透明度。（蔡兴目）

【上海石化工会开展职代会提案落实巡视评估】 2019 年，上海石化工会围绕 44 件职代会提案跟踪落实，开展巡视评估。根据提案征集、预审工作流程和巡视评估工作流程，形成专门委员会、巡视评估员及职能部室对口提案落实表。巡视评估员以实地考察和个人督办形式巡视评估，形成提案落实情况表 44 份。至年底，职代会专门委员会组织 28 名巡视评估员和 51 名提案人，对 12 个提案落实部门（单位）进行满意度测评。（袁 玮）

【上海石化召开七届三次职代会】 3 月 5—6 日，上海石化召开七届三次职代会，252 名职工代表参加。会议书面审议《公司行政工作报告》《公司 2017—2020 年集体合同 2018 年履行情况报告》《公司 2018 年福利费使用情况和 2019 年预算初步安排的报告》《公司七届二次职代会巡视评估情况报告》《公司 2018 年职工教育经费使用情况报告》《公司 2019 年职工培训计划编制报告》《公司 2018 年业务招待费使用情况报告》《公司 2018 年职工帮扶互助基金使用情况报告》《公司七届二次职代会提案审理情况报告》和《公司 2018 年运转岗位运行情况报告》；听取公司党政领导班子成员述职、述学、述廉报告，民主评议公司领导班子和公司领导；表彰公司优秀职工代表、优秀巡视评估员、职代会先进专门委员会、最佳提案、提案落实工作先进部门。（袁 玮）

【上海石化深化落实厂务公开民主管理】 2019 年，上海石化继续完善职工利益诉求表达和利益协调机制，实施信息上传提醒制和信息处理通报制，全年共发布政策法规、公司文件、及时信息 188 条。抓好提案预审、审理、落实环节，公司七届三次职代会共

3月5—6日，上海石化召开七届三次职工代表大会　　（石小建）

收到提案93件，受理提案55件，合并后44件。加快提案流转速度，减少提案单遗失风险，启用《上海石化职代会提案督办》流程，提高提案办结效率。开展提案落实满意度测评，发挥职工代表、职代会专门委员会和职代会巡视评估员作用，促进职代会各项职权落实。　　（袁　玮）

【上海航天局提升职工代表履职能力，深化代表提案和职代会工作】 上海航天局召开四届一次职代会，选举产生第四届职工代表249名。做好提案工作的跟踪管理与征集，三届五次职代会提案完成率100%，四届一次职代会共收到提案47份，有效促进局在技术进步、管理改善、队伍建设和人才培养等方面的工作。组织200余名职工代表参加培训，提高职工代表履职能力，组织50名职工代表对上海航天创新创业中心进行了巡视，了解具有航天特色创新创业平台的运行机制。同时，指导有关单位在推进深化改革改制的过程中，坚持民主程序，凡涉及职工切身利益的重大事项，认真履行职代会职权，从制度源头上保障职工的合法权益，切实履行维权职能。　　（沈方方）

【上海卷烟厂职工代表开展现场巡视】 随着"一个工厂、两个生产板块"新运行模式的不断深入和完善，上海卷烟厂着力构建职工代表参与管理的平台和渠道，通过组建职工代表巡访团的形式探索职工代表巡视新模式。在全厂范围内，以后勤服务、安全保护、综合管理三大类别为重点，围绕工厂发展过程中的重点工作和职工群众集中关切的焦点问题开展巡访，从而强化职工代表与行政部门的联系沟通力度，进一步在信息互通中增进互信，凝聚共识。在7月首次巡访活动中，来自各车间部门的职工代表和一线班组长代表深入D区工房食堂，实地查看新厂区食堂管理运行、仓储卫生、窗口服务等情况；在11月的巡访活动中，围绕职工群众集中关切的班车问题，各车间部门的职工代表和一线班组长代表与业务科室召开"圆桌会议"，代表们在前期深入调研的基础上，就班车运行的现状和需求与业务科室进行了沟通与反馈。在信息互通中，增强了职工的归属感和责任感，同时也强化了行政部门的服务管理水平。　　（丁佳杰）

【市烟草工会组织开展新一届职代会职工代表履职培训】 1月29日，市烟草工会组织开展了"新时期职工代表履职"培训工作，第八届新当选的职工代表及各单位工会民管干部参加培训。培训邀请上海市总工会专家就新形势下的职工民主管理、国企工会改革、职代会工作制度、如何做好新时期职工代表等内容，向与会代表作了专业讲解，并就行使职代会审议通过权、发挥集体协商作用、做好职代会提案等工作进行了案例分享。通过培训，让新当选的职工代表了解代表的权利义务和肩负的神圣使命，为更好地发挥参政议政作用打下了基础。　　（刘　玲）

【上汽集团召开三届二次职代会】 4月1日，上海汽车集团股份有限公司召开第三届职工代表大会第二次会议。上汽集团党委书记、董事长陈虹发表讲话，党委副书记、总裁陈志鑫作行政工作报告，336名正式代表出席大会。党委副书记、副总裁周郎辉宣读表彰决定。工会主席钟立欣主持会议。会议审议并通过大会决议；对2018年上汽集团合理化建议优秀企业、集体和个人优秀项目代表、"2018年度上汽集团精神文明十佳好事"的个人和团队进行表彰。　　（范　融）

【华东电力工会加强日常民主管理工作，服务企业稳定大局】 按照国网公司统一部署，负责国家电网公司三届四次职代会华东代表团的服务联络工作。组织华东代表团职工代表会前培训。做好分部职工代表在国网三届四次职大会的提案收集、提交等相关工作。组织完成国家电网公司华东分部2019年职工代表大会暨年度工作会议的相关筹备工作，完成华东分部职工代表的改选，协同办公室开展职工代表资格审查工作。成立职代会专门工作委员会，通过2019年工作报告、下达2019年厂务公开工作计划等。及时编写贯彻落实国网"两会"精神的学习材料，将国网公司、华东分部"两会"精神落到实处。组织召开分部分工会主席会议，由各分工会组织落实职工代表进行职代会相关制度的自学培训。做好职代会闭会期间的民主管理工作。保障各专门工作委员会正常运作，协调相关处室落实处理5件职工代表提案、收集员工在生活福利方面的诉求和反映，及时为员工关心的事宜释疑解惑或提出建议。落实厂务公开，定期召开分工会专题会议，通报工会经费、爱心帮困基金使用情况，就涉及职工切身利益的事宜，听取职工意见和建议，履行民主程序。实行分部劳模先进联络员工作制度，邀请联络员参加分部月度例会，积极建言献策、参政议政。召开劳模先进联络员座谈会，进一步畅通分部领导

与职工的沟通渠道。（施炜伟）

【铁路上海局集团公司工会推进民主管理与厂务公开】 铁路上海局集团公司在上海召开第一届职工代表大会第二次会议。与会代表审议通过《上海局集团公司行政工作报告》《关于2018年上海局集团公司职工福利费使用情况及2019年职工生活福利工作安排的报告》等13项报告，审议并签订《中国铁路上海局集团有限公司集体合同(2019年4月1日至2022年3月31日)》，听取集团公司领导班子及成员述职述廉并进行民主评议，选举产生了集团公司职工董事。做好职代会提案征集、审理和立案工作，共征集职工代表提案110件，立案和办理55件，占比50%，确保职工参与企业管理权利的充分实现。坚持职代会联席会议制度，召开集团公司第一届职代会第五、六、七次联席会议，审议通过《中国铁路上海局集团有限公司企业年金方案》等8项涉及职工切身利益的制度办法。开展职工代表中期视察，组织部分职工代表，围绕"高铁安全风险管控机制""标准化规范化建设""职代会实事项目"三项重点，组成三个视察组进行专题视察，深入32家基层单位，采取座谈交流、现场查看等方式，对三项年度重点工作的推进落实情况进行全面深入了解，形成高质量的视察报告。组织召开2019年集团公司领导与职工代表民主恳谈会，20名基层职工代表参加会议，报告了3个视察组活动开展情况，围绕客货运输服务、工电供融合改革、职工队伍素质建设、技能人才培养等职工关心关注的热点问题，充分表达了一线职工的心声，并提出意见建议。积极开展和谐劳动关系创建活动，在全面保障职工各项权益、完善协商协调机制、推动企业与职工共建共享等方面取得积极成效，集团公司被授予"全国模范劳动关系和谐企业"荣誉称号。（袁　青）

【上港集团推进三级企业民主管理建设】 上港集团坚持不断深化企业民主管理工作。2019年，根据《企业民主管理规定》《上海市职工代表大会条例》《上海市集体合同条例》等有关法律法规规定，集团深入推进基层一线民主建设，就进一步加强集团属三级企业民主管理工作保障职工民主参与、民主管理和民主监督的权利，构建和谐稳定的劳动关系，制订下发《关于进一步加强上港集团三级企业民主管理的若干意见》(以下简称"意见")。意见遵循坚持党的领导、坚持程序依法、坚持职权分层的基本原则，对三级企业如何建立健全职工代表大会制度、建立健全集体协商机制、加强日常民主管理工作、建立职工民主管理评价和监督机制做了明确规定，旨在实现集团属三级企业职工(代表)大会建制实现全覆盖、集体合同维权实现全覆盖、职工满意度持续提升的总体目标。（施文卿）

7月26日，上港集团召开三届四次职工代表大会（瞿　杰）

【上港集团召开三届三次职工代表大会】 1月23—24日，上港集团召开三届三次职工代表大会，227名正式代表参加会议。大会以无记名投票方式表决通过《上港集团2019年度职工工资专项集体协议》，集团行政方首席代表集团党委副书记、总裁严俊，与职工方首席代表集团工会主席庄晓晴共同签订集体协议。审议《上港集团2019年行政工作报告》《上港集团2019年职工教育培训计划》，表决通过了《上港集团职工工资和福利费2018年度使用情况和2019年度预算安排情况报告》《上港集团企业年金实施方案(修订稿)》，表彰2018年度集团先进标兵个人和集体、优秀承包工以及十佳示范班组。大会共收到职工代表提案44件，立案并办理完结42件，做到"件件有答复，项项有落实"，职工代表提案答复满意率100%。（张　容）

【上港集团召开三届四次职工代表大会】 7月26日，上港集团召开三届四次职工代表大会，213名正式职工代表、50名列席代表参加大会。大会以无记名投票方式选举工会主席庄晓晴为上港集团第三届董事会职工董事，选举纪委副书记、监察室主任刘刚和审计部部长周源康为上港集团第三届监事会职工监事。大会选举产生的1名职工董事和2名职工监事，将代表全港1万5千名职工，进入到集团的经营决策层。（张　容）

【上海长江轮船公司召开第二十届一次职工代表大会】 12月24日，上海公司在上海长航大厦24楼会议厅召开第二十届一次职工代表大会，纪委书记袁保锋主持会议。本部各部门和所属各单位共84名职工代表参加本次大会。大会听取并审议各优化调整工作小组相关负责人关于《干散货运输业务优化调整实施方案》《集装箱运输业务优化调整实施方案》《资产经营业务优化专项实施方案》《修船业务调整转型实施方案》《上海公司业务优化人事配套方案》所作的说明。与会职工代表以无记名投票方式进行表决，最终计票结果5项方案通过。大会希望代表们将本次职代会情况以及相关方案向职工进行通报，向广大职工做好业务优化方案及人事配套政策的宣传、解释工作。积极支持和配合公司做好方案政策的宣传解释和贯彻落实,加快推进业务优化改革调整,提升新上海公司核心竞争力,为公司健康长远发展奠定基础。

（罗思成）

【上海邮政工会召开二届二次职代会】 1月28—29日,中国邮政集团公司上海市分公司第二届职工代表大会第二次会议召开。会议听取并审议中国邮政集团公司上海市分公司工作报告。审查2018年业务招待费使用情况的报告、教育培训经费使用情况的报告、为员工办理社会保险金等情况的报告、审计工作的报告,以及职工代表大会集体协商及薪酬福利、劳动用工、劳动安全卫生、提案工作、民主评议和维权工作等6个专门委员会2018年履职报告。对市分公司领导班子成员所做的书面述职报告进行民主评议。会议听取大会代表资格审查的报告、二届一次职代会联席会议工作情况的报告、二届一次职代会提案处理情况的报告。会议听取、审议并表决通过《中国邮政集团公司上海市分公司2018年预算执行情况和2019年预算》《中国邮政集团公司上海市分公司工资专项集体合同》《中国邮政集团公司上海市分公司职工奖励与违纪违规处理暂行规定》(修订稿)和《中国邮政集团公司上海市分公司2019年实事项目方案》。会议对2018年市分公司级各类先进进行了表彰。

（杨　娟）

【中国移动上海公司工会优化提案线上处理流程】 2019年,中国移动上海公司工会进一步优化职代会提案线上处理流程,运用工会信息平台征集第四届职工代表大会第五次会议提案共计149条,其中正式立案的147条。2019年提案工作呈现四大亮点,一是职工代表紧密关注企业转型发展中的热点、难点提建议;二是聚焦员工核心能力提升,创新思考、建言献策;三是实施提案全流程信息化管理,提升处理效率;四是有效推动提案工作管理,提案满意度再创新高。中国移动上海公司工会以工会信息平台为依托,实现提案全流程电子化管理,该案例荣获中国移动上海公司2019年度“管理创新成果奖”二等奖和管理创新案例“最具推广价值成果”荣誉。

（徐睿璐）

【鲁中矿业召开十五届五次职代会暨2019年工作会议】 1月11日,鲁中矿业十五届五次职代会暨2019年工作会议召开。会议全面总结了2018年的工作,安排部署2019年的任务。公司总经理谢继祥作工作报告,党委书记、副总经理刘德忠发表讲话,工会主席李洲主持会议。公司174名职工代表、特邀代表、列席代表参加会议。会上,公司领导与各二级单位负责人签订了2019年度业绩考核任务书;对公司中层助理以上管理人员进行民主评议;会议审议通过《鲁中矿业有限公司集体合同》《女职工权益保护专项集体合同》《劳动纪律管理办法》和《假期管理办法》;表彰2018年度各类先进。

（李宗峰）

【中建八局五届二次职代会在沪召开】 1月26日,中建八局五届二次职代会在沪召开。局党委副书记、工会主席于金伟作了年度工会工作报告。会上,局领导班子及领导班子成员分别进行述职述廉,接受了与会代表的民主测评。局副总经济师方思忠作了提案落实与征集情况的报告。与会代表积极履职,审议通过《安全生产工作报告》《集体合同履行情况报告》等5个职代会相关报告。本次大会采取视频形式召开,局领导班子成员,总部部门负责人,各分局主要领导,二级单位党政领导、三总师和重点三级企业主要负责人及职工代表,共计218人在主会场参加会议,另有1165人在25个分会场参加了会议。

（李现花）

【中建八局工会四级联动分层实施确保多级职代会制度有效运行】 一是加强顶层设计,完善与企业管控相结合的职代会架构。八局党委修订《关于进一步加强和改进工会工作的实施意见》,对各级工会组织的机构设置、岗位配备、职级待遇等作出明确规定。将规范职代会建设纳入公司章程,融入企业治理结构,完善《职工代表大会代表选举办法》《职工代表大会提案工作管理办法》等一系列配套文件,按照企业标准化管理要求,编制《工会工作管理手册》,通过26个管理流程图、30组表单、23个模板,规范工会工作。二是注重分级管理,规范四级职代会运行体系。局党委制定《关于规范各级职工(代表)大会制度建设的意见》,明确局、公司、分公司、项目部四级职代会的内容、运行规则、职权范围和定位。局和公司两级职代会审议涉及企业改革发展和职工切身利益的全局性、根本性问题;分公司和项目部职代会侧重项目生产管理和职工具体利益的重大事项。规定局和公司两级召开职工代表大会,分公司召开职工代表大会或职工大会,项目部

1月26日,中建八局五届二次职代会在沪召开　（李现花）

召开职工大会。三是聚焦重点环节，提升各级职代会的运行质量。局和公司均建立了民主管理联席会制度，协商和处理需要解决的重要问题，积极推进项目民主管理议事会制度，印发了《中建八局产业工人技能素质提升实施方案》，尤其是在项目部组建工会联合会，开展农民工集中入会，积极推进工友村和工会工作站建设。制定《关于建立企务公开工作责任制落实责任追究的实施办法》，把职代会制度的要求纳入年度党建综合检查、领导班子述职、工会主席岗位目标管理，考核结果与领导人员的年薪收入、先进单位评选挂钩。（郝国元）

【光明食品集团工会、安委会组织职工代表安全巡视】 9月4日，集团职工代表安全巡视组一行20余人对集团下属泰和（大丰）三十万吨粮库工程一期项目开展安全检查。专家组对现场文明施工、特种设备、临时用电、施工扣件式钢管脚手架、安全管理制度及安全台账资料等方面提出整改意见，要求被检查单位举一反三，尽快制订合理整改计划，严格实施。（周碧青）

【锦江国际集团工会加强厂务公开民主管理，推进和谐劳动关系建设】 锦江国际集团工会着力加强和完善基层企业厂务公开民主管理工作，合力推进和谐劳动关系协调机制。一是完善多级职代会制度，职代会闭会期间工作职能均纳入所在企业工会管理体系。各级工会结合本企业实际，利用厂务公开栏，工会宣传橱窗发布信息，落实职工知情权。企业职代会每年至少举行一次，审议经营工作报告和相关制度，进行民主评议、开展工资集体协商。组织新版《上海市职工代表大会条例》集体学习培训，提高工会干部的理论水平和业务能力。二是公司重大事项、重要任务等工作向职代会报告，接受职工代表审议监督，酒店板块每年向职代会报告工作已成为常态。锦江汽车公司对有关工资分配、干部任用等职工关心的问题在一定范围内进行公开，不断完善干部任用考核和双文明责任书签约等制度。实业投资下属企业结合干部述职述廉工作，职工代表按“德、能、勤、绩”进行评议打分，强化完善领导干部民主监督机制。三是持续开展和谐劳动关系企业申报，年内2家单位完成现场评审工作，44家企业经评审荣获“上海市和谐劳动关系达标企业”称号，为职工合法、有序参与企业民主管理创造更好的条件，彰显国企工会的担当作为。（顾明方）

【百联集团召开二届九次职工代表大会】 10月10日，百联集团二届九次职工代表大会在百联大厦召开。集团党委书记、董事长叶永明讲话，党委副书记、总裁徐子瑛作经济工作报告，党委副书记、工会主席秦青林主持会议。集团领导班子成员、监事会主席出席，集团总部各部室负责人，各二级公司、中心党政主要负责人及全体职工代表等参加。会议对荣获全国、上海市和集团的先进集体和个人进行表彰；听取《关于百联集团2018年度业务活动费使用情况和“六金”缴纳情况》的报告；审议通过《百联集团有限公司二届九次职工代表大会决议》。会上，全体与会人员还观看《“我和我的祖国”百联职工喜迎新中国成立70周年主题歌咏活动音乐献礼片》。（姜　杰）

2月12日，城投集团召开2019年工作会议暨职工代表大会（何　韵）

【城投集团召开2019年工作会议暨职工代表大会】 2月12日，城投集团召开2019年工作会议暨职工代表大会。集团党委书记、董事长蒋曙杰出席会议并讲话。年度工作会议由集团党委副书记杨茂铎主持，职工代表大会由集团工会主席徐文主持。集团领导、监事会主席、总法律顾问、纪委副书记、副总工程师和各职能部门负责人、各直属单位班子成员、核心企业党政主要负责人、职工代表等共计185人参加会议。会议听取《城投集团2018年工作总结和2019年工作计划》，审议通过《城投集团职工代表大会正式代表调整的情况报告》，并对集团领导班子及个人进行民主评议。（沈　砚）

【上海联通举行“总经理在线”活动】 9月18日，上海联通依托互联网平台开展2019年“总经理在线”活动，公司党委委员、副总经理、工会主席李爽全程参与，解答员工们提出的问题。公司1400多名员工在线参与本次活动。2个小时的活动中，员工就工作中遇到的问题以及企业发展、生产经营等员工关心的问题提出了看法和建议。活动现场共答复员工提出的24个热点问题。活动中收集到的意见和建议被分派给各专业部门，作为今后工作的重要参考。上海联通自2018年起开展“总经理在线”活动，工会已将该活动作为企业民主管理的方式予以制度化、常规化。充分发挥员工的集体智慧，为公司高质量发展建言献策。（康　迪）

【临港集团总部召开二届四次职代会】 12月27日，临港集团总部召开二届四次职工代表大会。会上,代表们审议了2019年集团经营管理工作报告、工会工作报告、集团总部二届三次职代会职工代表提案落实情况、2019年劳资双方集体协商情况、2019年临港集团总部职工薪酬及绩效考核办法调整的说明、集团总部2019年度职工教育经费使用情况;表决通过临港集团公租房管理办法,表决通过并签订临港集团总部2019工资专项集体合同。集团党委书记、董事长刘家平出席会议并讲话,集团党委副书记、总裁袁国华作经营管理工作报告,集团工会主席韩国华作工会工作报告,集团领导班子成员,集团总部职工代表以及各子公司工会主席作为列席代表与会。 (闫昊鹏)

【号百公司工会完善民主管理制度,确保职工权益落到实处】 4月26日,中国电信集团号百信息服务有限公司第二届职工代表大会第六次会议召开。会议听取、审议并同意总经理李安民作的题为《聚焦重点产品、快速做大规模,锻造核心能力、推进高质量发展,为集团实现三个三转型战略做出更大贡献》的行政工作报告,听取《公司二届五次职代会提案处理情况报告》,以及公司相关部门所作的关于中层管理人员任用情况、上年度集体合同履行情况、上年度公司业务招待费使用情况、公司培训经费使用情况和公司领导人员廉政建设情况报告;会议以无记名投票表决方式通过。由公司行政和工会领导签署《中国电信集团号百信息服务有限公司2019年度集体合同》和工资集体协议、女职工权益保障专项协议。公司工会建立了职工代表巡查制度。年内在职代会闭会期间,组织年度职工代表巡查,围绕集体合同和两项协议的条款执行情况,着重就员工聚焦的热点、难点,下基层各部门逐一检查评估。巡查中发现的问题及时向有关部门领导反映,同时巡查报告上报公司党委会,进一步推动维护职工权益的各项工作得到落实。 (童合明)

【五冶集团上海有限公司召开2020年工代会暨职代会】 1月18日,五冶集团上海有限公司2020年"两代会"召开,公司领导、二级单位领导班子、机关部门正副职、公司职工代表、工会会员代表参加会议,直属项目部、子公司负责人、公司机关高级主管、主管列席会议。会议表彰了集团公司2019年度集团公司劳动竞赛(上海地区)先进集体和个人。大会审议通过了行政工作报告,以及2019年度职工福利费使用情况报告、业务招待费使用管理情况报告、安全生产诚信报告,2020年安全生产承诺和职代会决议。审议通过工会工作报告和工代会决议。

(吴 琼)

【世纪出版集团召开提案落实工作专题会】 5月15日,世纪出版集团召开二届三次职代会提案落实工作专题会议。职代会提案工作小组介绍提案征集、整理、审查、分类等情况,提案落实部门和单位介绍提案所涉问题和初步解决方案,并进行认真研讨。这届职代会收集提案18件,提案内容涉及经营管理、生产规划、劳动保障、职工生活等方面,经提案工作小组根据《集团职代会提案工作条例》进行审查,并案3件,撤案3件,转为"意见和建议"3件,最终正式立案10件,并提交世纪出版集团总部6个职能部门和1家直属单位予以承办。 (江 文)

【上海工会管理职业学院教职工大会审议通过《绩效工资分配实施方案(试行)》】 1月25日,学院三届二教职工大会审议通过《上海工会管理职业学院绩效工资分配实施方案(试行)》。按照市总工会改革要求,学院于2016年6月底完成学历教育剥离工作,2017年2月完成学院内设机构设置,原学历教育绩效工资方案有部分不适应学历剥离后的实际情况。2017年6月,学院启动《实施方案》修订工作,同时制订《实施细则》及《工作量核定办法》。修订主要按照3个原则开展:一是多劳多得、以绩定酬的原则,超工作量奖励、专项奖励体现了这个原则。二是注重公平、倾斜一线的原则。充分考虑管理岗位与专技岗位的均衡,同时向一线教学、科研人员倾斜。三是统一标准、内部贯通的原则。按照教学、科研、决策咨询一体化的要求,统一工作量标准,贯通工作量折算。《实施方案》以及《实施细则》和《工作量核定办法》修订、制订的过程,广泛征求意见、群策群力、充分发扬民主。在第一阶段,2017年6月至2018年5月,期间多次召开党委会讨论,并召开5场教职工座谈会听取意见;在第二阶段,2018年6月至2019年1月,学院领导带队走访借鉴市委党校及兄弟省市工会干校绩效考核办法,对第一阶段形成的《实施方案》再次进行调整修改,学院领导多次召开专题会议进行讨论,先后4次书面征求全院教职员工意见建议,并对大家意见广泛吸收采纳。《实施方案》在教职工大会上高票通过。 (范 瑜)

【沙家浜大酒店召开四届三次职工代表大会】 1月28日,沙家浜大酒店

五冶集团上海有限公司召开2020年工代会暨职代会 (费 虎)

四届三次职工代表大会召开。会上，代表们认真讨论、审议《2018 年工作总结及 2019 年工作思路》行政工作报告、《2019 年沙家浜大酒店各部门考核协议》报告及《员工手册》和对规章制度作为酒店管理工作中的管理依据进行的说明。经代表表决，一致同意总经理室的行政工作报告、部门考核协议报告及《员工手册》和规章制度作为酒店管理工作中的管理依据说明；同时讨论通过 2019 年度员工收入按 5% 左右同比增长方案。会上，还进行民主评议干部的相关议程。

（邱紫娟）

【市工人疗养院召开职工大会深化院务公开民主管理】 5 月 13 日，市工人疗养院 2019 年度职工大会召开。会上，以《勠力同心、攻坚克难——努力谱写工疗事业稳中精进新篇章》为题作的工作报告，院党委书记陈燕全面系统地分析总结过去一年的工作情况，围绕工作中存在的问题，结合当前形势，强调注重谋划、加强统筹、扎实推进新一轮的各项工作：一是要提高经营效能，提升经济效益，扎实推进业务稳步发展；二是要对标行业发展趋势，同步推进硬件与软件建设，夯实“职工之家”式的服务品牌；三是要立足降本增效新目标，强化预算执行，形成成本管控长效机制；四是要全面从严治党，以党建促工建，为完成中心工作提供坚实保障。大会对全院职工了解各项业务完成情况、树立正确的价值观起到积极的促进作用。（梁 栋）

职工董监事

【概要】 市总工会联合市委组织部、宣传部、国资党委、经信党委、建交党委等 6 家单位以全面深入推进国企工会改革工作为契机，积极推进职工董事监事制度建设。一是推动职工董事监事制度的广泛建立。在市总工会的指导下，一大批国企工会改革试点企业把职工董事监事制度纳入公司章程，使得企业在保障和支持工会代表职工源头参与、组织职工民主管理等方面措施有力、成效明显，推动上港集团、久事集团、上海建工及下属机施集团、新徐汇集团、中环投资集团、吴淞口投资公司等单位专门修改公司章程，将职工董事监事等相关内容写入公司章程，其余企业则努力将相关制度纳入企业管理体系以及企业管理流程。据上海工会年报统计，至 9 月底，已建工会的公司制企业建立董事会的有 4931 家，共有职工董事 1594 人，其中工会主席或副主席进入董事会 870 人；已建工会的公司制企业建立监事会的有 3391 家，职工监事 1645 人，其中工会主席或副主席进入监事会 701 人。二是推进职工董事监事制度建设向纵深发展。各集团企业强化职工董事监督制度建设，加强国企改革改制工作的民主参与力度，探索职工代表对职工董事监事评价机制，董事会、监事会讨论审议企业劳动关系重大事项的议事规则，并纳入企业社会责任报告，力争从制度机制层面推进工会工作和协调劳动关系制度与企业管理制度高度融合，使之形成“一张皮”。如上海建工机施集团制订实施细则，进一步细化明确了职工董监事职责等 6 个章节 25 条内容，大力保障工会代表职工参与企业民主管理的职权。中交三航局党委高度重视职代会民主评议工作，并将民主评议结果实际运用到干部管理考核体系中。 （汪思齐）

【上海建工集团积极推行职工董监事制度发展和谐劳动关系】 上海建工集团工会注重以维权制度机制建设为突破口，深化集团层面工会改革创新，在职工董监事的角色定位、源头参与和作用发挥等方面，积极探索，持续推进。一是加强顶层设计，集团党委先后下发了《关于进一步依靠职工群众办企业的若干意见》《关于进一步加强和改善党对工会工作领导的若干意见》，在《公司章程》中增加鼓励职工代表有序参与公司治理相关内容。二是源头参与经营决策，明确推荐由工会主席担任职工董事，工会副主席担任职工监事，经两级职代会民主选举产生，职工监事对公司重大决策程序和董事、经营管理层履职情况的合法合规性进行监督，对重要规章制度执行情况、生产经营活动中预算执行和风险管控情况进行审查。三是不断完善民主管理制度链，职工董监事作为厂务公开领导小组和工作小组的重要成员，推动制订《企业职工参与民主管理指引》，将职代会制度列入企业内控制度管理规范。四是持续强化能力素质建设，组织职工董监事参加任职培训，并自行开展相关专题培训，制定定期听取职工意见、接受职工代表评议等工作制度，把各单位职工董监事纳入到集团职代会民主管理专门委员会，参与集团职代会提案处理，巡查集团投资经营管理工作。 （余轶群）

【东方国际集团将职工董事监事制度融入公司法人治理结构】 东方国际集团将职工董事监事制度纳入公司章程，职工董事监事由集团职代会民主选举产生，集团工会主席任职工董事，集团工会副主席和审计风控部部长任职工监事。一是在制度制订、贯彻落实两个层面切实保障职工的合法权益，职工董事重点参与集团制度的制定和薪酬及考核委员会工作，职工监事负责对涉及职工切身利益的法律法规和公司制度执行情况进行监督检查。二是督促企业劳动用工合法合规，职工董事监事利用工会平台定期就职工各项保险基金、工会经费提取缴纳及职工工资、福利、劳动保护、社会保险等开展调研，确保企业按照标准和规范维护好职工的经济利益。三是在企业重大调整中发挥维护保障作用，职工董事监事分别参与企业调整改革领导小组和工作小组，在企业关、停、并、转中做好职工安置分流、稳定和权益维护工作。 （朱江伟）

【上海电气集团选举职工监事】 5 月 20 日，上海电气集团召开职工代表大会联席会议，以无记名投票方式，选举市机电工会副主席袁胜洲、上海电气集团风险管理部部长张艳为上海电气集团股份有限公司第五届监事会职工监事。上海电气集团第二届职工代表大会联席会议由职代会代表小组组长、各专门委员会主任、主席团成员及上海市机电工会第七届委员会委员代表组成。 （彭伟光）

法律监督

【概要】 上海各级工会加大工会劳动法律监督工作力度，建立健全工会劳动法律监督组织网络，全市各个区、产业（局）、集团公司、街道乡镇、联合工会及基层工会共建立工会劳动法律监督组织8650个，组建一支由15153名工会劳动法律监督员和10807名劳动保障法律监督员组成的专业监督队伍。市总工会联合区、街镇总工会，对366家企业实施工会定向劳动法律监督，其中，发生群体性劳资纠纷企业74家；个案中发现严重侵犯职工合法权益的企业174家；“工会三项基础工作”推进困难的企业118家。同时，市总工会协同市劳动监察总队开展农民工工资支付、女职工特殊权益保障等专项监督检查，市总工会直接选派25名监督员参加面上抽查，并组织动员全市各区工会与属地劳动监察联合开展监督检查。年内，各地区工会对63家存在劳动用工违法和拒不建立工会三项制度的企业开具《工会劳动法律监督提示函》，对其中2家仍不整改的企业开具《工会劳动法律监督整改意见书》，起到较好成效，为促进地区劳动关系和谐稳定做出积极贡献。

（庄若冰）

【市总组织开展三八国际妇女节女职工特殊权益保护专项行动】 三八国际妇女节期间，市总工会联合市人社局、市妇联就单位执行女职工特殊保护、专项集体劳动合同签订、工资支付、工时制度、产假期间待遇支付以及社会保险费缴纳等情况开展专项检查；向企业赠送《女职工权益维护法律知识微手册》《促进工作场所性别平等指导手册》等书籍；女律师志愿团深入绿化市容行业工会，分享女职工劳动法律维权、婚姻家庭、反家暴维权案例，通俗易懂，获得职工好评；市总12351女职工维权热线邀请专业律师免费为女职工提供劳动权益、财产和婚姻家庭等方面的咨询服务。

（蒋慧勤）

【徐汇区总工会加强工会主动法律监督，强化职工维权力度】 徐汇区总工会积极引导职工依法维护权益，依托区总工会普法讲师团和劳动法律专业律师团队，在职工、工会干部中开展劳动法律讲座和法律沙龙活动，全年举办13场。强化群体性劳资纠纷预警预报和履职通报机制，努力在争议前端形成“工会主动参与、各方信息互通、共同预防化解”的工作格局。全区各级工会共上报群体性劳资纠纷预警23起，及时平息6起。发挥基层职工法律援助工作站和区人社局、区法院诉调中心设置的职工法律援助窗口的作用，为职工提供直通式的法律援助服务。区职工法律援助中心入围市巾帼文明岗创建名单。全年共计接待咨询职工来访7606人次，现场参与调处群体性纠纷23起，涉及职工1095人；参与调解劳动争议2052件，成功调解2028件；提供法律援助244件。做实工会劳动法律监督，注重源头预防，加强与政府相关职能部门的联动，关注农民工、女职工等弱势群体，关注三项建制不健全和有侵犯职工权益历史的重点企业，加强工会主动法律监督。全年主动上门检查70家单位，其中农民工工资支付情况专项检查共21家单位，女职工劳动权益专项检查共6家单位，工会定向劳动法律监督及双随机检查共23家，保障环卫职工合法权益专项检查共3家单位，和谐企业建会建制监督17家。

（徐艳杰）

【宝山区总工会开展劳动法律监督联合检查工作】 3月1日，宝山区总工会开展以规范用工为主要内容的劳动法律监督联合检查工作。联席会议成员单位按劳动监察、企业用工、安全防范等职能分工开展检查工作，通过劳动法律监督检查推动工会民主管理、源头预防、群防群治，并整合劳动法律资源，提高监督检查效率，落实工会“两书”机制，帮助企业规范劳动管理。

（沈　英）

【奉贤区开展2019年环卫作业企业专项劳动法律监督工作】 9月，奉贤区总工会、区绿化和市容局联合区人社局、劳动监察大队，在全区范围内开展2019年环卫作业企业专项劳动法律监督工作。三部门通过走访企业、开展座谈、检查台账、问卷调查等方式，对区内环卫作业企业的用工管理制度、劳动保障等工作的规范性进行监督检查，并听取企业在建会建制、工资发放、社保缴纳、劳动用工等方面的做法和建议。

（钱　洁）

矛盾预防与调处

【概要】 市总工会组织各区局（产业）工会加强对本市年内具有改革调整任务企业的信息排摸，共排摸出1109家企业有改革调整任务，涉及职工63477人。加大与市劳动监察总队的沟通协调和信息互通共享，推动各地区工会协助劳动监察对改革调整企业上门监察和工作指导。2019年，各级工会上报群体性劳资纠纷预警同比增加52%，上报群体性劳资纠纷同比下降32.5%，表明各级工会在处置群体性劳资纠纷工作中关口前移，注重矛盾隐患排查及预防化解力度，平息了大部分劳动关系矛盾，各级工会本市劳动关系保持稳定。

（蒋慧勤）

【上海工会进一步加强源头参与防范化解劳动关系矛盾】 年初，市总工会制订《上海工会关于开展全面排查化解职工队伍稳定风险工作的方案》，并下发通知对2019年度本市企业改革调整情况进行排摸，14个地区和13个产业工会上报1109家改革调整企业情况，涉及职工63477人。在此基础上，市总工会加大与市劳动监察总队的沟通协调和信息互通共享，推动各地区工会协助劳动监察部门对改革调整企业开展工作指导，保障企业在改革调整中劳动关系平稳有序。4月，市总工会联合市协调劳动关系三方和市司法局共同制订《关于促进本市企业重大改革调整中劳动关系稳定的操作指引》，并以此为内容对各地区和重点的产业（局）及基层企业工会和人力资源干部、劳动法方面律师的专门培训，指导基层在重大改革调整中切实履行集体协商和职代会民主程序，守住不发生系统性、区域性风险的底线。中美贸易摩擦升级后，市总工会主要领导又亲自带队到全市各地区和主要产业系统开展专题调研，就当前形势下的劳动关系矛盾隐患和职工就业稳定等情况进行摸底了解，督促指导各级工会和基层企业认真按照全总和市委要求，多措并举做好劳动关系领域的风险防控和职工队伍稳定工作，并形成多篇专报报送全总和市委市政府领导。

（蒋慧勤）

【进一步健全群体性劳资纠纷信息报送分析机制】 市总工会指导各级工会切实按照《上海工会预防和参与处置群体性劳资纠纷实施办法》要求，

充分运用上海工会群体性劳资纠纷预防调处信息平台，健全群体性劳资纠纷“日报告”“月分析”“季督查”“半年通报”制度，充分发挥工会协调劳动关系矛盾作用。市总工会通过与劳动监察总队的每月纠纷数据比对、与人社局的每月数据和研判分享，及时对当月（季）的群体性劳资纠纷及预警进行分析研判，发布月度分析报告，在市总工会内参上发布。市总工会注重对职工重大不稳定事件调查报告，对于美团外卖、网约车司机以及上海英模特制衣有限公司等事件及时调研分析并向市委、市政府报告，提出工会主张建议。4月起，市总工会依托人民网舆情中心，建立上海市总工会舆情监测系统平台，监测全网500万家新闻网站、微信公众号、论坛、博客、微博等新媒体，对涉及劳动权益等方面互联网信息进行实时监测、采集、内容提取。建立突发事件专题舆情报告机制，指导基层工会及时了解信息，为领导对热点事件、突发事件做出决策提供帮助。年内，市总对47起网络舆情反映的事件进行跟踪追查，妥善化解电装（中国）投资有限公司上海分公司集体协商争议等纠纷。（蒋慧勤）

【宝山区总工会召开劳动关系矛盾预防化解工作会议】 12月27日，宝山区总工会召开劳动关系矛盾预防化解工作会议。大会强调，要深刻认识做好新形势下劳动关系矛盾预防化解工作的重要性、复杂性、紧迫性和艰巨性，在完善机制、聚焦重点、形成合力上下功夫，发挥好四方合作机制的作用，不断提升劳动关系矛盾预防化解工作的质量和实效。会上下发了区总工会、区人民法院、区人社局、区司法局《关于进一步加强“四方合作”机制建设做好本区劳动关系矛盾预防化解工作的通知》，发布了“宝山区职工维权服务地图”及深化“四方合作”的6大重点工作安排，还对2019年宝山区法律援助优秀案例、民主管理集体协商示范案例进行表彰。2019年，宝山区加强工会快速处置群体性劳资纠纷制度建设，做到结案率100%。工会代表职工与企业协商化解劳资纠纷率，权益受损职工法律援助率明显提升。《东芝电梯（中国）有限公司重大改革调整中劳动关系稳定事件》案例获评上海工会维护职工权益十大优秀案例。（沈　英）

【闵行区组织“促进企业重大改革调整中劳动关系稳定操作指引”培训】 7月29—30日，闵行区举办“促进企业重大改革调整中劳动关系稳定的操作指引”培训班暨维权条线总结部署会议。会议解读了上海市总工会、市人社局、市司法局、市企业/企业家协会、市工商联，联合印发的《关于促进本市企业重大改革调整中劳动关系稳定的操作指引》，通报了全区上半年劳动关系协调工作整体情况。会议指出，面对新形势和新任务，工会要继续立足维权维稳主责主业，重点做好三项工作：一是突破重点、难点，确保完成和谐企业指标任务；二是做深、做细、做实，深入加强协调劳动关系体系建设；三是加大宣传指导，切实推进“闵行工会百千万法律服务项目”。会上对《闵行区推进非公有制企业工会协调劳动关系体系建设专项评估实施方案（征求意见稿）》进行意见建议征集。市总工会法律顾问作“企业群体性劳动关系处置实务”培训。

（王　凯）

【闵行区召开预防新型劳动关系争议研讨会】 1月22日，由闵行区总工会牵头，会同区人社局、区司法局、区人民法院等单位在区政府会议中心召开“应对新型劳动关系争议”专题研讨会。会上，各单位针对“互联网+新型劳动关系的定位和思考”“新类型劳动争议案件的发展趋势”“社保新政可能引发的劳动纠纷案件的风险防控”等三大主题涉及的问题展开了深入交流，会议通报了2018年劳动争议工作相关情况，提出加强对新型用工群体的权益维护。区总工会、区人社局、区司法局、区人民法院、区维稳办、区信访办，区社保中心、区公积金管理中心等主要领导参加研讨。

（王　凯）

【青浦区总工会召开“3+2+X”预防和化解劳资纠纷工作推进会】 3月22日，青浦区总工会召开“3+2+X”预防和化解劳资纠纷工作推进会。会上，“青浦法院、青浦总工会劳动争议诉调对接工作室”揭牌成立。会议要求，发挥各方优势，合力做好信息排摸和企业内部机制建设，合力推动形成多元化解和应急联动机制，合力加强援助服务和督促整改；突出工会的维护职能，引导职工依法维权，继续做好工会预防化解群体性劳资纠纷履职情况通报工作；建立健全信息互通和资源共享机制，把工会同相关职能部门的联席会议制度化、常态化，积极推进资源整合，争取业务指导帮助，确保合作机制长效建立、常态运作。区人社局、区司法局、区工商联的相关领导在会上作了交流发言。区应急局、区生态环境局、区市场监管局分管领导，区市场监管局下属执法大队和青东法庭的主要负责人，各街镇总工会主席参加会议。（朱建强）

【市监狱管理局工会健全完善劳动关系预测、预警、预报机制】 健全和完善以各级工会信息为载体的预测、预警、预报机制，根据《上海市监狱管理局工会预警报告制度》，基层工会每月向局工会上报预警报告，及时反映单位基本情况、重要情况，反映群众关心的热点和工作中遇到的难点问题，局工会坚持每月收集信息认真摘编，把带有共性的、倾向性的信息组织编撰《热点反映》上报局党委。全年《热点反映》共上报12期，反映了有关局国庆、进博安保工作、干警职业技能竞赛、警服管理等方面的问题，引起局领导高度关注，并要求相关部门及时予以解决。（江海群）

法律援助

【概要】 市总工会深入贯彻党中央、国务院及市委、市政府关于构建和谐劳动关系、完善矛盾纠纷多元化解机制等要求，积极应对当前经济形势和外部环境变化给上海劳动关系带来的影响，切实发挥四方合作机制作用，联手市高级人民法院、市人力资源和社会保障局、市司法局，共同召开上海市劳动关系矛盾预防化解工作会议；制订下发《关于进一步加强“四方合作”机制建设做好本市劳动关系矛盾预防化解工作的通知》。要求全市各级工会、法院、人社、司法行政部门积极提高政治站位，切实深化合作内涵，继续推动“四方合作”机制提质增效，共同做好劳动关系矛盾预防化解工作，维护本市劳动关系和谐稳定；制订并下发《关于征集选树“上海工会维护职工权益优秀案例”的通知》，会同四方共同做好上海工会维护职工权益优秀案例评选工作，通过选树优秀典型，扩大工会法律援助工作宣传影响力和社会知晓度；组织全市各级工会劳动争议调解员、公职律师、法律援助签约律师等开展《劳动合同法》《劳动争议调解实务》《关于促进本市企业重大改革调整中劳动关系稳定的操作指引》等业务培训，指导督促工会调解员、维权律师开展法律服务时代表工会站位职工，认真履职。全年累计培训各级工会法律人才300余人、社会专业律师200余人次；汇总各地区对工会法律援助工作平台使用心得和意见建议，结合市人社局、市司法局操作系统开发经验对平台法律援助模块，对上海工会法律援助工作平台进行系统升级，进一步完善数据统计，优化系统操作，升级群体性争议案件信息管理功能，为各级工会开展法律援助工作提供基础保障。全年共建立法律援助站点384个，总计提供各类维权服务40427件，为职工挽回经济损失12.3亿余元。（秦利佳）

【全市各级职工法律援助中心积极维护职工群众的合法权益】 全市各级工会按照两个“应援尽援”的工作要求，以参与协商调解和提供仲裁、诉讼代理服务为主要抓手，以劳动争议多发、职工权益易受侵害的行业和区域为重点范围，积极深入各区劳动人事争议仲裁院劳动争议三方联合调解中心工会分中心和人民法院劳动争议调解工作室开展案件调处。各街镇工会主动参与到街镇司法所、劳动保障综合服务大厅等劳动争议集聚的前沿战线设立工会法律援助专窗或开展合署办公，夯实基层法律援助工作基础，横向到边延伸工会维权服务战线，有效拓宽工会法律援助服务范围，扩大工会法律援助维权服务受益面。2019年，全市各级工会通过上海工会法律援助服务平台为职工提供代写法律文书、协商调解、仲裁诉讼代理等法律援助服务40427件，同比上升3%，挽回经济损失12.3亿元。其中代写法律文书2531件、协商调解29324件、代理仲裁诉讼8572件。办结调解类案件25310件，调解成功23014件，调解失败2296件，调解成功率为91%；办结仲裁诉讼类案件9874件，其中职工胜诉案件2392件，4147件当庭达成调解，撤诉案件1049件，部分胜诉案件1659件，败诉及其他案件588件，完全胜诉及调撤案件占全部仲裁诉讼案件的77%。（秦利佳）

【加强女职工特殊权益维护力度】 市总女职工委员会持续加大女职工特殊权益维护力度。完成了《上海市女职工权益保护专项集体合同（示范文本）》的修订，供基层工会学习参考；开展维护女职工权益优秀法律援助案例征集，召开女职工维权优秀案例分享会；成立了杨浦区医养照护行业法律援助工作站，为灵活就业女职工提供就近就便的法律援助服务。（蒋慧勤）

【四方合作成员单位联手召开上海市劳动关系矛盾预防化解工作会议】 9月24日，市总工会联合市高院、市人力资源社会保障局、市司法局，在市委办公厅召开上海市劳动关系矛盾预防化解工作会议。会议下发《关于进一步加强“四方合作”机制建设做好本市劳动关系矛盾预防化解工作的通知》，要求全市各级工会、法院、人社、司法行政部门积极提高政治站位，切实做好劳动关系领域风险防范；深化合作内涵，继续推动“四方合作”机制提质增效；加强预警监测，切实做好企业改革调整的风险防范；聚焦重点行业，完善群体性劳动关系矛盾应急处置机制；加强联动协作，切实保障农民工劳动经济权益；深入调查研究，积极维护新兴就业群体合法权益；加强统筹协调，共同做好劳动关系矛盾预防化解工作。会上，副市长彭沉雷分析了当前上海劳动关系矛盾的总体情况，对四方的工作成效给予了充分肯定。市委副书记尹弘要求各级党委、政府大力支持，通过工会组织去赢得广大职工对党和政府的信任，确保职工队伍稳定。会议最后，市人大常委会副主任、市总工会主席莫负春要求全市各级工会切实发挥好工会的牵头、协调和服务作用，以社会化维权治理网络为平台，发挥制度机制的长效作用，继续深入强化与“四方合作”成员单位的工作联动，积极主动作为，有效履行工会维权服务职责。（秦利佳）

【开展“上海工会维护职工权益优秀案例”征集选树活动】 4月，市总工会开展“上海工会维护职工权益优秀案例”征集选树活动，各地区工会积极参与申报，累计报送法律援助案例56篇。通过开展本次征集选树活动，切实展示了工会群团改革以来，本市各级工会组织和社会有关方面，在推动全面深化改革、加强社会治理进程中化解劳动关系矛盾，促进社会稳定的精神风貌，进一步提炼总结各级工会在履行主业主责，维护职工权益等方面的成功经验和良好做法，进而为各级工会组织在今后工作中更好地投身职工维权事业，构建和谐劳动关系、促进社会稳定进步提供典型示范。（秦利佳）

【组织开展工会劳动争议调解员、公职律师、工会法律援助律师培训班】 3月27—29日，市总工会经与市人力资源和社会保障局、市劳动人事争议仲裁院沟通，邀请人社、仲裁系统等多名具有丰富理论知识与实践经验的老师，就《劳动合同法》《劳动争议调解仲裁法》《劳动争议调解实务》等内容为基层工会的法律援助维权人员、劳动争议调解员和工会维权律师进行授课，累计培训人次300余人。同时，市总与市律师协会联手，将《上海市职工代表大会条例》《集体合同条例》《关于促进本市企业重大改革调整中劳动关系稳定的操作指引》等列入社会专职律师培训课程，培训社会律师两百余人。（秦利佳）

【宝山区总工会夯实法律援助服务体系】 2019年，区总工会夯实“1+3+14+100”法律援助服务体系，1指区总工会法律援助服务中心；3指职工法律咨询调解室、区劳动人事争议联合调解中心工会分中心、法院工会法律援助调解室；14指14个街镇园区法律援助分中心；100指100个工会法援联络站和户外职工爱心接力站。年初，区总工会召开法律援助工作座谈会，区总工会并与相关律所、律师完成

2019 年签约工作，进一步充实工会法律援助专业队伍建设。年中，在原有的“1+3+14”体系建设基础上，区总工会在爱心接力站上加载法律援助宣传功能，大力推进更贴近职工的“工会法律援助联络站”建设，让法律援助走近职工，让职工找得到工会。

（沈　英）

【闵行区总工会启动“百千万”职工法律服务行动】 5 月 22 日，2019 年闵行区职工维权律师志愿团年会暨闵行工会“百千万”职工法律服务行动启动仪式举行。市总工会副主席张得志，区人大常委会副主任、总工会主席倪学斌，区人力资源与社会保障局局长龚惠斌，区司法局副局长徐建华等领导出席会议。会议由区总工会副主席于璐主持。会议通报了闵行工会预防化解群体性劳资纠纷履职和法律援助工作情况，总结了 2017—2018 年区职工维权律师志愿团工作，对先进律师进行表彰，并为新一届职工维权律师志愿团成员颁发聘书，授予志愿团团旗。会上同步启动了闵行工会“百千万”职工法律服务项目，即闵行区总工会通过签约百名律师，面向千家企业输送劳动关系问诊、和谐劳动关系创建指导等综合性法律服务，为万名职工提供专业化工会法律援助及闵工学堂法律巡讲等普法教育。区人社局、区司法局、区法院、区社保中心、区公积金管理中心、区政法委、区信访办等相关部门负责人，以及各街镇、莘庄工业区总工会主席和志愿团律师等 120 余人参加活动。（王　凯）

【上汽集团工会全线为职工提供法律咨询和援助】 上汽集团工会依托上汽工会法律援助分中心以及签约律所，全年 365 天做好网上法律咨询板块，为上汽工会会员提供有关劳动关系、生活民事等方面的法律咨询服务，同时与线下企业法律志愿者联动，推进企业管理，维护职工合法权益。2019 年，重点关注企业转改制中涉及职工切身利益事项的程序合法性，为联谊工贸部分业务调整涉及职工安置分流、中弹精密工厂员工劳动关系变更以及员工个体诉求提供法律援助，受到职工群众的欢迎。（范　融）

【市教育工会为教职工提供法律援助咨询服务】 5 月 11、18 日，上海教师法律援助中心在华东政法大学、华东师范大学、华东理工大学、同济大学等 4 个咨询点举办大型法律援助活动。擅长房地产、婚姻家庭继承、劳动人事争议、民商、刑事法律等方面的律师和高校的法学专家现场权威解答，为教育系统职工的法律困扰排忧解难。为了更好地满足教育系统广大职工的法律援助需求，在市教育工会的指导下，上海市教师法律援助中心每年在“五一国际劳动节”和“教师节”前后，集中举办 2 场大型法律咨询活动。此外，以上 4 个咨询点还通过面询、电话咨询、网上咨询等多种形式为广大教师提供常态化的法律服务，进行普法宣传。年内，共接待案例超 200 件。

（高　芳）

普法宣传

【概要】 市总工会坚持以习近平总书记全面依法治国新理念新思想新战略引领推动普法工作，把普法工作贯穿上海市法治宣传教育的第七个五年规划和全总“尊法守法 · 携手筑梦”服务农民工公益法律服务行动的各环节和全过程，在全市各区、局（产业）工会营造浓厚法治学习氛围，扩大宣传覆盖面，创新宣传形式，推动各项法律深入人心，进一步增强全市职工的法治观念。（王　晶）

【开展三八国际妇女节女职工维权月活动】 3 月 1—5 日，市总工会利用申工社微信平台开展“工作场所劳动保护”“劳动合同规定”“四期保护”“家庭婚姻保护”等内容的有奖知识竞答，共有 33271 人参与活动。

（王　晶）

【开展“4 · 15”全民国家安全教育日活动】 4 月 15 日，市总工会组织各级工会组织开展《国家安全法》《反间谍法》《网络安全法》等各类相关主题宣传、讲座等活动百余场，发放宣传资料近千册，共筑国家安全防线。此外，还组织参与中国普法网线上全民国家安全教育日活动，竞答人数及微信平台宣传点击量 10 余万人次。

（王　晶）

【开展宪法宣传周主题活动】 12 月 4 日，市总工会联合市职工援助服务中心、宝山区总工会、宝山区法院、司法、人社等单位在宝山区职工服务中心门前广场开展了以“弘扬宪法精神，助力城市治理现代化”为主题的普法宣传活动。现场活动分别为职工群众提供社保、房产、劳动保障等专业咨询解答和社区政策咨询，共同推动宪法学习向基层延伸，突显工会参与社会治理的重要作用。（王　晶）

【开展工会干部劳动法律业务培训】 年内，市总工会联合市人力资源社会保障局、市仲裁院、市律协积极开展劳动法律专业培训，先后组织工会干部、法律志愿者 500 人次的《上海市职工代表大会条例》《上海市集体合同条例》《劳动合同法》《关于促进本市企业重大改革调整中劳动关系稳定的操作指引》等劳动法律专业课程培训。（王　晶）

【联手开展“尊法守法 · 携手筑梦”服务农民工公益法律服务行动】 10 月，市总工会联合市司法局、市律师协会按照全总通知要求以“工会干部+律师”的模式在全市范围内组建 91 支服务农民工公益法律服务分队，推动解决农民工权益维护问题，促进劳动关系和谐稳定，共计开展实地宣传普法 531 场，惠及农民工近 3 万人。

（王　晶）

【浦东新区总工会举行“尊法守法 · 携手筑梦”服务大局普法行活动】 9 月 23 日，由浦东新区总工会携手浦东新区文化体育和旅游局、上海建工集团股份有限公司工会、上海久事体育集团有限公司工会等 7 家单位精心打造的“尊法守法 · 携手筑梦”服务大局普法行活动举行。活动现场，法律服务、健康服务、生活服务等志愿服务项目备受职工青睐；宪法小册子、劳动法律宣传漫画册、法宣扑克等，吸引工友们依次排队领取。四级工会领导和企业领导现场向职工赠送了百册图书。浦东新区总工会扎实开展“尊法守法 · 携手筑梦”公益法律服务农民工系列活动，截至 8 月底，已组织开展包括法律讲座、法律微课堂、法律巡展、现场咨询等活动在内的 160 余场

9 月 23 日，浦东新区总工会举行"尊法守法·携手筑梦"服务大局普法行活动
（赵立荣）

活动，发放法宣品 20 余万份，直接受益职工近 30 万人次。（陈　维）

【长宁区总工会联合多部门开展工伤保险集中宣传进工地活动】 6 月 19 日，长宁区总工会联合区人社局、区建管委、区应急管理局等部门赴 39 街坊地块项目，举行工伤保险集中宣传进工地活动。活动现场，各部门围绕主题，就工伤保险认定鉴定、待遇支付、工伤预防、事故应急与救护知识、职业病防治知识等内容进行宣讲，同时向在场的全体农民工发放各类宣传资料、画册资料 1000 多份。长宁区总工会法律援助律师及区人社局职能科室负责人详细解答了《社会保险法》《职业病防治法》《工伤保险条例》等条款。组团式普法服务进工地活动进一步提高了用人单位对工伤保险的认知度，增强了职工的自我保护及安全防范意识，营造了良好的普法宣传氛围。（万　黎）

【静安区总工会举办国家宪法日宣传活动】 12 月 4 日，静安区总工会在市北园区城市集市广场一楼大厅举办"尊法守法·携手筑梦"宪法日宣传活动。活动现场发放 1000 余份工会宣传手册，并利用易拉宝和展板等，大力宣传有关劳动合同、用工规范、劳务派遣、工伤认定等职工权益保障方面的法律知识。现场邀请了静安区人民法院、区劳动保障监察大队、区劳动争议仲裁院、区社会保障服务中心、区职工援助服务中心、铭森律师事务所等多个部门专家坐堂，在场专家对职工提出的问题进行针对性解答，受到广大职工的欢迎。此外，活动现场还设置了趣味法治知识有奖竞答、集赞赠礼等活动，吸引了 300 余名职工群众前来参加。（严　琪）

【闵行总工会举办职工线上法律知识竞赛】 9 月 19—29 日，闵行区总工会开展"知法于心·守法于行"闵行职工线上法律知识竞赛活动。活动以劳动法、宪法、工会法、职工维权等知识为内容，采用线上答题抢红包形式让参与者在寓教于乐中掌握法律知识，引导职工树立法治意识理性维权。比赛分为"知法达人赛+垃圾分类进阶赛"和"职工法律 PK 赛+国庆知识普及赛"2 轮，活动累计参与职工 30 余万人次。（谢全秋）

【金山工会第四期劳动关系协调员培训班开课】 为全面提高工会干部依法协调劳动关系、依法维权的能力和水平，金山工会第四期劳动关系协调员职业资格培训班于 3 月 7 日在金山区社区学院正式开课。培训依据劳动关系协调员（三级/高级）《国家职业标准》规定的六大职业功能模块进行授课，主要包括人力资源管理基本理论、劳动基准法律制度、劳动合同法律制度、集体协商和民主管理、劳动规章制度建设、劳动争议处理法律制度和劳动争议典型案例分析等。学员经市职业技能鉴定中心鉴定（考核），合格者将颁发国家人力资源和社会保障部劳动关系协调员（三级/高级）职业资格证书。各直属工会、工会联合会工会干部，规模企业工会干部，工会社工等 50 余人参加培训。（钱海东）

【金山工会系统 2019 年"宪法宣传周"活动启动】 12 月 4 日，金山区总工会在朱泾镇紫金广场举办"弘扬宪法精神，推进金山城市治理体系和治理能力现代化"金山工会系统 2019 年国家宪法日主题宣传活动。各街镇、工业区总工会分管副主席，以及部分基层工会干部、职工代表等 100 余人出席活动。活动中，群成律师事务所围绕在金山发生的一起真实劳动关系案例，改编成情景剧《责任到底在谁?》，非常生动地为现场职工群众诠释了劳动纠纷处理，普及了劳动关系相关知识。同时，现场还开设法律咨询、法律知识有奖问答、测血压、防艾禁毒知识宣传、扫黑除恶反邪教宣传等服务点，为附近的职工群众免费提供活动服务。在"宪法宣传周"活动期间，金山区总工会为全区职工发放法律书籍、法律宣传手册等法律宣传资料 10000 余份。（钱海东）

【金山区总工会开展环卫女职工专场法宣活动】 3 月 29 日，金山区总工会开展了"情暖三月天"主题月之"尊法守法·携手筑梦"环卫女职工专场法宣活动，全区环卫女职工代表共 60 余人参加活动。区总工会党组成员、副主席，女职工委员会主任曹冠出席活动，并现场为环卫女职工们赠送了区总特别定制的健康护理包。本次活动委托专业律师事务所通过情景剧表演、互动问答及法律讲解等形式，广泛宣传普及有关保护女职工权益法律法规，提升特殊群体女职工维权意识。此外，区总工会联合金山区红十字会开展"应急救护知识"培训，培训员讲解了红十字基本知识、创伤理论知识，并进行气梗救护操作训练。整场活动受到环卫女职工们的热情参与和一致好评。（钱海东）

【松江区总工会开展工伤保险主题普

法宣传活动】 6月18日，松江区人社局及社保中心联合区总工会、建设管理委、卫生健康委和应急局，在车墩镇松江南站大型居住社区在建工地开展工伤保险主题普法宣传活动。活动围绕“工伤保险走进扶贫车间”普法主题，通过展板、宣传资料、宣传礼品等方式，让广大职工特别是建筑企业和建筑工人充分了解《工伤保险条例》，防范职工因工伤致贫返贫，增强用人单位和职工知法、守法意识，维护劳动者的合法权益。区总工会权益维护部工作人员以当面咨询解答的方式，向职工宣传劳动保护、工会法律援助等方面的政策知识，派发各类宣传资料（职工法律援助便民卡、上海工会实事项目手册等）200多份。

（丁　璇）

【市运输工会举行工会主席法务沙龙活动】 10月25日，市运输工会与北京大成（上海）律师事务所联合举行以“构建和谐劳动关系”为主题2019年工会干部法务沙龙活动，运输工会第十届常务委员会委员、交运集团系统各单位工会主席、工会干部30余人参加活动。会上，来自北京大成（上海）律师事务所的律师团队采用以案释法、沙龙研讨、线上答题等形式，解读《企业单方对员工调岗调薪的法律风险及防范》等法律条款和重点内容，运用生动讲课形式、通俗易懂案例分析，让与会工会干部感到受益匪浅，对工会干部做好和谐劳动关系协调工作起到了积极有效的指导作用。

（杨伟民）

劳动关系协调机制建设

【概要】 市总工会继续围绕党中央、国务院和市委、市政府关于构建和谐劳动关系实施意见的重要精神，结合本市劳动关系状况实际，加强沟通协作，形成工作合力，促进本市劳动关系总体和谐稳定。一是推进本市企业重大调整履行协商民主程序的规范化。联合市协调劳动关系三方和市司法局，共同推出《关于促进本市企业重大改革调整中劳动关系稳定的操作指引》，并将贯彻该《操作指引》的相关要求，纳入2019年度市三方工作要点中。同时，联合市劳动三方、市司法局、市律协，先后对对各级工会干部、社会律师等群体开展专题培训，加大《操作指引》宣传，凝聚社会各界共识，切实守住不发生系统性、区域性风险的底线。二是做好本市和谐劳动关系创建工作。市三方共同下发了《关于2019年市区协同推进和谐劳动关系创建活动的通知》，继续推进本市和谐劳动关系创建活动，推动指导全年全市“上海市和谐劳动关系达标企业”总数不少于8000家。三是扩大本市劳动关系监测点覆盖范围。根据全总通知要求，在原有徐汇区1家信息直报点、11家企业样本点的基础上，新增浦东新区、金山区2家信息直报点和40家企业样本点，进一步加强本市工会劳动关系发展态势监测和分析研判机制建设，夯实劳动关系预警预防工作基础。（金邓凯）

【市总工会、市绿化市容局联手推进环卫行业和谐劳动关系建设】 6月28日，市总工会、市绿化市容管理局联合召开“‘不忘初心、牢记使命’主题教育活动暨保障环卫职工权益，构建和谐劳动关系专题会议”。各区总工会和绿化市容局分管领导、相关职能部门负责人，以及市人力资源和社会保障局劳动监察处和市劳动保障监察总队相关负责人受邀参加会议。市绿化市容管理局巡视员崔丽萍、市总工会副主席周奇在会上讲话。会上下发市总工会、市绿化市容管理局共同制定的《关于保障环卫职工合法权益构建和谐劳动关系的通知》，对各地区在推进落实环卫行业职工队伍建设工作方面提出明确要求：一是要尽快建立区级层面协调机制，明确要求在7月31日前，必须推动本地区建立由工会、绿化市容、发改委、住建委、财政局、人社局、国资委等相关部门共同组成的工作协调机制。二是要依法推动环卫作业企业工会组织全覆盖。明确在8月30日前，辖区内所有环卫作业企业完成工会组建，并吸纳相关联的劳务派遣公司、劳务外包公司的职工全部加入工会。三是要明确责任主体，切实加强对环卫作业企业监管力度。四是要各区总工会、区绿化市容局要主动联合区人社局，在8月30日前共同开展一次针对环卫作业企业的专项劳动法律监督行动。五是要切实解决一线环卫职工实际问题。继续深化“爱心接力站”的创建工作，解决一线环卫职工休息、就餐等实际问题。

（金邓凯）

【黄浦区总工会召开推进环卫工人队伍建设构建和谐劳动关系工作会议】

7月23日，黄浦区总工会召开推进环卫工人队伍建设构建和谐劳动关系工作会议。会议传达了市总工会、市绿化市容管理局联合召开本市保障环卫职工权益构建和谐劳动关系专题会议精神。介绍建立黄浦区推进环卫职工队伍建设，构建和谐劳动关系工作协调机制情况。协调机制成员单位围绕黄浦区制订的《关于开展保障环卫职工合法权益构建和谐劳动关系工作的实施方案》进行讨论，并提出相关措施和建议。区人大常委会副主任、区总工会主席屠奇敏就进一步推进本区环卫职工队伍建设工作提出3点意见：一是提高政治站位，切实增强做好黄浦环卫职工队伍建设的责任感和使命感；二是落实主体责任，不断提高工会组织对环卫作业企业和环卫职工的有效覆盖；三是加强协同联动，健全完善环卫行业协调劳动关系制度建设。区发改委、区财政局、区人保局、区建管委、区国资委、区绿化市容局、区总工会7个工作协调机制成员单位参加会议。（陆中斌）

【静安区总工会与区劳动人事争议仲裁院召开调解工作专题会议】 7月17日，静安区总工会与区劳动人事争议仲裁院在柳营路291号召开劳动争议调解工作专题会议。双方就2018年7月以来，区三方联合调解中心工会分中心的运作情况、当前劳动关系的形势以及今后进一步加强工会与仲裁院在处置劳动纠纷方面的合作等进行深入沟通。联调中心工会分中心自2018年7月成立以来，已完成立案前先行调解案件共计207件，其中124件调解成功，成功率近60%，为职工挽回经济损失近200万元。按照《关于在本市劳动争议调解仲裁工作领域加强人社、工会部门合作的实施细则（试行）》的要求，区总工会与区仲裁院达成一致，双方在现有的合作机制基础上，加强信息互通、资源共享，发挥各自职能优势，共同完善劳动争议

调处机制。（严　琪）

【闵行区持续开展和谐劳动关系创建活动】 2019年，闵行区创建劳动关系和谐企业（厂务公开）领导小组办公室持续开展和谐劳动关系创建活动。经过宣传动员、申报、辅导培育、第三方测评、区级评审、复审、终审、公示等流程，全区共有167家企业荣获“上海市和谐劳动关系达标企业”称号，7个园区（村、楼宇）/行业荣获“闵行区劳动关系和谐园区（村、楼宇）/行业”称号，22名企业经营管理者荣获“闵行区职工信赖的企业经营管理者”称号。全区累计2047家企业荣获市区两级和谐企业称号，58个园区（村、楼宇）/行业荣获“闵行区劳动关系和谐园区（村、楼宇）/行业”称号，113名企业经营管理者荣获“闵行区职工信赖的企业经营管理者”称号。（李萱葳）

【闵行区推进非有制公企业协调劳动关系体系建设】 闵行区总工会研究制订《闵行工会协调劳动关系体系建设中期评估实施方案》，联合第三方对全区各街镇非公有制企业工会协调劳动关系体系建设推进情况开展中期评估。通过对14个街镇、200家非公企业实时实地跟踪、检查、评估，指导各街镇总工会围绕建立党政主导的职工维权格局，主动参与社会治理创新，有效推进闵行非公有制企业工会协调劳动关系体系建设深入发展。（李萱葳）

【松江区召开和谐劳动关系创建工作推进大会】 7月19日，松江区召开和谐劳动关系创建工作推进大会。副区长王玮华，区人社局局长彭再德，区总工会党组书记、副主席陈军康，区工商联党组书记、副主席杨仁娟出席会议。会议总结2018年的工作并部署2019年的创建工作。区人社局、区总工会、区工商联联合下发了《关于全面深入开展本区和谐劳动关系创建活动的实施意见》，要求到2019年底，全区争取完成500家市级和谐劳动关系达标企业创建任务。会上宣读了《关于通报松江区荣获2018年度“上海市和谐劳动关系达标企业”称号名单》，表彰381家上海市和谐劳动关系达标企业，为24家和谐企业代表授奖，上海松江城投集团公司、永大电梯设备（中国）有限公司和上海辰竹仪表有限公司分别做了交流。区协调劳动关系三方委员会组成人员，区和谐劳动关系创建活动工作领导小组成员，各街镇（经开区）总工会专职副主席、商会常务副秘书长和社区事务受理服务中心主任（经开区社会事业科科长），市和谐劳动关系达标企业代表等出席会议。（丁　璇）

【奉贤区总工会建立健全工会维权体系】 奉贤区总工会持续推进“四方联动”“四位一体”维权体系建设。召开奉贤区劳动关系和谐企业创建活动暨民主管理集体协商工作推进大会。在区仲裁院正式挂牌成立区劳动人事争议联调中心工会分中心。扎实推进职工代表大会、集体协商制度建设两项基础性工作，创建97家“上海市和谐劳动关系达标企业”。全年共调处劳动争议2864起，涉及职工2964人，挽回职工经济损失5927万元；共受理调解类法律援助服务案件564件，其中群体性劳资纠纷23起，已结案502起，调解成功501起，挽回职工经济损失1105万元。开展“尊法守法·携手筑梦”法制宣传活动11次，接待农民工3660人次，提供法律政策咨询960次，发放宣传品6000份。广泛开展“安康杯”活动，937家单位、7.65万名职工、4098个班组参赛。（钱　洁）

【崇明区政府与崇明区总工会召开2019年联席会议】 8月19日，崇明区政府与区总工会联席会议在区会议中心召开。会议审议通过4个议题：一是关于加强崇明非公企业职工权益保障，二是关于共同推进生态就业职工群体入会及服务，三是关于进一步做好崇明籍出租车驾驶员在沪流动审证，四是关于迎花博提升窗口从业人员服务能力。（陈思佳）

【中国宝武积极推进和谐劳动关系创建活动】 中国宝武按照《中共中央、国务院关于构建和谐劳动关系的意见》等文件精神，组织开展创建“和谐劳动关系企业”活动，沪内单位按照《关于2019年市区协同推进和谐劳动关系创建活动的通知》（沪人社关〔2019〕124号）要求推进实施，沪外单位结合所在地区要求推进实施。年内共有近50家沪内各级子公司获评“上海市和谐劳动关系达标企业”，近30家沪内各级子公司完成创建申报、自评工作。沪外各单位认真落实当地要求，积极开展有关创建、复评等工作。宝钢股份、宝钢工程、宝武炭材、宝信软件、宝钢资源、宝钢金属、宝钢发展、宝武环科等单位均基本实现创建工作全覆盖。通过开展创建活动营造了和谐稳定发展环境，促进了劳动关系源头治理，进一步夯实了公司高质量发展的基础。（李士伟）

【宝钢金属推动企业改革过程中的劳

7月19日，松江区召开和谐劳动关系创建工作推进大会　（丁　璇）

动关系和谐稳定】 2019年,宝钢金属发挥工会组织优势,从源头上参与企业改革工作,保证在各项改革中把握好民主程序,规范职代会管理,加强民主管理工作。积极协助推进宝钢金属混合所有制改革实施,制订相关专业方案并组织推进落实。根据集团公司对宝钢金属按照"一企一业"原则聚焦轻量化材料与制品核心业务的战略安排,5月宝钢汽贸业务划转到宝地资产,协助做好宝钢汽贸划转期间的民主管理工作。加强对上海宝钢型钢经济性运营调整指导与全程服务,掌握员工个人意见和诉求,积极引导员工转变观念,充分认识经济性运营、间歇性生产的必要性和紧迫性,通过依法依规协商,凝聚共识、实现企业与员工和谐发展,平稳推进上海宝钢型钢经济性运行调整。 (严敏红)

【光明食品集团工会举办劳动关系协调员培训班】 3月4日,由光明食品集团工会、人力资源部主办,光明进修学院承办的光明食品集团劳动关系协调员(三级/高级)培训班正式开班。集团下属20家二级子公司从事工会工作、人力资源管理工作的130余名学员参加培训。为期3个月的培训邀请到市人力资源、劳动保障局的专家团队围绕人力资源管理、劳动合同管理、规章制度建设、劳动基准法律、员工申诉与劳动合同、集体协商与集体合同、工会与民主管理等课程进行系统性培训。 (朱菊英)

工会社会联络工作

【概要】 上海工会按照中央、市委、全总的要求,扎实做好对劳动关系领域社会组织的联系引导服务工作,不断强化劳动关系矛盾预防化解工作,社会联络工作水平得到进一步提升。一是充分摸清底数。在全市范围内开展工会联系劳动关系领域社会组织排摸统计工作,重点对社会组织领军人物及负责人信息进行收集整理,完善了劳动关系领域社会力量相关数据,为进一步发挥工会枢纽型社会组织作用夯实基础。二是着力工会组建。市总工会积极推进工会社会组织工作有效开展,指导各区工会加强调研,切实推进有条件的行业协会、商会、民办非企业等各类社会组织建立工会。各区结合自身情况,依托社会组织的力量,不但加强了工会与社会组织之间的联系,更借助社会组织的力量,推进本市非公企业工会改革。三是注重孵化培育。市总工会高度重视工会社工队伍建设,依托全市11个区总工会,孵化了相应的社会组织,并通过购买社会组织服务的方式,为基层工会打造了一支职业化社会化工会工作者队伍。截至年底,全市共有1059名工会社工奋战在基层工会工作一线,成为一支工会工作的生力军和骨干力量。同时,继续发挥"朱雪芹法律援助工作室"和各地区工会自育孵化的维权工作室作用,指导和鼓励其深度参与工会协调劳动关系、维护职工权益工作。四是加大购买力度。全市各级工会运用签约律师事务所,为企业、职工提供专业法律服务。市总工会委托市职工帮困基金会,搭建困难职工诉求表达APP平台,开展困难职工点亮微心愿行动;市总工会经审会从"上海市总工会社会中介机构备选库"中挑选5家会计师事务所,对13个建设项目开展了审价工作。市职工文化体育协会参与举办上海职工健康趣味运动会,上海职工羽毛球比赛,上海职工微电影节等。 (汪思齐)

【上海浦东公惠社会工作服务中心动态建立"需求、资源、项目"职工服务清单】 浦东公惠中心将工会社工做为主要的人力支持派驻在浦东24个街镇、9个开发区的各层级职工服务站(职工服务站93家,企业职工服务点260个,户外职工驿站210个,391个爱心妈咪小屋),通过需求收集、项目策划、资源联结,开展职工维权帮扶、职工生产、生活、文化、职业发展等多样化、陪伴式的专业服务,帮助职工提升职业技能、缓解职场压力、改善家庭关系等,促进职工的全面发展。借助工会社工日常企业排摸走访、职工需求调研的相关数据以及中心对基层工会购买社会力量项目评估的结果,切实掌握职工、会员、基层工会和企业"要什么",明确职工服务站(点)"有什么",动态优化服务项目"干什么",满足职工的多元需求。运用平台联建、资源联享、项目联办、体系联动等方式,充分调动多元主体的积极性,无缝对接需求、资源,实现对区域内职工和企业的"全覆盖""普惠制""零距离"服务,助力优化营商环境,补全"家门口"服务体系中服务职工的短板,有利于构建"大民生"格局。 (郑 俨)

【嘉定区总工会依托法律服务律师志愿团推进协调劳动关系体系建设】 嘉定区总工会全面推进工会协调劳动关系体系建设纳入全区构建和谐劳动关系的总体工作格局,四大工作举措确保职工队伍和谐稳定和区域经济社会发展。一是打好"化解牌",理顺劳动争议的"发现—报告—调处"预警预报工作环路,发挥区总工会法律服务律师志愿团的专业优势,主动配合党政有关部门参与现场处置,引导劳动关系双方通过法律途径解决矛盾纠纷。二是打好"维权牌",设立区、镇两级共10个实体化职工法律援助服务点,每日安排工会法律服务律师志愿团成员前往窗口开展法律服务,对于权益确属侵害的劳资纠纷,主动提供"法律咨询""代写法律文书""代理仲裁诉讼"等援助服务。三是打好"法宣牌",组织开展"毓秀嘉定·法治'工'开课"法宣系列活动,由工会志愿团骨干律师通过现场授课为企业工会主席、企业HR开展法治宣传讲座。四是打好"评估牌",区总工会委托工会志愿团律师对部分企业试点开展免费劳动关系用工评估。切实做到维稳有责、维稳负责。积极引导企业人力资源部门用工规范,加强用工过程风险管控,精准评估风险隐患,督促企业落实好主体责任,确保劳动关系和谐稳定。 (冯骏华)

经济权益

综　述

【综述】 2019年，上海工会深入研究新时代、新形势下各类职工群体的需求变化，进一步健全完善工会维权和服务制度，让职工群众获得看得见、摸得着的利益和实惠。一是加大源头参与力度。对2019年最低工资标准和高温津贴调整幅度、企业工资指导线制订提出合理化建议；指导本市环境卫生等公共养护行业开展行业最低工资标准调整；完善主副食品价格采集方法，形成多篇专项研究报告；对全市800家企业开展技能职工收入分配状况调查；参与全总最低工资对企业和一线员工的影响的调查；参与制订《上海市深化安全生产领域改革发展的实施意见》《关于本市加强安全生产监管执法的实施意见》等文件；推动提高本市支援外地建设退休(职)定居人员帮困补助的标准；推动形成新的职工互助保障计划整体架构。二是健全就业服务体系。积极引导企业就人员安置、调整劳动报酬、工作时间等涉及职工权益的事项开展集体协商，协助困难企业通过转型转产、培训转岗、支持“双创”等措施分流安置职工；并及时将下岗失业人员、农民工、去产能分流职工、困难职工家庭成员等重点群体纳入工会就业服务范围；对于受去产能、产业结构调整和中美贸易摩擦等因素影响，本市就业形势的变化情况进行调研，形成《关于当前本市职工就业状况的初步调研报告》《关于本市汽车产业职工就业状况的分析报告》《关于本市部分汽车零部件企业生产运营及职工就业状况的调研报告》；完善常态化工会就业服务工作机制，做实“春风行动”“民营企业招聘周”和“阳光就业”等工会就业服务品牌活动，开展线上线下相融合的就业服务。三是强化实事项目管理。以“职工所需”为重点、“普遍受惠”为基础、“工会所能”为切入点、“互联网+”为导向，广泛开展线上线下征集活动，健全完善考核评价机制；继续助推市、区(产业)工会建立多层多级服务职工实事项目体系建设，形成“普惠”+“特惠”的叠加优势；优化工会会员服务卡办卡、参保机制，形成时间提前、“专线+互联网”、简化手续和全年无休等为主要特点的工作流程，将职工疗休养、健康体检资源向灵活就业群体倾斜，进一步完善职工疗休养计划内容。四是完善梯度帮扶机制。制订下发梯度帮扶“1+3”文件，推动、指导全市各级工会建立梯度帮扶机制，构建“困难职工解困脱困、困难职工帮扶、常态化送温暖”三个层次、各有侧重的梯度帮扶格局；对接市大数据中心，加强信息采集和共享，优化“核对—反馈—共享”的工作流程，实现全市困难职工家庭精准识别和帮扶救助信息共享共通；编写《上海工会困难职工帮扶工作手册》等实务操作手册，形成帮扶标准化格式文本；重点聚焦低保、低收入、意外致困职工家庭，精准施策，重点开展生活救助、医疗救助、子女助学三类帮扶项目；推进工会对口援助工作，健全上海援外干部关心关爱工作机制。五是做好劳动保护工作。推进“安康杯”竞赛活动，会同市应急管理局联合开展“上海市职工安全生产知识大赛”；开展“班组安全管理成果”征集评选活动；编印《受限空间作业安全宣传手册》；开展上海工会劳动保护急救技能培训和本市规模以上企事业单位劳动保护干部业务知识专项培训项目；推动提高生产安全死亡事故网上上报系统的按时上报率，形成《关于2018年度本市工矿商贸企业生产安全死亡事故情况的分析报告》；参与职工生产安全事故调查处理；开展夏季劳动保护和防暑降温工作；组织高温慰问送清凉活动。

(陈美琴)

实事项目

【概要】 2019年，上海工会以“职工所需”为重点、“普遍受惠”为基础、“工会所能”为切入点、“互联网+”为导向，广泛开展线上线下征集活动，健全完善考核评价机制，精准对接职工群众服务需求，推出和实施“为3万名职工提供‘应援尽援’‘零门槛’法律援助”“助推7000名技能人才职业发展，奖励2000名一线职工授权发明专利”“新建300家‘上海职工学堂’”等10项服务职工实事项目，涉及维权服务、技能提升、健康服务、生活服务、文体服务5大类，共惠及职工516.03万人次，市总工会出资总计1.64亿元。同时，市总工会进一步助推市、区(产业)工会建立多层多级服务职工实事项目体系建设，98%以上的区、局(产业)工会参与市总工会10项服务职工实事项目，72%以上的区、局(产业)工会建立符合本区域本系统实际特点、满足职工需求的实事项目。

(殷崇莉)

【召开2019年市总工会服务职工实事项目发布活动】 1月3日，市总工会召开2019年上海工会服务职工实事项目发布会，对外发布2019年10件实事项目，涵盖技能提升、文体服务、维权服务、健康服务和生活服务等5大类。市人大常委会副主任，市总工会党组书记、主席莫负春指出，各级工会要围绕“看得见、摸得着、能感受、更实在”的要求，聚焦精准、实在、普惠、公正、便捷和互济等维度，积极回应职工期盼和诉求，在扩幅扩面、精准高效，拓展内涵、提升能级，多方联动的服务上下功夫。这些实事项目为：“助推7000名技能人才职业发展，奖励2000名一线职工授权发明专利”“新建300家‘上海职工学堂’”“组织30万名职工参加‘公益乐学’”“为3万名职工提供‘应援尽援’‘零门槛’法律援助”“组织10万名灵活就业群体参加工会会员专享基本保障”“新增200家‘户外职工爱心接力站’”“补贴8万名职工疗休养和4万名职工健康体检”“新增40万张‘工会会员服务卡’”“新增400家‘爱心妈咪小屋’和80家‘职工亲子工作室’”“组织1万名单身青年职工‘四季恋歌’交友”。2019年实事项目较过往服务重点更精准，并聚焦灵活就业、户外作业、单身青年等职工群体，在服务流程上，依托网上平台等，使企业和职工参与更为便捷。

(殷崇莉)

【开展职工疗休养行动】 2019年，市总工会继续在全市范围开展上海工会职工疗休养行动，在实施优惠价格的基础上，市总工会给予1/3—1/4的补贴。疗休养计划维持10个计划的基础上，增加公益乐学项目以丰富疗休养内容。全年共有来自82家区局(产业)工会的65108名职工参加团体疗休养行动，补贴资金共计2270.4306万元。在市总工会疗休养补贴的基础上，黄浦、松江、闵行、青浦、长宁、医药、隧道股份等区局（产业）工会另行对参加疗休养计划的职工进行补贴。同时，为进一步推动职工带薪年休假制度落实，做实工会服务职能，将更多资源和资金向工会会员倾斜，满足职工个性化、多样化的疗休养需求，市总工会继续实施会员个人疗养度假补贴项目，持有效工会会员服务卡的会员赴沙家浜、西山、黄山疗养院休养，可获得1/3房费补贴。年内，共有10705名会员享受了会员个人休养度假补贴，补贴总计106.0750万元，同比分别增长525.66%和167.73%。

（余嘉毅）

职工健康体检行动送体检进工地 （汪佳侃）

【开展职工健康体检行动】 2019年，市总工会继续在全市范围内实施上海工会职工健康体检行动，对全市已建立工会组织的企业一线职工赴上海市工人疗养院体检，实施1/2—1/3补贴。根据近年来本市健康危害因素、疾病发展趋势和职工需求，在工疗院内原有检查项目的基础上增加了脂蛋白和半胱氨酸蛋白酶检测、胰彩超。体检计划总量保持12个不变。年内，共有来自26家区局（产业）工会的44840名职工参加了职工健康体检行动，同比增长9.26%。健康体检补贴总计1224.0405万元，同比增长10.59%。同时，在市总工会体检补贴基础上，黄浦、长宁、松江、金山、虹口、崇明、奉贤等区局（产业）工会再给予基层单位一定比例或定额的补贴。

（余嘉毅）

【做好2019年度工会会员服务卡办卡流程优化工作】 5月，市总工会对系统办卡功能进行改进，优化后的“批量制卡至基层领卡”流程从“T+30”缩短至“T+9”个工作日，基层工会领卡时间也从40天缩短至15天左右。一是加强系统信息自动生成，减少人工交接。变“纸质清册”为“电子清册”。取消基层工会和银行网点交接纸质清册流程，实现基层工会在申工通管理系统生成清册后直接选择制卡网点，由系统自动判别制卡，在制卡完成前无需基层企业与银行网点进行人工交接。变“多次交接”为“最终交接”。制卡完毕后，由银行网点与基层工会直接联系，双方进行卡片与材料的互换。二是优化制卡信息反馈流程，建立纠错机制。变“串联”为“并联”。银行在处理工会上传的制卡文件时，成败两路同时开启，失败制卡的情况单独处理反馈给工会，成功的则生成卡号进入制卡环节。与基层工会对应交接时，基层工会备好成功办理的会员材料即可。失败的会员服务卡申请，将通过信息修改等手段重新进入办卡流程。制卡过程变“模糊”为“精准”，实时反馈制卡失败的环节和具体原因，让基层工会通过系统可直接了解每一位会员的制卡进度，以便及时修改、调整和应对。三是提升银行内部制卡速度，加快卡片送达。加大卡商送卡频次，变“每周两次”为“每日一次”，同时加大支行领卡频次，变“每周一次”为“随叫随到”。

（殷崇莉）

【召开会员服务卡工会组织服务设施及团购优惠商户管理委员会第五次全体会议】 8月22日，市总工会举行工会会员服务卡工会组织服务设施及团购优惠商户管理委员会第五次全体会议。会议通报管委会组成人员调整名单和2019年上海工会会员服务卡工会组织服务设施及团购优惠商户拟新增、续约及退出的商户情况，审议并通过《2019年上海工会会员服务卡工会服务设施及团购优惠商户名单》。市总工会副主席张得志出席会议并对下阶段的商户管理工作提出要求。

（殷崇莉）

【召开工会会员服务卡会员专享基本保障资金管理委员会第七次全体会议】 9月27日，市总工会召开工会会员专享基本保障资金管理委员会第七次全体会议。会议通报管委会组成人员调整名单和2020年上海工会会员服务卡相关工作的情况。增设会员个人在线申请办卡和参保的渠道，优化工会会员专享基本保障，在已有A类和B类保障的基础上，增加住院附加保障，形成A、B、A+、B+四类并行保障，A类保障待遇增加原位癌等特定疾病，B类大病扩大至22类，并增原位癌等特定疾病，同时调整参保费用、筹资标准和保障给付期：给付期由原来保障期满日后延长半年调整至两年（疾病身故保障给付期仍为半年），并调整保障资金结算方式：从2019年度起，结算方式由返还追加机制调整为累积机制。会议同时就2020年《上海工会会员专享基本保障条款（征求意见稿）》的修改情况进行说明，并通报关于废止《上海工会会员专享保障资金返还和追加办法》的情况。与会人员重点讨论并原则上审议通过《保障条款》和《管理办法》（征求意见稿），并原则上同意废止《返还办法》。

（殷崇莉）

【开展服务职工实事项目征集工作】 9月，市总工会启动2020年度上海市总工会服务职工实事项目征集工作。一是线上线下征集。通过“申工社”微信开展线上征集，职工留言信息295条;通过区局(产业)工会、市总机关各部室和各直管单位开展线下征集,征集到了18条建议;通过工代会代表和委员意见征询,得到38条建议;线上线下共征集到351条意见和建议,其中,幼托交友类125条,关心关爱类44条,维权服务类43条,文体服务类32条,教育培训类30条,素质提升类26条,健康服务类23条,技能提升类9条,阵地建设类6条,帮困救助类3条,其他10条。二是广泛征求意见,通过走访基层,听取基层、召开座谈会等形式听取工会干部和职工对2020年市总实事项目立项的意见和建议。经过征集筛选,制订推出"助推1万名职工职业技能和创新能力提升"等11项2020年上海市总工会服务职工实事项目。(殷崇莉)

【开展服务职工实事项目评估工作】 四季度,市总工会按照《上海工会服务职工实事项目征集、实施管理办法(试行)》的要求,委托第三方评估公司组成工会服务职工实事项目实效调研组,通过线上调查问卷、座谈访谈、客观数据调研、指标体系法等多种评估方法对2019年度上海工会10个实事项目实施情况进行评估。本次评估共获得职工调查问卷1.609万份,获得工会代表和委员意见征询反馈58份,开展基层工会和职工代表座谈会9场,分别形成综合性报告和各子项目分析报告。评价结果主要以科学性、标准化、量化与质性结合为原则,主要采取满意度测评法,选取"服务项目满意度+服务效果认同度"为指标内容维度,选取直接受益职工和间接受益职工对每个项目的知晓、参与和使用情况为指标计算层次,从而综合评估实事项目的成效得分,10个实事项目总体评价达到优秀水平。(殷崇莉)

【升级版上海工会会员服务卡叠加全国交通一卡通功能】 11月26日,市总工会联手上海农商银行、上海交通卡公司联合召开升级版工会会员服务卡发布会,宣布2014年面世的上海工会会员服务卡功能将全新升级,不断提升对职工快捷、高效的服务,市总工会副主席姜海涛出席发布会。从2020年1月起新增全国公交一卡通功能。上海工会会员持卡可在全国260多个城市,乘坐公交、地铁、出租车、轮渡。至此,上海工会会员服务卡的会员身份标识、会员专享基本保障、工会服务设施优惠、会员团购商户优惠、金融服务等的5大功能将升级为6大功能。升级后的上海工会会员服务卡内置了全国互联互通的一卡通芯片,在全国加入互联互通的城市实现跨区域、跨交通方式使用,覆盖城市还在不断增加中。所有新申请办卡的工会会员都将获得升级版上海工会会员服务卡。原持卡工会会员可带上有效身份证件持卡自愿自行前往上海农商银行任意网点办理换卡业务。(殷崇莉)

【工会会员服务卡实施情况】 全年,优化工会会员服务卡办卡、参保机制,形成时间提前、"专线+互联网"、简化手续和全年无休等为主要特点的工作流程,办卡时间从40天缩短至15天左右;增加"全国交通一卡通"功能,使上海工会会员服务卡成为全国首张具备该功能的会员服务卡;推动扩大会员服务卡在全市职工中的覆盖面,2019年度工会会员服务卡共办理34.8824万张,累计办卡467.0517万张,覆盖120个区局(产业)工会,2019年度会员专享基本保障覆盖职工351万人,参保金额8893.5368万元,市总补贴7162.0431万元。截至年底,2019年度会员专享基本保障给付4934人次,给付金额总计7991万元;其中大病4317人,给付7266万元,意外54人,给付162万元,疾病身故563人,给付563万元。进一步加强工会服务设施、团购优惠商户管理,新增博世、联合利华、红星美凯龙等共计8家作为2019年工会会员服务卡签约商户。根据"月季年"活动机制,依托工会服务设施、团购优惠商户和"申工社"微信平台,开展线下和线上普惠活动,市总工会层面先后开展"'平安返沪'火车票补贴行动""'卡卡伴你行'工会会员出行补贴活动""'卡卡伴你行'工会会员加油补贴活动"、"会员大讲堂"和"工会会员服务日"等"卡卡"福利活动覆盖职工近10万人次。(殷崇莉)

【召开2020年市总工会服务职工实事项目发布活动】 12月18日召开2020年市总工会服务职工实事项目发布新闻通气会,正式对外发布11件服务职工实事项目,涵盖技能提升、文体服务、维权服务、健康服务、生活服务和困难帮扶等6大类,并重点聚焦灵活就业群体、户外作业职工、单身青年职工、困难职工等人群。2020年市总工会服务职工实事项目分别为:资助8000名晋升技师高级技师职工、带教师傅和奖励2000名授权发明专利一线职工;新建200家"上海职工学堂"、新创100家示范性"上海职工学堂";组织30万名职工参加"公益乐学";为3万名职工提供"应援尽援""零门槛"工会维权服务;组织20万名灵活就业从业人员参加《上海工会灵活就业会员专享基本保障》;升级改造300家"户外职工爱心接力站";补贴8.5万名职工疗休养和4万名职工健康体检;新增20万张"工会会员服务卡";助力2000名困难职工实现"微心愿";新增400家"爱心妈咪小屋"和80家"职工亲子工作室";组织1万名单身青年职工"四季恋歌"交友。2020年实事项目新增"助力2000名困难职工实现'微心愿'"。该项目是对工会常态化送温暖工作的积极探索和有效补充,"微心愿"以微小、易实施为宗旨,通过"申工社"微心愿小程序,开展心愿征集发布、爱心认领、社会捐赠等。(殷崇莉)

【长宁区总工会举行2019年工会会员服务卡宣传推广系列活动】 5月23日,长宁区总工会在临空园区SKY-BRIDGE HQ天会广场举行2019年工会会员服务卡宣传推广活动。市总工会副主席张得志,长宁区政府副区长孟庆源,长宁区总工会党组书记、副主席邱刚等出席,临空园区内数百名职工参与本次活动。活动现场设置会员集市,春秋国旅、象王洗衣、苏宁电器、联合利华、携程等20家单位、商户为职工提供丰富多彩的优惠产品及服务,同时通过在现场放置展板、发放宣传手册宣传工会会员服务卡具有的会员身份标志、专项基本保障、服务设施优惠、会员团购优惠、金融服务等5大功能,吸引更多职工加入工会,吸引更多企业组建工会,让越来越多的人知晓工会会员服务卡,从而进一步扩大

5 月 23 日，长宁区总工会举办工会会员服务卡宣传推广系列活动
（沃晓东）

工会会员服务卡的覆盖面。（沃晓冬）

【**普陀区总工会建设职工学堂**】 作为 2019 年服务职工实事项目之一，普陀区总工会整合各类教育培训资源，年内探索建设 8 家“职工学堂”，面向全区所有职工免费开放，旨在进一步发挥工会大学校作用，积极提升职工技术技能和职业素养的同时不断丰富其精神文化生活。有充分利用自身优质教育资源和专业特长的综合型、专业型职工学堂，例如：曹杨职校职工学堂、上海申伦职业技能培训职工学堂、普弘职工学堂，以及八哥美术培训学校职工学堂、上海航天电器研究院有限公司职工学堂、普陀家政培训职工学堂等；还有依托党建引领，与党群服务中心、社区文化活动中心、社区学校等资源共享的长寿工会职工学堂、真如工会职工学堂等。 （陆 蕾）

【**黄浦区总工会完成 2019 年服务职工实事项目**】 2019 年，黄浦区总工会提供普惠性、常态性、精准性服务，实施并完成工会服务职工实事项目。加强工会法律援助“零门槛”服务，年内共接待法律咨询 4651 人次，受理法律援助案 792 个，参与劳动争议联合调解 407 个。按照市总工会、区总工会各补贴三分之一费用原则，组织 3833 名职工健康体检。按照市总、区总和基层工会“三个一点”经费补贴标准，组织 6231 名职工疗休养。扩大工会会员服务卡覆盖面，新办会员服务卡 1.8 万人，会员卡参保 12.2 万人，会员卡专享基本保障给付金额 418.7 万元。新建职工书屋 40 家，对已建立的职工书屋采取三年轮一次的配书申请制度。设立“黄工学堂”，开设公益乐学项目，向 3000 名职工配送文化服务。做好劳模先进培养选树，黄浦职工获评全国五一劳动奖章 1 名、市五一劳动奖章 10 名，8 家单位获评市五一劳动奖状、10 个班组获评市工人先锋号，选树 3 名上海工匠，10 名黄浦工匠。做好职工关爱工作，完成 1000 名困难女职工（女农民工）免费两病筛查，新增妈咪小屋 10 家，升级星级小屋 4 家，创建亲子工作室 1 家。组织 1100 余名单身青年职工参加青年交友系列活动。 （陆中斌）

【**静安区总工会开展送春联活动**】 1 月 10 日，由静安区总工会、上海楹联学会联合主办、静安区工人文化宫承办的“书千副春联，送千户人家”——静安区总工会 2019 年送春联活动开幕式在静安寺街道高和大厦启动。静安区人大常委会副主任、区总工会主席叶坚华等出席，领导和嘉宾还为职工代表赠送喜庆春联。2019 年是静安区总工会送春联活动连续开展的第七个年头，该项活动已成为静安工会服务基层的特色品牌。这次送春联活动，区总工会组织安排沪上知名书法家 70 余人次，先后前往全区 12 个街镇园区，现场为楼宇、园区职工书写春联，开幕式当天就现场送出 200 余副春联。 （江屹巍）

【**“静安区职工口腔关爱公益项目”启动**】 为迎接第三十一个“全国爱牙日”，帮助广大职工树立健康理念，关爱职工身心健康，9 月 19 日，静安区总工会会同静安区医务工会、南西街道总工会及静安区社会医疗机构联合举办“静安区职工口腔关爱公益项目”启动仪式。本次大型口腔健康公益活动旨在为解决职工公立医院看病难、排队久难题，不断提升静安区各企事业单位职工口腔健康水平。之后易美齿科提供 200 场口腔义诊活动，回馈静安职工。静安区北站街道总工会、静安区南京西路街道总工会、毕马威华振会计师事务所（特殊普通合伙）上海分所、辉瑞制药有限公司、第九城市计算机技术咨询（上海）有限公司、中信商业保理有限公司上海分公司等 6 家企业现场签约公益项目。活动后，所有人员来到中信泰富 4 楼易美齿科进行现场健康义诊。 （姚 磬）

【**宝山区总工会举行 2019 年实事项目启动仪式暨货车司机交通安全宣传系列活动**】 5 月 23 日，宝山区总工会于杨行镇中集园区内华英陕汽公司举行 2019 年实事项目启动仪式暨“创和谐交通 · 建文明城区”——宝山区货车司机交通安全宣传系列活动。活动进一步深化宝山产业工人队伍建设改革，落实区总工会“1+6”竭诚服务职工体系，夯实“货车司机集中入会”全国试点，开展 5.25“无违法 · 无事故”交通安全宣传，助推全国文明城区创建，促进宝山区物流货运行业健康稳定发展。活动上为货运驾驶员代表赠送了 8 大实事项目。区人大常委会副主任、区总工会党组书记、主席王丽燕及区相关委办局、杨行镇、区物流货运行业工会及各街镇总工会，区物流货运行业工会会员代表 100 余人参加。 （沈 英）

【**闵行区总工会落实十大服务职工区级实事项目**】 闵行区总工会在全面推进落实市总工会实事项目基础上，通过倾听职工需求，每年安排 10 件实事，切实帮助职工解决工作和生活中

的实际问题。2019 年实事项目包括：创设 18 个“闵工学堂”，举办 10 场“向劳动者致敬”慰问演出，新建 3 个职工文化体验基地和 8 个职工体育体验基地，开展百场电影进企业、进园区，举办 18 场职工文体赛事，提供 1000 位民营企业职工健康体检和组织 2000 位民营企业职工参加疗休养，开展千名职工体质监测，为 80 岁以上高龄劳模发放家政服务补贴，新增 100 家会员服务卡特约商户，举办 5 场“悦动闵行，乐享工惠”职工服务日活动。年内承诺的 10 项实事已全面落实。 （朱荣锋）

【闵行区总工会升级工会会员服务卡服务功能】 2019 年，闵行区总工会不断加大工会会员服务卡宣传力度，联合各街镇、委办局工会开展 5 场“悦动闵行·乐享工惠”工会会员主题活动，签约特约商户 100 余家。同时，与中石化合作，推出“闵行工会会员专属加油卡”，全年办理“专属加油卡”2.5 万张，累计加油量达 372 万升，累计充值 3000 万元。“专属加油卡”的推出不仅提升了工会会员服务卡的优惠力度，也提升了工会会员服务卡的影响力，增加了工会会员对会员卡的依存度。 （牛晓焱）

【嘉定工会公布 2019 年服务职工实事项目】 2 月 27 日，嘉定区总工会通过前期调研、线上线下征集等环节，制定了技能提升、文体服务、维权服务、健康服务和生活服务 5 大类共 15 个实事项目。15 个实事项目分别为《助推技能人才职业发展，奖励一线职工发明专利项目》《上海职工学堂项目》《职工法律援助项目》《组织灵活就业群体参加工会会员专享基本保障项目》《户外职工关爱项目》《职工疗休养、健康体检项目》《工会会员卡项目》《女职工幸福关爱项目》《组织单身青年交友活动项目》《职工心理服务项目》《大篷车项目》《职工书屋项目》《“艺术课堂”、“历铁人”职工文体服务项目》《“剧精彩”职工文体服务项目》与《环卫职工关心关爱项目》。服务职工实事项目，依托工会网上工作平台、申工社 APP，使职工参与、受益流程更加便捷。覆盖对象更全，积极围绕工会的主业主责，不断扩大职工覆盖群体，进一步向园区、楼宇、非公中小企业及灵活就业群体辐射，惠及范围更大。 （黄点点）

【松江区总工会开展首场“职工心灵港湾”专题培训】 4 月 14 日，松江区总工会开展首场“职工心灵港湾”——“让孩子放下紧张焦虑积极迎接中、高考的来临”专题培训。培训邀请人社部 EAP CETTIC 项目专家委员专家、上海师范大学心理系特聘专家、国家二级心理咨询师黄岚主讲。来自全区各单位的工会会员近 100 人，通过松江工会微信公众号线上线下报名的方式参加了此次培训。“职工心灵港湾”服务是松江区总工会推行的一项心理关怀实事项目，该项目将结合全区各阶层职工群众的需要，以关爱职工、服务职工为出发点，开展各类心理巡讲 30 场次，以缓解职工面对工作和生活中的双重压力，有效提高职工的精神生活质量，为全区职工群众提供更好的服务。 （姜 煜）

【松江区总工会组织一线职工家庭代表参加上海欢乐谷十周年庆典暨上海旅游节松江分会场启动仪式】 9 月 12 日，松江区总工会组织 10 户一线职工家庭代表参加上海欢乐谷十周年庆典暨上海旅游节松江分会场启动仪式。市总工会副主席刘言浩，松江区总工会党组书记、副主席陈军康等领导出席活动。此次公益活动采用“申工社”微信公众号报名方式进行，对象是持有效上海工会会员服务卡，并符合工会送温暖 6 大类对象之一的工会会员。 （邹丽梅）

【青浦区香花桥街道总工会三项措施助推职工文化服务】 一是公益乐学惠职工。依托“公益乐学”文化服务平台，引进丰富的职工文体服务资源，推动职工文化建设，秉持“走出去，送下去”的工作理念，同步开展香花桥教学点和企业定制版课程，为职工提供插花、瑜伽、礼仪、手机摄影等在内的 16 项课程。二是职工文体聚人心。成立职工文体中心，下设职工书屋、职工茶集、职工影院、职工健身房等服务设施，辖区内职工办理健身卡可享优惠政策。三是文化服务助成长。发布以“情系创新凝聚”为主题的六大系列文化服务项目，包含“匠人匠心”“平安守护”“欢乐运动”“修文养性”“喜贺佳节”和“快乐生活”系列，为企业和广大职工提供点单式文化服务，并在“香花桥工会”微信公众号上同步上线服务。 （朱建强）

【奉贤区总工会实施工会服务职工实事项目建设】 奉贤区总工会坚持实事惠职工，实施八大工会服务职工实事项目。开展企业职工疗休养、健康体检补贴行动，共为 95 家单位 3165 名职工补贴金额 80 万元；8.35 万职工参加工会会员服务卡专享保障计划；开展“春风送岗位”大型招聘会、“相约星期五，卡卡惠职工”午间一小时服务等活动 8 场；大力推进公益乐学项目落地，全年共开设 4 期课程，20 门课，5000 余职工参与；政府实事项目户外职工爱心接力站在奉贤达 63 家，累计服务职工 15 万人次；开展奉贤工会女职工“七色花”行动，新建妈咪小屋 33 家，挂牌职工亲子工作室 3 家。 （钱 洁）

【东方国际集团打造“东方名品汇”助力品牌建设】 为进一步提升东方国际集团自有品牌知名度和影响力，2019 年集团工会组织集团下属近 20 家品牌企业、进口商品销售企业共同举办“东方名品汇”内购会，让广大职工零距离接触集团的名牌、名品。同时，利用工会平台和渠道，分别在市国资委、上柴股份、电力大学等地举办 14 场活动，覆盖职工 2 万多人次，销售金额 330 多万元，超额完成年初既定目标。10 月，集团工会携手龙头股份启动“东方名品汇”线上商城，为职工提供“一站式”购物体验，也让集团每个员工都成为营销员，实现全员参与，全员推广的新零售模式。

（陆 益）

【东方国际集团工会首次为驻境外员工增设 SOS 紧急救助服务】 为了不断加强对集团驻外人员的关爱服务，集团工会为所属单位 208 名驻外员工购买综合意外险，其中驻国内的员工 155 名，驻国外的员工 53 名，共计保费 5 万余元，并首次为驻境外员工增设境外医疗及 SOS 紧急救援服务。

（陆 益）

【东方国际集团工会推进暖心工程提升职工幸福指数】 东方国际集团工会旗下共有16家“爱心妈咪小屋”，其中五星级3家，四星级6家，三星级4家，2019年新建小屋3家。集团工会成功为新创建的爱心妈咪小屋争取市总工会建屋补贴，同时制订了《关于东方国际集团工会‘爱心妈咪小屋’助推计划的实施方案》，进一步推进所属企业“爱心妈咪小屋”的改造升级、规范管理、健康发展，更好地提供个性化服务。同时，集团工会首家职工亲子工作室寒暑托班继续开班，并申请到市总工会补贴。在“二孩”生育政策下，集团工会还将继续推进相关暖心工程的建设工作，进一步提高在业内的覆盖率，不断探索和拓展服务项目和功能，并给予不同资金匹配。（陆　益）

【中国宝武搭建关心关爱职工平台，扎实解决职工“三最”问题】 中国宝武工会把广大职工的需求和关注点当成服务职工的工作重点，呼应职工的期盼，针对职工需求内容多样化、需求层次细致化、需求期待专业化的特点，竭诚服务职工，打造关心关爱员工平台，扎实推进职工“三最”实事项目，完善服务职工体系，通过改善办公环境行动、服务工会会员行动、女职工关爱行动、大病职工慰问行动，构建联系广泛、服务职工的工作体系。2019年完成“三最”实事项目1074项。协同人力资源部组织实施“幸福宝武”员工保险自购保障计划，年内共有47名员工，38名附属人员投保，保费总额77.3747万元。积极利用优质社会资源，为职工搭建特惠购车服务平台，集团享受团购车优惠购买通用车108台，购买奥迪车为23台。各级工会及时做好工会会员专享保障、集团大病救助等工作。集团公司及各二级单位共投入帮困慰问资金2830.28万元，各级领导班子成员、管理人员和工会工作者走访与慰问困难职工、一线职工、退休劳模等群体68998人次。组织沪内外各单位开展帮扶资金送温暖资金专项自查，帮扶资金送温暖资金使用管理情况总体安全、受控。（刘向捷）

【宝钢股份以“最满意”“零差评”评价为平台，推进现场环境改善】 宝钢股份工会对员工工作环境改善高度关注，不断探索服务党政中心任务的新模式，将关心关爱员工工作环境改善作为各级工会重点工作推进落实，特别是现场特殊群体的环境改善，并将此项工作作为工会在公司改革发展中应肩负的责任担当，纳入宝钢股份在市总工会试点改革的项目之一。2019年出台《宝钢股份环境改善实施办法》，以加大基层单位联管共建为抓手，以“最满意”“零差评”评价为平台，通过创建维护美好舒适的工作环境和最佳实践等评优树先有效做法带动现场整体环境提升，极大提升了员工的满意度和幸福感。（顾卫兵）

【宝武环科完善服务职工工作体系】 2019年，宝武环科坚持以人为本，关心关爱职工，提升服务质量和实效。主要做法：一是推进“三最”项目，增加职工获得感。结合“不忘初心、牢记使命”主题教育，将“三最”实事项目落实作为专项整治任务，进一步完善了服务职工“三最”管理体系，加强“三最”项目过程跟踪推进。年内各单位共设立“三最”实事项目36项，均已按期完成，各级行政及工会共计投入资金1100余万元，积极为职工营造舒心、体面、和谐的工作环境。二是精准帮困送温暖。全力做好日常基础帮扶和慰问工作。2019年共实施帮困887人次，帮困总金额88.453万元。其中，日常帮困854人次，帮困金额58.623万元；医疗帮困23人次，帮困金额27.6万元。高温期间，组织各级管理者走访基层现场作业区，慰问员工3380人次。（赵向锋）

【欧冶云商打造“福豆工社”平台，实现工会服务一站式操作】 为顺应职工对福利服务多样化、专业化、阳光化的需求，2019年欧冶云商以工会福利服务为切入点，以员工服务需求和体验需求为落脚点，搭建一站式员工福利及生活服务平台——“福豆工社”，提升员工对企业的归属感。“福豆工社”由员工福利、员工成长、员工交流和员工生活服务等四个虚拟子平台组成，包括生日福利、年节福利、书香福豆、幸福食堂、健康福豆在内的五大主体功能。此外，平台还运用智能化手段，增强了趣味性、互动性、知识性。例如，打造在线客服——福小智，可实时解答有关员工薪酬、安全、休假、争议调解等问题；开发答题小程序——“头脑王者”，让网上专题学习变得趣味盎然。项目实施一年多以来，已为中国宝武集团旗下共66个工会法人单位近万名员工提供了服务，收获好评不断。通过“福豆工社”平台，员工可以享有多样化的选择、看得见的实惠，拥有手随心动的便捷，获得感大幅提升；工会则实现服务一站式操作，工作效率大幅提升。12月，“福豆工社”入选“2019年上海基层工会服务职工实事项目典型案例”。（李　琴）

【宝钢发展切实做好员工服务工作】 2019年，宝钢发展完善职工思想动态反馈体系和职工诉求管理机制，通过座谈会、个别访谈、班组调研等途径，进一步了解职工、联系职工、服务职工，每季度形成《职工思想动态情况报告》和《职工诉求情况报告》报公司领导。全年共征集各类职工诉求71条，及时予以协调处理并向职工反馈。进一步推进职工“三室一所”环境改善，推动“三最”实事项目立项63项，其中“三室一所”改善57项，并将“三室一所”环境改善工作纳入“不忘初心、牢记使命”主题教育专项整治项目，对需整改的82个“三室一所”，分别制定整改计划，落实时间节点和责任者，年底前已全部完成；同时开展“职工最认可的一件实事”评选活动，共评选出6件实事，进一步检验实事项目的成效。进一步加强职工心理疏导职能建设，组织身心健康教练团队成员和工会干部开展“员工心理辅导中的正面管教技术”和“NLP在人际关系中的应用”培训；同时，研发和改进了7个心理健康知识专题课件，为一线职工和各级管理者送教上门，普及心理健康知识，累计培训职工203人次。（朱　宏）

【高桥石化公司工会深入推进“走基层、访万家”活动】 高桥石化公司工会持续深入推进“走基层、访万家”活动，做到常态化、制度化。各级工会组织结合部门实际，围绕重点难点工作，使“走访”活动成为各级领导密切联系职工，办实事、解难事，助力重点工作的有效抓手。年内,公司先后出台了《关于鼓励职工长期倒班及继续留岗的工作方案》《关于职工疗休养相关政策的调整方案》《员工请假、考勤及劳动纪律管理办法(试行)》和《高桥石化帮扶救助工作实施办法》等多项利企惠民的政策和方案,这些与职工切身利益密切相关的制度出台得到了职工广泛欢迎和支持认可。储运部一名2017年进厂的大学生被诊断患有白血病。得知情况后,储运部工会第一时间关心慰问,及时跟进治疗方案,申请帮困补助。全年公司各级工会共走访职工2722人次,走访率64.1%;走访一线班组259个,走访率100%;召开双向沟通座谈会44个,征集职工意见建议305条,落实解决或报上级协调解决271条,占比88.9%。 (吴 斌)

【上海石化工会落实"走基层、访万家"活动长效机制】 2019年,上海石化工会继续落实《关于建立健全工会"走基层、访万家"活动长效机制的实施意见》《上海石化工会经费收支管理若干细则》《关于进一步做好上海石化到龄退休职工关心关爱工作的通知》,推动各级工会干部下基层、访职工、知民情、办实事,全年做到班组联系全覆盖、职工会员"五必访"(职工婚丧嫁娶必访,职工有思想问题必访,职工生活困难必访,职工生病住院必访,职工家庭纠纷必到必访),做深做实"有困难找工会"。 (石小建)

【上海石化工会实施"职工小屋"服务职工实事项目】 2019年,上海石化工会继续在了解职工需求的基础上,听取和收集基层工会和一线职工意见建议,了解基层工会、班组和职工真实困难,继续实施"职工小屋"服务职工实事项目,帮助职工群众解决好实际问题。全年共14家单位上报包括职工学习、生活、运动等各类项目20个(如:电脑、血压计、微波炉、冰箱等),投入工会经费约66.68万元。 (石小建)

【上海石化工会实施"职工晋升技师、高级技师奖励"计划和带教师傅奖励"计划】 2019年,上海石化工会继续实施"职工晋升技师、高级技师奖励"计划,共43名技师、高级技师获奖励(其中技师23名、高级技师20名),技师奖励2000元/人,高级技师奖励4000元/人,共奖励12.6万元(其中市总工会奖励6.30万元、公司工会配套奖励6.30万元)。继续实施"职工晋升高级工、技师、高级技师带教师傅奖励"计划,共奖励带教师傅58人次(其中徒弟晋升高级工44人,晋升技师7人,晋升高级技师7人)。带出高级工奖励师傅2000元/人,带出技师奖励师傅4000元/人,带出高级技师奖励师傅6000元/人,共奖励15.8万元(其中市总工会奖励7.9万元、公司工会配套奖励7.9万元)。 (徐 军)

【上海烟草储运公司工会开通"智慧关爱"服务】 2019年,上海烟草储运公司工会在企业内部门户网站服务信息栏开通"智慧关爱"服务,职工可查阅相关保障条款及办理流程。"智慧关爱"服务设有2类7项内容,针对职工结婚、生育、住院、大病等情况,进行短信、微信形式通知,告知相关保障、关爱条款,同时可在线上进行"职工保障机制"条款查询、补助报销单电子打印,更好地为职工关爱工作提供智能化保障,解决职工关爱工作的"最后一公里"。 (俞 平)

【上海烟草海烟物流工会开展"家庭医生"系列活动】 2019年海烟物流携手虹桥街道卫生服务中心,开展"家庭医生"培训讲座及免费对接服务。活动现场开设家医服务培训、健康咨询指导、中医技术体验、口腔健康检查及血压血糖现场测量等服务内容。除此之外,员工还享受到专业医师有针对性的在线咨询、在线初诊、就医建议、养生和疾病规范管理知识、在线预约门诊及配药,实现了就医一体化的便利。 (丁 鋆)

【铁路上海局集团公司大力改善职工生产生活】 6月25—26日,铁路上海局集团公司"三线"标准化建设管理工作推进会在浙江丽水召开。集团公司副总经理于珏霖、工会主席何元庆参加会议。集团公司、集团公司工会联合制订《中国铁路上海局集团有限公司大力推进"三线"标准化建设管理指导意见》,制作职工宿舍、食堂、洗衣房、保健室、活动室等职工生产生活设施标准化建设模块。会上还表彰了2018年度"三线"建设管理示范线5条、示范站区25个、示范点42个,另有13个先进单位、57名先进个人受到表彰。2019年,集团公司开展季度管理之星评比,全年表彰115名先进个人。集团公司工会拨付示范线、示范站区活动专项经费981300元。 (陈国华)

【全球首张"海员无忧行专属优惠号码卡"上线】 中远海运船员管理有限公司工会积极为广大海员办实事,协调中国移动在7月11日第十五个"中国航海日"当天,联合推出全球首张"海员无忧行专属优惠号码卡"。此卡的推出,是在广泛听取海员意见建议的基础上,针对海员在境外经常换号码、信号覆盖不稳定、上网速度受限制等问题,通过更低的资费、境外流量包半价、赠送境外通话时长等优惠措施,以及针对国内、在船航行、国际三个不同场景推出的专享福利,使广大海员享受到更加便捷和经济的通讯服务,更加拉近了远航海员与家人的距离。海员卡除了给予海员专属的优惠及便捷之外,还含有"711"海员独享专属号段,作为向中国航海日的献礼。 (徐国华)

【中远海运集运工会深化服务职工实事项目】 一是传统的帮扶项目,包括元旦、春节、五一、十一期间的慰问工作,共计慰问劳模42人次、困难职工257人次、一线职工7667人次、离退休职工31人次,共计发放慰问金134.35万元、慰问品284.14万元,其中工会经费投入162万元,帮困基金提供19万元;走访慰问51个一线网点和基层单位、3艘船舶,共计发放慰问金30万元,用3年时间完成对集运下属三级单位、网点走访慰问的全覆盖;管好用好职工医疗互助金,对109名会员实施医疗互助,共发放互助款51.3904万元。二是坚持问需、问计、问效于职工,及时回应职工关切。通过与上海移动、电信、联通的联系沟通,为上海地区职工提供话费、宽带福利,办理优惠套餐;通过与中国铁路上海局集团公司的接洽,达成初步合作意向,为公司职工节日期间购买高铁、动车车票提供便利;组织2批共计100余名上海地区优秀职工登大型集装箱船舶参观,与船员交流互动,感受大国重器之魅力,增强荣誉感和自豪感,同时切实增强船岸员工之间的沟通互信。 (钱 华)

【上港集团切实解决职工身边事】 2019年,上港集团着力推广建设"户外职工驿站"、持续升级"现场流动厕所"、大力加强食堂食品卫生管理。集团制订下发了《上港集团"户外职工驿站"管理办法》,要求"户外职工驿站"建设需做到标示、外部设计、基本服务功能统一,并配置空调、微波炉、桌椅、应急药箱等设施设备,为户外露天作业职工提供便利。年内,13家单位建立"户外职工驿站"22个。集团工作小组与"现场流动厕所"供应商厂家,就流动厕所升级版最终产品方案进行论证,并颁布了流动厕所升级版最低标准,指导各基层单位认真组织实施采购。年内,17个现场流动厕所完成升级换代。集团在原有的职工食堂食品采购、存储、使用等管理基础上,制订下发了《职工食堂食品采购补充规定》,并于7月1日起基层食堂全面对照执行新规,同时将标准内容纳入供应商承包管理范畴,加强对供应商的监督管理。 (袁旭芳)

【上港集团持续做好服务职工实事项目】 2019年,集团在优化"11+X"服务内容的基础上,推出12项实事项目,涵盖了技能提升、健康服务、生活服务、文化服务、帮扶救助、激励保障等6个方面。具体包括:1. 全港主要生产单位设立户外职工驿站。2. 实施"上港有约"文体活动。3. 实施职工健康体检管理办法。4. 实施临退职工"6+X"关爱计划。5. 实施职工技能登高和岗位创新奖励。6. 参加工会会员专享保障B计划。7. 参加市职工互助综合保障B计划。8. 实施职工帮困金管理使用办法。9. 实施企业年金计划。10. 实施"十三五"职工激励计划。11. 实施补充医疗保险。12. 实施补充住房公积金。 (袁旭芳)

【鲁中矿业工会推进实事项目为职工服务】 鲁中矿业工会在充分了解职工需求的基础上,根据市总工会要求,进一步将"娘家人"送温暖的理念和服务职工实事项目相结合,以实事项目为载体,把常规的送温暖工作提炼成服务职工的品牌项目。在积极参加市总实事项目基础上,结合鲁中矿业实际,推进落实新婚夫妇送祝福、发放生日蛋糕行动、离世会员关爱行动、离退休职工送祝福行动等8个项目,扎扎实实地为职工办实事、做好事,竭诚为职工服务,提升职工幸福感。

(李宗峰)

【市教育系统成功挂牌成立8所"职工学堂"】 市教育工会响应市总工会号召,发挥系统所属高校、职校特色和特长,积极组织、动员相关院校创设并申报"上海职工学堂"。通知一经发出,得到了基层的积极响应。最终,上海城建职业学院、上海健康医学院、复旦大学、上海交通大学、上海交通职业技术学院、浦东新区教育工会海桐小学等6所学校成功申报了8所"职工学堂",课程设置涵盖书法、绘画、舞蹈、汽车保养、城市园林、陶瓷器修复技术、食品质量控制技术、社会工作实务能力等领域。 (高 芳)

【上海教师阳光心理拓展活动举行】 11月16日,由市教育工会、上海教师心理健康发展中心主办,市青少年校外活动营地——东方绿舟承办的"缤纷秋色,放飞心灵"教师阳光心理拓展活动在东方绿舟启程。来自上海市卢湾学区、黄浦一中心、立信会计金融学院、上海电力大学、上海海事大学的150余位教师参加活动。市教师心理健康发展中心在市教育工会的指导下,在春秋两季开展心理拓展活动,同时开通热线电话、面询、网络渠道,面向全市教师开展心理咨询。2019年共为500人次教师提供了心理支持,及时化解4例危机案例。 (高 芳)

【市科技工会服务职工项目精准落地,职工获得感增强】 市科技工会积极落实市总工会会员专享基本保障等服务职工实事项目,2家职工亲子工作室获得市总补贴6.4万。全年累计完成25269名职工工会会员卡专项保障参保工作;对21家单位困难职工发放住院补助,向33名职工发放特种重病补助,37家单位2000余名职工走进大剧院,欣赏文艺演出。

(李 皓)

【上海卫生健康系统启动医务职工"关爱月"活动】 7月,市卫生健康委、市卫生健康系统精神文明委和市医务工会联合举办"'医'心为你,筑梦同行"上海医务职工关爱月活动。活动主要包括6大系列:一是开展"高温送清凉"活动。二是举办"关爱在身边"线下活动。三是组织"医·起跑——定向健康跑"活动。四是开展"灾难逃生自救体验活动"。五是"好睡眠"健康训练营开营。六是举办"营养惠生活·健康新煮意——上海市医务职工健康厨艺大赛"。

(徐 园)

【市经信系统工会开通"共享计划"线上平台】 5月28日,由上海市中小企业发展服务中心、上海市经济和信息化系统工会共同组织的第四届"上海市经信系统工会内部共享计划"线下展示会暨线上平台开通仪式在中国石油天然气股份有限公司上海销售分公司举行。20余家"共享计划"企业代表在本次展会设展。仪式上开通了集活动预告、产品展示、个性化定制、交易为一体的线上平台,依托"上海市企业服务云"开设唯一官方入口。上海企业可在"企业服务云"首页申请成为"共享计划"供应商或采购商,登陆网上商城交易。

(黄 俭 顾 捷)

【市民政局工会着力办好职工实事项目】 市民政局工会继续办好职工实事项目。一是实施普惠服务,出资13多万元为全局3870名会员卡职工参加了市总工会推出的B类医疗保障计划。当年有9名大病职工每人得到20000元的大病补助。二是关爱劳模,"五一"向劳模发放慰问金,通过市总工会为低收入劳模发放补助金,为困难全国劳模和市劳模发放了特殊困难帮扶金。三是落实职工晋升技师等奖励,对5名职工晋升技师、开展技师带徒和获得市合理化建议、先进操作法创新奖的职工落实了奖励。四是推进职工书屋建设,市第一社会福利院全国职工书屋示范点获得市总工会10台电脑资助。五是开展高温送清凉活动,拿出23万元慰问奋战在一线的职工群众。基层各级工会广泛开展高温慰问活动,提升了职工群众的获得感。六是继续做好职工住院、退休职工住院、女职工特种重病等保障工作。 （胡积伟）

【隧道股份工会关爱农民工健康和生命安全】 10月22—23日,市总工会职工流动体检车来到隧道股份市政集团下属第一建筑公司石龙路项目、第二建筑公司上钢项目现场为近200名农民工进行了免费体检。体检包括心电图、数字化胸片、B超、肾功能等项目。市政集团工会与上海市总工会的流动医疗车已经连续合作4年,先后在田林路下穿中环线、虹源盛世国际文化城、白龙港等项目现场为农民工提供全套医疗体检,累计服务近900人次。 （陈 杰）

【上海飞机设计研究院工会大力实施职工关爱工程】 上海飞机设计研究院(以下简称上飞院)工会,大力实施“关爱职工、暖心聚力”工程,以年度实事项目为指引,推动解决职工关注的大事难事。年内,院工会牵头,会同相关部门,推进和落实年度十大实事。即新员工住房保障、大飞机文化沙龙建设、智能温馨园区建设、上科大附属学校合作、常见健康疾病防护关爱、心理关爱EAP、食堂供餐优化、通勤班车管理平台、园区洗车场所、运动设施建设等,较好地满足了职工多样化的需求和保障。 （曾菊敏）

【上飞公司工会做优实事项目让职工得实惠】 年内,上海飞机制造有限公司工会帮助320名职工完成公租房选房配租手续,另有380名职工在网上申请平台通过审核,获得公租房申请资格。帮助职工解决子女教育难题,先后为10余名职工适龄儿童解决入托、入园、入学难题。丰富职工医疗保障,为6156名职工购买上海市职工保障互助会职工互助保障计划B类保障;积极推进与祝桥社区卫生服务中心开展试点合作,为职工提供上门便利医疗服务。工会干部每周晚上对浦东、大场两地生产现场进行走访慰问,了解现场需求,及时服务现场。创新推进职工关爱工程,针对职工需求,引进水果吧、点心房、咖吧,推出班车定位系统,完善“四季”关爱机制等。 （俞一婴）

【中国商飞公司工会着力推进解决职工子女入托入园入学难题】 为解决职工最关心最直接最现实的利益问题,2019年,公司工会回应广大职工诉求,对标公司党委决策部署和工作要求,多次协调各二级单位,走访上海市教委、浦东新区教委,切实推动解决职工子女入托入园入学难题。大飞机云锦托育园于2月开园运营,是继大飞机金科托育园后建成的第二所托育园。为了更好地满足更多职工子女入托需求,闵行紫竹托育园、祝桥托育园两所新建的托育园正按计划有序推进。在帮助职工子女入园方面,经多轮沟通,公司工会与爱绿教育集团旗下四家幼儿园达成合作,公司职工子女可获得优先报名的权利并享受管理费折扣优惠。至此,公司工会已与13家优质幼儿园建立了合作关系,年内共解决了39名职工子女入园难题。为了帮助职工子女能够进入优质小学就读,公司工会多次拜访浦东新区康桥镇、祝桥镇政府,通过合作办学的方式探索办学路径。在有条件、有诚意、有资源的区域开办学校。让公司职工子女能够享受到更多更优质的教育资源。 （孙培毅）

【世纪出版集团举办工会会员卡集中参保专题培训】 10月21日,世纪集团工会举行2020年会员服务卡集中参保专题培训,集团所属46家基层工会50名会员卡经办人员参加。通过培训,使经办人员更好地熟悉操作业务,进一步提升“申工通”网上平台操作能力,确保2020年会员服务卡集中参保按期完成。 （江 文）

【市技协完成“资助8000名晋升技师高级技师职工、带教师傅和奖励2000名授权发明专利一线职工”实事项目】 根据市总工会《2019年上海工会服务职工实事项目实施方案》的文件精神,市技协在3月和8月,分两批实施了“资助8000名晋升技师高级技师职工、带教师傅和奖励2000名授权发明专利一线职工”奖励申报工作,共收到80家区县局(产业)工会提交的奖励申请10225份,通过审核9205份,通过率为90%,共发放奖励1371.9万元。其中,晋升技师奖励活动,共收到申请5695份,审核通过5051份,发放奖励667.8万元;带教师傅奖励活动,共收到申请2034份,审核通过1992份,发放奖励286.8万元;发明专利奖励活动,共收到申请2469份,审核通过2137份,发放奖励427.4万元。 （陈志渊）

【全市新建305家“上海职工学堂”】 为进一步推进全市“上海职工学堂”的创设工作,以本市职工为服务对象,以加强职工思想引领和技能培训为重要内容,以提升职工综合素质为基本要务,主要依托高技能人才实训基地、职工教育培训示范点、企事业单位及其培训点、职业学校、社会培训机构等资源,在产业工人相对聚集、条件成熟的产业园区、楼宇商圈等区域挂牌设立上海职工学堂。经过各单位申报、上一级工会审核、各区局(产业)工会复审、市总工会审定等环节,最终全市新建305家“上海职工学堂”,发放建学补贴共计979万元;同时制订下发《“上海职工学堂”创设管理办法(试行)》。 （赵志灏）

【海鸥集团举办第四届“服务职工疗休养、健康体检”推介会】 11月28日,海鸥集团举办第四届“服务职工疗休养、健康体检”推介会。会上推出2020年上海职工疗休养计划线路,从原来的7条增加到12条;休养地点从原先的3家本市总工会系统内的疗休养院所,增加到7家,拓展到浙江、江苏、江西外省市4家工会系统内的疗休养院所。此外,推介会还邀请苏浙皖三省的职工疗休养院所、劳模(职工)疗休养基地的工作人员现场设摊,面对面地解答基层工会干部、职工关于疗休养方面的各类问题。通过现场推介方式,加深职工对项目的了解,提高项目知晓度,实现了零距离服务职工。 （姚芸婕）

【市工人疗养院启用西门子检验流水线助力职工健康体检实事项目】 为顺应市场需求,提升工疗的行业竞争力,更好完成服务劳模、服务职工、服务社会的工会职能,市工人疗养院体

检中心引进西门子检验流水线系统，新系统的启用，提升整体体检水平，为广大职工群众提供更优质、更全面的健康服务。（梁　栋）

【市工人疗养院为属地社区居民提供志愿服务】 3月5日和6日，在第56个"学雷锋日"和第109个三八国际劳动妇女节来临之际，市工人疗养院体检医护人员组成志愿者小分队前往虹桥街道及古北市民中心参加志愿服务活动。为居民提供骨密度检测、心电图检测、人参切片等惠民服务。（梁　栋）

源头参与

【概要】 2019年，市总工会通过加强调查研究，不断加大源头参与力度，进一步参与和密切跟踪政府民生政策的制定调整，反映职工诉求，推动政策落实。一是通过召开企业和职工座谈会，了解双方在收入分配上的诉求，依托市劳动关系三方协商机制平台，对2019年最低工资标准和高温津贴调整幅度、企业工资指导线制订提出合理建议；指导本市环境卫生、绿化养护、河道养护和管道养护等公共养护行业开展行业最低工资标准调整。二是对全市800家企业开展技能职工收入分配状况调查，分析本市技能劳动者队伍和收入现状。三是依托"上海工会职工收入分配状况调查网"，参与全总最低工资对企业和一线员工的影响的调查。（胡　敏）

【参与最低工资标准调整三方协商】 市总工会充分依托市劳动关系三方协商机制平台，在听取基层工会和职工对2019年最低工资标准调整幅度的意见和建议的基础上，进一步加强对相关数据的分析研究，提出工会的建议和主张。根据三方协商结果，报经市政府批准，从4月1日起，本市最低工资标准调整为每月2480元，绝对额增加60元，增长2.5%。（胡　敏）

【推动调整企业工资指导线发布】 鉴于企业工资指导线在工资集体协商中的重要作用，市总工会每年都力推指导线调整。2019年经市劳动关系三方协商，本市企业工资指导线平均线调整为5%—6%；下线调整为2%—3%，由市总工会、市企联、市工商联三方联合发布。（胡　敏）

【开展职工收入分配状况监测分析】 2019年，市总工会依托"上海工会职工收入分配状况调查网"，开展有关职工收入分配状况基础研究，同时配合全总开展相关调查。通过一年两次对全市50个区县局（产业）工会所属514家用人单位的生产经营状况、用工人数变化、职工收入增长、职工参保和福利等情况开展调查，研究用人单位生产经营状况对职工就业岗位稳定、收入增长等方面的影响，为工会参与本市最低工资等民生政策标准调整和收入分配制度改革夯实基础。配合全总在全国范围开展的《最低工资标准调整问卷调查》，提供上海企业调查样本和一线员工调查样本。（胡　敏）

【市总工会深入了解猪肉价格上涨及其对困难职工家庭生活影响的情况】 2019年，针对猪肉价格持续上涨的情况，市总工会职工援助服务中心（市职工物价监督总站）开展专项调研并形成调研报告。本次调研数据来源于三方面，一是汇总上海市发改委发布的猪肉价格数据，包含1—9月共计189份当日4个猪肉品种在全市16个区58个采价点的价格；二是面向200户"困难职工家庭开支记账户"发放"猪肉价格上涨情况"专项问卷，共计回收有效问卷185份；三是结合3—9月困难职工家庭开支账本的汇总数据进行多角度分析。调研显示，本市猪肉价格上涨明显，9月均价相比1月均价上涨幅度超过50%；困难职工日常消费频率最高的猪肉品种为精瘦肉和肋排，同时也是4种监测品种中价格最高的两款；97.3%的困难职工记账户家庭感受到了猪肉价格上涨；困难职工家庭猪肉消费频次下降明显，转而消费相对便宜猪肉品种的趋势明显；困难职工家庭总体伙食质量有所下降，消费猪肉以外其他肉类成为困难职工家庭重要选择。根据困难职工家庭提出的发放猪肉专项补贴、增加工资收入等诉求，本次调研也就政府有关部门行政干预猪肉价格持续上涨态势提出相关工作建议。（黄洋帆）

【市总工会就外地来沪职工租房开支及需求状况展开调研】 2019年，为深入了解外地来沪职工租房开支状况，为完善本市租房相关政策提供数据支撑，市总工会职工援助服务中心组织开展了专题调研并形成调研报告，受到应勇市长、莫负春主席、汤志平副市长等领导的批示肯定。本次调研主要面向外省市户籍且在上海未购房的租房职工，采取问卷调查、个人深入访谈两种方式进行。其中，线上通过"申工社"平台，共计回收2173份问卷；线下联合宝山、虹口、静安、普陀、青浦、松江六区职工服务中心，共计回收787份问卷；此外，分别对22名租房职工进行了深度访谈，至上海链家总部进行了相关调研。调研发现，房租开支占职工自身月平均工资的三分之一；租金开支、租住房屋面积与职工年龄、婚姻状况密切相关；一半以上的被调查职工租住在近郊区；多数职工租住在私人房源和长租公寓；职工对租住房屋的要求因性别、年龄、婚姻状况的差异而有所不同。在积极梳理相关问题的基础上，本次调研提出相关对策建议，主要包括：加强住房租赁市场监管，扩大保障性租赁性住房供应量；扩大保障性租赁性住房政策适用范围，适时放宽非本市户籍共有产权保障房申请门槛；鼓励有条件的企业各显其能，对本单位租房职工提供宿舍或补贴等福利；各级工会要进一步加大对租房和公积金相关政策的宣传力度，真正落实利好政策，让更多职工受益。（黄洋帆）

就业援助

【概要】 2019年，上海工会贯彻落实全总关于职工就业创业服务工作的部署和要求，积极引导企业就人员安置、调整劳动报酬、工作时间等涉及职工权益的事项开展集体协商，协助困难企业通过转型转产、培训转岗、支持"双创"等措施分流安置职工，并及时将下岗失业人员、农民工、去产能分流职工、困难职工家庭成员等重点群体纳入工会就业服务范围，进一步完善常态化工会就业服务工作机制，做实

"春风行动""民营企业招聘周"和"阳光就业"等工会就业服务品牌活动，开展线上线下相融合的就业服务。（余嘉毅）

【开展2019年"春风行动"】 为更好地服务节后来沪人员就业需求，2—3月，市总工会会同市人力资源社会保障局、市政府合作交流办、市妇联联合举办以"促进转移就业，助力脱贫攻坚"为主题的2019年"春风行动"，集中为来沪农村劳动力提供就业服务。活动期间，各级工会主办或协办专场招聘会100余场，提供免费就业服务6万人，成功帮助1400多人达成就业意向，组织参加职业技能培训1600余人。（余嘉毅）

【开展工会就业援助月活动】 为更好地满足广大农民工、城镇下岗失业人员、高校毕业生等群体的求职需求和企业用工需求，市总工会继续开展2019年上海工会就业援助月活动。活动期间，全市各级工会共组织专场招聘会超过134场，共为7.6万名下岗失业人员提供免费就业服务，其中，职业技能培训2100多人，扶持创业499多人。（余嘉毅）

【市总工会开展职工就业情况调研】 春节后，市总工会专门在全市范围内开展调研排摸工作，了解分析本市就业形势的变化情况和职工就业状况，并要求各区总工会和部分局（产业）工会根据区域、行业特点，各自开展职工就业状况调研。调研期间，市人大常委会副主任，市总工会党组书记、主席莫负春等主席室领导带队，结合开展"大调研"和"工会就业创业服务月"活动，分10路深入到地区、园区和企业，采用实地走访、招聘会现场访谈，召开座谈会和发放调查问卷等形式，重点了解各类企业实际用工状况和职工的就业情况，线上线下平台共发放、回收企业和职工问卷近2000份，实地走访各类企业近100家。通过调研，分别形成《关于当前本市职工就业状况的初步调研报告》和《关于本市部分汽车零部件企业生产运营及职工就业状况的调研报告》《关于做好新形势下稳就业促发展的对策建议研究》等报市委和全总，市委主要领导多次进行批示。徐汇、宝山、奉贤和崇明等区总工会通过在专场招聘会上发放企业和职工个人问卷、实地走访等形式，开展职工就业状况研究分析。（余嘉毅）

【2019上海工会"我的青春我做主"大学生择业洽谈会举行】 9月26日，"2019上海工会'我的青春我做主'大学生择业洽谈会"在上海理工大学举办，市总工会副主席刘言浩和杨浦区人大常委会副主任、区总工会主席麦碧莲出席。本次择业洽谈会由市总工会指导，杨浦区总工会、市总工会职工援助服务中心、上海理工大学、长白新村街道党工委、办事处主办，市就业促进中心、市金融发展服务中心、市学生事务中心协办，杨浦区总工会职工援助服务中心、长白新村街道总工会、上海理工大学就业指导中心承办。洽谈会汇聚全市现代制造、IT与电商、金融投资、商务商贸、教育文化等14个热门行业的403家企业，提供近1万个工作岗位。沪上60余所高校的5000余名大学毕业生赴会应聘，累计投递简历7590份，现场达成就业意向3409余人次。（赵田野）

9月26日，上海工会"我的青春我做主"大学生择业洽谈会举行（赵田野）

【"春风行动"专场招聘咨询会】 3月6日，黄浦区总工会与黄浦区人力资源和社会保障局在黄浦区工人文化宫举办2019年上海工会"春风行动"就业专场招聘会暨上海工会就业创业服务月系列招聘活动（黄浦专场），为黄浦区域内企业和求职者搭建安全、便捷、优质的就业服务平台。招聘会共邀请餐饮、酒店、销售、物业、服务等25家企业参加，提供文职类、专技类就业岗位106个，招聘人数约715人。前来应聘的求职者近200人次，其中112人次求职者在现场进行面试，当场意向录用67人次。现场设置"法律援助"和"就业指导"咨询点，区总工会的特聘专业律师和"乐业上海"就业服务专家为现场求职者提供咨询和职业指导服务，助力求职者明确职业方向，保障、维护他们的合法权益。（陆中斌）

【静安区总工会举办2019年就业服务专场活动】 9月22日，"砥砺奋进70载，携手'工'筑中国梦"静安区总工会就业服务专场活动在800秀创意园区举行。市人大常委会副主任、总工会主席莫负春，静安区委书记陆晓栋、市总工会副主席张得志，静安区人大常委会副主任、总工会主席叶坚华等出席。活动中，市、区领导为静安区工会困难职工家庭大学生社会实践基地揭牌，为区首批"工会困难职工家庭大学生社会实践基地"企业单位代表授牌，并为部分困难职工家庭大学生发放实习补贴。区总工会鼓励区内企业建立实习基地，提供公益性岗位，创造实习、就业机会，通过帮扶困难职工家庭大学生就业，从而帮助整个家庭走出困境。活动当天，区内百家企业开展就业洽谈活动，提供就业岗位272个、招聘人数1102人。现场还邀请心理咨询专家、法律咨询专家和就业指导专家，为求职者提供劳动法律咨询、职场心理解压等服务。

（张　兰）

【静安区举办2019年退役士兵专场招聘会】 11月18日，由静安区退役军人事务局、区人社局、区总工会、市总工会职工援助服务中心主办，区就业促进中心、区总工会职工援助服务中心协办的“金秋送岗位，就业暖人心”2019年退役士兵专场招聘活动会在静安区体育馆举行。区人大常委会副主任、区总工会主席叶坚华出席。招聘中，静安区总工会积极争取市总工会、市总工会职工援助服务中心资源，精准对接区内优质企业资源，充分挖掘就业工作潜力，根据退役士兵的特点、学历、经历和愿望，精心挑选了97家单位参加，提供300个岗位，涵盖物业、客服、物流、数据处理、安保押运等多个行业，在学历、工作经验、专业上不设限，力求贴合度高，尽量满足退役士兵的职业需求，帮助退役士兵更好地就业。现场应聘225人，其中退役士兵109人，他们求职积极性高，在现场逐一仔细了解各岗位性质、工作时间和薪资待遇等信息，现场达成意向157人次。

（张　兰）

【宝山区总工会大力推进就业援助服务】 3月9日，宝山区总工会、区人社局举行就业服务月启动仪式，开展“五个一”服务：举办一场大型招聘会、一场就业创业政策现场咨询活动、一场职业规划指导讲座、一期职场心理沙龙以及选树一批宝山工匠。9月3日，区总工会参加全总创业促进就业现场会，以《让分流职工心中有底、前方有路》为题作交流发言。由区总工会创立“手拉手”帮就业，“心连心”助脱贫——沪滇两地贫困家庭就业扶贫项目在沪滇两地同步实施。上海项目整合工会就业服务资源技术，推出困难对象帮扶、转岗分流帮扶、阳光就业扶持、职业指导发展、心理援助疏导“五项攻略”，帮扶建档困难职工、农民工通过稳定就业实现脱贫。云南项目通过线上线下劳务输出就业一批、依托产业发展就近就业一批、扶持自主创业解决一批、助业贫困子女培育一批等“四个一批”，帮助挖掘岗位、提升能力、打通渠道，实现就业一人，脱贫一家的目标。宝山区总工会作为上海工会系统唯一代表，参加第二届全国创业就业服务展示交流活动，创新经验在全总作交流。区总工会还开设“就业指导室”，建立“职工学堂”，成立“宝山职工服务中心就业创业志愿服务团”，为企业招聘开通远程面试，为求职者与企业积极提供各类就业援助服务。

（沈　英）

【松江区总工会等部门联合举办“春风行动”主题日暨G60科创走廊重点企业春季招聘会】 2月23日，松江区总工会、区人社局、区妇联、区合作交流办、G60科创走廊联席办、经开区管委会、综合保税区管委会、九亭镇党委和政府，共同举办松江区2019年“春风行动”主题日暨G60科创走廊重点企业春季招聘活动 & 松江区—西双版纳州就业对口帮扶招聘活动。区总工会在招聘会现场设立“工会服务职工宣传区”，设置了职工维权、工会网上就业、工会“心灵港湾”和工会实事项目4个咨询专区，为应聘人员做好劳动维权、职工保障等方面咨询服务工作。现场就职工法律援助、女职工权益维护、工伤赔偿、合同解除、未休年休假工资、网上就业、心理健康、工会不作为等有关事项进行解答。现场为300多人提供咨询服务，发放《工会实事项目宣传册》《职工法律援助便民卡》《职工心灵港湾宣传册》《人力资源管理实务参考手册》等宣传资料500多份。招聘会共127家企业参加，提供4184个就业岗位。

（邹丽梅）

【松江区总工会和市总职工援助服务中心联合举办就业招聘会】 3月14日，松江区总工会和市总职工援助服务中心共同举办2019年上海“工会就业创业服务月”系列招聘会——松江专场。区总工会为应聘人员做好劳动维权、职工保障等方面咨询服务工作，现场为50多人提供咨询服务，发放《工会实事项目宣传册》《职工法律援助便民卡》《职工心灵港湾宣传册》《人力资源管理实务参考手册》等宣传资料50多份。招聘会共吸引了31家企业进场招聘，共推出119个工种，提供就业岗位412个，涉及机械、电子、家居、汽车、食品等10多个行业。在现场招聘中，填写求职登记表106份，达成就业意向40人。（邹丽梅）

【青浦区举办农村富余劳动力就业专场招聘会】 为做好金泽镇地区农村富余劳动力就业服务工作，5月7日，“为你而来——泽惠予你，乐业青浦”专场招聘会在青浦金泽镇社区事务受理服务中心商榻分中心内举行。招聘会上，23家企业推出114个岗位、651个职位，600多人参加招聘咨询，200多人达成求职意向。招聘会现场还设立就业创业服务专家指导专区，邀请青浦区就业服务及创业服务专家到现场提供服务指导；设立就业政策咨询专区，开展就业创业、培训见习、失业保险、跨区就业补贴等就业政策咨询服务。

（朱建强）

【奉贤区总工会举办“春风送岗位”公益招聘会】 3月10日，奉贤区总工会在南桥镇文化广场举办“心系职工情，联手助就业”公益招聘会。现场共有135家企业，推出包括电气工程师、电工、销售员、网络专员、保洁员等638种岗位，近3000个职位。现场吸引了近7000余人前来应聘，企业收到应聘简历1300份，现场达成意向人数567人。招聘会为用人单位和求职者搭建了双向的用工就业平台，有效缓解了企业用工难题和求职困难人员的就业压力，引导各层次人才在本地就业。

（周　婕）

困难帮扶

【概要】 按照全总提出的“到2020年确保困难职工同步迈入小康社会”工作目标要求，2019年，市总工会深入贯彻落实全总城市困难职工解困脱困工作要求，深入调研困难职工群体生活新情况、新问题，积极研究精准帮扶的新路径。一是重点聚焦低保、低收入、意外致困职工家庭，围绕困难职工的需求，深入了解分析困难职工的致困原因，精准施策，重点开展生活救助、医疗救助、子女助学这三类帮扶项目。二是通过“申工通”平台，充分发挥工会组织在基层社会治理创新中的联动作用，对上联通市大数据中心，对下对接全市各区局（产业）工会，推进基层工会融入社会治理的大格局，实现全市困难职工家庭精准识别和帮扶救助信息共享共通。三是编写《上海工会困难职工帮扶工作手册》等实务操作手册，明确工会帮扶系统分步骤操作指引，形成帮扶申报材料清单、病种清单、授权书、公示样张等标准化格式文本。在全市组织开展帮扶工作业务培训。四是多层级建立和落实城市困难职工解困脱困责任制，市总工会、区局（产业）、街镇、企业工会层层签订目标责任书，基层工会与困难职工建立了解困脱困责任制联系卡，明确帮扶联系人，落实帮扶责任。全年完成882户深度困难职工和困难职工家庭帮扶资金的发放工作。（蔡　瑾）

【开展元旦春节送温暖活动】 两节期间，上海工会继续深入开展以“心系职工情、温暖进万家”为主题的送温暖活动。一是做好困难劳模、困难职工走访慰问工作。各级工会深入困难劳模、困难职工、因病致贫、产业结构调整导致困难的职工家庭，开展集中走访慰问，共计投入帮扶资金6229.51万元，帮扶困难劳模、困难职工（含农民工）2.04万人，并做好发放劳模春节慰问金、低收入生活困难补助金和特殊困难帮扶金的发放工作。二是在全市层面通过线下征集到近千名困难职工家庭的“微心愿”，形成心愿菜单，线上热心职工运用“点亮微心愿”小程序，认领微心愿，集结众人微小善举，圆困难职工梦想，共同传递温暖正能量。三是关心关爱农民工群体。市总工会联合市人社局等相关部门，开展农民工工资支付情况专项检查，开展留沪农民工年夜饭活动及通讯费补贴、“平安返沪”火车票补贴、健康医疗补贴等活动。四是开展“爱心一日捐”活动。两节期间，全市各级工会共筹措送温暖资金2亿元，慰问困难职工（含农民工）、困难劳模9万户。（蔡　瑾）

【全国总工会慰问团来沪送温暖】 1月9日，全总党组书记、副主席、书记处第一书记李玉赋先后走访上海拉夏贝尔服饰股份有限公司和上海航天技术研究院，走进职工食堂、科研实验室，同大家一起包馄饨汤圆，写春联、“福”字，送去来自全国总工会的节日问候。市人大常委会副主任，市总工会党组书记、主席莫负春，副主席姜海涛、张得志，秘书长宋钟蓓陪同慰问。（蔡　瑾）

【市总工会领导集中走访慰问困难劳模、困难职工】 2019年“两节”期间，围绕非公企业工会深化改革、灵活就业群体入会、劳务派遣工入会、产业工人队伍建设等重点工作，市总领导深入到困难劳模、因病致贫、产业结构调整导致困难的职工家庭广泛开展走访慰问活动，帮助职工群众解决最困难、最忧虑、最急迫的实际问题。春节前夕，市人大常委会副主任、市总工会党组书记、主席莫负春先后走访困难职工黄玉飞、胡燕妮，看望了学科带头人钟杨夫人张晓艳教授和退休老劳模朱巧娣等。同时，市总机关各部室也组成了34个慰问组，深入困难职工家庭和困难劳模家庭开展走访慰问。（蔡　瑾）

4月3日，上海工会帮扶工作推进会召开（汪佳侃）

【开展点亮困难职工微心愿行动】 2019年，为进一步丰富上海工会第三梯度帮扶送温暖工作的内涵，市总工会创新工作载体，搭建困难职工表达诉求的平台和通道，在市总工会官方微信“申工社”上开发设计了困难职工点亮微心愿小程序，通过线上线下征集，帮助本市困难职工实现微心愿，进一步扩大帮扶覆盖面，更多体现对困难职工的人文关怀，满足困难职工对美好生活的向往，将更多社会资源广泛集聚应用到困难职工中。（蔡　瑾）

【召开上海工会困难职工帮扶工作推进会】 市总工会积极贯彻落实中央脱贫攻坚的精神和推进城市困难职工解困脱困工作的要求，在调研困难职工群体生活新情况、新问题的基础上，4月3日，召开上海工会困难职工帮扶工作推进会，会上下发《关于进一步深化上海工会困难职工帮扶工作的实施意见》《上海工会深度困难职工帮扶工作实施办法（试行）》《上海工会困难职工帮扶工作的实施办法（试行）》《上海工会送温暖工作的实施办法》等文件。市人大常委会副主任、市总工会党组书记、主席莫负春在会上讲话，要求全市各级工会要坚决落实好脱贫攻坚和城市困难职工解困脱困工作，以精准化梯度帮扶为重点、精益化信息平台为载体、精细化管理模式为保障，竭诚为困难职工服务，充分发挥工会困难帮扶的拾遗补缺的作用，带着感情和温度用心用情开展好帮扶工作。（蔡　瑾）

【开展“金秋助学”和“阳光就业”活动】 2019年，市总工会按照全总统一部署和要求，积极组织动员本市各级工会开展“金秋助学”活动和困难职工家庭高校毕业生“阳光就业行动”。一是以困难职工家庭子女就读高中、大学和应届高校毕业生为重点帮扶对象，开展深度困难职工及困难职工的子女助学项目。二是面对经济形势下行压力，外部环境复杂严峻等因素，进一步延伸助学链条，扩大困难职工家庭高校毕业生招聘会的服务范围，将专场招聘会由单场次增加到多场次，招聘企业由200家扩大到400余家。三是要求各级工会积极争取各级党政支持，以工会帮扶资金为基础，拓宽筹资渠道，精准实施“阳光就业行动”帮扶项目，积极开展暑期大学生社会实践活动。全年，各级工会共筹集发放助学资金1288.68万元，帮扶4802名困难职工子女和农民工子女，切实缓解了困难职工家庭子女的升学压力和就业困难，充分发挥了工会“娘家人”的作用，为困难职工解除后顾之忧。（蔡　瑾）

【浦东新区工会采取三级联动模式扩大帮困服务精准性和覆盖面】 浦东新区工会系统2019年春节期间帮困送温暖活动采取“区总工会、直属工会、企业工会”三级联动的模式，力求扩大帮困服务的精准性和覆盖面。一是走访慰问困难职工。帮助供给侧结构性改革中的困难企业、受企业关停并转等影响的困难职工，因重大疾病、单亲、子女读书等影响生活的困难职工和困难劳模。二是沉入一线调研企情。由区总工会主席班子、各直属工会负责人带头重点走访调研受贸易形势影响、去产能任务重的企业和面临困难的民营企业，了解其生产经营状况、困难成因、职工安置和政策待遇落实等情况，鼓励职工弘扬劳模精神、工匠精神，坚守岗位，进一步激发广大职工干事创业热情。三是关注坚守岗位职工。特别是节日期间坚守在生产一线和交通运输、环卫以及直接面向群众服务的基层岗位干部职工、外来建设者，通过新春团拜会、赠送年货、赠送电话卡、赠送助医卡、组织文艺联欢演出等形式服务关爱一线职工及外来建设者。四是关心职工返乡返岗。开展“农民工平安返乡返岗”活动，发放农民工平安返乡专车补贴，“带副春联回家乡”等活动，安排农民工返乡返岗专车64辆，服务职工约2000人次。元旦春节期间，全区各级工会投入送温暖资金2048余万元，服务一线及困难职工6万余人。（陈　维）

【浦东新区总工会关爱外来建设者】 1月24日，由市总工会联合浦东新区总工会开展的“团团圆圆年夜饭——工会向外来建设者致敬”举行。市人大常委会副主任、市总工会主席莫负春，浦东新区区委副书记冯伟，市总工会党组副书记、副主席姜涛，副主席张得志，秘书长宋钟蓓，浦东新区人大常委会副主任、区总工会主席王辛翎，副主席吴毅出席活动，与600余名来自家政、物流、环卫、公交等领域的职工代表同吃年夜饭，喜迎新年。活动中，莫负春与冯伟共同为一月份生日的工友们送上生日礼物；王辛翎为浦东的建设者们送“福”，姜海涛宣布2019年“平安返沪”火车票补贴行动正式启动，张得志、宋钟蓓、吴毅向留沪外来建设者代表发放“电话诉亲情、温暖进万家”通讯费补贴。活动前，来自上海书法家协会的老师还为职工现场写春联、送祝福。（陈　维）

【普陀区总工会开展帮困送温暖活动】 春节前夕，普陀区总工会大力开展关心慰问劳动模范、一线职工等主题活动。以举办“外来建设者新春联欢会”为重点，通过“1个主会场+N个分会场”模式，动员全区各系统、街镇工会举办9场送春联、送年货、送文艺演出等迎春关爱活动。各级工会共筹集帮困送温暖款物648万元，上门慰问困难职工2500户8698人次，开展生活救助、医疗救助、助学帮扶、就业培训、法律援助和“普工英”线上新春送福等服务共惠及职工15000余人次，积极营造和谐安定的节日氛围。（陆　蕾）

【杨浦区总工会领导走访一线慰问职工群众】 1月底，杨浦区总工会领导班子走访慰问各行各业劳模先进、基层工会和一线职工，为他们送去温馨的节日问候和美好的新春祝福。区人大常委会副主任、总工会主席麦碧莲，走访上海朗诗规划建筑设计有限公司工会，慰问同济大学第一附属中学特级校长阮为和全国教书育人楷模、上海市劳动模范、本溪路幼儿园特级教师应彩云。前往杨浦区中心医院，慰问全国五一劳动奖章获得者、原区中心医院副院长、骨科主任杨安礼，上海市先进工作者、区中心医院副院长、心血管内科主任郑鹏翔，上海市劳动模范、区中心医院眼科主任盛敏杰，上海市五一劳动奖章获得者、首届“杨浦工匠”、区中心医院关节外科主任涂意辉。在上海东鑫电力工程安装有限公司看望慰问了上海市五一劳动奖章获得者、上海市农民工先进个人、一线安装工人唐友军。前往杨浦环境发展有限公司海浦保洁分公司，看望慰问春节期间坚守岗位的市容环卫一线职

1月24日，市总工会联合浦东新区总工会举办外来建设者新春团拜会

（赵立荣）

工。在区医养照护行业工会和区建筑设计行业工会,区总工会副主席陈梗宝为护工、护理员和建筑设计行业职工送去新春祝福。区总工会副主席朱晓雯一行探望慰问了全国先进工作者、原杨浦高级中学语文特级教师陈小英和上海市先进工作者、原杨浦区少年宫副主任曹建辉。区总工会经审主任王岚先后走访慰问了社区老党员、困难群众和一线护工。区总工会副主席陈卫国与区总工会法律顾问团的律师志愿者们开展迎新座谈,对律师们近年来为职工法律援助服务所付出的辛勤努力表示衷心感谢。

(张东寅)

【静安区总工会主席室带队慰问困难职工】 2019年元旦春节期间,全区各级工会大力开展以"心系职工情,温暖进万家"为主题的帮困送温暖活动。1月9日,区人大常委会副主任、区总工会主席叶坚华带队深入基层走访慰问困难职工、退休劳模以及爱心妈咪小屋、基层退管会等,为他们送去诚挚的问候和祝福。区总主席室领导分七路带队走访慰问24家特困在职和退休职工家庭,部分爱心妈咪小屋、户外职工爱心接力站及部分退管会。走访中,区总领导和各级工会干部实地了解困难职工生活情况,倾听职工呼声,关心职工疾苦,提供工会组织力所能及的帮助。区总工会对在档的541名困难职工发放帮困金69.87万元;开展"电话诉亲情,温暖进万家"和"农民工健康医疗补贴行动",为1100名农民工发放通讯、医疗补贴;动员全区职工开展"爱心一日捐"活动,弘扬工人阶级互助互济的优良传统,为1308名退休职工发放节日慰问金72.05万元。在区总工会的带领下,全区各级工会筹措资金,走访慰问,落实帮扶项目,为广大困难职工送去温暖。

(夏晨荷)

【静安区总工会深入一线为职工送清凉】 8月,静安区总工会全面启动2019年防暑降温及高温慰问工作,为一线职工送清凉。区总工会下发《关于认真做好2019年夏季劳动保护和防暑降温工作的通知》,并结合"安康杯"竞赛,广泛组织职工立足岗位查隐患,采取有效措施防范事故发生。由区人大常委会副主任、区总工会主席叶坚华及主席室领导带队,分7路走访20余家基层单位,慰问奋战在高温作业中的一线职工,对重点工程工地、环卫清扫工人、医务职工、窗口单位人员、维稳单位人员等群体进行重点慰问。高温慰问全区一线职工11000名。

(丁臣亮)

【静安区总工会召开2019年"金秋助学"推进会】 8月22日,静安区总工会召开2019年静安工会"金秋助学"推进会暨理事会第十三次会议。会上,各理事单位审议了2018学年"金秋助学"有关事项,区总工会党组书记、副主席郑志勇为优秀受助学生代表颁发"2019年静安工会助(奖)学金"。据统计,2019学年区总工会计划助(奖)学128人,发放助(奖)学金45.05万元。

(夏晨荷)

10月19日,闵行区总工会组织"点亮职工微心愿"活动 (汪自强)

【宝山区总工会建立健全帮扶长效机制】 宝山区总工会制订《宝山工会帮困送温暖的实施办法》,形成政府救助、工会帮助、社会捐助、职工互助相衔接的梯度帮扶工作机制(针对职工群众困难程度不同,建立"困难职工解困脱困、困难职工帮扶、常态化送温暖"3个层次、各有侧重的梯度帮扶格局)。1133家企事业单位、8.18万名职工参加"爱心一日捐",募集370余万元。发放帮困金286.32万元,覆盖2897人次。为1100名农民工发放通讯费、医疗费补贴11万元。开展国庆70周年主题活动,帮扶慰问百名困难职工子女。元旦春节期间,区总工会对劳动模范、困难职工、农民工、户外职工开展大病、单亲和生活帮扶,帮扶约1700人,帮扶金额约215万元。

(沈 英)

【闵行区总工会健全完善"三级梯度帮扶"体系】 闵行区总工会着力健全以精准帮扶为重点的困难职工梯度帮扶体系,一是完善体制机制,制订《闵行区总工会困难职工帮扶工作实施办法》,形成区、镇、基层工会三级帮扶力量,明确第一、第二、第三梯度帮扶对象、帮扶项目和帮扶标准,精准实施生活救助、子女助学、医疗救助等。二是扩大帮扶覆盖面和精准度,深入排摸,精准识别、到人到户,为闵行区困难职工建立档案,落实"应帮尽帮"。三是项目化提升帮扶实效,深入开展"金秋助学""困难农民工帮扶"等项目,推进"送温度"帮扶常态化。2019年全区第一梯度深度困难职工和第二梯度困难职工共计23人,全年累计帮扶职工3519名,发放帮困资金174.03万元。

(卫佳雯)

【闵行区总工会组织"点亮职工微心愿"活动】 10月19日,闵行区总工会在莘庄龙之梦海上明珠国际影城举行"壮丽70年,点亮微心愿"——闵行工会圆梦微心愿活动。市总工会副主席张得志,区人大常委会副主任、区总工会主席倪学斌,区总工会党组书记赵芝娟以及来自闵行区新型就业人员、建筑工地农民工、环卫工人、爱心企业人士代表和闵行区总工会党员干部等约300人参加活动。活动前期，区总工会通过线上“闵行工会”微信公众号和线下各级工会干部的实地排摸，广泛征集了近百个困难职工微心愿，从中筛选出50个切实反映困难职工心声和需求的微心愿。活动现场，张得志和倪学斌为困难职工代表完成心愿，为困难职工捐赠了各类物资。张得志充分肯定了闵行区微心愿活动的成效，他表示闵行区总工会举办的点亮微心愿活动为市总工会明年在全市即将推出的微心愿实事项目起到了很好的示范作用，是深化做实困难职工帮扶工作的有效途径。随后，困难职工家庭和职工代表一起观看了新中国成立70周年献礼电影《我和我的祖国》，共同感受祖国辉煌的历史瞬间。（王　凯）

【金山区总工会夯实帮扶工作基础，多途径助困难职工解困脱困】 金山区总工会贯彻落实全国总工会、上海市总工会关于城镇困难职工解困脱困工作相关精神，按照“精准扶贫”的要求，创新工作思路、夯实帮扶基础，开展困难职工精准识别项目，通过单位采集、村居核实、入户调查相结合的方式，全面排摸全区建档立卡的255名困难职工。根据前期精准排摸、需求收集，制订实施了“群群配送”“送户上门”等“爱在鑫工”实事项目，为困难职工提供符合金山实际的普惠性、常态性、精准性服务。（钱海东）

【松江区总工会代表团赴云南西双版纳开展对口扶贫工作】 6月18—21日，松江区总工会党组书记、副主席、区劳模协会会长陈军康一行10人赴西双版纳州开展对口扶贫工作。6月18日，扶贫调研团在勐腊县召开座谈会，了解该县脱贫攻坚情况，前往援建项目实地，走访慰问并与云南省西双版纳州总工会签订《上海市松江区总工会与云南省西双版纳州总工会开展扶贫协作缔结友好工会框架协议》。（张谢琰）

【青浦区总工会多措并举提升帮困送温暖工作实效】 一是分层分级扩大送温暖工作的覆盖面。各级工会通过入户走访，重点排摸困难职工家庭情况，分类梳理，按类别层级做好建档工作；认真分析困难职工需求，普遍建立联系人制度，实现结对帮扶全面覆盖。二是不断凸显送温暖工作的向心力。围绕非公企业工会深化改革、产业工人队伍建设等工会重点工作，重点走访困难企业，与企业共研解决之策、共谋发展之道；深入困难职工家庭，了解实际需求，帮助解决生活困难问题；组织力量深入到基层一线开展走访慰问，丰富一线职工节日文化生活。三是不断提升送温暖工作的影响力。突出送温暖活动的人文关怀，整合各类资源，充分发挥“户外职工爱心接力站”“爱心妈咪小屋”“职工亲子工作室”“公益乐学”等实事项目的辐射效应，全力推进实事项目机制建设；开展就业创业服务，大力推进“互联网+”工会就业服务建设；配合政府相关部门，开展农民工工资支付情况专项检查，依法维护农民工的合法权益。四是推进送温暖工作的规范性。坚持走访慰问款项实名制原则，资金使用情况录入全总工会帮扶工作管理系统；严格制订考核监督办法，对送温暖资金使用情况进行专项审计，提高帮扶资金使用的实效性。（朱建强）

【奉贤区总工会全面落实困难职工帮扶工作】 奉贤区总工会在元旦、春节、三八节、护士节、教师节、环卫工人关爱日等重大传统节日，广泛开展帮困慰问活动，为1759名困难职工送去138.2万元慰问金。开展困难劳模结对帮扶活动，发放各类劳模帮困资金235.8万元。金秋助学共补助困难职工子女23名，发放补助金6.1万元。（钱　洁）

【市化学工会落实职工关爱措施，实现精准帮扶】 市化学工会继续推进实施“三个一”工程建设（一顿饭、一把澡、一方便），投入专项资金76.25万元，用于改善基层企业职工生活设施。组织落实防暑降温和安全检查工作，为华谊集团所属的市内外20多家企业员工送上121.28万元慰问品。运用帮困基金对下属企业职工提供定向帮困、医疗帮困、助学帮困、重病帮困、节日帮困、行业帮困和临时帮困，对市内外企业共计帮困808人次，帮困金额133万元，对华谊集团下属8家子公司24家市外企业下拨帮困款40万。元旦春节期间，华谊集团领导和相关职能部门共走访慰问128名困难职工、困难党员、老干部和老劳模。（苏　叶）

【东方国际集团设立爱心基金，解决职工实际困难】 2019年，东方国际集团工会发动东方爱心基金捐款，旗下共64家企业募集219万元，充实了全年帮困援助服务资金。爱心基金找准结合点和着力点，把“精准”贯穿困难职工解困脱困工作全过程。期间，工会聚焦重点人群，在元旦、春节、五一、国庆等重要节日对困难职工及困难家庭进行慰问，对困难职工子女进行助学帮扶，对患大病职工以及因突发事件而致困的职工进行救助。据统计，2019年共援助职工1642人次，发放帮扶金208万元，爱心基金的使用率为95%。（陆　益）

【东方国际集团工会开展金秋助学活动】 2019年开学前夕，东方国际集团工会主席黄勤，副主席陈敏、郭患分别前往集团所属企业困难职工家中，为参加中考、高考的困难职工子女颁发“助学成才奖学金”，并对中考考入市（区）重点高中、高考考入本科院校的困难职工子女分别额外一次性颁发2000元/人、5000元/人的奖学金。2019年，经各级工会前期对职工困难情况排摸、助学对象情况公示、助学申请上报汇总后，集团工会共向66名困难职工子女发放金秋助学金（小学1000元/人、初中1500元/人、高中2000元/人、大学3000元/人），总计17.65万元。（陆　益）

【市医药工会实施“爱·助”计划以帮扶患大病职工】 1月8日，市医药工会“爱·助”计划面世。这一计划，旨在为医药工会下属单位患有重大疾病会员提供帮扶，切实减轻他们的生活和医疗压力。年内，“爱·助”计划共为32名患大病会员提供帮扶，市医药工会对此支付的帮扶金达83.4万元。（陈玮雯）

**【中国宝武构建三级梯度帮扶工作格

局精准帮扶困难职工】 2019年，中国宝武工会加大集团内部精准帮扶困难职工的工作力度。一是抓信息动态化管理。中国宝武沪外各单位按照工会属地化原则对困难职工进行精准帮扶。困难职工全部建档实行信息动态化管理。实行建档信息动态化管理后，建档立卡困难职工减少了152户。二是抓“一户一表一策”。中国宝武韶关钢铁工会、一浦五工会和宝武特冶工会通过对深度困难职工实行“一户一表一策”，积极开展建档立卡深度困难职工和困难职工帮扶行动。三是抓帮困送温暖工作。中国宝武各单位通过开展“元旦春节、中秋国庆、金秋助学、大病救助”等帮困送温暖活动，重点对困难职工进行生活救助、子女助学和医疗救助。年内，中国宝武各单位慰问职工50175人次，慰问金额5000.85万元，其中日常帮困43419人次，慰问金额3488.36万元；助学帮困1072人次，慰问金额179.24万元；医疗帮困5684人次，慰问金额1333.25万元。四是开展帮扶资金送温暖资金专项审计和自查工作。

（刘向捷）

【宝钢发展切实做好帮困送温暖工作】 按照《上海市工会困难职工帮扶工作的实施办法》要求，2019年，宝钢发展对困难职工现状进行排摸，开展入户走访调查，对9名符合要求的特困职工进行资料收集和信息录入，并制定针对性的脱困解困计划，做到精准帮扶。按照《宝钢发展职工帮困送温暖工作实施办法》要求，开展定向帮困、一次性帮困、节日帮困和医疗救助等工作，全年共实施各类帮困1697人次，帮困总金额240.5万元。同时做好在职职工互助保障，完成2800余名在职职工的“综合互助保障（B类）”和“工会会员专享基本保障”的续保工作；共为62名职工办理重大病理赔、49名职工办理住院理赔。

（朱　宏）

【上海石化工会做好困难职工帮扶工作】 2019年元旦春节、中秋国庆期间，上海石化对251人次困难职工及首患大病职工慰问，发放慰问金41.02万元，慰问品19.33万元；向130名劳模先进发放慰问品6.86万元。7名公司领导分别探望17户困难职工和劳模家庭，各级领导干部1130人次走访慰问困难职工、各类劳模先进1343人次。年内，上海石化帮扶基金会员新入会82名，有835名会员因退休、死亡、辞职或调离等原因退会。至年底，公司帮扶基金有会员数11856名，全年帮扶基金累计支出624.24万元，其中向3400人次发放医疗费用、首患大病慰问、困难职工子女助学等各类补助金额556.80万元。

（徐　军）

【上汽集团工会加大精准帮扶力度和受众群体】 2019年，在上汽集团及下属企业现行帮扶体系的基础上，上汽集团工会充分利用工会帮困互助专项资金，进一步加大对上汽集团员工及相关从业人员的帮扶力度。全年集团帮扶专项资金帮扶564人，帮扶金额551.96万元。同时，在集团党委支持和关心下，通过普遍排摸调研，对《专项资金使用及发放实施细则》进行修订，帮扶范围将集团下属企业全部纳入，包括上汽沪外企业；帮扶项目上放宽家庭巨额医疗帮扶门槛，新增困难职工定向帮扶，从而惠及更多困难职工家庭。

（范　融）

【上汽集团工会春节走访慰问困难职工】 2019年元旦、春节期间，上汽集团下属各企业工会走访慰问各类困难职工、外派员工、春节加班员工等共计1.81万名，慰问总金额超千万元。各企业在开展走访慰问的同时，还计划在服务关爱上加大力度，通过为非沪籍员工开设返乡班车、购买车票等手段，确保员工顺利返乡过年；通过为在春节期间仍坚守岗位的一线员工送去春意融融的“能量包”、提供丰富的餐食选择等措施，确保留守加班员工暖心迎春；关心外派员工、营销人员和技术骨干，为他们开通心理服务热线，送上新年礼包等，让他们感受到组织对他们的关爱。

（范　融）

【中远海运集团工会开展元旦春节送温暖慰问活动】 在2019年元旦春节送温暖慰问活动中，中远海运集团组织各级工会开展多层次、全方位的走访慰问活动，慰问困难职工2600余人次、基层单位（船舶）980家（艘次）、一线职工近4.6万人次，发放慰问金980余万元、慰问品计1570余万元，向困难劳模发放慰问金19.6万元，在送温暖活动中为职工提供各类服务2.3万余人次，不断做实工会服务职工的品牌。

（陈　珺）

【中远海运集团工会组织开展2019年金秋助学活动】 2019新学年到来之际，中远海运集团工会组织全系统开展金秋助学活动。各级工会精准识别，规范实施，帮助困难职工家庭解决子女上学难问题，在开学前及时送达企业的关心与关爱。各级工会秉承同舟共济、和谐共进的企业文化，坚持公开、公平、公正原则，通过入户走访、建档立卡等形式，准确摸排困难职工家庭情况，精准掌握困难家庭子女升学信息；通过实施动态化管理，确保困难职工子女不遗漏；通过推行银行卡发放，为困难职工提供更多便利。各级工会充分发挥宣传阵地的作用，运用微信、APP等新媒体，围绕主题，大力宣传金秋助学活动，传递正能量，提高凝聚力。工会多渠道筹措帮扶资金，共发放助学款93.6万余元，资助困难职工子女300人。

（陈　珺）

【中远海运重工工会开展“关爱”工程】 2019年，中远海运重工工会高度重视慰问、帮困、救助等关爱工作，各基层工会站在关心职工冷暖、促进企业和谐、稳定公司发展大局的高度认真履行职责。坚持慰问重点项目、一线职工。全年共计慰问8家造修船企业的16个项目，慰问总费用16万余元。坚持做好困难劳模慰问、困难职工帮困、金秋助学等工作。把“心系困难职工，服务困难职工”作为2019年送温暖实践活动主题。重工所属企业共筹集慰问款物373万元，慰问困难劳模13人次，困难职工884人次，发放慰问款257万元。佳节前夕，重工领导代表企业对困难劳模、困难职工进行慰问，重工工会共发放慰问款物10.7万元。开展2019年度金秋助学活动。大力推进“一站式”服务，建立直面对接，快捷帮扶的救助体系，筹集助学款26.8万元，为95名困难职工子女提供助学款。

（魏敬民）

【上海邮政工会开展困难职工帮扶救

助工作】 元旦、春节期间，上海邮政工会组织各基层工会开展“双节送温暖”和“爱心捐款”活动，组织各级工会对先进劳模、困难员工共计 977 人进行慰问，发放慰问金 170.16 万元。“五一”“十一”期间，对 70 名困难员工进行补助，发放帮困金 8.5 万元；“六一”期间，组织 40 名困难员工携子女参加“崇明半日闲农庄”亲子一日游活动；开展“金秋助学”活动，向 33 名困难员工发放助学金 14 万元。（陶 晔）

【中交上航局工会开展 2019 年金秋助学活动】 8 月上旬，中交上航局工会启动了 2019 年度金秋助学活动，为当年参加高考以及在读的 12 名困难职工子女送去助学金共计 7500 元。多年来，上航局工会逐步扩大助学范围，提高助学标准，准确掌握困难职工家庭情况，严格建档，层层把关，不让一名职工子女因贫困上不起学。学子圆梦的同时，也为企业和谐稳定发展起到保驾护航作用。（张广雷）

【中铁上海工程局扎实开展困难职工帮扶工作】 2019 年，中铁上海工程局集团公司各级工会组织把握“精准”核心，认真开展困难职工调研，全面摸清困难职工经济现状、致困原因、家庭成员情况，做到帮扶对象识别精准、措施到户精准、资金使用精准。扎实开展年度困难职工精准帮扶工作，评审确定 35 户特困、重困职工为精准帮扶对象，共支付帮扶款 59.5 万元。集团公司修订《深化“三不让”帮扶救助实施办法》，大幅提高了助困、助医和助学标准，全年共支付生活困难救助款 188.75 万元，救助 219 人次，不让一名困难职工生活在贫困线以下。支付大病救助款 121.53 万元，救助 25 人次，不让一名职工看不起病。支付助学款 28.74 万元，资助困难职工 155 户，不让一名困难职工子女上不起学。各单位还通过参加属地职工医疗互助保障、自主成立职工互助保障基金会等形式，为职工再筑一道风险保障，全年发放大病救助款 25.16 万元，救助 34 人次。通过以上措施，集团公司年内帮助困难职工全部脱困解困，提前一年实现打赢脱贫攻坚战目标。（钱 蓉）

【市绿化市容局工会、行业工会做好元旦春节送温暖和高温慰问一线职工工作】 2019 年，市绿化市容局工会、行业工会集中开展以“心系职工情·工会在身边”为主题的元旦春节帮困送温暖活动，并根据“普惠+特惠”的服务理念，推出 7 项“心系职工情”系列活动，即：走访暖人心、爱心一日捐、帮困送温暖、爱心接力站、温暖过大年、共度元宵节、协商送政策等。据统计，市区两级工会元旦春节期间，共慰问一线职工、农民工、困难职工、困难劳模 10350 人，发放各类慰问款物达 235 万余元，其中通过局工会、行业工会直接送出各类帮困资金和慰问品 15 万元，惠及行业职工 420 人。夏季高温期间，行业工会印发《关于做好 2019 年防暑降温工作的通知》，统筹安排和做好市有关领导、市总工会领导、局党政领导高温慰问的后勤保障工作。局工会、行业工会慰问了 620 余名坚持岗位的行业一线职工，并送上防暑降温慰问品。（耿 静）

【鲁中矿业工会做好困难帮扶工作】 2019 年，鲁中矿业工会开展情系职工系列活动，不断加大关爱职工力度，缓解职工生活压力，营造和谐氛围。春节期间，救助特困职工 35 人，发放救助金 10.18 万元；开展金秋助学活动，救助 23 名职工，发放救助金 4.5 万元；发放公司大病慰问金 1.9 万元；为 61 户符合条件的特困职工家庭发放了特困职工证；发放 2018 年度特困证生活救助金 2.8 万元。（李宗峰）

【市卫健委领导春节前夕分多路“送温暖”】 春节前夕，市卫生健康委员会党政工领导，走访和慰问部分劳动模范、上海工匠和困难职工等，向他们送上诚挚的新春祝福。市卫健委党组书记黄红，主任邬惊雷，党组副书记、市医务工会主席郑锦，副主任衣承东、吴乾渝、赵丹丹、张怀琼和市纪委监察委驻市卫生健康委纪检监察组组长路新畅、市卫健委副巡视员张梅兴、周珊珊，他们分别慰问了中国工程院院士、全国劳模、瑞金医院终身教授陈赛娟和中国工程院院士、市六医院内分泌代谢科主任医师项坤三，上海工匠、2018 年国家科技进步奖二等奖获得者、仁济医院副院长夏强等劳模、工匠、专家以及部分老领导、老劳模、老专家、援建干部以及中山医院、市卫监所、妇产科医院、一妇婴等单位的部分困难职工。慰问中，领导们感谢劳模、工匠等先进为上海卫生健康事业改革和发展所做出的贡献，并且鼓励他们继续努力，在新的一年里取得新的更大成绩。（徐 园）

【市民政局工会扎实开展帮困送温暖】 市民政局工会认真贯彻市总工会及局党组关于做好今年春节期间帮困送温暖工作要求，向所属各单位工会下发《关于组织开展 2019 年元旦春节送温暖活动的通知》，要求局属各单位工会在元旦春节期间广泛开展“心系职工情、温暖进万家”为主题的走访慰问活动，深入开展困难劳模、困难职工、困难劳务工和助学职工等家庭访问，让困难职工家庭度过一个温暖祥和的春节。组织基层工会开展以“人人奉献爱心、共创美好生活”为主题的“爱心一日捐”活动；通过市帮困互助基金会筹措到 100 万元帮困资金，用于局系统各基层单位困难职工帮扶和送温暖，重点对民政集团公司 310 多名下岗职工实施帮扶救助工作。经统计，全局共实施生活帮困、医疗帮扶职工 420 余名。春节期间，陪同局领导走访慰问基层劳模、下岗残疾职工和困难职工家庭，送上党和政府的关怀和温暖。（胡积伟）

【市监狱管理局工会不断建立和完善工会帮扶制度】 市监狱局工会出台《上海监狱系统工会开展民警职工短期休整活动的实施办法（试行）》和《上海市监狱管理局工会帮扶送温暖实施办法（试行）》，并就基层工会开展困难帮扶工作进行调研，进一步完善工会帮扶工作制度。新的帮扶送温暖实施办法试行以来，截至年底，全局有 7 人获得困难帮扶金 6.5 万元。（江海群）

【锦江国际集团工会开展“三级帮困”动态评估管理工作】 为了让锦江国际职工共享集团改革发展成果，集团通过不断进行完善调整，形成三级“帮困送温暖”的长效工作机制。集团工会还开展了“三级帮困”的评估工作，广泛听取基层工会和职工意见，构建以精准帮扶为重点的工会服务职工体系，建立健全困难职工动态化管理机制，实现帮扶送温暖常态化、经常化、日常化。2019 年共帮困 282 人次，帮困资金 105 万元，落实和帮助部分职工解决了突遇的困难。

（顾明方）

【号百公司开展第十一届“一日捐”活动】 1 月 4 日，号百公司工会在 18 楼多功能厅举行“捐一日工资、献一份爱心”捐款仪式，公司党委委员、工会主席刘苏南代表公司管理层，公司中层管理人员、公司工会两委委员、女工委委员、各部门(基层)工会干部代表近 30 人参加仪式。据统计，截至 2018 年 12 月 31 日共收到捐款金额达 28993 元，员工参与率达 99%，人均捐款金额 95.06 元。上年共有 10 余名大病员工获得救助，2 名一线员工获得子女助学帮困。公司工会把捐款资金全部投入公司专设的帮困基金，用于公司困难员工元旦、春节及日常的帮扶慰问。

（童合明）

【五冶集团上海有限公司积极开展帮困助学送温暖活动】 9 月，新学年开学之际，五冶集团上海有限公司工会认真落实建设幸福五冶各项措施，及时组织各级工会对公司困难职工家庭情况进行摸底调查，对 25 户困难职工家庭子女进行助学帮困。部分二级公司通过困难补助形式对特困家庭进行了助学帮困。自 2005 年以来，五冶集团工会已累计为 505 户特困职工家庭送上近 43 万助学资金。

（程　仟）

权益保障

【概要】 2019 年，上海工会互助保障工作积极谋划新思路、追求新突破，更加细致深入地服务职工。2019 年，各项互助保障计划参保人数均有不同程度的增长。至 12 月底，有效会员达 1281.55 万人次，同比增加 32.77 万人次；优化职工互助保障，将原 11 项在职职工保障计划调整为三纵三横的“上海职工互助保障 2020”。完成在职住院起付标准补助金“自动给付”的方案，进一步拓展工会会员服务卡功能。组织 10 万灵活就业人员参加“灵活就业会员专享基本保障”，提高其抵御疾病和意外风险的能力；转变工作方式，优化参保方式和缴费渠道。开通社区统一公共支付平台，实现银联、支付宝、微信等多渠道缴费方式。在“申工社”“职保会”微信公众号开通“退休住院保障计划”社区续保二维码自助缴费通道，减少跑动办理；加强培训走访，提高服务水平。按基层就近参加为原则分片组织培训，走访基层工会，开展互助保障业务宣传和指导。

（顾艳斐）

【召开 2019 年上海工会劳动关系和权益保障工作会议】 2 月 21 日，在科学会堂一楼国际会议厅，市总工会组织召开 2019 年上海工会劳动关系和权益保障工作会议。来自全市各区局（产业）工会分管主席、劳动关系和权益保障职能部门负责人、职工援助中心及退管办负责人、市总职工援助服务中心、市职工保障互助中心、市退休职工服务中心主要负责人等 300 多人出席会议。市总工会副主席刘言浩主持会议。会上，分别部署了劳动关系、权益保障、职工援助服务、职工保障互助和退休职工服务等五方面工作。市总工会副主席张得志在会上讲话。

（汪佳侃）

【召开工会会员服务卡会员专享基本保障资金管理委员会第八次全体会议】 11 月 9 日，市总工会召开工会会员专享基本保障资金管理委员会第八次全体会议。会议通报 2018 年度上海工会会员专享基本保障的实施情况和保障资金决算的情况，A、B 两类保障分别运行后，收支相抵有结余。会议同时通报了职保中心关于 2018 年度结余资金的具体清算和分配情况，并就个别区局（产业）工会表示放弃使用此次返还款作出了说明，按照 2018 年 11 月修订的《上海工会会员专享基本保障资金返还和追加的实施办法》规定，2020 年 1 月底区局（产业）工会没有使用抵扣参保费用的应返还款将在参保结束后统一返还至市总工会。会议通报《2018 年度上海工会会员专享基本保障资金审计报告》，未发现违规情况。经讨论审议后，会议原则通过《2018 年度上海工会会员专享基本保障实施的情况汇报》《2018 年度上海工会会员专享基本保障资金决算的情况汇报》《2018 年度上海工会会员专享基本保障资金审计报告》。市总工会副主席张得志主持会议并讲话，他表示部分只参保 A 类保障区局（产业）工会，总体发病率高，保障率低，为推动各区局（产业）工会在 2020 年扩大保障范围和提升保障力度，市总给予基层工会更多选择，是对服务职工工作的进一步推动和创新。

（殷崇莉）

【举办上海工会干部社会保障政策培训班】 5 月 14 日，市总工会在上海工会管理职业学院举办 2019 年上海工会干部保障政策业务培训班。各区局（产业）工会权益保障干部 110 余人参加培训。培训期间，市总工会邀请了市公共行政与人力资源研究所、市人社局、市医保局、市食品安全工作联合会等政府职能部门和相关单位的专家，围绕源头参与、社会调查研究方法，本市就业形势及促进就业政策，医疗保险和生育保险合并后医保政策体系，放心职工食堂建设等内容开展专题政策培训。

（汪佳侃）

【沪苏浙皖长三角职工疗休养区域协作启动】 11 月 28 日，上海、江苏、浙江、安徽等三省一市总工会共同召开长三角职工疗休养区域协作推介会。会上签署《推进中国长三角地区职工疗休养区域战略合作协议》，明确今后沪苏浙皖四地工会将以职工疗休养院所、职工（劳模）疗休养基地为平台，资源共享，相互提供规范、优质的疗休养资源服务，相互合作宣传推介职工疗休养产品。沪苏浙皖三省一市总工会将建立协作推介机制，定期由四地工会轮流举办职工疗休养推介会，推动长三角地区职工疗休养资源深度整合、共享；建立工作运行机制，成立长三角地区职工疗休养区域合作联席会议办公室，建立联络员制度；建立信息共享机制，依托媒介推动提高四地职工疗休养资源在基层单位和广大职工中的认知度，并就共享职工疗休养资源，积极组织劳模、职工到四地工会所属或认定的职工疗休养院所和基地开展疗休养活动；提供专属特惠和服务便利，对职工会员团体或个人到四地工会所属或认定的职工疗休养院所和基地疗休养的，给予住宿、餐饮等方面的专属特惠价格，且进一步优化、开发职工疗休养线路；搭建工作交流平台，加强四地工会职工疗休养院所和基地间的交流互动，实现取长补短，协同发展等3个方面展开深入合作。市人大常委会副主任、市总工会主席莫负春宣布并启动长三角职工疗休养区域协作。会上邀请沪苏浙皖三省一市和部分对口援助地区的33个职工疗休养院所，现场向本市企事业单位推介职工疗休养资源，2000余家本市企事业单位入场参会，部分单位现场达成了疗休养意向。（余嘉毅）

【市职保会以职工需求为导向，打造“上海职工互助保障2020”】 2019年，围绕“不忘初心、牢记使命”主题教育大调研，紧密联系互助保障重点工作，先后走访调研浦东、徐汇、普陀、机电和航道等区局（产业）工会、基层企业，并将原11项在职职工保障计划调整为三纵三横的“上海职工互助保障2020”。涵盖住院类、重病类和意外类的基本保障层、加强保障层、个性保障层，统筹架构明晰，个性化精准服务进一步加强。采用“申工通”线上操作，集中、即时参保方式，实现参保手续便利化。保障力度显著提高，在职住院保障金由原来4万元提高到10万元，“上海职工互助保障2020”最高给付金额可达66.55万元。

（顾艳斐）

【市职保会命名2019年度上海职工互助保障工作考核优胜、达标工作委员会】 2019年，上海职工互助保障工作圆满完成了全年的目标任务，在不断巩固工会互助保障覆盖面、扩大工会互助保障受惠面、提高非公企业的互助保障参保率等方面取得良好成效。根据《关于命名2018年度上海职工互助保障工作考核优胜、达标工作委员会的决定》（沪职保〔2019〕3号），命名徐汇区总工会、市机电工会等65家单位为上海职工互助保障工作考核优胜工作委员会；浦东新区总工会、科技工会等9家单位为上海职工互助保障工作考核达标工作委员会。（顾艳斐）

【市职保中心实施“灵活就业会员专享基本保障”】 1月1日起，根据本市货运、家政、快递、送餐等灵活就业人员用工特点，推出“灵活就业会员专享基本保障”，保障内容包括：住院天数补助金、特种重病（十二类）、意外伤害伤残保障。2019年，共计100741名灵活就业人员参保，向276人次给付38.51万元保障金，提高灵活就业人员抗疾病和意外伤害风险能力。（顾艳斐）

【市职保会优化业务信息管理系统，优化互助保障参保方式】 2019年，市职保会不断优化业务信息管理系统Ⅰ期。1月1日起，通过专线联网，将服务终端延伸到各区工会，从而将服务基层、服务职工的窗口从一个办事大厅扩大到16个区服务处，实现互助保障“就近参保”和“就近给付”。单位经办人就近前往各区服务处，通过高拍仪拍照并上传相关材料，职保会审核通过后以邮件形式推送电子发票、保单及大病给付单。10月，完成了业务信息管理系统Ⅰ期的验收工作，并启动Ⅱ期项目建设，进一步拓展系统功能、提高工作效率，全方位覆盖和管理各种互助保障业务。

（顾艳斐）

【静安区总工会举行灵活就业群体工会会员体检定点医院签约】 7月16日，静安区总工会2019年灵活就业群体工会会员体检定点医院签约仪式在静安区闸北中心医院举行。签约仪式后，现场50名灵活就业群体工会会员在静安区闸北中心医院体检中心参加体检。通过宣传推广，静安区总工会已经吸纳5000多名灵活就业人员加入工会参加保障。静安区总工会签约静安区闸北中心医院，成为灵活就业群体工会会员体检定点医院，为灵活就业群体推出专属体检套餐，提供体检便利，为他们送去一份健康保障。

（张 兰 蔡 玥）

【松江区总工会开展职业病防治法宣传活动】 4月26日，松江区总工会联合区卫健委、区应急管理局、区疾控中心、区卫生监督所、中山街道社区卫生服务中心等单位在达丰（上海）电脑有限公司开展以“健康中国，职业健康同行”为主题的职业病防治法宣传活动。活动以现场咨询、图文展示、专家答疑、发放宣传资料等多种形式宣传职业病防治知识，共派发各类宣传资料2000余份（职工法律援助便民卡、上海工会实事项目手册等），宣传礼品1000余份。（孙 媛）

【奉贤区总工会开展关爱教师系列活动】 9月6日，奉贤区总工会启动“工会有爱，情暖教师”关爱教师系列活动。在启动仪式上，区总工会向区教育工会捐赠10万元帮困金，区人大常委会副主任、区总工会主席陆建国出席并讲话。系列活动共为教师群体定制五大关爱项目，即困难教师关爱、午间服务关爱、会员讲堂关爱、艺术乐学关爱和单身青年关爱项目，在做强服务职工“普惠”项目的基础上，进一步加大服务的“精度”，体现出工会关爱的“浓度”。（钱 洁）

【东方国际集团积极参与上海市职工综合互助保障计划】 2019年，东方国际集团各企业在依法为职工缴纳“五险一金”的基础上，全部参加了上海市职工综合互助保障计划，其中参加在职职工综合互助保障计划A类的占56%，B类的占44%，部分有条件的企业还参保了特种重病团体互助保障计划、女职工团体互助医疗特种保障计划和退休职工住院补充医疗互助保障计划。集团各级工会为12500名职工办理了工会会员专项基本保障，缴纳保费47.5万余元，集团工会补贴7万余元。全年共计58名职工发生重大疾病，9名职工疾病身故，1名职工意外身故，获理赔给付金89万元。（陆 益）

【上海石化工会组织职工参加互助保障计划】 2019年，上海石化36470人次参加上海市职工保障互助会各种保障计划，总投保费用292.68万元，其中工会贴补金额112.35万元，7048人次获理赔385.75万元；继续推进工会会员服务卡工作，完成12352名会员工会会员服务卡注册投保，公司工会全额补贴14.82万元。（徐 军）

【上海邮政工会做好互助保障工作】

2019年，上海邮政员工重病医疗互助保障会入会人数为17943人，上海邮政员工住院医疗互助保障会入会人数为 17809 人。重病医疗互助会为 82 名员工支付保障金 106.6 万元，住院医疗互助保障会为 823 人次支付保障金 177.18 万元。上海邮政工会为全体会员参保上海工会会员专享基本保障（B 类），减轻患重病员工就医负担。（陶　晔）

【市交通委工会探索劳务派遣工权益保障机制】 市交通委工会结合大调研，了解委系统劳务派遣工基本情况及其需求，研究制订劳务派遣工工会会籍管理办法，明确劳务派遣工如未加入劳务公司工会的，可以加入委属单位工会，从 2020 年起由委工会统一支付会费，并为其办理医疗保险，至 2019 年底申请加入工会的劳务派遣工有 120 人。（王　芳）

【市绿化市容行业工会携手链家慰问一线环卫工人】 2 月 19 日，市绿化市容行业工会携手上海链家房地产经纪有限公司在链家龙华路关爱环卫工人“爱心接力站”站点内，开展 2019 年“关爱环卫工人共建洁净家园”联建活动，为辖区内放弃与家人团聚，依然坚守在工作岗位上的“城市美容师”们送上佳节的慰问和节日的祝福，并为日华环境保洁公司部分一线环卫工人以及因坚守岗位没能来到活动现场的其他班组成员送上牛奶、坚果等节日慰问品。市绿化市容行业工会主席肖龙根详细了解了一线环卫职工最低工资收入情况以及低温津贴、住房公积金补贴等职工权益和福利待遇等方面的落实情况，同时，结合新年工作，就进一步做好环卫行业集体协商和爱心接力站创建工作以及爱心单位率先贯彻落实生活垃圾分类管理条例、落实门前环境卫生责任等事宜与现场人员交流座谈。（耿　静）

【市绿化市容行业工会组织开展关爱环卫工人专项行动】 10 月 25 日，2019 年度上海市绿化市容行业第五届“关爱环卫工人、共建洁净家园”专项行动颁奖典礼在沪东工人文化宫举行。来自本市绿化市容行业的劳模先进、一线职工代表参加了活动，中国海员建设工会一级巡视员、分党组成员张景义、上海市总工会党组副书记、副主席姜海涛、上海市绿化和市容管理局党组书记、局长邓建平、上海市绿化和市容管理局巡视员崔丽萍、上海市绿化和市容管理局副巡视员缪钧等单位领导出席活动，并为 2019 年度市“十佳城市美容师”“十佳爱心接力站”“十佳社会共建案例”等获奖代表颁奖。（耿　静）

【中建八局埃及新首都中央商务区项目首个职工诊所挂牌成立】 埃及新首都中央商务区项目首个职工诊所挂牌成立。诊所成立后，将为所有中埃员工提供基本医疗服务，大大改善项目医疗卫生条件。诊所使用面积约 180 平方米，分为问诊室、化验室、治疗室、急救室和办公室，可以一次性接纳 20 个病人。共有医务人员 5 人，其中埃及当地医务人员 3 人，配备救护车 1 辆。诊所将采取 24 小时轮流值班的制度，确保为所有员工提供紧急医疗服务。”（王广滨）

【中建八局关爱保护留守儿童志愿者宣讲活动开讲】 8 月 9 日，中国建筑关爱保护留守儿童志愿者宣讲活动走进中建八局东孚公司锦绣首府项目，在山东济南举办。这是中国建筑关爱保护留守儿童“百场宣讲进工地”活动第 12 场。中建锦绣首府项目管理人员代表、工友代表，中建东孚物业公司工友代表和留守儿童代表等 60 余人参加了活动。中建八局加大工作力度，把关爱政策送进建筑工地，将关爱技能送到务工人员身边。（陈　湘）

【SMG 工会做好职工健康服务】 2019 年，上海广播电视台（上海文化广播影视集团有限公司）工会为 1054 名职工续办市总工会职工保障互助会综合 B 类、D 类保障计划，为 1067 名职工办理“特种重病保障”，为 577 人新办《工会会员服务卡》。5—7 月，完成台集团职工体检工作。台集团共有 7390 名职工、1809 名女职工参加了 2019 年度职工体检，体检率达 90%。根据市总工会的统一部署、安排，2019 年台集团工会共组织 SMG 一线职工 1390 人次，分 26 批次赴多地进行疗休养，人员涉及台集团下属 20 余家单位的一线职工。（秦伊龄）

【市监狱管理局工会关爱服务民警职工】 市监狱局工会将维护会员权益作为基本工作职责，开展“冬送温暖、夏送清凉、秋送助学、病送关爱”。元旦春节，对全局 88 名困难干警职工进行帮扶慰问，对确因家庭生活困难而影响子女就学的 22 名会员出资 5.05 万元进行帮扶助学；开创“自助式送清凉”，因地制宜配合行政做好送清凉工作。对取得职业资格等级证书的会员奖励共计 95 人 4.75 万元。开展会员健康 EAP 体质检测与评估活动，安排专业体育器材公司对各基层单位体育设施进行检查及维护。（江海群）

【“市级机关公务员健康促进行动”启动】 10 月 30 日，“市级机关公务员健康促进行动”启动，市级机关工作党委常务副书记杨峥、市卫生健康委员会主任邬惊雷出席并讲话，市机关事务管理局副局长谢雪莹、市公务员局副处长阮耀明出席启动仪式，同时还邀请沪上著名医学专家 20 余人，市级机关各单位代表等 150 余人参加。会上下发《关于“市级机关公务员健康促进行动”的通知》、向专家颁发聘书、签署“结对共建健康食堂”合作协议、印发健康管理精品讲座目录，并邀请上海中医药大学附属曙光医院心血内科主任医师崔松作了首场健康讲座——《养生先养心》。（王　颖）

【中国商飞公司工会开展“大飞机爱心一日捐”活动】 5 月 9 日，在中国商飞公司成立 11 周年纪念日即将到来之际，公司举行升旗活动，并在总部及各单位同步开展“大飞机爱心一日捐”活动。中国商飞公司党委书记、董事长贺东风，党委副书记、总经理赵越让，党委副书记、董事谭万庚，党委常委吴光辉、赵九方、郭博智、程福波、周启民，和全体干部职工一起，捐出一天的工资，为公司困难职工和困难群体奉献爱心。自 2012 年起，公司决定将每年 5 月 11 日的成立纪念日设为“大飞机爱心日”，组织公司全体干部职工进行爱心捐款，积极履行企业社会责任，打造责任央企、阳光央企。（阎　超）

【上海上实集团工会持续推进工会会员卡普惠工作】 上海上实集团工会

持续推进工会会员卡普惠工作，本着“服务职工，普惠会员”的理念，全年新办工会会员卡近100人，为1500多名会员名购买工会会员卡B类保障计划，上年共有8名职工获得理赔金144000元。 （王玉君）

劳动保护

【概要】 2019年，全市各级工会贯彻落实《中共中央国务院关于推进安全生产领域改革发展的意见》，开展“安康杯”竞赛活动，预防生产安全事故和控制职业病危害，全面深化工会劳动保护工作。对在竞赛活动中成绩突出的全国“安康杯“竞赛活动五连冠以上单位申报推荐“上海市五一奖状（奖章）”；会同市应急管理局联合开展“上海市职工安全生产知识大赛”；组织开展“班组安全管理成果”征集评选活动；编印《受限空间作业安全宣传手册》，实施上海工会劳动保护急救技能提升项目；开展本市规模以上企事业单位劳动保护干部业务知识专项培训，健全完善生产安全死亡事故网上上报系统，积极参与生产安全死亡事故的调查处理。 （邬明亮）

【深入推进“安康杯”竞赛活动】 2019年，市总工会以市安委会将“安康杯”竞赛活动列入对本市区级政府、市安委会成员单位安全生产绩效考核内容为契机，注重拓展竞赛活动的广度和深度。全年，本市参加市一级“安康杯”参赛活动的单位已达到1.06万家，覆盖全市84个区局（产业）工会。对全国“安康杯”竞赛三连冠以上单位进行回访检查，对在“安康杯”竞赛中表现突出的单位和职工推荐授予上海市五一劳动奖状（奖章）。开展班组安全管理成果评选，并在《劳动报》等媒体宣传“安康杯”竞赛典型经验和案例。 （邬明亮）

【市总工会即时授予在“安康杯”竞赛中成绩突出的优胜单位和个人为“上海市五一劳动奖状（奖章）”】 2019年，为进一步扩大“安康杯”竞赛活动社会影响力，市总工会对在全国“安康杯”竞赛活动中做出突出贡献的、获得全国“安康杯”竞赛优胜单位五连冠（含）以上的上海宝绿园林绿化有限公司、中国石油天然气股份有限公司西气东输管道分公司和上海宝冶集团有限公司市政工程公司3家单位授予“上海市五一劳动奖状”；对在全国“安康杯”竞赛中表现突出的上海市园林工程有限公司马一鸣、上海强生集团汽车修理有限公司余训银2人授予“上海市五一劳动奖章”。 （邬明亮）

【开展工会劳动保护干部业务知识培训工作】 2019年，为进一步提高本市企事业工会劳动保护干部理论水平和业务能力，充分发挥工会劳动保护监督维权作用，市总工会继续对本市规模以上（是指职工人数超过100人的单位）企事业单位的工会主席和劳动保护干部进行劳动保护业务知识专项培训。全年，共举办18期工会劳动保护业务知识培训班，20多个区局（产业）工会组织1548名工会干部参加培训，1452名工会干部经考试成绩合格，获得市总工会颁发的《上海市工会劳动保护干部业务知识培训合格证》。 （邬明亮）

【开展班组安全管理成果评选活动】 2019年，市“安康杯”竞赛办公室在全市范围内组织开展“班组安全管理成果”征集活动，总结推广各单位在班组安全建设中的先进经验、典型案例和先进经验。征集活动期间，各竞赛分赛区共推荐上报200多个“班组安全管理成果”。经前期筛选、现场发布和评委评定等流程，中国宝武集团宝钢股份公司冷轧厂精整电气点检班《“垫”出安全——担安全责任、做安全主人》荣获特等奖，上海公路桥梁（集团）有限公司三门路项目班组《数字化工具规范安全行为，智能化管理保障职业健康》等2个成果荣获一等奖，上海建工五建集团有限公司机械工程公司设备施工班组《智能监控辅助管理，保障塔机施工安全》等3个成果荣获二等奖，上海巴士第二公共交通有限公司龙华车队725路班组《建设班组安全文化，构筑行车安全保障》等6个成果荣获三等奖，上海嘉里食品工业有限公司《杜绝手部伤害，实现安全生产》等39个成果获得优胜奖。 （邬明亮）

【举办上海市职工安全生产知识大赛】 3—6月，市总工会会同市应急管理局联合开展以“生产千万条、安全第一条，操作不规范、亲人两行泪”为主题的“上海市职工安全生产知识大赛”。共有909支队伍，3500多人参加在“申工社”微信平台上举行的线上初赛，近20万人次参加为期8周的“相约星期一，安全知识知多少”网上答题活动。通过初赛、复赛和现场决赛，上海港引航站荣获一等奖，上海大电能源股份有限公司（参赛二队）、上汽大众汽车有限公司荣获二等奖，上海梅山钢铁股份有限公司（参赛一

市总工会授予“安康杯”竞赛优胜单位和个人“上海市五一劳动奖状（章）” （汪佳侃）

队)、上海梅山钢铁股份有限公司(参赛三队)、中建八局浙江建设有限公司荣获三等奖,上海梅山钢铁股份有限公司(参赛二队)等30支队伍获得优胜奖,上海市浦东新区总工会等42个单位获得优秀组织单位,上汽大众汽车有限公司张光浩等36人荣获“安全知识之星”称号。市人大常委会副主任、市总工会党组书记、主席莫负春,市应急管理局党组书记俞烈出席决赛活动,并为获胜队伍和选手颁奖。
(邬明亮)

【开展高温慰问工作】 7—9月,市总工会共拨出高温慰问专项经费54.81万元,由市总领导带队,分10路对中建八局上海公司、国网上海浦东供电公司、上海锅炉厂有限公司、伟创力(上海)金属件有限公司、上海阔道物流有限公司等本市重大工程建设、民生保障、制造业和劳动密集型企业,以及非公企业、灵活就业人员群体中的一线职工组织,开展高温慰问送清凉活动。 (汪佳侃)

【开展夏季劳动保护和防暑降温工作】 市总工会按照“早谋划、早启动、早部署、早落实”的工作要求,于5月底制订下发《关于认真做好2019年本市夏季劳动保护和防暑降温工作的通知》,本市各级工会积极履行监督职责,配合行政完成好夏季劳动保护和防暑降温工作,共组织开展安全隐患排查5.16万次,查实问题9.86万个,督促整改9.79万个。各级工会送清凉慰问企事业单位3.28万家,慰问资金总计3.36亿元。慰问职工303.93万人次,其中,慰问女职工95.27万人次,慰问灵活就业人员20.35万人次。组织开展防暑降温劳动保护培训58.28万人次,投入培训资金2582.4万元,其中,培训女职工18.14万人次,开展劳动保护急救技能提升培训项目3685场,共培训职工31.88万人次。 (汪佳侃)

【市总工会在基层企事业单位开展劳动保护急救技能培训】 5月20日至10月25日,市总工会面向全市基层职工,以送教上门的形式,组织开展100场劳动保护急救技能培训,覆盖全市15个区的100家企事业单位,累计有3211名职工参与培训。其中,心脏急救课程(成人心肺复苏与自动体外除颤仪AED的使用)培训57场,中暑的预防及急救措施培训29场,常见外伤急救课程14场。通过培训,增强了基层职工的劳动保护急救技能,提升了职工的应急处理能力。
(汪佳侃)

【普陀区各级工会开展高温慰问工作】 2019年夏季,普陀区各级工会相继开展高温慰问送清凉活动,以高温岗位职工、一线职工和农民工以及中小非公企业职工、重点工程重大实事项目职工、劳模先进、退休困难职工等5类职工为重点对象,共安排高温慰问经费150万余元,购买高温慰问品15000余份,走访500余家企事业单位15000余名职工。 (陆蕾)

市总工会组织开展劳动保护急救技能培训 (汪佳侃)

【闵行区举办劳动保护知识竞赛】 4—6月,闵行区总工会联合闵行区应急管理局、闵行经济技术开发区共同举办“劳动最美、安全常伴”2019年“闵开发杯”劳动保护知识竞赛。竞赛分为初赛、复赛和决赛3个阶段,初赛阶段,闵行区企事业单位职工通过“闵行工会”和“闵行安全生产”公众微信号平台进行线上答题;复赛由各街镇总工会推荐的47支队伍参加闭卷笔试;决赛采取现场答题的形式,上海宝鼎酿造有限公司获得一等奖。
(卫佳雯)

【闵行区开展夏季劳动保护和防暑降温工作】 8月,区总工会分批走访慰问奋战在高温岗位上的一线职工,并将参与区委、区政府年度重点工作的职工,如市、区两级政府实事项目建设者、服务保障进博会的职工、“扫黑除恶”专项行动一线干警和垃圾分类志愿者等群体纳入慰问范围,共计慰问一线职工3964人,发放高温慰问品3964份。2019年,区总工会共计投入专项资金68万元,覆盖职工13600人。高温期间,全区各级工会投入高温慰问资金1741.1万元,慰问职工110384人,组织开展事故隐患和职业危害排查1468次,查实问题1119个,督促整改1113个,涉及职工21166人,通过一系列有效措施,最大限度地减少高温中暑造成的职业危害,确保职工安全度夏。 (卫佳雯)

【金山区总工会高温慰问一线职工】 6月5日,金山区总工会下发《关于认真做好2019年本区夏季职工劳动保护和防暑降温工作的通知》,要求各级工会高度重视职工劳动保护和防暑降温工作。制订详细的高温慰问计划,并与“大调研”工作结合起来,深入基层、深入一线、深入职工,摸清职工群众的所愿所求。区总工会慰问了全区29家直属工会101家企事业单位,共向职工发放清凉用品13000份。
(钱海东)

【金山区总工会举办职工安全生产知

识和技能竞赛】 7月1日，金山区总工会和区应急管理局在区会议中心举办2019年“鑫工护航”金山区职工安全生产知识和技能竞赛决赛暨职业安全卫生防护“工具包”项目启动仪式。区人大常委会副主任、区总工会主席朱喜林，区应急管理局局长徐烽，金山区总工会党组常务副书记、副主席汪敏良，职业安全卫生防护“工具包”项目专家，各直属工会相关负责人，各镇、街道、工业区安全生产部门相关负责人，以及部分基层工会干部、职工代表等110余人出席活动。4—6月，区总工会开展了2019年“鑫工护航”金山区职工安全生产知识和技能竞赛，共有54支参赛队伍、216名职工参与本次竞赛。经过初赛笔试环节、复赛现场答题，最终共有6支参赛队伍、24名职工进入“鑫工护航”决赛。活动中，区总工会为叶建农等4位“工具包”项目专家颁发聘书，他们将为上海新瑞生态汽车发展有限公司等20家“工具包”参与企业提供职业卫生防护技术支持。 （钱海东）

【青浦区总工会抓好夏季劳动保护和防暑降温工作】 一是加强监督。督促用人单位强化劳动保护和防暑降温主体责任，落实各项高温天气作业劳动保护措施，改善作业条件，合理安排职工作息时间，按时发放防暑降温劳防用品和足额发放高温津贴。二是夯实基础。积极配合行政集中开展房屋建设工程安全隐患专项整治“百日行动”，结合开展2019年“安全生产月”“安康杯”竞赛等活动，广泛组织职工立足岗位查隐患，推动行政采取有效措施，防范事故发生。建立健全企事业单位重大隐患治理情况向负有安全生产监督管理职责的部门和企业职代会“双报告”制度，积极开展工会劳动保护急救技能提升培训项目。三是深化服务。严格按照工会经费使用有关规定，落实高温慰问资金，开展高温慰问送清凉活动。结合夏季劳动保护工作特点，聚焦重点区域、重点项目、重点人群，关心好一线职工以及从事家政服务、快递物流、护工护理、网约送餐等灵活就业群体。充分利用工会宣传教育阵地和载体，开展贴近岗位、贴近实际、寓教于乐等职工喜闻乐见的防暑降温和安全卫生知识宣传教育活动。 （朱建强）

【崇明区总工会高温慰问一线职工】

8月初，崇明区总工会领导班子率机关工作人员分组深入基层一线，向奋战在高温中的广大劳动者表示慰问。同时要求用人单位落实防暑降温责任，把防暑降温工作落实到每个车间、工地、班组、岗位和每一位职工。年内区总工会共投入60余万元，慰问全区各行各业一线职工12000名。

（陈思佳）

【东方国际集团实现工会劳动保护安全员全覆盖】 5月23日，东方国际集团工会举办为期3天的劳动保护业务知识专项培训。培训内容主要包括劳动保护法律法规、上海工会劳动保护三年行动计划和实施、工会劳动保护概论、“安康杯”竞赛、班组安全建设、生产安全事故报告和处置、职业安全卫生防护“工具包”项目（职业安全健康）等。参加培训人员经考试成绩合格者，发放《上海市工会劳动保护干部业务知识培训合格证》。工会劳动保护培训项目自2016年实施以来，已有130余人接受劳动保护业务知识专项培训，集团下属企业已基本做到工会劳动保护安全员全覆盖。

（郑鹨峰）

【莫负春到国网上海市电力公司220千伏东昌站慰问高温值守职工】 8月1日，上海连续第10天发布高温黄色预警，市人大常委会副主任、市总工会主席莫负春一行来到浦东供电公司220千伏东昌站，慰问了坚守在电网设备运行一线的值守人员，并参观了王文成劳模创新工作室。公司董事长、党委书记钱朝阳，副总经理、浦东供电公司总经理潘博，公司工会主席娄为陪同慰问。莫负春代表市总工会感谢公司员工在保障上海城市运行安全中作出的贡献，高度赞扬了公司在人才吸引，人才梯队培养方面取得的成就，勉励大家继续努力，将“工匠精神”传承下去，打造更加朝气蓬勃、更有战斗力的团队，不断聚焦科技创新，技术精进，在国家级科技创新奖上涌现出更多的人才，在国际舞台上逐步走到世界的前列，为上海的传统行业起到示范引领作用。 （潘 锋）

【上海电建公司举办工会劳动保护监督员培训班】 7月22日，上海电建公司工会劳动保护监督员培训在公司培训中心举办。各基层单位共61名一线劳动保护员接受专题培训。安环部专家介绍了公司现阶段的安全生产面临的形势；职业危害及防范措施、应急处置措施、典型违章案例分析等6个方面讲解了劳动保护与职业健康安全知识；通过多个视频案例分析了各类安全事故的原因和预防方法。培训后，组织学员进行了劳动保护业务知识考试，对合格的学员颁发上海电建《劳动保护业务培训合格证》。

（傅 诚）

【上海电力机械公司开展“安全生产宣传咨询日”活动】 2019年，上海电力机械公司深化“安康杯”竞赛活动内容，在“安全生产1000班组”建设基础上，进一步加强分包队伍职工劳动保护能力建设，公司工会在部分项目部开展了“安全生产宣传咨询日”活动，向施工分包作业人员发放《安全行为规范手册》《员工安全健康手册》《应急急救手册》等，同时在施工现场以面对面的咨询方式，就施工作业人员关心的施工安全、职业健康、正确使用劳动防护用品等问题进行答疑解惑，积极拓展“安康杯”竞赛活动的内容。 （张 华）

【中国宝武深化员工岗位安全风险描述活动】 2019年，中国宝武各级工会建立风险描述与隐患整改情况“一分析二报告”工作制度，狠抓风险隐患整改，加强岗位安全风险描述和辨识闭环管理，做到一线班组100%全覆盖，“我要安全、我会安全、我能安全”的氛围在职工队伍中逐步形成。全年，共有11.3万名员工参与岗位安全风险描述活动，查找岗位风险61.5万条，其中“需完善规章制度或操作规程”的风险1.5万条，“需要对设备设施进行整改”的风险4.6万条，不具备实施整改条件的2999条正在推进中，其余已全部得到有效落实。

（徐 卫）

【中国宝武深入推进安全应急知识普及教育活动】 举办2019年安全“1000”班组研修活动，来自基层的一百余名优秀班组长、安康代表、工会劳动保护干部、安全管理人员等围绕智慧制造、班组安全管理、安全自主管理等做了经验交流，通过交流分享和思维碰撞，进一步开拓了基层班组长安全管理视野和能力提升。发动广大职工积极参加全国“危化品及全民安全应急知识竞赛”，共有20余万人次参与竞赛答题；积极参加由应急管理部、司法部、全国普法办开展的2019年应急管理普法知识竞赛活动，中国宝武总积分位列中央企业第十四名；组织参加上海市职工安全知识大赛，代表中国宝武参赛的两支队伍从上海市909支参赛队中脱颖而出闯入决赛，分别获得决赛第四、第五名，荣获三等奖；3名员工荣获“上海市安全知识之星”；中国宝武工会被授予“上海市优秀组织奖”。 （徐 卫）

【宝钢发展加强工会劳动安全保护工作】 2019年，宝钢发展组织开展安全主题培训，以班组长研修会为平台，组织基层班组长代表60余人重点围绕危险源的辨识开展培训，进一步深化全员安全自主管理活动。结合安全生产月，组织发动职工参加2019年全国“危化品及全民安全应急”网络知识竞赛，累计参加7129人次。持续推进岗位安全风险描述活动，推动各单位进一步完善《岗位安全风险描述表》，落实“一分析二报告”制度，参与职工3334人（含协力工），查找各类安全风险5639条，“需要完善规章制度或操作规程”117条，“需要对设备设施进行整改”142条，均100%落实整改。组织开展劳动保护巡视活动，组织宝钢发展职代会综合民主管理委员会委员，重点对5家单位12个“三室一所”环境改善工作的推进落实情况进行劳动安全保护督查巡视。做好高温慰问和防暑降温工作，组织开展现场高温慰问活动，公司领导和工会分别到苦脏累险远的31个点慰问职工1130余名。组织接害岗位疗休养活动，组织7名Ⅱ、Ⅲ级接害岗位职工赴苏州西山进行为期3天的疗休养。 （朱 宏）

【宝武环科强化安全生产民主管理和监督】 2019年，宝武环科深入推进工会劳动安全保护和安全“1000”班组建设，主要做法：一是深入推进岗位安全风险描述自主管理活动，组织召开公司层面优秀岗位安全风险描述成果发布，14个优秀个人及组织案例进行了分享和交流。年内，各级工会基本建立了安全岗位风险描述与隐患整改情况“一分析二报告”制度，公司工会也及时下发相关工作简报推广优秀做法。共计4683人（含协力员工）参与，提出岗位安全风险因素7454条，经确认属于（新增）危险源90条，修订岗位规程98个。二是夯实班组建设基础工作，持续推进安全“1000”班组创建，2019年建立班组长研修会，举办首次研修培训。同时持续深入推进安全“1000”班组创建活动，明确安全“1000”班组建设目标，建立具有可执行、可操作、可评价的创建标准，努力实现安全“1000”目标。三是强化安全生产民主管理和民主监督，健全工会劳动安全保护工作体系。全年各级工会劳动安全保护监督检查425次，提出整改建议2211条，及时处理率99%；班组员工安全健康代表培训率100%、履职率100%，提出劳动安全保护信息数1727条，及时处理率99%。同时发动广大职工积极参加2019年应急管理普法知识竞赛活动。 （赵向锋）

【上海石化工会开展“安康杯”竞赛活动】 2019年，上海石化14家二级单位475个班组7438人参加“安康杯”竞赛活动。开展“上海市职工安全生产知识竞赛”网上答题，7005人次参加，择优推荐15支队伍参加上海市知识竞赛，塑料部1人个人成绩进入上海市竞赛前30名，公司工会获“上海市职工安全生产知识竞赛”优秀组织奖。化工部获2018—2019年度全国“安康杯”竞赛（上海赛区）优胜单位、质管中心三车间丁班获2018—2019年度全国“安康杯”竞赛（上海赛区）优胜班组、公用事业部陆志君获2018—2019年度全国“安康杯”竞赛（上海赛区）优秀个人。 （徐 军）

【上海航天局工会开展“安康杯”竞赛活动取得好成绩】 上海航天局工会持续开展“安康杯”竞赛活动，按照上海市总工会和市应急管理局要求，以“生产千万条、安全第一条，操作不规范、亲人两行泪”为主题开展安全生产知识大赛，组织14支队伍，共56名职工参加上海市比赛，上海航天精密机械研究所获优胜奖，该所3名职工获“安全知识之星”称号。上海航天设备制造总厂有限公司、上海航天精密机械研究所继续保持全国安康杯优胜单位荣誉，上海航天动力技术研究所获上海市优胜单位，上海航天电子技术研究所试验中心班组、上航实业物管电站班组获全国/上海市优胜班组，王晓军、宋哲获全国/上海市优秀个人，上海航天局工会获优秀组织单位。 （周欣彬）

【中船集团所属上海船舶公司深入开展“安全生产月”系列活动】 6月21日，中船上海船舶公司在上海科技馆报告厅举办“安全月”系列活动——“平安是福”演讲决赛暨安全成果发布会。市应急管理局副局长曹俊和执法处处长李黎明、市总工会权益保障部部长陈美琴、中船集团质量安全部副主任李忠出席本次活动。中船上海公司党委书记、董事长高烽出席并讲话。“平安是福”演讲活动得到了上海船舶系统各成员单位的积极相应，经过预赛角逐，来自5家成员单位的10位职工进入演讲决赛，其中江南造船（集团）有限责任公司路培成获得“平安是福”演讲比赛的一等奖。同时，本次活动公布了安全成果征集评比结果，并发布了其中四项优秀安全成果和一项安全调研课题。 （周 莺）

【上海化学工业区举办消防运动会】 11月15日，为维护广大职工生命安全和健康，降低生产安全事故和职业病发生，上海化学工业区结合“119”消防宣传系列主题，举办责任关怀消防运动会暨“公众开放日”活动。来自15家企业21支队伍，在SCBA佩戴、两带一枪、水枪射球、油盆灭火等项目上同场竞技，切磋技能，分享经验，展示企业消防员专业风采，强化区内各企业消防安全主体责任，强化灭火救援和消防安全管理能力。 （邹 毅）

【中远海运集团工会举办工会劳动保护干部业务培训班】 5月14—15

11月15日，上海化学工业区举办责任关怀消防运动会暨“公众开放日”活动 （邹 毅）

日，中远海运集团工会在广州举办“2019年工会劳动保护干部业务培训班”，74名来自集团各级工会专兼职干部参加培训。广东省海员工会、广州开发区安监局、广州大学等相关专家教授为学员讲授了工会劳动保护工作开展、安全管理心理学、工会维护职工生命健康权益、职业安全卫生防护等课程。培训注重理论联系实际，为各级工会干部提供了交流和讨论的平台，有效提升了工会劳动保护干部的素质和履职能力，强化了源头参与和过程监督意识。 （章晓玲）

【中远海运集团工会积极开展安全文化宣传和安全知识竞赛活动】 中远海港集团所属45家单位、773个班组、10290名职工报名参加全国“安康杯”竞赛活动，各单位围绕“落实全员安全责任、促进企业安全发展”的主题，结合实际，丰富竞赛各环节、各项目的内涵。集团将“安康杯”竞赛活动与“安全生产月”有机结合，组织集团各级工会参加2019年全国职工劳动安全健康与交通消防应急法律法规知识普及竞赛和全国“安康杯”竞赛安全文化宣传活动，以竞赛促安全，以活动建文化。集团工会选拔11支代表队参加上海市职工安全生产知识大赛。组织各单位参加“班组安全管理成果”展示活动，通过多媒体手段予以充分展示，挖掘、提炼、总结和深化一线班组安全管理工作中效果显著、易于推广的先进经验和典型效果。推荐8艘安全先进船舶、8个安全先进班组、5名安全先进个人参加2019年全国公路水路行业班组、船舶安全生产竞赛活动。 （陈 珺）

【中远海运集团工会组织开展夏季职工劳动保护和防暑降温工作】 中远海运集团工会针对夏季高温天数偏多、台风暴雨等灾害天气频繁的特点，号召各级工会全面开展夏季劳动保护和防暑降温工作。集团工会领导带队赴各地走访慰问船舶及生产单位，为一线职工送达慰问金及防暑降温用品。各级工会结合本产业及基层单位的安全生产情况和所在地夏季气候特点，组织开展全覆盖、多层次的夏季劳动保护和防暑降温工作。全系统共走访慰问917家/艘次，涉及船岸职工8.2万余人次，慰问资金累计951万元，开展防暑降温劳动保护培训2.7万余人次，投入培训资金50万元，确保广大职工平安度夏。 （陈 珺）

【中远海运集运工会开展群众性安全监督检查活动】 2019年，中远海运集运工会将夏季劳动保护安全检查、食堂食品安全检查和高温慰问有机结合，以安全隐患排查、应急预案演练、急救技能培训、职业健康体检、高温慰问送清凉“五个一”活动为抓手，深入网点、码头、船舶、车间、仓库、食堂等一线进行专项检查和慰问，确保一线员工的安全和健康。组织6家陆地基层单位和10艘船舶参加2019年“安康杯”劳动竞赛，组织上海地区职工参加上海市网上安全知识竞赛，推荐中远圣保罗轮为“安康杯”竞赛上海赛区优胜单位，供应公司和中远亚洲轮、中海印度洋轮分别为2019年全国公路水路行业班组、船舶安全生产竞赛先进班组和先进船舶，公司工会为全国“安康杯”竞赛安全文化先进单位。全年共组织开展事故隐患和职业危害排查226次；组织职工代表进行专项防暑降温检查93次，检查职工食堂4家；督促发放高温津贴576万元，发放和赠送防暑降温费用131万元。 （钱 华）

【上港集团组织开展“安康杯”员工安全生产知识竞赛】 7月，上港集团组织26家基层单位组建31支队伍参加“上海市职工安全生产知识大赛”，最终，上海港引航站代表队以优异的成绩获得竞赛活动一等奖，一线引航员王增斌获得大赛“安全之星”称号，上港集团工会获得2019年上海市职工安全生产知识大赛“优秀组织奖”。集团工会与集团安全监督部联合组织开展以“全员履责·夯实安全生产基石”为主题的“安康杯”员工安全生产知识竞赛，参赛单位达到34个，实现一线职工全覆盖。 （王 辰）

【上海长江轮船公司工会组织开展“安康杯”竞赛活动】 上海长江轮船公司工会配合公司行政开展《强化安全责任，落实安全措施》专项活动，推动“安康杯”竞赛和船舶班组安全竞赛的深入开展，大力营造安全生产的浓厚氛围，切实发挥各级工会组织在安全生产中的群众监督和参与作用。强化公司现场安全督查工作，普及安全生产法律法规和安全知识，提升“安康杯”和“船舶班组安全”竞赛水平。公司组织6家基层单位报名参加上海市总工会主办的安康杯竞赛活动。上海快乐船长游船有限公司荣获2018—2019年度全国“安康杯”竞赛（上海赛区）优胜单位。 （龚 兰）

【交运集团组织职工代表观察员开展“职工放心食堂与企业劳动保护”巡检】 为加强单位食堂食品安全监管，排查食品安全隐患，保障职工供餐饮食安全，做好夏季职工劳动保护和防暑降温工作，7月底8月初，运输工会组织职工代表观察员开展职工放心食堂与企业劳动保护巡检工作。巡检主要采用单位自查和现场抽查2种形式进行，先后对交运起腾汽车销售服务有限公司食堂和交运资产管理公司东区物业惠东食堂进行专项检查。两家企业均采取切实有效措施，加强食品安全和劳动保护工作，保障职工在高温期间饮食安全和身体健康。

（夏文庆）

【上海邮政工会组织开展“安康杯”竞赛活动】 根据全国“安康杯”（上海赛区）竞赛活动要求，3月15日，上海邮政工会下发《关于开展2019年度“安康杯”竞赛活动报名的通知》，全公司27个单位参加活动，参赛班组共991个，参赛员工共20080人。期间，先后组织各单位开展全国职工劳动安全健康与交通消防应急法律法规知识普及教育活动和全国“安康杯”竞赛安全文化宣传活动，强化员工劳动保护和安全生产意识。5—6月，举办“安康杯”上海邮政安全生产知识大赛活动，利用自媒体发布“上海市职工安全生产知识大赛”题库，普及安全生产知识，并组织2支参赛队伍先后参加由市总工会组织的初赛和复赛。初赛中，上海邮政2支队伍分别以小组第二、第三名的总分成绩进入全市36支复赛队伍，有7人进入全市前30名，其中1人夺得初赛冠军。市分公司、市寄递事业部获评上海市职工安全生产知识大赛优胜奖、工会获评优秀组织奖、4名参赛选手获评安全生产之星。同时，做好2018—2019年度全国“安康杯”竞赛（上海赛区）优秀组织单位、优胜单位、优秀班组、先进个人等候选对象的评选推荐申报工作，共推荐优秀组织单位1个、优胜单位4个、优秀班组3个、先进个人2个。（王　瑛）

【中国电信上海公司领导班子高温慰问一线员工】 7月26日—8月6日，中国电信上海公司党委书记、总经理马益民，公司党委副书记、副总经理雷宇，纪委书记马明，副总经理周益平，副总经理、工会主席常朝晖，副总经理陈志宏，财务总监、总法律顾问王海建，分别前往移互部移动建设中心位于世博展览馆人工智能大会的无线网施工现场、网运部传输线路维护中心汶水路分中心、西区局徐珺劳模创新工作室、企信部CRM重构项目组办公场所、客服部投诉中心、帐务中心资金回收室、渠道部全渠道中心，以及浦东局外金分局的设摊现场，亲切慰问高温天辛勤工作的员工，并送上防暑降温用品，叮嘱大家合理安排作息时间，注意劳逸结合、保重身体，同时要求各级管理部门进一步做好一线员工的后勤保障，创造更好的工作环境。（殷　茵）

【上航局举办职工安全生产知识大赛】 5月16日，上航局公司工会、安监部联合组织开展2019年航道职工安全生产知识竞赛活动。在沪各单位分管领导、职工代表近70人参加。竞赛内容涵盖《工会法》《劳动法》《安全生产法》等相关法规条例，以及全国“安康杯”竞赛相关知识和安全生产基本知识等。全局共12支队伍参赛，6支队伍晋级决赛。决赛以现场必答题、抢答题、风险题展现，评委当场点评。最终海外事业部获得一等奖。（于美庆）

【中铁二十四局集团公司创办“平安二十四”超市鼓励现场作业人员安全行为】 5月20日，中铁二十四局集团公司首家“平安二十四”超市在轨道公司绍兴地铁1号线项目部揭牌。中华全国铁路总工会生活保障和女工部副部长孟蕾，股份公司工会副主席、女工委主任白晶，集团公司党委副书记、工会主席叶建国和轨道分公司负责人等参加揭牌。“平安二十四”超市创建活动旨在通过引导和鼓励现场作业人员参加教育培训、严格遵守安全管理制度、排除重大安全隐患、提前完成整改任务等方式获得奖励积分，兑换生活日用品、食品、劳保用品，推动“要我安全”向“我要安全”转变。项目部根据“平安二十四”超市积分规则，对4种情形10大方面的安全行为，给予劳务作业人员10—100分不等的积分奖励。（钱　蓉）

【中铁十五局集团深入开展安康杯竞赛活动】 2019年，中铁十五局集团公司紧扣“落实全员安全责任，促进企业安全发展”竞赛主题，秉持“巩固、提高、创新、深化”的竞赛方针，紧贴企业生产经营中心工作，以“4421”工作法为抓手，持续强化全员安全教育培训，提升安全水平；持续强化一线班组安全建设，夯实安全生产基础；持续强化安全隐患排查治理，构筑群防群治安全防线；持续强化三级监督检查，压实全员安全责任四大重点，引导全体职工树立新时代安全发展理念，筑牢红线意识，自觉做到“四不伤害”，职工和班组参赛率达到100%，确保了严防较大以上安全事故的发生，实现了企业持续健康和谐发展的目标。年内，集团公司承建的8条重难点铁路项目相继通车，数10条高速公路、轨道交通开通运营，荣获鲁班奖1项，国家优质工程2项，省部级平安工地、安全文明工地等18项；顺利通过上海市总工会、安康杯竞赛办公室复查工作，连续18年保持全国安康杯竞赛优胜单位荣誉，继续领跑上海企业。（钱　蓉）

【上海建工集团领导高温慰问重大工程建设者】 7月下旬，上海建工集团党委书记、董事长徐征，监事会主席周平，党委副书记、总裁卞家骏，党委副书记张立新，纪委书记何士林，工会主席卞炯，副总裁林锦胜、汤伟、蔡国强、徐建东和集团相关部门负责人分三路到集团承建的上海浦东足球场、特斯拉超级工厂项目（一期）、国家会展中心展览规模提升工程、闵行区新虹街道G1MH-0001单元Ⅲ-F07-01、Ⅲ-F09-01地块项目（保税仓库）等多个重大工程项目对施工一线职工进行高温慰问，看望在高温酷暑中坚守岗位、辛勤工作的广大建设者，为他们送上防暑清凉用品，并向他们表示亲切的问候。集团领导要求各单位做好高温津贴的发放工作，各级工会要关心关爱职工并落实好、使用好防暑降温的各项费用。（余轶群）

【鲁中矿业工会多举措开展“安康杯”竞赛】 2019年，鲁中矿业工会按照市总工会要求，进一步发挥“安康杯”竞赛在安全生产工作中的积极作用，防止和减少各类事故的发生，保障广大职工群众的安全和健康。一是广泛开展事故隐患排查。组织职工广泛参与“双体系”建设，积极开展“强意识、查隐患、反违章、保安全”活动，对查出的357个事故隐患，及时整改到位，做到“查隐患，保安康，促发展”。二是开展好“安全生产月”活动。6月份开展“生命至上·安全发展”安全生产宣教活动，组织职工现场安全签名，职工自编自演以安全歌曲大家唱的形式，阐释安全生产内涵，增强职工的安全意识。三是开展“安全生产金点子”征集活动。征集各单位安全金点子共1300余条，切实体现职工安全生产主力军价值，积极营造关爱生命、关注安全的良好氛围。（李宗峰）

【中建八局举办安全生产月启动仪式暨"安康杯"竞赛活动推进会】 6月6日，中建八局2019年安全生产月启动仪式暨"安康杯"竞赛活动推进会在上海公司源深路1111号项目部举行。会上发布了《中建八局2019年安全生产月活动方案》《中建八局2019年"安康杯"竞赛实施方案》，对局2018年度安全生产监督管理工作有突出贡献的个人和单位分别授予"行为安全之星""安全监督先进集体""安全生产先进单位"的奖项，并对在上海市"安康杯"竞赛中获奖单位进行表彰。 （郝国元）

6月6日，中建八局举办2019年"安全生产月"启动仪式暨"安康杯"竞赛活动推进会 （郝国元）

【中建八局在市职工安全生产知识大赛中荣获奖项】 6月29日，由市总工会、市应急管理局联合举办的"上海市职工安全生产知识大赛"线下决赛打响。中建八局参赛代表队从全市909支队伍中脱颖而出，荣获团体三等奖，浙江公司葛鹏获"安全知识之星"，中建八局工会获"优秀组织奖"。本次职工安全生产知识大赛是上海市"安康杯"竞赛活动的重要内容，分为线上、线下两种模式同步展开，线上竞赛，于4月15日至6月7日期间开展，中建八局工会广泛发动，在《八局会友》上连续8周推出了"相约星期一，安全知识知多少"网上答题活动，近万人参与了线上答题。经线上初赛、闭卷复赛，浙江公司、总承包公司从909支队伍中携手闯入36强。经过激烈角逐，浙江公司成功进入决赛并斩获团体三等奖，也是建筑行业唯一一支在决赛获奖的队伍。 （郝国元）

【光明集团工会举办"安康杯"竞赛成果发布会暨"牛朋杯"安全生产知识竞赛决赛】 9月3日，由光明集团工会、安委会主办，上海农场工会、海丰安监委承办的"安康杯"竞赛成果发布会暨"牛朋杯"安全生产知识竞赛决赛在上海农场举办。集团所属20家子公司工会主席、工会干部、安全条线负责人以及观众代表等200余人参加活动。海丰地区的23支代表队69名选手参加了知识竞赛决赛。本次竞赛内容涵盖安全生产常识、集团以及农场安全管理规定等多个方面。最终，海丰社区、上农种植事业部代表队获一等奖；生猪集团、海丰农业、光明林业、光明渔业、营销中心、沿海水利代表队获二等奖；沪办队、海丰奶牛场、光明饲料代表队等15支代表队获三等奖。会上播放了集团各单位2019年"安康杯"竞赛活动特色视频短片，并集中展示了10家"安康杯"竞赛单位优秀活动成果。 （朱小玲）

【市监狱管理局工会开展网上安全知识竞赛】 市监狱管理局工会开发安全知识竞赛网上答题APP，组织干警职工开展"防风险、除隐患、遏事故"2019年上海监狱安全生产月线上答题活动。共有3059人参加活动，116人获奖励，5个基层工会获得优秀组织奖。 （江海群）

【市民政局工会大力开展"安康杯"竞赛】 市民政局工会积极贯彻落实市总工会的工作部署，组织市救助站等28个单位、290个班组、3668名职工参加了市总"安康杯"活动竞赛。各参赛单位认真贯彻落实习近平总书记关于安全生产工作的重要指示精神，牢固树立安全发展观念，大力弘扬生命至上、安全第一的思想，围绕落实全员安全责任，促进企业安全发展的竞赛主题，以宣传培训、安全文化、班组建设等为载体，广泛发动职工群众参与竞赛活动，努力提升各企事业单位安全工作水平，为庆祝新中国成立70周年营造良好的安全工作环境。市救助站荣获市安康杯竞赛优胜单位，三福院总务科、飞思海葬服务部荣获市安康杯竞赛优秀班组，儿福院副院长陶颂华荣获市安康杯竞赛先进个人。 （胡积伟）

【锦江国际集团工会开展防暑降温工作】 为保障广大职工身心健康和生产安全，确保集团职工平安度夏，锦江国际集团工会下发《关于做好2019年夏季职工劳动保护和防暑降温工作的通知》，针对高温季节事故高发易发的特点，要求各级工会认真履行法律赋予的监督职责，督促本单位强化劳动保护和防暑降温主体责任，把高温天气作业的职工劳动保护措施落到实处。组织职工开展防暑降温劳动保护培训5085人次，投入培训资金6.73万元，其中培训女职工2027人次。开展劳动保护急救技能提升培训项目39场，共培训职工2936人次。各级工会在高温期间开展送清凉专项慰问企业83家，慰问资金总计626.1万元，慰问职工44921人次，其中女职工19150人次。组织开展安全隐患排查738次，查实问题351个，督促整改351个。按照国家规定，在露天和高温工作场所配置通风、隔热和降温等设施设备，合理安排职工作息时间，推行"做两头、歇中间"，严格控制加班加点，减少和避免超时劳动，严防职工中暑事故发生，确保集团广大职工安全和健康度夏。 （顾明方）

【锦江国际集团工会组织开展“安康杯”活动竞赛】 锦江国际集团工会与集团职能部门共同部署，积极开展2019年度“安康杯”竞赛活动，组织44家基层单位，983个班组，23200多名职工，参加本市“安康杯”竞赛活动，充分发挥各级工会组织在监督安全生产和维护职工健康权益的主观能动作用。围绕“落实全员安全责任、促进企业安全发展”的竞赛主题，通过组织职工安全健康教育、安全知识、安全生产培训，开展班组安全管理成果征集，参加安全生产知识竞赛等多种活动形式，让参与职工入耳、入脑、入心，逐步形成人人学安全，个个讲安全的良好局面。各基层单位结合自身特点将“安康杯”活动与“安全生产月”和防台防汛等工作有机联系，形成安全防控长效工作机制。上海锦江资本股份有限公司新锦江大酒店、上海和平饭店有限公司获得全国“安康杯”竞赛（上海赛区）优胜单位，上海扬子江大酒店有限公司保安部、上海龙华肉类联合加工厂有限公司杨思冷库（班组）获得竞赛优秀班组，上海锦江汽车服务有限公司获得竞赛优秀组织单位，锦江国际酒店管理有限公司蔡勇获得竞赛先进个人。（顾明方）

【市级机关开展高温慰问活动】 8月上旬，市市级机关工作党委常务副书记杨峥、副书记杨莉、副书记李云龙，市市级机关纪检监察工委书记潘建安，市市级机关工作党委副巡视员田霞等领导，分别深入上海边防检查总站、市生态环境局、市规划和自然资源局、上海海关、市气象局等单位的服务窗口、口岸查验、露天施工现场等，慰问坚守在高温一线的干部职工，询问工作、生活情况及身体状况，为他们送上防暑降温慰问品。工委机关各党支部积极参与高温慰问活动，深入基层一线，听取基层干部职工心声，访实情做实事。市级机关各级工会组织共走访慰问市级机关基层一线服务窗口、露天作业单位31家，慰问干部职工8097名。（王　颖）

【百联集团举办“安康杯”职工消防技能大赛】 12月13日，百联集团“安康杯”职工消防技能大赛在教培中心举行。集团党委副书记、工会主席秦青林，集团副总裁浦静波，集团工会办公室、安全督察部负责人，各二级公司、中心工会负责人及安保工作分管行政副总，党办主任、工会副主席，安全部门负责人，参赛队员、观摩职工共300多人参加。来自各二级公司、中心的20支队伍参加了两项团体赛——2人佩戴空呼15米救人、3人3盘水带出水，99名队员参加了两项个人赛——15米消防个人防护装备佩戴、二氧化碳灭火器灭火。经过激烈的角逐，12支队伍、18名个人获奖，百联股份、百联置业和教培中心荣获优秀组织奖。期间，杨浦区应急救援支队翔殷消防中队的消防员们展示了消防技能，百联置业的职工们展示了专业的安保技能。（姜　杰）

12月13日，百联集团举办“安康杯”职工消防技能大赛（王浩然）

【绿地集团各级工会开展夏日送清凉活动】 2019年夏天，全国各地最高气温不断刷新，绿地集团各级工会陆续开展“夏送清凉”活动，为向在高温中仍旧坚守岗位、奋战一线的绿地人表达敬意与感谢。集团工会副主席、党务部常务副主任张海峰先后来到事业一部青浦重固项目、绿地城投浦东大道1550号项目以及事业二部董家渡绿地外滩中心项目，为一线员工送去防暑降温用品，对他们在高温下坚守岗位、忠于职守的精神表示感谢，并叮嘱大家在高温作业时要增强自我保护意识，一定要注意防暑降温，注意安全，保重身体。此外下属各级工会也纷纷开展夏送清凉活动，事业一部、二部、江苏、江西、东北、安徽、西南、西北、中原、京津冀、华中、湖南、广东、浙江房地产事业部以及山东绿地泉、商贸集团、城投集团的工会负责人分别前往各个项目工地，为一线职工送去关怀和感谢，并叮嘱项目部切实做好防暑降温措施，合力安排人员作息时间，切实保障夏日平安工作、健康生活。（翟晓播）

对口援助

【概要】 2019年，上海工会按照《2017年—2019年上海—遵义工会对口交流合作框架协议》，围绕社会稳定和长治久安的总目标，坚持发挥工会优势，推动经济社会发展，促进民族团结的基本思路，坚持从实际出发，以“产业发展、人才培养、民生保障、文化建设”为重点，推动受援地区工会在促进本地区繁荣发展和和谐稳定的进程中更好地发挥工会组织的重要作用。市总工会积极与贵州遵义受援方工会协调沟通，按照“中央要求、属地需求、上海所能”原则，分别制订《2019年上海工会对口援助遵义工会工作规划》及《2019年上海工会对口援助遵义工会项目计划表》，积极统筹安排预算资金，并按时间节点规范资金拨付，有序推进项目落实。全年援助贵州遵义工会项目8个，援助资金182.85万元。（余嘉毅）

**【开展对口援助地区的帮扶服务工

作】 2019年,上海工会进一步明确以困难职工、困难劳模、困难工会干部等为重点人群,将援助资金向困难帮扶项目倾斜,扩大受惠面,提高保障能力,帮助解决受援地区职工群众急难愁忧问题。一是深入开展“元旦春节送温暖”“金秋助学”“女职工关爱行动”,共帮扶贵州遵义困难职工约1200人次,帮扶资金总计127万;二是依托市职工技术协会、工匠(劳模)创新工作室和技师工作站等技术优势和丰富的师资力量,采取“走出去”“请进来”等方式,开展技术培训、技术帮扶和技术交流等活动,先后举办云南昭通教师培训班、云南高技能人才来沪培训班、云南省医护培训班、勐腊县致富带头人培训班、云南昭通乡村医生培训班等,组织220余名当地人才来沪开展技能培训,同时,依托上海工会干部培训基地,通过来沪培训、送教上门等方式培训贵州遵义工会干部121人次,培训资金总计32.25万元;三是组织华山、瑞金、华东、一院、六院、曙光等9家沪上知名医院的17名医疗专家建立医疗小分队赴云南昆明、昭通、鲁甸和盐津等地区开展医疗专家义诊、学科交流培训、医护人员带教等医疗技术服务活动,开展4场大型专家义诊、6场专业知识讲座、签订8份结对帮扶协议,1600多名当地医护人员和患者受益;四是进一步依托上海工会职工疗休养资源,共组织贵州遵义受援地劳动模范和先进职工来沪疗休养31人次,资金总共计23.92万元。 (余嘉毅)

【加强援外干部的关心关爱工作】 2019年,市总工会进一步健全完善对上海援外干部关心关爱机制。一是市总工会领导参加市党政代表团赴新疆、西藏、云南、贵州地区交流考察时,对456名上海援外干部开展关心慰问;二是在年初援外干部统一回沪休假期间,安排275名援外干部及家属赴沙家浜、西山开展为期三天的疗休养;三是支持援助地区工会工作和活动经费127.6万元;四是出资120万元,为市委组织部派出的援外干部家属约200名提供一张探亲往返机票;五是资助经费8万元,为派驻青海的援外干部建设职工书屋1个。 (余嘉毅)

【开展援外干部疗休养】 1月26—28日,市总工会组织111户援外干部及家属前往市总工会洞庭湖西山休养院和沙家浜休养院开展为期3天的疗休养活动。市工人文化宫茉莉花艺术团还为援外干部们献上了一台迎春文艺联欢晚会。市人大常委会副主任、市总工会主席莫负春赴疗休养院所,与援外干部同吃年夜饭,并送上节日的祝福与慰问。市政府合作交流办党组书记、主任姚海,市总工会党组副书记、副主席姜海涛,副主席张得志以及来自浦东、徐汇、普陀、宝山、松江、市级机关等区局(产业)工会主席一同参加了慰问。 (余嘉毅)

【开展“黔货入沪”消费扶贫活动】 2019年,市总工会积极对接贵州省商务厅,将贵州扶贫电商平台接入“申工社”微信公众号。平台上架山野干货、民族工艺等八大类约百种商品,并通过开展特惠和“卡卡福利”“折上折”等活动,进一步助推“黔货入沪”,落实消费扶贫工作,全年共产生订单约4000笔,金额约200万元。 (余嘉毅)

【徐汇区总工会举办红河州工会干部培训班】 根据徐汇区与红河州对口帮扶总体要求,为助力红河州打赢脱贫攻坚战,徐汇区总工会根据《上海市徐汇区总工会与云南省红河州总工会结对框架协议》,“徐汇·红河”两地工会干部创新能力提升培训班5月在上海交通大学举办。培训班旨在通过创新性、针对性、实践性、可操作性的培训课程,帮助红河地区的工会干部们扩展思路和视野,提升管理能力和水平。70名红河地区各级工会干部参加了为期7天的培训班。期间,两地工会干部还进行了工作交流,探讨工作经验,分享工会工作的体会和成果。结合徐汇区扶贫工作,举办工会会员线上送福利活动4场,共惠及职工近3000人次,通过活动向云南当地红米种植贫困户捐献爱心款18380元;结合“国际消除贫困日”及徐汇扶贫工作要求,以“爱心榴动”为主题,线上抢购云南蒙自石榴600箱,向云南红河州元阳县捐献爱心款12000元。 (徐艳杰)

【青浦区总工会开展消费扶贫助力对口援助】 青浦区总工会在全区工会系统中开展消费扶贫行动,向全区各级工会组织发出《关于在全区工会组织中深入开展消费扶贫行动的通知》,号召全区各级工会组织积极参与到打赢脱贫攻坚战三年行动计划中来,通过购买对口地区农特产品,用消费扶贫的形式促进对口地区建档立卡贫困户精准脱贫。结合工会经费使用相关规定、会员福利发放标准以及基层工会经费存量实际,区总工会定制了300元、400元、500元3个标准产品套餐组合,供基层工会订购选择。全区共有176家工会组织订购扶贫产品12929份,金额406万元。 (朱建强)

【奉贤区总工会积极落实与贵州务川结对帮扶工作】 奉贤区总工会积极落实与贵州省务川仡佬族苗族自治县的结对扶贫工作,组织直属工会赴务

市总工会组织援外干部疗休养 (余嘉毅)

川，捐赠 20 万元帮扶金。深化“公益+消费”的帮扶形式，动员全区各级工会组织购买“爱心大礼包”共 5.3 万份，价值 1054.7 万元，跨越千里为务川的贫困百姓送去温暖。与务川县总工会联合举办工会主席培训班，接待来自务川县的 40 余名工会主席来奉贤参加培训，进一步加深两地工会的交流合作。（钱　洁）

【中国宝武完成年度扶贫任务】 2019 年，中国宝武党委全面落实脱贫攻坚主体责任，公司主要责任人亲自挂帅做出表率，班子成员全部到扶贫县进行调研督促，公司脱贫攻坚工作调研督促实现全覆盖，加强体系能力建设，公司上下齐心协力全力抓落实。年内投入定点扶贫资金 6255 万元，再次倍增，各县资金投入均超计划完成。增加帮扶资金投入并向深度贫困县和贫困群众倾斜，对已脱贫的县增加 50%；对未脱贫的县增加 100%，对深度贫困县增加 200%。选优派强 10 位挂职干部。中国宝武 2019 年注重产业扶贫创新，加大产业扶贫力度，出资 7.61 亿元参与央企扶贫基金三期增资，推进与西藏矿业的合作。注重培育、培养和培训扶贫县的永生动力、永驻动力、内生动力，加大扶贫县基层干部和技术人才的培训力度。注重从创客扶贫、产教融合和产融结合上进行扶贫模式创新，从而提升扶贫资源配置效率，携手合作伙伴共建扶贫生态圈。中国宝武全面提前超额完成 2019 年度中国宝武签订的《中央单位定点扶贫责任书》各项承诺目标，目前扶贫 10 县中有 7 县脱贫，2019 年有 4 县脱贫摘帽，实现中国宝武党委确定的“再上新台阶”的目标。目前中国宝武是所有央企指标均无零项的 17 家央企之一，在入围的前 17 位央企排名中各项指标名列前茅。全面完成了国务院国资委在 2019 年年初下达的各项指标。（刘向捷）

【宝钢发展支持对口帮扶地区脱贫攻坚】 为助力扶贫地区脱贫攻坚，2019 年宝钢发展公司领导亲自带队赴云南普洱江城县勐康村慰问挂职的驻村第一书记，并捐赠 4 万元扶贫物资；通过消费扶贫向青海同德县、云南宁洱县、新疆岳普湖县等贫困地区购买约 147 万元农副产品；通过健康扶贫向江城县勐康村、宁洱县化良村捐赠医疗物资 2 万元，并开展急救知识培训，覆盖 30 多个村，59 多人参加。（朱　宏）

【一浦五公司助力消费扶贫】 2019 年，一浦五公司工会积极参与消费扶贫，助力打赢脱贫攻坚战活动，统一购买集团对口扶贫地区镇沅县、宁洱县农产品；组织员工积极参加宝地资产主办的“宁洱农特产品展销”活动，奉献爱心，自愿购买贫困地区农产品。工会和员工个人共计购买农产品 5.57 万元，助力集团定点扶贫、精准扶贫。同时，组织一浦五公司员工开展“一日捐”活动，在岗员工人人参与，共计 141 人、捐款金额 12150 元。（袁　鸢）

【上海宝冶工会落实消费扶贫】 云南省镇雄县位于云贵川三省结合部，贫困人口 20 余万，是全省脱贫任务最重的一个县。上海宝冶积极贯彻落实扶贫工作，履行央企脱贫攻坚责任。5 月 23—24 日，工会主席裴志清带领职代会专门委员会成员赴镇雄县实地考察，与副县长陈小渝深入交谈，并与县扶贫办、农户合作社展开座谈，在双方充分交流的基础上达成了近期、长期消费扶贫计划的共识。工会系统立即召开专题会，部署扶贫对接工作，确定了集体采购和个人购买的消费扶贫长效机制，铺就了长期稳固的消费扶贫“桥梁”，首期采购农产品 41.5 万元。（张　冉）

【上海航天局工会积极探索精准扶贫新模式】 上海航天局工会高度重视消费扶贫及对口精准帮扶工作，在上海航天局项目扶贫的基础上，积极探索精准扶贫的新途径、新做法，已形成了“项目扶贫、消费扶贫、教育扶贫”三位一体的精准扶贫新模式。2019 年对口陕西洋县、云南云县进行消费扶贫，采购职工节日慰问品，总计消费扶贫金额 295 万余元。同时，拓展了精准扶贫的新方式，资助云县贫困学生 20 名，助力党和国家顺利如期打赢脱贫攻坚战，做出航天人应有的积极贡献。（周欣彬）

【中远海运集团各级工会落实对口援助，助力脱贫攻坚】 2019 年，在中远海运集团党组织统一领导下，集团所属中远海运集运、能源、重工、中波等各级工会落实结对精准扶贫工作：选派工会系统 3 名干部分赴西藏洛隆县、类乌齐县、云南永德县挂职；募集捐款 45 万元，用于集团定点扶贫县中、小学教学和生活设施改善项目；采购扶贫产品 250 万元；参与上海市“双一百”村企结对精准扶贫行动，注入扶贫资金 76 万元；募集助学金 12.86 万元，资助 67 名云南永德县的贫困学生，涵盖从小学到大学的各个阶段。（陈　珺）

【上港集团为扶贫攻坚贡献力量】 上港集团积极服从服务于国家“坚决打赢脱贫攻坚战”战略部署，贯彻落实上海市、国资委“百企帮百村”工作部署，有序实施对口云南省曲靖市会泽县矿山镇布卡村、马路乡半坡村帮扶工作。2018 年 12 月 27 日，集团与云南省曲靖市会泽县矿山镇布卡村、马路乡半坡村签订《村企结对框架协议书》《村企结对项目计划书》，确定结对关系，开展结对精准帮扶行动。2019 年，开展一系列帮扶行动。1 月，首个帮扶项目“情暖山村”落地，集团准备的冬衣、棉鞋准确发放到每一位村民小学的贫困学生手中，215 名学生穿上新衣新鞋，温暖过冬。二月起，实施会泽县半坡、布卡 2 所小学营养早餐项目，190 名学生每天早上都能享用上港集团提供的牛奶、鸡蛋等温馨早餐。5 月，根据会泽县扶贫办提供的会泽县马路乡和矿山镇 2019 年帮扶项目建议书，建设布卡小学食宿楼 1 幢和村级卫生室 1 个，新建入户道路硬化 5 组。7 月，资助半坡小学电脑一体机、电子白板、校园广播系统、阅览室桌椅、实验柜和实验室仪器架等教学设施设备。8 月，组织贵州长顺县同笋希望小学、荔波县水利希望小学、云南会泽县半坡小学、布卡小学优秀学生和教师一行 17 人到上海参观，与上港集团职工子女一起度过愉快而充实的假期。（袁旭芳）

【中国移动上海公司工会助力扶贫攻坚工作】 为贯彻落实党中央关于坚决打好精准脱贫攻坚战的战略部署，践行央企责任，中国移动上海公司工会积极响应集团党组和公司党委的号召,立足拓展渠道、加强宣传,充分运用"互联网+"优势,团结动员广大员工积极参与公司扶贫消费活动。通过精心策划扶贫活动,在"和工社"增设"爱心扶贫 Go"专栏,主动引入福利站、集团团购平台等线上电商平台,有效助推公司精准扶贫的力度。组织各级工会工作者参与扶贫消费活动启动发布仪式,并及时传达集团工会有关扶贫工作的文件,多方位加强各级工会对于爱心扶贫工作的重视。自公司发布扶贫工作计划以来,公司工会通过"和工社"爱心扶贫 Go 活动启动仪式、5 次"和工社"扶贫消费专题线上宣传、29 家直属单位工会现场的扶贫活动主题海报展示,在员工层面营造助力扶贫的氛围。 (徐睿璐)

【中国电信上海市工会举办"情系木里相约浦江"扶贫公益文化讲座】 为进一步深化精准扶贫工作,8 月 3 日,"情系木里·相约浦江"中国电信上海公司扶贫公益文化讲座在邮电俱乐部二楼剧场举行。上海电信工会积极将脱贫攻坚工作与"不忘初心、牢记使命"主题教育活动相结合,以高质量完成扶贫工作为目标,特邀中国电信集团参与脱贫攻坚、时任凉山州木里藏族自治县副县长的陈进为大家带来《梦幻木里——失落的土司王国》的精彩讲座。中国电信上海公司副总经理、工会主席常朝晖参加活动,来自公司星级客户俱乐部的嘉宾(上海电信高星级客户)、上海市职工文体协会摄影专业委员会的相关领导、上海公司各扶贫成员单位代表和广大摄影爱好者们聆听讲座。2018 年起,中国电信上海公司承担对口帮扶四川木里县的扶贫重任,通过"深思考、广交流、精定位、大力度"的四大精准扶贫举措的实施落地,加大帮扶力度,从网络扶贫、产业扶贫、信息化扶贫、公益扶贫、智力扶贫等六方面全面推进,进一步扩大扶贫工作的影响力和使命感。 (殷 茵)

【上海教育工会赴喀什慰问援疆教师】 12 月 11 日,市教育工会、上海高校后勤举行助力喀什脱贫攻坚签约仪式。市教育工会副主席吉启华代表上海市教育工会与新疆维吾尔自治区教育工会副主席顾宗明签订了《结对帮扶协议书》,与上海市重点援疆企业——上海闽龙实业有限公司签订《消费扶贫订购意向书》。上海市教卫工作党委书记沈炜,新疆维吾尔自治区总工会二级巡视员赵兵发,喀什地委委员、莎车县委书记范宝军,上海市教卫工作党委副巡视员杨伟人见证签约仪式。上海市教育工会响应中国教科文卫体工会在开展"践行新思想·奋进新时代"助力脱贫攻坚职工志愿服务活动的部署,结合新疆脱贫攻坚的重点任务,聚焦总目标,发挥上海教育工会智力和人才优势,把助力脱贫攻坚职工志愿服务活动重点,放在喀什地区深度贫困村所在地的乡村学校的困难教职工上,通过送教上门、实体建家、关爱慰问、交流合作等多种形式的扶贫协作和对口支援,针对喀什地区乡村的中学、小学、幼儿园的困难情况、师资队伍的情况、困难教职工的情况,有针对性地开展对口帮扶。 (高 芳)

12 月 11 日,市教育工会助力喀什脱贫攻坚签约仪式举行 (曾 昕)

【上海市医务职工志愿服务队赴南疆地区义诊】 6 月 23—29 日,由市医务工会副主席何园为领队的上海市医务职工医疗志愿服务队先后到喀什市、塔县、莎车县和乌鲁木齐市,参加由中国科教文卫体工会、上海市医务工会和新疆自治区教育工会共同组织开展的"助力脱贫攻坚义诊活动",共为 1200 人次的当地百姓提供了健康服务。让边远贫困地区的老百姓享受到来自上海的优质医疗资源。 (马艳芳)

【上海隧道工会履行社会责任,打好精准扶贫攻坚战】 隧道股份上海隧道工会响应党中央、上海市委"精准扶贫"号召,积极对口援助云南省昆明市寻甸县六少乡五村、联合乡落水洞村和联合乡松棵村。通过深入困难群众家里,开展节日慰问,送上慰问品和慰问金表达上海隧道的真切关怀。同时,积极了解各贫困村的具体情况,经常与村政府、居委联系,及时跟进工作开展情况,落实"阳光互助点"、养牛产业扶贫、劳动力输出和初高中生奖学金等方案,全年消费扶贫 11 万元,力争在 2020 年打赢精准扶贫的攻坚战,真正实现六少乡五村、联合乡落水洞村和联合乡松棵村脱贫致富奔小康。与此同时,上海隧道党、工、团委持续加强对云南法安村小学的支教活动,每季度安排志愿者前往支教,赢得法安村小学师生们的赞誉。 (顾歆臻)

【中国商飞客服公司以公益行动履行社会责任】 2019 年,中国商飞客服公司把定点扶贫工作作为重要政治任务,一是定点采购中国商飞西坪艾草扶贫车间的艾草包、艾灸贴,农副产品牛羊肉、粉丝、土豆慰问职工,同时引导职工自愿、自主购买西吉扶贫农产品,助力西吉县坚决打赢脱贫攻坚战。二是承办西吉致富带头人培训班,为西吉县31名基层党员干部和致富带头人安排理论授课、案例教学，参观中国商飞总装制造中心和客户服务中心，前往中共一大会址进行党性教育，赴上海奉贤区吴房村、陕西省咸阳市袁家村实地考察乡村经济振兴模式，助力西吉早日打赢脱贫攻坚战。三是持续关注扶贫挂职干部履职情况及生活情况，引导支教队员参与驻村扶贫工作，积极建言献策，有效落实扶贫任务，编排支教成员在西吉的支教故事，举办支教队员支教生活分享会，进一步加强扶贫宣传。四是组织开展公益捐衣活动，向四川甘孜格孟乡捐赠2批约1800件衣服、书包、被子、保暖杯等物品。（刘　健）

【市职工技协举办云南农村致富带头人技术骨干培训班】 5月5—18日，市职工技协实施市总工会对口帮扶计划，在上海交通大学农业与生物学院举办云南勐腊县农村致富带头人培训班，来自云南省勐腊县的50名农村致富带头人、农牧技术骨干参加培训。培训班安排了生态农业、循环农业、设施农业、动物医学以及“互联网+”时代现代农业、农产品品牌运作、农村电商等讲座，由上海交通大学著名教授和国内外专家学者为学员授课。课程设置丰富充实，旨在进一步更新观念，开阔视野，促进沪滇两地农牧技术交流，助力勐腊县农牧技术发展。

（黄玉香）

【市职工技协举办云南高技能人才培训班】 按照上海市总工会《2019年对口援滇工作计划》，应云南省总工会要求，市职工技协委托上海电气李斌技师学院举办云南高技能人才来沪培训班，安排45名云南省技能人才于9月18—25日来沪培训，提高云南技能人员的技术水平、综合素质，推动技术创新，增强云南企业竞争力，促进高质量发展。（黄玉香）

【上海工会技协小分队赴滇开展技术帮扶活动】 10月10—16日，在市医务工会、普陀区教育工会、机电工会和电力公司等工会的支持下，由市总工会副主席周奇率领的上海工会技协医疗、技术和教育三支小分队一行35人，到全国贫困人口最多的地级市——云南昭通等地区开展为期7天的医疗专家义诊、学科培训交流、医院对口帮扶、医护人员带教和小学结对、讲座以及工作室结对、交流、帮扶等活动，以缓解少数民族地区看病难的现状和提高当地医疗、教育和技术等水平。共开展4场大型专家义诊活动，义诊病人1600余人，开展6场知识讲座、签订8份结对帮扶协议。同时，机电工会向昭阳区第三小学赠送价值17万元的图书6000余册，上海市总工会还向当地工会赠送100只医疗箱及相关医疗器械。（陆卫超）

【市职工技协举办云南省乡村医生骨干进修培训班】 10月11—25日，市职工技协委托同济医院对云南的49名乡村医生开展为期两周的系统医疗知识进修培训。培训班以临床专业授课为主，结合病房教学查房、专家门诊带教、技能操作培训等多种形式，对学员们进行“理论+实践”的全方位授课。先进的诊断、治疗方法及临床特色成果展示让学员们的视野得到了扩展、对医学发展前沿有了进一步的认知。（黄玉香）

10月10—16日，上海技协医疗小分队成员在鲁甸县人民医院开展义诊活动（陆卫超）

【云南昭通教师来沪培训】 10月11—25日，市职工技协委托闵行区教育学院举办了2019年云南昭通小学教师来沪培训班，来自云南省昭通46名小学教师参加为期2周的培训。培训班通过专题讲座、经验分享、专题研讨、学校考察、交流等方式，围绕当前基础教育改革与发展的主题，结合云南省参训教师的实际专业情况，精挑细选培训内容，通过培训让当地的小学教师更新观念、开阔视野，真正做到学有所得、学有所获。（黄玉香）

【市职工技协举办云南省乡村医生培训班】 根据2018—2020年上海—云南两地工会开展脱贫攻坚、职工技术、技能提升协作协议，市职工技协与云南省职工技协共同商议，在沪举办云南省医务人员培训班。上海市职工技协委托第一人民医院对云南的30名乡村医生开展为期3个月的医务技能培训。培训以临床基础知识为主，培训包括医疗事故的处理、临床输血、用血管理制度、抗菌药物合理使用等。通过临床实践，让乡村医生熟练掌握各种医疗操作技术。（黄玉香）

农民工权益和服务

【概要】 根据2019年上海工会统计，本市职工人数736万，其中农民工职工234万人；工会会员706万，其中农民工会员219万人。相比2018年职工数和工会会员数分别上涨1.0%和1.3%，农民工职工数和农民工工会会员数分别下降2.5%和2.7%，其中包含了经济转型、产能升级的因素，聚焦本市经济发展重点和城市公共服务，上海工会探索对农民工提供更为精准的工会服务，大力提升工会组织对农民工的吸引力和凝聚力。一是聚焦发挥央企国企示范引领作用，重点破解农民工建会入会难题。3月，市总工会召开“稳就业促发展”农民工工作专题会议。聚焦船舶、城市服务、建筑、电力、电信、电气等重点行业，各类开发区、工业园区等重点区域，具有劳务派遣经营许可的重点企业，发挥央企国企示范引领作用，推动其上下游产业链企业和劳务单位建会入会，同时在中建八局、中船上海船舶等10家大型央企国企试点推进农民工工会会员实名制管理。二是大力提升农民工劳动经济权益。通过推动2019年本市月最低工资、农民工比较集中的环境卫生、绿化养护、管道养护、河道养护等行业最低工资，推动提高农民工工资收入；参与本市生育、医疗两险合并政策制定，推动提高农民工社会保障水平；开展以农民工为主要对象的各类就业服务和帮困送温暖活动，职工疗休养、健康体检以及“平安返沪”等各类补贴行动，大力推进农民工帮扶服务工作；高温季节，市总工会领导兵分9路深入基层，慰问奋战在高温一线的职工和农民工。三是依法维护农民工劳动经济权益。年内，市总工会直接指导各级工会参与调处化解群体性劳资纠纷85起，涉及职工5166人，其中农民工人数占比60%以上；各级工会通过上海工会法律援助服务平台为职工提供法律援助服务近40427起，其中农民工13542起，包括代写法律文书1226起，参与协商、调解服务8671起，代理仲裁诉讼服务3645起；携手市劳动监察大队联合开展农民工工资支付专项检查；开展2018—2019年度本市优秀农民工和农民工先进个人评选活动；在农民丰收节期间开展慰问农民工活动等。

（杨　驹）

【市总工会携手市劳动监察大队联合开展农民工工资支付专项检查】 元旦春节期间，根据全总办公厅《关于切实做好2019年春节前保障农民工工资支付工作的通知》，市、区总工会积极配合市、区劳动保障监察机构重点对使用农民工较多的建筑施工、加工制造、住宿餐饮等中小型劳动密集型企业支付农民工工资的情况开展了检查，共检查用人单位7297户，涉及劳动者45.17万人。发现存在拖欠工资行为的用人单位1121户，责令用人单位补发劳动者工资2.7亿元（含单位主动整改补发金额），涉及劳动者3.23万人（包含主动整改的单位人数）。总体而言，本市欠薪矛盾总体平稳可控，检查期间未发生因欠薪引发的重大恶性事件。（杨　驹）

【市总工会召开稳就业促发展加快农民工队伍建设推进会】 3月5日，市总工会在中船集团所属江南造船召开稳就业促发展，加快农民工队伍建设推进会。聚焦工会组织对农民工的覆盖，农民工维权服务工作，以及如何组织动员广大农民工建功立业等问题。市人大常委会副主任、市总工会党组书记、主席莫负春出席会议并作讲话，中船集团直属党委副书记、党群工作部副主任丁文强出席会议，会议由市总工会副主席周奇主持。莫负春在会上指出，工会作为党联系职工群众的桥梁和纽带，要认真学习领会习近平总书记关于工人阶级和工会工作的重要论述特别是关于做好农民工工作的重要指示精神，深刻认识到加快推进农民工队伍建设、提升农民工队伍整体素质、组织动员广大农民工群体为上海经济社会发展作贡献，是工会组织的政治责任和重要任务，要进一步增强做好工会农民工工作的责任感、使命感和紧迫感。会后，莫负春一行赴江南技校参观调研职工培训基地。各区总工会主席、副主席，在沪央企、上海国企工会负责人，江南造船生产部门党组织书记、工会主席等200余人参加会议。（贯　晶）

【农民工先进典型新闻报道被“学习强国”引用】 3月，根据市农民工办的要求，市总工会积极配合媒体对市总历年推荐产生的优秀农民工李杰、农民工先进个人柴闪闪开展报道。报道内容《上海“温度”实现“逐梦”高度》，被“学习强国”学习平台引用，起到了很好的引领示范作用。

（杨　驹）

【部际联席会议保障农民工工资支付工作核查组来沪开展实地核查】 国家解决企业拖欠工资问题联席会议办公室组织开展2018年度保障农民工工资支付工作实地核查，此次核查采取省际交叉的方式，重庆市核查上海市。4月16日部际联席会议保障农民工工资支付工作核查组听取市政府关于上海欠薪治理的汇报，副秘书长赵祝平主持，市人社局副局长费予清汇报，市住建、交通、水务、市容绿化、公安、司法、财政、发改委、总工会等联席会议成员单位分管领导参加会议。4月16—19日，核查组抽查杨浦、奉贤等建筑工地，通过实地查阅资料、农民工现场访谈等方式了解本市民工工资支付情况。上海市总工会派员全程陪同核查，并向核查组详细介绍本次考核的加分项目——上海工会针对根治农民工欠薪开展的“应援尽援”法律援助实事项目。经过核查，上海农民工工资支付工作制度执行严格，效果显著，考核排名位居全国各省市第二。（杨　驹）

【开展2018—2019年度上海市优秀农民工和农民工先进个人评选活动】 市总工会印发《关于开展2018—2019年度上海市优秀农民工、上海市农民工先进个人评选表彰活动的通知》，全市工会共推荐产生5名优秀农民工、12名农民工先进个人。这17名农民工的优秀典型，全部在基层一线岗位工作，其中有全国人大代表、市人大代表、市职工职业道德建设先进个人；1人获得全国五一劳动奖章，4人获得上海市五一劳动奖章；高级技师和技师各3人，工程师1人，高级工和中级工各3人；9人是班组长、作业长等带头人。有的候选人通过刻苦学习和钻研，成为中国技能大赛技术能手、多项专利发明人，有些候选人不仅自身工作能力过硬，还承担了传帮带任务，培养了一批技术骨干；有些候选人在国家军工核心技术部件研制、本市重大工程建设中立下汗马功劳，有些候选人在本职岗位上用心服务、任劳任怨，其优秀品质获得多方赞誉，起到很好的引领示范作用。（杨　驹）

【在农民丰收节期间开展慰问农民工活动】 根据全总《关于在农民丰收节期间开展慰问农民工活动的通知》，市总工会副主席刘言浩走访慰问了全国劳模、“上海市十大工人发明家”称号获得者、上海神舟汽车节能环保有限公司车间主任胡振球，刘言浩副主席亲自为胡振球佩戴“庆祝中华人民共和国成立70周年”纪念章，感谢他为上海科技进步做出的贡献。随后，刘言浩到上海电气液压气动有限公司生产一线看望了李斌工作室主要成员、上海市劳模陈勇，感谢他发扬李斌精神、对企业技术革新作出的贡献。刘言浩与两位农民工劳模合影，并送上慰问金，鼓励全社会向农民工劳模学习，为上海的创新发展贡献力量。在农民丰收节期间，上海工会共计慰问农民工中的劳模及先进典型538人，慰问金80多万元。（杨　驹）

【全力推进农民工素质工程建设】 市总工会通过开展文艺下基层慰问活动、职工书屋建设、体育健身活动等，满足农民工日益增长的精神文化需求、大力提升农民工精神文化素质。一是开展振兴中华读书活动。深入开展“振兴中华”读书活动，把农民工作为重要群体组织发动，农民工参加读书活动已成常态化。二是组织发动农民工参与各类文体活动。举办上海职工网络文化艺术节微电影、摄影和书画比赛；上海市班组（团队）文化网络大奖赛；职工羽毛球、足球、篮球、趣味定向活动，线上班组徒步健身赛等，吸引众多农民工参加，参与农民工人数2万余人。三是开展文艺下基层慰问活动。市总工会茉莉花艺术团赴船舶、江苏大屯等现场举办“茉莉飘香·情系职工”大型慰问演出，近万名农民工观看演出。四是举办“传统文化直通车”“带副春联回家乡”活动。通过举办活动以及网络直播等新媒体手段，将中华优秀传统文化直接送到农民工聚集的园区。五是推进职工书屋建设。在农民工工作和居住相对集中的基层企事业单位、城市社区、工业园区、乡（镇）村和重点建设项目工地推进“职工书屋”建设，截至年底，已在经济园区、商务楼宇、企事业单位建成“职工书屋”2300家，其中全国示范点330家。（宋　昶）

【推动提升农民工安全健康意识】 市总工会会同市建设工程安全质量监督总站，将农民工列入“安康杯”竞赛活动的重点参赛对象；会同市应急管理局联合开展“上海市职工安全生产知识大赛”，广大农民工积极参加在“申工社”微信平台上举行的线上比赛，参与为期8周的“相约星期一，安全知识知多少”网上答题活动；组织开展100场免费急救技能培训，帮助农民工提高自救、互救技能；编印《受限空间作业安全宣传手册》，分发农民工比较集聚的建筑、化工行业企业；将农民工列为夏季职工劳动保护和防暑降温工作的重点对象，组织开展形式多样的送清凉、送健康活动。

（杨　驹）

【开展农民工系列关爱行动】 元旦春节期间，市总工会聚焦灵活就业群体和农民工群体，加大关心关爱力度。会同市人社局联合开展农民工工资支付情况专项检查，各级工会指定专人协调联络，抽调专职工会干部参与一线检查，定向检查拖欠工资、最低工资、超时加班、劳动合同等涉及农民工劳动保障权益情况，并加强对重点地区、重点行业、重点单位的农民工工资支付情况的摸排和掌控。同时，深入开展农民工通讯费补贴、返沪火车票补贴和健康医疗补贴等关爱行动，投入资金总计597.16万元，惠及农民工4.24万人次。（蔡　瑾）

市总工会开展农民工通讯费补贴等一系列关爱行动　（汪佳侃）

【市宫传统文化直通车普陀行活动】 7月23日，市工人文化宫与区总工会联合在近铁城市广场，组织开展“传统文化直通车”企业行——走进普陀网约送餐员、家政服务员专场活动，为一线职工代表送上文化盛宴。市工人文化宫主任高越、书记谢鹰，区总工会党组书记、副主席李戍渊，副主席王鹏、曾章以及一线职工代表参加活动。活动现场给大家带来书画创作、民间手工艺制作、灯谜会猜、垃圾分类小游戏等文化项目。与会领导还向网约送餐员（饿了么小哥）、家政服务员代表赠送高温慰问品，感谢他们为城市发展所做的贡献。（陆　蕾）

【普陀区总工会等举办第四届外来建设者新春联欢会】 1月20日，普陀区总工会、区国资委工会、区网约送餐行业工会、区家政服务行业工会在普环公司职工之家联合举办“带副春联回家乡、红红火火过大年”2019年区环卫工人、网约送餐员、家政服务员新春联欢会。这是区总工会连续第四年为一线职工举办新春联欢会，已成为服务外来建设者一项传统品牌项目。市总工会副主席桂晓燕出席活动。市区领导为一线职工代表送上新春大礼包和劳模书法家现场书写的春联。环卫职工代表向饿了么小哥和家政服务员送上垃圾分类袋，以此倡导践行垃圾分类环保新理念。3个行业职工分别带来吉他弹唱《海阔天空》、网红歌曲演绎《带你去旅行》、沪剧清唱《是非黑白难分明》等节目，充分展现一线职工才艺。联欢会设有写春联、猜灯谜、包汤圆、互动游戏等环节。与会人员还共同观摩区总工会制作的户外职工爱

心接力站宣传片《温度》。 （陆　蕾）

【静安区总工会邀请百余位外来建设者同吃年夜饭】 2月4日除夕夜，为了让静安的外来建设者过一个团圆年，在他们交接班之际，静安区总工会、静安区城发集团以“团圆年夜饭，欢聚迎新春”为主题，在环卫职工食堂，共同举办静安工会向外来建设者致敬暖心年夜饭活动，传递区委、区政府和工会组织对劳动者的关心关怀。静安区委书记陆晓栋，区人大常委会副主任、区总工会主席叶坚华等，与120余位一线岗位的环卫工人欢聚一堂，同吃年夜饭，共迎新春佳节。活动现场，区领导与职工代表共切迎新蛋糕。慰问演出中，独唱、相声、乐器演奏等精彩节目逐一呈现。现场所有职工还收到了区总赠送的一份装有红围巾的新年礼包。 （陈迪嘉）

2月4日，静安区总工会邀请百余位外来建设者同吃年夜饭　（顾新生）

【金山区“建筑行业务工人员法律援助工作站”揭牌】 为进一步加强农民工法律援助工作的协调配合，共同做好农民工法律援助和法治宣传教育工作，1月15日，金山区总工会、区司法局、区建管委在区政府会议中心联合举行金山区“建筑行业务工人员法律援助工作站”共建揭牌仪式。区建管委党委副书记、工会主席周尽染，区司法局党委委员、副局长陆卫建和区总工会副主席季蕾出席。会上，三方分别对各自领域农民工维权工作进行了主题发言，并举行了《关于加强农民工法律援助工作合作纪要》签约仪式。区在建工程部分农民工代表、项目代表、律师代表等共50人参加会议。 （钱海东）

【中建八局主办“打工春晚”】 1月14日，中建八局联合SMG上海文广电视台及业主主办“打工春晚”。市总工会副巡视员吴萌，市建设交通工会副主任张静，中建八局党委书记、董事长校荣春，局党委副书记、工会主席于金伟，局上海公司党委书记、董事长王文元等领导出席了晚会。这场主题为“致敬上海城市建设者”的晚会，舞台主角的是长年与钢筋、模板、混凝土打交道的中建八局施工一线工人。来自中建八局近20个项目工友自编自演了歌舞、小品、相声、诗朗诵等节目，接受市总工会、中建八局领导和千名工友的现场观摩。腾讯、新浪、优酷三大视频媒体进行了直播，观看人数超过百万。此次“打工春晚”是本市首次为建筑工人定制推出的节目，晚会现场包括主办单位在内的10多家爱心企业为工友带来返乡机票、棉被、行李箱、保温杯等新年礼物和精美食品。 （李现花）

【市总工会农民工建会入会现场会在中建八局召开】 7月16日，市总工会农民工建会入会暨会员实名制管理工作现场会在八局召开。中交三航局、上海船舶、上海建工、隧道股份、市建交委、上海医务、市公安局等20多家大型央企国企和行业工会代表参会。市总工会副主席周奇，市总基层工作部部长张刚等一行出席会议。局党委副书记、工会主席于金伟在会上介绍了八局“实名制管理、站家式服务、人性化关怀”的经验。会上展播了中建八局宣传片和八局劳模创新工作纪实片，通过视频向参会人员展播了八局的发展成就和劳模创新工作室的创建成效。中交三航局党委副书记、工会主席傅瑞球，上海建工工会副主席张超，上海船舶工会副主席姚莹，上海医务工会副主席何园分别交流了各自单位开展农民工、派遣工建会入会和会员实名制管理工作的具体举措和成效。 （郝国元）

【百联集团工会为农民工送温暖、送文化】 2月27日，百联集团工会开展了为农民工“送温暖、送文化”活动。利用周末业余时间，百联集团工会共组织了80名来自百联物业公司的一线农民工，在黄浦剧场观看了以关爱留守儿童为主题的互动心理剧——《小艺的故事》。通过文化观摩和现场体验，进一步丰富农民工的精神文化生活，体现了工会组织的温暖。 （姜　杰）

上海市职工互助保障中心各区服务处（点）一览表

序号	单位	电话（办公）	地址
1	浦东新区总工会服务处	38475088-805、806	樱花路429号
2	浦兴社区工会服务点	38420797-8139	凌河路69号

续 表

序号	单位	电话(办公)	地址
3	金杨社区工会服务点	50370500-191	银山路330号
4	洋泾社区工会服务点	38992121	巨野路219号3号楼
5	潍坊社区工会服务点	51029075-8015	潍坊路131弄1号
6	塘桥社区工会服务点	58737200	峨山路488号
7	南码头社区工会服务点	50396125＊8208	南码头路400号
8	上钢社区工会服务点	20224821	昌里路335号
9	周家渡社区工会服务点	50788875	南码头路1136弄35号乙
10	东明社区工会服务点	50842255/50845307(办)	上南路4206弄1号
11	陆家嘴社区工会服务点	68767121-2033	栖霞路120号206
12	沪东社区工会服务点	58030099＊2009/50351523	长岛路11号
13	花木社区工会服务点	50452710＊8235	梅花路289号
14	川沙镇工会服务点	68397955-8106	妙境路1336号一楼
15	高桥镇工会服务点	50586511	张杨北路5168号
16	北蔡镇工会服务点	58913393	沪南路1105号
17	三林镇工会服务点	58415367	和炯路681号
18	张江镇工会服务点	58956721	张江江东路1458号7号窗口
19	曹路镇工会服务点	50683818	龚丰路85号
20	唐镇镇工会服务点	58965096-773/68798525	唐镇唐兴路495号116室
21	合庆镇工会服务点	58976062	合庆镇东川公路7777号
22	金桥镇工会服务点	58545450	佳林路585号1号楼401室
23	高东镇工会服务点	58486215	光明路433号
24	高行镇工会服务点	68974753/58975572(办)	新行路340号
25	惠南镇工会服务点	68092831	人民路3252号4号楼
26	周浦镇工会服务点	20922217	祝家港路190号
27	宣桥镇工会服务点	58181289	南六公路500号
28	康桥镇工会服务点	20913221	沪南公路2538号
29	航头镇工会服务点	58229649-8118/58229026(办)	航头路1538号
30	新场镇工会服务点	58171717＊8152/58179785(办)	牌楼东路285号
31	祝桥镇工会服务点	58107412	南祝公路5058号
32	老港镇工会服务点	58053082	建中路556号
33	大团镇工会服务点	58081037	永春东路10号4号楼
34	万祥镇工会服务点	58040069	振万路2号

续 表

序号	单位	电话(办公)	地址
35	芦潮港镇工会服务点	20943150	芦硕路298号
36	书院镇工会服务点	58190037	船山街112号
37	泥城镇工会服务点	58072950	泥城镇鸿音路3152号
38	申港社区工会服务点	68283330-803	南汇新城镇竹柏路487号
39	徐汇区总工会服务处	54182060	桂林路46号底楼大厅
40	湖南路街道工会服务点	64330573	淮海中路1788号
41	天平街道工会服务点	54658110	衡山路17弄1号
42	斜土街道工会服务点	64166061	茶陵路38号
43	田林街道工会服务点	64839361	宜山路655弄3号
44	康健街道工会服务点	54210576-8029	浦北路268号
45	凌云街道工会服务点	64552736-8023	老沪闵路1039弄48号/梅陇路268号(12/2启用)
46	长桥街道工会服务点	64771771-1122	罗秀路616号
47	龙华街道工会服务点	54121093	天钥桥南路399号
48	华泾街道工会服务点	54821212-1240	华泾路505号
49	徐家汇街道工会服务点	34199741	斜土路2431号
50	枫林街道工会服务点	33638109	小木桥路680号
51	虹梅街道工会服务点	34207920	虹梅路2017号
52	漕河泾街道工会服务点	34140991	冠生园路211号
53	长宁区总工会服务处	62106198	愚园路1250号2楼
54	天山街道工会服务点	62598183	天山二村64号乙
55	北新泾街道工会服务点	62389379	新泾一村144号1楼
56	华阳街道工会服务点	32201205	万航渡路1268号
57	新华路街道工会服务点	62944625	法华镇路521号3楼
58	江苏街道工会服务点	62256600-126	江苏路563弄8号
59	周家桥街道工会服务点	52061155-128	长宁路1488弄6号2楼
60	仙霞街道工会服务点	62959244	虹古路206号
61	虹桥街道工会服务点	22850753	中山西路1030弄51号
62	程家桥街道工会服务点	22300113	虹桥路2282号
63	新泾镇工会服务点	62386651	泉口路66号
64	普陀区总工会服务处	32250855	兰溪路182号安居兰亭10楼

续 表

序号	单位	电话(办公)	地址
65	曹杨新村街道工会服务点	62544510	枫桥路8号
66	甘泉新村街道工会服务点	66251663	宜君路9号
67	长寿街道工会服务点	62277887-1151	胶州路1095号
68	真如镇工会服务点	52781773	兰溪路1018号
69	长风街道工会服务点	62430029	中山北路3500号
70	宜川新村街道工会服务点	66610109	华阴路218号三楼
71	石泉新村街道工会服务点	60837527	宁强路25号
72	桃浦镇工会服务点	66267866-9018	绿杨路225号
73	长征镇工会服务点	62063773	清峪路127号(社保中心二楼)
74	万里街道服务点	51987655	真金路459号
75	静安区总工会服务处	62672387	昌平路888号
76	彭浦新村街道工会服务点	56477367	安泽路78号
77	大宁街道工会服务点	56658320	彭江路188号
78	宝山街道工会服务点	56301203-8025	宝昌路519号
79	芷江西街道工会服务点	66583382-109	芷江西路151号
80	彭浦镇工会服务点	56772537	灵石路725号丙
81	临汾街道工会服务点	36601651	临汾路335号
82	共和新街道工会服务点	56331590	平型关路487号
83	北站街道工会服务点	63173396	天目中路532号
84	天目西街道工会服务点	36392197	沪太路150号
85	南京西路街道工会服务点	62897058	延安中路955弄67号
86	江宁路街道工会服务点	52527445	常德路818号
87	石门二路街道工会服务点	62563321	武定路139号
88	静安寺街道工会服务点	54035567	常熟路115号
89	曹家渡街道工会服务点	62112892-805	万航渡路676弄46号
90	虹口区总工会服务处	25658877	飞虹路528号
91	凉城街道工会服务点	65287439	凉城路465弄41号甲
92	曲阳街道工会服务点	35391722	伊敏河路88号
93	欧阳街道工会服务点	65222978	曲阳路483弄1号
94	四川北路街道工会服务点	56662498	新广路296号
95	嘉兴街道工会服务点	65794908	三河路388号
96	广中街道工会服务点	51812224	水电路120号

续 表

序号	单位	电话(办公)	地址
97	提兰桥街道工会服务点	65851980	新建路 195 号
98	江湾镇工会服务点	65612083	奎照路 280 号
99	杨浦区总工会服务处	65846612	靖宇东路 118 号
100	四平地区总工会服务点	65139206	鞍山路 158 号
101	江浦地区总工会服务点	65853519	许昌路 1150 号
102	长白地区总工会服务点	55832029	延吉东路 107 号
103	延吉地区总工会服务点	65482211-147	延吉中路 77 号
104	定海地区总工会服务点	65670011-2050	长阳路 3066 号
105	平凉地区总工会服务点	65375488	吉林路 18 号 110 室
106	五角场地区总工会服务点	65557359	政通路 100 弄 11 号
107	控江地区总工会服务点	55803685	黄兴路 572 号
108	大桥地区总工会服务点	65191987	平凉路 1730 号
109	殷行地区总工会服务点	65881593	国和路 1049 号
110	五角场镇总工会服务点	65582183	国和路 425 号
111	新江湾城地区总工会服务点	55252927	政悦路 329 号
112	黄浦区总工会服务处	53832096	重庆南路 229 弄 5 号
113	豫园街道工会服务点	63365912	河南南路 288 号
114	南东街道工会服务点	63271866-5522	江阴路 101 号
115	小东门街道工会服务点	63325622	白渡路 252 号
116	老西门街道工会服务点	63696363-3102、63769098	大吉路 71 号
117	外滩街道工会服务点	63295081	河南中路 568 号
118	半淞园路街道工会服务点	63120055-1097	西藏南路 1360 号
119	五里桥街道工会服务点	53023712	瞿溪路 768 号
120	淮海街道工会服务点	53831172	马当路 349 号
121	瑞金二路街道工会服务点	53060094-8062	皋兰路 6 号地下一层
122	打浦街道工会服务点	63041102-8116	南塘浜路 103 号
123	宝山区总工会服务处	36071834	牡丹江路 215 号
124	张庙街道工会服务点	56766139	泗塘二村 108 号
125	吴淞镇街道工会服务点	56572073	淞清路 151 号
126	大场镇工会服务点	61671008	沪太路 2518 号
127	月浦镇工会服务点	36303757	德都路 111 号
128	淞南镇工会服务点	66186230	长江路 556 号

续 表

序号	单位	电话(办公)	地址
129	庙行镇街道工会服务点	56476890	长江西路2700号
130	友谊街道工会服务点	56122053	永清路899号
131	顾村镇工会服务点	56042969	电台南路7号
132	罗店镇工会服务点	66860113	祁北东路209号
133	杨行镇工会服务点	36020265	松兰路826号
134	高境镇工会服务点	33711749	河曲路108号
135	罗泾镇工会服务点	56873627	陈行街125号
136	闵行区总工会服务处	33362769 李老师 33362765 陈老师	闵行区莘东路505号11楼1107室
137	江川路社区(街道)工会服务点	64632352	鹤庆路398号
138	浦锦街道工会服务点	34783663	浦瑞路326号
139	梅陇镇工会服务点	54289346	莘朱路1925号
140	华漕镇工会服务点	62214122	平乐路25号
141	古美街道工会服务点	54163600-623	古龙路1139号
142	七宝镇工会服务点	64611008	沪松公路577号
143	吴泾镇工会服务点	64520590	宝秀路555号
144	虹桥镇街道工会服务点	64658822-2111	合川路2885号
145	新虹街道工会服务点	52962110	申滨路777号
146	莘庄街道工会服务点	34709930	莘西南路158号
147	颛桥镇工会服务点	51987090-1015	联农路297号
148	马桥镇工会服务点	64090718	银春路2016号
149	莘庄工业区工会服务点	34909876-1108	春光路710号
150	浦江镇工会服务点	34302496	江航南路950号
151	嘉定区总工会服务处	69067255	合作路1505一楼大厅
152	嘉定镇街道社区事务受理中心	59928106	塔城路360弄8号
153	新城路街道社区事务受理中心	59985537	迎园路416号
154	真新街道社区事务受理中心	59997603	清峪路985号
155	菊园新区社区事务受理中心	69016002	平城路811号
156	安亭镇社区事务受理中心	69578873	民丰路988号
157	南翔镇社区事务受理中心	69126004	古猗园路358号
158	江桥镇社区事务受理中心	69570790	华江路129弄5号楼

续 表

序号	单位	电话(办公)	地址
159	嘉定工业区事务受理中心	69960031(南)59543061(北)	永盛路2703号/嘉朱公路1468号
160	徐行镇社区事务受理中心	59555017	新建一路1568号
161	外冈镇社区事务受理中心	39107746	恒飞路711号
162	华亭镇社区事务受理中心	39981040	高石路1433号
163	马陆镇社区事务受理中心	59156713	沪宜公路2228号
164	奉贤区总工会服务处	37185525	南桥镇南桥路188号8楼
165	奉城镇服务点	57520547转862	奉城镇兰博路2009号
166	西渡街道服务点	57436398-8	西渡街道西闸公路1278号
167	南桥镇服务点	67196048-206	南桥镇新建西路160号
168	海湾镇服务点	57504779-802/810	海湾镇海农公路1478号
169	四团镇服务点	57534388-803/804	四团镇天鹏街54弄32号
170	青村镇服务点	57565387-802/803/818	青村镇南奉公路2955号
171	柘林镇服务点	57447096	柘林镇新寺新塘路198弄180号
172	金汇镇服务点	57486215	金汇镇金碧路2028号
173	庄行镇服务点	57466997-807	庄行镇新苑路2号
174	金海社区服务点	67103903	金海社区嘉园路258号
175	海湾旅游区服务点	57120047-624/621	海湾旅游区新海街18号
176	奉浦街道服务点	67109669	奉浦大道111号
177	松江区总工会服务处	57819333	松江区乐都西路867号4号楼
178	岳阳街道工会服务点	57820693	人民北路73弄1号
179	永丰街道工会服务点	67814945	仓华路623号
180	中山街道工会服务点	67743703	茸梅路139号1楼大厅
181	方松街道工会服务点	37021536	文涵路733号
182	广富林街道工会服务点	37655613	人民北路3456号1号楼
183	九里亭街道工会服务点	67890270	九里亭街道涞坊路408号
184	泗泾镇工会服务点	57611712	泗泾镇文化路298号
185	洞泾镇工会服务点	67670253	洞泾镇同乐南路4号
186	佘山镇工会服务点	57659437	佘山镇佘新路358号
187	石湖荡镇工会服务点	57759038	石湖荡镇学府路160号
188	泖港镇工会服务点	57860567	泖港镇中南路35号
189	叶榭镇工会服务点	67800093	叶政路1089号
190	新浜镇工会服务点	57891915	新浜镇新绿街398号

续 表

序号	单位	电话(办公)	地址
191	车墩镇工会服务点	57604759	车墩镇影视路28弄1号楼101大厅
192	新桥镇工会服务点	57642162	新桥镇新站路460号
193	九亭镇工会服务点	57632481	九亭镇九新公路219号
194	小昆山镇工会服务点	57761030	小昆山镇文翔路6000号
195	金山区总工会服务处	57951843	杭州湾大道601号
196	枫泾镇工会服务点	57355422	枫泾镇枫杰路51号
197	朱泾镇工会服务点	57319559	朱泾镇人民路360号
198	亭林镇工会服务点	57235352	亭林镇亭升路550弄33号
199	漕泾镇工会服务点	67252955	漕泾镇中一西路601号
200	山阳镇工会服务点	57245712	山阳镇亭卫公路1500号
201	金山卫镇工会服务点	57263691	金山卫镇古城路319号
202	张堰镇工会服务点	57213394	张堰镇东贤路951号
203	廊下镇工会服务点	57395078	廊下阵景乐路228号
204	吕巷镇工会服务点	57371365	吕巷镇溪南路58号
205	石化街道工会服务点	57935013	卫零路485号
206	金山工业区工会服务点	57270173	恒顺路280弄15号
207	青浦区总工会服务处	59732688	青浦区车站路35号
208	徐泾镇社区事务受理服务中心	59765378	明珠路800号
209	朱家角镇社区事务受理服务中心	59240498	沙家埭路18号
210	赵巷镇社区事务受理服务中心	59751231-8045	镇中路580号
211	华新镇社区事务受理服务中心	59797200	华强街585号
212	重固镇社区事务受理服务中心	59786641	赵重公路3025号
213	白鹤镇社区事务受理服务中心	59212666	建屯路130号5号楼
214	练塘镇社区事务受理服务中心	59255965	练塘镇朱枫公路3666弄4号楼-练民新村西侧
215	金泽镇社区事务受理服务中心	59261029	金中路19号
216	香花桥街道社区事务受理服务中心	59224315	香大路1001号
217	夏阳街道社区事务受理服务中心	59731779	城中南路58号
218	盈浦街道社区事务受理服务中心	69223601	胜利路119号
219	崇明区总工会服务处	69693900	崇明区城翠竹路1501号
220	新村乡社区事务受理中心	59650863	新村乡新中村新跃路287号

续 表

序号	单位	电话(办公)	地址
221	绿华镇社区事务受理中心	59351071	绿华镇嘉华路 8 号
222	三星镇社区事务受理中心	59600005	三星镇宏海公路 4291 号
223	庙镇社区事务受理中心	59365708	庙镇合作公路 70 号
224	港西镇社区事务受理中心	59671520	港西镇三双公路 1573 号
225	城桥镇社区事务受理中心	69617125	城桥镇寒山寺路 164 号
226	建设镇社区事务受理中心	59333533	建设镇建星路 108 号
227	新河镇社区事务受理中心	59688727	新河镇新申路 801 号
228	竖新镇社区事务受理中心	59491270	竖新镇前竖公路 3150 号
229	堡镇社区事务受理中心	59426130	堡镇化工路 17 号
230	港沿镇社区事务受理中心	59461362	港沿镇港沿公路 1198-1 号
231	向化镇社区事务受理中心	59443733	向化镇向华大街 149 号
232	中兴镇社区事务受理中心	69445119	中兴镇广福路 37 号
233	陈家镇社区事务受理中心	59401252	陈家镇北陈公路 1454 号
234	长兴镇社区事务受理中心	66859005	长兴镇海舸路 509 号
235	横沙乡社区事务受理中心	56899054	横沙乡新环路 57 号
236	东平镇社区事务受理中心	59666777-8139	东平镇东冉路 783 号
237	新海镇社区事务受理中心	59655101	新海镇海展路 80 号

上海市各区职工援助服务中心一览表

序号	单位	电话(办公)	地址
1	浦东新区职工援助服务中心	38475088	浦东新区樱花路 429 号
2	徐汇区总工会职工服务中心	54182060	徐汇区桂林路 46 号
3	长宁区职工服务中心	52831014	长宁区愚园路 1250 号二楼
4	普陀区职工援助服务中心	52661128	普陀区兰溪路 182 号安居兰庭商务中心 10 楼
5	虹口区职工服务中心	25658877	虹口区飞虹路 528 号
6	杨浦区总工会职工援助服务中心	65868338	杨浦区靖宇东路 118 号
7	黄浦区总工会职工援助服务中心	63848620	黄浦区重庆南路 229 弄 5 号
8	静安区总工会职工援助服务中心	52763321	静安区昌平路 888 号
9	宝山区职工服务中心	56166873	宝山区牡丹江路 215 号
10	闵行区职工服务中心	33362755	闵行区莘东路 505 号(区证照中心)11 楼

续 表

序号	单位	电话(办公)	地址
11	松江区职工援助服务中心	57819333 57727982	松江区乐都西路867–871号4号楼2楼
12	嘉定区职工服务中心	69067218	嘉定新城合作路1505号
13	金山区职工服务中心	57951843	金山区石化杭州湾大道601号
14	青浦区工会职工援助服务中心	59721345	青浦区车站路35号
15	奉贤区职工援助服务中心	37185526	奉贤区南桥镇南桥路188号8楼
16	崇明区职工服务中心	69691358	崇明区城桥镇朝阳门路11号14楼

(解建达)

宣传教育

综 述

2019 年,上海工会注重创新宣传方式,履行好工会宣教职能,服务好职工群众,不断开创工会宣教工作新局面。一是围绕新中国成立 70 周年主题,加强职工思想引领。开展庆祝新中国成立 70 周年群众性主题宣传教育活动,围绕"不忘初心 · 走向复兴"开展上海万名职工红色文化寻访活动;以"中国梦 · 劳动美——与共和国同成长、与新时代齐奋进"为主题,举办上海职工故事大赛,讲述职工群众立足岗位奋力拼搏的感人故事。大力弘扬劳模精神、劳动精神、工匠精神,宣传先进典型,完成全国劳动模范和先进工作者的纪念章颁发;以劳模年度人物为主题,举办"中国梦 · 劳动美"上海市庆祝五一国际劳动节特别节目;组织开展向李斌同志学习活动,70 多万党员、职工参加或观看了李斌同志先进事迹系列报告会和生平事迹图片巡回展。二是不断加强职工素质工程建设。推进职工教育培训,继续开展"上海百万在岗人员学力提升行动计划";推进职工书屋建设,命名 2019 年 20 家上海工会职工书屋示范点并进行扶持,命名 2019 年 25 家全国职工书屋示范点。三是积极推动职工文化事业发展。围绕新中国成立 70 周年主题,开展以深化改革和展现产业工人力量的主题创作活动,通过微电影、摄影、书画等培训创作活动,以"工运、工人、工厂、楼宇、园区"为视角,发掘工人阶级在新中国 70 年迎难而上、攻坚克难的精神;持续推进上海工会文体场馆公益转型,举办上海工会文体场馆管理者、组织者培训班,开展上海工人文化宫文化人才适配性研究专项调研,提升文化宫人才使用、培养能力;搭建职工文化展示服务平台,举办"迎国庆,讴歌中国梦、劳动美"上海职工文艺汇演、"最美劳动者"上海职工微电影节。坚持职工健康体育服务融合发展,举办上海职工健康趣味运动会,推动职工体育活动深入开展;广泛开展"职场体质监测"服务工作,促进职工健康管理服务。四是深化网上宣传工作。举办上海市五一新闻奖评审会,选树出一批宣传工人阶级和工会工作的优秀新闻作品;建立市总工会舆情监控系统;上海工会网络宣传队伍进入实质性运转,建立由全市 56 个区局(产业)工会 81 人担任的实名制的上海工会网评信息员队伍。 (宋 昶)

宣传思想工作

【概要】 高举中国特色社会主义伟大旗帜,以马克思列宁主义、毛泽东思想、邓小平理论、"三个代表"重要思想、科学发展观、习近平新时代中国特色社会主义思想为指导,全面学习宣传贯彻落实党的十九大和十九届二中、三中全会精神,深入学习宣传贯彻落实习近平总书记考察上海重要讲话精神、习近平总书记关于工人阶级和工会工作的重要论述精神,围绕隆重庆祝中华人民共和国成立 70 周年,大力弘扬以爱国主义为核心的伟大民族精神,以"中国梦 · 劳动美——与共和国同成长、与新时代齐奋进"为主题,开展形式多样、职工群众喜闻乐见的宣传教育活动,出台《关于在广大职工中开展"中国梦 · 劳动美—与共和国同成长、与新时代齐奋进"庆祝新中国成立 70 周年主题宣传教育活动的通知》,团结动员职工群众不忘初心、牢记使命,为上海当好新时代全国改革开放排头兵、创新发展先行者,加快建设"五个中心"和具有世界影响力的社会主义现代化国际大都市,实现中华民族伟大复兴中国梦而不懈奋斗。 (陈 洁)

【开展上海职工红色文化寻访活动】 为让广大职工亲身感受上海城市发展的巨大变化,了解上海作为中国工人阶级发祥地的深厚工业文明,传承红色基因,弘扬革命精神,激发爱国情怀,市总工会举办"不忘初心 · 走向复兴"——庆祝新中国成立70周年上海万名职工红色文化寻访活动。活动丰富寻访内容,创新寻访手段,采用线上打卡和线下寻访两部分融合互动的方式,在线上同步开展"不忘初心 · 走向复兴"微视频大赛和"我心中的美丽上海"摄影大赛,号召活动参与者用镜头找人、找物、找事、找精神,记录工人阶级为上海城市变迁做出的巨大贡献,在扩大活动覆盖面的同时也增强了活动的影响力和宣传教育的有效性。据统计,共有来自 60 多家区局(产业)工会的 2 万余名一线职工参加,其中线下组织活动 20 余场,5 千余人参加。 (陈 洁)

【举办上海职工故事大赛】 市总工会以"中国梦 · 劳动美—与共和国同成长、与新时代齐奋进"为主题,举办上海职工故事大赛,讲述职工群众立足岗位奋力拼搏的感人故事,展现普通职工与祖国同成长、共命运的生动典型,讴歌工人阶级的伟大品格,为上海城市和社会发展、产业行业发展所做的突出贡献。本次大赛采用了"以赛带学、以赛促学"的方式,在大赛期

市总工会举办上海万名职工红色文化寻访活动 (孔孝元)

间针对故事内容、讲述技巧等举办多次专家辅导讲座。本次活动呈现出故事题材具有时代特色、故事内容反映行业特征、产业工人参与人数众多、劳模亲自参与讲述等亮点;采用现场相册直播、网络投票评选、实时微视频发布等线上推广方式,浏览量达百万人次,同时运用今日头条、腾讯新闻、新民网、上观新闻和劳动观察等多家热门平台公众号,取得广泛的社会反响。（陈　洁）

【浦东新区总工会成立全市工会系统首家全会精神宣讲团】 12月24日,浦东新区总工会召开学习宣传贯彻十九届四中全会精神部署会,成立全市工会系统首家全会精神宣讲团,并全面启动"凝心聚力跟党走百万职工担使命"学习宣传教育六大(大学习、大宣讲、大竞赛、大巡访、大配送、大培训)行动,积极探索新时期加强职工思想政治引领工作新路径,组织引导广大职工切实增强对党的基本理论、基本路线、基本方略的政治认同、思想认同、情感认同,坚定不移听党话,矢志不渝跟党走,在深化科创中心建设主题立功竞赛以及职工科技创新5项评比活动中激发职工建功新时代的主力军意识,为浦东新一轮改革开放再出发凝心聚力。会上为浦东工会党的十九届四中全会宣讲团成员颁发了聘书,同时,还邀请市委党校马克思主义学院教授袁秉达为与会人员辅导授课。（陈　维）

【长宁区总工会举办职工"道德讲堂"活动】 5月31日,长宁区总工会在长宁区图书馆举行长宁职工"道德讲堂"活动,长宁劳模精神宣讲团在活动中首次亮相。来自长宁区各系统(集团、公司),街道(镇、园区),直属单位工会干部以及职工代表200余人参加活动。本次"道德讲堂"特邀长宁劳模精神宣讲团成员之一的电装(中国)投资有限公司上海分公司商用车营业部高级经理、工会主席汤乃飙向与会人员讲述他如何以"维护职工合法权益、争取职工合理利益"为目标,克服重重困难在企业中成功组建工会,把工会的组织活力转化为企业的发展活力,实现劳资互利双赢的故事,多位与会人员还就如何发挥工会促进企业发展、维护职工权益的积极作用等问题与汤乃飙进行了互动交流。（王亚文）

【市机电工会开展主人翁精神宣贯系列活动】 4月9日,上海电气、机电工会联合发出《关于开展"当好主人翁,建功新时代,共筑电气梦"主题活动的通知》,决定在全体干部职工中组织开展主人翁精神学习宣传"七个一"活动。具体为:一是组织一次李斌事迹报告会。分批组织干部职工学习聆听李斌事迹报告会,学习李斌事迹,弘扬李斌精神,在集团内兴起争做"知识型、技能型、创新型"职工的良好氛围。二是组织一次班组学习讨论活动。利用班组学习,组织班组成员观看主题演讲视频,并结合自身畅谈对"主人翁精神"的感悟,激发职工的使命感、责任感。三是持续一年加强"主人翁精神"人和事的宣传。四是组织一次职工原创诗歌征集评比活动。五是开展一次寻找"最美电气人"活动。六是开展一次"主人翁故事"微电影征评活动,拍摄、记录"最美电气人"的故事,生动展示和反映当下劳动者朴实的劳动精神、主人翁精神。七是召开一次"共话电气梦"主题论坛。围绕庆祝新中国成立70周年,邀请老、中、青三代劳模先进代表,讲述上世纪五、六十年代艰苦创业和改革开放时期开拓创新的故事,鼓励中青年职工传承老一辈电气人优秀品格,弘扬主人翁精神,为实现"中国梦""电气梦"奉献智慧和力量。（彭伟光）

【东方国际集团召开职工文化创新建设推进会】 4月11日,东方国际集团职工文化创新建设推进会暨2017—2018年度职业道德建设表彰会召开。会议部署了当前和今后一段时期集团职工文化建设工作。集团工会主席黄勤作了《发挥工会独特优势,凝聚职工同心同向,进一步夯实集团在文化创新进程中的群众基础》专题报告。会议表彰"2017—2018年度东方国际集团职工职业道德建设标兵(先进)个人",对第二批《SHANGTEX职工书屋》4家单位命名授牌,部署下发《关于组织开展喜迎祖国70华诞——集团职工文创作品评选和大型文艺展演等工作的实施意见》。（张智伟）

【中国宝武突出弘扬"最美的宝武人、最绝的手艺、最动人的故事"宣传】 2019年,中国宝武工会按照中办国办《关于加强和改进新时代产业工人队伍思想政治工作的意见》要求,形成《2019年宣传思想教育工作的要点》,加强宣教工作的系统策划。一是抓教育。组织开展纪念建国70周年《我和我的祖国》主题活动。突出"不忘初心、牢记使命"主题教育,致力于梦创工社和智慧工会建设。二是抓宣传。以开展"最美的宝武人、最绝的手艺、最动人的故事"宣传为专题,把宣传内容渗透和融入到职工喜闻乐见的活动和服务项目中,中国宝武工会系统共开展"最美的宝武人、最绝的手艺、最动人的故事"宣传,以选出中国宝武"70年70人"为代表,以优秀员工和最美宝武人等身边先进人物事迹,激励和调动广大员工投身创新创业的主动性和创造性。三是抓调研。开展职工思想动态调研,收集分析职工队伍的思想动态,重点关注马钢集团职工在企业重组时期的关注点与思想动态情况,把握职工队伍关注的热点难点问题,及时了解职工对公司重大决策及生产经营情况的关注程度和情绪反应。站稳阵地,在形式上求新颖;拓宽渠道,在方式上求实效;用好新媒体,在功能上求深化,不断增强职工的归属感。（刘向捷）

【宝钢工程举行庆祝中华人民共和国成立70周年主题故事会】 为庆祝中华人民共和国成立70周年,9月,宝钢工程举行"我和我的工程"主题故事会,讲述一线员工钢铁报国的初心故事,展现奋发进取、改革创新、矢志追梦的员工风采。故事会以纪录片《工程12时辰》开头,讲述了工程人不忘初心、怀揣梦想、脚踏实地、孜孜不倦的工作生活片段。又通过多个歌舞、诗歌朗诵、讲故事、现场采访等全方位展现了宝钢工程广大员工坚守钢铁报国初心的使命和砥砺奋进、建功新时代的担当。（金　敏）

【中船上海船舶系统工会干部赴井冈

山开展“理想信念”主题教育培训】 5月27日，2019年中船上海船舶系统工会干部理想信念培训班在江西干部学院正式开班。来自上海船舶系统16个基层工会的50名工会干部参加了培训，中船上海船舶工业有限公司党委书记、董事长高烽出席开班式并讲话，要求参加培训的人员要追随革命足迹，认真学习感悟井冈山斗争精神和井冈山精神，不忘初心、牢记使命。要紧紧围绕企业的工作大局，把职工群众组织起来、动员起来、团结起来，为中船集团高质量发展多做贡献。本次培训为期一周，一系列丰富的特色教学活动，寓史于理、寓史于情，是一次深刻的党性教育，也是一次心灵的洗礼。在结班仪式上，学员代表谈了心得体会，他们从不同角度诠释了对“坚定信念、艰苦奋斗、实事求是、敢闯新路、依靠群众、勇于胜利”的井冈山精神的理解。

（贾　晶）

【中交上航局荣获第六届全国职工微影视大赛银奖】 12月初，“中国梦·劳动美”第六届全国职工微影视大赛总结展演活动在山西太原举行，上航局参赛作品《奔跑青年的祝福》，从中脱颖而出，荣获大赛银奖。作品贴近职工生活，多视角多维度地展现了上航局在新中国成立70年所取得的辉煌成就与巨大变化，讴歌当代职工的劳动风采，进一步营造健康文明，昂扬向上，全员参与的职工文化氛围。

（张广雷）

【中交三航局工会举行纪念五一国际劳动节暨向港珠澳大桥建设者学习宣讲活动】 5月20日，三航局工会举行“三航人·劳动美”——纪念五一国际劳动节暨向港珠澳大桥建设者学习宣讲活动。市总工会副主席戴光铭，中交三航局党委书记、董事长王世峰，三航局党委副书记、工会主席傅瑞球等出席，总部各部门、各事业部负责人，在沪单位党政领导，各基层单位工会主席、工会干部和职工代表，共计120余人参加活动。会上宣讲了港珠澳大桥建设者先进事迹，表彰三航局荣获上海市劳模年度人物、全国五一劳动奖章、中交集团劳动模范、上海市创新工作室、长三角地区三省一市五一劳动奖状、奖章、工人先锋号、三航工匠等荣誉的先进代表，并举行了上海市“职工学堂”授牌和“三航局职工艺术协会”的揭牌仪式。

（黄书展）

【海洋石油工会举办“壮丽70年·建功新时代”职工故事会】 6月17日，上海海洋石油“壮丽70年·建功新时代”——上海海洋石油职工故事会在物探公司会议厅举办。故事会通过唱歌、跳舞、舞台剧等多种艺术形式，大力弘扬“苦干实干”“三老四严”为核心的石油精神，推动贯彻落实集团公司和公司工作会议要求，凝聚新时期干事创业的精神力量，团结和动员广大职工以主人翁姿态建功新时代，用实际行动为新中国成立70周年献礼。

（耿卫军）

【市人社局工会开展系列宣传教育活动】 市人社局工会开展庆祝中华人民共和国成立70周年职工群众性主题宣传教育活动。一是积极落实由党办、工会、团委共同主办的“礼赞新中国·奋进新时代·争当最美人社人”上海市人社系统庆祝中华人民共和国成立70周年活动。二是开展“亮人社风采·迎祖国华诞”局系统职工书画作品征集展示活动”，收到书法、字画作品72幅。由专家从上报的72幅作品中，挑选出35幅优秀作品制成展板进行展示。将展示活动主动纳入“亮人社风采·迎祖国华诞”庆祝新中国成立70周年主题宣传教育活动中。三是积极组织职工参加“中国梦·劳动美”2019年上海市班组(团队)文化网络大奖赛，并做好组织引导等工作，局系统共有360余人参赛，荣获优秀组织奖。

（瞿葆仁）

【市教育系统举办新中国成立70周年上海女教师主题诵读大赛】 9月27日，由市教育系统妇工委、市教育工会女教职工委员会主办，上海师范大学协办的“我和我的祖国”——庆祝新中国成立70周年上海女教师主题诵读大赛在上海师范大学举行。上海女教师用诵读展现“我和我的祖国”的家国情怀，表达对党和祖国的无比热爱，献礼祖国七十华诞。市教卫工作党委副书记滕建勇，市妇女联合会副主席王剑璋，市教育工会常务副主席、教育系统妇工委主任李蔚等领导出席活动，全市教育系统近400名教师参加活动。比赛历时两个多小时，最终，来自上海大学的《浩气长存红岩魂》荣获特等奖，来自复旦大学的《表白》等3个节目荣获一等奖。

（高　芳）

【锦江国际集团工会组织开展“壮丽七十年、奋斗新时代、共筑锦江梦”主题摄影大赛】 锦江国际集团工会组织开展“壮丽七十年、奋斗新时代、共筑锦江梦”——职工主题摄影大赛，大赛围绕庆祝中华人民共和国成立70周年的主题，结合“锦江”品牌80多年历史和锦江国际重组16年来的发展历程，鼓励集团职工用镜头拍摄记录，赞美祖国美丽的自然风光，赞颂劳动光荣、工人伟大的社会主义价值观，反映讴歌新时代。比赛入围进入决赛的摄影作品达到630幅。大赛选取了部分优秀作品在联谊大厦、虹桥郁金香、锦江都城、锦江汽车等单位进行巡展宣传。职工主题摄影大赛进一步提升了集团职工的岗位责任感、职业荣誉感、企业归属感和历史使命感。

（顾明方）

【市级机关文化修身行动全面开启】 12月18日，市级机关工委在上海图书馆组织了“奋力新担当、创造新奇迹”迎新经典诵读，全面开启市级机关文化修身行动。市级机关工作党委、市委党校、市机管局、市总工会、上海图书馆等单位领导以及市级机关各单位800多名党员干部参加活动。经典诵读共有序章、初心如磐、追梦之路、使命在肩和尾章5个篇章组成，通过重温革命历史、缅怀革命先烈、传承红色基因，理论联系实际，进一步推动学习习近平新时代中国特色社会主义思想。

（王　颖）

【第二届上海职工网络摄影大赛作品在百联集团巡展】 11月25日，第二届上海职工网络摄影大赛作品在百联集团第一百货商业中心进行了巡展。5块大型主题展板、80块获奖作品展板聚焦了新中国成立70周年以来，上海城市的变化和发展，上海各行各业建设者的风采，赞美上海广大

12 月 18 日，市级机关工委举办迎新经典诵读　（王　颖）

职工为深化改革、实现中华民族伟大复兴的中国梦的拼搏精神和奉献精神。各企业工会先后组织 1000 多名职工分批到现场进行观摩，共同体验上海职工的摄影技术和时代风采。（姜　杰）

【上海工会管理职业学院提炼形成学院文化建设核心理念】 3—5 月，学院组织全院教职工开展校园文化建设大讨论活动，活动包含一次学习、一次征集、一次讨论、一次交流、一次评选等"五个一"的内容。通过组织学习、广泛征集、部门交流、学院讨论、征求意见、党委会审定等环节，提炼形成学院新时代发展的使命、愿景、校训与价值观。学院使命为"厚植工会情怀，忠诚工运事业"；学院愿景为"争创全国一流的工会干部培训基地、一流的工运理论研究基地、一流的工会学术交流基地"（简称"三个一流"基地）；学院校训为"厚德崇劳，笃学尚行"；学院价值观为"开放、包容、专业、卓越"。文化建设大讨论为学院文化内化于心、外化于行起到积极的推动作用。（张桂华）

职工素质工程

【概要】 2019 年，上海工会积极贯彻落实《全国职工素质建设工程五年规划（2015—2019 年）》《关于推进新时期上海产业工人队伍建设改革的实施意见》《上海职工素质工程建设五年规划（2016—2020 年）》精神，围绕"六大任务""八大载体"，围绕实现上海工会"建设工会大学校"目标，加强职工教育培训，推动一线职工特别是产业工人和农民工全面发展，大力推进知识型、技能型、创新型职工队伍建设。（陈　洁）

【加强职工素质工程建设】 年内，市总工会继续开展"上海百万在岗人员学力提升行动计划"，与市教委、开放大学、相关社会机构等合作、探讨、研究，探索通过网络教育培训的方式，推进更多的在岗人员完成相应的理论知识学习和职业技能、职业资格培训，获得相应的高等学历教育学分，提升在岗人员的学习能力、职业能力和综合素养；配合全总开展《全国职工素质工程建设五年规划（2015—2019 年）》实施情况调查，进一步了解全市职工素质工程的建设情况；完成第七届全国道德模范候选人、第十六届全国职工职业道德建设候选标兵单位和个人的推荐工作。总结近年来学习型企事业单位建设情况，配合上海市第三次学习型社会建设与终身教育推进大会的相关工作。（陈　洁）

【推进职工书屋建设】 2019 年，市总工会进一步通过整合社会资源、购买第三方服务等方式，创新理念和措施，推动职工书屋的建设、发展、融合和面向基层一线的普遍覆盖。加大对职工书屋示范点的扶持力度，重点向农民工集中的地区、行业、单位倾斜，向产业工人聚集的行业、单位倾斜，向园区、楼宇倾斜；向国家、上海重点建设项目集中的地区、行业、重大项目施工一线单位倾斜。拓展丰富职工书屋功能和内涵，结合社会热点策划和组织系列品读会、名人讲座、交流沙龙等丰富的阅读学习活动，年内举办了"追溯工运源地·赓续红色力量"主题讲堂、"匠心凝聚·楷模力量"主题讲堂活动等。完成对全市 2000 余家职工书屋进行《中国工人》《新时代产业工人的楷模——李斌的故事》《闪光的群体》等书籍、视频、文化产品的配送。命名 20 家上海工会职工书屋示范点并进行扶持。命名 25 家全国职工书屋示范点；完成 32 家全国职工书屋示范点配套扶持工作。（陈　洁）

【杨浦工会增绿减排进园区、进楼宇、进企业】 为助力杨浦创建全国文明城区和生活垃圾分类示范区，发挥工会组织在推进生活垃圾全程分类体系建设中的积极作用，杨浦区总工会积极开展"垃圾分类我先行，绿色生活伴我行"增绿减排进园区、进楼宇、进企业主题活动。活动覆盖 30 个重点园区、楼宇的千家企业，进一步提升广大职工对垃圾分类的感受度、参与率和自觉性。向企业和职工宣讲、解读《上海市生活垃圾管理条例》及相关政策和工作要求。通过张贴海报、播放宣传片、发放宣传资料和开展咨询服务、现场指导、互动体验等形式，引导企业正确收集处置生活垃圾、职工正确投放生活垃圾。通过绿植配送养护教学、职场绿色空间设计，帮助企业和职工营造更舒适的办公环境。推广可循环利用物品，开展环保酵素、可回收物手工艺品制作等体验活动，指导企业和职工从源头上减少和利用垃圾。（张东寅）

【青浦区总工会启动服务创建全国文明城区五大行动】 8 月 13 日，青浦区"职工当先锋，创全再出发"五大行动启动仪式在区文化剧场内举行。区委宣传部副部长、区文明办主任俞峰，区总工会党组书记、常务副主席吴春，区绿化市容局党委副书记、区绿化市容行业工会联合会主席胥蔚青，全国第十七次工代会代表、申通公司驾驶员关立平，上海市劳模、金泽镇城管中队副队长陶骁骏，共同启动“职工当先锋，创全再出发”为主题的垃圾分类时尚行动、创全宣传志愿行动、文明素养提升行动、服务职工增效行动、和谐劳动创建行动。全国五一巾帼标兵、上海市五一劳动奖章获得者、美都环卫服务有限公司总经理田爱萍与“五大行动”职工代表宣读“职工当先峰，创全再出发”倡议书。启动仪式后，各级工会干部代表和绿化市容环卫行业职工代表共同观看了全国首部以垃圾分类为主题的轻喜剧《头等大事》。（朱建强）

【崇明区进城务工人员服务站开展垃圾分类宣传活动】 为进一步倡导崇明“的哥”“的姐”在市区生活中践行保护生态环境、低碳生活的理念，推进垃圾分类工作，7月3日，崇明区进城务工人员服务站开展“垃圾分类我先行，优化环境靠大家”宣传活动。活动中，服务站工作人员向“的哥”“的姐”们普及什么是垃圾分类、以及垃圾分类的方法与益处。再通过区分卡片上的物品，亲自分类投放进相应的垃圾桶的方式，增强对垃圾分类知识的了解，让“绿色、低碳、环保”理念深入人心，促使养成垃圾分类的好习惯。（陈思佳）

【市仪电工会创设“上海职工学堂”】 为推进新时期上海仪电产业工人队伍建设，进一步加强对职工的思想引领和教育培训，提升职工技能素质、促进职工全面发展，努力推动仪电集团的转型发展，市仪电工会利用集团内部相关培训资源，向上海市总工会积极申报筹备“上海职工学堂”，并在8月19日市总工会召开的“上海职工学堂”创设工作推进会上获得命名、授牌。仪电“上海职工学堂”将按照“四有一能”的要求，即：有固定场所、有培训设施、有精品课程、有专人负责、能对社会免费开放，本着“开门办学、资源共享”原则，定期在职工中发布学堂课程设置及内容，切实满足广大职工群众现实需求，为打造知识型、技能型产业工人队伍做出贡献。（邵秀根）

【中国宝武工会开展“工会最佳实践案例Top-Ten”评选】 2019年，为进一步推进工会工作创新开展，中国宝武工会对各单位工会申报的特色工作成果组织评审，在相关部门评价的基础上，经发布评审，宝钢股份工会《“职工岗位创新小牛奖”评选与岗位创新后备人才库建设工作》等11个项目被评为“2018年度工会最佳实践案例Top-Ten”，武钢集团工会《“客户服务”提升技能拔新领异，“一基五元”聚焦发展再铸辉煌》等12个项目被评为“2018年度工会最佳实践案例Top-Ten提名”。（李士伟）

【市建设交通系统举办垃圾分类知识竞赛】 为认真贯彻市建设交通工作党委《关于建设交通系统在推行生活垃圾分类工作中发挥表率作用的意见》，市建设交通工会、市绿化市容局工会联合举办了市建设交通系统垃圾分类知识竞赛系列活动。6月21日，垃圾分类知识竞赛决赛在上海核工院举行。决赛内容涵盖《上海市生活垃圾管理条例》、生活垃圾管理工作配套文件、生活垃圾分类知识、科普常识等内容。本次系列活动以“绿色生活新时尚，垃圾分类我先行”为主题，为期两个多月，形成了全系统先行先试、共同参与垃圾分类的良好氛围。（钱　蓉）

【SMG工会创办“职工学堂”，加强职工技能培训】 上海广播电视台（上海文化广播影视集团有限公司）积极组织职工参加各种技能培训，3月，“SMG职工学堂”挂牌成立。首批学员是来自28个不同工种的30位“SMG工匠”，以“匠心传递·技艺传承”为宗旨开设SMG工匠赋能培训。通过两天一夜的赋能培训，给平时忙于工作的工匠们提供了思考和再学习的机会，受到好评。台集团工会同时支持基层大口工会开展各类职工技能培训。10月，东方广播中心工会揭牌成立“广播职工学堂”，挖掘内部讲师资源开展职工技能培训。（秦伊龄）

【临港产业园区“上海职工学堂”开课】 10月23日，由临港集团主办，临港产业园区工会、临港创新学院、临港企业协会共同承办的“上海职工学堂”首开课-暨临港新片区对上海产业发展的影响专题学习。来自临港所属园区的近60家单位共120余名企业职工参加了课程的学习。上海社会科学院世界经济研究所国际贸易室主任、研究员沈玉良以《上海自贸试验区临港片区对上海产业发展的影响分析》回顾了上海自贸区建设历程及成果，重点围绕已公布的上海自贸区临港新片区的总体方案及近期发布的相关政策，分析了相关制度创新对上海产业发展的影响及临港新片区的发展机会。8月19日，临港产业园区成为首批上海职工学堂建设单位。（闫昊鹏）

读书活动

【概要】 以“礼赞新中国、建功新时代”为主题，举办第二十一届上海读书节。组织开展2019年振兴中华读书项目征集活动；举办“我与共和国共奋进”庆祝新中国成立70周年读书系列活动，其中包括“我和我的祖国”——庆祝中华人民共和国成立70周年征文评选、编撰出版“振兴中华”丛书《我和我的祖国》、举行“礼赞新中国、奋进新时代”——上海职工优秀舞台式演讲展示会；配合市委宣传部、市新闻出版局、市总工会举办“我爱读书·我爱生活”2019上海书展暨“书香中国”上海周相关活动以及协助市教委、市作协等开展第五届“上海市民诗歌节”等大型文化活动。全市各行各业开展群众性读书活动232项。（陈　鸿）

【召开2019年度上海市振兴中华读书指导委员会主任会议】 2—3月致函市读书指导委员会各副主任委员单位，确认2019年副主任名单。4月4日在上海图书馆举行2019年度上海市振兴中华读书指导委员会主任会议，市委宣传部副部长、市文明办主任、市振兴中华读书指导委员会第一副主任潘敏主持会议，全体讨论通过第二十一届上海读书节主题、开幕式方案。会上，市总工会副主席桂晓燕介绍了2019年上海市振兴中华读书示范项目。（陈　鸿）

【征集第二十一届上海读书节示范项目】 2月，上海市振兴中华读书指导委员会办公室下发《关于申报第二十一届上海读书节示范项目的通知》，向市振兴中华读书指导委员会各成员单位和各区文明办、各区局（产业）工会，各区学习办、各区图书馆以及职工书屋广泛征集第二十一届上海读书节示范项目。截至3月底，遴选确定本届上海读书节读书示范项目232项。（陈　鸿）

【举办“礼赞新中国、建功新时代”第二十一届上海读书节开幕式】 4月24日，以“礼赞新中国、建功新时代”为主题的第二十一届上海读书节在上海世博会博物馆开幕。市委副书记、市振兴中华读书指导委员会主任尹弘出席仪式并做重要讲话。市人大常委会副主任、市总工会党组书记、主席莫负春，市委副秘书长燕爽，市委宣传部副部长、市文明办主任、市振兴中华读书指导委员会第一副主任潘敏，市振兴中华读书指导委员会各副主任及有关单位领导出席了开幕式。开幕式上发布了本届读书节232项示范项目，中共一大会址纪念馆、上海世纪出版集团、徐汇区教育局等单位进行项目展示。（陈　鸿）

【开展“我和我的祖国”——庆祝中华人民共和国成立70周年征文活动、编辑出版《振兴中华》丛书】 4月初，发布沪读指办《关于开展“我与共和国共奋进”——庆祝中华人民共和国成立70周年读书系列活动的通知》，在全市开展读书活动。其中“我和我的祖国”——庆祝新中国成立70周年主题征文活动共收到应征稿件2096篇。经过大赛组委会评选，评出一等奖3名、二等奖9名、三等奖15名、优秀奖30名，另有43篇入围。奉贤区总工会、市交通委员会工会、金山区图书馆等16家单位荣获优秀组织奖。征文活动优秀作品入编“振兴中华”丛书——《我和我的祖国》，由上海科学技术文献出版社编辑出版。（陈　鸿）

【举办“礼赞新中国、奋进新时代”——上海职工优秀舞台式演讲展示会】 为展现上海70年来所取得的辉煌成就，讲好立足新时代、追求新发展的动人故事，全市各区、局（产业）工会的百余家单位积极组织员工，参与上海职工舞台式演讲选拔活动。经过3个月的培训指导和比赛历练，来自基层的10位优秀演讲爱好者脱颖而出，于9月26日在上海当代艺术博物馆小剧场进行现场展示，10多家网上直播平台同步直播，线上总观看人数达386.6万人。（陈　鸿）

【长宁区总工会举办第六届长宁职工读书节】 7月23日，“礼赞新中国：魅力长宁·书香同行”第六届长宁职工读书节在长宁区图书馆开幕。长宁区总工会党组书记、副主席邱刚，长宁区委宣传部副部长田慧等，以及各系统（集团、公司），街道（镇、园区），直属单位工会干部职工代表150余人出席活动。活动现场，以一场《我和我的祖国》的快闪，表达对即将迎来70华诞的祖国的祝福，同时也表达长宁职工对促进长宁城区经济繁荣、提升长宁城区文化底蕴的自信。（王亚文）

【杨浦职工庆祝新中国成立70周年暨读书分享会举行】 5月8日，“阅读瞬间”杨浦职工庆祝中华人民共和国成立70周年暨读书分享会在打虎山路第一小学举行。本次活动由区总工会、区教育工作党委、区教育工会、区语委办联合主办，市教育工会副主席吉启华，市教育系统妇工委副主任、教育工会女教职工委员会副主任彭超波，区总工会副主席陈梗宝，区教育工会主席石松，全国五一劳动奖章获得者、上海经纬建筑规划设计研究院股份有限公司党支部书记、副院长张榜等出席活动。分享会在由改革先锋、全国先进工作者、全国教书育人楷模于漪等多位老师参与录制的视频短片《阅读瞬间》中拉开序幕，分“坚忍的岁月”“如歌的岁月”“希望的岁月”3个板块，讲述了各自对沉心浩瀚书卷、传承中华文脉、唱响文化强音的感悟。会上，打虎山路第一小学校长卞松泉、杨浦区青少年科技站站长胡建民、上海现代音乐职业学校党支部书记李逊芳等3位劳模（先进）创新工作室负责人，分别与青年教师签约结对，与会领导向教师代表赠书。近300名职工参加活动。（张东寅）

【黄浦区总工会开展职工阅读思辨“睿读”系列活动】 3月30日，为丰富黄浦职工的文化生活，促进职工阅读与思考习惯养成，由黄浦区总工会主办，黄浦区工人文化宫、黄浦海燕博客公益发展中心承办的黄浦区第二届职工文化艺术节暨黄浦职工阅读思辨“睿读”系列活动首场——“追梦”，在黄浦区文化馆5楼展厅举办。70、80、90年代热爱读书的青年代表组成不同阵营，针对“追梦”主题，分享触动人心的书籍和自身的成长感悟，为自己的年代发声代言。活动分成“古”“今”“中”“外”4个板块，从不同内容角度来展开对“追梦”的主题探讨，分享不同年代代表队观点与智慧，令观众在思辨中收获启迪与成长。（陆中斌）

【闵行区总工会举办红色经典诵读比赛】 5—8月，“闵行工会”微信公众号面向全区职工发布第四届“那些年感动过我们的书和诗”红色经典诵读比赛活动。通过线上征集、展示、投票及专家评审的环节，14支团队、18名个人组选手进入线下决赛。团队组、个人组决赛于8月9日在闵行经济开发区工会(俱乐部)举行，近200名职工到场观摩。比赛中，选手们朗诵了系列红色经典诗歌、散文选段，展示了闵行职工的良好风貌。比赛邀请了来自市总工会、市作家协会诗歌专业委员会等专家担任比赛评委。虹桥社区卫生服务中心、复旦大学附属肿瘤医院闵行分院获得团队组一等奖，区人民检察院朱严谨、区农委刘妍真获得个人组一等奖。（兰　奇）

【松江区总工会20项读书活动入选第二十一届上海读书节示范项目】 4月24日，“礼赞新中国、建功新时代”第二十一届上海读书节开幕，开幕式上发布了本届读书节232个示范项目。松江区总工会推荐的20项读书活动成功入选示范项目。叶榭镇总工会庆祝新中国成立70周年“百家企业、千名职工（学生）”红色宣讲入选“礼赞祖国项目”，松江区总工会“文明修身·21天读书计划”等5个项目入选“示范引领项目”，上海保隆汽车科技股份有限公司“求·尚·进”读书月活动等6个项目入选“基层优秀项目”，本田摩托车研究开发有限公司“科技上海·科技中国”读书会等8个项目入选“悦读书社项目”。（杨佳玲）

【奉贤区总工会开展“职工文化大篷车进企业”活动】 9月起，奉贤区总工会开展“建功劳动美、唱响中国梦”——庆祝中华人民共和国成立70周年“职工文化大篷车进企业”活动，先后走进各镇、街道、部分集团公司，用普通职工喜闻乐见的原创小品、诗歌朗诵等形式鲜活展示了新中国成立70年来的峥嵘岁月和区内劳模风采、工匠精神，为职工群众带来10场文化演出，活动共计5000余名职工参与。（陆晓岚）

【东方国际集团举行职工系列文创作品大型展评活动】 二季度，东方国际集团工会组织开展“喜迎伟大祖国70华诞——集团职工系列文创作品展评活动”得到各级工会和广大职工的响应和参与。展评活动共设“仰精神丰碑·迈时代阔步”——职工讲红色故事大赛、《我心中的最美…》——职工微电影制作大赛、“屹立东方·心系祖国·拥抱世界”——职工大型摄影图文作品展等指定参评项目，以及单位自选文艺创作作品参赛项目等四大系列。体现出各级工会组织做好职工群众文化服务、文化引领，在推动集团文化创新和发展进程中作用和成效。（张智伟）

【上海航天举办第十一届职工读书节】 上海航天第十一届职工读书节历时8个月，以新中国成立70周年为契机，以“激昂时代梦想·书写奋斗华章”为主题，围绕“不忘初心，牢记使命，永远奋斗”3个篇章，扩大服务受众、拓宽参与途径、创新展现形式，引导广大职工读书尚学，在全院范围营造了多读书、善读书、读好书的良好氛围。通过青春快闪、庆祝新中国成立70周年健步走、阅读马拉松、“说书人”读书分享会、读书漂流瓶、微视频等活动，多渠道多形式、线上线下结合，提升了职工人文素养和思想内涵。（周　博）

【上海邮政工会开展各类读书节活动】 上海邮政工会开展庆祝中华人民共和国成立70周年读书系列活动。读书活动包括“我和我的祖国”——庆祝新中国成立70周年征文、“礼赞新中国、奋进新时代”——上海市民舞台式演讲展示会，“五一讲堂”——上海职工文化系列讲座等，通过竞赛形式，促进读书活动深入开展。（王　瑛）

【上海邮政工会参加上海职工故事大赛】 根据上海市读书指导委员会办公室下发的《关于开展中国梦·劳动美——与共和国同成长、与新时代齐奋进”上海职工故事大赛的通知》要求，上海邮政工会报送演讲作品分别为寄递事业部邮区中心局苑俊泽的《闪闪发光在岗位，逐梦路上未停歇》、浦东新区分公司钱佳音的《“劳动美”与“追梦人”》、实业公司戴依怡的《劳动成就梦想，爱心点亮人生》共3篇演讲作品参加比赛。最终3个作品分别获得优秀奖，上海邮政工会获得优秀组织奖。（王　瑛）

7月18日，中交上航局工会举办职工舞台式演讲大赛　（金　晶）

【中国电信上海市工会举行第十三届全员读书日主题活动】 5月15日，中国电信上海公司“礼赞新中国、建功新时代”第十三届全员读书日主题活动在邮电俱乐部举行，公司副总经理、工会主席常朝晖，经信系统工会主任汪羽和市总工会宣教部副部长李伟出席活动。来自各基层单位的工会主席、劳模先进和读书活动积极分子共400多人参加。现场发布了2019年上海公司第十三届全员读书日的70本好书书单，并对上海公司职工精神文明十佳好人好事进行表彰，活动还邀请复旦大学教授葛剑雄为大家带来“翼友讲堂”的首讲《一带一路的机遇与挑战》。（殷　茵）

【中交上航局举办职工舞台式演讲大赛】 7月18日，中交上航局工会、团委举办“礼赞新中国·谱写新篇章”职工舞台式演讲大赛，上海市振兴中华读书指导委员会办公室副主任徐赜以及公司相关部门负责人应邀出席并担任大赛评委，各基层单位工会、团组织负责人、读书活动负责人以及新员工共计360人参加活动，网上同步观看直播职工近1.2万人次。来自12家基层单位的选手，分别从大海外、大投资、环保治理、教育培训、国际航运中心建设以及医养问题等不同角度，分享在公司转型升级新征程中有价值的思想、创新观念及行业背后奋斗的感人故事，引起广大职工的强烈共鸣。本次公司职工舞台式演讲大赛作为第八届“我阅读、我快乐、我成长”航道职工读书活动的主题项目，丰富了职工的精神文化生活，彰显了上航局职工的风采。（金　晶）

【安装集团张雄伟获上海职工故事大赛金奖】 在上海市总工会9月27日

举办的"中国梦·劳动美——与共和国同成长、与新时代齐奋进"为主题的上海职工故事大赛中,作为集团选送的唯一一名参赛选手,安装集团的张雄伟从参加决赛的15名选手中脱颖而出,荣获金奖。8月份,张雄伟在80多名选手参加的复赛中,以第一名的成绩晋级决赛。（余轶群）

【市医务职工"我和我的祖国"主题征文评选结果揭晓】 以"爱国奋进新时代,医路同心筑健康"为主题的上海市医务职工第九届文化艺术节"我和我的祖国"主题征文活动评选结果于国庆前夕揭晓。活动自5月开始,共收到全市卫生健康单位医务职工创作的作品162篇,经过初审、复审,共评选出一等奖8篇,二等奖15篇,三等奖23篇,优胜奖29篇。参加此次征文活动的医务职工在征文中讲述了自己和同行成就事业梦想、贡献智慧力量、服务病患的故事,表达了在国家建设、城市发展和学习工作中"参与、创造、见证、受益"的亲身经历和深切感悟,抒发了广大医务职工的爱国情怀,和投身健康中国与健康上海建设的精神风貌和奉献精神。（池朝霞）

【市新闻出版工会组织基层单位申报读书项目分获各类奖项】 4月23日,在世界读书日来临之际,新闻出版系统下属基层单位上海城市动漫出版传媒有限公司申报的读书项目,获"礼赞祖国项目";上海新华发行集团有限公司主办,上海书城杂志社有限公司承办的读书项目,获"悦读书社项目";东方出版中心有限公司主办、东方出版中心工会承办的读书项目,被上海市振兴中华读书指导委员会评为第二十一届上海读书节"示范项目"。（方伟国）

【市监狱管理局工会开展读书活动,提升文化氛围】 年内,市监狱管理局工会组织职工,参加市总工会2019读书节活动和上级工会举办的文化展示活动。申报的"书香警营"——2019年读书系列活动,被评为第二十一届上海读书节示范引领项目;女子监狱民警张伊婷作为市监狱管理局唯一人选选手参加了"礼赞新中国·奋进新时代"——上海职工舞台式演讲展示活动;参加中国农林水利气象工会在全国监狱系统工会开展的"与祖国同行"文艺作品通讯赛中,上报的音乐类节目《警魂》《正义无边》《歌唱祖国》分别获得一等奖、三等奖和优秀作品奖;组织参加司法部开展的"微视频大赛"和"十大原创金曲"征集活动;参加上海法学法律界"歌唱祖国"微视频大赛,由局政治部、局工会联合摄制,局警官合唱团演唱的"歌唱祖国"微视频,荣获上海法学法律界"歌唱祖国"微视频大赛一等奖。（江海群）

【世纪出版集团举办中外经典诵读会】 11月9日,世纪出版集团第二届职工文化艺术节系列活动——中外经典诵读会,在被誉为"中国最高书店"的上海中心朵云书院旗舰店举行。世纪出版集团党委委员、副总裁阚宁辉出席并致辞,来自集团总部和直属单位的22位朗读者,奉上了题材各异、精彩纷呈的经典诵读,SMG著名主播作精彩点评,示范朗读,并向所有诵读者赠送其主编的新书《冬天的树和春天的树》。经现场网络投票和特邀嘉宾评审,评选出最佳诵读奖和优秀诵读奖若干。世纪集团工会和部分直属单位工会负责人、职工代表和诵读爱好者近60人参加活动。（江　文）

职工文体

【概要】 围绕新中国成立70周年主题,开展"中国梦、劳动美"系列创作活动,通过职工文艺汇演、微电影、摄影、书画等多种文艺形式,从"工运、工人、工厂、楼宇、园区"中发掘工人阶级精神风貌。围绕文化宫人才队伍建设举办上海工会文体场馆管理者、组织者培训班,开展上海工人文化宫文化人才适配性研究专项调研,提升文化宫人才使用、培养能力。举办上海职工健康趣味运动会,以服务为导向,结合健康进企业,开展比赛类、展示类、推广类项目,吸引近千家企事业单位,6500支队伍、5万人次的积极参与。积极开展职工职场健康服务,关爱职工健康发展,开展健康服务进企业、职场体质监测、健康讲座,建立益于身心健康的行为和生活方式,全面提高职工健康水平和生活质量,推进企业健康文化建设。（宋　昶）

【举办2019年上海市庆祝五一国际劳动节特别节目】 4月30日,在上海东视演播厅举行2019年上海市庆祝五一国际劳动节特别节目。本台节目以"共和国奋进者,新时代追梦人"的主题,分为3个篇章板块,与共和国同行、时代领跑者、追梦新时代,分别聚焦不同时代的劳模代表们,用人物诠释主题,全方位展现新中国成立70年来的上海优秀劳动者群像。劳模年度人物等先进代表讲述了各自的成长历程和工作体会,来自一线的职工代表用歌声,表演展现了上海劳动者蓬勃向上的精神风貌和建功新时代的坚定志向。全市近千名各行各业劳模先进和职工代表参加了五一特别节目。（宋　昶）

【举办"上海电气杯"第三届上海职工微电影节】 为践行"中国梦、劳动美"工运主题,大力弘扬劳模精神、劳动精神和工匠精神,反映新中国成立70周年取得的辉煌成就,充分展示上海广大职工,尤其是一线职工的风采,展示上海职工文化创作成果,由市总工会指导,市职工文体协会、上海电影(集团)有限公司工会、上海市机电工会共同主办上海市职工微电影节。在各级工会层层遴选基础上,共有300多部优秀作品脱颖而出,包括剧情类、纪实类微电影和劳模工匠小课件,经评审,有近30多部作品荣获金银铜奖和单项奖。这些优秀微电影作品,聚焦新中国成立70周年以来各行业"最美劳动者",展现各行业新变化、新发展,职工身边感人故事和人物;展示各行业劳模、工匠高超劳动技能和时代风采。第三届上海职工微电影节还举办了微电影专业知识培训班、剧本研讨会、优秀作品大联播、企业定制培训和颁奖典礼。（宋　昶）

【举办"迎国庆,讴歌中国梦·劳动美"上海职工文艺汇演】 市总工会开展"中国梦、劳动美"上海职工文艺汇演暨职工文艺节目征集,以文艺形式纪念新中国成立70周年,宣传和弘扬各行业劳模、先进和工匠精神，展示上海职工文艺创作和职工丰富的文化生活的成果，推动职工文艺创作。全市各区局（产业）工会积极择优推荐上报职工文化节目200多个，3月12日、13日、14日、15日连续4天在上海邮电俱乐部举行上海职工文艺汇演，包括声乐、舞蹈、综合艺术、文化宫专场。本次上海职工文化优秀节目展演活动发挥了全市工人文化宫文化阵地优势，各区工人文化宫均申报优秀文艺作品和节目参加文化宫专场展评，带动职工文艺创作队伍建设，推动上海工会文体场馆公益转型。优秀文艺团队还参加上海市庆祝五一国际劳动节特别节目演出。（宋　昶）

【开展职工职场健康服务，推进职工职业健康管理】 市总工会与卫生健康机构合作，运用社会化方式，送健康理念、健康项目、健康服务到企业，开展上海职工“职场体质监测”服务工作，促进职工健康管理服务由职工个体转变为企业行为和工会组织行为。2019年健康服务进入8个行业，50家企事业单位，职场体质监测5750人，为50家单位出具检测报告50份。开展健康讲座10场，组织配送运动项目10场，参与职工2000人次，建立益于身心健康的行为和生活方式，全面提高职工健康水平和生活质量，推进企业健康文化建设。（佘洪海）

【举办2019上海市职工健康趣味运动会】 2019上海市职工健康趣味运动会由上海市总工会和上海市体育局主办，旨在贯彻落实健康中国、健康上海战略，满足职工精神文化需求，维护广大职工健康权益，提高广大职工的身体素质，进一步实践“体面劳动、舒心工作、全面发展”的工作理念。历时5个月的活动共设置比赛类、展示类、推广类3大类9个项目，集竞技、益智、趣味、展示于一体，其中，比赛类项目包括广播操、六人七足、跳绳接力、健康跑、大怪路子、象棋、趣味定向等7项内容，展示类项目包括工间操和工位操，推广项目为包括智能飞镖、智能划船、智能射击、智能自行车以及智能跑步在内的智能五项赛。在参赛方式上，以组织化和社会化相结合的创新模式，发动和吸引更多的职工参与比赛、展现风采，扩大了活动的覆盖面和参与面，充分体现了广泛参与的群众性体育健身活动的特点。在工作理念上，坚持服务基层工会、服务职工需求，采取赛事培训服务、视频拍摄服务、专业指导服务、线上咨询服务等一系列服务配送方式，让赛事走进楼宇、走进园区、走进企业，让职工拥有更直接的参与感和获得感。活动吸引了近千家企事业单位、6500支队伍、5万人次参与，线上赛事照片及视频点击量近百万次。（佘洪海）

【举办“阅动上海”上海职工城市定向文化寻访主题活动】 为庆祝新中国成立70周年，共享上海70年发展成果，市总工会开展了“不忘初心、牢记使命”万名职工红色文化寻访活动，黄浦区总工会、徐汇区总工会、上海虹桥机场工会、上海交通委工会等分别承办并开展了所在地区、行业线下职工红色文化寻访，数千名职工参加跳绳、接力、健康跑等体育运动，感受上海城市发展的巨大变化，激发广大职工爱国情怀。与此同时，线上线下融合，以纺织、汽车、邮政、电力、电信、金融、船舶、地铁、自来水、隧道等产业作为线上寻访点，通过知识竞答、拼图寻宝、发表活动感言等方式开展上海工会线上红色文化寻访，传播红色文化、工运文化，凝聚奋进力量，感受新中国成立70年各行业大变迁和大发展，共吸引了2万名各行业职工踊跃参与。（佘洪海）

10月17日，“致敬劳动·礼赞祖国”浦东职工文化艺术节闭幕式举行
（赵立荣）

【浦东新区总工会举办“致敬劳动·礼赞祖国”职工文化艺术节】 10月17日，“致敬劳动·礼赞祖国”2019年浦东职工文化艺术节闭幕式在浦东新区广播电视台举办。区人大常委会副主任、总工会党组书记、主席王辛翎，区总工会班子成员，区文明办、区科经委、区科协相关单位领导出席活动，第九届全国“人民满意的公务员”、党的十九大代表，上海市劳模徐敏，全国劳模、全国五一劳动奖章获得者吴尔愉等先进职工代表与500余名来自各行各业的职工代表共同参加活动。会上表彰了2017—2018年度浦东新区的105个文明班组、97个文明岗位、100名文明职工、2018年浦东新区职工科技创新五项评比获奖者、2019年“浦东工匠”以及来自浦东的“上海工匠”获奖者。闭幕式上，由张江高科实验小学女教工合唱《不忘初心》、界龙艺术印刷有限公司聋哑职工舞蹈《自强不息》等遴选出的一批优秀节目进行展演。活动场外以“劳动最光荣”为主题展出了在职工书画、摄影、微电影和微视频比赛中涌现的职工优秀作品。（陈　维）

【浦东新区举办第六届“自贸区杯”羽毛球大赛】 11月30日，由浦东新区总工会主办、中国（上海）自由贸易试

验区保税区总工会承办的第六届“自贸区杯”羽毛球大赛在源深体育馆举行，本次赛事为2019年浦东新区职工“四季彩虹”系列赛事的最后一项比赛。本次羽毛球比赛设男子单打、混合双打、女子单打3个项目。吸引来自浦东新区机关、企事业单位110支队伍，700余名运动员参与。参赛队伍和人数都是“四季彩虹”系列赛中最多的一届。2019年，“四季彩虹”系列体育比赛除羽毛球和百团健康跑传统项目，还分别在3月份新引入了“洋泾杯”浦东职工工间操大赛，吸引浦东新区各直属工会63支队伍、1000余名职工参与；9月份开展了“陆家嘴金融城杯”浦东新区首届职工电竞大赛，吸引128支队伍700余名职工参与。据统计，“四季彩虹”系列赛事全年累计直接参赛职工达近6500人。（陈　维）

12月4日，虹口区总工会举办虹口职工建国70周年摄影展　（盛群芳）

【徐汇区总工会围绕需求下“硬功”提升工会文化软实力】 根据基层工会和职工的实际需求，徐汇区总工会不断拓展文化服务项目，创新服务形式、丰富服务手段，全方位服务区域职工。全年共开展文化进企业、进园区、进工地、进楼宇系列文艺专场、摄影展览及才艺表演等活动32场，服务职工13200余人次。进一步推进“徐汇职工体育健身大联赛”系列活动、加强“午间一小时”职工微运动系列项目的推广，共完成职工体育赛事、活动28项，参与正式比赛阶段及现场活动的人数近5000人次。同时，积极参与市总工会组织的各项职工文化活动，2019年徐汇区总荣获市总工会“职工健康趣味运动会优秀组织奖”，上海市“与新中国同成长、与新时代齐奋进”职工故事大赛优秀组织奖、上海市职工健康趣味运动会“临港集团杯”第五届上海职工羽毛球俱乐部等级联赛特别贡献奖。坚持“公共、公益、工会”特点，坚持面向基层工会和职工，以职工需求策划相应课程。服务覆盖面继续扩大，服务大口工会达到23家，开设课程53门。职工微课堂项目引进了区地方教育附加专项资金（区统筹项目）经费、区总工会业务预算经费、市公益乐学项目经费，达到45万元。开班共计191个，363场次，521课时，服务7022人次。开展“午间一小时”活动24场，共惠及职工12000余人次，促成园区及联合工会办卡200余张。（徐艳杰）

【普陀区举办“普工英”职工文艺展演】 9月19日晚，“二工联动·同心同梦”暨2019年“普工英”职工文艺展演（桃浦新杨专场）在新杨和苑举行。普陀区总工会党组书记、副主席李戌渊等区、镇工会领导出席活动，各园区、村、公司工会主席、副主席、职工代表及社区居民群众600余人观看演出。展演体现“二工联动”主旨，所有参演节目均由各小区联合工会、园区、村、公司及企业工会选送。全场分歌曲、舞蹈、曲艺、合唱等4个篇章，抒发对祖国的热爱之情。（陆　蕾）

【虹口区总工会全面布局“公益乐学”教学点】 11月14日，“公益乐学”虹口教学点街道教学签约、授牌仪式在虹口区四川北路的1851众创空间举行。虹口工会“公益乐学”教学点——“1851众创空间”“金融街（海伦）中心”“1876老站创意园”“凉城街道文化活动中心”“欧阳街道党建中心”“优族173文化创意产业园区”等分别签约、授牌。为进一步下沉实事项目，更好的服务职工，重点聚焦园区、聚焦民营企业、聚焦社区，区总工会全面实施街道分部的挂牌工作，“公益乐学”项目在全区各街道总工会实现全覆盖。通过战略合作，资源共享，共建共联，不断为基层和广大职工提供更加丰富多彩的职工文体产品和个性化服务。（马伟杰）

【虹口区总工会举办“中国梦、劳动美”——虹口职工建国70周年摄影展】 12月4日，虹口区职工庆祝建国70周年摄影展在区工人文化宫二楼三角展厅拉开帷幕。本次展览围绕“工人、工厂、工运”以及虹口建国70年以来的城市建设、劳模风采、人文景观、职工生活等主题展开。摄影展的作品大多出自于一线在职摄影爱好者之手，通过广大基层职工的独特视角，热情讴歌虹口现代化建设的奋斗历程和崭新成就。记录了虹口职工在岗位劳动实践中弘扬劳模精神、劳动精神和工匠精神的时代风貌，营造了用劳动创造托起中华民族伟大复兴“中国梦”的良好社会氛围。（马伟杰）

【黄浦区总工会举办第三十八届庆“八一”军民长跑】 7月27日，为庆祝中国人民解放军建军92周年，黄浦区总工会举办上海市第三十八届庆“八一”军民长跑活动。区委书记杲云宣布长跑队出发并鸣枪发令，区委副书记、区长巢克俭致辞，区人大常委会副主任、区总工会主席屠奇敏主持出发仪式。本次活动以“军民同心健步行，携手共赴新时代”为主题，巩固发扬军民团结，携手共筑“同呼吸、共命运、心连心”的军政军民关系。活动共有驻沪陆海空、武警部队和上海市16个区以及黄浦区机关、街道、企事业单位的108支长跑队伍、计2500余人参加。长跑队伍从黄浦世博体育园出发，全长3.8公里，途径秋园、远望号船坞至南园滨江绿地终点，黄浦区体育局、半淞园路街道、五里桥街道等组织8支文体团队，进行全民健身展演，为活动助兴加油。（陆中斌）

【黄浦区总工会举办第四十五届南京路马路运动会】 11月19日，黄浦区总工会在南京路步行街举办第四十五届南京路马路运动会。共举行了"鼓动人心"、"九子"游戏等40余项运动项目。黄浦区10个街道、机关工会联合会和康复协会近千名职工参加活动。（陆中斌）

【黄浦区总工会举办第二届职工文化艺术节开幕式】 4月26日，黄浦区总工会在白玉兰剧场举行"筑梦新黄浦，建功新时代"庆五一先进表彰大会暨第二届职工文化艺术节开幕式。市总工会副主席桂晓燕，区人大常委会副主任、区总工会主席屠奇敏，副区长李原等领导出席大会，500多位劳模先进、黄浦工匠、基层工会干部以及一线职工代表参加活动。大会表彰了2019年全国和上海市五一劳动奖、工人先锋号，2018年"上海工匠"、"黄浦工匠"等先进集体和先进个人。整台节目由全区各单位职工和群众团体自编自演，通过歌伴舞、合唱、小品、相声、器乐书法、工间操、说唱等艺术形式，展现黄浦职工风采，唱响了劳动光荣的主旋律。（陆中斌）

【静安区总工会举办职工歌唱大赛】 9月26日，"梦圆静安，我有我的YOUNG"——静安职工歌唱大赛决赛暨展演举行。大赛决赛前，静安区人大常委会副主任、区总工会主席叶坚华向与会全国劳模代表授予"庆祝中华人民共和国成立70周年"纪念章。"梦圆静安，我有我的YOUNG"——静安职工歌唱大赛活动自6月开展以来，得到了全区广大职工的积极参与，演唱曲目涵括经典和流行，参赛选手以最饱满的热情、最昂扬的精神，唱出了对祖国和党的热爱。（陆　乐）

【宝山区总工会举办丰富多彩的职工文体活动】 1月21日，宝山区总工会"带副春联回家乡"文化惠民活动在友谊路街道社会组织服务中心主会场开场。友谊路街道家政、护工、建筑、环卫四大行业来沪务工人员代表约200人参加活动。区总工会于1月16日、1月22日分别在宝山城市工业园区和区物流货运行业工会开设了园区分会场和行业分会场，除送春联、猜灯谜等活动外，还开设职工学堂，举办书法艺术欣赏、了解春联文化等活动，进一步丰富"带副春联回家乡"活动的品牌内涵。5月25日，区总工会于区工人文化活动中心举行职工文体十大赛事开赛仪式暨区"城工杯"职工乒乓球比赛，区相关委办局及40余支代表队参加活动。8月9日，区总工会在区工人文化活动中心举办首场公益电影试映会。全区职工代表200余人参加试映会。10月19日，区总工会举办2019"幸福宝山路，文明修身行"之"献礼70年文化寻访路"主题健步走活动。区各单位及基层职工群众代表等300余人参加活动。（沈　英）

9月27日，闵行区举办庆祝中华人民共和国成立70周年职工文艺展演暨"向劳动者致敬"慰问一线职工专场演出（汪自强）

【闵行区举办庆祝中华人民共和国成立70周年职工文艺展演】 9月27日，"岁月如歌·唱响经典"闵行工会庆祝中华人民共和国成立70周年职工文艺展演暨"向劳动者致敬"慰问一线职工专场演出举行。活动现场，闵行区人大常委会副主任、区总工会主席倪学斌代表党和政府为14位全国劳动模范和先进工作者颁发了"庆祝中华人民共和国成立70周年"纪念章。区总工会党组书记赵芝娟致辞并宣读贺信。活动分为"火红的年代""沸腾的年代""激情的年代""壮丽的年代"4个篇章，闵行区各个行业的优秀职工歌手演绎了不同年代工人阶级的代表歌曲，歌颂劳模、劳动、工匠精神，抒发对新中国的美好祝福，表达闵行广大职工身处新时代的获得感和幸福感，动员广大职工群众积极投身时代发展的火热实践。全区1000多名职工代表观看了演出。（王　凯）

【闵行区新一轮职工文化、体育体验基地面向职工开放】 3月13日，闵行区新一轮职工文化、体育体验基地亮相，在保留原有的职工文化体验基地的基础上，新增职工体育体验基地。这是闵行区总工会、区体育局联动充分调动社会资源，开辟了一个以八大运动中心为主体的闵行区职工体育体验基地，其中包括卡丁车、保龄球、滑冰、游泳等多类运动项目，充分满足职工健身的多元化需求。区总工会联动企业自建场馆等第三方力量，探索了一条由社会力量为职工提供"一周七天不关门"的职工文化、体育服务的新路径。区内10家文化场馆和8家体育场馆加入区职工文化体育体验基地，为广大职工带来优质的文化和体育服务。（兰　奇）

【嘉定职工"好声音"大赛举办】 8月24日,"品艺术·礼赞祖国"嘉定区第二届职工文化节——嘉定职工"好声音"大赛决赛在嘉定区工人文化宫开赛。通过前期网络报名、各直属工会选送等环节,共有48名选手进入复赛。最终有10名选手进入决赛。2019年,嘉定区总工会在全区工会系统开展"中国梦·劳动美"庆祝新中国成立70周年系列活动,唱响礼赞新中国、奋进新时代的昂扬旋律,热情歌颂新中国70年的伟大成就。系列活动包括嘉定职工文化作品展、"艺术课堂"活动、"我爱主持"嘉定职工主持人大赛、嘉定职工"好声音"大赛、红色电影展映、"文化进企"公益演出等。 (钱晓明)

【嘉定职工原创歌曲亮相国家级"大舞台"】 11月26日,嘉定区总工会、徐行镇总工会受邀出席由全国总工会与中央网信办联合主办,福建省总工会、厦门市总工会联合承办的2019年"网聚职工正能量,争做中国好网民"主题活动总结展示活动,并分别展示演出情景剧《寻找最美劳动者》、男女声二重唱《匠心筑梦》。自2016年起,全总与中央网信办共同启动"网聚职工正能量,争做中国好网民"主题活动,打造了一批体现时代精神、积极向上的工会网络文化作品。2019年新增了职工原创歌曲征集,收到各类图文作品7000余幅、视频作品2000余个、歌曲372首,各子项目专题网页和微信公众号累计投票数600余万次。嘉定区总工会推送了7首优秀的职工原创歌曲参赛,其中嘉定产业工人之歌《蓝色动力》荣获十大金曲奖,《匠心追梦》荣获十大银曲奖,《透明地球》《最美的我们》《这条路》《快递小哥》四首作品荣获优秀歌曲奖。 (钱晓明)

【松江区总工会举办第五届职工文化艺术节文艺展演】 8月28日,松江区总工会举行"中国梦·劳动美"庆祝新中国成立70周年松江区第五届职工文化艺术节文艺展演。区总工会党组书记、副主席陈军康,党组成员、副主席王斌,党组成员、经审委主任孙爱华、兼职副主席薛鸿斌、朱梅、刘建其等领导出席。陈军康作大会致辞,孙爱华宣读了《关于表彰松江区第五届职工文化艺术节获奖作品和优秀组织单位的决定》。本次职工文化艺术节从5月份启动,得到了各级工会组织的大力支持和积极响应,广大职工踊跃报名,涌现出一批优秀的职工文艺创作作品。共收到各类参赛作品524件,参赛职工共计1000余名,经专家评审,共评出各类获奖作品159个,优秀组织奖10个。活动现场,区总工会班子领导为各类比赛的获奖代表和优秀组织单位进行了颁奖。各街镇、经开区工会主席、常务副主席、专职副主席,各委局、佘山度假区及直属公司工会主席,区总工会、区工人文化宫、工惠服务中心以及劳模代表和职工代表约300人出席了活动。 (杨佳玲)

【松江区总工会举办庆祝新中国成立70周年网上藏品展】 9月26日,松江区总工会举办"职工小藏品,折射大变化——松江工会庆祝新中国成立70周年网上藏品展"启动仪式。区人大常委会副主任钱秋萍,区政协副主席金冬云,区总工会党组书记、副主席陈军康,区文明办副主任朱伟杰,区总工会党组成员、副主席王斌,党组成员、经审委主任孙爱华,副主席孙禄君等领导出席。会上,钱秋萍与金冬云、朱伟杰、《松江报》原总编、区新闻工作者协会主席吴纪盛、藏品提供者代表金文等共同启动"职工小藏品,折射大变化——松江工会庆祝新中国成立70周年网上藏品展"。年初,区总工会提出在互联网上建设网上藏品展,自区总工会7月发出藏品征集启事后,逾百名职工群众通过微信、电话联系,热心参加这项新潮时尚的网上办展。经区总工会会同有关专家按政治性、地方性、价值性、稀有性、艺术性等五项评判标准,在100多组藏品中择优选精,遴选出70组(300余件)优秀藏品,充实"生活变迁""特殊藏品""难忘票证""工具穿越"和"私家相册"五大展厅,并通过现代化多媒体技术进行展示。本次网上展品共收入了70组(300余件)藏品、600余幅图片、126段视频音像资料。 (杨佳玲)

【松江区总工会举办庆祝新中国成立70周年职工书画摄影作品展】 9月11日,松江区总工会举办"中国梦·劳动美"庆祝新中国成立70周年——松江区职工书画摄影作品展开幕式。副区长陈晓军,区政协副主席肖镛,区总工会党组书记、副主席陈军康,区文明办副主任朱伟杰,区总工会党组成员、副主席王斌,党组成员、经审委主任孙爱华,副主席孙禄君等领导出席。陈晓军为开幕式致辞,陈军康主持开幕式。嘉宾代表区文联副主席、书协主席彭烨峰,参展作品职工代表叶菲分别在开幕式上作了发言。本次职工书画摄影作品展集中展出了在2019年松江区第五届职工文化艺术节中脱

8月28日,松江区总工会举办第五届职工文化艺术节文艺展演
(高浩振)

颖而出的书法、绘画、摄影作品共计88幅(组),其中,书法作品21幅、绘画作品19幅、摄影作品48幅(组)。本次职工书画摄影作品展免费向公众开放,并持续至10月11日。 (杨佳玲)

【青浦区总工会举办职工健身大会】 5月18日,青浦区总工会联合区卫生健康委员会、区社会工作党委共同举办2019年青浦职工健身大会。全区31支企业队伍,800余名职工在拔河、长绳、旱龙舟、定点投篮四大项目展开比拼,上海裕生特种线材有限公司、上海美蓓亚精密机电有限公司、上海元祖梦果子股份有限公司、日立电梯(上海)有限公司分获各个项目第一名。 (朱建强)

【青浦区总工会开展职工文化交流活动】 12月28日,2020年"带副春联回家乡"启动仪式暨青浦·吴江·嘉善三地职工文化交流活动举行。市总工会党组副书记、副主席姜海涛,青浦区委副书记杨小菁,青浦区人大常委会副主任、区总工会主席赵宏林等领导出席启动仪式。启动仪式上,姜海涛、杨小菁为"青浦工匠学院"揭牌,领导向青浦、吴江、嘉善三地职工代表赠送春联。活动特邀40名书画家和手工艺制作家,现场为职工作画、写春联、制作手工艺品,并开展猜灯谜、"公益乐学"课程体验等互动游戏。 (朱建强)

【奉贤区总工会做实职工文化服务】 年内,奉贤区总工会以庆祝新中国成立70周年为主题,开展职工文化系列活动,大力弘扬"建功劳动美、唱响中国梦"主旋律。"职工文化大篷车进企业"活动向基层送去文化演出10场次,被区委宣传部评为2019年度奉贤区"最受市民欢迎修身项目"。组织开展"向新中国成立70周年献礼"奉贤区诵读活动,得到了职工群众的极大反响和参与。在庆祝五一国际劳动节期间,开展了以"建功新时代,扮靓新家园"为主题的活动,制作《奉贤工匠》主题曲以及《我和我的祖国》快闪视频,并通过"学习强国"学习平台大力宣传,进一步弘扬了劳模精神、工匠精神和劳动精神。 (钱 洁)

【上海电气举办庆祝新中国成立70周年文艺晚会】 10月17日,上海电气职工庆祝中华人民共和国成立70周年文艺晚会在沪东工人文化宫举行。1200多名干部职工一起观看文艺演出。整台文艺晚会共分为3个篇章:第一篇章《成长·咱们工人有力量》,第二篇章《攀登·万众一心创辉煌》以歌舞表演《行进在春天里》,第三篇章《智造·复兴路上铸荣光》,展现了从新中国成立、改革开放、到党的十八大以来,上海电气走过的不平凡的道路和取得的重大成就。 (彭伟光)

【上海仪电举行2019年文化体育节职工健康跑活动】 5月25日,"转型发展再出发、砥砺奋进'仪'路行"——上海仪电庆祝建国70周年、纪念五四运动100周年职工健康跑暨文化体育节开幕式,在顾村公园举行。集团党委书记、董事长吴建雄,党委副书记、总裁蔡小庆等领导班子成员和来自基层企业的近千名职工参加了开幕式和健康跑活动。吴建雄在开幕式上致辞并宣布2019仪电文化体育节开幕。近年来上海仪电以文化体育节活动为抓手,不断深化集团企业文化建设,倡导"勇于创新、敢于担当、大气包容、抱团协作"的文化理念,弘扬先进典型,引导干部、员工积极投身仪电的转型发展,展现了创新转型路上,仪电人凝心聚力、奋发有为的精神风貌。活动现场,还举办了"仪电跑团"成立仪式。由仪电工会牵头成立的"仪电跑团"将为更多热爱跑步的职工搭建锻炼、交流的平台。 (周黎俊)

【市化学工会举办华谊职工徒步健身活动】 5月25—26日,市化学工会在黄浦滨江举办"喜迎建国70周年——纪念上海解放70周年"华谊职工徒步健身活动,通过红色寻访活动和华谊企业原址变迁,领略浦江沿岸新貌,感受城市文明进程,愉悦职工身心健康,提高职工身体素质。回眸上海巨变、展望华谊发展未来。共有1200名职工参与活动。 (杨定虎)

【东方国际集团创作音乐文化短片《歌唱祖国》】 作为上海市总工会"铭记革命史、奋进新时代"——庆祝上海解放70周年大型主题文化寻访系列活动的指定联办单位之一,上海市纺织工会、东方国际集团工会5月22日组织300余名干部职工齐聚半岛1919文化创意园,演绎创作《歌唱祖国》主题文化音乐短片,庆祝上海解放70周年。当天,在著名老劳模黄宝妹、苏寿南以及奋战在一线的集团各路工匠先进代表们的引领下,70人共同擎起近400平米超大五星红旗时,将活动推向高潮。市纺织工会、东方国际集团工会主席黄勤在致辞中希望广大职工在劳模工匠精神的引领下,围绕集团"全球布局、跨国经营"战略,攻坚克难、携手奋进,以优异成绩向新中国成立70周年献礼。 (张智伟)

【东方国际集团举行企业文化核心理念发布会】 9月27日,庆祝中华人民共和国成立70周年文艺汇演暨东方国际集团企业文化核心理念发布会在上海国际时尚中心举行。集团党委书记、董事长童继生作题为《在传承创新中建设新时代东方国际企业文化》致辞。大会向全国劳动模范代表黄宝妹、刘福根、陈仲、徐伟民、曹春祥颁发"庆祝中华人民共和国成立70周年"纪念章。整台文艺汇演由"壮阔历程""砥砺前行""旭日东升"3个篇章组成,来自各级企业的17个节目同台献演。各级企业党政工团领导与代表、劳模、工匠、先进代表,两办主任、班组长、职工代表,各民主党派、无党派人士代表,在集团发展各个历史时期作出重要贡献的老领导、老同志等千余人出席大会。大会还以全程网络视频现场直播的形式供海内外广大员工收看,共有4万多手机用户收看了直播,引起了强烈反响。 (张智伟)

【市纺织工会承办"庆共和国70年华诞,展新时代职工风采"全国财贸轻纺烟草行业职工摄影作品巡展开幕式】 8月19日,由市纺织工会承办的"庆共和国七十年华诞,展新时代职工风采"——全国财贸轻纺烟草行业职工摄影作品巡展开幕式暨首站展在上海纺织博物馆开幕。中国财贸轻纺烟草工会主席王倩、上海市总工会副主席刘言浩、东方国际集团党委副书记王佳、上海市纺织工会主席黄勤等出席开幕式并致辞。巡展由中国财贸轻纺烟草工会主办，部分相关省级产业工会及企业工会联合承办，自6月面向全国行业职工征集作品以来，共收到来自19个省（区、市）产业工会和中央企业工会选送的2000余幅照片。经专家评审，共展出照片100幅，其中由上海市纺织工会选送的作品摘得一、二等奖等多个奖项。上海首展于8月25日结束后，将在全国总工会机关、中粮集团、安徽、湖北、广东、广西、重庆、天津、山东等9个站点进行为期3个月的巡回展出，网上影展也同步进行。为进一步增强活动效果，中国工人出版社以《匠心之美》为题，发行了获奖摄影作品集。

（张智伟）

9月25日，上海石化举办庆祝中华人民共和国成立70周年职工文艺汇演

（石小建）

【市医药工会举办集团发展历程集藏品展】 9月9—12日，市医药工会举办“壮丽来时路”——上海医药集团发展历程集藏品展。藏品展出了不同时期各种药品产品包装、药企票证、药品广告、药品宣传册、邮票共计116件实物，200余张图片以及近20框邮票票证，真实记录了上海医药变迁的发展轨迹和上海的历史。4天的展览共吸引了各基层企业的500余名员工前来参观。（陈玮雯）

【国网上海市电力公司工会举办职工大型文体赛事】 2019年，市电力公司工会根据企业文化建设要求和职工实际需要，围绕“快乐工作、健康生活”主题，不断丰富职工业余文化生活，积极开展各类职工喜闻乐见的文体活动。6月28日，举办“乒出幸福、乓出快乐”2019年国网上海市电力公司职工乒乓球比赛，26支代表队、250名职工参加比赛；11月22日，举办职工羽毛球大赛，27支代表队、210余名职工选手参加比赛；12月8日，举办千名职工“悦”跑越来电迎新年欢乐跑活动，切实加强职工文化队伍建设，营造积极向上的和谐氛围。

（王曙华）

【国网上海市电力公司工会举办职工书法篆刻美术主题作品展】 9月26日，“我和祖国共奋进”职工书法篆刻美术主题作品展在公司本部“国网印吧”正式开幕。市电力公司工会主席娄为、有关基层单位工会相关负责人、作品创作者、“国网印吧”成员等60余人出席活动。本次活动以“礼赞祖国”为主题，以书法、篆刻、绘画等职工艺术作品，集中展示了新中国建设的累累硕果、伟大成就，讴歌党、讴歌祖国、讴歌公司“努力超越，追求卓越”的精神风貌。活动共收到员工书法、篆刻、美术作品86件，文创作品7件，甄选推送26件精品报送国网公司。9月9日、9月12日，在北京中华世纪坛艺术馆举行的“印记中国”大众篆刻展和职工书法篆刻美术主题作品展中，公司有10件作品入围参展，公司工会因此获国家电网有限公司工会颁发的“优秀组织奖”。（王曙华）

【宝钢发展以丰富多彩的文体活动营造和谐企业氛围】 2019年，宝钢发展进一步加强文体协会管理，并依托各文体协会，开展了拳操、花艺、烹饪、钓鱼等活动及培训，共计400余名职工参加。组织开展“发展杯”职工羽毛球比赛等活动；协同宝钢股份承办桥牌团体赛；发动职工积极参加中国宝武第一届职工运动会的全部比赛活动，组织职工参加“一起走”健步行活动，在台球、工间操、棋牌、乒乓球、游泳、电竞、钓鱼、羽毛球、篮球、足球、网球等10余项比赛中取得较好的成绩，并荣获中国宝武“优秀组织奖”。根据宝钢发展《关于庆祝中华人民共和国成立70周年活动系列工作实施方案》的相关要求，策划并组织开展了“班组之声”主题歌会、“走进园区、感受发展”罗泾产业园健步行活动及“中国心、发展情”职工才艺作品征集活动，庆祝建国70周年华诞。

（朱 宏）

【上海石化举办庆祝新中国成立70周年职工文艺汇演】 9月25日，为庆祝新中国成立70周年，上海石化举办以“不忘初心、砥砺奋进”为主题的职工文艺汇演。演出围绕公司历史传承、科技创新、美好未来等方面，包括了歌曲、舞蹈、诗朗诵、音乐剧、杂技等13个节目，近500人观看演出。

（石小建）

【上海石化举办第八届职工运动会】 4—10月，上海石化举办第八届职工运动会。包括线上线下健步走活动、羽毛球比赛、乒乓球比赛、篮球比赛、游泳比赛、钓鱼比赛、班组（团队）水上趣味赛等6个大项、15个小项的比赛项目，共计4000余人次参加。

（石小建）

【中船上海船舶工会举行职工红色文化寻访健步走活动】 5月23日，“铭记革命史·奋进新时代”庆祝新中国成立暨上海解放70周年上海职工红色文化寻访活动船舶分会场在中国船舶馆举行，来自中船集团上海地区16家成员单位的21支团队共105名职工参加活动。红色文化寻访活动主会

场设在杨浦发电厂，另设黄浦、宝山、纺织、船舶、邮政5个分会场。船舶分会场设于中国船舶馆所在的江南造船厂原址，中船上海公司党委书记、董事长高烽出席启动仪式并发表讲话。参加活动的选手们依次从中国船舶馆出发，徒步前往江南造船翻译楼、2号船坞、飞机库、总办公楼等具有浓厚工运历史文化气息的船厂坐标"打卡"，并参与线上知识竞赛，了解江南造船150多年深厚工业文明历史，瞻仰已退役返厂的功勋远洋测量船——"远望1号"，感受了70年来造船工业的巨大变化。（周　莺）

【中船上海船舶工会举办2019年职工趣味运动会】 11月16日，2019年上海船舶职工趣味运动会在江南造船足球场举行，共有来自上海船舶系统13家单位的23支队伍近600余人参赛。"长河之舞""同舟共济""蛟龙出海""运球帷幄""一球成名""勇敢者道路"等融合趣味性与协作性于一体的趣味运动项目，让职工从日常繁重的工作压力中释放出来，激发大家团队合作与拼搏意识。上海船舶工会通过举办趣味运动会旨在提升职工团队精神、增强企业凝聚力、推动职工健身运动，掀起积极参与锻炼的热潮。（刘亦明）

【上海化学工业区工会举办长三角化工园区一体化发展联盟乒乓球团体邀请赛】 8月31日，长三角化工园区一体化发展联盟"彩星杯"乒乓球团体邀请赛在上海化工区体育中心开赛。来自长三角地区的18支代表队共150余名运动员参加比赛，经过角逐，江苏省泰兴经济开发区、上海化学工业区、南京江北新材料科技园分别夺得冠军、亚军和季军。比赛为促进长三角化工园区进一步拓宽合作领域，强化合作深度，推进优势互补，共同打造具有全球影响力的世界级石化产业集群，为石化产业的高质量发展树立标杆与示范做出了贡献。（邹　毅）

【国药控股工会举办2019年秋季健康走跑活动】 为庆祝新中国成立70周年，弘扬健康向上的企业文化，10月26日，国药控股在嘉定嘉北郊野公园举办2019年"壮丽七十年，走进新时代"秋季健康走跑活动。来自上海地区13家子公司近400位职工参加了活动。国控秋季健康跑已经连续举办7年，成为公司员工心中的品牌活动。（江　莹）

【上海"火车头杯"职工足球比赛总决赛举行】 6月23日，2019上海"火车头杯"职工足球比赛总决赛在铁路上海局火车头体育场举行。集团公司工会主席何元庆到现场观看比赛，并与中国企业体育协会职工足球委员会主席迟尚斌共同为荣获冠军的徐州机务段代表队颁奖。本次比赛为2019"中国足球发展基金会杯"、中国职工足球联赛（中国铁路上海局赛区）暨2019上海"火车头杯"职工七人制足球比赛，其预赛自5月份分别在上海、杭州、南京、合肥、徐州5个地区和上海铁路公安局赛区举行，共有57支足球队、700余名职工参与预赛和决赛阶段比赛，经层层比拼，最终有16支队伍进入总决赛。比赛首次引入本地区"职工外援"方式，使得本队无缘参加总决赛的高水平运动员，有了展示球艺的机会，也增加了比赛的对抗性和观赏性。（孙志岐）

【铁路上海局集团公司工会开展职工体育活动】 2019年，铁路上海局集团公司体协以开展全民健身和赛事为抓手，各项体育活动贯穿全年始终。举办"追梦前行"健步走活动，将手机APP等新媒体应用于职工健身领域，在同一时间、不同地区同时举办集团公司健步走活动启动仪式。有195个单位（部门）、85601职工参与，有10232人走完虚拟动态地图。年终，集团公司评选出1200名"健步达人"。坚持每季一赛，全年先后举办了气排球、足球、乒乓球等项目的竞赛活动，全局共有2000多名职工参加角逐。组队参加全国、全路、省市举办的各类体育比赛，用优异的成绩展示局职工奋发向上、勇攀高峰的精神风貌。连续40年，坚持不懈地在全局开展"百日冬锻"活动，为职工舒缓压力，精神饱满地投入春运工作发挥了积极作用。举办了职工篮球裁判员、教练员培训班和集团公司职工太极拳培训班，为培养教练员、提升骨干队伍打下了坚实的基础。（孙志岐）

【中波公司工会举办丰富多彩的职工文化活动】 2019年，中波轮船股份公司工会举办公司中外客户联谊晚会、三八妇女节组织女职工花艺和烘焙体验活动、摄影基础讲座、职工亲子等一系列职工文体活动。参加中远海运集团第一届职工篮球比赛和黄浦区第四届"科技京城"杯楼宇运动会；参加集团职工才艺大赛并取得良好成绩，组织公司员工参加集团文艺汇演；举办公司"不忘初心、牢记使命，建功立业新时代"庆祝中华人民共和国成立70周年暨廉政文化主题书画摄影展活动；举行公司"凝心聚力、共创未来"职工趣味运动会和冬季趣味打卡滨江健步走活动。在由交通运输部主办的"礼赞新中国·奋进新时代"—"中大机械"杯全国交通运输摄影大赛中，1名船员的摄影作品《海上生明月》荣获三等奖。在由中国交通书画协会、中国远洋海运集团等共同主办的"交通记忆强国梦想——全国交通运输职工书画摄影展"评比中，3名职工的书法、摄影作品分获奖项。（倪　蓉）

【中远海运集团工会举办70周年文艺汇演】 中远海运集团举行庆祝中华人民共和国成立70周年职工文艺汇演，近500名演员通过小品、情景剧、大合唱、歌伴舞等形式，呈现了一台气势宏大、团结振奋的精彩节目，讴歌了新中国成立70年来的伟大发展成就，充分展示了中远海运广大职工履职敬业、追梦筑梦、奋斗圆梦的精彩历程，有近7万名职工和家属在线收看了演出盛况。（陈　珺）

【中远海运集团职工文体协会成立】 2月18日，中远海运集团职工文体协会成立大会在沪召开。集团党组副书记、副总经理孙家康、工会主席张善民以及各单位工会主席、各分会筹备组成员等120余人参加会议。会议宣读了集团职工文体协会第一届理事会成员名单，通过了集团职工文体协会章程。集团职工文体协会已设立作家协会、摄影家协会、书法家协会、集邮协会4个分会。各协会聚集了数百名集团职工文艺人才，成功举办中远海运集团成立三周年书画集邮巡展，出版《航迹—职工摄影作品集》《海之韵—职工书法美术作品集》和《海洋文学作品集(三卷)》等一批优秀文艺作品。（张 洁）

【上港集团“看海港”幸福行】 “看海港”活动自2016年开始，成为了上港集团的传统活动，不仅弘扬了企业文化，也增强了职工的获得感和归属感，每次活动都受到职工们的热烈欢迎和踊跃报名。6月，集团组织了“看海港”北外滩国客亲子游活动，在国家AAAA级景区——上港邮轮城开展了丰富多彩的活动，给参与活动的集团下属40家单位共计百余名职工及小朋友们带来了欢乐。8月，集团邀请云南、贵州定点帮扶的4所小学师生代表来沪“看海港”，现场观摩中超球赛、参观洋山深水港区，师生们表示收获满满，倍感鼓舞。11月，集团组织3批职工及家属共137人，分别参观了洋山深水港区和上海港史馆，让职工及家属们进一步了解上海港的发展历程，坚定海港文化生命力的信念传承，激励新一代的海港人不断汲取艰苦奋斗的力量，为社会主义现代化建设、为上海“五个中心”建设贡献新的更大力量。（袁旭芳）

【上港集团举办第六届“上港杯”职工足球锦标赛】 2019年，上港集团举办第六届“上港杯”足球锦标赛，总部机关及33家基层单位共有435名运动员组建了24支队伍参加比赛。5月31日，第六届“上港杯”足球锦标赛决赛暨闭幕式在集团党校举行。经过激烈争夺，盛东公司代表队夺得冠军。浦东公司代表队、宜东分公司代表队分别获得超级组亚军和季军。比赛还评选出了道德风尚奖、最佳组织奖、顽强拼搏奖、最佳门将、最佳射手、最佳球员等多个单项奖。（袁旭芳）

【上海邮政工会举办红色文化骑游活动】 4月24日，上海邮政“奋进新时代”红色文化骑游活动在长兴岛郊野公园举行。共有来自30家单位的近400名自行车爱好者参与。骑游活动通过设立红色文化历史墙，利用文化寻访，定向寻宝等形式，将红色文化元素融入全民健身活动，通过这次红色文化骑游活动，上海邮政将健身项目与爱国主义教育紧密结合，充分激发广大员工以更饱满的精神投入到邮政事业之中。（陆 彬）

4月24日，上海邮政工会举办红色文化骑游活动 （陆 斌）

【上海邮政工会微电影作品获奖】 8月26—30日，由国家交通运输部办公厅主办的“礼赞新中国·奋进新时代”——全国交通运输微视频大赛在湖南长沙举行，上海邮政选送微电影作品《承诺》，最终得到专业评委的好评，获优秀编剧奖、三等奖。12月，在上海市总工会举办的“最美劳动者”上海职工第三届微电影节上，上海邮政选送微电影《信仰》获银奖及最佳演员奖。（陆 彬）

【中国移动上海公司工会持续深化“幸福1+1”品牌】 为切实做好员工维权服务工作、加强关心关爱、顺应员工对美好生活的新期待，中国移动上海公司工会坚持“为员工服务、为发展加油、为企业分忧”的工作主线，塑造了“幸福1+1”员工身心健康提升活动品牌。“幸福1+1”是指“引导每位员工开展1项体育运动，提高身体素质；培养1项兴趣爱好，丰富精神素养”。谋划和组织中，突出“群众性、时尚性、趣味性”，上下联动开展员工喜闻乐见的系列文体活动。活动主题紧扣公司发展导向。在品牌推广上，创建了“幸福1+1”手机客户端APP，让员工切实感受到了“活动在身边、幸福在手中”的便捷和体验。（徐睿璐）

【中国电信上海公司举行第五届员工运动会】 6月23日，以“健康拥抱新时代”为主题的中国电信上海公司第五届员工运动会拉开帷幕。市总工会副主席桂晓燕，中国电信上海公司党委副书记、副总经理雷宇，中国电信上海公司副总经理、工会主席常朝晖等出席运动会开幕式。同时参加活动的还有来自上海公司各基层单位的工会主席、工会干事及员工代表们共计300余人。第五届员工运动会，在“礼赞新中国、建功新时代”的主线下，以“健康拥抱新时代”为主题，开展“体育精神展示类”、“愉悦身心健康类”和“定向健康促进类”三大类近百项活动。开幕式上桂晓燕为32家轻健身角试点单位授牌。（殷 茵）

【中交三航局有限公司工会举办第一届“幸福杯”厨艺大赛】 12月18日，三航局首届“幸福杯”烹饪大赛圆满落幕。本次比赛以“争做三航好大厨，漫品生活好滋味”为主题，旨在弘扬厨师们的工匠精神，营造广大厨师爱岗敬业、勤学苦练、尊重技能、勇于创新的良好氛围，更好为职工提供安全、优质、满意的饮食服务保障。来自10家基层单位的10位大厨同场竞技。最终来自企发公司的大厨王强获得一等奖。本次比赛分为指定菜和自选菜两部分进行，评委组由专家评委

6月23日，中国电信上海公司举办第五届员工运动会 （殷 茵）

和大众评委共同组成，并特邀上海市技能大师、徐汇区行业领军人物赖声强作为本届赛事专业指导。（黄书展）

【上海机场集团举办职工健身节各项赛事】 5月11日，“我和我的祖国”系列活动暨2019年上海机场职工健身节在机场职工活动中心室外球类运动场举行。各大单位党委书记、工会主席、各基层单位工会主席、运动员、裁判员代表200余人出席开幕式。健身节期间，共举办球类运动会（包括：篮球、乒乓球、羽毛球、网球）、智力趣味运动会（包括：棋牌、电竞、趣味竞赛）、水上运动会（包括：龙舟、皮艇、划艇、岸线接力跑、帆板）、卡丁车团体赛（计时赛、排位赛）等赛事，有2000多名职工参加各项比赛，各级工会在健身节中开展的赛事覆盖近万名职工。（张雯倩）

【上海海事局开展“江海”杯职工足球友谊赛】 9月27日，上海海事局工会联合局团委组织开展的上海海事局纪念新中国成立70周年暨上海海事改革发展20周年“江海杯”职工足球友谊赛在世博黄浦体育园落幕。比赛采用杯赛制，由局属各单位分别组成浦江联队、长江联队、东海联队和机关联队4支球队。上海海事局“江海杯”足球赛的创立，将成为上海海事一年一度的品牌赛事，以弘扬上海海事精神，传承上海海事文化，用团队的合作拼搏凝聚职工力量，促进上海海事事业高质量发展。（陆智静）

【市建设交通行业举行庆祝中华人民共和国成立70周年歌咏大会】 为隆重庆祝新中国成立70周年，展现建设交通行业70年来发展取得的巨大成就，9月25日，“壮丽70年，奋斗新时代”——上海市建设交通行业庆祝中华人民共和国成立70周年歌咏大会举行。市建设交通工作党委书记王醇晨致辞，她代表市建设交通工作党委，向多年来辛勤奉献城市发展、示范引领行业进步的各位先进典型代表致以亲切问候，向奋战在迎国庆、迎进博一线的全系统干部职工致以节日祝贺。市总工会、团市委、市妇联、市建设交通工作党委、市住建委、市交通委、市水务局、市绿化市容局、市城管执法局、市房屋管理局主要领导及工会负责人，市建设交通系统中央在沪单位主要领导及工会负责人，部分行业单位分管领导及工会负责人，市建设交通系统劳模、先进代表、一线职工代表共2000余人参加活动。（钱 蓉）

【上海建工集团职工积极参加上海职工文艺汇演】 3月12—15日，市总工会在上海邮电俱乐部开展“迎国庆·讴歌中国梦、劳动美”上海职工文艺汇演。上海建工集团选送的无伴奏合唱《美丽的草原我的家》、上海说唱《改革开放新上海》参加汇演。基础集团选送的上海说唱《改革开放新上海》，以建设者的角度讴歌了上海的发展历程，荣获“优秀展演奖”。（余轶群）

【海洋石油工会举办第四届职工全民健身运动会】 10月16日，海洋石油工会在上海源深体育中心举办第四届职工全民健身运动会。运动会设置的竞技项目有：男/女子组100米，男/女子组400米，男/女子组实心球打靶，男/女子组跳远，男女混合障碍接力，团体拔河，4×100米男女混合接力。趣味比赛及嘉年华游乐团体项目有：凝心聚力、砥砺前行。个人项目是：射箭达人、投球入桶、冰魄银针、愤怒的大鸟、超级投篮、汉诺塔。运动会向个人、团体项目的前三名、团体总分的前三名及道德风尚奖活动的者（单位）颁奖。局党委书记张旭宣布运动会开幕，市总工会副主席桂晓燕应邀出席大会并致贺辞。（耿卫军）

【市绿化市容行业工会组织职工迎新年健身跑活动】 12月20日，由市绿化市容行业工会与局团委联合举办的上海市绿化市容行业职工迎新年定向健身跑活动在美丽的顾村公园活力开跑。市总工会党组成员、经审委主任丁巍，上海市绿化和市容管理局党组成员、一级巡视员崔丽萍，宝山区总工会副主席赖拥军，宝山区绿化和市容管理局党组书记、局长施永根，宝山区绿化和市容管理局副局长、工会主席周少龙，上海市绿化和市容管理局工会、行业工会主席肖龙根、上海市绿化和市容管理局团委书记邱菲菲出席了活动。活动由上海市绿化和市容管理局工会、行业工会副主席冯磊主持。来自绿化市容局系统、行业的31家单位31支队伍的350余名职工参加了活动。（耿 静）

【中建八局举办庆祝新中国成立70周年职工文艺汇演】 9月27日，中建八局在上海源深路研发楼项目部举办“辉煌中国·精彩八局”庆祝新中国成立70周年职工文艺汇演，中建八局职工用一场自编自演的文艺晚会，礼赞新中国70周年华诞，致敬新时代。局党委副书记、工会主席于金伟代表中建八局致辞，向莅临晚会的嘉宾和广大建设者表达了热烈的欢迎和衷心的感谢。自建局以来，局共有6人荣获全国劳动模范、31人荣获全国五一劳动奖章、189人荣获省部级劳动模范和五一劳动奖章称号。晚会现场，局系统全国劳动模范王为兵、沈健在现场接受“庆祝中华人民共和国成立70周年”纪念章。在八局的精准扶贫下脱贫“摘帽”甘肃省甘南自治州卓尼县，县长韩明生到晚会现场，向中建八局赠送锦旗。本次活动在看看新闻及优酷两大平台同步直播，在线观看人数合计超过81万人。（陈　湘）

【中建八局首届上海地区职工运动会在沪举办】 11月10日，中建八局首届上海地区职工运动会开幕式在上海二工大体育场活力举办，共有18支代表队，近千名八局职工，参加田径、乒乓球、羽毛球等8个竞赛项目，6个趣味项目的比赛。局党委书记、董事长校荣春宣布运动会开幕，局党委副书记、工会主席于金伟致运动会开幕辞。经过两天激烈的角逐，决出各项赛事名次。总承包公司获得本届运动会团体一等奖，装饰公司、东孚公司、总承包公司、投资公司获运动会优秀组织奖。装饰公司获开幕式最佳展示奖，上海公司获开幕式最佳创意奖等。（陈　湘）

【上海高校教师唱响“壮丽七十年·筑梦新时代”主旋律】 12月19日晚，来自上海市10所高校，以及上海市社会科学界联合会、交通银行上海市分行、中职女校长等合唱团的近千名教师齐聚东方艺术中心，用歌声赞颂祖国，展示上海市高校教师的风采。展演分为“峥嵘岁月”“盛世华章”“梦想中国”3个篇章。市教卫工作党委副书记、工会主席滕建勇出席活动并讲话。（高　芳）

【市教育工会创意举办教职工线上健步走活动】 11月20日，上海市教育工会通过小程序“工家云”，创意举办“交通银行杯”教育系统教职工健步走活动。教职工会员通过每日行走步数领取积分，并自行兑换心意礼品。活动前后持续了1个多月，逾5千名教职工参加。市教育工会常务副主席李蔚希望通过健步走活动，培养教职工良好的健身习惯，引导教职工提升健康理念，从而使教职工拥有健康体魄以饱满的精神面貌投入到教书育人的工作中。（高　芳）

【市科技系统职工摄影作品展开幕】 9月19日，为庆祝新中国成立70周年，由上海市科技工会主办的“魅力科技·情系祖国”——上海市科技系统职工摄影作品展在市科技机关开幕，市科技党委书记刘岩、市科委主任张全为开幕式揭幕，市科技党委、市科委领导班子成员和部分机关干部出席了开幕式，开幕式由市科技工会常务副主席赵福祥主持。本次展出的作品，是从市科技系统33家单位232名摄影爱好者投稿的1000余幅作品中，经摄影协会专家评选出70幅入围作品。展出作品分为院士风采、工匠精神、科技之眼、人文风采、科技进步等5个专题，从不同角度、用独特视角、以不同形式展示和记录时代的进步，生动再现了上海科技的发展成就和美好前景，热情讴歌了科技系统职工群众奋发向上的精神面貌。（冯　莺）

【市科技系统举行庆祝新中国成立70周年合唱音乐会】 9月28日，“讴歌新中国，奋进新时代”——上海市科技系统职工庆祝新中国成立70周年合唱音乐会隆重举行，市科技党委副书记、市科技工会主席陈龙，市纪委监委驻市科技工作党委纪检监察组组长蔡桂其，上海科技馆党委书记王莲华等领导，以及市科技系统部分职工代表等300余人参加了本次音乐会。上海科技春韵京剧社、上海科技春天合唱团、上海科技馆科普先锋合唱团、中科院上海生科院爱乐合唱团等8支表演队伍为观众带来了大合唱《在太行山上》等经典曲目。（冯　莺）

【市医务职工第九届文化艺术节闭幕】 12月26日，上海市医务职工第九届文化艺术节闭幕式暨2019年度市医务工会总结表彰主题活动在复旦大学附属中山医院举行。本届文化艺术节市级层面共设置了开展劳模文化讲坛，话剧、原创情景剧展示，主持人、舞蹈、歌唱、微电影、钢琴、摄影、书画、读书征文、厨艺等3个大类17个大项活动，基层单位层面有300多项文艺活动，共有近450个单位47000医务职工参与了艺术节各项活动。活动现场，年内工会系统涌现的劳模工匠先进、立功竞赛先进、职工科创先进等，以及第九届职工文化艺术节团体奖项的获奖集体和个人代表登台领奖。最后，各级医疗卫生单位的医务职工为大家奉上了一台赏心悦目、精彩纷呈的文艺汇演。各区卫生健康委、市级医疗卫生健康单位、企业职工医院的党政工领导、先进代表、工会代表、职工代表和青年代表、退休职工代表400余人参加活动。（池朝霞　李易杰）

【市医务职工喜庆祖国70华诞主题歌会举办】 9月18日，“我和我的祖国”上海市医务职工庆祝中华人民共和国成立70周年主题歌会在上海儿童艺术剧场举办。副市长宗明，中国工程院院士、国家最高科学技术奖获得者、上海交通大学医学院附属瑞金医院血液研究所名誉所长王振义，中国科学院院士、上海心血管病研究所所长、复旦大学附属中山医院心内科主任葛均波，市卫生健康委党组书记黄红，市总工会副主席桂晓燕，市教卫工作党委副书记滕建勇等领导出席活动。各医疗卫生单位党政工领导及劳模代表、职工代表等近1700人参加主题歌会。主题歌会共有4个篇章，分别是“峥嵘岁月稠”“再把春来报”“礼赞新中国”“奋进新时代”，邀请王振义、葛均波院士讲诉勇攀医学高峰的心路历程，朱兰、龙子雯畅谈在不同工作岗位上历练的心得与收获，医二代代表孙冰清表达投身医学事业的信心和决心。（池朝霞）

【市新闻出版工会举办庆祝新中国70华诞文艺汇演】 9月20日，市新闻出版工会举办以“礼赞新中国·讴歌新时代”为主题的庆祝新中国70华诞文艺汇演。来自上海出版界12家单位选送13个节目，节目表现形式有诗朗诵、舞蹈、独唱、器乐演奏、情景剧等。职工们以嘹亮的歌声、欢快的舞蹈，热情地歌颂党、歌颂新中国成立70年来的伟大成就，展现新时代上海出版界广大职工锐意进取的

9 月 20 日，市新闻出版工会举办庆祝新中国 70 华诞文艺汇演（方伟国）

精神风貌。（方伟国）

【上海报业集团举行第六届职工文化艺术节开幕式】 9 月 16 日，上海报业集团第六届职工文化艺术节暨上海日报创刊 20 周年系列活动开幕式在外滩久事美术馆举行。集团领导刘可、季颖、李翔以及解放日报社领导周智强、新民晚报社领导杨咏梅、集团职能部门负责人、团委、妇委会负责人和职工代表共 150 余人参加。集团副社长季颖在集团第六届职工文化艺术节开幕式上致辞。本届艺术节开场活动特邀上海日报社城市和建筑历史的专栏作家——乔争月，与大家分享外滩 70 年的梦想与荣光。（褚　珺）

【SMG 工会文体活动丰富多彩】 上海广播电视台（上海文化广播影视集团有限公司）工会继续办好迎春展、摄影展、书画展、合唱团、艺术社团等活动，组织开展职工乒乓球赛、羽毛球赛、足球赛、游泳赛等健身活动，丰富职工文体生活。为庆祝中华人民共和国成立 70 周年，台集团工会以“神州风采”为主题举办职工摄影巡展。200 多位摄影爱好者，提交了近 600 幅摄影作品，从中精选出 175 位职工的 175 幅作品展出。“SMG 全运会”的各大比赛项目贯穿全年，5 月开赛的职工乒乓球个人赛，吸引了 110 余名运动员参加；与团委联合举办的 SMG 第六届足球联赛，共有 19 支球队 400 多名职工运动员参与；7 月，SMG 职工游泳赛，百余名 SMG 职工家属，争夺 7 个竞速项目、3 个趣味项目的“泳士”桂冠；11 月，举办职工羽毛球团体赛，9 支队伍 130 多位羽毛球爱好者争夺团体赛冠军。上海广播电视台合唱团在 5 月举行的 2019 中国（威海）国际合唱节上，获评“优秀展演团队”。台集团工会联合团委举办“Art Plus | 美+”艺术社团，在工作之余每月开展一次活动，全年活动共 10 次，涉及绘画、汉服、乐器、护肤、插花、首饰制作等多种类别，累计参与人数近 200 人次。年内举办 10 场电影专场活动，放映 19 部影片，观影人数达 4000 人次。（秦伊龄）

【上海市经济和信息化工作系统工会举行庆祝“新中国成立 70 周年”智力运动会】 9 月 28 日，在中国人民解放军第四七二四工厂职工体育馆，市经信系统各单位职工欢聚一堂，以智力运动会的形式共庆祖国 70 华诞。本次智力运动会共设棋牌、数独、挑战答题三大类 6 个项目，39 支代表队近 300 名职工参加。通过一天的激烈比赛，运动会角逐出了各个单项的一、二、三等奖和优胜奖，并评选出了优秀组织奖、体育道德风尚奖和学习达人奖。（黄　俭　顾　捷）

【光明食品集团微电影在上海职工微电影大赛中获奖】 12 月 20 日，由市总工会指导，市职工文体协会、上海电影（集团）有限公司工会、市机电工会主办的第三届“最美劳动者”上海职工微电影节颁奖典礼在上海沪东工人文化宫举行。共有 300 部影片参加本届比赛的初审、复审和终评 3 个环节，最后共有 53 部影片入围。光明食品（集团）有限公司工会编剧、导演、制作、选送的两部微电影《郁非的微笑》《乘风破浪》分别荣获大赛银奖和优秀作品奖。微电影《郁非的微笑》《乘风破浪》各具特色，从不同方面展示了光明产业工人立足岗位、无私奉献、改革创新的劳动精神、劳模精神、工匠精神，弘扬了光明基层一线工作者的先进故事，充满正能量。（周碧青）

【市监狱管理局工会开展迎新中国成立 70 周年线上健步行活动】 9 月 1 日，市监狱管理局工会在宝山顾村公园举行“奋进新时代·健步新征程”庆祝新中国成立 70 周年线上健步走活动启动仪式暨八公里健步走比赛。来自全局各基层单位的健步爱好者和志愿者共 500 余人参加本次活动。同时，线上健步走活动也于同日开始，全局共有 4100 余人报名参赛。（江海群）

【锦江国际集团工会组织参与上海万名职工红色文化寻访活动】 9 月 17 日，锦江国际集团工会组织各基层单位 50 人次参与市总举办的“不忘初心·走向复兴”——庆祝新中国成立 70 周年上海万名职工红色文化寻访活动。寻访活动路线从三山会馆始发，追溯上海工人的起源、三次武装起义的过程，第二站来到上海大世界，了解工人阶级在上海发展中的奉献和成果，最后瞻仰人民英雄纪念塔和参观外滩历史纪念馆，缅怀革命先烈和回忆外滩历史风貌。活动让更多的职工了解认识到上海的历史变革，以及上海工人阶级用英勇顽强的拼搏精神创造出不平凡的光辉业绩。（顾明方）

【市级机关举办庆祝中华人民共和国成立 70 周年系列体育赛事活动】 5 月 18 日，“新征程、追梦人”市级机关庆祝中华人民共和国成立 70 周年系列体育赛事活动全面启动，市级机关工委副巡视员、直属机关党委书记田霞参加开幕式并致辞。2019 年系列体育赛事活动包括拔河、龙舟赛、健步走、篮球和智力运动会各种类型的体育比赛。当天，市级机关24家单位的26支队伍近500名干部职工参加了第一个赛事拔河比赛，有16支队伍进入决赛。市戒毒局、上海边检总站上海机场边检站、上海图书馆、市保安服务总公司4支队伍获得一等奖。

（王　颖）

【百联集团举办2019职工文化节闭幕式歌唱会暨首届龙舟赛】 6月16日，“文化百联·融合创新”2019百联集团职工文化节闭幕式歌唱会暨首届龙舟赛在上海水上运动中心举行。集团党委书记、董事长叶永明出席并讲话，党委副书记、总裁徐子瑛为获奖选手颁奖。集团党政班子成员，各公司、中心党、政、工、团负责人，集团相关部室负责人，劳模先进和职工群众代表等出席。本次龙舟赛共有16支参赛队报名参赛。每支队伍共有18名职工划手运动员（其中4名为女职工）和鼓手1名，组委会为每艘龙舟配备专业舵手1名。比赛分预赛和决赛先后进行，赛程距离均为300米。以用时多少决定成绩先后，最终决出冠、亚、季军。最终，联华股份队勇夺桂冠、百联物业队斩获亚军、物贸股份队夺得季军。集团领导分别为龙舟赛获奖队伍，百联青年红色文化定向赛、文创作品大赛、歌唱会选拔赛、朗诵会选拔赛金奖获得者颁奖。闭幕式现场举行了职工歌唱会，各公司、中心代表队表演了精心准备的歌唱节目。

（姜　杰）

【申通地铁集团举办第六届职工运动会】 9—12月，申通地铁集团举办第六届职工运动会。9月20日“上海申通地铁集团升国旗仪式暨第六届职工运动会开幕式”在桂林路909号拉开帷幕，12月3日，运动会在蒲汇塘职工活动中心闭幕。本届运动会以“奔跑新征程，奉献新时代”为主题，共设立足球、篮球、乒乓球、羽毛球、网球、桌球、游泳、定向赛、电子竞技等9大类、28个单项赛事。参赛范围涵盖集团各单位及机关本部、项目公司的在职员工，并邀请了轨交公安分局的民警参赛。1500余名职工体育爱好者参与本届运动各赛事奖牌的角逐，最终上海地铁维护保障有限公司获团体积分特等奖、上海地铁第一运营有限公司获团体积分冠军、上海市公安局城市轨道和公交总队获团体积分亚军、上海地铁第三运营有限公司获团体积分季军。

（姜　雪）

【上海地铁2019年度风采人物颁奖典礼暨职工文艺汇演举行】 2020年1月21日，上海地铁2019年度风采人物正式揭晓，并举行颁奖典礼。申通地铁集团领导班子成员、集团老领导、集团各部门、项目公司、各直属单位的领导、劳模先进、职工代表、轨交总队干警以及武警官兵参加活动。市总工会副主席周奇、市国资委党委副书记董勤、共青团上海市委副书记邬斌等领导受邀出席。集团党委书记、董事长俞光耀致新年贺词，党委副书记、总裁顾伟华宣读2019年度集团优秀员工表彰决定并为优秀员工颁奖。雷雨等6名个人、大都会项目创新团队等4个集体获评风采人物，轨交总队虹桥枢纽警组、武警上海总队机动一支队被授予风采人物特别奖，另有1名个人、1个集体获风采人物提名奖。上海地铁2019年度风采人物评选颁奖活动自2019年10月启动，经过人选预报、专家评审、人选公示3个环节，自下而上产生14名候选人和集体。颁奖后举行文艺汇演，由地铁职工自编自演的歌曲、舞蹈、器乐、等文艺表演，展现了上海地铁人以梦为马、不负韶华，积极打造国际行业标杆和世界卓越地铁的奋斗历程及精神品格。

（姜　雪）

【城投集团举办主题歌会暨第七届职工艺术节】 10月16日，“我们与祖国同成长·城投人奋进新时代——上海城投集团庆祝中华人民共和国成立70周年主题歌会暨第七届职工艺术节”在上海儿童艺术剧场举行。城投集团党委书记、董事长蒋曙杰，总裁、党委副书记陈庆江，党委副书记杨茂铎，副总裁叶华成、樊仁毅、周浩、周丽赟、何刚强，纪委书记、监事会副主席施斌，总工程师胡欣，工会主席徐文出席，市总工会副主席桂晓燕应邀出席。集团各职能部门、各直属子集团、核心企业的领导班子和工团负责人，以及来自城投系统的劳模、各级先进党团员、一线职工代表近千人欢聚一堂。会前，剧场展厅中布展了“上海城投发展成就暨职工摄影展”，会后，展览移师至上海中心大厦B2公共艺术长廊继续展出，至10月23日止。

（朱文慧）

【上海飞机制造有限公司工会办好职工文化活动】 上海飞机制造公司工会积极筹划庆祝新中国成立70周年系列主题活动，打造职工文化品牌，组织“蓝天梦·上飞情”上飞公司第二届集体婚礼、“我和我的祖国”上飞公司职工合唱献礼70华诞、“团结向上、活力健康、激情无限”2019年上飞公司职工运动会，推荐优秀节目《爱我中华》参加中国商飞公司比赛，荣获“最佳创意奖”。打造文化品牌，组织开展2019年度上飞“春晚”，举办“月满中秋·梦圆上飞”上飞公司迎接新职工文艺演出暨第三届协会交流活动。精心策划文体活动，建设好职工文化阵地，确保“月月有活动、季季有精彩”，组织开办“月月期待·越越精彩”职工系列主题活动和“三八”系列主题活动，组织文艺小分队到东营、阎良外场慰问演出；组队参加中国商飞公司篮球赛等赛事，获得篮球赛第一名。与社会组织协作开展文体活动，接待内蒙古乌兰牧骑走进大飞机文艺表演活动，举办“走进大飞机·感知大国重器研制路”上海女性创新学校2019年春季班第二期活动，组织承办第五届“大飞机杯”国际龙舟赛。

（刘维历）

【中国商飞公司工会举办“我和我的祖国”第四届职工书画摄影展】 9月19日，中国商飞公司“我和我的祖国”第四届职工书画摄影展在客服中心开幕。公司党委副书记、董事谭万庚出席活动并致辞。本届书画摄影展是公司庆祝新中国成立70周年“我和我的祖国”系列活动之一，由公司工会组织举办。活动倡议发出以来，各单位职工书画摄影爱好者积极参与，创作了大量精品。本次书画展展出的作品围绕主题，讴歌新中国成立70周年光辉历程和伟大成就，讲述大飞机故事，弘扬大飞机精神，展示职工创新创业创造的生动实践和丰硕成果。

（周　伟）

【中国商飞公司工会组织举办“我和我的祖国”职工合唱比赛】 9月29日，作为公司庆祝新中国成立70周年系列活动之一，中国商飞公司工会举行“我和我的祖国”职工合唱比赛，共有9支合唱队参加。中国商飞公司党委书记、董事长贺东风出席活动并致辞，党委副书记、董事谭万庚主持活动，党委常委、副总经理周新民出席活动。试飞中心合唱队的参赛歌曲《我爱你中国》荣获一等奖。 （周　伟）

【临港集团举办“活力临港·健康腾飞”主题系列活动体育嘉年华】 11月15日，由临港集团主办、临港产工委和临港浦江公司承办的2019“活力临港·健康腾飞”主题系列活动体育嘉年华暨闭幕式在临港浦江园区举行，临港集团党委、工会负责人及临港集团各子公司、35个单位300多职工参加。“活力临港·健康腾飞”临港体育健康年主题系列活动共设立了竞技类（足球、篮球、羽毛球、乒乓球等）、健康类（室内铁人三项、彩虹跑、健身操等）、趣味类（健康家庭日、金秋碰碰出火花等）、咨询类（名医会诊、健康导师、体能测试）等18项体育活动，活动贯穿2019年全年，园区内企业上万余名职工参与各项活动。

（闫昊鹏）

【号百信息公司举行第十一届“全员健身日”活动】 9月6日，号百信息公司第十一届“全员健身日”活动在中国电信学院文体活动中心乒羽馆举行。本届健身日主题紧扣公司战略，“运动号百、健康号百——不忘初心筑牢高质量发展牢记使命谱写码号新篇章”，反映了公司发展的脉络和主要任务。比赛项目的设计轻松快乐，又紧贴社会公益，包括入场式、垃圾分类投篮、摸石过河、不倒森林等4个项目。共有6支代表队参加比赛。

（童合明）

【上实集团工会举办集团第九届职工运动会】 上实集团工会举办“喜迎70华诞追梦奋斗路上”上实集团第九届职工运动会，职工运动会打破常规思路，体现更多的项目、更高的参与率、更广的覆盖面。从5月开幕至10月闭幕，每月安排一项赛事，首次由二级企业承办，发挥了基层工会的积极性和主动性。在比赛项目设置上打破往年常规，举办龙舟、电竞、游泳、大怪路子、钓鱼、健步行等6个项目以及继续举办篮球比赛，参与职工人数突破2万人，比历年增加10倍，并将健步行所有步数转化为帮困金，助力集团对口扶贫工作。 （王玉君）

【绿地集团举行第四届运动会】 5月—10月，绿地集团举行第四届运动会。此次运动会以“亿路奔跑”为主题，契合了新时代下“努力奔跑追梦”的时代要求，也体现了绿地跨入万亿资产规模元年之后始终保持奔跑的姿态、争创一流的拼搏精神。绿地总部及下属35家单位组成的36支海内外代表队投入到运动会竞赛单元，参赛员工近万名，最终选拔出1200余名员工成功晋级决赛，并于10月10日—12日赴上海参加各参赛项目的决赛比拼。运动会共设8个项目，除保持足球、篮球、乒乓球、羽毛球、游泳等传统项目外，新增了千人健身跑、卡丁车、电竞等具有时代特色的项目，其中足球决赛还特别邀请到申花球员参与互动，令这一核心体育项目更具绿地特色。在梅赛德斯奔驰文化中心广场举办的运动会闭幕式上，还特别举行了绿地心计划——“足球梦想家·希望行动”公益活动，绿地申花女足队员与四川甘孜少年足球运动员互动，现场为帮扶的6名来自贫困山区的少年足球苗子，赠送签名足球和球衣，寓意“薪火相传，传递梦想”。（翟晓播）

【绿地集团工会举办“亿路同行”员工摄影比赛】 为真实、生动地展现广大绿地人在新征程上的奋斗姿态，绿地集团工会举办了“亿路同行”——员工摄影比赛。本次比赛共收到摄影作品327幅，经上海市摄影家协会专家组严格评审，最终选出20幅作品分获一、二、三等奖。 （翟晓播）

【五冶集团上海有限公司举办第二届乒乓球比赛】 8月28—29日，由五冶集团上海有限公司工会和上海地区乒乓球协会共同举办的“幸福五冶”第二届乒乓球比赛落幕。本次比赛分为团体赛和个人赛，其中团体赛一阶段分成8个小组，组成A、B两组进行循环赛，二阶段由A、B两组前两名进行决赛。个人赛一阶段分成若干小组开始循环赛，并根据积分确定排名，二阶段取小组前两名进行交叉淘汰，决出冠军。通过举办乒乓球比赛，丰富了员工的业余文化生活，增强了员工的身体素质，也激励了广大员工为实现“打造一流五冶，建设幸福五冶”美好愿景而努力奋斗。 （程　仟）

【世纪出版集团举办职工文化艺术节开幕式】 10月9日，世纪出版集团举行“放歌新时代”世纪人歌会暨第二届职工文化艺术节开幕式，集团党委成员、总裁助理冯芳，集团全国、市级各类先进代表、离休干部代表，各直属单位主要负责人、集团职能部门负责人、集团工会干部和一线职工代表近700人参加。市总工会副主席桂晓燕、市委宣传部基层工作处处长郑英豪等领导出席活动并作指导。本届职工文化艺术节为期3个月，共有4大类、15项活动。 （江　文）

【中国福利会工会工作委员会承办“我和我的祖国”庆祝中华人民共和国成立70周年文艺汇演】 9月10日，由中国福利会工会工作委员会承办的“我和我的祖国”庆祝中华人民共和国成立70周年文艺汇演在上海儿童艺术剧场热烈开演。中国福利会副主席、党组书记、秘书长张晓敏致辞并宣布文艺汇演开始。随后插播宋庆龄学校封莉容校长荣获全国教书育人楷模称号并接受习近平总书记、李克强总理接见的新闻联播画面。本次文艺汇演分为“不忘初心·缔造未来”“最宝贵的·给予儿童”“献礼祖国七十华诞”3个篇章。中福会各基层单位用合唱、朗诵、舞蹈、戏剧等多种艺术形式表达了中福会人的爱国热情与情怀，同时也展现出中福会人作为宋庆龄事业的继承者的使命与担当。

（朱金妹）

【市工人文化宫承办运营《时代领跑者——上海劳动模范风采主题展》】 2019年，市工人文化宫承办运营的《时代领跑者——上海劳动模范风采主题展》获得上海市学生社会实践基地铜牌、上海市爱国主义教育基地铜牌，全年接待团队700余个，散客2万

余人次，参观人数超6万人次。（王家辉）

【市工人文化宫举办“金猪闹元宵——2019年元宵灯谜大会”】 2月19日，由市工人文化宫主办、市职工灯谜协会承办的“金猪闹元宵——2019年元宵灯谜大会”在市工人文化宫拉开帷幕，本次活动首次邀请民间手工艺达人前来助阵，将传统民间手艺与灯谜竞猜结合起来，营造了一场别样的趣味灯谜大赛。作为市职工灯谜协会的主要基地，市工人文化宫每年都会推出元宵主题活动，融知识于灯谜之中，寓谐趣于文虎之内，使猜灯谜成为沪上广大职工的特色活动之一。（王家辉）

【市工人文化宫举办“五一”书画义卖活动】 5月1日，由市工人文化宫主办、东方书画院承办的“五一”书画义卖活动在华鑫海欣大厦举行，此项义卖活动是市宫公益性文化品牌项目，至今已坚持了23年。在活动现场，东方书画院20位书画家挥毫泼墨，最终所得23800元全部捐赠给春华秋实西部助学项目。（王家辉）

【市工人文化宫举办《“致敬！劳动者”主题图片展》】 9月25日，市工人文化宫于举办《“致敬！劳动者”庆祝中华人民共和国成立七十周年主题图片展》，市人大常委会副主任、市总工会主席莫负春为本次展览揭幕。通过调研20家专业、行业博物馆，走访近20家各区行业工会、产业局收集展览相关资料信息，共展示了300多幅劳动者照片，根据时间线索分为“崛起——建设新中国”“激荡——改革大发展”“筑梦——奋进新时代”和“跃变——光影中国梦”四大篇章，以“衣、食、住、行”等方面的新旧对比组照，呈现上海自新中国成立以来70年里取得的重大成就，反映了上海工人阶级在城市发展中前赴后继、奋楫争先、拼搏开拓的精神。展览共接待参观人数超4万。（王家辉）

【市工人文化宫举办上海市职工文化网络大赛】 8月26日，“中国梦·劳动美”上海职工文化网络大赛开幕。本届大赛以广大职工、社会组织和灵活就业人员为主要参与对象，以网络和手机为竞技平台，参与人数达128746人，涉及区（局）产业工会、街道社区以及非公企业、两新组织等共计1290余家，共评出3项单项百强300位，优秀组织奖单位30家。大赛是上海市总工会庆祝中华人民共和国成立70周年主题宣传教育活动一项重要内容，也是第二十一届上海读书节和“争做中国好网民”工程、开创网上工会新局面的重要项目。（王家辉）

【市工人文化宫举办中日艺术展】 9月10日，由国家对外文化交流研究基地、上海市人民对外友好协会指导，上海对外交流促进会、上海国际文化学会、上海市工人文化宫、日本别府市美术协会共同主办，上海市吴昌硕文化艺术基金会、上海东方书画院、博翰艺术馆、上海江莱国际商务会展有限公司共同协办，日本国驻上海总领事馆与上海吴昌硕纪念馆共同支持的“庆祝中华人民共和国成立七十周年、祝贺日本国令和元年、纪念海派艺术大师吴昌硕先生诞辰175周年——中日艺术展”在上海吴昌硕纪念馆开幕。本次展览汇聚包括绘画、书法篆刻、摄影、工艺品、雕塑等多种艺术，展品达90余件。（王家辉）

【市工人文化宫茉莉花艺术团专场演出服务职工群众】 2019年，市工人文化宫茉莉花艺术团保持正常排练累计超过300场，举办专场演出超过20场，如“礼赞新中国·奏响新时代”新中国成立70周年上海市工人文化宫茉莉花交响乐团专场音乐会；“环球音乐之旅”茉莉花交响管乐团专场音乐会；“茉香国风69·太阳颂”民乐专场音乐会等等。先后前往山西大屯、沙家浜疗养院、浦江科创园区、外高桥造船厂等地，共完成了慰问市总援疆援藏干部、松江区劳模团拜、宝山区、闵行区总工会、上海交运集团、船舶集团、国盛集团等10场“茉莉飘香·情系职工”大型慰问演出，服务职工约8000人次。新排艺术类作品超过20个，创作原创音乐作品歌曲《种子》获得全国群星奖音乐类作品奖，歌曲《茧》获得全国总工会网络歌曲征集活动最佳创意奖，民乐合奏《龙凤呈祥》获得上海之春新人新作展评音乐类作品奖。（王家辉）

【市工人文化宫开展“传统文化直通车”系列活动】 2019年，市工人文化宫共开展“传统文化直通车”系列活动18场，分别在新漕河泾国际商务中心、青浦工业园区、上汽安吉物流股份有限公司、中船第九设计研究院工程有限公司、吴淞口国际邮轮港、顺丰速运集团（上海）速运有限公司、上海精准德邦物流有限公司、上海公兴搬场物流有限公司、上海世博百联商业有限公司、临空园区、曙光医院、南桥镇社会事业服务中心、德邦快递上海事业部、上海近铁城市广场、上海临港康桥商务绿洲、杨浦城市概念创意园、徐汇区职工援助服务中心、上海工业投资（集团）有限公司举行，为楼宇职工、园区职工、八大员群体送上传统文化服务，共计参与人数约1.75万人次。在上汽安吉物流活动同步进行网络直播，观看人数约1.8万人次，推出线上版传统文化直通车，服务人次约4万。活动通过报纸、网站和微信公众号等传统和新媒体手段影响的职工群众约15万人次。（王家辉）

【市工人文化宫开展“带副春联回家乡”系列活动】 春节前夕，市工人文化宫与松江区总工会、宝山区总工会联合主办2场“带副春联回家乡”活动，共计送出手写春联7100副；组织线上版抢春联、晒春联活动1场，送出春联1000副。“带副春联回家乡”活动是上海工会落实中央群团改革精神、打通职工文化服务“最后一公里”的具体实践，是坚持文化惠民、落实人文关怀、推进职工文化繁荣发展的有力举措。（王家辉）

【市工人文化宫开展首届上海市职工歌手演唱会】 9月16日，“职工好声音·唱响新时代”首届上海市职工好声音演唱会成功举办，本次演出由所有上海各区文化宫（文体中心）推选出的优秀职工歌手们组成，由市工人文化宫茉莉花乐团负责现场伴奏。（王家辉）

【市工人文化宫开展上海职工文化系列讲座——“五一讲堂”】 市工人文化宫全年共开展了《谁才是妨碍阅读

的“敌人”?》《庆祝上海解放70周年——“不忘初心,继承战上海精神”》《数字化时代的职工权益保护》等6场职工文化讲座,服务职工约2000人。采用线下线上互动形式,通过“网上约课”,送课“进企业、进园区、进社区、进楼宇、进职工书屋”等服务,打造工会文化品牌,打通工会文化服务“最后一公里”。（王家辉）

【市工人文化宫茉莉花民族乐团参演经典诗文咏诵音乐会】 2月16日,市工人文化宫茉莉花民族乐团由受邀参演上海大剧院举办的“数风流人物”经典诗文咏诵音乐会,与乔榛、斯琴高娃、张凯丽、傅希如等表演艺术家合作演出了《长恨歌》《木兰辞》《卜算子·我住长江头》《破阵子》等节目。（王家辉）

【戏苑新风全年开展不同剧种专场演出】 市工人文化宫“戏苑新风”全年共举办12场专场演出,其中包含沪剧、越剧等不同剧种的折子戏专场,并联合上海八大京剧票房推出了上海京剧票界国庆专场演唱会,开创上海京剧票房演出的先列,前市委领导龚学平题词并亲临现场观演。（王家辉）

【西山休养院举办第八届职工运动会】 1月23日,西山休养院工会以“运动强体,共创佳绩”为主题,举办第八届职工运动会,来自各部门的80多名职工参加了比赛。运动会设置迎春长跑、拔河、消防接力、定点投球、跳绳、踢毽子、五子棋、桌球、乒乓球共9个比赛项目。（蔡玉蓉）

【黄山休养院举办第三届职工文体运动会】 为进一步提升组织凝聚力和满足职工多元化的需求,黄山休养院于8月中旬至9月初举办第三届职工文体运动会,经过精心准备,院内共计有47名职工踊跃报名参加。运动会开设羽毛球、5公里环路跑、消防演习、掼蛋等项目,展现全院职工饱满昂扬的工作状态和健康向上的精神风貌。（刘希婷）

新闻与网宣

【概要】 年内,市总工会网宣办进一步加大对外新闻宣传力度。通过社会媒体宣传报道市总工会重点工作50余次,举行上海五一劳动奖章(状)、上海工匠选树命名等新闻发布会10余场;举办2018年上海市五一新闻奖评审会,选树出一批宣传工人阶级和工会工作的优秀新闻作品;整体策划劳动组合书记部旧址陈列馆、上海工匠馆开馆宣传事宜;开通“抖音”账号,与腾讯朋友圈合作等方式,不断拓展网上宣传阵地,扩大工会宣传影响力。4月,与人民网舆情中心合作,建立上海市总工会舆情监测系统平台。监测全网500万家新闻网站、微信公众号、论坛、博客、微博等新媒体,对它们中涉及劳动权益等方面互联网信息进行实时监测、采集、内容提取。中华全国总工会、中央网信办联合发文,要求开展2019年“网聚职工正能量,争做中国好网民”主题活动,7月市总工会与市网信办联合转发该文件,组织动员基层工会发展职工好网民宣传员,走进企业组织线下宣传活动,通过线上线下宣传覆盖更多的职工网民;8月,市总工会网宣办建立了由全市56个区局(产业)工会81人担任的实名制上海工会二级网评员队伍,被纳入上海市委网信办主管的网评体系,并全面投入运转,得到市委网信办高度评价。9月,顺应职工需求,网宣办持续升级改造上海市总工会官方网站和官方微信“申工社”的服务大厅。升级后的微信服务大厅突出功能性、服务性、便捷性,服务项目不断扩展,会缘、微心愿、消费扶贫商城等新服务上线,火车票补贴、加油卡补贴、出行补贴、我爱上海等百余个活动,惠及数百万职工。（徐晗）

【市委宣传部、市总工会联合开展2018年度“上海市五一新闻奖”评选】 3月,由市委宣传部、市总工会联合举办的2018年度“上海市五一新闻奖”评选工作启动,共收到12个新闻单位67篇参评作品,其中,传统媒体作品37篇,新媒体作品17篇,新闻图片13篇。经由市委宣传部、本市各大新闻媒体负责人等组成的评委会评审,解放日报《C919“强度团”:把党旗插在型号最前线》、文汇报《打造一支高素质劳动者大军》、新民晚报《让人和手机都凉快一会儿》、劳动报《一线职工为啥频摘市科技进步奖》、上海广播电视台东方广播中心《新政“33条”,如何支持上海产业工人队伍建设改革?》等5篇作品获“上海市五一新闻奖”一等奖;文汇报《徐虎:为人民服务永远不会过时》等8篇作品获“上海市五一新闻奖”二等奖;新民晚报《一套旗袍“绣”出上海四大品牌前世今生》等10篇作品获“上海市五一新闻奖”三等奖。解放日报《重磅!上海出台产业工人队伍建设改革“33条”,全力打造一支高素质劳动者大军》、文汇报《雨后的阳光》、澎湃新闻《风从海上来·讲述|塔吊司机在上海中心之巅拍下第一缕阳光》3篇作品获“上海市五一新闻奖”新媒体一等奖;劳动报《市总工会呼吁!维护新型就业群体合法权益!》等6篇作品获“上海市五一新闻奖”新媒体二等奖;东方网《探寻滨江45公里全线贯通背后的故事有一群人在默默付出》等7篇作品获“上海市五一新闻奖”新媒体三等奖。解放日报《昨夜今晨,上海轨交动了次“外科手术”》、文汇报《这是一场技术的较量!更是一次艺术的比拼——技艺之上!更要匹配一颗匠心》、劳动报《无人码头背后的人》3篇摄影报道获“上海市五一新闻奖”新闻图片奖。（徐晗）

【市总工会、市网信办联合开展2019年“网聚职工正能量,争做中国好网民”主题活动】 7月,根据《中华全国总工会中央网信办关于联合开展2019年“网聚职工正能量,争做中国好网民”主题活动的通知》要求,市总工会、市网信办联合开展此项活动,希望各级工会结合正在开展的各类线上线下的文化宣传活动和主题教育,广泛发动基层工会积极参与全国活动。同时,市总工会结合自身资源开展了“铭记革命史,奋进新时代”庆祝新中国成立暨上海解放70周年上海职工红色文化寻访活动正式启动,采取线上宣传、线下活动相结合,通过组织网民寻访革命故地、遗址、纪念馆等形式,引导全市职工追寻上海工人阶级的历史足迹,牢记初心、不忘使命、接续奋斗。截至10月,该活动累计吸引万名职工参与线上活动。（徐晗）

【市总工会舆情监测系统平台建立】 4月,市总工会与人民网舆情中心合作,建立了上海市总工会舆情监测系统平台,开展网络舆情信息监测、研判、分析、宣传效果评估等工作。平台的建立为市总工会及时获取网络舆情信息、掌握网络热点发展态势、了解网上社情民意、应对舆情危机提供了强大助力。该平台7×16小时对全网500万家新闻网站、微信公众号、论坛、博客、微博等新媒体,对它们中涉及劳动权益等方面互联网信息进行实时监测、采集、内容提取。至年底,预警信息量约1130余条。网宣办同步建立舆情报送制度,发布舆情周报36期,舆情专报3期。 (徐 晗)

【闵行区总工会开展职工思想动态信息采集】 为加强职工思想引领,了解职工群众所思、所想、所盼,闵行区总工会立足基层、面向职工,围绕《上海2019年最低工资标准发布》《“996”工作制》《“垃圾分类”政策出台》《新中国成立70周年阅兵式》等民生、时政、社会热点,面对不同区域、不同行业、不同所有制企业的职工开展了问卷调查和个案访谈,发放调查问卷250份,访谈300人次,形成《最低工资标准调整出台后闵行职工的反映与意见》《闵行职工对劳动工时与加班情况的舆情调查》等舆情报告。通过收集分析职工思想动态信息,找准主流思想宣传教育与职工需求的契合点,正确引导和激励广大职工坚定跟党走、建设中国特色社会主义的信心和决心,推动职工思想政治工作更加适应闵行经济发展要求。 (兰 奇)

【闵行区总工会网站全新改版上线】 1月4日,闵行区总工会网站改版后正式上线。新版网站网址为:http://www.shmhzgh.cn,以更简洁大方的界面、更丰富的内容、更多样的形式为全区职工群众提供务实高效的服务。网站在“机构简介”“工会新闻”“信息公开”“工会文件”等内容的基础上,新增“时代风采”“政策法规”“经验交流”等三大板块,充分展示劳模工匠的时代风采,及时发布与职工群众息息相关的政策文件,为职工答疑解惑,同时也为工会工作和工运理论研究成果搭建了网上学习交流的平台。 (王 凯)

《劳动报》2019年工会重要新闻目录

日期	篇目	作者	版面
1月1日	争当新时代的奋斗者——薛鸿斌乘用车开关新技术应用劳模创新工作室荣膺上海市劳模创新工作室	金卫星	第04版
1月2日	最美滨江线里有了建设者的“家”	裴龙翔	第04版
1月2日	今年新建86家全区累计341家——浦东爱心妈咪小屋质、量齐升	李轶捷	第04版
1月2日	规范、个性、平等成制度保障主流	李轶捷	T1:劳权
1月3日	贴心定制,让服务更有温度——金山区职工服务中心用爱打造“鑫工之家”	郭翼飞	第04版
1月3日	潘阿姨一家的生活有了着落——杨浦各级工会助身亡职工家属提前拿到理赔保障金	赵竺安	第05版
1月4日	市总2019年10项服务职工实施项目出炉——涵盖技能提升、维权等五个大类	陆 烨	第04版
1月4日	眼睛向下,工会工作机制“活起来”	张锐杰	第05版
1月7日	劳模创新工作室助力上海打造创新之城	张锐杰	第04版
1月7日	敞开大门办实事应援尽援求实效	郭翼飞	第08版
1月8日	网格化党群共建“网”住职工的心——长宁区北新泾街道总工会深化非公企业工会改革	张锐杰	第04版
1月8日	到手工资不合理,你会怎么做——女职工在工作群内质疑工资遭辞退	黄嘉慧	第05版
1月8日	闪电式裁员究竟伤了谁	李轶捷	T1:劳权
1月9日	加强组织领导高起点谋划工作思路——李玉赋来沪调研检查企业民主管理工作	陆 烨	第04版

续 表

日 期	篇 目	作 者	版 面
1月9日	这份温暖遍布城市的每个角落——上海市总工会“户外职工爱心接力站”见实效	裴龙翔	第05版
1月11日	送温暖要常态化、经常化、日常化——李玉赋在沪慰问民企、航天一线职工侧记	陆 烨	第04版
1月11日	“1+14”街镇援助网格全面铺开	黄嘉慧	第05版
1月14日	深化非公企业工会改革促进民营经济发展		第04版
1月15日	打造户外工作人员的“暖心站点”	黄嘉慧	第04版
1月16日	“三联模式”加强工会覆盖面、影响——浦东机场非公企业工会联合会深入推进改革	张锐杰	第04版
1月16日	是否上班不能单纯以时间考量	李轶捷	T1:劳权
1月17日	谁拖欠农民工工资就列入“黑名单”	赵竺安	第04版
1月17日	为职工构筑心理防线	张锐杰	第05版
1月18日	“三支队伍”各司其职实现维权	张锐杰	第04版
1月18日	台上台下,农民工都是主角	赵竺安	第05版
1月21日	稳就业促改革推进产业工人队伍建设	张锐杰	第04版
1月21日	精准服务职工提升“嘉”里的幸福感	裴龙翔	第08版
1月22日	浦东爱心接力站步入2.0时代——“累了吧,进来休息一下”	李轶捷	第04版
1月22日	积极推进建立社区工作者工会组织——虹口区进一步加强社工权益保障	徐容莉	第05版
1月23日	莫负春强调:继续走在全国工会工作的前列——莫负春在市总十四届三次全委(扩大)会议上强调	陆 烨	第03版
1月23日	凝心聚力迎接新挑战,开启新征程——解读市总十四届三次全会工作报告2019年工作	陆 烨	第04版
1月23日	是否有劳动关系不能靠感觉	李轶捷	T1:劳权
1月24日	党建带工建 凝聚职工建新功——长宁区总工会积极融入“党工共建”格局	张锐杰	第04版
1月24日	节约通勤时间能提高工作效率吗——普华永道实行“灵活工作”制度引发网友激烈争论	张锐杰	第04版
1月25日	把温暖送到职工的心坎上——市总工会主席莫负春走访慰问困难劳模和职工	陆 烨	第06版
1月29日	用五大关爱机制温暖援外干部的心——市总工会举行上海援外干部及家属疗休养活动	裴龙翔 张锐杰 赵竺安 徐容莉 郭翼飞	第08版

续 表

日 期	篇 目	作 者	版 面
1月30日	优秀“小二级”团队可获市工人先锋号	张锐杰	第04版
1月31日	“别人家的公司”春节福利惹人羡——单身可请相亲假 路远可提前回家过年	谢静怡	第05版
2月1日	行业工会为载体激发“创客”活力	张锐杰	第05版
2月11日	职工有了自己的技能“学堂”	赵思宇	第04版
2月12日	会徽下做出庄严承诺 寒风中服务返城职工——开工首日本报记者探访一线工会干部和职工	赵竺安 徐容莉 裴龙翔 阎梦华 张锐杰	第04、05版
2月13日	工会要通过大调研助企业解决困难——市总工会主席莫负春看望民企创业劳模	陆 烨	第04版
2月13日	“调解+援助”并进线上线下齐发力——青浦区总工会构建法律援助全覆盖新格局	黄嘉慧	第04版
2月13日	防患于未然 方能“根治”职业病	黄嘉慧	第06版
2月14日	用钉钉子精神解决“痛点”和“难点”	裴龙翔	第04版
2月14日	持续雨雪影响大返程受阻咋办	张锐杰	第05版
2月15日	嘉定工会为企业合法用工“问诊把脉”	裴龙翔	第04版
2月15日	打造“红色物业”服务“美丽家园”	赵思宇	第05版
2月18日	从三轮车工人到新中国0001号高级技师	裴龙翔	第04版
2月19日	建会率100%不是“终点”是“起点”	郭翼飞	第04版
2月19日	新天地商圈亿元楼内为职工建“家”	黄嘉慧	第05版
2月20日	让“上海工匠”真正成为城市名片——市职工技协举办《追梦——上海工匠(第四季)》观后感座谈会	黄嘉慧	第04版
2月20日	没有什么能成为劳动所得的“拦路虎”	李铁捷	T1:劳权
2月21日	党风廉政建设、作风建设永远在路上	陆 烨	第04版
2月21日	搭建供需平台提供就业服务	陆 烨	第05版
2月22日	30个车位是怎样变成了100个	罗 菁	第04版
2月25日	提技能、稳就业、促发展	周 甸	第06版
2月25日	再见,李斌	李铁捷	第07版
2月26日	“春风”送暖,工会就业服务在行动	徐容莉	第04版
2月27日	关系梳理 证据收集 仍是维权首要准则	李铁捷	T1:劳权
2月28日	将“四位一体”立体经审监督体系进行到底	陆 烨	第04版
3月1日	徐汇厂务公开民主管理实现“加速跑”	裴龙翔	第04版
3月1日	上海电信“爱心集享格”普惠万余员工	王 枫	第05版
3月4日	深耕36年,写出一本盾构“百科全书”——记隧道股份上海隧道工程有限公司高级技师全国总工会职工技术成果奖一等奖获得者李鸿	张锐杰	第08版

续 表

日 期	篇 目	作 者	版 面
3月5日	夯实工会基础 助推技能提升——江南造船推进劳务工建会和产业工人队伍建设纪实	马思华	第10版
3月6日	农民工在哪里，工会就要跟进到哪里——市总召开稳就业促发展加快农民工队伍建设推进会 莫负春：进一步增强做好工会农民工工作责任感、使命感、紧迫感	陆 烨	第07版
3月6日	企业管理漏洞不该用职工身体“堵”	李铁捷	T1：劳权
3月7日	推出5个女职工幸福关爱系列服务项目	陆 烨	第06版
3月7日	加强职工队伍建设服务行业转型发展	赵思宇	第05版
3月8日	条块互通温暖外来务工人员	黄嘉慧	第06版
3月8日	她时代，为她们喝彩	李铁捷 王 枫 赵竺安 徐容莉 郭翼飞 黄嘉慧 张锐杰	第07版
3月11日	劳务工入会三年行动计划启动打造一流建筑产业工人队伍	徐容莉	第09版
3月12日	“三联”到“三共”推进外包单位工会组建	张锐杰	第10版
3月12日	“点燃”每一台故障设备的新生命	黄嘉慧	第11版
3月13日	有温度接地气讲好身边故事	徐容莉	第10版
3月13日	16名空嫂24年后重回“娘家”	陆 益 王 枫	第11版
3月13日	维权避免走入误区	李铁捷	T1：劳权
3月14日	女职工期待细化措施保障平等就业	裴龙翔	第11版
3月15日	三地工会共建迈开第一步	黄嘉慧	第04版
3月18日	二进非洲，在防疫战线上践行使命	郭翼飞	第04版
3月19日	300所职工学堂今年开门“招生”	张锐杰	第04版
3月19日	劳务工100%返岗源于获得感和归属感	赵思宇	第05版
3月20日	多管齐下分流职工实现再就业	徐容莉	第04版
3月20日	让梦想照进现实	李铁捷	T1：劳权
3月21日	“星期六坐堂门诊”受职工追捧	赵竺安	第04版
3月21日	90后职工之烦恼：办喜宴是否邀请同事	徐容莉	第05版
3月22日	首次中国长三角职工劳动技能竞赛将举行	张 弘	第04版
3月25日	长三角职工劳动技能合作扬帆起航	张 弘	第05版
3月25日	“我愿做一名蓝色国土上的追梦人”	裴龙翔	第06版
3月26日	发挥引领作用激发创新活力	张 弘	第04版
3月26日	“个人坏习惯”为何频繁带到工作中来	赵思宇	第05版
3月27日	在全行业掀起技术大比武的热潮——首届长三角地区燃气行业职业技能晋级竞赛启动	张 弘	第04版

续 表

日 期	篇 目	作 者	版 面
3 月 27 日	工会组建不应成为争议的源头	李铁捷	T1:劳权
3 月 28 日	本市发布 2019 年企业工资指导线	陆 烨	第 04 版
3 月 28 日	金山嘉兴开展劳动竞赛保卫碧水	张 弘	第 05 版
3 月 29 日	纺织行业金秋绍兴比试职业技能	张 弘	第 05 版
4 月 1 日	“聚力新科技奋进新时代”	张锐杰	第 04 版
4 月 2 日	深化科创中心立功竞赛“牵手”浦东高质量发展	李铁捷	第 04 版
4 月 2 日	员工是否有必要向公司“亮家底”——求职需填婚姻状况并标明家庭成员信息	郭翼飞	第 05 版
4 月 3 日	劳动竞赛激发职工创新活力	张锐杰	第 04 版
4 月 3 日	“薪税师”有望成职场“新宠”	李铁捷	第 05 版
4 月 3 日	小心“花色陷阱”	李铁捷	T1:劳权
4 月 4 日	带着感情温度用心用情做好帮扶	陆 烨	第 06 版
4 月 4 日	以“精准”为主线打造帮扶链	张锐杰	第 07 版
4 月 5 日	李斌同志先进事迹首场报告会昨举行——市委组织部、市委宣传部、市总工会、市国资党委联合发出《关于深入开展向李斌同志学习的决定》	陆 烨	第 03 版
4 月 5 日	劳模创新工作室增强职工粘性——基因科技(上海)股份有限公司打造创新科研团队	郭翼飞	第 06 版
4 月 8 日	打造“三位一体”一站式服务职工平台	徐容莉	第 04 版
4 月 9 日	松江嘉兴等九城市总工会联合举办劳动竞赛	张 弘	第 04 版
4 月 9 日	年轻人,你的人生节奏谁做主?	谢静怡	第 05 版
4 月 10 日	想对超时加班说“不”真的很难吗	郭翼飞	第 04 版
4 月 10 日	把爱心接力站建成民生工程	赵竺安	第 05 版
4 月 10 日	职工需要更多个“朱雪芹”	李铁捷	T1:劳权
4 月 11 日	“线上”+“线下”打出“组合拳”——松江区总工会延伸“春风行动”服务范畴	张锐杰	第 04 版
4 月 11 日	科技“加持”不等于科学管理——为扫街环卫工配发“手环”引争议	赵思宇	第 05 版
4 月 12 日	快递护工最高保障待遇达 9 万余元	王 枫	第 04 版
4 月 12 日	大学生“饭碗”为何如此“难觅”?	徐容莉	第 05 版
4 月 15 日	遇见自贸区,遇见更好的自己——记伟创力(上海)金属件有限公司生产助理经理占新军	李铁捷	第 04 版
4 月 16 日	行业性区域性集体协商建制率超 95%	王 枫	第 04 版
4 月 16 日	一个承诺,坚守十余年	赵竺安	第 05 版
4 月 17 日	藏在世界建筑奇迹背后的秘密	赵竺安	第 04 版

续 表

日 期	篇 目	作 者	版 面
4月17日	联合窗口一年化解纠纷101件	赵竺安	第05版
4月17日	续签合同马虎不得	李铁捷	T1:劳权
4月18日	半年多工会组建率实现“三连跳”——松江经开区总工会推进非公企业工会改革	张锐杰	第04版
4月18日	频繁跳槽与个人信用挂钩?——专家认为,缺乏可行性,人员合理流动无可厚非	李佳敏	第05版
4月19日	2019年度“上海工匠”培养选树活动启动	徐 晗	第04版
4月19日	职场压力过大?总要找个“泄气口”!	谢静怡	第05版
4月22日	“双百行动”提升三省一市职工创新力	张锐杰	第07版
4月23日	建定期会晤机制开展实体化运作	张锐杰	第08版
4月23日	集聚教职工智慧共谋学校建设发展	郭翼飞	第09版
4月24日	掀起课堂上的“比、学、赶、帮、超”风	郭翼飞	第13版
4月24日	好公司拼的是效率	李铁捷	T1:劳权
4月25日	让上海教师“快乐工作健康生活”	郭翼飞	第08版
4月29日	基层一线职工专业技术人员超半数	徐 晗	第03版
4月29日	推进世界500强外资企业建立工会	赵思宇	第12版
4月30日	推出“四大聚焦”做好“四个完善”	赵竺安	第07版
5月6日	谱写企业与职工和谐发展新篇章	裴龙翔	第05版
5月6日	搭建服务阵地实现灵活就业群体入会	李铁捷	第10版
5月7日	上下联动,放大“头雁效应”	徐容莉	第10版
5月8日	首届“上海职工优秀创新成果奖”揭晓	徐 晗	第05版
5月8日	社保异地缴纳选对方式很重要	李铁捷	T1:劳权
5月9日	天宫二号里有颗“中国芯”	赵竺安	第07版
5月10日	自主创新为宇航技术“添翼”——访“新型HAN基无毒发动机技术”发明团队	赵思宇	第10版
5月13日	推动我国核电装备国产化进程	张锐杰	第04版
5月14日	为患者打开求生之门	李佳敏	第08版
5月14日	从外来媳到浦江游轮“大管家”	李佳敏	第09版
5月15日	从“四方联动”向“4+N”扩容	赵思宇	第03版
5月15日	平台可以虚拟人员管理要实在	李铁捷	T1:劳权
5月16日	小药丸里凝聚一线职工大智慧	裴龙翔	第06版
5月16日	跨越50余年的扁担情	张锐杰	第07版
5月17日	替代进口,填补国内核电仿真领域空白	徐容莉	第07版
5月20日	亿元楼里工会如何“转”起来	王 枫	第07版
5月21日	实现“幼有所育”还需全社会共同参与	郭翼飞	第08版

续表

日期	篇目	作者	版面
5月22日	让工会服务与职工需求无缝对接	郭翼飞	第08版
5月23日	线上服务、定制服务双管齐下	赵竺安	第10版
5月27日	择一事，尽一生	赵竺安	第08版
5月28日	推动上海成为全球科创“四新”重要策源地	赵竺安	第10版
5月29日	小企业活下去不能靠压榨人力成本	李铁捷	T1：劳权
5月30日	做好夏季劳动保护确保职工平安度夏	徐晗	第03版
5月31日	建襄小学成立首家劳模小队	裴龙翔	第05版
6月3日	做工艺研发要对缺陷“零容忍”	郭翼飞	第07版
6月4日	“卡卡之旅”实现企业职工双赢	张锐杰	第08版
6月4日	年薪百万者被辞，为何找不到工作	谢静怡	第09版
6月5日	全市星级小屋累计达2000余家	徐晗	第08版
6月5日	医生“请”进医务室看病只需半小时	张锐杰	第09版
6月5日	做一休一年休假权益不能少	李铁捷	T1：劳权
6月6日	为万名职工提供专业化工会法律援助	赵思宇	第08版
6月6日	缓解暑假职工子女“托育难”	徐晗	第09版
6月10日	在海外工程市场唱响“中国声音”	张锐杰	第07版
6月11日	三大议题聚焦职工切身利益	张锐杰	第08版
6月11日	让职工讲职工故事请职工听职工故事	陈琳	第09版
6月13日	多措并举破解六大课题工会组织覆盖更多职工	张锐杰	第07版
6月13日	70年，我们一起追过的劳模……	张锐杰	第08版
6月14日	“讲讲阿拉徐行匠人”——嘉定徐行成体系发掘传播工匠精神	裴龙翔	第08版
6月14日	18个居民区全部建立职代会——芷江西路街道推动灵活就业人员参与基层民主管理	王枫	第09版
6月17日	好生活是一单单拼出来的	郭翼飞	第07版
6月17日	以创新实效回应职工期待	张锐杰	第12版
6月18日	比一比无人机扫码送货谁最快	黄嘉慧	第08版
6月18日	“情感劳动”或成就业新风口	李铁捷	第09版
6月19日	集体重温入党誓词不忘初心牢记使命	徐晗	第03版
6月19日	职工餐厅里也有一个“618”	阎梦华	第04版
6月19日	传递城市温度让户外职工找得到、愿意来	郭翼飞	第09版
6月19日	勿向逼迫式辞职屈服	李铁捷	T1：劳权
6月20日	影史首个5G电影节直播是怎样炼成的	庄从周	第08、09版
6月20日	一线护理员为传统文化代言	马亚会	第10版

续 表

日 期	篇 目	作 者	版 面
6 月 21 日	每一块小青瓦都记录着“绣花精神”——本报记者独家探访中国劳动组合书记部旧址陈列馆修缮现场	王 枫	第 04 版
6 月 21 日	“十年，终于等到了他”——劳模张华重塑爱徒终获全国驾驶员节能技术大赛冠军	李轶捷	第 05 版
6 月 24 日	被限制职业流动，员工能说“不”吗	郭翼飞	第 07 版
6 月 25 日	发掘产业工人技能提升的原动力	张锐杰	第 08、09 版
6 月 26 日	轻点鼠标，职工代表上网“开会”	王 枫	第 10 版
6 月 26 日	高温费不是福利而是权益	李轶捷	T1：劳权
6 月 27 日	“安全卫士”练本事	赵竺安 李轶捷	第 10 版
6 月 28 日	多把镜头对准火热生活——上海职工摄影公益大讲堂开讲城投集团成为新采风基地	马亚会	第 10 版
6 月 28 日	职工遭遇投诉如何保护个人隐私——曾轶可公开边检人员个人信息引发争议	张锐杰	第 11 版
7 月 1 日	从“要我安全”到“我要安全”90 后展示安全新观念——年轻“新面孔”占据安全生产 C 位	赵竺安 黄嘉慧 陈 琳	第 07 版
7 月 2 日	牢记使命担当 竭诚服务职工——市总机关系统举行庆祝建党 98 周年活动	徐 晗	第 08 版
7 月 2 日	上海电气创新实践“5+1”技能培训平台——“李斌”品牌助技术工人“飞跃式”成长	郭翼飞	第 09 版
7 月 3 日	走近“高定油”背后的“攻关人”	李轶捷	第 08 版
7 月 3 日	不污手的湿垃圾破袋器 黑科技加持的垃圾房——一线职工脑洞大开自创“分类神器”	陈 琳	第 09 版
7 月 4 日	与其后悔不如事先“补课”	李轶捷	T1：劳权
7 月 5 日	上飞职工自主开发班车小程序——定位可精确到 10 厘米	张锐杰	第 08 版
7 月 5 日	凌晨 12 点，海盗以 25 迈的速度冲来——“振华 23”轮遭遇惊险一幕的背后	庄从周	第 09 版
7 月 8 日	凝聚奋进力量建功出彩韩泰——韩泰轮胎中国工会推动企业高质量发展纪实	裴龙翔	第 07 版
7 月 8 日	他们渴望拥有多重职业、多重身份、多元生活——“斜杠青年”，未来职场新兴族群?	阎梦华	第 09 版
7 月 9 日	午餐一小时 院长“把脉”职工心声——市六医院东院“实话食说”活动建民主管理绿色通道	王 枫	第 09 版
7 月 9 日	嘉定四轮驱动力推产业工人队伍建设——以嘉为“家”，创新举措培育职工明星	裴龙翔	第 10 版
7 月 10 日	企业管理覆盖“午饭社交”引争议——48%受访者：一起吃午饭能促进同事间关系	黄嘉慧	第 08 版

续 表

日 期	篇 目	作 者	版 面
7月10日	保税区新推非公企业工会改革定制版——三项首创　破解工会“自转”难题	李轶捷	第09版
7月10日	罚款不能随心所欲	李轶捷	T1:劳权
7月11日	激发创新智慧　共享创新资源——本市各级工会推进加快科创中心建设主题立功竞赛	张锐杰	第07版
7月11日	她脱下时装换上工装　深信创新源泉来自基层——到汽车修理厂上班的工会主席	赵竺安	第08版
7月11日	听女劳模、女工匠讲述成长的故事——女职工课堂激发“她们的力量”	裴龙翔	第09版
7月12日	全总副主席郭明义赴浦东调研走进职工服务站——现场“点亮”微心愿襄助困难老人	李轶捷	第08版
7月15日	金山工会推进吴根越角“融”与“共”——包含三大主题的金嘉劳动和技能竞赛火热开展	郭翼飞	第07版
7月16日	工会展开培训状况调查为产业工人技能提升出招——争取“培训假”优化“职工学堂”	李轶捷	第08版
7月16日	市总工会拉开亲子工作室调研序幕——实地走访79家工作室听取基层心声	王　枫	第09版
7月16日	“零距离”工会服务凸显区域特色——上海街镇园区非公企业工会改革创新案例亮点纷呈	陈　琳	第10版
7月17日	农民工会员实名制信息管理启动——市总工会着力破解百万农民工会员流动性大管理难问题	张锐杰	第08版
7月17日	她带外卖小哥找到了“家”——记石泉路街道总工会副主席张春蓝	郭翼飞	第09版
7月17日	兑现高温权益　启动“夏季模式”	李轶捷	T1:劳权
7月18日	工会“劳模”的十二小时——记南京东路街道总工会专职副主席黄宪祖	黄嘉慧	第09版
7月18日	静安区总工会携手闸北中心医院送上健康“大礼”——近5000灵活就业人员可定点体检	王　枫	第10版
7月19日	一句“侬好”搭起医患沟通桥梁——龙华医院开展文明用语沪语服务竞赛	王　枫	第07版
7月19日	莫负春在市总十四届五次全委(扩大)会议上强调——各级工会要奋力担当新时代新使命	徐　晗	第08版
7月19日	四个着力”带领广大职工团结奋进——上海市总工会十四届五次全委(扩大)会议工作报告解读	徐　晗	第09版

续 表

日 期	篇 目	作 者	版 面
7月22日	杨浦油库活跃着一支“守护神”——穿上消防服，赴汤蹈火就是承诺	赵竺安	第07版
7月23日	在420℃的熔锡炉旁——劳动报记者深入上航电装焊接车间亲历航空人的坚守	黄嘉慧	第08版
7月23日	把心“拴”在职工身上	王 枫	第09版
7月24日	站务员化身“雨人”斗酷暑保安全	马亚会	第08版
7月24日	倾心留存上海历史记忆——记犹太难民纪念馆14人职工团队	李佳敏	第09版
7月24日	社保影响着每一个人	李铁捷	T1:劳权
7月25日	500强员工争相报名 身怀才艺者众多——劳动报记者独家探访全市首个楼宇白领艺术团	王 枫	第08版
7月25日	从阳台攀爬上屋顶 暴晒在烈日底下——现场直击:空调安装工忙碌的正午	李佳敏	第09版
7月26日	各级工会送清凉助职工迎“大烤”	庄从周 赵竺安 王 枫 郭翼飞 李佳敏	第10版
7月26日	劳动报记者直击极端高温下宝钢最“火热”的职工——汗水浸润的脸庞下有着钢铁般的心	庄从周	第11版
7月29日	头顶烈日，他们是新时尚的最“热”代言人——劳动报记者多地直击环卫职工迎战高温坚守垃圾分类第一线	龙 翔 李佳敏 马亚会	第07、08版
7月30日	正午，爬入蒸笼般的航标灯塔——劳动报记者随同航标灯抢修职工出海亲历“惊险一小时”	裴龙翔	第09版
7月30日	市总工会“加快科创中心建设立功竞赛”凸显品牌效应——聚力科技创新服务上海发展	张锐杰	第10版
7月31日	张文:从打工妹到工会主席——一线岗位成长为一线职工代言	张锐杰	第08版
7月31日	缴纳社保是企业和职工的共同义务	黄嘉慧	T1:劳权
8月1日	在高温噪声中为锅炉“体检”——记者体验华山医院锅炉房职工的日常一天	王 枫	第08版
8月1日	首批长三角地区劳模工匠人才创新工作室交流发布会召开——四地创新成果领衔人碰撞创意火花	张锐杰	第10版
8月1日	“为群众提供方便，是最高兴的事”——记五届全国劳模、全国优秀工人代表徐虎	郭翼飞	第11版

续　表

日　期	篇　　目	作　者	版　面
8 月 2 日	“感谢你们把接力站变成现实”——市总相关部门实地走访户外职工爱心接力站	张锐杰	第 08 版
8 月 2 日	不透风的湿热地下，他们日夜坚守——走进北横通道新建工程 II 标盾构施工区域	张锐杰	第 09 版
8 月 5 日	6 万灵活就业群体获工会专享保障——市总工会积极推进灵活就业群体入会和服务保障工作	张锐杰	第 07 版
8 月 5 日	骄阳下，他们在甲板上瞭望——记者登上固废转运船采访保障城市垃圾清运的幕后英雄	陈　琳	第 08 版
8 月 6 日	边熬夜边养生成白领常态——职场人阶段盘点：跳槽难加薪，心理压力大	阎梦华	第 08 版
8 月 6 日	“她是能为普通职工发声的好代表”——记全国劳模、“农民工的代言人”朱雪芹	郭翼飞	第 09 版
8 月 6 日	“大学式”培训助力产业工人进阶之路——青浦三年计划欲每年技能培训 3 万名劳动者	庄从周	第 10 版
8 月 7 日	“飞机梦”始于一个不能装空调的车间	张锐杰	第 09 版
8 月 7 日	权益问题不可短视	李轶捷	T1：劳权
8 月 8 日	800 公里外他们奋斗在地下数百米——劳动报记者走进鲁中矿业“地下城”	裴龙翔	第 08 版
8 月 8 日	酒店洗衣房，中央空调没有覆盖——劳动报记者体验水洗工的高温作业	李轶捷	第 10 版
8 月 9 日	天再热，也要为老人擦浴、翻身、更衣——记者体验长护险护理员一个平常的工作日	李佳敏	第 08 版
8 月 9 日	尝一口就知道冷饮成本价——雪糕研发师：三伏天里最爽职业但更是技术活儿	阎梦华	第 09 版
8 月 12 日	风声、雨声、印刷声，铸就“爱阅之城”——上海书展开幕前探秘一线印刷车间	马亚会	第 06 版
8 月 13 日	告别高薪，他为养老护理员建“家”	李佳敏	第 10 版
8 月 13 日	中建八局打造“三型”产业工人队伍——普通钢筋工在专业杂志发表论文	赵竺安	第 11 版
8 月 14 日	守护职业健康　浦东工会在行动	李轶捷	第 08 版
8 月 14 日	市总工会分多路慰问高温岗位职工——莫负春前往上海锅炉厂看望一线产业工人	徐　晗	第 09 版
8 月 14 日	请病假，这是一堂必修课	李轶捷	T1：劳权
8 月 15 日	浸润书香之间　致敬劳模精神——《新时代产业工人的楷模——李斌的故事》和《闪光的群体》首发	徐　晗	第 09 版

续 表

日 期	篇 目	作 者	版 面
8月15日	台风过后，树木"危情"频发——绿化人：顶烈日走街串巷抢救大树	王 枫	第10版
8月16日	4个月组建11幢楼宇工会联合会——五角场街道总工会"面对面服务法"赢得职工心	赵竺安	第08版
8月16日	寻常处见功力，细微处见真章——记上药新亚药业有限公司工会主席王开月	裴龙翔	第09版
8月16日	工会大门始终向他们敞开——华东医院劳务派遣工入会率达100%	王 枫	第10版
8月19日	职工的事就该敞开心扉——347名职工家庭，仲丽娜一年走访了三分之二	赵竺安	第07版
8月20日	烈日和暴雨下，他们守护着这座城市	马亚会 庄从周 黄嘉慧	第08、09版
8月20日	沪年内创设300家"上海职工学堂"——目前已创设成功124家将对社会免费开放	徐 晗	第10版
8月21日	职工文化网络大赛报名火热已突破5万人——各级工会聚拢人气有高招	庄从周	第04版
8月21日	做好全国4600多名职工的"娘家人"——记强生(上海)医疗器材有限公司工会主席尹清	陈 琳	第05版
8月21日	卡车司机 维权之路 任重道远	李轶捷	T1：劳权
8月22日	这条热线，为大赛保驾护航——全员参与全情投入他们也在线上"闯关"	黄嘉慧	第08版
8月22日	增强实体化运作功能 提升整体工作水平——千余"小二级"工会涌现一批优秀成果	张锐杰	第09版
8月23日	2019年上海市产业工人队伍建设改革专题研讨班举行——推动产业工人队伍建设改革落实见效	徐 晗	第04版
8月23日	"把脉问诊"心理健康 打造职工专属心灵驿站——徐汇启动产业工人心理状况调查	裴龙翔	第08版
8月26日	"职工外语天团"精通6国语言——长宁区税务局特色办税服务区推出双语服务专窗	张锐杰	第07版
8月27日	108个岗位，让人人看到职业发展路——上海锅炉厂有限公司推进岗位职级评定初显成效	郭翼飞	第08版
8月28日	三甲医院进园区 职工成"小巷总理"——徐汇田林深化党工共建着力促高质量发展	裴龙翔	第08版
8月28日	职业健康不能只靠一本目录	李轶捷	T1：劳权

续 表

日 期	篇 目	作 者	版 面
8月30日	三年托管职工子女近万人——本市2019暑期职工亲子工作室完美收官	王 枫	第07版
8月30日	公司成立一个月,工会就建起来了——记财治食品有限公司工会主席谢贤军	张锐杰	第08版
9月2日	面向人工智能时代搭建服务职工平台——上海职工科创中心建设立功竞赛高潮迭起	张锐杰	第07版
9月3日	工会工作要多问多说多想多做——记上药集团上海市药材有限公司工会主席凌文婕	裴龙翔	第08版
9月4日	职工参赛者各显神通高招连连——团队作战出谋划策提高凝聚力气氛融洽	庄从周	第08版
9月4日	上海外服调查千家企业——新生代员工更青睐旅游计划等福利	陈 琳	第08版
9月4日	护工行业亟待规范管理	李铁捷	T1:劳权
9月5日	职业等级自主认定薪酬福利同步到位——上港集团为技术工人打通成长之路	裴龙翔	第08版
9月5日	联席会议成为工会工作“推进器”——打浦桥街道行政部门与总工会打出服务职工“组合拳”	黄嘉慧	第09版
9月6日	2020年度上海工会实事项目征集启动——9月底前可至申工社微信公众号提出你的金点子	徐 晗	第08版
9月6日	职工文化网络大赛立足工会展风采——答题设置突出劳模事迹寓教于乐引人感慨	庄从周	第09版
9月9日	从“被入会”“要入会”到100%入会——上海世贸商城工会主席胡国伟的20年“平凡之路”	马亚会	第07版
9月10日	2716幅参赛作品中精选百强选手——职工文化网络大赛手机摄影赛昨日开始评审工作	庄从周	第06版
9月10日	重走丝绸之路 共话丝路精神——“全国工会媒体丝路行”昨日启程	裴龙翔 马思华 黄 兴	第07版
9月11日	推进上海环卫职工建会入会有效服务现场会召开——160家政府直接购买服务的环卫企业全部建会	徐 晗	第08版
9月11日	转变方式适应无纸化时代	李铁捷	T1:劳权
9月12日	园区非公企业建会率从28%提高到75.7%——职工入会率从32%提高到90%“二促二聚”为“市北经验”持续加力	阎梦华	第06版
9月16日	精兵“焊”将守护“锅炉心脏”——走访上锅公司管子车间西部工段焊接班	郭翼飞	第05版

续 表

日　期	篇　　目	作　者	版　面
9 月 17 日	2019 年首届职工歌手演唱会昨晚热力唱响——打造职工好声音或将开启基层选拔	庄从周	第 10 版
9 月 17 日	身后的“红本本”是马不停蹄的动力——访全国优秀工会工作者、枫泾镇总工会主席沈德兴	郭翼飞	第 11 版
9 月 18 日	餐桌垃圾变为生物柴油——中石油职工奋战 4 个月“变废为宝”	赵竺安	第 08 版
9 月 18 日	持续开展“双五”工程高技能人才层出不穷——宝鸡机床为职工成才铺就快速通道	裴龙翔　马思华　黄　兴	第 09 版
9 月 18 日	何以故意不注册？违法成本太小！	李轶捷	T1：劳权
9 月 19 日	因公司经营困难丢工作却成“主动离职”——朱雪芹工作室助外来从业者拿回补偿	陆　烨　高大兴	第 07 版
9 月 19 日	校企合作培育万名一线高技能人才——G60 科创走廊九城劳动技能竞赛开幕	张锐杰	第 08 版
9 月 20 日	推动生物医药产业体制创新——加快科创中心建设生物医药立功竞赛发布首批创新成果	张锐杰	第 07 版
9 月 20 日	强生控股维护非沪籍职工民主权利——5 名农民工当选职工代表参政议政	赵竺安	第 09 版
9 月 23 日	困难大学生有了社会实践基地——静安区总工会就业服务专场活动推出千余岗位莫负春出席	王　枫	第 03 版
9 月 23 日	火种，在上海这栋石库门点燃——中国劳动组合书记部的诞生与起源	王　枫	第 07 版
9 月 25 日	职工之魂的“初心”永驻——中国劳动组合书记部的壮大与梦想	郭翼飞	第 08 版
9 月 25 日	工匠代表参观“周恩来陈列展”——将敬业好学的精神发扬到工作中	张锐杰	第 11 版
9 月 25 日	看清规章才是秘笈	李轶捷	T1：劳权
9 月 26 日	从门头到清水墙一砖一瓦传承红色基因——中国劳动组合书记部修缮亮点大揭秘	马亚会	第 08 版
9 月 27 日	徐汇推动劳模精神工匠精神融入义务教育全阶段——“李斌中队”在梅园中学成立	裴龙翔	第 07 版
9 月 30 日	职工现场绘制“美丽祖国”长卷——上海万名职工红色文化寻访之迎国庆特别活动举行	徐　晗	第 07 版
10 月 8 日	中国劳动组合书记部旧址陈列馆讲解员在展馆中过长假——“别人休息我工作”成常态	王海雯	第 10 版

续 表

日 期	篇 目	作 者	版 面
10月9日	102名2019年“上海工匠”诞生——较去年增加17人，其中2人为自荐成功职工	徐 晗	第07版
10月9日	“亟待立规”不该是句空话	李轶捷	T1:劳权
10月10日	“四多模式”打造关爱劳模“服务卡”——闵行区总工会关爱劳模再创新招	张锐杰	第08版
10月10日	浙江女职工旅游时被喊去加班当场辞职——节假日里临时要求加班，你会怎么办	黄嘉慧	第09版
10月11日	金山工会为困难职工“点亮心愿”——精准帮扶，送上最迫切需要的服务	郭翼飞	第08版
10月11日	上海工匠罗玉麟——用匠心增添“本帮味道”	黄嘉慧	第09版
10月14日	上海工会技协小分队赴滇开展技术帮扶活动	陆 烨	第07版
10月15日	工作之余有了学习休闲的“自留地”——漕泾工会打造“村里”的职工学堂	郭翼飞	第08版
10月15日	在上千种颜色中练就一双“火眼金睛”——记上海工匠、“上海绒绣”区级传承人何冬梅	李轶捷	第09版
10月16日	从吃“闭门羹”做起的工会实干家——记嘉兴路街道第一网格工会联合会主席雷国兴	李佳敏	第07版
10月16日	欠薪欠的不只有钱	李轶捷	T1:劳权
10月17日	“凝心聚力进博会、建功立业创一流”立功竞赛推进会举行——国家会展中心区域工会联合会建立	徐 晗	第08版
10月17日	在“微嵌世界”赋予首饰全新生命——记上海老凤祥有限公司首饰镶嵌技师、上海工匠张卫东	黄嘉慧	第09版
10月18日	培育高技能人才浦东是认真的	李轶捷	第08版
10月18日	进博会进入倒计时，青浦区总工会精心谋划——提升服务提升内涵精细化管理	庄从周	第09版
10月21日	7天真实记录，这条路再难也要上！——记上海工会技协小分队赴滇开展技术帮扶活动	陆 烨	第06、07版
10月21日	上海国际企业半程马拉松昨晨开跑——500余家企业近万名职工参与莫负春宣布开赛	李佳敏	第08版
10月22日	“小二级”工会下沉至职工聚集地——金山区针对新领域新阶层新群体建会出“奇招”	郭翼飞	第09版
10月22日	“申工社・贵州扶贫商城”正式上线——市总工会助黔货出山入沪打造消费扶贫新势力	李轶捷	第10版
10月23日	47天，64185人全情参与——上海职工文化网络大赛期待来年	庄从周	第08版

续 表

日 期	篇 目	作 者	版 面
10 月 23 日	他打开了“一票换乘”的创新之门——记上海工匠、轨道交通自动售检票系统研发专家周向争	裴龙翔	第 09 版
10 月 23 日	不论什么理由“最低”底线不能破	李轶捷	T1:劳权
10 月 24 日	18 个小区联合工会是如何转起来的——芷江西路街道总工会推动“家文化”工程反哺社区	王　枫	第 08 版
10 月 24 日	潜心四年修复“上海小故宫”——记上海建筑装饰(集团)有限公司总工程师吴有伟	王　枫	第 09 版
10 月 25 日	上海市总机关系统讲故事大赛决赛举行——主旋律故事燃爆职工家国情怀	阎梦华	第 10 版
10 月 25 日	一场劳模退休话别会一曲产业工人荣耀之歌——女儿的演讲让封根喜湿了眼眶	张锐杰	第 11 版
10 月 28 日	第一代飞机设计师登上街道名人讲堂——89 岁航空泰斗程不时亲述家国情怀	王　枫	第 05 版
10 月 29 日	他们收获了生活的希望和做人尊严——新虹桥公司工会主席张晓冬帮扶残障职工侧记	马亚会	第 09 版
10 月 29 日	金秋时节,劳动竞赛火热开启	黄嘉慧　郭翼飞 赵竺安	第 10 版
10 月 30 日	先易后难　抓大带小　以点带面——江湾镇街道总工会持续破解餐饮行业建会难题	李佳敏	第 10 版
10 月 30 日	非公企业踊跃预约参观工匠馆——企业工会主席观后:一种责任感油然而生	庄从周	第 11 版
10 月 30 日	探讨“疑难杂症”的现实意义	赵竺安	T1:劳权
10 月 31 日	深化非公企业工会改革紧扣主业主责——朱泾工会亮出职工维权“成绩单”	郭翼飞	第 09 版
10 月 31 日	工会推出服务职工“十送工作法”——市绿化市容局工会与行业工会运用漫画艺术让职工通俗易懂	裴龙翔	第 10 版
11 月 1 日	展品进沪“零延时”水上监管织密“安全网”——上海海事局助力第二届进博会“越办越好”	裴龙翔	第 08 版
11 月 1 日	让更多职工用上工会媒体的 APP——市政协总工会界别委员走进本报开展调研	裴龙翔	第 09 版
11 月 4 日	上海市职工台球团体赛火热开杆——参赛队数逐年增加参赛水平不断提升	黄嘉慧	第 05 版
11 月 5 日	嘉定打通文化服务“最后一公里”——强阵地育团队送演出高质量供给提升职工获得感	裴龙翔	第 11 版

续　表

日　期	篇　　　目	作　者	版　面
11月6日	入职招聘不是天上掉馅饼	黄嘉慧	T1:劳权
11月7日	进博会期间观展热度高细微变化提升展览质量——劳动组合书记部旧址陈列馆用上"黑科技"	李成溪	第10版
11月8日	服务送到楼下　规范延伸到全国——漕河泾街道着力推进楼宇工会联合会组建	裴龙翔	第10版
11月11日	小小铃铛记录中外传统文化交融——记静安区总工会主席叶坚华的进博铃铛缘	王　枫	第09版
11月12日	黄浦区"四方联动"维权驶上"高速道"——20天帮职工讨回38万元欠薪	黄嘉慧	第09版
11月13日	主题教育第二批走"近"更走"心"	裴龙翔	第08版
11月13日	请病假难,说到底是信任缺失	李轶捷	T1:劳权
11月14日	主题教育第二批以"学"为先,走"实"为基	张锐杰	第08版
11月15日	隧道股份:工会建在项目上——辐射长三角工会以不同形式实现覆盖	张锐杰	第08版
11月15日	职工全力提升服务参评五星影院——3D眼镜每日消毒无障碍服务需更细致	庄从周	第09版
11月18日	比武交流中展现基层工会风采——第二届社会化工会工作者技能比武交流活动落幕	张锐杰	第07版
11月19日	工会服务"真心"为先——第二届上海市社会化工会工作者决赛团队风采展	张锐杰	第08版
11月19日	百年弄堂运动会吸引年轻职工——第32届承兴运动会唤回儿时记忆	黄嘉慧	第10版
11月20日	市总工会参与社会治理实践助宝武职工转型工会社工	徐　晗	第08版
11月20日	"三纵三横"构筑个性化精准保障——"上海职工互助保障项目2020"明年实施	徐　晗	第09版
11月20日	装进档案的材料请先与职工见面	李轶捷	T1:劳权
11月21日	"为职工做事,我特别有成就感"——上海百事通信息技术股份有限公司副总裁、工会主席张宁的故事	裴龙翔	第10版
11月21日	嘉定工会精准服务关爱高龄劳模——"八个一"工程营造良好氛围11名85岁以上劳模率先受益	裴龙翔	第11版
11月22日	对标对表提升水平　勇当服务国家战略的主力军——青浦区总工会进博会服务保障纪实	庄从周	第08版
11月22日	律师"临阵脱逃",工会伸出援手——朱雪芹职工法援工作室帮四名职工临危解难	郭翼飞	第10版

续 表

日 期	篇 目	作 者	版 面
11 月 25 日	发挥劳模引领作用 助推生态岛建设——崇明世界级生态岛建设引领性劳动和技能竞赛启动	张锐杰	第 08 版
11 月 26 日	做守卫国家核安全的计量卫士——记上海工匠、上海市计量测试技术研究院唐方东	李佳敏	第 08 版
11 月 26 日	工匠是“硬碰硬比出来的”——上海宝冶荣获中冶集团职业技能竞赛团体第一	赵竺安	第 10 版
11 月 27 日	对欠薪坚决说不	庄从周	T1:劳权
11 月 28 日	市北高新技术服务业园区总工会送上“娘家人”的温暖——大数据行业工会成立两月“吸力”强大	王 枫	第 07 版
11 月 28 日	浦东新区总工会将实事做好,将好事做实——职工版“家门口”服务地图新鲜出炉	李成溪	第 10 版
11 月 29 日	条块结合推进“会、站、家”一体化——虹口以网格、片区、园区、楼宇为载体强化“小二级”工会建设	李佳敏	第 09 版
11 月 29 日	沪苏浙皖职工疗休养区域协作启动——长三角地区首次联手举办职工疗休养推介会	徐 晗	第 10 版
12 月 3 日	成功协调劳资纠纷提升工会“魅力”——聚水潭公司工会组建背后的故事	王 枫	第 04 版
12 月 4 日	合法合规用人才是企业发展正道	黄嘉慧	T1:劳权
12 月 5 日	第二届进博会立功竞赛先进事迹报告会举行——服务保障进博会,这些职工肯奉献有高招	庄从周	第 08 版
12 月 5 日	上海工会启动 2020 年元旦春节送温暖行动——全市各级工会将筹集 2 亿元帮困送温暖	徐 晗	第 09 版
12 月 6 日	“85 后”工人发明家胡振球上新了——“垃圾车挂桶实时称重系统”诞生记	李成溪 张锐杰	第 06 版
12 月 11 日	2019 年“上海工匠”选树命名大会昨召开——102 名 2019 年“上海工匠”受表彰	徐 晗	第 08 版
12 月 11 日	建筑业欠薪顽疾 必须源头根治	李轶捷	T1:劳权
12 月 12 日	创新是上海这座城市对工会的要求——上海市第九批劳模创新工作室昨举行授牌仪式	张锐杰	第 09 版
12 月 12 日	几平方“职工小家”拥抱“大世界”——市机电工会倾力助推“小家”建设取得成效	郭翼飞	第 10 版
12 月 13 日	工匠互访互学助力长三角发展——第二届上海工匠俱乐部活动昨日落幕	张锐杰	第 06 版

续 表

日 期	篇 目	作 者	版 面
12月16日	由“点”成“带”再到“面”真新街道突破工会组建难题——小二级工会为八大市场营造良好“生态圈”	裴龙翔	第09版
12月18日	把握工会组建的广度、深度和温度——闵行区马桥镇总工会探索经济新常态建会模式	张锐杰	第10版
12月18日	天价赔偿有损行业发展	李铁捷	T1:劳权
12月19日	上海市总工会公布2020年11项服务职工实事项目——涵盖技能提升、文体、维权、健康、生活和帮困等六个大类	徐 晗	第06、07版
12月20日	90个尖端创新成果聚力新科技——市总工会加快科创中心建设主题立功竞赛回顾	张锐杰	第04版
12月20日	工会组建广覆盖服务效果精准快——奉贤青村镇钱桥经济园区联合工会	徐 晗	第05版
12月23日	“风云”变幻方显英雄本色——上海工匠、上海航天局812所宋华辉的“追星”路	王 枫	第07版
12月23日	按需定制、网上预约、高质量文体产品打包配送——徐汇围绕微课堂做好“服务”大文章	裴龙翔	第08版
12月24日	2019年度市政府与市总工会联席会议召开——通过不断推进产业工人队伍建设改革等议题	徐 晗	第03版
12月24日	七成以上区局工会推出实事项目1500个——盘点2019年上海基层工会服务职工实事项目典型案例	徐 晗 狄佳倩	第04、05版
12月25日	推进非公企业工会改革现场会召开——市总出台关于加强街镇“小二级”工会组织建设的指导意见	徐 晗	第03版
12月25日	全市各级工会微信粉丝已近300万各类服务项目种类达100多个——网上工会大发展，娘家人就在身边	李嘉宝	第04版
12月25日	年末权益多少心中要有个数	黄嘉慧	T1:劳权
12月26日	10大实事惠及516万职工——市总工会2019年服务职工实事项目回顾	王 枫	第08版
12月27日	推动上海工会事业不断取得新的更大发展和进步——2020年上海工会工作解读	徐 晗	第03版
12月27日	2019年新成立基层工会组织2700余个新吸收会员近10万名——非公企业工会改革加速聚焦四大领域	马亚会	第04版
12月30日	从行政、讲师到调解员、红娘——F659大厦工会“72变”服务职工	王 枫	第07版
12月31日	经费、建会、服务，一个都不能少——2019上海工会为灵活就业者建起温暖的家	李铁捷 黄嘉慧	第08版

关于调整本市工伤人员伤残津贴和生活护理费标准的通知

沪人社规〔2019〕24号

各委、办、局，控股（集团）公司，市社会保险事业管理中心，各区人力资源和社会保障局：

为保障工伤人员的基本生活，根据《上海市工伤保险实施办法》（以下简称《实施办法》）规定，经市政府同意，自2019年1月1日起对本市致残一级至四级工伤人员的伤残津贴和生活不能自理工伤人员的生活护理费标准进行调整，具体通知如下：

一、2018年12月31日前发生工伤且致残一级至四级工伤人员的伤残津贴在2018年享受的标准基础上调整，其中致残一级增加960元/月，致残二级工伤人员增加875元/月，致残三级增加812元/月，致残四级增加763元/月。

调整后的伤残津贴最低标准为：致残一级7386元/月，致残二级6911元/月，致残三级6484元/月，致残四级6082元/月。

二、2018年12月31日前发生工伤且经确认生活不能自理工伤人员的生活护理费在2018年享受的标准基础上调整，其中生活完全不能自理工伤人员增加817元/月，生活大部分不能自理工伤人员增加653元/月，生活部分不能自理工伤人员增加490元/月。

调整后的生活护理费标准为：生活完全不能自理4383元/月，生活大部分不能自理3506元/月，生活部分不能自理2630元/月。

三、2018年12月31日前已按规定办理按月领取养老金手续的致残一级至四级工伤人员，按照本通知第一条规定增加的伤残津贴低于其2019年基本养老金增加额的，按养老金增加额计发。

四、2019年1月1日至12月31日期间发生工伤且致残一级至四级的工伤人员，按《实施办法》规定计发的伤残津贴低于本通知第一条第二款规定的最低标准的，按最低标准计发。

五、由工伤保险基金按照《实施办法》规定支付伤残津贴和生活护理费的工伤人员，其按本通知规定调整后增加的费用由工伤保险基金支付。目前仍由用人单位按照《实施办法》规定支付伤残津贴和生活护理费的工伤人员，其按本通知规定调整后增加的费用由用人单位支付。

六、本通知自2019年7月1日起执行，有效期至2021年6月30日。本通知实施前已按《关于调整本市工伤人员伤残津贴和生活护理费标准的通知》（沪人社规〔2019〕7号）规定调整伤残津贴和生活护理费标准的工伤人员，按本通知规定的标准重新核定后予以补差。

《关于调整本市工伤人员伤残津贴和生活护理费标准的通知》（沪人社规〔2019〕7号）同时废止。

上海市人力资源和社会保障局
2019年6月20日

女职工工作

综 述

2019年，市总工会女职工委员会围绕工会中心工作，以“新时代，共奋斗；女职工，更幸福”为工作主线，履职尽责，不断促进女职工全面发展、幸福生活，各项工作实现新发展。一是注重思想政治引领，凝聚女职工奋进力量。动员女职工参加“中国梦·劳动美——与共和国同成长、与新时代齐奋进”上海职工故事大赛，开展家庭教育宣传周活动，举办“定家规、立家训——书写家国情怀、弘扬时代新风”活动，发起“与共和国同成长——我们的童年”主题照片征集活动，开设“幸福女性”专刊、专栏。二是注重先进典型引领，弘扬劳模工匠精神。推荐120多个女职工先进集体和个人获评全国、上海市工人先锋号和五一劳动奖章，12名女职工荣获第四批上海工匠称号，2137名女职工获得市总工会职业技能和一线职工岗位创新激励奖励，9位女劳模领衔的创新工作室获评第九批上海市劳模创新工作室，13个女劳模工匠领衔的工作室被选树为“中国长三角地区劳模工匠人才创新工作室”，28个巾帼创新工作室获评市级职工创新工作室。三是注重技能素质提升，加强女职工队伍建设。开展女职工社会培训、职业技能鉴定、讲座、学历教育服务和在线学习服务，开办“五一巾帼大讲堂”，组织女职工参加职工读书节、“书香三八”读书活动。四是注重权益维护，提升女职工幸福感。完成《企业用工成本中的性别差异化（上海）》调研报告，修订《上海市女职工权益保护专项集体合同（示范文本）》，与劳动监察部门形成联合检查机制，强化“三位一体”的工会女职工“零门槛”法律援助服务体系建设，开展普法宣传培训活动，组织女律师志愿团讲解女职工劳动法律维权、婚姻家庭、反家暴维权案例，召开女职工维权优秀案例分享会，成立灵活就业人群法律援助工作站。五是注重服务保障，提升实事项目影响力。制订《上海工会“爱心妈咪小屋”设置及管理办法》，持续新建爱心妈咪小屋，下发项目补贴经费286万元，组织开展星级小屋评定；依托单位行政，创办93家职工亲子工作室；开展“四季恋歌”青年职工交友实事项目，线上推出“会缘”小程序，各级工会线下举办近百场交友活动，帮助适龄单身青年牵线搭桥；为9.91万名女职工新办会员服务卡，开展针对女性的会员服务日活动，灵活就业群体工会会员专享保障覆盖女职工4.22万人，71.21万名女职工加入《女职工团体互助医疗特种保障计划》，604人获得给付金额184.5万元；向困难女职工发放生活救助、子女助学、医疗救助等帮扶资金169.5万元；开展“电话诉亲情，温暖进万家”赠送通讯费活动、农民工“平安返乡返城”行动和农民工健康医疗、体检行动等活动，覆盖约1万名女农民工；为7600余名困难企业女职工提供免费两病筛查服务。六是注重组织建设，增强女职工组织活力。召开市总女职工七届委员会第二次全体代表大会，落实《工会女职工委员会工作条例》，推进区局（产业）工会女职工委员会与工会委员会同步组建、同步换届和同步报批，开展《小二级工会女职工组织建设》课题调研，开展工会女职工干部专题培训。

（许燕军）

组织建设

【召开市总工会2019年度女职工工作联席会议】 1月4日，市总工会召开2019年度女职工工作联席会议，市人大常委会副主任，市总工会党组书记、主席莫负春；市总工会党组副书记、副主席姜海涛出席会议。莫负春指出，新时代工会女职工工作要把握好三大新趋势：即社会性别意识主流化趋势、女性劳动力比例不断提高的趋势、群团工作领域女性从业者不断增多的趋势。莫负春指出，上海工会女职工工作模式，始于群团改革上海工会先行先试的大背景下，必须坚持和发挥这一创新模式的优势。三年来实践所取得的成果，显示了这一工作模式的活力和优势，必须坚定不移地长期坚持下去，久久为功，持续发力。他要求，市总女工委要经常与联席会成员沟通、传递信息，听取意见建议，加大对工作过程中发现问题的协调解决；联席会成员要不折不扣完成各部门的任务，立足实际，主动思考，主动作为，把女职工工作内容有机嵌入、融合到部门常规性工作中去，并根据情况的变化不断改进和完善工作机制，体现女职工权益的特殊性和差异性，实现对女职工优先保护、优先培养、优先服务。要加强理论研究和顶层设计，把上海女职工工作模式上升提炼为工作理念，进一步加强综合协调和统筹管理，不断强化各级工会和工会女职工组织改革的坚定性。

（许燕军）

【召开市总工会女职工委员会七届一次常委会、七届二次全委（扩大）会】 3月6日，召开市总工会女职工委员会七届一次常委会、七届二次全委（扩大）会。会议传达学习了中华全

3月6日，上海工会举办纪念三八国际劳动妇女节主题活动 （吴良荣）

国总工会第七届女职工委员会第一次会议、全国先进女职工集体和个人表彰大会会议精神；审议通过市总工会女职工委员会工作报告（审议稿）；通报市总工会女职工委员会主任、副主任、常委分工。（郜　晶）

【上海工会举办庆"三八"女职工风采主题活动】 3月6日，上海工会举办纪念三八国际劳动妇女节109周年主题活动，市人大常委会副主任、市总工会党组书记、主席莫负春代表上海市总工会向全市广大女职工和各级工会女干部们致以节日的问候。他指出，广大女职工是工人阶级的重要组成部分。希望全市广大女职工坚定理想信念，以先进为榜样，积极践行社会主义核心价值观，发挥女性在弘扬中华民族家庭美德、树立良好家风方面的独特作用，以小家庭的和谐共建大社会的和谐。他强调，各级工会要高度重视和大力支持女职工工作，切实加强对女职工工作的领导，为工会女职工组织开展工作、发挥作用创造有利条件，竭诚当好女职工信赖的"娘家人"。会议表彰上海核工程研究设计院有限公司人因工程创新团队等12个获得全国五一巾帼奖状、全国五一巾帼标兵岗、全国五一巾帼文明岗和常峰等11名获得全国五一巾帼标兵称号的女职工先进集体和个人。还表彰获得全国工会爱心托管班称号的10家职工亲子工作室，为全市首家灵活就业人群法律援助工作站——杨浦区医养照护行业工会法律援助工作站授牌，启用自主开发的"四季恋歌·会缘"小程序公益性交友平台。（郜　晶）

【开展《小二级工会女职工组织建设》课题调研】 为深化推进非公企业工会改革，市总工会女工委开展《小二级工会女职工组织建设》课题调研。通过召开座谈会及走访调研等方式，对上海"小二级"工会女工组织建设基本现状与成效、存在问题与不足开展深入调查研究，提出做实做强小二级工会女职工组织的措施意见。（郜　晶）

【举办2019年上海工会女职工委员会委员履职培训班】 12月10日，市总工会举办上海工会女职工干部履职培训班。各级工会女职工委员会委员、各区局产业工会女职工干部80余人参加培训。市总副主席、女职工委员会主任桂晓燕作开班动员，提出要切实增强新形势下做好女职工工作的信心和决心，认真思考、潜心钻研、深入探讨，认真谋划2020年工会女职工工作。培训班为期三天，课程安排党的十九届四中全会精神解读以及新中国史、工会女职工工作、女职工创新创造能力提升等相关内容。（郜　晶）

【召开"小二级"工会女职工组织建设调研座谈会】 10月11日，市总工会副主席、女职工委员会主任桂晓燕带领调研课题组一行赴宝山召开"小二级"工会女职工组织建设调研座谈会。会议要求进一步提高对加强女职工组织建设工作的重要性、必要性的认识，既把握好女职工工作和工会工作的融合，更要凸显女职工工作的特色；结合群团改革大背景，加强阵地建设，扩大组织覆盖，通过调研，找出覆盖的盲点和薄弱环节，做好顶层设计、制度支持；加强宣传培训和队伍建设，扩大工作的影响面、受惠面。丰富工作抓手，开展基层女职工工作的品牌培育和创建，让女职工感受到组织的存在和力量，真正成为女职工可信赖的娘家人。区总工会相关领导、部分街镇工会女工委主任、基层"小二级"工会代表参加座谈会。（沈　英）

【青浦区总工会召开五届女职工委员会第三次全体（扩大）会议】 3月5日，青浦区总工会召开第五届女职工委员会第三次全体（扩大）会议暨纪念三八国际劳动妇女节109周年主题活动，回顾2018年工作情况，部署2019年工作任务。主题活动中，全体人员聆听8位女职工讲述她们在平凡的岗位上的先进事迹。区总女工委委员、各街镇女工委干部、企业女工干部代表、爱心妈咪小屋负责人代表、先进代表等150余人参加活动。（朱建强）

【奉贤区总工会召开纪念三八国际劳动妇女节109周年活动】 3月6日，奉贤区总工会女工委召开四届二次全委（扩大）会议暨"巾帼建功新时代，美丽绽放新贤城"纪念三八国际劳动妇女节109周年活动。区人大常委会副主任、区总工会主席陆建国向出席活动的全体人员和奋战在全区各条战线的职业女性致以节日的祝福和良好的祝愿。会上启动了奉贤区女职工"七色花"项目，并为"五一巾帼大讲堂"揭牌。会上还对新评出的职工亲子工作室和五星级爱心妈咪小屋进行表彰并授牌。（钱　洁）

【市医药工会举办三八主题活动】 3月28日，市医药集团工会举行"拥抱幸福·致敬奋斗"2019年女职工主题活动。展示5年来各基层女工委在自身品牌建设、女职工权益维护、素质提升、创新创效上取得的成绩。同时对

3月6日，奉贤区启动女职工"七色花"项目　（钱　洁）

获得2018年度全国巾帼先进集体和2017—2018年度上海市三八红旗手荣誉的获得者进行表彰。市总工会副主席、市女职工委员会主任桂晓燕出席会议,集团工会女职工委员会委员、各企业工会主席、各基层工会女职工代表等160余人参会。（陈玮雯）

【上海化学工业区工会召开第四届女职工委员会第一次全体会议】 3月18日,上海化学工业区工会第四届女职工委员会第一次全体会议召开。会议审议并通过第三届女职工委员会工作报告。选举产生上海化学工业区工会第四届女职工委员会主任、常务委员会委员,提出今后五年园区工会女职工工作的总体要求、目标任务。会议要求园区各级女职工组织要增强做好女职工工作的使命感和责任感,引领广大女职工建功立业,切实维护女职工合法权益,深入推进女职工工作改革创新,把女职工工作纳入工会整体工作同部署、同安排、同推进,切实为女职工组织履行职责、发挥作用营造良好的环境。（邹　毅）

【铁路上海局集团公司举办女职工干部培训班】 11月19—20日,铁路上海局集团公司女职工干部培训班在党(干)校举办。集团公司工会副主席邹开伟作开班动员,培训班邀请上海市妇联副主席翁文磊、东华大学教授陈邦伟等进行讲授,安排《男女平等基本国策》《新时代女职工工作创新发展》《美丽从心开始走进职场女性》《女性领导干部个性化形象设计》《我与铁路共成长》等课程。来自集团公司所属各单位110名女工干部参加培训。（赵雅静）

【上海邮政工会开展纪念三八妇女节系列活动】 2月,上海邮政工会下发《关于开展纪念“三八”国际劳动妇女节109周年活动的通知》,要求各基层工会和女职工委员会以纪念三八国际劳动妇女节为契机,引导广大妇女树牢“四个意识”,坚定“四个自信”,坚决做到“两个维护”,坚定不移跟党走、奋力建功新时代,激励广大女职工结合邮政通信生产特性和女职工特色,开展各类丰富多彩的文艺、修养、维权、健身等活动,凝聚女职工的力量,展示巾帼的风采。各二级单位可根据本单位实际情况,以“倾情礼赞新中国,巾帼奋进新时代”为主题,指导广大女职工积极组织开展纪念活动。杨浦区分公司参观青浦区陈云纪念馆和与江浦路街道开展3月5日学雷锋传承红色经典活动,为周边居民提供用邮、集邮、金融等便民服务;虹口区分公司组织开展“烘焙浓情暖人心”“三八”烘焙活动;青浦区分公司组织前往松江“吾舍农场”,开展“烘焙、制作团扇”活动;工程设计院联合广告公司共同组织女职工举办“芳疗与精油”系列活动;实业公司精心组织开展“魅力女性,邮政风采”为主题的多肉植物、马赛克盘DIY制作活动;邮电医院组织女职工进行志愿者服务,并开展女性健康讲座及茶道讲座。（王　瑛）

【市卫生健康系统举办纪念三八妇女节109周年主题活动】 3月6日,“巾帼心向党、建功新时代、天使展风采”上海市卫生健康系统纪念“三八”国际妇女节109周年主题活动在肺科医院举行。市卫生健康委党组书记、妇委会主任黄红,市妇联副主席刘琪,市卫生健康委党组副书记、市医务工会主席郑锦等有关领导出席活动。中国妇女十二大代表和上海市第十五次妇代会代表、各医院党委领导以及来自16个区、企业职工医院和民营医院的领导和女职工代表近400人参加活动。会上,向荣获2018年度全国、上海市、卫健系统“三八”红旗集体、个人和巾帼建功集体、标兵和巾帼文明岗等颁发奖状。（徐　园）

【市经济和信息化工作系统女工干部开展党性教育培训】 按照中央“不忘初心,牢记使命”主题教育工作要求,10月8—15日,市经信系统女工干部开展了为期8天的“不忘初心、牢记使命”党性教育培训。10月9日,女工干部前往遵义开展党性教育培训,学员们系统学习了遵义会议精神,在遵义会议会址,凤凰山烈士陵园,苟坝会议会址、纪念馆,四渡赤水之三渡渡口,青杠坡战斗遗址,四渡赤水纪念馆,娄山关等教学点重温历史,学习革命先烈不怕牺牲、英勇斗争、无私奉献的伟大革命精神。系统各单位的38名女工干部参加培训。（黄　俭　顾　捷）

【百联集团工会开展庆祝三八妇女节主题活动】 3月7日,百联集团工会在第一百货商业中心7楼100弄文化空间,开展“与美丽携手,与百联同行”百联集团庆祝三八妇女节主题活动。集团领导,集团女劳模女先进、女性管理者、女工干部等代表100多人参加。主题活动表彰了“全国五一巾帼标兵岗”——淮海755服务创新班组、2017—2018年度上海市三八红旗集体及红旗手。百联股份女劳模女先进们展示了居家收纳、胸针制作、厨艺展示、首饰编绳、礼品包装、丝巾搭配等服务新技能。在百联集团女店长(经理)沙龙重启仪式上,宣读了沙龙参与集团全员营销的行动倡议,向集团沙龙总会及4个沙龙分会负责人授牌,并共同点亮了行动起航灯座。（姜　杰）

素质提升

【概要】 结合推进上海产业工人队伍建设重点工作,市总工会女工委动员女职工参加技能培训,加快培养知识型、技能型、创新型女职工队伍。开办“五一巾帼大讲堂”,帮助女职工适应形势要求,学习新知识、新技能,推动高素质女职工队伍建设。依托职工书屋,组织女职工参加职工读书节、“书香三八”读书活动,各级工会女职工组织开展好书推荐、读书沙龙、主题征文、演讲比赛,让女职工在品味书香中涵养阳光心态,丰富精神世界。（许燕军）

【动员女职工参加技术技能培训】 借助市级职业教育开放实训中心、行业企业培训中心、校企合作生产性实训基地以及“上海职工学堂”,市总工会女工委为女职工提供社会培训、职业技能鉴定、讲座、学历教育服务和在线学习服务,3200余名女职工参加EBA培训,2137名女职工获得市总工会职业技能和一线职工岗位创新激励奖励。（许燕军）

【举办五一巾帼大讲堂】 市总工会女工委举办“五一巾帼大讲堂”,方便各级工会及女职工组织根据需要选择、预约课程。课程有联手上海女医师协会,举办女职工健康讲座系列课程,推出6大类25门科普培训和讲座,联手上海社科院,推出由社科院高端智库专家学者主讲的"社会科学系列讲座"22门,涵盖经济、文化、法制、社会、家庭、国际问题等领域和学科。(许燕军)

【创设幸福女性专栏】 为聚焦"高素质"的女职工队伍,描绘"高品质"的女职工幸福生活,发扬上海女职工聪慧自信、创新进取、大气谦和、优雅时尚的时代风采,让更多女性拥有获得感幸福感安全感,市总工会女工委于3月8日起,在劳动报、申工社微信创设"幸福女性"专栏,发布女职工最关切的新闻,报道女职工勤勉工作和幸福生活的故事,传递奋斗追梦的正能量。全年劳动报刊出幸福女性专栏41期。(许燕军)

【组织参加"书香三八"活动】 年内,市总工会女工委发动各级工会女职工组织参加以"逐梦新时代·巾帼绽芳华"为主题的全国第七届"书香三八"读书活动,以社会主义核心价值观引领女职工开展阅读,在阅读中感悟习近平新时代中国特色社会主义思想的深刻内涵,传递阅读精神,提升阅读兴趣,培养阅读习惯,提高阅读能力,使广大女性通过阅读拥有更多的幸福感和获得感,在工作中不忘初心、勇于担当,有梦想、有使命、有作为,成为能够担当民族复兴大任的时代新女性!(许燕军)

【征集家规家训故事】 围绕深入推进家庭文明建设工作,按照"培育好家风——女职工在行动"主题实践活动要求,市总工会女工委开展"定家规、立家训——书写家国情怀、弘扬时代新风"活动,收集一批讲述尊老爱幼、男女平等、夫妻和睦、科学教子、廉洁齐家、勤俭持家、诚实守信的生动家规家训故事"我的家规家训"故事和视频,展现出上海女职工和家庭成员爱国爱家的家国情怀、相亲相爱的良好家庭关系,凸显了女职工在家庭文明建设中的独特作用和精神风貌。(许燕军)

3月15日,浦东新区总工会举行"最美女职工"风采展示 (赵立荣)

【浦东新区总工会举行"最美女职工"风采展示大会】 3月15日,浦东工会"最美女职工"风采展示大会在周浦镇文化活动中心举行。30名最美女职工以匠心、智慧、魅力为主线,集中展示了新时代的女性风采。市总工会副主席、女职工委员会主任桂晓燕,区总工会党组副书记、副主席李幼林,区总工会党组成员、经审委主任、女工委主任刘京蕾出席活动。来自全区各行各业的先进女职工代表、各级工会组织负责人、女工干部等400余人参加活动。自1月起,浦东新区总工会在全区开展了"寻找最美女职工"主题活动,挖掘、培育、宣传先进女职工的成长历程和感人事迹,并通过线上线下集中展示,最终产生了30名最美女职工代表及22名提名。该活动在浦东工会通官方微信上实现15万阅读量,留言达400余条,引起了各界的热烈反响和讨论。(陈维)

【奉贤区总工会举办女工干部培训班】 11月6—7日,奉贤区总工会主办、奉贤区总工会女职工委员会承办2019年奉贤区女工干部培训班,区总工会女职工委员会委员、各直属工会女工委主任、女工干部共计55人参加培训。培训内容包括国际经贸新规则与上海自贸区的制度创新、商务礼仪与职业形象塑造、沙瓶画制作、咖啡文化与咖啡制作等。并组织参观学习区民政局工会创建职工之家的经验和做法。(钱洁)

【市医药工会开设女职工"幸福学堂"】 为着力推进女职工素质提升工程,市医药工会女职工委员会创新开办女职工"幸福学堂"。学堂按照"讲授与体验结合,学习和服务并行"的原则,让上药女性在各类内容丰富、形式多样的课程中,提升自身的职业素养、艺术修养、道德涵养,培育理性平和心态,拥有健康生活方式。课程结合课堂授课、送课到基层、网络直播授课等形式,不断探索课程范围、课堂广度的拓展,全年累计开课8期,近400余名女职工参与培训。(陈玮雯)

【上海航天局工会做强做优"四季讲堂"】 上海航天局工会持续做强做优品牌项目"四季讲堂",以"爱·美丽航天"为主题,精心策划全年系列主题活动。四季讲堂设有"形象季"、"亲子季"、"收纳季"、"画语季"系列活动,反响热烈,全年参加人数达600余人次,展现了航天女性的深厚底蕴以及对美好生活的追求。(沈方方)

【鲁中矿业工会开展女职工学习培训】 2019年,鲁中矿业女职工学习培训内容丰富。一是组织全体女职工学习公司《鲁中矿业有限公司集体合同》《鲁中矿业有限公司女职工权益保护专项集体合同》,积极开展宣传教育和知识答题活动,营造良好的学法、懂法、用法氛围。二是每季度组织一次集中学习培训。外请职业技术学院讲师为女职工授课4次,内容涉及

礼仪、家庭急救、常见妇科病预防、手工制作剪纸等方面。（李宗峰）

【第二届上海教育女性国际论坛关注女性成长中的教育意义】 10月25日，“女性成长中的教育意义”第二届上海教育女性国际论坛在复旦大学举办。来自各个国家、各个领域的专家、学者围绕论坛主题展开多方位、多视角的交流。市总工会副主席、市妇联兼职副主席桂晓燕，市教卫工作党委副巡视员、市教育工会常务副主席、教育系统妇工委主任李蔚等领导出席论坛并讲话。市女教授联谊会理事会成员、市优秀青年女教师联谊会理事会成员、各高校、区教育系统女教授联谊会会长、普教系统申请入会的正高级女教师、上海市第十五次妇女代表大会代表、2017—2018年度上海市三八红旗手、各高校、区教育系统及直属单位妇女干部等近160人参加论坛。李蔚为第二届上海市女教授联谊会普教分会理事颁发聘书。挪威王国驻上海总领事馆总领事尹克婷、新加坡共和国驻上海总领事馆副总领事刘俐伶、复旦大学教授曾璇、上海市第三女子中学校长徐永初分别作主题演讲。（高　芳）

【市教育工会举办女教授创新论坛】 4月10日，“砥砺求索追求卓越”2019上海女教授创新论坛在华东理工大学举办。市教卫工作党委副书记、市教育工会主席成旦红，市妇女联合会主席、党组书记徐枫，市教卫工作党委副巡视员，市教育工会常务副主席、市教育系统妇工委主任李蔚等出席会议。全市教育系统近200名女教授、妇女干部参加论坛。市教育功臣、正高级教师、上海市实验学校校长徐红，上海财经大学期刊社社长、金融学讲席（首席）教授陆蓉，全国五一巾帼标兵、华东理工大学信息科学与工程学院院长杜文莉结合自身经历，与大家分享学习、工作和生活的点滴，创新和创业的收获，用她们的精彩诠释着上海女教师的智慧和才华、风采和卓越。（高　芳）

【上海联通工会举办三八妇女节艺术沙龙】 3月7日，“WOMEN 暖心盛放”上海联通2019年三八妇女节艺术沙龙在浦东华辰大厦13楼多功能厅举行。公司副总经理、工会主席李爽、工会副主席魏炜，部门女领导、先进女职工、女职工先进集体、女性小CEO、各基层工会女工会干部代表们欢聚一堂，通过诗与茶两大特色活动，展现联通“女神”们的优雅与聪慧、美貌与才情。公司副总经理、工会主席李爽向大家展示了上海联通女职工在公司发展过程中发挥的半边天作用，感谢全体女职工为上海联通高质量发展所付出的辛勤汗水和取得的成绩。（康　迪）

【世纪出版集团女工委赴市女子监狱亲情帮教】 3月4日，世纪出版集团工会、工会女职工委员会组织集团总部女职工代表一行15人，前往市女子监狱参加“爱的绽放——2019年母爱进大墙”亲情帮教公益活动，并举行了由上海辞书出版社出版的图书《女犯认知行为治疗实务》首发及赠书仪式。（江　文）

建功立业

【概要】 发动各级工会女职工组织积极参与“聚力新科技奋进新时代”“长三角地区职工劳动技能创新”“凝心聚力进博会、建功立业创一流”等引领性、示范性劳动竞赛，激励女职工立足岗位，争先创优。弘扬劳模精神、劳动精神、工匠精神，推荐女职工先进集体和个人参加全国、上海市五一劳动奖和工人先锋号评选以及“上海工匠”选树。鼓励女职工积极参与岗位技术革新、优秀发明选拔赛、合理化建议等群众性科技创新活动，激发一线女职工创新创造的积极性主动性，营造敢创新、能创新、善创新的良好氛围。积极培育女劳模、女工匠、女职工创新工作室，为女性创新人才提供项目资助，带动更多女职工焕发创造活力、投身创新实践，9位女劳模领衔的创新工作室获评第九批上海市劳模创新工作室，13个女劳模工匠领衔的工作室被选树为“中国长三角地区劳模工匠人才创新工作室”，其中7个加盟“中国长三角地区劳模工匠人才创新工作室联盟”，28个巾帼创新工作室获评市级职工创新工作室。120名先进女职工获评全国、上海市五一劳动奖章，推荐选送12个集体和11位个人为全国五一巾帼标兵岗（标兵）、全国巾帼文明岗，上海核工程研究设计院人因工程创新团队被授予全国五一巾帼奖状，12名女职工被选树为第四批“上海工匠”。推动女劳模领衔的工作室加盟“中国长三角地区劳模工匠人才创新工作室联盟”，助力长三角高质量一体化发展战略。推动女职工积极申报“上海职工优秀创新成果奖”。（许燕军）

【市机电工会举行“三八”表彰会】 3月5日，市机电工会在机电大厦蓝宝石厅举行纪念三八国际劳动妇女节109周年暨先进表彰会。市机电工会主席朱斌致词并为先进颁奖。会议要求女职工们进一步解放思想，转变观念，改革创新，真抓实干；以李斌为榜样，进一步弘扬主人翁精神、劳动精神，忠诚企业、爱岗敬业，努力学习、刻苦钻研，成为知识型、技能型、创新型的新时代职工；要向先进看齐，立足岗位，努力工作，奋发进取，创新创造，为集团和企业的发展进步做出贡献。各级女职工委员会要进一步增强使命感、责任感，团结和引导广大女职工，在实现集团第二步战略目标中贡献新的力量。会上，上海电气舞蹈队及企业文艺表演队为大家表演了文艺节目。（彭伟光）

【市化学工会开展女职工建功立业表彰活动】 3月8日，市化学工会在浦东新区界龙集团会议中心召开了“阳光华谊·绽放美丽——华谊集团纪念三八国际劳动妇女节109周年大会”，200多名女职工代表出席大会。会上，工会副主席、女职委主任李爱敏作了女职工工作汇报，集团党委组织部部长、人力资源部总经理刘文杰宣读了2017—2018年度华谊集团三八红旗手（集体）表彰决定，集团党委副书记、工会主席黄岱列发表讲话。大会向上海市三八红旗手（集体）、华谊集团三八红旗手标兵、华谊集团三八红旗集体、华谊集团三八红旗手授予荣誉证书，并安排先进代表进行访谈。（苏　叶）

【东方国际集团注重思想引领推进巾帼建功评选】 为进一步彰显特色、

塑造品牌，增强更多女职工的幸福感、获得感，东方国际集团多举措推动巾帼建功活动深入开展。3月5日，集团工会举行“巾帼群英荟——2017—2018年度集团三八红旗集体”风采展示擂台赛。各投资企业、直属单位推荐的26个候选集体以PPT的演讲方式，精彩演绎广大女职工团体爱岗敬业、拼搏奉献的风采。最终，评选出“我心目中的三八红旗集体”2个，“2017—2018年度集团三八红旗集体”17个。3月12日，以“奋进新时代、展示新风采、筑梦新东方”为主题的“东方国际集团工会纪念三八国际劳动妇女节109周年表彰大会”在长宁图书馆举行。大会分别向荣获“全国五一巾帼标兵岗”“全国巾帼文明岗”“上海市三八红旗集体”“上海市三八红旗手”“集团三八红旗集体”“集团三八红旗手”等21个先进集体和36名先进个人颁发荣誉证书和奖状，同时通过诗歌朗诵、跳操、快板、现代街舞、小组唱等文艺表演展示了女职工自尊、自信、自立、自强的精神风貌和魅力风姿。现场还首次邀请20多年前从纺织转岗到上航工作的“空嫂”回娘家共叙佳缘。在参观完新联纺公司后，空嫂感叹，早年的老牌国企完全由传统向“科技+时尚”转型，深刻感悟到产业历史的嬗变。

（陆　益）

【国网上海市电力公司工会举办纪念“三八”节活动暨女职工先进表彰会议】 3月6日，国网上海市电力公司举办纪念三八国际劳动妇女节活动暨女职工先进表彰会议，来自公司系统各条战线的女职工代表欢聚一堂，共庆节日。会议表彰2018年全国巾帼建功先进集体、上海市三八红旗集体、上海市三八红旗手、国网上海市电力公司巾帼建功先进个人等多项荣誉，3名女职工代表做交流发言。活动现场为女职工准备了击鼓传花、幸运锦鲤、占据阵地等趣味游戏和《呵护女性健康——春季健康防护与经络养生实践》讲座。

（蔡　婧）

【上海航天局工会组织召开纪念三八国际劳动妇女节109周年表彰大会】 3月4日，上海航天局工会召开纪念三八国际劳动妇女节109周年表彰大会，航天局各单位女领导、工会主席、女职工委员会主任、女工代表等参加会议。会议表彰上海航天局2017—2019年度三八红旗手标兵、三八红旗手和三八红旗集体，邀请先进个人和先进集体的代表作经验交流发言。邀请倾城室内乐团举办航天专场音乐会，通过交响乐队演奏与讲解乐理知识相结合的方式让女职工在繁忙的工作中享受了一场音乐盛宴。

（沈方方）

【上汽集团召开纪念三八国际劳动妇女节109周年表彰大会】 3月6日，以“追梦竞芳华”为主题的上汽集团纪念三八国际劳动妇女节109周年大会在上汽活动中心举行。上汽集团党委委员、上汽集团组干部长张峥嵘，集团工会副主席甘平、祝培莉以及集团工会女职工委员会委员、各企业工会主席、工会女干部、女先进代表等300余人参加会议。大会对全国三八红旗集体、全国巾帼文明岗、上海市三八红旗手、上海市三八红旗集体、上汽集团三八红旗手标兵等进行表彰。对集团女先进代表的风采进行集中展示。泛亚技术中心、上汽乘用车、上汽大众、上汽大通、上实交通、延锋公司等做交流发言。

（范　融）

【上海建工集团举行纪念三八妇女节暨三八表彰会】 3月8日，上海建工集团召开以“追梦奔跑筑征程，玫瑰绽放建新功”为主题的纪念三八国际劳动妇女节暨三八表彰会。集团党委副书记张立新、工会主席卞炯出席，并为获全国巾帼文明岗、全国五一巾帼标兵、市三八红旗集体(手)等荣誉称号的先进代表颁奖。张立新向获得各类荣誉称号的女职工表示祝贺，向为集团发展作出积极贡献的女职工致以诚挚祝福。并做了题为《传承文化基因，实现共同愿景》的报告，诠释了集团企业文化独特的凝聚力、竞争力和感召力，引领女职工把企业文化转化为自觉行动，形成指导女职工工作的生动实践。卞炯希望各级女职工组织和女职工们围绕集团愿景目标，从建设高素质女职工队伍、搭建高质量发展平台、创造高品质幸福生活、体现高水平工作能力上下功夫，进一步发挥“半边天”作用。会议总结集团2018年女职工工作，部署2019年任务；通过视频展示先进女职工集体和个人代表的风采。集团相关部门负责人，各单位工会主席、工会女职工委员会主任和女职工代表200余人出席。

（余轶群）

【市建设交通行业开展纪念三八国际劳动妇女节109周年大会】 3月5日，“巾帼心向党，共筑中国梦”上海市建设交通行业纪念三八国际劳动妇女节109周年大会在核工院召开。市建设交通工作党委副书记田赛男、市总工会副主席桂晓燕、市妇联副主席

3月5日，市建设交通行业开展纪念三八国际劳动妇女节109周年大会表彰

（钱　蓉）

翁文磊、上海隧道股份党委副书记陆雅娟出席活动。桂晓燕在致辞中代表市建设交通工作党委、市总工会、市妇联向建设交通行业女职工们致以最诚挚的节日问候,对2018年建设交通行业各级女职工组织和女职工所取得的成绩给予肯定,号召广大女职工在各行各业开拓进取、拼搏奉献、建功立业,在平凡的岗位上做出不平凡的业绩,充分发挥"半边天"作用,并在建设上海卓越的全球城市中彰显巾帼力量、做出积极贡献。会上,一批获得全国、上海市"巾帼文明岗(标兵)""巾帼建功集体""三八红旗手标兵""三八红旗集体(手)"等荣誉称号的先进集体和个人受到表彰。大会通过讲述、个人采访和集体访谈、情景剧、情景朗诵的形式,充分宣传先进事迹,弘扬先进精神,全面展示了上海建设交通行业广大女职工勇于担当、走在前列、乐于奉献的巾帼风采。

(钱　蓉)

【市教育系统举行纪念"三八"节先进表彰大会】 3月6日,市教育系统纪念国际妇女节109周年暨先进表彰大会在黄浦区青少年科技活动中心召开。本次大会以"奋进新时代、筑梦新天地"为主题,教育系统获得2017—2018年度市、系统三八红旗手(标兵)、红旗集体等先进集体和个人代表,市教卫工作党委、市教育工会领导以及高校、区教育系统、直属单位的党组织、工会、妇委会负责人共250余人参加会议。市三八红旗手标兵上海大学研究员彭艳、市三八红旗手代表同济大学教授周颖、市三八红旗集体代表上海应用技术大学教授田怀香等做了交流发言。市教卫工作党委副书记、市教育工会主席成旦红要求各级妇女组织做好先进事迹和人物的宣传工作,用榜样的力量激励和影响广大女教师,引导广大女教师团结拼搏、奋发向上。市教育工会常务副主席、市教育系统妇工委主任李蔚等为获奖代表颁奖。(高　芳)

【市经济和信息化工作系统举行纪念三八国际劳动妇女节109周年表彰会暨主题论坛】 3月11日,市经济和信息化工作系统纪念三八国际劳动妇女节109周年表彰会暨主题论坛在上海世博会博物馆WE剧场举行。市经信系统工会、妇工委对系统获得2018年度全国和上海市荣誉的优秀女性及女性集体进行表彰。系统工会女职工委员会向系统妇女姐妹发出倡议书。会后,上海人民广播电台主持人梦晓与部分获奖的巾帼代表举办了名为《春华秋实70载,巾帼追梦新时代》的圆桌论坛。市经信系统近150余名妇女干部、先进代表参加会议。

(黄　俭　顾　捷)

【市经济和信息化工作系统举办2019年上海市"巾帼建功标兵"擂台赛】 9月26日,市经济和信息化工作系统在上海青年管理干部学院举办2019年上海市"巾帼建功标兵"擂台赛。来自市经信系统27家单位的32名上海市巾帼建功标兵候选人通过事迹发布的形式,展示个人风采,角逐巾帼荣誉。擂台赛评审团由市经信委领导、市妇联相关部门负责人、市经信妇工委负责人、系统各单位工会主席、系统市妇代表、市三八红旗手代表、上海女性社会组织专家等组成。32名标兵候选人逐一上台发布,她们的优秀事迹让在场观众备受感染和鼓舞。来自系统各单位的近百名职工代表担任擂台赛大众评审,现场投票选出了"市经信系统2019年上海市巾帼建功标兵擂台赛"最佳人气奖。

(黄　俭　顾　捷)

【光明食品集团举行纪念三八国际劳动妇女节109周年主题活动】 3月11日,光明食品集团纪念三八国际劳动妇女节109周年主题活动在农工商超市118店上影泰禾影城隆重举行。集团党委副书记、总裁刘平,集团党委委员、副总裁余莉萍,集团党委委员、工会主席潘建军,集团总部各部室女负责人,子公司党政女负责人及集团各级女先进、女劳模、女职工代表近150人出席纪念活动。纪念活动上,荣获2019年"全国巾帼建功标兵"的苏米亚,荣获2019年"全国五一巾帼标兵岗"的上海市东海老年护理医院十五病区特需科代表王欢,荣获2017—2018年度"上海市三八红旗手"的宁准梅、许国萍、陈华丽、莫蓓红、龚屹等5人,荣获2017—2018年度"上海市三八红旗集体"的上海小木屋会务中心客房部班组代表徐燕分享了她们的体会和感受。(朱莉英)

【市级机关庆祝三八国际妇女节主题活动】 3月4日,市级机关工会工委、妇工委举办"巾帼心向党建功新时代"上海市市级机关庆祝三八国际妇女节主题活动。市级机关工作党委副书记杨莉、市妇联副主席葛影敏、市级机关工作党委副巡视员田霞共同发布活动主题。荣获2017—2018年度上海市三八红旗手标兵提名奖、上海市三八红旗手的36名个人和上海市三八红旗集体14个单位代表,市级机关各单位分管领导、工会主席、妇委会主任、女工干部等160余人参加主题活动。活动以"我与进博的故事""砥砺前行追梦者""改革开放再出发"3个精彩篇章分别展示了市级机关女性在平凡的岗位上"巾帼不让须眉"的时代风采。先进代表通过一个个亲身经历的生动故事,重现了在不同岗位上服务进博、岗位建功促改革发展、为上海加快建设"五个中心"、卓越的全球城市和具有世界影响力的社会主义现代化国际大都市而奋力拼搏的生动形象。(王　颖)

权益保障

【概要】 2019年,市总工会女工委修订《上海市女职工权益保护专项集体合同(示范文本)》,全市单独签订女职工权益专项集体合同1.175万份,覆盖女职工68.25万人,9809家企业签订集体合同中含有女职工权益保护条款或附件,覆盖女职工31.12万人。强化"三位一体"的工会女职工"零门槛"法律援助服务体系建设,办理涉及女职工的法援案件17442件,其中调解11713件,成功率93.2%。代理劳动仲裁和诉讼3267件,胜诉率86.2%。开展普法宣传培训活动,在申工社微信公众号推出5期女职工权益保护和性别平等相关知识问答活动,邀请专业律师坐镇12351女职工维权热线,免费咨询解答劳动权益、财产和婚姻家庭等方面的问题,组织女律师志愿团深入绿化市容行业工会,讲解女职工劳动法律维权、婚姻家庭、反家暴维权案例。成立灵活就业人群法律援助工作站,为家政服务、护工护

理等灵活就业职工提供法律援助服务。（郜　晶）

【修订女职工权益保护专项集体合同示范文本】 年内，市总工会女工委组织召开工会女职工维权情况调研座谈会，根据调研情况，调整完善女职工权益保护专项集体合同范本，增加预防和制止工作场所性骚扰、性暴力以及其他涉及女职工特殊利益的法律法规以及性别平等相关等条款，供基层工会参考。（郜　晶）

【开展三八维权月专项检查】 三八期间，市总工会女工委与劳动监察部门联动，随机抽取女职工占比30%以上的餐饮、宾馆及服装加工行业单位，联合市人社局就单位执行女职工特殊保护、专项集体劳动合同签订、工资支付、工时制度、产假期间待遇支付以及社会保险费缴纳等情况开展专项检查，并向企业赠送《女职工权益维护法律知识微手册》《促进工作场所性别平等指导手册》等书籍。（郜　晶）

【开展线上普法竞答活动】 “三八节”期间，市总工会女工委通过申工社微信公众号，开展连续5期的女职工普法竞答活动，共涉及包括工作场所的劳动保护、家庭婚姻保护规定、劳动合同规定、男女性别平等基本国策、女职工“四期保护”特别规定在内的50道题目，共吸引3.3万女职工参与竞答活动。（郜　晶）

【推广应用《促进工作场所性别平等指导手册》】 年内，市总工会女工委制订《促进工作场所性别平等指导手册》推广应用方案。针对女职工集中的园区、楼宇、企业发放《促进工作场所性别平等指导手册》和宣传海报，宣讲新发展理念下企业履行性别平等责任的重要性，推动将性别平等纳入企业社会责任的视域。针对不同行业、不同类型用人单位开展调查研究，重点了解企业在女职工权益维护、专项集体合同签订、职场环境、用工成本性别差异等方面的现状，发现提炼好的经验做法，并分析性别平等责任履行不力企业的原因和困难，形成促进工作场所性别平等的典型案例，并推动用人单位制定促进工作场所性别平等工作实施方案。（郜　晶）

【开展《企业用工成本中的性别差异化（上海）》调研报告】 市总工会女工委落实中央关于坚决防止和纠正就业中的性别歧视指示精神，选择制造业和信息传输、软件、信息技术服务业等不同性质行业的企业，围绕企业使用不同性别职工的经济效益和社会效益、企业开展女职工劳动保护、承担特殊劳动保护成本等方面，就企业用工成本中的性别差异以发放调查问卷、提交访谈记录相结合的方式进行调研，研究影响企业用工成本性别差异主要因素，对减少企业男女用工成本差异、相关部门制订出台相应政策措施等提出对策建议。（许燕军）

【杨浦区总工会为医养照护行业女职工提供维权服务】 3月6日，在市总工会纪念三八国际劳动妇女节109周年主题活动现场，市总工会副主席张得志为全市首家灵活就业人群法律援助工作站——杨浦区医养照护行业工会法律援助工作站授牌。为医养照护行业的护工们，尤其是女性护工，提供不限于就业维权的全方位维权服务，更好地维护护工群体职工权益。3月7日，杨浦区医养照护行业工会法律援助工作站正式启动，举办法律维权辅导讲座，杨浦法院民事审判庭团队长、四级高级法官陈海峰，为100余名医养照护行业女职工开展了“医疗护理中的侵权案件分析”专题辅导。同日上午，2019春风行动系列招聘会暨“工会就业服务月”庆“三八”节专场招聘会在杨浦区总工会职工服务中心举行。20家单位提供了570余个岗位，吸引各类求职人员120余人，约50人达成就业意向。（张东寅）

【金山区总工会举办庆“三八”暨“情暖三月天”女职工主题月活动启动仪式】 3月7日，金山区总工会举行庆“三八”暨“情暖三月天”女职工主题月活动启动仪式，区总工会党组常务副书记、副主席汪敏良，区总党组成员、副主席、区总女工委主任曹冠，以及区总工会女职工委员会委员、各直属工会女职工干部、基层工会干部和女职工代表、爱心妈咪小屋负责人代表共100余人参加活动。启动仪式对主题月活动进行发布，即围绕权益维护、实事服务、素质提升、幸福关爱等重点内容，在3月集中开展以“节庆活动周、普法维权周、公益文化周、关爱服务周”为主题的贯穿全月的各类活动，实现周周有主题、日日有活动。与会领导还为荣获2019年全国五一巾帼标兵岗以及7家2018星级“爱心妈咪小屋”的单位颁发了铜牌。（卫婷怡）

【松江区总工会开展维护女职工劳动权益专项检查】 3月13日，松江区总工会女职工委员会联合区妇联、区劳动监察大队等职能部门组成联合执法工作组，在全区范围内集中开展维护女职工劳动权益专项执法检查。专项执法检查涉及8家女职工比较集中的劳动密集型企业，覆盖女职工3000余人。联合执法工作组重点了解了女职工健康体检落实情况、妇女“四期”保护有关措施，向企业赠送《妇女维权指导手册》《婚姻法》等法律法规宣传折页，进一步扩大妇女合法权益保护的宣传普及率；同时对女职工签订劳动合同、专项集体合同、支付工资、工时制度以及缴纳社会保险费等情况进行了询问和检查。对于检查中存在的个别违法行为，联合执法工作组当场进行教育并发出限期整改通知书。（孙　媛）

【松江区总工会职工法援中心开展女职工维权法律服务】 3月4—8日，松江区总工会职工法律援助中心邀请5位女律师组成“专家门诊”，开展为期一周的女职工维权和普法宣传活动。活动期间，律师就经济补偿金、加班费、女职工四期维权等相关问题进行解答，并为女职工提供协商调解等法律援助服务。活动共提供女职工法律咨询36人次、协商调解5人次，代为诉讼4人，发放《松江区总工会职工法律援助便民卡》50余份。（丁　璇）

【市总工会、市绿化市容行业工会联合举办女职工法律大讲堂】 3月8日，市总工会、市绿化市容行业工会以“尊法守法、携手追梦”为主题，联合举办纪念三八国际劳动妇女节暨女职工法律大讲堂活动。来自本市一线环

3 月 8 日,市总工会、市绿化市容行业工会联合举办女职工法律大讲堂
（耿　静）

卫女职工代表、环卫企业代表、市绿化市容局系统女职工代表等 200 余人参加活动。市总工会经费审查委员会主任、女职工委员会副主任丁巍,市绿化市容局工会、市绿化市容行业工会主席肖龙根等领导出席。（耿　静）

【鲁中矿业工会切实维护女职工的合法权益】 鲁中矿业工会扎实推进女职工工作,积极维护女职工的合法权益和特殊权益。一是在工代会、职代会的代表名额分配方面,始终坚持女职工代表比例与本单位女职工所占比例规定相适应。二是为公司为在岗、内退和正退的 1502 名女职工免费查体。三是坚持为在岗女职工每人每季度发放 60 元的女职工特殊劳动保护用品。四是采取不同形式,不定期的举办女职工健康知识讲座。五是公司各级女职工委积极主动稳妥处理女职工各类劳动纠纷及信访等工作,将矛盾消灭在萌芽之中。（李宗峰）

【市监狱管理局工会多措并举做好女工工作】 市监狱管理局工会加强女工工作,发挥女干警女职工"半边天"作用。一是开展"巾帼展风采 · 奋进新时代"监狱管理局纪念三八节主题活动,表彰 6 个局三八红旗集体和 23 名局三八红旗手,通过事迹宣讲、视频介绍等宣传先进集体和个人的先进事迹,并穿插表演节目;三八节,局工会向全局全体女工献上一朵玫瑰花;组织基层女会员分批前往巾帼园听取女性专题讲座,开展"环保达人"游园活动。二是局工会积极申报,全局首个爱心妈咪小屋"玉兰爱心妈咪小屋"在女子监狱挂牌运行。在此基础上,筹备成立第二家"花生爱心妈咪小屋",并逐步建立发展"爱心妈咪小屋",规模和家数惠及孕产期女会员。三是组织女会员参加上级开展的各类活动。参加 2019"蝴蝶杯"布艺缝纫创意大赛,局工会获得优秀组织奖,3 幅作品获得优秀奖;参加"定家规、立家训——书写家国情怀、弘扬时代新风"征集"我的家规家训故事"活动、向市总申报三八优秀案例评选。四是联系市工人文化宫"公益乐学"项目,首次举办全局性的六一亲子活动——"大手牵小手,梦圆泡泡秀"迎"六一"亲子活动,共 130 余人报名参加。（江海群）

幸福关爱

【概要】 2019 年,市总工会女工委修订《上海工会"爱心妈咪小屋"设置及管理办法》,全年新建"爱心妈咪小屋"550 余家,总数逾 3500 家,下发新建小屋补贴 449 万元。全年新增五星级小屋 45 家,四星级小屋 258 家,6 个五星级妈咪小屋管理团队荣获上海市工人先锋号。作为全国工会系统代表参加国家卫健委召开的母婴设施建设工作经验交流会并做大会发言。创办 93 家职工亲子工作室,仅暑期就帮助 4000 余职工家庭解决子女托管问题,下发项目补贴经费 286 万元,12 家职工亲子工作室获得全国工会"爱心托管班"称号。开展"四季恋歌"青年职工交友实事项目,推出市总工会自主开发"会缘"小程序,截至年底,注册人数约 1.2 万人,平均每周 400 对青年线上申请互动,同时,市总工会和各级工会线下举办近百场交友活动,帮助适龄单身青年牵线搭桥。持续开展服务女劳模特色项目,组织女劳模红色之旅疗休养。为 9.91 万名女职工新办会员服务卡,开展针对女性的会员服务日活动,提供女性专属的优惠产品和服务。灵活就业群体工会会员专享保障覆盖女职工 4.22 万人,71.21 万名女职工加入《女职工团体互助医疗特种保障计划》,604 人获得给付金额 184.5 万元;向困难女职工发放生活救助、子女助学、医疗救助等帮扶资金 169.5 万元;开展"电话诉亲情,温暖进万家"赠送通讯费活动、农民工"平安返乡返城"行动和农民工健康医疗、体检行动等活动,覆盖约 1 万名女农民工;为 7600 余名困难企业女职工提供免费两病筛查服务。（郜　晶）

【修订《上海工会"爱心妈咪小屋"设置及管理办法》】 为推动"爱心妈咪小屋"持续健康发展,市总工会修订了《上海工会"爱心妈咪小屋"设置及管理办法》,对小屋的设置要求、申请程序、管理规范、激励保障等做出详细规定,并修订星级小屋的评选标准。五星级小屋评选标准增加内设独立盥洗设施的要求,且规定每年开展 2 次(含 2 次)以上以女职工为主要对象的活动,并定期举办育儿、养身、心理健康等各类知识讲座或活动;符合条件的"五星级爱心妈咪小屋"管理团队,可申报上海市工人先锋号;符合条件的小屋负责人可推荐申报"工会爱心大使"称号。（郜　晶）

【举办上海工会爱心妈咪小屋暨职工亲子工作室实事项目主题活动】 6 月 4 日,上海工会举办以"特别的爱给最美的你"为主题的"爱心妈咪小屋"和职工亲子工作室建设活动,回顾总结 2018 年小屋和亲子工作室的

建设成果，安排部署2019年工作任务。活动现场发布了《上海工会“爱心妈咪小屋”设置及管理办法》，表彰45家“五星级爱心妈咪小屋”和258家“四星级爱心妈咪小屋”；公布了“与共和国同成长——我们的童年”主题照片征集活动获奖名单，并启动2019年度职工亲子工作室。活动现场来自上汽集团联合汽车电子有限公司和大金（中国）投资有限公司的小屋负责人分享了五星级小屋建设经验。（郜　晶）

【开展2019年上海工会“爱心妈咪小屋”星级评定】 根据《上海工会“爱心妈咪小屋”设置及管理办法》，市总工会女职工委员会于4—6月期间，开展了2019年度“爱心妈咪小屋”星级评定工作。经各区局（产业）工会推荐、市总女工委实地核查和抽查，最终授予上海拍拍贷金融信息服务有限公司“爱心妈咪小屋”等45家单位“五星级爱心妈咪小屋”称号，授予上海爱谱华顿电子科技（集团）有限公司“爱心妈咪小屋”等258家单位“四星级爱心妈咪小屋”称号。（郜　晶）

【上线“四季恋歌·会缘”交友小程序】 3月8日，市总工会自主研发的“四季恋歌·会缘”交友小程序启用。“会缘”以400万工会会员的实名认证信息为依托，单身职工只要绑定工会会员服务卡，即可进入平台注册，确保来源可靠、信息准确。依靠“会缘”强大的后台大数据分析，可精准匹配心仪异性，提高“牵手”成功率。“会缘”为区局产业工会开辟定制本单位或联手兄弟工会开展青年职工交友活动的专属通道，为线下交友活动的举办提供便利。经过9个月的推广，截至年底，注册会员已达到1.2万人，平均每周有400对在互动，据初步统计，已有13对通过“会缘”相识，最终步入婚姻殿堂。（郜　晶）

【举办“四季恋歌”上海工会青年职工交友活动】 年内，市总工会女工委举办“四季恋歌·春风十里不如你”“四季恋歌·浪漫夏夜·相会七夕”“四季恋歌·爱在深秋”以及“四季恋歌·一生带你同行，一起路过世界”四场青年职工交友活动。每场活动一经“会缘”小程序发布，名额迅速抢空，参与人数共计1700余人。参加活动的男女青年，在报名成功时，便可通过“会缘”小程序提前预知活动中符合本人择偶条件的异性编号，让交友活动更具针对性。活动现场也是精彩纷呈，不少单身青年在这里寻觅到了意中人。（郜　晶）

2月27日，静安区总工会举行纪念三八国际劳动妇女节活动（裘梅芳）

【举办93家上海工会职工亲子工作室】 年内，市总工会女工委举办93家职工亲子工作室，下拨补贴资金286万元。为丰富孩子们的暑期生活，向各亲子工作室输出610节中智国际教育培训公益课程及27名上海师范大学的大学生志愿者，并组建工作交流群，为亲子工作室负责人提供交流互鉴的平台。在暑托班开班期间，由市总女工委组成巡视小组，兵分13路，对职工亲子工作室开展安全巡查调研，在排查安全隐患的同时，听取职工意见建议、总结基层可复制可推广的经验做法。巡查工作特别邀请各职工亲子工作室负责人或上级工会相关人员参加，在互查互检的同时，起到了相互学习相互交流的作用。（郜　晶）

【普陀区总工会与区医务工会联合举办青年职工交友活动】 6月1日，普陀区总工会与区医务工会携手在区文化馆举办“初夏年华·后青春的诗”青年交友联谊活动，82名青年职工参加，其中33名来自区卫生健康系统。活动通过“六一玩偶传递”“谁借你的半块橡皮”“童言无忌”“垃圾分类转圈圈”等游戏，结识志趣相投异性伙伴。最后，5对男女嘉宾现场成功牵手。（陆　蕾）

【静安工会纪念三八国际劳动妇女节109周年活动】 2月27日，静安区总工会举行“巾帼建功，圆梦静安”纪念三八国际劳动妇女节109周年活动。市总工会秘书长、女职工委员会副主任宋钟蓓，区人大常委会副主任、区总工会主席叶坚华等出席。纪念活动围绕“巾帼建功，圆梦静安”主题，对白领驿家等32家荣获“星级”爱心妈咪小屋进行表彰，对静安首批2家“双内”职工亲子工作室进行授牌。2家亲子工作室作交流发言。会上，区总工会还回顾了上年度“女职工幸福一小时”和“女职工维权工作坊”活动开展情况，并发布了2019年“女职工幸福一小时”和“女职工维权工作坊”活动升级版。区总工会还邀请上海轻音乐团为静安女职工上演了一台古典和时尚相结合的精彩音乐盛会，为静安女职工送上节日祝福。（沈诗贤）

【静安区总工会举行2019年静安区青年职工交友活动】 5月18日，区总工会在四行仓库举行“岁月‘静’好，穿越时空的爱恋”2019年静安区青年职工交友活动。区人大常委会副主任、区总工会主席叶坚华等出席。来自静安区机关企事业单位的青年适龄单身男女青年职工近120人参加活动。区总工会还充分运用市总工会“会缘”智能交友程序平台，通过电脑智能条件选择，提前让参加活动的青年男女职工了解较匹配的对方号码牌和信息，为正式交友活动做好准备。

（沈诗贤）

【金山区总工会、中国邮政金山分公司联合开展职工交友活动】 5月18日，由金山区总工会、中国邮政集团公司上海市金山区分公司主办，金山区工人文化宫（金山区职工服务中心）承办，中邮人寿保险股份有限公司上海市分公司、上海沪佳沪颐建筑装饰有限公司协办的“缘定鑫工—情牵520，幸福‘邮’你”职工交友活动在廊下生态园举行，金山区180名单身职工参加活动，有8对男女嘉宾牵手成功。

（陈 文）

【松江区总工会推进“爱心妈咪小屋”建设】 6月4日，市总工会举办上海工会“爱心妈咪小屋”暨职工亲子工作室实事项目主题活动，松江区上海外国语大学松江外国语学校的“心语小屋”、中山街道社区卫生服务中心“爱心妈咪小屋”，获得“爱心妈咪小屋”五星挂牌。新增“爱心妈咪小屋”和职工亲子工作室项目已纳入2019年松江区总工会服务职工实事项目，年内，已有19家单位申请新建“爱心妈咪小屋”。

（朱 慧）

【松江区总工会组织困难企业女职工免费“两病”筛查】 7月7日起，松江区总工会陆续在妇幼保健院对部分经营困难企业女职工开展免费乳腺病和妇科病的“两病”筛查活动。免费筛查持续6周，每周日进行，共为21家困难企业的700余名女职工提供免费筛查服务。

（孙 媛）

【青浦区总工会举办“上善之约，缘聚青浦”青年职工交友活动】 9月22日，青浦区总工会女工委联合团区委、区妇联在东方绿洲举办青年职工交友活动。交友活动打破传统相亲模式，通过丰富多样的互动游戏，让青年职工在交友中相识，在游戏中相知。来自全区各行各业的300余名青年职工参加了交友活动。

（朱建强）

【青浦区人民法院用“四心”打造“亲子暑托班”】 8月，青浦区人民法院“青法亲子暑托班”开班，接收5—12周岁单位干警子女共计24名。一是全心关注。将亲子暑托班建设作为关心关爱干警的实事项目重点推进。二是细心保障。在场地安排、设备提供、资金保障、安全维护等方面联合发力，为孩子们准备全套学习用品、制定特色菜单、安装安全护栏、购买人身保险等，形成了午饭专门配送、午休专人陪护、定时巡查的全天候暑托模式。三是精心设计。根据小朋友年龄分为学前班、小学班，分场地教学，各班配备一名班主任，由专业教师担任，打造精品化专业托班。四是爱心服务。发出志愿者招募令，招募大学生志愿者12名，保证每阶段各班有2名以上志愿者教员服务。

（朱建强）

【奉贤区总工会多措并举关爱女职工】 为女职工提供“零门槛”的法律援助服务，以100%签订女职工专项集体合同为抓手，维护女职工合法权益和特殊利益。进一步做强女职工关爱实事项目，新建“爱心妈咪小屋”33家，全区181家小屋累计服务女职工18万人次；新挂牌职工亲子工作室3家，开设8期寒暑托班，开班数居各区之首，帮助94个职工家庭解决子女托管难题。帮扶重大病女职工、困难女职工、女农民工、困难女职工子女、低收入女职工等1620人次；关心外来务工人员，为200位困难女农民工免费开展“两病筛查”。开展男女平等国策进企业活动，进企业开展宣传27场，共计5000人次参加。

（钱 洁）

【中国宝武开展“巾帼展风采，玫瑰健步行”活动】 3月9日，中国宝武组织开展纪念三八国际妇女节女职工“巾帼展风采，玫瑰健步行”活动。通过活动，倡导女职工快乐工作，健康生活的理念，营造和培育女职工“我热爱、我创造、我分享、我成长”的充满激情的文化氛围和职业状态。活动期间对荣获上海市三八红旗集体和个人，荣获2017—2018年度中国宝武女职工“金玫瑰”奖状和“金玫瑰”奖章的集体和个人进行颁奖。同时，组织开展“知宝武蓝图、赛巾帼风采”知识竞赛。

（周 莉）

【上海航天局工会女工委拓展渠道关注青年职工婚恋问题】 上海航天局工会女工委持续关注青年职工婚恋问题，建立单身青年数据库，梳理400余条基础数据，先后与七宝中学、黄浦区工会、莘庄工业区、中国福利会等合作组织多场单身青年交友活动，惠及260余名单身男女青年，帮助单身青年早日建立美满家庭。

（沈方方）

【上海航天局工会开办“天之骄子”亲子工作室】 上海航天局工会适应职工对子女托管服务的新需求，借助区域化党建平台，引进社会专业服务资源，开办“天之骄子”寒、暑假亲子工作室。工作室课程设计注重美育德育熏陶、注重人文艺术与科技体验。两级工会组织密切关注工作室的教学、活动、安全等事宜，聘请专业保安人员负责孩子们上学、放学期间的安全防护。“天之骄子”亲子工作室的开办受到了航天职工的欢迎，2019年为260余个职工家庭解决了假期孩子托管难题，切实解决了职工的后顾之忧。

（沈方方）

【中船上海船舶工会举办纪念三八国际劳动妇女节暨职工文艺展演活动】 3月22日，中船上海船舶工业有限公司在浦东新舞台举办“逐梦深蓝70载，巾帼建功新时代”纪念三八国际劳动妇女节109年周年暨职工文艺展演。中船上海船舶公司党委书记、董事长高烽，副总经理施卫东、副总经理姚力，市经济与信息系统工会主任汪羽、市文化宫主任高越等领导及各基层工会主席、副主席，各类劳模、工匠和先进代表等500余人出席。活动对荣获2017—2018年度全国巾帼文明岗、上海市三八红旗集体、上海市三八红旗手、上海船舶公司三八红旗手标兵、上海船舶公司三八红旗手、上海船舶公司三八红旗集予以表彰。

（贵 晶）

【上汽集团工会举办“宝贝加油六一专场亲子活动”】 5月25日，由上汽集团工会主办的“宝贝加油六一专场亲子活动”在上汽荣威儿童文化中心举行，活动通过线上线下联动，特别邀请劳模先进、外派员工、营销骨干、拉杆员工、单亲家庭等各类上汽员工以

3 月 22 日，中船上海船舶工会举办纪念三八国际劳动妇女节暨职工文艺展演活动　（贾　晶）

及微信粉丝约 500 余组家庭参加活动。现场通过场馆内外的上汽元素布置、上汽宣传片滚动播放、引导儿童参与涂鸦游戏互动等，将亲子游艺与品牌传播相结合。宝贝加油亲子系列活动开展 3 年来，联合资产经营、环球车享等业内外企业合作，每月 1—2 次通过线上线下结合的方式开展 DIY 手工制作、新能源共享汽车试乘试驾、各类博物馆参观等活动，为职工周末带娃提供好去处，增强职工的归属感，年均惠及近 2000 个家庭。　（范　融）

【国药控股直属工会举办大型青年交友活动】 8 月 25 日，由国药控股股份有限公司工会主办、国药控股（中国）融资租赁有限公司工会承办，大连银行股份有限公司上海分行工会及中国科学技术大学上海研究院工会参与的“青春有约，缘来是你”——大型青年交友活动在九龙宾馆开展，4 家单位约 60 余名青年员工赴约，在活动中寻觅终身伴侣。　（江　莹）

【市运输工会女职工委员会开展第九季爱心拍卖活动】 3 月 27 日，市运输工会女职工委员会在南站长途公司“职工之家”开展“手拉手、心连心”第九季爱心拍卖活动，各基层单位女领导、先进女职工代表、基层单位工会女工干部以及捐献爱心拍卖品女职工代表共 40 余人参加拍卖活动。收到爱心拍品 41 余件，现场共拍得金额 1600 元，全部用于交运集团系统内单亲特困女职工子女助学帮困。“三八”节期间，运输工会女职工委员会还组织开展了职业女性化妆技巧和工间操训练的专项培训课，各基层单位工会女职工委员会也相应开展了一日游参观、临摹油画、插花艺术、手工烘焙、健身运动等活动。　（王　勤）

【中国移动上海公司工会加强女职工关爱工作】 3 月 7 日，中国移动上海公司工会举办“新征程、新活力、新绽放”——纪念三八国际劳动妇女节主题活动。会上，揭幕公司女工品牌新形象——“和绽放”。“和”同“HER”，分别代表英文字母“Hopeful”“Energetic”“Radiant”，引领广大女职工成为创新进取、活力睿智、阳光自信的新时代女性。会上表彰了上海市级和公司级三八红旗手、三八红旗集体，并以巾帼大讲堂的形式进行交流发言，用先进力量引领女职工绽放巾帼新风采。本次活动还特别邀请到市总工会优秀专家讲解职业女性着装，并由公司女员工以通勤装组和职业装组为主题进行活力走秀，走出移动职场女神范。暑期期间，公司工会积极响应员工需求，开展 2019 年“爱心大连接”暑期员工子女学堂活动，20 余名员工子女参加活动。活动中开设了法律小讲堂、垃圾分类小能手、艺术创作园、通信小讲坛等贴合实事又深受员工子女喜爱的课程。　（徐睿璐）

【中国电信上海市工会举办暑期亲子工作室】 7 月 15 日，中国电信上海市工会举行 2019 年暑期亲子工作室开班仪式，市总工会副主席桂晓燕莅临信网部亲子工作室指导工作，并现场为暑托班小朋友发放文具等慰问品。参加仪式的有公司工会副主席，以及 11 家基层单位的工会主席等。2019 年，上海公司在邮电俱乐部、江苏路和信息园区开办 3 家亲子工作室，面向公司所有单位员工开放，共有 15 家单位 121 名员工子女报名参加，为小朋友们送上书法、魔术、舞蹈、声乐、陶笛、乒乓、羽毛球、围棋等课程。　（殷　茵）

【中交上航局工会举办女职工文化体验活动】 3 月 30 日，中交上航局工会举办“魅力女性、精彩绽放”文化体验活动，公司工会女工委委员、在沪单位女工干部以及 2018 年度女职工先进共 13 人参加活动。活动地点位于具有“沪版威尼斯”之称的连民村民宿中，大家在“别漾码头”乘船沿河赏景，感受水系改造后的河清水秀，美丽乡村建设的丰硕成果。　（金　晶）

【上海机场工会举办体验式夏令营暨“金秋乐学”第二季启动仪式】 8 月 3—4 日，“走近上海机场工匠”体验式夏令营暨“金秋乐学”项目启动仪式在机场集团举行，集团工会副主席于明洪、股份公司工会主席刘红，实业公司党委书记、工会主席陆迅为 2019 年秋季升学的职工子女代表送上“升学祝福”。集团公司工会办公室主任、女工委主任、各直属单位女工委主任出席活动。“金秋乐学”项目是集团工会的重点实事项目，今年已进入“第二季”，主要为 2019 年即将“幼升小、小升初、初升高以及进入大学”的机场职工子女送上“升学祝福”，惠及职工 1600 余人。“走近上海机场工匠”体验式夏令营同期举行，集团工会精心准备了云宝学院小记者证与小马甲，让小朋友们化身“小记者”，走近工匠岗位，聆听工匠故事，用心感受工匠精神。两天时间，小朋友们分别到股份安检李亮、股份航油孙建强、浦东机场华美达沈悦清、虹桥安检张季芳、公务机王俊、虹桥消防许三宝等 6 位上海机场工匠所在的工作岗位进行

职业体验,学习民航知识、亲身实践体验。（张雯倩）

【中铁二十四局举办“缘定东方铁建,起航幸福人生”主题集体婚礼】 5月19日,中铁二十四局集团公司在上海顾村公园举办“缘定东方铁建,起航幸福人生”主题集体婚礼。市建设交通工作党委、市建设交通工会、中华全国铁路总工会、中国铁建工会、中铁二十四局党委、工会等领导为新人送上“永结同心”的礼物。32对新人大部分来自蒙华铁路、连徐铁路、西安地铁、徐州地铁等项目一线,因工作忙而把婚期延后,终于在集团公司的帮助下走进了婚姻的殿堂。多年来,中铁二十四局以人为本,聚焦青年职工需求,长期重视他们的婚恋问题,想方设法为单身青年牵线搭桥,举办了12场联谊相亲活动,促成362对青年成功牵手。分别在上海长江大桥工地、南宁轨道交通建设工地等施工现场组织举办8场集体婚礼活动,156对有情人在工地一线喜结伉俪。（钱　蓉）

【市教育系统举行秋季玫瑰花苑联谊活动】 11月30日,由市教育工会、市教育系统妇工委主办的上海市教育系统玫瑰花苑联谊活动在东方绿舟举行。联谊活动以市教育系统单身青年为主,为了提高牵手成功率,特邀科技系统、医务系统、统战系统、中建八局、华虹集团、市委党校及建交委、文化旅游局、民防办、绿化市容局等机关和企事业单位单身青年,共300余人参加联谊活动。市教育工会常务副主席、市教育系统妇工委主任李蔚出席并为现场成功牵手的青年送上了祝福。（赵晓霞）

【市经济和信息化工作系统举办单身青年交友活动】 6月15—16日,由市经济和信息化工作系统工会、妇工委、团委、中智联合工会、巾帼园联合举办,巾帼园婚介承办的“同心创智造,携手新时代”单身男女交友活动在崇明国家森林公园举行,近200位嘉宾参与活动。两天的活动中近20对嘉宾牵手成功。（黄　俭　顾　捷）

【市级机关举办“你我相约、幸福牵手”青年联谊活动】 7月20日,市级机关工会工委与市建交委工会在上海世博会博物馆云厅,联合举办“你我相约、幸福牵手”2019年青年联谊活动。来自市级机关和建交委系统的240余名单身青年参加活动。（王　颖）

【上海联通举行“六一家庭日怀旧嘉年华”活动】 6月2日,2019年上海联通“六一家庭日怀旧嘉年华”活动在上海新静安体育中心举办,共有310个员工子女及其家庭超过1000人参加。本次六一家庭日,以携手相悦“心”火相传为主题,组织开展怀旧嘉年华活动,共设置“传统民俗-匠心区、弄堂玩耍-初心区、经典街玩-趣心区、童心未泯-童心区、相亲相爱-齐心区”5个区域,让广大职工和孩子们对传统文化、上海弄堂文化有更直观的了解,加深对中国民俗文化的理解和感悟。（康　迪）

【中国商飞客服公司工会弘扬巾帼建功精神】 2019年度,中国商飞客服公司工会积极关注女工权益,扎实推进女工关爱工作。一是开展巾帼建功活动,开展三八红旗荣誉推报、评选,1个集体荣获上海市巾帼文明岗,1个集体荣获上海市2017—2018年度三八红旗集体,1个集体和2名个人分别荣获中国商飞公司2018年度三八红旗集体和红旗手,6个集体和10名个人荣获客服公司2018年度三八红旗集体和红旗手;编制《巾帼花开别样红——2018年度三八红旗手(集体)风采展》宣传册,宣传巾帼事迹,厚植巾帼精神。二是开展关爱慰问,三八妇女节之际,中国商飞客服公司党委向中心全体女职工致贺信。三是开展特色主题活动。举办女职工健康讲座以及“汉韵礼乐霓裳”等活动。四是组织开展六一儿童节飞宝走进大飞机科普培训,80余名职工携子女参加活动。五是组织单身青年参加“走进大飞机”青年联谊活动。（吴　琼）

【绿地集团工会举办第十一届家庭日】 6月1日,“Running with love”绿地集团第十一届家庭日活动举办。来自集团总部、材料公司、绿地康养、绿地科技以及安徽、山东、湖北、湖南、马来西亚等驻外事业部(公司)的近50个员工家庭,130余位员工及家属参加活动。本届家庭日除了小朋友们喜闻乐见的游戏活动之外,集团工会还特别设置了宝贝才艺展示环节。此外下属各事业部也分别开展了“绿动乐园”“绿地英雄联盟”“优宝爬爬赛”等特色亲子活动,在活跃员工文化生活的同时,增强企业凝聚力,营造绿地大家庭的良好氛围。（翟晓播）

【中国福利会和上海航天联合举办“最美深秋·邂逅浪漫”青年联谊活动】 12月8日,中福会、上海航天工会和团委联合举办“最美深秋·邂逅浪漫”青年联谊活动。来自中福会和上海航天系统的70多名单身青年员工参加活动。本次活动设置诸多精彩互动项目,打造了一场属于中福会和上海航天青年员工的交友联谊嘉年华。通过各个游戏环节,当天已有5—6对男女青年成功“牵手”。（朱金妹）

【东方国际集团等举办相约公益为爱助力活动】 5月19日—6月23日,由东方国际集团、建工集团、电气集团、百事通4家集团工会联袂举办的“相约公益·为爱助力”——两份爱双丰收交友活动第二期举行。此次活动从200多名报名者中筛选出70余名男女青年参与。市总工会副主席、女职工委员会主任桂晓燕出席闭幕式并致辞。她表示,将公益融入交友,既有意义,又为年轻职工的幸福事业办了件大实事,有创意、有特色、有内涵,值得借鉴。活动呈四大特色:一是大数据精准匹配奏效。前期在市总自主开发的“四季恋歌-会缘”微信小程序上发布相关报名、活动介绍等信息。二是真缘分循序渐进。整场活动历时35天,利用周末时间,持续举办3场,让男女嘉宾在互动中增进了解,让感情升温。三是正能量提升情怀。活动把公益和爱情,把大爱和小爱有机结合起来,增加彼此间对爱情观和价值观的了解。四是常态化搭建工会鹊桥。活动结束后,工会将继续跟进、适时催化,为青年职工的幸福事业助力。（陆　益）

2020 上海工会年鉴

退休职工工作

综　述

上海市退休职工服务中心(上海市退休职工管理委员会办公室,以下简称市退管办)认真履行工作职责,积极稳妥地做好退休职工管理服务工作,携手社会各界共同营造敬老、爱老、助老的良好氛围,切实提升退休人员的获得感、幸福感和安全感。一是提高站位,加强重点问题调研分析,提升源头参与能力。着力在政策调研上下功夫、见成效。对重点、难点及瓶颈问题开展调研分析和汇总研判,为上级部门制定相关政策提供有效依据;充分发挥退休职工管理研究会作用,开展新形势下退管工作理论研究,为退休职工管理服务工作进行有益探索;收集掌握全市退休职工的思想动态和需求,开展舆情分析,为市政府相关部门提供决策参考。二是提升品牌,完善为老服务机制,提高管理服务水平。示范引领并组织发动全市各级退管组织开展"冬送温暖""夏送清凉"系列帮困关爱工作;开展千名特困老人免费体检实事工程;组织千名退休职工参加"申城老人看上海发展"活动;配合市职保会全力推进参保退休职工住院互助保障计划的组织工作;指导和组织各区退管组织开展社区为老服务活动;制作发放《高龄老人优待证》,组织开展敬老系列活动。三是整合资源,加强涉老政策宣传普及,维护退休职工合法权益。联同社会多方力量,开展全市退管工作业务培训;联合多家媒体,推出涉老政策、退管系统为老服务工作等宣传专版;联手多家单位及部门,编辑出版老年人专题系列宣传手册;利用《上海退休生活》杂志的窗口展示和"银发服务网"网络平台,弘扬社会正能量;开展全市退管系统信访工作培训,指导各级退管组织做好信访接待工作,确保退休职工队伍和谐稳定。四是搭建平台,注重文化教育的引领与示范,丰富退休职工晚年生活。组织开展"2019年上海市老年才艺展""九九关爱重阳歌会""辉煌七十年,筑梦新时代"主题征文活动,举办第十三届"清凉杯"退休职工扑克牌比赛等文体活动;组织退休职工文艺演出小分队举行各类公益演出;发挥市退休职工大学作为行业老年教育的示范引领作用,努力满足广大退休人员学习愿望和需求,平稳推进行业老年教育工作。五是加强退管干部队伍建设。通过多种学习形式,扎实开展主题教育活动,结合大调研、大走访,深入基层退管组织和退休职工听取意见,以解决实际问题为目标,促进退管干部不断提升业务工作能力和管理服务水平。　(黎　颖)

为老服务

【概要】 年内,市退管办按照市总工会关于积极稳妥做好退休职工管理服务工作的总体要求,以维护退休职工合法权益,确保退休职工队伍和谐稳定为己任,进一步提高思想认识,加强组织领导,增强使命意识,强化责任担当。根据退管工作面临的新形势、新要求,结合退休职工的新期盼、新需求,市退管办把不断满足退休职工对美好生活的向往作为工作目标,指导和引领全市各级退管组织通过各种途径和形式,认真筹划,精心组织,尽心尽力为退休职工办实事、做好事、解难事,把党和政府的关怀和温暖送到退休职工心坎上,让退休职工有更多的获得感、幸福感和安全感。　(黎　颖)

【全市各级退管组织开展系列帮困关爱工作】 市退管办示范引领和组织动员全市各级退管组织开展"冬送温暖"和"夏送清凉"及系列帮困关爱工作。不断完善帮困对象的审核标准和信息核对,坚持入户走访,摸清困难退休职工的实际需求,从精细化管理中体现人文关怀,切实提高精准帮困的工作水平和质量,确保送关爱工作落到实处,确保退休职工的事情有人管、困难有人帮、呼声有人应。在全年的"两送"慰问及系列帮困关爱工作中,全市各级退管组织共走访慰问退休职工114.07万人次,慰问金额达4.31亿元。　(黎　颖)

【持续开展千名特困老人免费体检活动】 4月23日,以"关爱老人送健康　携手共建银发乐"的千名特困老人免费体检活动正式启动,此项实事工程已是市退管办连续第八年开展。活动旨在关注困难退休职工的健康状况,提高他们的退休生活质量,层层传递组织的关心关爱。上海康汇体检中心和上海爱尔眼科医院积极参与此项活动,除常规体检项目外,还特别增设白内障、眼底病筛查等多项老年人需求较大的项目,在提供专业细致服务的同时,营造敬老、爱老、助老的良好氛围。　(黎　颖)

【示范引领各区退管组织加大社区为老服务工作力度】 4月18日,在静安公园举办的"人间四月天,为老服务在静安"活动,拉开年度社区为老服务专场活动的序幕,12月10日,在松江区岳阳休闲广场举办的年内最后一场服务活动,为在社区开展为老服务活动画上圆满句号。年内,市退管办以带资金和项目等形式,先后与静安、闵行、宝山、嘉定、松江等区及浦东新区退管会联合举办6场社区为老服务专场活动。通过下沉工作重心,加大指导力度,突出示范作用,引领各区退管组织把为老服务工作不断向社区持续延伸,促进社区为老服务活动常态化、长效化。据统计,市、区两级退管组织开展社区为老服务活动累计1059场次,参加活动的志愿者1.39万人次,受益退休职工15.5万人次。　(黎　颖)

【举办敬老日大型为老服务活动】 10月7日,市退管办会同市老龄办等单位,协调社会相关力量,整合社会各方资源,以"孝老爱亲、向上向善"为主题,集中开展"老年节"大型为老服务活动。向退休老人提供居家养护、法律维权、家庭医生、老年教育等31个大类的咨询服务项目。同时,来自多家三甲医院具有副高及以上职称的医师和中医药大学老教授协会的老专家们,为退休老人们进行现场义诊。百余名为老服务志愿者提供理发、裁剪和修补类、健康类等29项便民服务。活动现场还为退休老人们献演一台精彩纷呈的文艺节目,70件宣传展板,全方位宣传上海最新的老龄政策,展示当代沪上老人的风采风貌。　(黎　颖)

【开展尊老社会一条龙服务工作】 市退管办加强与政府有关部门和其他

10 月 7 日，市退管办联合社会各界举办“孝老爱亲向上向善”重阳节大型为老服务活动 （胡　磊）

社会组织的合作，根据退休职工的实际需求，整合资源，拓宽服务领域，深化尊老社会一条龙服务，全年制作发放《高龄老人优待证》11.5 万张。协调 48 家爱心单位参与为老服务项目，为年满 70 周岁的持证老人提供免费、优先、优惠服务。 （黎　颖）

【组织开展全市退管工作业务培训】 为提高退管干部队伍在新形势下开展管理服务工作的能力，提升工作技能水平，促进相互交流学习，市退管办于 5 月 15—16 日举办两期退管工作业务知识培训班，全市各级退管组织 600 余名退管工作者参加培训。培训班特邀市国资委、市民政局、市社科院等单位专家现场授课，介绍国有企业退休人员社会化管理工作进展情况，解读上海市最新老龄政策，讲解当前经济形势和民生热点。两位来自基层退管组织的一线工作人员也分享日常工作经验和心得体会。 （黎　颖）

【开展退管干部信访培训】 7 月 12 日，市退管办邀请市信访办相关领导，以“新时代信访工作怎么做”为主题，开展信访工作培训。深入讲解如何依法及时就地回应群众合理诉求，详尽分析当前信访工作的形势及重点、难点问题，剖析信访中的具体案例。指导信访干部在工作中如何做到依法引导、分级引导、情绪引导，依法维护退休职工的合法权益，确保退休职工队伍的和谐稳定。全市退管系统近 70 家单位的退管干部参加培训。 （黎　颖）

【广泛开展公益演出活动为老人送上关爱与慰问】 市退管办以银发艺术团为基础，广泛组织退休职工文艺小分队下基层、进社区、进养老院为退休职工和老年人演出，不仅为退休老人送去关爱与慰问，也为他们送上一份精神食粮。银发艺术团全年进社区、到养老院举办公益演出 19 场，参加人员及观众 1.2 万余人次，受到退休职工特别是养老院老人们的欢迎和好评。 （黎　颖）

【开展退管系统疗休养活动】 为关心关爱长期工作在退管工作一线的退休块组长，缓解他们的工作压力，以更好地服务退休职工，11 月，市退管办分 2 批组织 150 余名块组长参加黄山和西山的疗休养活动。活动的开展，使退管系统一级关心一级的优良传统和“小老人服务老老人”的社会风尚得以传承和弘扬。 （黎　颖）

【静安区退管会举办庆祝敬老节文艺演出活动】 9 月 29 日，静安区退管会在市政协礼堂，举行庆祝中华人民共和国成立 70 周年“夕阳红彤彤·同圆静安梦”静安区退休职工庆祝“敬老节”文艺慰问演出，共同庆祝祖国生日，庆祝上海市第三十二个敬老日。区人大常委会副主任、区总工会主席叶坚华致辞。年内，静安区委、区政府对退休职工和老龄工作重视，对退管工作给予人力、物力、财力上的支持。先后成立 3 个文化沙龙，满足退休职工日益增长的物质文化需求。全区退管工作注重提升服务水平、合力推动工作、丰富活动内涵，各项工作受到广大退休职工的好评。 （顾新生）

【松江区总工会举行“浓浓暖冬情，敬老进社区”为老服务专场活动】 12 月 10 日，由市退管办、松江区总工会主办的大型社区为老服务专场活动在岳阳街道休闲广场举行。市退管办主任刘培顺，市退管办党总支书记顾莉萍，区总工会党组书记、副主席陈军

5 月 15—16 日，市退管办举办退管系统业务培训 （胡　磊）

康，区总工会副主席王斌等出席活动。活动现场分为便民服务和文艺演出2块片区。市退管办编制发放的防范新型诈骗、养老服务政策、安全用电用气等宣传手册；退大保健队提供的医疗保健服务；区退管办组织开展的社保医保咨询、免费理发、修小家电、代切人参等活动项目，受到老年朋友的欢迎和好评。据统计，此次活动服务老年人953人次，发放各类宣传资料700余份。截至12月，松江区各级退管组织已开展社区为老服务215场次，服务老年人1.4万余人次。

（周迎晨）

【上海电力建筑工程有限公司为到龄退休职工送关爱】 上海电力建筑工程有限公司现有退休职工1600余人。工会十分重视关爱文化建设。在公司召开的一届二次职代会上，审议通过"为公司到龄退休职工赠送一份'退休慰问品'，让退休多些仪式感"的职工提案，并审议通过《上海电力建筑工程有限公司退休职工管理服务实施办法》（草案）。增加退休职工"送清凉"、购买住院互助保障、困难退休职工补助、退休职工亡故一次性抚恤金等4项标准，切实为退休职工做好事、办实事、解难事，使退休职工深感"劳动光荣、退休光荣"传统文化的重塑和回归。

（杜英宏）

【中国宝武有序推进退休人员社会化管理准备工作】 中国宝武集团认真贯彻落实中共中央办公厅、国务院办公厅印发《关于国有企业退休人员社会化管理指导意见的通知》（厅字〔2019〕19号）《国务院关于印发加快剥离国有企业办社会职能和解决历史遗留问题工作方案的通知》和集团年度退管工作会议要求，成立领导小组和工作小组，从政治上尊重、思想上关心、生活上照顾、精神上关怀，积极稳妥推进退休人员社会化管理各项工作并取得有效进展。截至年底，退休人员社会保障全面完成，退休人员党员组织关系转接总体进度达85%。其中，沪内退休人员党员组织关系转接全部完成，已梳理退休人员档案（资料）32.69万份，全面清理完成退休人员统筹外费用政策七大类309份文件，持续做好退管工作人员和退休人员的思想动态管理。

（陈佩红）

【上海石化退管办调整退休职工帮困标准实施精准帮扶措施】 根据上海市最低生活保障线标准并参照物价指数，及时调整困难家庭定级标准，重新确定困难退休职工名单，实施精准帮扶措施。在元旦春节、高温、国庆重阳节期间，对211名大病特困、老工伤及丧劳退休职工等重点对象进行上门家访慰问。全年探望慰问患病住院手术治疗、家庭困难的退休职工406人次，临时补助困难退休职工233人次，着力帮助退休职工解决实际困难和问题，体现"真困难真帮助"的公司精准帮扶原则，让困难退休职工真切感受到来自企业的温暖。

（黎　颖）

【上海石化退管办打好关爱退休职工健康行动组合拳】 上海石化退管办根据时间节点，及时为18410名临近退休和已退休职工办理补充医疗保险投保、续保手续，参保率占100%。5月5日至11月31日，组织退休职工进行健康体检，依据就近方便、自主选择的人性化原则组织实施。体检医院安排分布在上海市区和石化区域，上海市区包括瑞慈健康体检、爱康国宾健康体检、普陀区人民医院，石化区域包括金山医院和金泰医院。5家医院共23个体检点遍布上海11个区，退休职工可根据自身出行方式自由选择，参检人数占应检数的85.25%，其余2810人（75周岁及以上）则发放自行体检费。

（黎　颖）

【上海航天局离退处规范开展离退休管理服务工作】 一是落实通报工作，全年召开2次离退休人员通报工作会，局党政领导参会并通报工作。针对离休干部进入后双高期现状，17个基层单位采取所领导上门通报方式，让离退休职工及时知晓集团和上海航天局的最新发展形势。二是丰富服务内容，针对健康状况欠佳的离休干部，及时安排工作人员上门送学，传递相关信息。工作人员定期以电话和微信等方式，主动联系了解职工的服务需求。自2018年起，先后为38位生活不能自理的离休干部申请帮扶、服务项目，帮助解决生活中的实际困难。三是完善工作清单，梳理面向离退休人员的所有服务项目，重点对相关活动项目内容、活动频次、费用标准等作出具体规定，使离退休人员的管理服务工作更加有序规范。四是推进信息化管理，完成基层单位离退休人员信息库建库工作，基本做到库中数据与实际人数保持一致。五是强化宣传意识，对基层单位离退休工作的宣传管理纳入年度工作考核，并尝试将新媒体应用到离退休宣传工作中。

（黎　颖）

【上海铁路局退休职工管理委员会开展为老服务活动】 以"六个老有"为目标，努力为退休职工做好事、办实事，确保社会和铁路的稳定发展。一是认真做好退休职工祝寿活动，退管办按照不同的年龄层次进行安排，年内共为3112名退休职工祝寿，提供祝寿活动经费42万元。二是认真开展为退休职工"夏送清凉、冬送温暖"活动，各地区、各单位认真落实并做好慰问工作，年内送清凉人数90182人次、慰问金额614万元，送温暖人数89407人次、慰问金额2337万元。三是认真举办重阳"敬老节"活动，开展各种小型多样、符合退休职工身心健康的文体活动，重阳期间共组织各类"老人节"活动243次，参加活动人数14337人次。四是认真做好全局大病延伸救助工作，全年共为121名退休职工送上补助金，补助金额36.30万元。

（黄汉欣）

【上海邮政工会开展为老服务活动】

年内，全公司离退休工作人员和块组长共走访慰问离退休（养）职工25192人次。仅春节期间，公司各单位慰问离退休（养）职工13055人，送去慰问金155.16万元；高温期间，慰问离退休（养）职工11796人，送去慰问金122.72万元，并送上组织的关心和关爱。其中，离退休中心工作人员到家庭、医院、敬老院等地，走访慰问公司原老领导、老干部、老党员和高龄、独居、患重病、特困等离退休职工128人次。市分公司对144名患重病退休职工补助72万元；对5名生活不能自理的无子女退休职工给予家政服务补贴6.24万元；对174人次困难退休职工给予定期补助5.696万元；对167人次困难离退休职工给予临时补助19.18万元。对高龄、身患重病、“空巢”独居等退休职工,继续由团员青年和志愿者开展结对服务。为10972名退休人员办理上海市退休职工住院补充医疗互助保障,参保率占98.49%。安排4336名退休职工参加健康体检。 (王 瑛)

【上海邮政慰问老同志并颁发“庆祝中华人民共和国成立70周年”纪念奖章】 9月29日,中国邮政上海市分公司举行“我和我的祖国”庆祝中华人民共和国成立70周年纪念奖章颁发仪式暨上海邮政忘年交文艺汇演活动。公司党委书记、总经理王俭及全体领导班子成员,新中国成立前参加革命工作的离退休老同志、健在的老战士代表、全国劳模先进代表、各单位离退休职工代表、市分公司相关职能部室负责人、相关二级单位领导、团组织负责人、团员青年代表及工作人员等400余人参加活动。会议举行浓重而简朴的仪式,向10名新中国成立前参加工作的老同志和健在的老战士代表、全国劳模先进代表颁发纪念章。仪式结束后,对61名老同志由公司领导分别上门慰问颁发。 (胡 磊)

【上海电信退管会组织“老帮老”志愿服务】 上海电信局退管会大力倡导“老帮老”志愿服务精神,由公司退休职工组成的“为老服务”志愿者队伍,不仅“定期、定人”主动上门为本单位卧床不起的退休职工理发,还经常义务为社区、敬老院的老人提供修电话机、修小家电、理发等服务,受到各方的欢迎和好评。另一支由公司退休职工组成的“老友携手”志愿者队伍,通过公司退管会开设的“老友驿站”,坚持定期提供接待服务,以电话或面对面交流形式,帮助退休老同志排忧解难,为高龄、大病及行动不便等特殊群体退休老人提供结对帮扶服务。 (胡 磊)

【上海海洋石油局离退休管理中心精准施策关爱帮扶退休职工】 为保持离退休队伍和谐稳定,上海海洋石油局离退休管理中心增强精准服务意识,拓宽助老渠道,提升服务技能,为退休职工排忧解难。及时向退休职工发放生活补助;协助去世退休职工家属处理丧事及后续领取社保丧葬费等事宜;为居住外地的退休职工报销医药费;重大节日走访慰问老革命、老干部,及时送去公司党委的关怀和节日祝福,认真倾听他们的心声、解决实际困难;建立和完善困难退休职工档案,以“冬送温暖,夏送清凉”为契机,及时电话问候或上门探望,做好日常帮扶和重点帮扶工作,全年走访慰问患病住院和困难退休职工215人次。 (胡 磊)

【上海海洋石油局离退休管理中心强化退休支部管理建设】 上海海洋石油局有限公司离退休职工管理中心强化5个支部的管理建设,帮助建立和健全工作台账,指导退休党员的教育管理工作,严肃组织生活,加强纪律教育,完善党内关怀帮扶机制,结合离退休工作实际,运用各种有效方法,进一步提升离退休党建工作质量和水平。以《中国共产党党章》《中国共产党支部工作条例(试行)》为依据,扎实组织开展离退休党支部换届选举工作。根据离退休党员年龄分布,采取集中学习和个人自学相结合的方式,开展“不忘初心、牢记使命”主题教育。邀请退休老领导、老同志代表参加重要会议和重大活动,借助退休老领导、老同志深厚的政治理论功底和工作经验,充分发挥其自身优势和带动作用。 (胡 磊)

【光明食品(集团)有限公司退管会开展“关爱退休员工”大家访行动】 5月中旬,光明食品(集团)有限公司启动“关爱退休员工”大家访行动。行动设立“三年内对集团系统全体退休员工全面开展一次家访,到2021年完成家访全覆盖”,以及同步推进集团退管工作信息化大数据平台建设的工作目标,通过落实“五个一”做法(即:一封慰问信、一份光明食品、一本服务手册、一套员工信息、一个联系方式),使光明食品集团系统退休员工切实感受到“因为光明,所以温暖”的企业关怀。9月19日,光明食品集团召开“关爱退休员工”大家访行动阶段工作推进会,会上通报“关爱退休员工”大家访行动整体推进情况,解读并下发《关于集团退管工作保障经费使用办法(试行)》,子公司退管会交流“关爱退休员工”大家访行动的工作安排、推进进度及经验成效,并提出合理化建议。 (黎 颖)

【市监狱管理局工会做好退管工作关爱退休职工身心健康】 一是为退休职工办实事。开展“两送”工作,慰问金10.6万元,在节日和敬老节期间,由局工会主席带队,对高龄、重病老人进行慰问。每季度做好因平反纠错而提前退休的困难职工补助金统计发放工作,全年共补助7.22万元。组织25名困难退休职工参加市千名老人健康体检。二是丰富退休职工生活。组织参加市退管办举行的“辉煌七十年·筑梦新时代”2019上海市老年才艺展,经海选进入总汇演,获老年才艺展最佳表演奖。参加市退管办组织的征文活动和“清凉杯”扑克比赛。三是依托市退管办资源,参加市级各类活动和会议,组织退管干部参加市退管系统举办的培训班和短期休整。敬老节组织退休职工参加复兴公园大型为老服务活动,参加“浦江一日游”,深得广大退休职工的喜爱和好评。 (江海群)

【中华艺术宫退管办扎实做好关爱退休职工工作】 中华艺术宫退管办建立退休职工微信群,实时发布市文化旅游局退管工作信息,及时了解退休职工动态,耐心为退休职工答疑解惑。通过微信、电话、短信等多种方式,核对退休职工家庭地址信息和快递信息,发放体检通知和慰问品。针对高龄、耳疾等无法通过微信、电话联系的退休职工,与家属建立微信联系,保持电话沟通,及时传达退管工作信息,了解退休老同志的生活状况,做到“不遗漏、全覆盖”。每逢春节、重阳节等重大节日,为每位退休职工送上精心挑选的当季当令慰问品与生日蛋糕券。为每位退休职工订购《新民晚报》,送上一份精神食粮。宫领导及退管会工作人员上门走访慰问高龄、患病住院以及困难退休职工,关心了解他们的身体状况、生活情况及实际困难,及时送上来自单位的关心与关爱。 (黎 颖)

【华师大退休志愿者服务队赴养老院慰问演出】 4月25日,华东师范大学老年大学志愿者服务队在常务副校长裴建华带领下,来到杨浦区福象养老院进行慰问演出。华师大老年大学的时装表演班、声乐合唱班、诗歌朗诵班、民族舞蹈班、二胡班和越剧班等近50名师生参加慰问活动。福象养老院院长汪思冲对志愿者们的到来表示感谢。志愿者们还举行"百岁老人送祝福"活动,现场为8位高龄老人和1位百岁老人送上鲜花蛋糕,百岁老人张志香现场挥毫泼墨,写下喜庆的"寿"和"福"字。演出及送祝福活动结束后,志愿者们还分组前往老人房间探望卧床不起及行动不便的老人。（胡　磊）

【上海海关第十退休干部党支部荣获"全国离退休干部先进集体"称号】 12月19日,海关总署在上海海关举行"全国离退休干部先进集体"颁奖仪式。受总署党委委派,总署离退局副局长刘宝华为获得"全国离退休干部先进集体"称号的上海海关第十退休干部党支部颁奖,转达总署党委的深切关怀与祝贺,并对离退休干部党建工作提出要求。上海海关党委委员、副关长兼政治部主任孙路明出席仪式作讲话,对总署的关怀和支持表示衷心感谢,并简要汇报上海海关离退休干部工作。颁奖仪式上,总署离退休局系统指导处处长石卫红宣读中共中央组织部表彰决定,获奖代表作交流发言。上海海关人事处、政工办、离退办负责人参加仪式。（黎　颖）

【西山休养院开展慰问退休职工活动】 1月27日,西山休养院工会开展慰问退休职工活动,对64位退休职工发放慰问金和慰问品,共计发放慰问金25600元,慰问品价值19724元。对于家庭困难的退休职工,共发放补助金7500元。此外,休养院每年组织退休职工进行健康体检,体检费5万余元。（蔡玉蓉）

文化宣传

【概要】 市退管办及全市各级退管组织根据新时代退休职工日益增长的精神文化需求,加强正面引导,深化人文关怀,强化平台搭建,突出正能量弘扬,努力为退休职工创造积极老龄、和谐老龄新生活。一是搭建各类活动平台,引导各级退管组织结合本单位退休职工实际情况,因地制宜开展丰富多彩文体活动。二是多方联动扩大宣传效果,充分利用各种形式、媒体和媒介,广泛宣传涉老政策、法律法规及退管工作相关信息。三是引导退休职工进一步融入社会,传承发扬优良传统,积极参与公益事业,持续发挥余热和自身社会价值。四是依托退休党支部,组织开展形式多样、寓教于乐的党建活动,提高退休党员的参与热情,吸引更多退休党员积极参与到活动中来。（黎　颖）

【充分利用纸质媒介做好退休职工宣传工作】 市退管办根据老年人的阅读习惯,充分利用纸媒开展宣传工作。办好《上海退休生活》杂志,提升内容的丰富性和可读性,发布各类涉老政策及退管工作与活动的动态讯息,全年杂志发行量7万余册;进一步拓展宣传渠道,与《劳动报》和《老年报》等媒体加强合作,开辟新的宣传平台,不定期开设专版,联合推出涉老政策宣传解读、退管系统迎国庆、度重阳活动以及为老服务工作等内容的宣传专版;与市检察院、市民政局、市卫健委等相关单位和部门分别合作,先后编印图文并茂的《老年人防范新型诈骗宣传手册》《老年人养老服务政策宣传手册》《老年人社区卫生服务宣传手册》和《老年人安全用电、用气宣传手册》,向退休职工及社区老人发放8万余册。（黎　颖）

【加大专业宣传力度指导退休职工维护自身合法权益】 市退管办统筹社会各方资源,联合多方力量打造老年维权、法律宣传普及的服务平台,加大宣传力度指导退休职工使用法律武器维护自身合法权益。与市检察院合作,在《上海退休生活》杂志开辟专栏,以真实典型案例详尽分析各类诈骗手段,提醒退休职工注意辨识,有效提高自我防范意识,使个人财物免受损失;与两家专业律师事务所签约,提供涉老公益法律服务,着力增强退休职工的法律意识,为退休职工解答涉老法律问题,并提供必要的法律服务;在敬老日及社区为老服务活动现场,市检察院及两家律师事务所积极参与活动,向退休老人发放宣传资料进行普法宣传,并提供法律咨询等方面服务。（黎　颖）

【组织全市各级退管组织开展庆祝新中国成立70周年上海市老年才艺展演活动】 9月18日,由上海市退管办主办的"辉煌七十年,筑梦新时代"庆祝中华人民共和国成立70周年系列活动之一——上海市老年才艺展(总汇演)拉开帷幕。本次活动以舞蹈、声乐、器乐、曲艺、朗诵以及具有一定观赏性的书画、拳操等才艺展示为主,集中展现新时代申城老人丰富多

9月18日,市退管办举办庆祝中华人民共和国成立70周年上海市老年才艺展演活动（金卫星）

彩的退休生活和积极向上的精神风貌。活动自4月份启动以来，得到全市各级退管组织积极响应，32家区、局、集团(公司)退管会通过层层报名选拔，选送120个节目参加7月初的海选暨初赛。初赛共遴选出42个节目，参加9月初进行的复赛，最终21个节目脱颖而出参加本次总汇演。（黎 颖）

【组织开展退管系统优秀论文及调研报告评选活动】 市退管办充分发挥上海市退休职工管理研究会各会员单位及各级退管组织的实践经验优势，积极推动退管工作理论创新，坚持开展退管工作理论研究活动，重点聚焦退管组织和退休职工关注的热点、难点问题，围绕“六个老有”等方面内容，拟定与退休人员紧密相关的6个参考课题，在全市退管系统中广泛征稿。经研究会各会员单位和各级退管组织对撰写的论文进行内部筛选，共报送论文和调研报告272篇。经专家组初评及复评，最终评出获奖论文78篇，并编辑出版“优秀论文选集”。（黎 颖）

【组织开展“辉煌七十年，筑梦新时代”主题征文活动】 征文活动旨在通过个人视角，展现新中国成立后，在中国共产党的领导下，国家取得的辉煌成就和上海发生的巨大变化。此项活动也是市退管办开展的庆祝中华人民共和国成立70周年系列活动之一。活动得到全市各级退管组织的响应和参与，共收到征文670篇。经专家评委筛选，评出一等奖20篇，二等奖40篇，三等奖60篇，优秀奖80篇。（黎 颖）

【举办第十三届上海市退休职工“清凉杯”牌类比赛】 8月27—28日，市退管办举办上海市退休职工第十三届“清凉杯”牌类比赛。比赛分“80分”和“大怪路子”2个项目，56个区、局(产业)、集团公司退管会通过系统内选拔，共选送156支优胜队伍报名参赛。最终上海石油退管会和上海建工退管会分别夺得“80分”和“大怪路子”比赛第一名，上海市戒毒局退管会、上海电信退管会及上海海关退管会等10家单位的参赛队分获2个项目的其余名次。（黎 颖）

【开展申城老人“看今日新上海”活动】 年内，市退管办联合市老年基金会和上海交运集团股份公司，组织700余名退休职工，开展以“夜游浦江 通江达海”为主题的申城退休老人浦江一日游活动。整个活动安排在6月和9月，分5批进行。通过游览海昌海洋公园和饱览浦江两岸美丽灯光夜景，老年退休职工们亲眼目睹上海独特的城市魅力，亲身感受申城的快速发展和惊人变化。（黎 颖）

【上海铁路局集团公司丰富活跃退休职工文化生活】 上海铁路局集团公司老年人体协以庆祝新中国成立70周年为主线，以科学健身为重点，抓好老年健身活动。通过开展文体展演、门球、气排球、扑克牌、钓鱼、乒乓球等活动，组织和引导退休职工走出家庭，融入社会。因地制宜做好“老年家园”建设，指导退休职工科学开展健身活动。各地区老年体协组织开展以“我和我的祖国”为主题的群众文体展演，把讴歌国家、讴歌铁路的光辉成就与展示老年人健康向上的精神风貌结合起来，编排大量精彩的节目。徐州地区组织的“壮丽70年奋斗新时代”老年文体展演由威风锣鼓、武术、广场舞、器乐合奏等13个各具特色的节目组成，展演活动精彩纷呈，参与人数300多人。合肥、上海、杭州地区分别在国庆前后，举办各具特色的文体展演活动，吸引1000多名老职工参加演出。（孙志岐）

【上海邮政工会开展主题系列活动】 年内，离退休中心开展以“赞祖国成就，展夕阳风采”为主题的系列活动。内容有：“我和我的祖国”征文、“歌唱祖国”卡拉OK比赛、“我看新中国成立70周年新成就”摄影展、“我为邮政发展献一计”金点子征集、乒乓球男女单打比赛和“我和我的祖国”——庆祝中华人民共和国成立70周年暨庆祝上海市第三十二个敬老日文艺演出等。（王 瑛）

【市卫生系统退管会敬老活动喜结硕果】 9月27日，市卫生系统退管会举行2019年上海市卫生系统“老有所为”先进典型人物表彰以及“辉煌七十年·筑梦新时代”——退休职工综艺喜乐汇大赛。市总工会副主席、市退休职工管理委员会副主任刘言浩，市卫生健康委党组副书记、市卫生系统退管会主任郑锦等出席活动。活动现场表彰首次评出的65位2019年上海市卫生系统“老有所为”先进典型人物。市卫生系统40余家基层单位，800余名基层退管干部和退休职工参加活动，共同庆祝新中国成立70周年和即将到来的上海市第三十二个敬老节。（毛莉萍）

9月27日，市卫生系统退管会举办先进典型人物表彰及退休职工综艺喜乐汇大赛（毛莉萍）

【金山区退管办举办场地高尔夫球邀请赛】 9月26日,由金山区退管会主办,枫泾镇总工会承办的“庆国庆·迎重阳2019年沪浙毗邻地区场地高尔夫球邀请赛”在新落成的枫泾镇场地高尔夫球场举行。场地高尔夫球是一项适合并深受广大中老年人喜爱的健身运动项目,这项活动近年来得到快速发展。此次比赛除枫泾镇新义队及农兴队和上海市区各区代表队以外,还邀请浙江省4支代表队同场竞技,沪浙毗邻地区14支参赛队伍、112人齐聚枫泾,共叙友谊,共同交流切磋球艺。 (胡 磊)

【上海电信退管会组织“四个一”庆国庆系列活动】 上海电信退管会在庆祝中华人民共和国成立70周年之际,组织退休职工开展“四个一”主题活动,以抒发退休职工的爱国热情。活动内容丰富多彩,主要有:制作一本《“庆共和国70华诞,展辉煌成就”征文、摄影、书画获奖作品集》;举办一次“庆共和国70华诞,展辉煌成就”摄影书画获奖作品展;拍摄一部快闪视频《我和我的祖国》;组织一次“庆共和国70华诞,展辉煌成就”赠言活动。形式丰富多样的活动载体,让上海电信公司离退休人员爱国思想深深入眼、入心、入脑。金大明的《我与新中国同龄》征文,被上海电视台和东方电视台专题节目组选中,并受邀参加“壮丽70年·我们再青春——上海市老干部庆祝新中国成立70周年主题活动”;王万秋等老同志合撰的《难忘“大放号”的时光》数篇佳作,参加上海市退管办“辉煌七十年,筑梦新时代”主题征文活动,获得包括一等奖在内的多项佳绩。 (胡 磊)

【市教卫系统组织离退休教职工举办庆祝中华人民共和国成立70周年系列活动】 10月23日,由市教卫工作党委老干部处、市高校退管会、市老教授协会联合主办,同济大学离退休干部党工委、离退休工作办公室、老教授协会承办的“我和我的祖国”大型文艺演出在同济大学大礼堂举行。演出由《黎明的曙光》《祖国万岁》《改革开放》《走向复兴》《将改革进行到底》五部分组成,27家系统单位带来的29个精彩节目。11月20日,由市教育卫生工作委员会老干部处、上海市高等学校退休教职工管理委员会主办,上海交通大学人力资源处退休人员事务中心承办的上海市教卫系统离退休老同志庆祝中华人民共和国成立70周年书法、绘画作品展在上海交大开幕。活动以“中国梦·老同志‘我爱我的祖国’”为主题而展开,参展作品110幅,展期3天,31家单位的近140名退休人员出席开幕式。 (胡 磊)

【复旦大学退管办开展离退休教职工“红五月”爱国主题活动及文体表彰活动】 5月,复旦大学离退休教职工积极融入全校“爱国荣校”系列庆祝活动。1日开始,复旦大学“青春,为祖国歌唱”网络拉歌活动上线,并拉开系列活动的序幕。原校党委书记、关工委顾问钱冬生,著名数学家李大潜院士,著名历史地理学家、文科资深教授葛剑雄,著名病毒学家闻玉梅院士以及复旦大学退休教工合唱团等出镜献声演唱《歌唱祖国》MV;通过征文、约稿、口述故事等形式,在全校离退休教职工中开展主题为“我与共和国共成长”讲故事活动;征集“我和我的祖国”原创诗词16首,以诗歌形式歌颂祖国,回忆个人成长,感悟爱国主义红色教育;举办复旦大学老年门球邀请赛;参加第十六届上海市高校退休教职工象棋比赛,获团体第二名;在召开第五十三届校庆科研报告会的老年学理论研讨会上,护理学院冯正仪等7位专家、学者作主题报告;启动2019年度“优秀离退休教职工”的推荐、表彰活动。 (胡 磊)

【上海交通大学退休人员事务中心开展“赞成就、助发展、当先进、作表率”主题活动】 4月3日,上海交通大学专门印发《关于开展离退休教职工“赞成就、助发展、当先进、作表率”主题活动的通知》(沪交委[2019]27号)。通知要求广大离退休教职工积极踊跃参加主题活动,助力学校开展“双一流”建设,迎接新中国成立70周年。先后组织离退休教职工参加通报会、读书班、培训班、形势报告会、“五老”与学生面对面交流座谈、推荐优秀离退休教职工参加市委老干部局“上海市离退休干部宣讲菜单”建设等学习和宣讲活动;引导党务工作经验丰富的老同志深入院系、社区,助力新时代基层党建工作新发展,重点培育、树立和宣传近年来“下基层、做公益”表现突出及在教育科研领域有突出贡献、发挥正能量的离退休先进人物;组织离退休教职工外出学习考察,开展“我看新中国成立70周年新成就”主题摄影作品征集活动;围绕“我和我的祖国”和“我与共和国同龄”为主题,在离退休干部党支部中召开专题组织生活会,鼓励和动员离退休教职工撰写主题文章和诗词(歌),鼓励有艺术专长的老同志创作主题作品;组织离退休教职工开展“我为教卫事业发展献一策”活动等五方面内容,以激励退休职工爱国热情,助力党建工作,讴歌时代进步,提升教卫事业的发展。 (胡 磊)

【上海电力大学组织离退休教工开展庆祝上海解放和新中国成立70周年主题系列活动】 5月14日,上海电力大学离退休工作党委、退管会举办庆祝上海解放和新中国成立70周年主题系列活动。活动包括:上海电力大学离退休教工“岁月留声70年”文艺演出、党史国史专题讲座、“读懂中国从电说”、“看腾飞中国,看辉煌70年”老教授参观考察、“行迹上海,探寻红色记忆”、“老照片、好故事”讲述和“上电离退休老同志书画、摄影展”等。 (胡 磊)

【上海交大医学院举办退休教职工“我和我的祖国”主题诵读活动】 4月9日,上海交大医学院退休党工委、老(退)教协联合举办“我和我的祖国——医学院退休教职工喜迎新中国成立70周年”主题诵读活动。医学院党委副书记、副院长吴韬出席活动并为获奖者颁奖。百余位医学院退休老同志观摩诵读活动。15位参演活动的老同志们演绎《我和我的祖国》《祖国畅想曲》《祝福你,我的祖国》等多首配乐散文诗,原医学院图书馆馆长、84岁高龄的张义勇作为最年长的参演者,诵读演绎原创散文诗《我的故乡》。 (胡 磊)

【工行上海分行离退休人员服务中心举行国庆重阳文艺汇演】 9月29日,工行上海分行离退休人员服务中心举办“辉煌七十年，共筑中国梦”离退休人员国庆、重阳文艺汇演暨先进表彰会，同时也是连续第四季举办银发才艺秀比赛。分行部分老行长、离退休老干部、退休党支部书记、联络组长，以及部分支行离退休工作分管行长等600余人参加活动。颁奖仪式上，44位分行年度优秀联络组长上台领奖。在文艺汇演和才艺展示环节，来自分行直属和各行部推选的10个参赛节目，以及由分行老年合唱队、舞蹈队、时装队和太极拳队的助演节目，展现出各单位离退休人员阳光心态和美好生活。（黎　颖）

【上海航天局离退处开展庆祝祖国华诞系列活动】 自7月份起，上海航天局离退处以庆祝“新中国成立70周年”为主题，先后开展“七个一”主题系列活动。即：举办一场专题座谈会，邀请16位老同志讲述老故事，激励新一代航天人传承航天精神，不忘初心，继续前进；出版一本型号回忆录，组织老同志撰写回忆录，编辑出版《风暴长空·笑傲苍穹》书籍，真实记录老一代上海航天人研制“风暴一号”火箭、“长空一号”卫星的难忘过程；组织一次征集活动，开展以“增添正能量·共筑中国梦”为主题的庆祝新中国成立70周年主题征文和摄影书画征集活动，评选出的优秀作品展示在上海航天局公众号上。举办退休人员扑克牌比赛、“退休人员看新中国70年工业新成就”参观活动。开展“我看新中国成立70周年新成就”和如何抓好离退休干部党建工作的专题调研，形成并撰写2篇调研报告。开展关心关爱工作，走访慰问2000多名离退休人员，对108名建国前参加革命工作的老党员、老干部和老工人，举行新中国成立70周年纪念章的转赠仪式，并根据相关政策，对102位离休干部做好精准服务工作。（黎　颖）

【上海医药集团退管办举行庆祝新中国70周年歌会】 10月11日，上海医药集团举行“美丽上药梦·放歌新时代”庆祝新中国70周年歌会。集团所属老劳模、先进代表及分管退管会工作的企业领导、退管工作者等数百人参加歌会。市总工会副主席、市退管会副主任刘言浩和上药集团副总裁、集团退管会主任任健分别在歌会上致辞。来自集团所属13个单位的9支合唱队近500位退休员工参加主题歌会，现场进行红歌演唱比赛。经过专业评委点评和打分，人力资源和医药联社队的《乘胜前进》获一等奖。（黎　颖）

【中国邮政上海市分公司离退休中心开展“赞祖国成就，展夕阳风采”主题系列活动】 中国邮政上海市分公司离退休中心组织开展“我和我的祖国”征文比赛、“歌唱祖国”卡拉OK比赛、“我看新中国成立70周年新成就”摄影展、“我为邮政发展献一计”金点子征集、乒乓球男女单打比赛和“我和我的祖国”——庆祝中华人民共和国成立70周年暨庆祝上海市第32个敬老日文艺演出等系列活动，为邮政退休职工提供展示才艺、抒发爱国情感的平台。（胡　磊）

【同济大学离退休干部党工委开展形式多样的党建活动】 同济大学离退休干部党工委举办全校离退休党支部书记培训班，97个离退休党支部中的84名党支部书记参加培训。结合校“七一”党建工作表彰和教卫工作党委老干部“双先”表彰，挖掘离退休党员和党支部先进典型，宣传先进事迹，把退休职工吴德强的事迹拍摄成“热心奉献为社区，退而不休是本色”专题片。离休一支部获2019年度同济大学先进基层党组织称号，陈立丰获2019年度同济大学优秀共产党员称号，同济离退休党工委获市教委老干部处“不忘初心，牢记使命，支持改革，助力发展”组织奖，2个党支部、5名个人推荐为市教委和教育部离退休干部先进集体、先进个人，108名离退休干部获新中国成立70周年纪念章。离休第四党支部小组作为功能型党组织，与真如街道离退休干部联合学习小组开展每月一次学习，让老党员在社区亮身份，并力所能及地参与社区的学习和活动。开展分类指导，制订对离退休党支部每月组织生活的指导意见，开展退休党支部特色组织生活评选，推进示范退休干部党支部创建工作。（胡　磊）

【东华大学退休党总支优化党组织设置融入“城市党建”】 东华大学退休党委积极主动融入上海城市基层党建，以“纺大小区理论学习小组”“越剧沙龙”“东华大学摄影摄像沙龙”“霜叶书画社”等兴趣爱好团体为载体，在纺大小区建立功能性党组织。按照“支部部署、小组运行”的运行体系，与纺大小区党总支形成联动机制开展活动，带动纺大社区退休老年人参加，丰富社区精神文化生活，促进退休党员参与社区治理，涌现一大批先进代表。（胡　磊）

【上海电信退管会积极开展多形式党建主题教育活动】 上海电信退管会以多种形式开展退休党支部的主题教育活动。按照“三会一课”要求，召开党员专题民主生活会，开展退休党总支的民主评议；组织280余名退休党员，分三批次参观“城市荣光——庆祝上海解放70周年”主题展览；结合主题教育活动，召开退休党支部专题组织生活会，召集退休党员参加层次丰富的党课教育，并组织开展参观活动，将退休党支部“不忘初心，牢记使命”的主题教育推向深入，凸显实效。（胡　磊）

【上海报业集团退休党支部创新思路开展党建工作】 上海报业集团退休党支部先后与凉城、曲阳、欧阳等街道党建中心，与中国金融信息中心机关党支部、上海文化广场支部委员会、虹口区委党校党支部、徐汇公安局国保处党支部、上海市容环境卫生水上管理处党委等多家单位建立党建共建联系，组织党支部退休党员志愿者为社区、学校、央企等单位上党课近40场；不断创新拓展党建活动新思路，以召开专题组织生活会、书记上党课、主题党日活动、时势热点讲座、参观观摩、组织“三看”等形式，丰富党员组织生活和党内活动内容，各类活动深受退休党员们的欢迎，吸引更多退休党员参与党建和党内活动。（黎　颖）

【上海越剧院退管办充分发挥老艺术家力量传承越剧艺术】 上海越剧院汇聚11位越剧流派的创始人、传承人及一大批老一辈创作、管理领域艺术家和专家，为她们搭建平台，让她们发挥作用，助力她们继续不遗余力地发光发热，传承带教、授戏育人，积极参与推广剧院各类非遗曲目和越剧艺术的活态传承。如王文娟、吕瑞英、金采风等老艺术家积极参与各类非遗项目的抢救记录；王文娟、金采风、史济华、刘觉、张国华等众多老艺术家参与文艺党课拍摄；史济华、刘觉、张国华等参与男女合演团建团60周年系列活动；薛允璜、陈钧、黄耘英等老前辈再度投身《早春二月》的复排，诠释“江南意蕴”。剧院还策划、拍摄、制作文艺党课视频，王文娟老师讲授的党课《鉴往知来，薪火相传——我们都是共产党人》《恒心·恒温·恒越——上越“三恒”离退休支部非遗传承品牌项目》《唱支山歌给党听》等，在中央“不忘初心，牢记使命”主题教育官方网站、学习强国APP、上海基层党建网、剧院微信公众号等平台推送14次。 （黎　颖）

【上海大学退管办推动离退休教职工发挥余热】 上海大学完成离退休干部智库建设，将所有退休专家及其专业学科信息纳入离退休系统，以方便即时查找；与少数民族学生结对队伍扩大至33人，涉及到5个学院和部门，以共建、结对、联建等多种思想政治教育方式发挥离退休支部作用；成立校情校史讲师团，讲好上大故事，助力“三全育人”；组织快乐百岁讲师团13名成员参与市老干部局组织的宣讲团，开办讲座4次，受众人数近500人；拍摄黄慎之、陈伯时、沈启华3位先进典型的宣传视频，鲜活地展现他们心系学校、助力教育的上大人形象。 （胡　磊）

【市卫生系统退管会组织退休职工开展各类文体宣传活动】 5月23日，市卫生系统退管会组队参加上海第四届“合唱之心”国际合唱节暨国际合唱比赛，获“老年混声组金奖”，并受邀参加国际合唱节闭幕式的精彩展演。9月23—30日，举办新中国成立70周年书画展，评出9个奖项在上海市行业老年教育指导中心卫生系统退管会分中心进行展示。9月16—19日，开展“夕阳正红”金婚纪念照拍摄活动，为40对金婚伉俪拍摄金婚照。9月27日，以上海市第三十二个敬老节为契机，组织开展退休职工“综艺大赛”才艺展示活动，并在大会上对65名“老有所为”先进典型人物进行表彰。11月8日，举办退休职工钓鱼比赛。各类文体宣传活动的开展，大大丰富退休职工的精神文化生活。 （黎　颖）

【上海海洋石油局离退休管理中心助力退休职工文化养老】 上海海洋石油局离退休管理中心各老年文体协会，围绕“新中国成立70周年”和“不忘初心、牢记使命”2个主题，积极开展各类活动，为退休职工文化养老助力。摄影协会组织开展浦江两岸、西郊动物园和乌镇等地的采风活动，参加“我看新中国成立70周年新成就”、中石化庆70周年及公司庆70周年主题摄影展；传统文化协会以旗袍秀形式，在庆祝新中国成立70周年文艺汇演和公司迎新联欢会上作表演；舞蹈协会和声乐协会在庆祝新中国成立70周年中参加文艺演出；乒乓球协会和棋牌协会分别在本单位或与外单位开展交流比赛，在比赛中增进技艺和友谊。各个协会各项活动的开展，增强退休职工的文化自信，展现退休老同志实现自我价值，体现他们积极向上、健康文明的精神生活。 （胡　磊）

【上海诺基亚贝尔股份有限公司退管办开展活动丰富退休职工精神文化生活】 上海诺基亚贝尔股份有限公司退管会积极组织唱歌与舞蹈小组、摄影小组、书画小组、健步协会、太极养身协会等小组开展各类活动，着力丰富退休职工精神文化生活。开展春游海湾国家森林公园、重阳登高天马山、聚会重阳金婚庆典等活动，得到退休职工的响应和好评，增强退休职工队伍凝聚力。退管会还组织退休党支部成员前往沙家浜红色教育基地参观学习，与公司党群工作部召开国庆70周年座谈会，参加公司举办的国庆70周年汇演和公司工会第七次代表大会期间的活动，拓宽退休党员学习和队伍建设的平台。 （黎　颖）

【上海电信退管会举办金婚庆贺仪式】 敬老节前夕，上海电信退管会开展拍摄金婚纪念照和现场庆贺活动，为公司退休职工贺金婚。171对夫妇参与金婚纪念照拍摄，209对金婚伉俪参加庆贺金婚浦江游，参加数量为历史最高。在浦江游览船上，公司领导为金婚夫妇代表赠送金婚纪念照，为金婚伉俪们送上一份真挚的祝福。 （胡　磊）

老年教育

【概要】 “在学习中养老”已成为越来越多老年人的养老理念，为满足退休职工日益增长的学习需求，上海市退休职工大学（以下简称市退大）不断规范制度管理，提升服务能级，全面实现线上报名收费，让学员享受到安全便捷的报名服务；从课程设置、素质教育、志愿者活动、团队培育和展示展览等方面入手，注重打造队伍、提升能力，不断提高教学质量和水平；发挥市级老年大学的示范引领作用，为推进行业老年教育发展提供指导和服务。各级退管组织拓宽和创新思路，着力搭建学习平台，通过开设退大分校、组织培训讲座、开展主题教育等方式，利用微信、手机APP、送学上门等形式，提供灵活适宜的学习机会，较好地满足退休职工的学习需求。 （黎　颖）

【市退休职工大学提升服务能级实现线上报名】 市退休职工大学把启用《上海市老年教育信息化管理平台》、提升服务能级、实现线上报名作为提升服务水平的一项重要工作。经过前期准备，细化方案，推敲流程，广泛宣传，积极引导，稳步推进，最终实现预期目标，线上报名成功率超过90%。同时，对课程名称、学制设定、招生要求等方面进行梳理和规范，为进一步加强管理、提升服务能级打下良好基础。全年开班357个，学员13961人次，无记名满意度测评率96.16%，全面完成年度工作目标和任务。 （李　唯）

【市退休职工大学推进课程建设打造精品课程】 为满足学员对开设课程的需求，市退休职工大学广泛听取建议，在收集学员学习意愿、进班听课调研的基础上，认真对课程进行梳理调整，研究并开设符合学员需求、与时俱进、堪称精品的新课程。全年开设的70个新班，得到学员一致认可和好评。经评选,本校毛建荣、孙夏晋两位教师的《Photoshop 数码相片处理基础》《彩色铅笔画》入选 2019 年"上海市新时代老年教育百门精品课程"。（李　唯）

【市退休职工大学开展素质教育坚持不懈见成效】 市退休职工大学把素质教育作为学校工作的重要抓手,把素质教育实验项目成果融会贯通于学校建设。学校将《引导教师将素质教育内容渗透到课堂教学之中》的实验成果引用到课堂实践中,设立素质教育实践岗和示范岗,分别由 10 位老师担任,并形成长效机制。2018—2019 年度,学校实施的《倡导老有所为,通过志愿服务开展素质教育》项目,已通过实验取得较好成果,被评为一等奖。学校还注重通过微信公众号、校园电子报等平台传递正能量,营造昂扬向上的校园氛围。（李　唯）

【市退休职工大学志愿服务深入人心结硕果】 市退休职工大学积极开展志愿服务活动,学校保健服务队坚持志愿服务 22 年,除在 5 个定点服务点开展服务外,还参加市、区、街道各类志愿服务,全年为 12123 人次市民提供推拿、艾灸、刮痧、耳穴保健服务;全校 800 余名志愿者、累计 2800 余人次参加维护校园秩序的志愿活动;各类学员学习团队也在社区、养老院献爱心开展志愿服务,巧手编织社的学员编织御寒物品捐赠养老院;经络养生沙龙成员在社区宣讲养生知识 37 场。市退大社区教育志愿服务工作站评为 2019 年度优秀志愿服务工作站,学员傅旭华评为最美志愿者,吴鸿芳评为优秀志愿者。（李　唯）

【市退休职工大学团队工作重培育可持续】 市退休职工大学坚持开展学习团队的培育工作,为老年学员课余开展学习与活动搭建平台。引导不愿毕业学员顺利毕业,并参加团队学习和活动,缓解招生名额紧缺。学校将培育团队和提升团队星级列入议事日程,落实专人定向抓团队组建,着力抓团队培育和提高。现有老年学习团队 95 个,其中工作室 1 个、五星团队 5 个、四星团队 3 个。2019 年新建一星团队 14 个,评为五星团队 1 个。为老年学习团队的发展,激发学习热情发挥作用。（李　唯）

【市退休职工大学展示展演活动取得佳绩】 市退休职工大学以"庆祖国七十华诞"为主题,开展系列展示展演活动。7 月 3 日,学校举办"庆祖国七十华诞·展新时代夕阳风采"艺术类学习团队展演,17 支学习团队参演。9 月 10 日,市退大承办庆祝新中国成立七十周年"翰墨丹青颂盛世"上海市行业老年教育书画展,共征集作品 422 幅,展出 117 幅,其余作品通过现场电视屏滚动展示。9 月 28 日,学校舞蹈队创编的《军鞋颂》节目,在上海市第十四届老年教育艺术节"中银常青树杯"的歌舞展演中演出,并获一等奖。原创当代舞《旗帜颂》获兴业银行上海分行第四届安愉人生杯"舞魅娘"舞蹈大赛总决赛一等奖,并获"辉煌 70 年·筑梦新时代"2019 年上海市老年才艺展最佳表演奖。（李　唯）

【市退休职工大学助力行业老年教育提升发展】 市退休职工大学现有复旦、浦东、沪西、移动、电力、工行、瑞金医院、电信、金山区、建行、邮政、杨浦区退教协、海洋石油等 13 所行业分校,共开设班级 861 个,学员 21122 人次。市退休职工大学承办市行业老年指导中心,现有浦东新区、宝山区、嘉定区、上海电信、卫生系统退管会、华谊集团 6 个分中心。市退大不断发挥引领示范作用,持续推进行业老年教育工作。一深入调查研究,掌握实际情况,提供精准服务;二搭建展示平台,举办上海市行业老年教育书画展;三实现资源共享,为行业老年学校安排 9 位老师举办讲座、开设课程;四开展学习培训,邀请专家分别就学习团队、志愿者、教务、老年教育必要性 4 个主题,对行业老年教育工作者开展培训,助力行业老年教育工作水平提升和发展。（李　唯）

【市退休职工大学电信分校抓教学结硕果】 市退休职工大学电信分校从优化、提升、激励、创新、推动、开展 6 个方面扎实开展工作,目前已发展成为拥有 6 个教学点,五大学科系列,共 36 个班级、1150 名(人次)学员的企业级老年大学。分校注重老年学习团队建设,现有 6 支老年学习团队:上海银铃民乐队、"夕阳美"武术队、摄影团队、戏曲团队、"乐夕阳"歌舞团队(四星级)、电声乐队(三星级)。该分校注重创新学习方法,充分利用"上海电信退管会"微信公众号,每月实时更新退管战线信息和栏目内容,创新线上教育课堂,实施线上线下多渠道教育模式,真正实现学、乐相结合。在不同群体中,开展形式多样的主题学习、专题培训和课堂讲座,助力退休人员与时俱进,推动为老服务工作顺利开展。（胡　磊）

【上海石化退管办应退休职工所需开展各类培训】 上海石化退管办根据退管工作的新要求和退休职工的新需求,年内分别面向退休块组长和退休职工开展各类内容丰富的培训。培训内容包括:聘请退休书法绘画老师讲授书画知识,对书法绘画作品进行展示和讲解,并现场挥笔书写作品;详细讲解讨论上海石化 2020 年退休职工告知书等相关内容;邀请中国人寿金山支公司对补充医保暨保险政策进行讲解,指导、演示手机在线上微信理赔、直付授权等快速通道的操作方法和新政策;邀请上海银行金山支行介绍养老金融等相关内容。（黎　颖）

【上海航天局离退处抓好主题教育和党支部学习工作】 上海航天局离退处为每位老同志下发《习近平关于"不忘初心,牢记使命"论述摘编》等相关学习资料,认真抓好离退休支部的集中学习和党员个人自学,开展主题学习教育活动,强化离退休干部的政治意识;通过学习先进典型,专题学习离休干部张富清的先进事迹,激励离退休干部坚守初心,保持本色;组织参观活动,观摩"城市荣光——上海解放 70 周年"主题展等,切身感受 70 年来国家的新发展、新变化。坚持每月开展一次党员活动,抓好集中学习,强化党员意识。同时帮助离退休干部党员安装上海航天局智慧党建 APP,助力他们适应新媒体方式下参加党员学习教育的新方法。（黎　颖）

【上币公司离退休党支部推动离退休党员学习全覆盖】 上海造币有限公

司离退休党支部在组织离退休党员学习模式和学习形式上拓展思路，采用集中学习和自主学习相结合的模式，并通过增（征）订报刊杂志、微信阅读、收看电视、知识竞赛、主题活动等学习形式，进一步创新载体，丰富内容，确保每位党员参与其中。根据党支部组织建设要求，落实季度组织生活、理论学习制度，安排离退休党员开展集中学习和党日活动；借助微信、手机APP、小程序等形式组织开展日常学习，增强学习的趣味性和吸引力；鼓励退休干部党员就近参加社区学习活动，形成个人、党支部、社区共同参与模式，增强学习有效性；对于80岁以上高龄党员或久病卧床的患病党员，支部采取送学上门方式，发放学习资料，让他们在家自学。通过引导离退休老同志学原文、读原著、悟原理，不仅提升学习效果，还起到离退休老同志参加学习全覆盖的作用。（黎　颖）

【中国邮政上海市分公司离退休中心开展多形式学习教育活动】 4月10日，中国邮政上海市分公司离退休中心组织70余位退休的局、处级干部，参加公司举办的读书班。在读书班上，重点学习习近平视察上海期间的重要讲话精神，观看中国经济体制改革研究会副会长、著名经济学家王德培教授做《当前宏观经济形势与我国经济发展战略》报告的视频。7月18日，组织部分退休军转干部和复退军人参加建军92周年纪念活动，前往嘉定区爱国主义教育基地——外冈游击队纪念馆学习参观。11月19日，举办学习党的十九届四中全会精神读书班，100余位退休局、处级干部参加，并观看《十九届四中全会精神解读》《十九届四中全会精神公报》等视频。邀请邮电医院中医科副主任医师肖思琦讲授健康养身讲座——《冬令养补》。12月13日，举办学习十九届四中全会精神专题座谈会，组织退休党员观看中央党校教授任进的辅导讲座视频、观看《十九届四中全会精神解读》的视频，参加专题座谈会的退休党员，还结合自身学习情况，畅谈各自学习体会。（胡　磊）

【建行上海市分行离退休人员管理部加强离退休员工思想政治建设和党支部建设】 围绕学习党的十九大精神、"我看新中国成立70周年"和"不忘初心、牢记使命"主题教育等重要任务，组织安排各党支部每月开展一次政治学习。学习十九大报告关键字、《中国共产党支部工作条例（试行）》、国庆70周年阅兵式上习总书记重要讲话；召开"不忘初心、牢记使命"主题教育座谈会，开展一大会址、陈云故居以及南湖等红色学习考察活动；召开"回忆入党初心，讲述入党故事"和向张富清先进事迹学习座谈会；组织全体退休党支部书记和委员、历届党总支委员代表开展"我看新中国成立70周年新成就"主题党日活动，赴奉贤新农村参观考察。（黎　颖）

【市绿化和市容管理局机关退休党员集中学习垃圾分类新政策】 4月25日，为引导退休党员自觉、准确地开展生活垃圾分类，增强垃圾分类及环保意识，市绿化和市容管理局机关离退休党委组织退休党员，集中学习本市垃圾分类新政策，特请上海市废弃物管理处社会宣传处副科长严雪梅宣讲垃圾分类的政策。老同志们通过全面了解上海垃圾分类的基本情况、现场参与互动游戏、踊跃回答相关问题，在寓教于乐的游戏体验中，深刻了解垃圾分类的意义和巩固垃圾分类的知识。（胡　磊）

【市科技系统退管会为退休职工交流学习搭建平台】 3月12日，欣悦书画社徐汇分社的老同志在21所举办2019年"咏春"书画作品学习交流活动，经集体推荐评选，选出优秀作品进行装裱和展示。4月28日，上海科技管理干部学院举办离退休党员培训班，安排两场专题讲座，分别是《共产党宣言的历史地位及当代价值》和《上海"三大任务"的时代背景及意义》，并组织老同志前往沙家浜进行现场教学，体验新四军东进的背景、意义和当年新四军的抗战之路，重温军民鱼水情。5月15日，中国科学院上海硅酸盐研究所举办离退休党总支组织生活暨老科协活动，邀请上海交通大学副教授舒培丽作题为《自我心理健康管理》的专题讲座，指导老同志提高心理健康管理水平，让退休生活过得更加舒畅。（黎　颖）

2020上海工会年鉴

党建与自身建设

综　述

2019年，市总工会组织部认真贯彻落实全国组织工作会议精神，对标新时代干部队伍建设的新要求，聚焦持续深化工会改革，以队伍建设、制度建设、能力建设为重点，努力打造高素质专业化工会干部队伍，为推动工会工作改革创新提供人力资源支撑。一是加强机关系统干部队伍建设，认真做好市总机关系统干部提任、调任、转正和到龄退休工作。结合市总重点工作，分别从本市国有企业和市总直管单位选派5名年轻人到市总机关挂职。认真落实职务职级并行工作，按照时间节点完成职级套转、首次职级晋升和二次晋升工作。联合工会学院制订《2019—2023年上海工会干部教育培训规划》，组织开展市总委员培训班、区局（产业）工会副主席培训班、市总机关系统第一期科级干部培训班、机关系统"深入学习贯彻习近平总书记考察上海重要讲话精神"在线学习班等。二是做好干部监督管理工作，研究制订《市总工会直管单位干部选拔任用管理办法（试行）》《市总工会事业单位公开招聘人员实施办法（试行）》《市总工会直管事业单位招聘工作人员（非事业编制）实施办法（试行）》和《市总工会事业单位绩效工资管理办法（试行）》等制度，并建立直管单位组织人事干部工作季度例会制度，加强日常业务指导和工作交流。三是抓好中心组学习工作，制定党组中心组全年学习计划安排，邀请有关专家分别就"中国社会治理与社会发展""长三角一体化高质量发展""上海市生活垃圾管理条例"等内容作专题辅导报告；围绕"不忘初心、牢记使命"、上海新时期产业工人队伍思想政治工作等专题开展学习研讨；组织沪东工人运动史、李斌生平事迹图片展等学习参观活动。四是做好干部协管及代表委员工作，加强与相关单位党委组织部门沟通协调，严格执行工会干部协管工作规定，指导区局（产业）工会按程序做好换届改选和届中调整。完成市总工会十四届全委会届中兼职副主席、常委、委员、经审常委和委员增替补工作。按照市政协社法委总体部署和要求，结合总工会界别自身特点和实际，组织市政协委员赴北横通道新建工程Ⅱ标段项经部、上海印刷集团、劳动报社等开展专题考察调研，围绕安全生产、职工文化创新、融媒体改革、职工技能提升等问题进行交流研讨、建言献策。五是做好老干部工作，认真贯彻市老干部工作会议精神，落实好老干部的各项政策。（庄　勤）

组织机构

【概要】 认真履行干部协管职责，坚持工会干部配备的要求和标准，完善工作规范和流程。2019年共指导完成22家区局（产业）工会换届改选、46家区局（产业）工会届中调整的干部协管工作，共调整工会领导班子成员205人次。撤销上海市合作交流系统工会工作委员会、上海市社会系统工会工作委员会和上海市市场监管工会工作委员会。上海市漕河泾新兴技术开发区发展总公司工会组织隶属关系由上海市总工会调整至上海临港产业园区工会委员会。（王继平）

【杨浦区总工会召开六届六次全委（扩大）会议暨非公企业工会改革工作总结会】 7月24日，杨浦区总工会召开六届六次全委（扩大）会议暨非公企业工会改革工作总结会。会议审议并通过了区总工会第六届常委会工作报告和第六届经费审查委员会工作报告，选举胡春杨为区总工会副主席，张励、龚雯为常委，增补肖敏等6人为委员。区人大常委会副主任、总工会主席麦碧莲代表区总工会第六届常委会作工作报告并讲话。工作报告回顾了上半年的主要工作和取得的成绩，研究分析了当前形势，布置了下半年的工作任务。会议明确，全区各级工会组织要认真落实十届区委八次全会和市总工会十四届五次全会精神，聚焦"思想重引领、改革要攻坚、维权守底线、服务成体系、建功助双创、能力再提升"等年初确定的6方面重点任务，团结引领广大职工开拓奋进、砥砺前行。要深化非公企业工会改革，切实把握产业工人队伍建设改革工作契机，整合资源推进职工技能提升；切实聚焦主责主业，做好维权维稳和安全生产工作，在服务大局、服务职工的实践中，把各项工作落实、落深、落细。推进大调研常态化制度化，进一步用心、用情、用力推动工会人、财、物资源向一线倾斜，为基层工会更好的发挥作用保驾护航。会上，区总工会副主席陈梗宝作区非公企业工会改革阶段性总结，各街道总工会、区科技工会、区投促办工会书面交流了非公企业工会改革工作成果。区总工会第六届委员会委员出席全会。区总工会经审委员，各街道总工会主席、专职副主席，各行业、直属工会主席（主任），区总工会机关各部室负责人，区总工会所属事业单位班子成员，杨浦工蕴社会工作服务中心负责人和工会志愿者列席全会。（张东寅）

【宝山区总工会召开七届六次全委（扩大）会议】 8月29日，宝山区总工会召开七届六次全委（扩大）会议。会议听取区人大常委会副主任，区总工会党组书记、主席王丽燕做工作报告。会议指出，在区委和市总的领导下，全区各级工会认真贯彻落实党的十九大精神，坚持围绕中心、服务大局，持续深化工会改革，牢固树立主业主责意识，抓基础、强弱项，抓重点、强特色，抓队伍、强素质，有序推进宝山工会各项工作。持续深化工会改革，不断拓展"顾村经验"新内涵；坚持团结带领职工，不断彰显先进职工文化新气象；聚焦工会主业主责，不断增强工会维权服务新实力；狠抓全面从严治会，不断提升工会自身建设新水平。会议强调，要立足宝山"两区一体化升级版"现代化滨江新城区建设进入攻坚阶段，各级工会要保持清醒认识和顽强斗志，切实增强危机意识和爬坡过坎的能力；要在宝山为宝山，切实发挥工会工作服务大局、服务中心的作用；要干一行专一行，切实提升工会组织和工会干部做好新时期群众工作的能力水平；要以锐意创新的勇气、敢为人先的锐气、蓬勃向上的朝气投入到工会改革和各项工作中去，以优异的成绩庆祝新中国成立70周年。经大会选举，宝山区住房保障房屋管理局办公室主任（法制科科长）杨晓玲当选宝山区总工会挂职副主席，顾村镇人大副主席、镇总工会主席杨洁当选为区总工会常委。会上，替补区公安分局工会主任马其忠、城市工业园

区总工会主席苏玲、航运经济发展区工会主任程静为区总工会七届委员会委员。（沈　英）

【松江区总工会召开五届三次全委（扩大）会议】 7月19日，松江区总工会召开五届三次全委扩大会议。副区长陈晓军，区总工会党组书记、副主席陈军康，党组成员、副主席王斌，党组成员、经审委主任孙爱华，副主席孙禄君、薛鸿斌、朱梅、刘建其等领导出席会议。陈晓军讲话。陈军康代表区总常委会作了题为《不忘初心牢记使命，唯实唯干拼搏奋进，为新时代工会工作创新发展不懈奋斗》的工作报告。会上传达五届区委七次全会精神和市总十四届五次全会精神。会议审议并通过有关人事任免事项，替补汪涛、顾文磊为松江区总工会第五届委员会委员，免去卫建江、宋云松江区总工会第五届委员会委员职务。区总五届委员会委员、经审委员、女工委员，各镇、街道、开发区总工会主席、常务副主席、专职副主席，各委、局工会主席和相关专职副主席及直属公司工会主席，中国工会十七大松江代表，区政协工会界别委员，区总机关全体人员，区工人文化宫、工惠服务中心班子成员共140余人参加会议。（倪晓玲）

【松江区总工会召开五届四次全委（扩大）会议】 12月27日，松江区总工会召开五届四次全委（扩大）会议，总结2019年工会工作，谋划部署2020年工会工作。区委组织部副部长、区人大常委会人事代表工委主任、代表资格审查委员会主任委员张磊，区总工会党组书记、副主席陈军康，党组成员、经审委主任孙爱华，副主席孙禄君、薛鸿斌、朱梅、刘建其等领导出席会议。张磊宣读区委关于区总工会人事任免的决定。陈军康代表区总工会常委会做了题为《不忘初心再出发，牢记使命勇担当，团结动员全区职工群众为创造新时代松江发展新奇迹而不懈奋斗》的工作报告。全会审议并通过有关人事任免，免去王斌区总工会五届委员会副主席、常委、委员职务，免去孙禄君区总工会挂职副主席职务。选举孙禄君为区总工会五届委员会副主席、常委。全会传达了市总十四届六次全会精神，审议区总工会常委会2019年工作报告和区总工会经费审查委员会2019年工作报告。区总工会五届委员、经审委员、女工委员，基层工会主席，中国工会十七大代表、区政协工会界别委员，区总工会机关全体人员，区工人文化宫、工惠社会服务中心班子成员，共120余人出席了会议。（倪晓玲）

【上海电力建设公司工会召开第四次代表大会选举产生新一届工会领导班子】 6月15日，上海电力建设公司工会召开第四次代表大会，第四届会员代表180人听取并审议通过公司工会第三届委员会所作的题为《以习近平新时代中国特色社会主义思想为指导，团结动员广大职工为公司转型升级跨越发展而努力奋斗》的工作报告，审议通过公司工会第三届经费审查委员会工作报告和公司工会第三届委员会财务工作报告；以无记名投票的方式选举产生公司工会第四届委员会委员15人，公司工会第四届经费审查委员会委员5人。公司党委书记、董事长在会上对新一届工会委员会工作提出了要求。会后，召开公司工会第四届委员会第一次全体会议，选举林德斌为工会主席，钱晓政为工会副主席。（傅　诚）

【中国宝武工会召开第一次会员代表大会】 3月4日，中国宝武钢铁集团有限公司工会第一次代表大会在宝武管理学院大礼堂举行。中国宝武党委书记、董事长陈德荣，上海市人大常委会副主任、市总工会党组书记、主席莫负春出席会议并讲话。胡望明、伏中哲、邹继新、朱永红、章克勤等集团公司领导，上海市总工会、宝山区总工会、浦东新区总工会的有关领导，总部各职能部门负责人，集团公司工会老领导、老委员以及中国宝武工会第一次代表大会正式代表和列席代表共300多人出席会议。中国宝武工会主席傅连春主持会议。集团各级工会干部以视频会议的方式参加本次会议。中国宝武团委书记周瑾代表公司共青团和其他群团组织，向大会的召开表示热烈的祝贺。大会听取并审议了傅连春所作的《中国宝武钢铁集团有限公司工会委员会工作报告》，书面审议《中国宝武钢铁集团有限公司工会委员会财务工作报告》《中国宝武钢铁集团有限公司工会委员会经费审查委员会工作报告》。大会分别审议通过《中国宝武工会第一次代表大会选举办法》《中国宝武工会第一届委员会委员候选人名单》《中国宝武工会第一届经费审查委员会委员候选人名单》《中国宝武工会第一次代表大会选举总监票人、监票人名单》。会议以无记名投票方式，选举产生了由40人组成的中国宝武工会第一届委员会和由15人组成的中国宝武工会第一届经费审查委员会，审议通过《中国宝武工会第一次代表大会决议》。（李士伟）

【宝钢发展加强工会组织建设】 2019年，宝钢发展进一步完善工会工作考核评价，开展2018年度宝钢发展直属单位工会工作评价，评选“好工会”3家；举行工会特色成果发布交流，评选工会最佳实践案例“TOP－3”；制订下发《2019年宝钢发展直属单位工会工作评价要点》和工会工作月历，将工会重点工作分解落实18个65项。积极推进工会改革创新，根据宝钢发展总部机关改革要求，进一步完善工会工作体系，建立健全工会工作制度，完善工会工作流程；积极指导机关第一工会、机关第二工会、罗泾产业园项目组工会组建工作，协调3家工会做好职工和会员关系划分、工会经费划拨和日常工作内容交接等工作。（朱　宏）

【上海高桥石化公司召开第七次工代会】 5月30日，上海高桥石化公司召开工会第七次会员代表大会。市总工会副主席张得志到会祝贺并讲话，中石化集团公司工会工委发来贺信。李海东代表公司工会第六届委员会作题为《建功新时代，展现新作为，凝聚和动员广大职工奋力谱写公司全面可持续发展新篇章》的工作报告；会议选举产生公司工会第七届委员会和第七届经费审查委员会；审议通过工会第六届委员会工作报告、财务工作报告、经费审查委员会工作报告，表决通过公司工会第七次会员代表大会决议。会议进一步明确今后五年公司工会工作的指导思想，提出工会组织坚持政治引领、融入企业发展、切实履行职能、精准服务职工的主要任务。即：突出"思想引领"，深入实施思想理论学习宣传、劳模工匠精神弘扬、职业道德培育建设"三项行动"；突出"建功立业"，着力抓好主题劳动竞赛、"三标"班组创建、职工创新创效"三个工程"；突出"基本职责"，大力深化民主管理、帮扶救助、文化服务"三大体系"；突出工会自身建设，不断提高服务职工能力水平。（吴　斌）

【上海航天局工会召开第九次代表大会】 6月13日，上海航天局工会第九次代表大会举行。会议选举产生新一届工会委员会与经费审查委员会。29人当选为上海航天局工会第九届委员会委员，7人当选为上海航天局工会第九届经费审查委员会委员。选举李昕为上海航天局工会第九届委员会主席，王林为副主席，王曙群为兼职副主席。选举王林为上海航天局工会第九届经费审查委员会主任，陈永慧为副主任。会议明确今后五年的发展目标，要聚职工力量，推动上海航天"高质量、高效益、高效率"发展，持续强化工会自身建设，健全完善维权维稳机制，开启新时代上海航天局工会工作新征程。（周欣彬）

【铁路上海局集团公司工会加强工会组织建设】 2019年，铁路上海局集团公司工会健全两级工会组织。3月15日，召开集团公司工会第一届委员会第四次全体会议，增补1名常委、2名委员。12月27日，召开集团公司工会第一届委员会第五次全体会议，选举徐晔为集团公司工会第一届委员会委员、常委、副主席。加强工会干部队伍建设，举办1期工会主席培训班、3期基层专兼职工会干部培训班、1期新任工会主席岗位培训班，基本实现专职工会干部和较大车间工会主席的全覆盖。制订下发基层工会年度换届计划，指导杭州货运中心等17个基层单位召开工代会。按照集团公司生产力布局调整工作部署要求，指导各房建公寓段做好工会组织筹备、经费资产交接等工作，指导新长车务段、新长工务段等单位做好工会会员、资产、经费划转交接工作，指导新长公司做好股权调整、工会组织隶属变更工作。加强新职工入会工作，制订下发《关于做好2019年新职工入会等有关工作的通知》，指导基层工会做好吸收新职工入会的有关方面工作。（王卫东）

【上港集团工会组织开展职工会员评价工会工作】 为进一步加强和改进上港集团工会工作，2019年上港集团工会结合实际，组织开展职工会员评价工会工作，并下发相关实施意见。意见明确，实施职工会员评价工会工作的总体目标是不断提高职工会员对工会工作的满意度和获得感。职工会员评价工会工作的重点内容是评价工会工作和评议工会干部。评价工会工作指组织职工会员对本单位工会年度工作开展情况、建设职工之家情况等内容进行评价。评议工会干部指组织职工会员对本单位工会主席、副主席履行职责情况进行民主评议。经测评，2019年集团职工会员对各级工会组织及负责人的整体满意率保持在90%以上。（张　容）

8月28日，市交通行业工会召开第二次代表大会　（方蔚萍）

【交通行业工会召开第二次代表大会】 8月28日，市交通工会第二次代表大会召开，共62名代表参加，选举产生第二届委员31人，选举公交企业工会联合会、出租汽车暨汽车租赁行业工会、水上旅游客运行业工会、申通集团、交运集团、上港集团为新一届副主席单位。市交通委党组书记、主任谢峰，市总工会党组成员、经审委主任丁巍到会并讲话。（方蔚萍）

【市绿化市容局工会及市绿化市容行业工会第三次代表大会召开】 9月20日，市绿化市容局工会、市绿化市容行业工会第三次代表大会在上海植物园召开。市总工会副主席刘言浩，市绿化局党组书记、局长邓建平，市绿化局巡视员崔丽萍，市建设交通工会主任黄熊等领导和局工会、行业工会部分老领导、机关事业单位负责人、各区绿化市容行业主管部门党政工领导以及大会代表共220余人参加。肖龙根代表市绿化市容局工会、市绿化市容行业工会第二届委员会作工作报告。大会选举肖龙根为市绿化市容局工会、市绿化市容行业工会第三届委员会主席。（杨婉亚）

【中国教育工会上海市第十次代表大会召开】 4月27日，中国教育工会上海市第十次代表大会在市委党校召开。市人大常委会副主任、市总工会主席莫负春，市政府副秘书长顾金山，中国教科文卫体工会全国委员会主席章国贤出席开幕式并讲话，市教卫工作党委书记虞丽娟出席开幕式并在闭幕式上讲话。大会认真学习贯彻习总书记的重要讲话精神和贯彻落实全国教育大会精神，总结五年来的工作，谋划未来发展，选举产生市教育工会第十届委员会、市女教职工委员会以及市教育工会经费审查委员会。成旦红当选为上海市教育工会主席。（高　芳）

【市教育系统年度工会工作考评交流会举行】 12月17—18日，上海市教育系统工会主席、妇工委主任进行2019年度工作考评交流，市教育工会常务副主席李蔚出席会议并讲话。会上，教育系统基层工会分成东北片高校、西南片高校、民办高校、直属单位、区教育工会、女工委（妇工委）6个小组围绕2019年本单位工会、妇女的重点和特色工作进行汇报、展示和交流。6个片组10位工会、妇工委负责人进行了大会交流。教育工会对基层工作考评方式进行了改革，即所有基层工会均需提交年度工作小结，汇编成册后通过"云平台"展示。其次，所有单位互评打分，市教育工会在各小组中选取1/3的单位述职交流。最后，市教育工会将测评分和平均分以点对点的方式反馈给基层工会。（高　芳）

【市医务工会召开第九次代表大会】 7月27日，市医务工会第九次代表大会在中国浦东干部学院报告厅举行开幕式。市总工会党组副书记、副主席姜海涛，中国教科文卫体工会巡视员陈晖，市卫生健康委党组书记黄红，市卫生健康委党组副书记、市医务工会主席郑锦等领导出席，各医学院校党委领导、各医疗卫生单位党政工领导以及本次大会代表近400人参加开幕式。大会选举产生新一届上海市医务工会委员会和上海市医务工会经费审查委员会。审议通过《关于上海市医务工会第八届委员会工作报告的决议》《关于上海市医务工会第八届委员会财务工作报告的决议》《关于上海市医务工会第八届经费审查委员会工作报告的决议》。经市医务工会第九届委员会第一次全体会议和第九届经费审查委员会第一次全体会议选举，郑锦当选为市医务工会第九届委员会主席，何园、马艳芳、方秉华、付晨当选副主席，张居正当选为市医务工会第九届经费审查委员会主任，何园当选市医务工会第九届女职工委员会主任。（马艳芳）

【上海报业集团召开第二次工代会暨二届一次职代会】 上海报业集团工会第二次代表大会暨第二届第一次职工代表大会在集团总部大厦2楼报告厅举行。集团领导裘新、李芸、陈颂清、郑逸文、刘可、李翔，市总工会领导刘言浩，三大报领导谢海光、杨咏梅以及集团各职能部门负责人，妇委会负责人，职代会代表、列席代表等150余人出席会议。集团工会主席刘可代表集团第一届工会委员会作题为《守正创新、开启工会工作新征程》的工作报告。会议审议《集团工会第一届委员会工作报告》《集团工会第一届经费审查委员会工作报告》《集团工会第一届委员会财务工作报告》《集团2018年工作报告》。大会以无记名投票的方式，选举产生集团工会第二届委员会和经费审查委员会，选举产生工会主席、常务副主席和副主席、经费审查委员会主任，并提名通过女职工委员会主任、委员。（褚　珺）

【上海广播电视台（上海文化广播影视集团有限公司）工会召开工会第四次代表大会】 12月13日，上海广播电视台（上海文化广播影视集团有限公司）工会第四次代表大会在上视9楼阳光教室召开。会议审议通过台集团工会第三届委员会《工作报告》《财务工作报告》《经费审查委员会工作报告》和大会决议，差额选举产生29名台集团工会第四届委员会委员和5名经费审查委员会委员。会后，台集团工会第四届委员会召开第一次全体会议，选举产生工会领导班子。王治平当选为工会主席，陶丽娟当选为常务副主席，严洪涛、马喆当选为副主席，李桦当选为经费审查委员会主任。在12月19日举行的台集团工会第四届女职工委员会第一次全体会议上，王琳当选为女工委主任，周金娣、缪惠琴、陈思婕当选为副主任。（秦伊龄）

【市民政局工会召开第七次代表大会】 6月19日，市民政局工会召开第七次代表大会。市总工会副主席周奇代表市总工会到会祝贺，局党组书记、局长朱勤皓讲话，对过去五年局工会工作给予充分肯定和高度评价，对今后五年工作提出希望和要求。局团委书记致贺词。局工会主席陈占彪作《坚定跟党走、建功新时代，团结凝聚广大职工奋力谱写上海民政事业新篇章》的工作报告，全面总结过去五年工作和经验，研究部署今后五年工作目标任务。大会选举产生了局工会第七届委员会、经费审查委员会。

（胡积伟）

【隧道股份上海城建城市运营（集团）有限公司工会第一次代表大会召开】 10月28日，隧道股份上海城建城市运营（集团）有限公司工会第一次工会代表大会召开，隧道股份党委委员、工会主席朱东海出席会议。大会审议通过城市运营党委副书记、工会筹备组组长周显峰作的《奋进新时达、勇担新使命，为打造"城市基础设施全寿命周期高效运营服务"的技术密集型卓越管理企业和著名品牌企业而努力奋斗》的工作报告。大会以间接选举方式无记名投票选举产生了上

6月19日，市民政局工会召开第七次代表大会　（阚文伟）

海城建城市运营(集团)有限公司工会委员会和经费审查委员会。并通过召开委员会第一次全体会议,选举周显峰为工会主席,翟羽佳、张珍为副主席;选举张珍为经费审查委员会主任。 (林 晨)

【中国商用飞机有限责任公司召开第二次工会会员代表大会】 11月15日,中国商飞公司召开第二次工会会员代表大会。大会的主题是以习近平新时代中国特色社会主义思想为指导,深入学习贯彻习近平总书记关于工人阶级和工会工作的重要论述,旗帜鲜明坚持党的领导,坚定不移走中国特色社会主义工会发展道路,忠诚党的事业,竭诚服务职工,团结动员公司全体职工为夺取新时代大飞机事业新胜利努力奋斗。中国商飞公司党委书记、董事长贺东风,市总工会党组副书记、副主席姜海涛出席会议并讲话。公司党委副书记、董事谭万庚主持会议,并代表中国商飞工会第一届委员会作工作报告。 (阎 超)

干部管理

【概述】 年内,通过深入开展机关系统干部队伍建设工作调研,探索干部培养选拔工作新机制,加强优秀年轻干部队伍建设规划,有计划地组织市总机关和直管单位之间优秀年轻干部的岗位交流,不断增强干部解决实际问题、处理复杂矛盾和做群众工作的能力。切实落实公务员职务与职级并行制度,在兼顾好各年龄段干部发展的基础上,综合考虑工作需要、德才表现、职责轻重、工作实绩和资历等各方面表现,把敢不敢扛事、愿不愿做事、能不能干事作为晋升职级的重要标准,坚持正向激励。建立机关挂职干部定期选派和动态管理机制,合理规划设置挂职岗位,及时调整和补充挂职干部,提升挂职干部队伍整体质量。加强对直管单位干部队伍建设的指导和监督,建立组织人事干部例会制度,起草制订市总直管单位干部选拔任用工作管理办法和人事管理相关制度等,促进建立干部人事内控管理机制,不断提高干部人事工作制度化、规范化水平。 (洪晓敏)

【徐汇区总工会加强干部队伍建设】 徐汇区总工会加强区总机关干部队伍建设,完成相关实职岗位选拔任用和职务职级并行相关职级晋升工作,完成事业单位科级正职考核续聘工作。举办基层工会干部岗位培训班,组织300余人参加并通过考核、获得资格证书;举办为期3天的街镇总工会、系统、集团公司工会主席、副主席工作培训班,依托工会学院资源,及时了解掌握最新政策制度。 (徐艳杰)

【普陀区举办基层工会主席培训班】 6月12日,2019年普陀区工会干部培训班在上海工会管理职业学院开班。区总工会副主席王鹏作开班动员。来自园区,企事业单位的50名新任工会干部参加培训。本次培训为期3天,课程涵盖新时代工运事业的理论指导、民主管理、规范建会、工匠精神和工会经费使用等课程,通过理论知识和实践经验传授,帮助工会新兵快速了解工会组织内涵、掌握基本工作技能。此次培训新增现场教学内容,实地走访学习南京东路街道总工会城市心家园品牌建设工作。学员们从兄弟工会创新工作中吸收经验,寻找自身工作创新突破口。 (陆 蕾)

【闵行区总工会党团共建助力青年干部成长】 主题教育期间,闵行区总工会党组针对基层反映区总工会青年干部综合素质有待加强、指导工会工作力度不足、联系职工群众不够密切等问题,积极研究整改措施。一是通过举办领导干部与团员青年联组学习读书班、"弘扬劳模工匠精神、提升服务职工能力水平"研讨会等系列活动,加强青年工会干部的理想信念教育。二是牵头制订《区总工会工作人员挂职锻炼工作方案》,2名区总机关青年干部分赴吴泾镇和江川街道总工会进行为期3个月的挂职,培养青年工会干部的担当作为、助力青年工会干部迅速成长。 (金 靓)

【金山区总工会开展新提任干部集体廉政谈话】 11月28日,金山区总工会在区总会议室开展新提任干部集体廉政谈话,区纪委监委第七派驻纪检监察组组长徐卫军主谈,会议由区总工会副主席季蕾主持。徐卫军对新提任干部提出4点要求,一是压实责任,履行一岗双责;二是严于律己,带头廉洁自律;三是牢记宗旨,自觉接受监督;四是勤于学习,加强自身修养。会上,各位新提任干部表示将在党风廉政建设方面开好头、起好步,在新的岗位上不掉队、走正路,做一名让组织满意、让人民群众满意的党员干部。 (沈勇军)

【松江区总工会召开2019年党风廉政建设工作大会】 3月7日,松江区总工会召开2019年党风廉政建设工作大会。区总工会党组书记、副主席陈军康,党组成员、副主席王斌,党组成员、经审委主任孙爱华,副主席孙禄君,区纪委监委第一派驻监察组副组长夏海等领导出席会议。会议全面回顾总结2018年党风廉政建设工作,对今年推进全面从严治党作出进一步部署。区总工会机关各部室及区工人文化宫负责人分别签订区总工会2019年落实党风廉政建设责任制责任书与区总工会2019年落实意识形态工作责任制责任书。 (倪晓玲)

【青浦区总工会举办新上岗工会主席培训班】 12月26—27日,青浦区新上岗工会主席培训班在东方绿舟度假村举行,100余名企事业单位新上岗工会主席参加培训。培训班邀请上海工会管理职业学院党委副书记、院长李友钟,上海工会管理职业学院兼职老师电装(中国)投资有限公司上海分公司工会主席汤乃飙分别就十九届四中全会精神以及如何做好新时期工会工作等业务知识进行授课。 (朱建强)

【奉贤区总工会加强工会干部队伍建设】 年内,举办新任基层工会主席、区域性、行业性工会干部、社工、安全生产干部、劳动关系指导员、女工干部等不同类型的业务培训班,培训各级工会干部726人次。指导7个直属工会换届改选,18个直属工会完成届中调整,区劳模协会完成换届。认真组织实施大调研工作,开展调研402次,1005人次参与,覆盖企业、村居、事业单位、社会组织、各类群体等402家(户)。 (钱 洁)

【绿地集团工会开展工会干部考评】 为进一步加强绿地集团基层工会干部队伍建设，引导和培养一支政治素质高、业务能力强、工作作风好的工会干部队伍，绿地集团工会会同集团各直属党组织联合开展2019年度工会干部考评工作。考评采用"四维度"考评方法，即"个人自评—领导评价—党员（员工）代表评议—集团党务部门（工会）评审"的方式对被考评人进行考评。集团直属工会干部中，张力、潘银芳、姜甜甜等10人获"绿地集团2019年度优秀党务干事、工会主席"称号，并在集团党建工作年度会议上受到表彰。 （翟晓播）

教育培训

【概要】 制订《2019年上海工会干部教育培训计划》，部署并落实全年工会干部教育培训工作。开展"上海市工会干部教育培训状况"调研，印发《2019—2023年上海工会干部教育培训规划》。组织开展区局（产业）工会主席专题研讨班，深入学习贯彻十九届四中全会精神，谋划2020年全市工会工作。组织开展市总机关系统科级干部培训班，进一步加强机关系统干部队伍建设、提升干部专业能力。根据对口援助工作要求，协调落实贵州遵义工会干部来沪培训及送教上门。根据全总组织部、市委组织部、市委党校调训工作要求，全年共完成局级干部调训16人次，处级干部调训61人次。 （王继平）

【黄浦区总工会举办基层工会规范化建设培训】 6月20日，黄浦区总工会举办了基层工会规范化建设培训。各区管工会负责工会组织工作的干部、国有企业、非公企业基层工会主席、街道工会社工等90余人参加培训。培训特别邀请市总工会基层工作部调研员余文龙授课，对《基层工会会员代表大会条例》和《工会基层组织选举工作条例》进行详细解读。课程融理论性与实践性于一体，对基层工会组织建设工作具有很强的指导性、针对性和可操作性。 （陆中斌）

【宝山区总工会着力加强工会干部教育培训工作】 8月29日，为提高工会党员干部党性修养，宝山区总工会邀请市委党史研究室研究员、市委讲师团成员袁志平教授讲授《学习新思想，为实现民族复兴中国梦不懈奋斗》的讲座，区总工会党总支全体党员参加。11月15日，区总工会举办2019年度宝山工会干部培训班。培训班第一课邀请上海工会管理职业学院院长李友钟讲授《当前工会工作的形势与任务》。区人大常委会副主任、区总工会党组书记、主席王丽燕从深刻认识加强能力建设的必要性，自觉主动学习；深刻认识新时代工会工作的新要求，全面持续学习；深刻认识学习成果转化的重要性，做到真学真用等3个方面作开班动员。（沈　英）

【闵行区总工会为香格里拉工会干部举办培训班】 10月9—13日，闵行区总工会举办为期5天的香格里拉工会干部培训班。区总工会党组书记赵芝娟出席培训班开班仪式，迪庆州总工会副主席向正平、香格里拉市总工会副主席邓建勇等22人参加培训。香格里拉市是闵行区对口援助地区，培训班采取专题授课与现场教学相结合的方式进行，香格里拉市工会干部听取了聚焦新时代工会工作和工会网上建设主题的专题讲座，并实地走访了颛桥镇非公企业改革试点、新农村建设示范村浦江镇革新村、七宝中学以及华漕镇赵家村等地，学习闵行区总工会在非公企业工会改革、新农村建设、民主管理职代会及基层群团服务站等工作上的先进经验。培训班还以精准扶贫、精准脱贫基本方针为引领，围绕对口消费扶贫工作组织了交流座谈。香格里拉市工会干部还前往中共一大会址、市劳模纪念馆、陈云纪念馆等地参观，领略红色精神、劳模精神。 （王　凯）

【闵行区总工会举办中国工会十七大精神专题讲座】 1月8日和1月15日，闵行区总工会分别举办《中国工会十七大精神解读》《中国工会章程》（最新修订）专题学习辅导。讲座邀请上海工会管理职业学院副教授、国家二级心理咨询师张炜围绕中国工会十七大的背景、概况，讲解中国工会十七大的主要任务、重要精神，详细解读中国工会十七大的报告；上海工会管理职业学院副院长李学兵围绕《中国工会章程》的由来、最新修改、架构逻辑与依据以及《中国工会章程》的重点内容作了详细解读。吴泾镇、马桥镇、梅陇镇、七宝镇、虹桥镇、江川路街道等6个区域的基层工会主席、副主席、专职工会干部等近300人参加培训。 （王　凯）

【闵行区总工会举办新任工会干部培训班】 3月25—26日，闵行区总工会在上海工会管理职业学院奉贤校区举办了新任工会干部培训班。培训邀请工会管理学院资深老师以及全国优秀工会工作者、南京东路街道总工会专职副主席黄宪祖就工会组建、服务型工会建设等内容授课。培训期间，各级工会干部分组交流了学习心得、工作体会和经验做法，形成浓厚的学习氛围。来自各街镇、莘庄工业区总工会专职副主席、区域性行业性工会主席、工会社工等40人参加。 （杨叙文）

【金山区总工会举办新上岗基层工会干部岗位资格培训班】 9月17—19日，金山区总工会举办为期三天的新上岗基层工会干部岗位资格培训班。全区各直属工会、基层工会干部100余人参加培训。培训班邀请上海工会管理职业学院多位专家、教授对做好新形势下的工会工作、民主管理的理论与实践探索、新时期工会工作的法律保障等专业课程进行授课。同时，聆听了第七届全国道德模范提名奖杨慧峰的事迹报告。 （卫婷怡）

【奉贤区总工会举办直属工会主席培训班】 3月25—29日，奉贤区总工会直属工会主席素质能力提升培训班在北京市工会干部学院举办，直属工会主席、副主席共27人参加培训。培训班通过专题报告、互动教学、现场教学等方式，进一步加深了学员对中国工会十七大精神、习近平总书记关于工人阶级和工会工作的重要论述的认识，进一步激发了学员干事创业的潜能和激情，进一步强化了学员作为一名工会干部的使命与担当。（钱　洁）

【市仪电工会举办仪电系统工会干部培训班】 4月11—13日，市仪电工会在市机管局培训中心举办仪电系统工会干部培训班。仪电工会委员、经审委员，各重点子公司、直属单位、基层单位工会主席、工会干部等近120人参加培训。仪电工会主席顾文出席培训班并讲话。培训班围绕学习贯彻习近平总书记"10.29"重要讲话精神、新时期工会工作如何开展、如何管理和使用好工会经费等专题进行解读、辅导。培训班还安排了户外主题拓展活动，以增强学员间的团队精神。（周黎俊）

【市化学工会举办培训班，提高工会干部的理论水平和综合素养】 9月份，市化学工会举办了2019年度基层工会主席、委员培训班，共有120名基层工会干部参加培训。局工会主席黄岱列以《以习近平新时代中国特色社会主义思想为引领，提升集团各级工会组织工作能力，推进集团产业工人队伍建设改革，在跨市发展的进程中发挥、彰显工会组织的作用和影响》为题，为工会干部们授课。同时，邀请市总工会、市委党校的老师讲授《中国传统文化对新时代思想政治工作的启示》《基层工会重点工作介绍》《心理学在工会工作中的运用》等课程，以加强基层工会干部对新时期工会工作要求和工作技能的了解掌握。（张雪莲）

【上海石化工会举办第十五期工会干部培训班】 5月，上海石化举办第十五期工会干部培训班。培训对象为公司专兼职工会干部以及部分基层工会主席，共84人参加。培训邀请市总工会、市经济和信息化委员会专家授课，内容包括基层工会工作实务、工会经费审查、如何做好新时代群众工作、国企工会改革工作介绍等6讲课程。培训结束，每位学员通过网上平台参加考试，均获合格证书。（袁 玮）

【铁路上海局集团公司举办工会主席培训班】 3月12—15日，铁路上海局集团公司工会、集团公司人事部联合在党（干）校举办工会主席学习贯彻习近平新时代中国特色社会主义思想培训班。培训班邀请上海大学、市委党校、上海工会管理学院和集团公司纪委专家教授，讲授习近平新时代中国特色社会主义思想、新时代中国特色社会主义经济建设、中国工会十七大精神和党风廉政建设等课程。集团公司工会各部门负责人分别就组织民管、生产宣传文化、保障女工、财务知识、帮扶救助等工会工作实务进行讲解。集团公司所属各单位工会（工委）主席（主任），集团公司工会各部室、各铁路文体馆负责人共132人参加培训。（严光临）

【中国电信上海市工会举办"不忘初心、牢记使命"专题培训班】 4月10日，中国电信上海公司工会组织召开"不忘初心、牢记使命"专题培训班暨四届四次委员扩大会议，公司第四届工会委员会委员、经审委员会委员、各单位工会主席和工会干事100余人参加。公司工会主席、副总经理常朝晖进行开班动员。专题培训班邀请上海工会管理职业学院党委书记、劳动报社总编辑王厚富讲授《忠诚党的事业、竭诚服务职工——习近平总书记"10·29"重要讲话精神解读》。培训班还安排了5G业务知识方面的内容，进一步提升工会干部的业务能力。（殷 茵）

【市教育系统举办工会主席、妇工委主任培训班】 12月17—18日，市教育工会、教育系统妇工委举办2019年度上海市教育系统工会主席、妇工委主任培训班，各高校、区教育系统、直属单位的工会主席、妇工委主任，以及市教育工会机关干部等160余人参加会议。市教卫工作党委副书记、市教育工会主席滕建勇作开班动员讲话，从充分认识新形势下做好工会、妇女工作的重要性，如何做好新形势下的工会、妇女工作以及切实加强工会、妇委会自身建设3个方面回答了教育系统工会、妇女工作"是什么""为什么""怎么干"的问题。市委党校经济学教研部教授陈勇鸣、市委党校教务处处长赵勇分别作了"上海经济发展与人才培养"和"学习四中全会精神增强落实本领"专题讲座。（高 芳）

【市科技工会举办2019年科技系统工会干部培训班】 6月27—28日，市科技工会在上海科技管理干部学院举办2019年科技系统工会干部培训班。各基层单位工会干部近100人参加培训。培训邀请华东理工大学马克思主义学院副院长杨苏、市科委政策法规与创新体系建设处副处长毕聪，分别对《当前国际局势的变化与中国的战略对策》《科改"25条"解读》进行专题讲座。学员们还赴沙家浜开展现场教学活动。（冯 莺）

【市经济和信息化工作系统工会举办工会主席培训班】 7月16—18日，2019年上海市经济和信息化工作系统工会主席培训班在中石化上海会议中心举行。本期培训班共有4位专家教授和机关、企业领导作专题讲座，上海工会管理职业学院党委书记、劳动报主编王厚富以《忠诚党的事业、竭诚服务职工——习近平总书记"10.29"重要讲话精神》为题，就如何做好新时代工会工作，给学员上了一堂理论课。市总工会权益保障部副部长杨敏以《工会权益保障工作》为题，就一些大家比较感兴趣的涉及到职工利益的法律法规和政策的制定、修改以及标准调整等相关工作为学员们做了详细解读。市经信系统各直属单位工会主席80余人参加培训。（黄 俭 顾 捷）

【光明食品工会举办工会干部研讨班】 12月18—20日，集团工会在上海农场举办工会干部研讨班。集团工会主席潘建军出席研讨班，各子公司工会主席、副主席及工会干部近40人参加培训。学员们集中学习了"学习贯彻党的十九届四中全会精神，推动光明食品集团工会工作上新台阶""全面推进国有企业工会改革，增强工会组织凝聚力、影响力""加强工会经费使用管理，更好服务职工群众"的辅导课，并展开专题讨论，交流分享学习体会。培训期间，学员们还实地参观了光明乳业申丰奶牛场、上海农场海丰禽业蛋鸡养殖场。（朱小玲）

【市监狱管理局工会举办工会干部培训班】 9月23—24日，举办2019年工会干部培训班，90余人参加培训。培训班邀请原闵行区总工会主席俞莉红，上海工会管理职业学院副院长张荣富、教授袁雪飞等就服务型工会创建工作、学习贯彻党的十九大精神和中国工会十七大精神以及工会经费管理与使用等方面为学员授课。培训班还组织学员参加了“不忘初心·走向复兴”庆祝新中国成立70周年上海职工红色文化寻访活动以及“致敬！劳动者”庆祝中华人民共和国成立70周年主题图片展。（江海群）

【市级机关举办系统工会干部培训班】 7月10—12日，市级机关工会在上海政法学院举办2019年市级机关系统工会干部培训班。市级机关工作党委副巡视员、直属机关党委书记田霞出席开班式并作动员，来自市级机关系统80余名工会干部参加培训。培训班为期3天，共安排4次专题报告，1次现场教学，2次专题讨论。上海政法学院汤啸天、王蔚、章友德教授为培训班作了“推进工会工作法制化建设的路径”等专题讲座，市级机关工会工委陈玲主任围绕提高工会工作正规化建设水平作了授课。学员们围绕“提高思维观念和层次，拓宽眼界和视野，围绕干部职工现实需求，牢牢把握全面深化改革为工会工作创新发展带来的机遇和挑战”等专题进行交流讨论。（王 颖）

【世纪出版集团举办工会干部培训班】 11月27—29日，世纪出版集团工会举办首期工会干部培训班，集团党委副书记、工会主席何向莲出席开班式并讲话。本次培训按照世纪出版集团工会年度计划和上海市总工会加强工会干部培训教育工作总体要求，根据当前形势任务，结合集团工会特点，设置培训课程，40余名工会干部参加培训。（江 文）

【上海工会管理职业学院承办2019年区局(产业)工会副主席培训班】 11月13日，2019年区局（产业）工会副主席培训班在学院奉贤校区开班，市总工会组织部部长庄勤作开班动员，学院党委副书记、院长李友钟出席开班式。全市各区局（产业）系统工会副主席共42人参加为期3天的培训。本次培训班旨在贯彻落实习近平总书记关于工人阶级和工会工作重要论述、中国工会十七大和上海工会十四大的精神，引导区、局（产业）工会副主席把握工会组织新使命、新目标、新要求。培训采用专题授课、分组讨论、结构化研讨、现场教学、学员创新论坛、先进经验介绍等多种教学形式。（徐振珏）

【上海工会管理职业学院承办2019年首期“小二级”工会主席副主席培训班】 4月24—26日，学院承办2019年首期“小二级”工会（区域性、行业性工会联合会）主席副主席培训班，全市75名“小二级”工会主席副主席参加为期3天的培训。作为市总工会重点班次，本次培训班首次以“小二级”工会主席副主席为培训对象，开设“非公企业工会规范化建设”“‘上代下’工会经费收缴及管理模式”等紧贴学员工作实际需求的课程。学院全年共开展4期“小二级”工会主席副主席培训班，共计培训206人。（徐振珏）

【上海工会管理职业学院承办“推进现代企业制度下民主管理工作”专题培训班】 5月27日，全国总工会“推进现代企业制度下民主管理工作”专题培训班在学院奉贤校区开班，全国各省市、各产业的民管干部及负责民管工作人员近110人参加培训。本次培训班旨在贯彻落实习近平新时代中国特色社会主义思想、党的十九大精神及中国工会十七大各项任务部署，推动新时代企业民主管理工作的积极性和创新发展。此次培训在课程安排上，既有来自全总、市总，央企行业，高校的专家、学者就“推进现代企业制度下民主管理工作”的专题讲座，还有以学员为主体的典型案例交流和互动教学，引导学员主动地参与，实现培训成果最大转化。5月31日，全总基层工作部副部长、中华铁路总工会副主席、中国中铁集团工会主席刘建媛，基层工作部副巡视员陈超迪，学院党委书记王厚富出席结业式。（徐振珏）

【上海工会管理职业学院承办全国工会经审干部培训班】 5月20日，由全总经审会主办、上海市总工会承办、学院协办的全国工会经审干部培训班在学院开班，全总党组成员、经费审查委员会主任李晓钟，经费审查委员会副主任李伟言；上海市总工会党组副书记、副主席姜海涛出席开班式。全总十七届经审会委员，省级工会经审会主任、经审办主任，部分地市工会经审干部等共85名学员参加为期5天的培训。本次培训旨在提升和增强经审干部的理论水平、实际能力、业务本领，领会新时期下经审工作原则和精神，培训就“预算执行情况审计”“宏观经济形势与国家发展战略”作专题讲解、分析，就“内部审计工作的思考与挑战”作专题分享。上海市工会经审干部旁听了培训课程。（徐振珏）

【上海工会管理职业学院承办上海社会化工会工作者初训班】 为使新上任的社会化工会工作者快速熟悉工作业务、明确工作要求、了解工作形势，具备开展工会工作的素质和能力，尽快融入职业角色，2019年学院共承办3期上海社会化工会工作者初训班，127名社会化工会工作者参加了为期一个月的培训。（徐振珏）

【上海工会管理职业学院承办上海市总工会机关系统科级干部培训班】 10月14—18日，2019年上海市总工会机关系统科级干部培训班在学院奉贤校区举办，市总机关系统各部室、各直管单位的50多名科级干部参加为期5天的培训。市总工会党组书记、主席莫负春作开班动员，党组副书记、副主席姜海涛，副主席张得志、周奇等参加座谈和结业式。市委党校、复旦大学和学院的专家、学者就“以高度的政治自觉、思想自觉、行动自觉践行工会人的初心和使命”“马克思主义基本问题导论——学精悟透用好马克思主义”“发扬钉子精神，增强落实本领”“习近平新时代中国特色社会主义思想解读”等作专题讲座。培训班学员还前往中国劳动组合书记部旧址、上海工匠馆进行现场教学，就工会干部履职、工会工作创新等进行专题交流。（徐振珏）

【上海工会管理职业学院承办遵义市工会干部培训班】 6月10—14日，上海对口援助遵义市工会干部培训班在学院举办。来自遵义市机关企事业单位的50名工会干部参加培训。培训以学员实际需求为导向，注重培训课程设置的针对性、指导性和实用性，侧重对培训学员能力的提升以及视野的开拓。通过培训，遵义市工会干部全面了解上海工会在新形势下服务职

6月19日,上海工会管理职业学院与上海百事通信息技术股份有限公司共建"上海工会干部教育培训基地"揭牌 (刘一民)

工的具体实践和探索,提升了履职能力、增强了综合素养。 (徐振珏)

【上海工会管理职业学院开展教职工开学集中培训】 为进一步打造学院高素质、专业化的干部人才队伍,推进学院"三个一流"基地建设,自2019年起,学院建立教职工开学集中培训机制。学院领导高度重视集中培训工作,培训方案经院长办公会审议通过。2月26—27日,在奉贤校区开展了"围绕中心,服务大局,促进学院发展"为主题的春季集中培训,邀请市总工会副主席周奇在开班式上做报告,邀请基层工作部部长张刚、劳动关系部部长周永宝、权益保障部部长陈美琴分别就部门的主要工作进行授课,让全院教职员工对总工会重点部门的工作有了全面的了解,便于在今后的工作中能更好地围绕市总工会重点工作开展学院的各项工作。8月28—29日,在奉贤校区开展"不忘初心·牢记使命,推动学院高质量发展"为主题的秋季集中培训工作,设置"理论武装、党性修养、能力建设"等三方面课程,邀请市委党校陈胜云讲授《马克思主义的当代价值》、周建勇讲授《加强党性修养严守纪律规矩》、李宗建讲授《干校老师的能力建设》,并跟教职工进行交流讨论。 (范 瑜)

【上海工会管理职业学院与上海浦东新区陆家嘴贸易区工会签约共建"上海工会干部教育培训基地"】 10月21日,学院与上海浦东新区陆家嘴贸易区工会共建"上海工会干部教育培训基地"签约揭牌仪式在陆家嘴金融贸易区职工服务总站举行。通过合作共建,创新工会工作理念,实现优势互补、资源共享,构建工会教育培训特色教学模式和教学内容。学院全年新增张江园区、百事通信息、普兰金融等4个教育培训基地。 (徐振珏)

机关党建

【概况】 2019年,市总工会直属机关党委以学习贯彻习近平新时代中国特色社会主义思想为主题主线,认真开展"不忘初心、牢记使命"主题教育,以党的政治建设为统领,以组织体系建设为重点,从严落实党建工作责任制,不断提高机关党建工作质量。一是加强政治建设,做到"两个维护"。创新学习方法,坚持问题导向,深入开展"不忘初心、牢记使命"主题教育,取得了良好的成效,推动机关系统各级党组织深入贯彻习近平总书记关于加强机关党建的重要讲话精神,全面落实李强书记在市级机关党的建设工作会议上的要求部署,引导党员干部树牢"四个意识",增强"四个自信",坚决做到"两个维护"。二是服务改革大局,发挥表率作用。市总机关系统进一步深化"争当工会改革实干家,争做职工信赖娘家人"主题活动,推动党员干部在大调研中改进工作作风,在本职工作中发挥表率作用,深化党员先锋岗、党员责任区、青年文明号和窗口亮诺践诺等行动,通过举办庆祝70周年系列活动,着力推进文明单位创建,加强志愿者队伍建设,进一步凝聚力量,服务群众。三是夯实党建基础,实现全面进步。抓好基本组织、基本制度、基本队伍、基本活动和基本保障。贯彻落实《中国共产党支部工作条例(试行)》,开展"抓重点、强弱项、补短板"工作。年内制订修订《市总党组理论学习中心组学习制度》《市总机关系统关于落实党支部"三会一课"和主题党日的实施办法》等制度,推动机关系统各党支部认真落实"三会一课"和主题党日活动。积极开展党建工作研究,完成年度研究课题《关于进一步推进党建和业务工作深度融合的调研报告》。举办2019年市总机关系统党务干部培训班,组织党支部学习《党支部书记实务必读》《发展党员工作手册》《2018年组织生活案例》等,不断夯实党建工作基础,并转化为工作成果。四是压实主体责任,坚持正风肃纪。深化"四责协同"机制建设,协助党组制订《关于深化细化全面从严治党"四则协同"机制的意见》,进一步落实管党治党责任。召开市总机关系统全面从严治党暨党风廉政建设大会,部署全年党风廉政建设工作任务。督促机关系统党组织开展廉政集体谈话,梳理排查廉政风险点,完善风险防控措施,整治"四风"问题,加强作风建设。开展市总党组专项巡察"回头看",年内对9家直管单位巡察整改情况进行检查,推动各单位将整改措施落到实处。严格落实与大信访的信访举报联动互通机制,认真对待问题线索,严肃监督执纪,推动市总机关系统全面从严治党向纵深发展。 (桂云林)

【深化"争当工会改革实干家,争做职工信赖娘家人"主题活动】 结合"上海先锋行动"和市级机关"改革先锋、岗位建功"主题,市总机关系统进一步深入开展"争当工会改革实干家,争做职工信赖娘家人"主题活动,推动党员干部在大调研中改进工作作风,在本职工作中发挥表率作用,深化党员先锋岗、党员责任区、青年文明号和窗口亮诺践诺等行动,党员亮目标、亮责任、亮措施,努力做到实践创新、岗位创效、服务创优,更好地服务职工群众。结合庆祝建党98周年,市总机关系统表彰了5个“双争”先进党支部、10名“双争”优秀共产党员,以身边先进激励广大党员干部,营造担当作为、改革创新的良好风尚。 (马育群)

【举办庆祝新中国成立70周年活动】 2019年9月,机关党委在市总机关系统全体党员群众中举办“我与国旗合个影、我为祖国送祝福”活动,唱响爱党、爱国、爱工会的主旋律。举办市总机关系统“知史爱党、知史爱国”讲故事大赛,重温中国共产党98年的奋斗史、新中国70年的发展史,学习党的光荣传统、宝贵经验和伟大成就,引导党员群众深入学习党史、新中国史,激发大家立足岗位建功立业的壮志豪情。组织机关系统党员干部参加“我与共和国共奋进”主题征文活动,遴选上报的作品在上海机关党建微平台上发布。组织党组织和党员干部参观中国劳动组合书记部旧址陈列馆、上海工匠馆、“致敬!劳动者”庆祝中华人民共和国成立70周年主题图片展、组织观看庆祝新中国成立70周年电影党课,把理论和思想教育的成效,转化为建设工会大学校、大舞台、大家庭、大平台的动力。 (马育群)

【举办2019年市总工会机关系统党务干部培训】 为深入学习贯彻习近平总书记在中央和国家机关党的建设工作会议上的重要讲话精神,进一步提高市总机关系统党建工作水平,11月7日,市总直属机关党委在上海工会管理职业学院举办2019年市总工会机关系统党务干部培训班,市总机关系统70余名党务干部参加。培训班上,市总党组副书记、副主席姜海涛肯定了近年来市总机关系统党建工作成效,围绕进一步加强党建工作和业务工作深度融合,深化制度建设和队伍建设等提出下阶段工作要求。市总直属机关党委书记丁巍作开班动员,市级机关组织部部长王朝霞作《学习贯彻习近平总书记重要讲话精神扎实推进机关党建高质量创新发展》专题报告,培训班还结合新修订的党建工作制度进行实务培训。 (马育群)

【召开市总机关系统2019年全面从严治党暨党风廉政建设大会】 2月20日,市总工会党组召开机关系统2019年全面从严治党暨党风廉政建设大会。深入学习贯彻习近平总书记在十九届中央纪委三次全会上的重要讲话精神和李强书记在十一届市纪委三次全会上的重要讲话精神。市人大常委会副主任,市总工会党组书记、主席莫负春部署了2019年市总机关系统全面从严治党暨党风廉政建设工作。莫负春肯定了机关系统全面从严治党取得的新成效,要求党员干部进一步加强思想武装和政治建设,始终与党中央保持高度一致;细化“四责协同”机制,进一步落实全面从严治党的制度措施;以作风建设和能力建设为重点,不断提高做新形势下群众工作的能力水平,努力推动全面从严治党向纵深发展,以工会改革发展的新成效,为庆祝新中国成立70周年交上满意的答卷。市总工会党组副书记、副主席姜海涛传达十一届市纪委三次全会精神,通报市总党组2018年度民主生活会情况;市纪委监委驻市总机关纪检监察组组长高黎萍就进一步加强党风廉政建设提出要求。会上,工会学院党委、海鸥集团党委、市总职工援助服务中心党总支、市总权益保障部党支部进行交流发言。市总工会领导班子成员、机关全体干部和直管单位班子成员参加了会议。 (马育群)

【开展党组专项巡察“回头看”工作】 2019年下半年,由市总直属机关党委、纪委牵头,市总组织部、市总财务资产管理部、市总经审办共同组成工作小组,对9家直管单位进行党组专项巡察“回头看”,重点围绕加强党的建设、落实群团改革精神、遵守党规党纪和中央八项规定精神、加强干部队伍建设、市委巡视整改等5个方面,对整改落实情况进行检查。从“回头看”检查结果看,各直管单位都认真落实各项整改任务,整改措施完成情况良好,有力地推进了机关系统内控管理和制度建设。“回头看”情况表明,市总党组专项巡察较好地发挥了政治看齐、警醒教育、整肃立规的作用。 (马育群)

【深化细化机关系统全面从严治党“四责协同”机制建设】 8月,市总工会党组研究制订了《市总工会机关系统关于深化细化全面从严治党“四责协同”机制的实施办法》,建立健全机关系统主体明晰、有机协同、层层传导、问责有力的责任落实机制。《实施办法》进一步细化党委主体责任、纪检组织监督责任、党组织书记“第一责任”和班子成员“一岗双责”四责协同的工作清单,明晰问题梳理、责任分解,责任联动、压力传导以及监督考评、责任追究的协同机制。按照党组要求,各直管单位也分别制订了“四责协同”的工作方案,各项责任形成闭环,做到知责明责更清晰、履职尽责更到位、考责问责更有效,进一步营造了市总机关系统风清气正的政治生态。 (马育群)

【徐汇区总工会扎实开展主题教育加强党风廉政建设】 徐汇区总工会深入学习贯彻习近平新时代中国特色社会主义思想,全年分14个专题,开展集中教育学习,锤炼忠诚干净担当的政治品格。把学习教育、调查研究、检视问题、整改落实4项重点措施贯彻主题教育全过程,班子查找问题5项,班子成员查找问题8项,基本完成整改落实。围绕户外职工爱心加油站、小二级工会组建、职工书屋建设、灵活就业群体专项经费使用等基层反映强烈的问题,深入一线开展调研,形成调研报告提出对策建议。班子成员结合满意在徐汇走访行动到结对居委会上党课,分享学习体会。组织开展好民主生活会,深入检视剖析问题。履行全面从严治党主体责任,抓好党风廉政建设,按时召开党风廉政建设大会,定期听取履职汇报,加大监督检查力度,班子成员、机关各部室以及两中心事业单位层层签订责任承诺书,切实履行“一岗双责”。梳理各级廉政风险点,修订完善防范措施等相关制度规定。深化“争当工会改革实干家,争做职工信赖娘家人”主题活动,推动党员干部改进工作作风、发挥表率作用、更好服务职工群众。建立党员干部工作分享制度,交流工作心得,不断提升干部队伍的凝聚力向心力。 (徐艳杰)

【金山区总工会慰问结对共建武警部队即将退伍困难官兵】 为深入贯彻

落实习近平总书记关于“双拥”工作的重要指示，始终不忘拥军责任，竭尽所能帮助官兵解决实际困难，努力推进军民融合发展。8月30日，金山区总工会党组常务副书记、副主席汪敏良一行到结对共建的上海武警执勤第五支队三大队，向即将退伍的困难官兵致以诚挚的问候，并送上慰问金。汪敏良对武警战士长期以来积极支持参与金山经济社会建设，勇于承担急难险重任务，为维护本区社会稳定所做出的贡献表示感谢，并希望退伍官兵不忘初心，继续发扬优良作风，为家乡经济社会和谐稳定发展保驾护航。（沈勇军）

【金山区总工会召开党风廉政建设工作推进会】 为全面落实从严治党要求，进一步推进区总工会党风廉政建设工作，6月13日，金山区总工会党组召开党风廉政建设工作推进会。区总党组常务副书记、副主席汪敏良出席会议。区总机关全体工作人员、文化宫领导班子及党员、工荟中心各部长等参加会议。会上，汪敏良对区总工会五次工代会以来的工作进行讲评，肯定区总工会在工会改革、建功立业、服务保障、权益维护、党的建设等方面取得的成绩，并指出党员干部思想和工作作风方面存在的不足。会议集中学习了《中共金山区委办公室关于印发〈2019年党（工）委、党组落实党风廉政建设主体责任考核表〉和〈党风廉政建设主体责任考核范围名单〉的通知》精神，传达区纪检监察系统扫黑除恶专项斗争工作会议讲话精神，通报上海市公开曝光的四起违反中央八项规定精神问题的案例。区总中层干部及文化宫领导班子签署了落实党风廉政建设责任制承诺书。（沈勇军）

【金山区总工会组织开展庆祝建党98周年知识竞赛】 为庆祝中国共产党成立98周年，进一步深化“两学一做”学习教育工作，7月5日金山区总工会机关党总支举办庆祝建党98周年，用好“学习强国”，争做“学习达人”知识竞赛。共有来自区总机关、工人文化宫及工荟中心三支代表队参加竞赛。区总工会领导班子，区总机关、工人文化宫以及工荟中心本部全体党员干部参加活动。本次竞赛设必答题、抢答题、自由题等环节，竞赛内容涵盖《中共中央关于加强党的政治建设的意见》《中国共产党重大事项请示报告条例》《关于加强和改进中央和国家机关党的建设的意见》以及“学习强国”平台题库等方面。（沈勇军）

【松江区总工会举行“做新时代工会事业的奋斗者”庆祝建党98周年座谈会】 7月1日，松江区总工会举行“做新时代工会事业的奋斗者”庆祝建党98周年座谈会，学习传达区委书记程向民在松江区庆祝中国共产党成立98周年座谈会上的讲话精神，并集体观看了微纪录片《70年，我们一起追过的松江劳模》。全体党员进行集体入党宣誓，1月至7月1日入党的党员过了一次集体政治生日。11名党员代表围绕活动主题，结合自身的成长经历、工作经历，进行主题交流发言。区总工会机关党支部、退休党支部，区文化宫党支部、退休党支部，工惠社会服务中心党支部全体党员60余人参加了会议。（高秀珍）

【松江区职工综合活动中心成立临时党支部】 9月30日，松江区总工会党组、城投集团党委、开天集团党总支联合成立松江区职工综合活动中心新建工程临时党支部。区总工会党组书记、副主席陈军康，城投集团党委书记、董事长、总经理方亚弟，中山街道党工委副书记季求清，区总工会副主席孙禄君、开天建设集团党总支副书记徐道全等领导出席。中山街道党工委副书记季求清宣读《中山街道党工委关于同意松江区职工综合活动中心新建工程成立临时党支部的决定》。陈军康一行检查施工现场建设情况，并在工地现场会议室召开调研会，听取施工情况汇报，并就工程中面临的困难交换意见。（郭远华）

【奉贤区总工会开展纪念建党98周年“七个一”活动】 为纪念中国共产党建党98周年，扎实开展“不忘初心，牢记使命”主题教育活动，推进“两学一做”学习教育常态化制度化，奉贤区总工会于“七一”期间开展“七个一”系列活动，即开展一次集中换届、组织参观一次展览、组织一次红色基因寻访活动、开展一次知识竞赛、开展一次主题党课、过一次集体政治生日和观看一部红色电影。通过开展“七个一”系列活动，充分展现党员的良好精神风貌，发挥党员的先锋模范作用，不断增强党总支和党支部的凝聚力和向心力，激励广大党员干部与时俱进、开拓进取、务实创新，为奋力创造“奉贤美、奉贤强”的新高峰新传奇，全力建设“四个奉贤”提供坚强保证。（钱　洁）

【市医务工会举办成立70周年座谈会】 12月6日，医路同心——纪念上海市医务工会成立70周年座谈会在上海科学会堂举行，市总工会副主席刘言浩，市卫生健康委党组副书记、市医务工会主席郑锦，复旦大学上海医学院党委副书记、纪委书记杨伟国，同济大学党委副书记吴广明，市卫生健康委副主任张浩等领导出席。市总工会副主席刘言浩到会祝贺并讲话。市卫生健康委党组副书记、市医务工会主席郑锦指出，70年来，上海医务工会取得的成就来自于一代代医务工会工作者的艰苦创业，开拓进取和不懈奋斗。作为覆盖全市25万医务工作者的行业工会，上海医务工会要深入学习贯彻习近平新时代中国特色社会主义思想，保持和增强工会组织的政治性、先进性和群众性，切实肩负起工会责任，进一步彰显担当作为，锐意进取，开拓创新，奋力谱写上海医务行业工会工作新篇章。（马艳芳）

【市工人疗养院领导班子召开专题民主生活会】 3月5日，市工人疗养院召开2018年度领导班子民主生活会。党委书记陈燕代表院领导班子汇报了《工疗党委2018年度民主生活会对照检查情况》并就5个方面31条问题征集情况进行了认真查摆和总结，深刻剖析了存在问题产生的根源，同时进一步明确了今后努力方向和改进措施。班子成员也分别从思想政治、精神状态、工作作风等方面逐一剖析主客观原因并互相提出评议意见。通过本次民主生活会和上级领导的要求，围绕工疗当前工作，院班子表态，应以此次民主生活会为契机，站在新起点，进一步加强班子建设，切实营造“风清气正”的环境，扎实推进各项工作，全面提升工疗健康可持续发展。（王　珏）

2020 上海工会年鉴

理论研究

综　述

2019 年，市总工会结合“不忘初心、牢记使命”主题教育活动，深入开展大调研和理论研究等工作，努力提升工运和工会理论研究水平，更好地指导、服务工会工作实践。一是聚焦重点工作，形成课题体系。聚焦年度上海工会重点工作，形成了“9（重点课题）+21（招标课题）+16（委托课题）”的课题体系，课题总数量较 2018 年增加 13 个，其中 9 个重点课题由市总领导牵头，涵盖深化产业工人队伍建设改革、环卫职工建会入会和维权服务、国有骨干企业工会有效覆盖劳务派遣工和外包工、新型就业群体入会建会、工会网络舆情机制建设等方面，并纳入市总年度重点工作督查项目。二是做好工运研究会工作，扎实开展工运理论研究。发挥市工运研究会优势，完成《习近平总书记关于工人阶级和工会工作重要论述研究的理论渊源、深刻内涵及实践意义》等多个国家和市级课题。协调推进与复旦大学共建马克思主义工运理论研究基地工作，加强相关制度机制建设，联合召开专题学术研讨会，并推动相关课题纳入上海市哲学社会科学规划课题指南目录，扩大工运理论及工会工作研究影响力。三是理论指导实践，推动问题解决。市总主席室领导和各级工会主要负责同志坚持“四个带头”（即带头拟订年度调研安排、带头开展走访调研、带头研究解决瓶颈短板问题、带头形成调研成果），重点聚焦产业园区、中小企业、民营企业、部分国企，深入基层、走进一线，面对面询问企业发展中的难点堵点痛点，了解职工面临的最困难最操心最忧虑的实际问题，共形成 29 个问题清单，并相应建立措施清单、解决清单、制度清单，推动解决劳务派遣工、项目外包工建会入会、非公企业工会经费收缴管理等一批重点难点问题，完成了多篇课题调研报告。四是完善工作制度，提高调研实效。市总各机关部室和相关直管单位完善联合调研制度，对涉及多部门的重要政策和制度、重大问题、重要项目深入开展联合调研。加强中途工作推进和年度成果交流，一方面加强阶段性成果反馈交流，一方面开展年度优秀调研报告和论文评选交流，推动课题研究成果更好转化为党和政府支持工会工作的决策参考，为突破工作瓶颈和创新工会工作提供方向指导。此外，聚焦群体性劳资纠纷调处、职工就业、职工福利保障、技能人才收入、困难职工帮扶等重点、难点问题，编发《上海工会内参》《上海工运研究》等内刊，为工会理论研究与工作实践搭建学习、交流、共享的平台和舞台。（何文庆）

理论研究

【概要】 2019 年，上海工会理论研究坚持常态化、制度化推进大调研工作，把大调研贯穿全年、贯穿各项工作、贯穿工作的全过程，以“让干部经常走下去成为自觉和习惯、形成常态化解决问题机制、以务实作风更好推动工会改革创新”为要求，从三方面开展大调研，取得系列研究成果。一是开展重点课题调研。围绕深化工会改革、深化产业工人队伍建设等重点工作，聚焦工会维权服务主业主责，制订年度重点课题推进总体方案，召开市总重点课题研究部署会，明确由市总主席室牵头、市总各部室分工负责，开展产业工人队伍建设改革、工会有效覆盖新兴就业群体、稳就业促发展、非公企业工会经费收缴管理、国有企业工会改革、“四位一体”经审基层工会会员监督等 9 项重点课题的调研工作，为工会改革各项工作任务精准落地夯实理论基础。二是开展委托课题调研。确定非公企业工会主席能力调研、产业工人职业发展机制、工会劳动法律监督路径、群体性劳资纠纷研究、职工董事监事作用研究、灵活就业群体状况等 16 项课题，采用申报立项方式，委托部分区局（产业）开展调研，形成 28 篇结题报告。三是开展招标课题调研。依托市工运研究会，确定新时代工会干部专业能力建设、工会大调研常态化制度化调研、新兴就业形态劳动标准研究、工会精准帮扶实现路径、职工志愿者队伍建设、劳模工匠创新工作室建设、企业退休职工社会化管理等 21 项招标课题，由工运研究会各专业学科委员会、市总部分直管单位等开展调研，形成系列调研成果。（邹卫民）

【关于深化上海产业工人队伍建设改革的调研报告】 由市总工会研究室负责，基层工作部、权益保障部、工会管理职业学院、职工技协服务中心参与，是市总工会重点课题之一。该调研从巩固党执政的阶级基础和群众基础、贯彻新发展理念建设现代化经济体系、顺应我国社会主要矛盾转变、培养担当民族复兴大任时代新人和全面全面深化改革等角度，充分论证了当前产业工人队伍建设改革的极端重要性和现实紧迫性。并回溯了从 2018 年上海市委、市政府出台《关于推进新时期上海产业工人队伍建设改革的实施意见》后，上海在面向产业工人的党群工作、探索建立技能人才激励机制、积极优化住房、公交等公共服务以及综合试点工作等领域中推进实施产业工人队伍建设改革的做法，对所取得的成效进行分析评估。调研在充分肯定上海产业队伍建设改革取得一定成效的同时，也对产业工人后继乏人、职业教育培训体系与产业发展需求的匹配度不高、评价体系尚未有效搭建、公共服务上的瓶颈短板和尚未形成推进改革的合力等问题详加剖析，并在此基础上提出了切实可行对策建议。（鞠元卿）

【上海市工会组织和工会服务有效覆盖新兴就业群体研究】 由市总工会基层工作部负责，权益保障部、劳动关系工作部、职工援助服务中心、职工保障互助中心参与，是市总工会重点课题之一。本文着眼于新一轮科技革命和产业变革，即“四新经济”的驱动下，近年来催生出的一批“批规模大、流动性强、分布广泛”的新兴就业群体，以及随之而来的对劳动保障、社会稳定方面提出的新问题、新要求。课题研究的主要目的，一是通过对新兴就业群体的基本情况、特点、发展趋势以及面临的问题和诉求开展的专项调研，研究分析新兴就业群体在工会组建、职工入会等方面面临的主要问题，推进本市工会广泛覆盖新兴就业群体并为这些群体提供有效工会服务，构建和谐的劳动关系。二是从构建和谐社会角度，积极回应新兴就业群体的意见和诉求，通过政府与工会联席会议机制，探索形成就业、社会保障、劳动安全等方面的顶层设计

和制度安排。（鞠元卿）

【本市劳务工群体工会建会入会和开展工会工作情况调研报告】 由市总工会基层工作部负责，劳动关系工作部、权益保障部参与，是市总工会重点课题之一。当前，中国和上海的劳动就业进一步向多样化发展，原有劳动关系出现了较大变化，劳动者群体成分趋于复杂化，为有效推进劳务工群体工会建会入会和开展工会工作，上海市人民政府发展研究中心牵头，与同济大学、上海市总工会基层工作部建立联合课题组，对本市劳务工及其入会和享受工会服务等现状和问题进行了详细深入的调研，对劳务工的规模、来源地、工种和技能情况等基本构成形成了大量详实数据。通过交叉对比工会法规对劳务工建会入会的影响、劳务工社会关系对建会入会的影响、入会意愿和对工会认识的影响，分析当前劳务工入会建会的主要瓶颈，并将问题主要聚焦在劳动关系不稳定、劳动场所和工作内容分散、法律法规不健全、工会经费保障和劳动关系所在企业能力不足等5个方面，在此基础上分别提出建议、形成办法。（鞠元卿）

【关于做好新形势下稳就业促发展工作的调研报告】 由市总工会权益保障部负责，是市总工会重点课题之一。通过调研表明，虽然本市因经济下行压力带来的就业形势不确定性逐步显现，但就业形势总体稳定，主要就业指标保持平稳、企业用工状况保持良好。调查同时显示，一些亟待研究解决的问题和矛盾也仍然存在，比如，新增劳动力多，存量劳动力大；就业形势不确定性风险加大；“招工难”与“求职难”并存的结构性矛盾；企业对政府减费降税的期盼仍然较大；职工职业技能培训体系建设亟待加强等。对此该报告提出，加强对劳动力市场的监测与研判，关注青年就业和就业困难人员群体，支持企业特别是中小企业稳定发展，加大产业工人转岗的技能培训等举措，推动形成促进经济发展和就业增长的良性互动局面。（鞠元卿）

【上海各级工会组织的舆情应对现状、问题与对策】 由市总工会宣传教育部（网宣办）负责，市总办公室、劳动报社参与，是市总工会重点课题之一。调研走访了黄浦、浦东、虹口、长宁、杨浦区总工会，以及城投公司等产业、局工会，听取工会干部与职工对工会新媒体发展以及队伍建设的意见和建议，并对全市120个区、产业局工会的舆情新媒体运营情况进行调查了解，通过全面的网上调查和分析形成此报告。以详实的数据，形成对网络舆情的认识和判断，提升了工会应对舆情的信心和能力。报告梳理了当前工会舆情方面问题，应对时的难点，并在详尽的数据材料上提出，扩大上海工会舆情监测系统监测范围，建设舆情分类体系等建议，并对专业的舆情引导队伍的建设、舆情应对响应机制的建设提出构想。（鞠元卿）

【非公企业工会经费为职工服务探索的思考】 由市总工会财务资产管理部负责，基层工作部参与，是市总工会重点课题之一。课题组着重关注了非公企业中“双实规模”企业的工会经费计提、拨缴和使用情况，努力找出非公企业工会经费计提、拨缴和使用中存在的问题以及解决这些问题的办法。有力助推市总工会针对上海现有的非公企业工会出台一定的优惠政策，有力促进非公企业工会规范经费的计提和拨缴，有利于充分发挥工会经费的使用效果和效益，让更多的工会经费留存在基层工会，用于为职工服务和开展工会活动，维护职工的合法权益，增强基层工会组织的活力和影响力；确保工会经费“取之于职工，用之于职工”，为职工群众办实事、做好事、解难事，让工会经费真正惠及职工群众和工会会员。此外，本课题的研究成果也为上海市总工会决策和顶层制度设计提供相关依据以及合理化建议。（鞠元卿）

【本市国有企业工会改革实践探索研究报告】 由市总工会劳动关系工作部负责，是市总工会重点课题之一。本课题系统考察近年来国企工会改革的实践情况，并在此基础上总结经验，为下一步改革做好准备。通过走访调研全市各地区、产业（局）发现，当前国有企业工会改革已经形成了较好的工作格局，基本制定了总体计划并有序开展，一批试点单位的改革方案取得成效，配套措施相继出台。全市各基层单位以“问题、需求、效果”为导向，以“抓重点、破难点、出亮点”为目标，逐渐形成了国企工会改革“2+6”经验模式，即“2个必须”确保改革试点全面推进、“6个强化”促进改革试点落地生效工作。但是报告也指出：思想认识不到位、创新意识不够强、工会组织建设和干部队伍建设存在不足、职工参与机制和工会维权制度建设还有盲区、服务职工的资源和手段的短缺等，都制约了改革的进一步推动。最后，报告从加强与有关部门的沟通联系与工作联动，加强业务培训和工作指导，加强监督考核等方面对当前工作提出指导和建议。（鞠元卿）

【发挥网上工会作用，推进基层工会建设的研究】 由市总工会办公室负责，市总宣传教育部（网宣办）、基层工作部参与，是市总工会重点课题之一。课题组研究通过召开座谈会、个案访谈等形式就发挥网上工会作用，推进基层工会建设工作进行了深入的研究。当前，上海网上工会推动基层工会建设的重要作用不断彰显，通过扎实推动工会系统的“一网通办”、增强三大平台粘性等方式有效推动顶层设计落地。报告同时也指出发挥网上工会作用、推进基层工会建设上存在的问题：在思想认识层面，对网上工会作用的认识不高；在思想认识层面，对网上工会作用的认识不高；服务内容不贴近职工，吸引力不强等问题都需要持续改进。最后报告提出从夯实工作机制、面向需求导向、以职工为本、内容为王4个角度进一步提升网上工会水平。（鞠元卿）

【关于上海基层工会职工会员监督工作的调研报告】 由市总工会经审办公室负责，是市总工会重点课题之一。基层工会是工会组织联系职工群众的“神经末梢”，本次调研将127家市级基层工会示范点作为对象，通过文献分析、问卷调查（共发放问卷762份，回收有效问卷618份）、走访座谈（共走访座谈了34家单位），了解《关于在推进“四位一体”立体经审监督体系中充分发挥基层工会职工会员监督作用的实施办法(试行)》出台以来的实施情况。报告认为基层工会在各项工作的策划设计、组织实施、考核评价等流程能逐步接受职工会员的监督,保障职工会员行使民主的权利:工会响应度逐步提升、工作放度逐步增强、会员满意度逐步提高。但调研同时也发现:工作开展基础薄弱,基层工会中,能建立经审组织并正常开展经审工作的更是少之又少;基层主席动力不足,普遍存在“三怕”情绪;职工会员认识欠缺,存在被动监督的问题。为此,报告建议多措并举,减轻基层工会的负担;自上而下提高各级工会对于职工会员监督必要性的认识;加强宣传调动职工会员了解关心工会的主观能动性。通过以上方式加强上下联动,积极推动基层工会职工会员监督真正落地见效。 (鞠元卿)

【闵行区总工会推动大调研成果有效转化】 闵行区总工会建立职工群众满意度评价机制,印发《闵行区总工会工作效能测评实施办法》,梳理汇总350个大调研问题,主动回访问题提出企业和个人,以任务分包的形式明确项目责任落实部门,推动问题协调解决。成立9个区总工会调研课题组和38个区属工会调研项目组,研究产出8项制度清单和17篇专项调研成果,内容涉及“产业工人队伍建设改革”“工会工作品牌建设”“非公企业工会改革”“服务民营企业职工”“参与社会治理”等5大方面共27个子项目,形成《“不忘初心、牢记使命”主题教育调查研究和大调研课题(项目)成果汇编》。年底开展全区工会优秀调研课题报告(论文)评选,巩固调研产出成果制度化机制化,推动具体措施和政策建议在实践中的运用。 (王 凯)

【周奇到临港调研】 8月21日,市总工会副主席周奇一行来到临港,调研临港产业园区工会工作情况,并为“上海职工学堂”揭牌。临港集团党委委员、纪委书记王春华亲切接待,临港产业园区工会、临港集团工会主席韩国华作了专题汇报,市总工会基层工作部部长张刚、副部长赵萌、副调研员余文龙、临港产业园区工会副主席邰惠青、临港集团工会副主席陆怡陪同调研。韩国华介绍了临港集团及各园区概况以及临港产工委的组织框架和基层工会组建工作,从服务企业、服务职工、提升品质三大方面详细阐述了临港产工委在劳动竞赛成果、实事工程实施以及企业文化建设等工作中的突出亮点。并就贯彻落实中央交给上海的三大任务及自贸区临港新片区的落地带来的新机遇、新挑战做了专题汇报。周奇副主席肯定了临港产工委在劳动竞赛、先进选树、服务职工以及文体活动特色品牌打造等方面的工作,他指出临港产工委今后的工作中要进一步加大围绕科创中心立功竞赛的工作力度。认真开展好科创中心立功竞赛主题活动,要进一步推进产业工人队伍的建设,通过开展技能比武等方式,提高临港地区的职工技能,服务临港的发展;要进一步推进产工委的组织建设,把服务覆盖到园区内的每一个职工,每家企业,提升园区的创新能力和产业能级。周奇与韩国华共同为临港产业园区开设的“上海职工学堂”揭牌。 (闫昊鹏)

【桂晓燕调研世纪出版集团亲子工作室】 7月15日,市总工会副主席、女工委主任桂晓燕带队调研世纪集团亲子工作室工作。桂晓燕对集团亲子工作室发挥下属企业朵云轩集团资源优势,以朵云轩艺校为依托,开办暑托班,解决职工家庭暑期孩子无人看管等难题,并结合自身特点,集中资源办班,为广大职工家庭“减负”,形成独具特色的做法表示肯定。 (江 文)

【刘言浩到国网上海市电力公司调研】 3月20日,市总工会副主席刘言浩一行到国网上海市电力公司就公司工会工作、公司产业工人队伍建设情况等进行专题调研,公司工会主席娄为陪同调研并参加专题座谈会。娄为就公司工会落实国务院《新时期产业工人队伍建设改革方案》和上海市《关于推进新时期上海产业工人队伍建设改革的实施意见》制定的实施方案和推进的重点工作作了汇报。提出将充分发挥工会大学校、大舞台、大家庭和大平台的作用,积极推进产业工人队伍改革,努力提升职工队伍素质。刘言浩充分肯定了公司为服务保障上海经济社会发展做出的重要贡献,上海电力工会工作扎实出色,成绩显著,离不开公司领导的高度重视和工会干部职工的尽心尽责,要凝心聚力,服务大局,在公司党政的支持下,扎实推进产业工人队伍建设,重点做好进博会保障,主动服务长三角一体化示范区建设、自贸区扩区建设。刘言浩指出,3月陆续进入生产建设高峰,要高度重视安全生产工作,上海电力工会要积极参与“安康杯”竞赛,充分利用好这一平台,促进安全生产工作。同时,要结合群团组织改革试点,扎实推进工会自身建设,团结动员广大职工为服务上海经济社会发展做出更大的贡献。 (潘 锋)

【丁巍到国网上海市电力公司调研立体经审监督体系建设工作】 8月15日下午,上海市总工会经审委主任丁巍一行到公司调研“四位一体”基层工会立体经审监督体系建设工作开展情况,公司工会主席娄为陪同调研。公司工会经审委、浦东供电公司、闸电燃机、杰瘫公司参加调研并作工作汇报。浦东供电公司、闸电燃机、杰瘫公司是上海市总工会今年推进“四位一体”立体经审监督体系工作中在上海电力公司选取的示范点,3家单位的工会在人员结构、规模等方面各有特点,3家单位的工会主席结合各自公司情况,汇报了基层工会职工会员监督工作开展情况,以及在工作中如何充分发挥职工会员的知情权和参与权,共同推动工会工作,更好地维护职工权益,助力公司发展的经验。丁巍对公司基层工会能结合各自企业和员工的特点开展工作给予充分肯定。丁巍表示,“四位一体”立体经审监督体系是从源头上做好基层工会职工会员监督工作的保证,要做好制度的顶层设计,确保工会经费更多且更加科学、规范、合理地用于职工会员和基层一线。下阶段要将示范单位摸索出的好经验进行总结和推广,细化管理制度,通过制度管控使职工监督体系更具全面性、公开性、真实性、及时性。 (潘 锋)

【工会学院与复旦大学马克思主义学院共同推进研究基地共建机制建设】 12月14日,上海市总工会与复旦大学签署《关于开展工会人才培养及工运理论研究的战略合作协议》，由市总工会、复旦大学牵头，由复旦大学马克思主义学院、上海工会学院实施，共建马克思主义工运理论研究基地。基地总部设在复旦大学，分部设在上海工会学院。2019 年 6 月 20 日，为进一步推进“马克思主义工运理论研究基地”共建工作，复旦大学党委副书记、马克思主义学院院长刘承功，市总工会副主席桂晓燕牵头召开基地管委会办公室会议，共商研究基地合作共建机制建设。会议审定通过《上海市总工会与复旦大学共建马克思主义工运理论研究基地研究成果奖励办法》，将面向上海高校师生开展工运成果征集奖励工作。会议商定将学院学报《工会理论研究》纳入复旦大学毕业论文期刊目录，并讨论了研究基地年度研究议题、研讨活动及《工会理论与实践研究前沿报告》组稿事项。上海工会管理职业学院院长李友钟、复旦大学马克思主义学院常务副院长李冉参加会议。　（邹卫民）

【工运理论研究基地举办“一带一路背景下劳动关系与工会工作”学术研讨会】 9 月 20 日，作为复旦大学马克思主义学院、上海工会管理职业学院共建马克思主义工运理论研究基地的一项重要学术活动，复旦大学马克思主义学院、上海工会管理职业学院联合在沪东工人文化宫职工文体中心举办“‘一带一路’背景下劳动关系与工会工作”学术研讨会。研讨会邀请来自复旦大学、华东师范大学、上海财经大学、上海江三角律师事务所等高校、科研机构的专家学者，以及参与“一带一路”建设的本市央企、国企代表市机电工会、中建八局工会负责人，围绕“一带一路”背景下境外务工人员劳动权益维护、“一带一路”背景下企业域外工会管理、提高可雇佣能力与强化工会有关职能、波兰的工会和劳动关系、劳动力市场灵活性法律改革的新动向比较、“一带一路”建设中工会作用发挥等问题展开研讨。上海江三角律师事务所主任陆敬波、复旦大学新闻学院副教授姚建华对发言给予集中点评。市总工会副主席周奇出席研讨会并讲话，市总工会副主席桂晓燕、复旦大学马克思主义学院院长李冉出席会议并致辞，会议由上海工会管理职业学院院长李友钟主持。2018 年 12 月 14 日，上海市总工会与复旦大学签署《关于开展工会人才培养及工运理论研究的战略合作协议》，由市总工会、复旦大学牵头，由复旦大学马克思主义学院、上海工会学院实施，共建马克思主义工运理论研究基地。基地总部设在复旦大学，分部设在上海工会学院。　（邹卫民）

【上海工会管理职业学院编制“三个一流”建设行动计划（2019—2021）】

为扎实推进工会学院“三个一流”基地建设，根据学院的统一部署，从 2018 年下半年起，学院启动“三个一流”建设三年行动计划起草工作，经过从调研到起草、从部门方案到学院整体方案、从初稿到征求意见稿等环节，历经近一年的时间，充分吸收广大教职工意见，多次反复修改完善，2019 年 7 月 12 日，经工会学院三届三次教职工大会无记名投票，全票审议通过。该建设行动计划主要包括 1 个指导思想；6 个主要原则，6 项总体目标，4 项 37 个子项的具体任务与项目举措，3 项保障措施共五部分内容，通过三年努力，实现学院学历教育剥离后的改革转型，建立健全适应学院创新发展的文化引领、制度规范、项目支撑、人才保障、运行有序、服务高效的工作格局，为学院适应新一轮跨越式发展奠定坚实基础。　（张桂华）

【上海工会管理职业学院学报《工会理论研究》获得多项荣誉】 上海工会管理职业学院学报《工会理论研究》2019 年以学术化为导向完成改版，全年出版 6 期正刊、2 期增刊。在 11 月全国高校文科学报研究会第八届理事会第五次会议公布的第六届全国高校社科学术期刊评优结果中，《工会理论研究》获“全国高校社科优秀期刊”荣誉。在由中国人民大学人文社会科学学术成果评价研究中心、书报资料中心联合研制的“2019 年度复印报刊资料转载指数排名”中，《工会理论研究》获得佳绩：在全国高等院校主办人文社科学报中，全文转载率排名第 32 位，综合指数排名第 79 位，全文转载量排名第 91 位；在“人文社科综合性期刊”全文转载排名中，转载率列第 55 名；所有指标均进入全国百强。根据《中国学术期刊影响因子 2019 年年报（人文社科版）》，《工会理论研究》在“中国政治”学科期刊影响力指数（CI 值）排名中名列第 144 位，影响因子排序第 119 位；在全国工会系统院校主办学报中，排名仅次于中国劳动关系学院学报。另据《上海市新闻出版局关于 2019 年本市期刊编校质量检查情况的通报》，《工会理论研究》在上海市 2019 年期刊编校质量检查中差错率仅为 0.4/10000，蝉联“优秀社科期刊”称号，差错率在全市各类编校质量优秀社科期刊中排名第 38 位。　（朱　鸣）

【上海工会管理职业学院学报《工会理论研究》完成改版】 为进一步明确学报的学术定位、提高办刊的学术质量，1 月，《工会理论研究》编辑部重组编委会，制订新的编委会章程，聘请十多位来自上海高校、社科界、工会界的知名学者专家担任编委。通过定期召开编委会会议，请编委为学报办刊方向、选题策划等工作提供指导咨询，同时编委还承担撰稿、组稿以及对部分稿件的匿名审稿工作。在此基础上，从 2019 年第 1 期开始，《工会理论研究》完成全新改版。此次改版以突出学术化办刊方向为宗旨，将学报从大 16 开、48 页改为正 16 开、64 页，封面版式、内页版式均相应调整，定期设立热点透视、理论探讨、工运广角、工运史、国际工运等栏目，改版获得多方肯定与好评。　（朱　鸣）

工运研究会

【概要】 2019 年，市工运研究会面临新一届理事会成立和日常工作由工会学院承接的全新工作环境，在市总工会领导下、市社联和市民政局指导下，研究会积极发挥工会学术性社团组织协调服务功能，努力探索实践工会理论研究资源共享与协同合作工作机制。一是完善基础管理工作。对照市社联、市民政局、市税务局的相关要求，完成研究会财务账户的接续、税务登记开通工作；进一步健全学会管理制度与运行机制，制订《上海市工运研究会秘书处工作管理职责》，明确研究会秘书处的工作要求、工作任务及相关职责;建立研究会会长办公会议制度,年内召开会长办公会议2次;探索推进与理事、市总工会职能部室、区局(产业)工会的联系沟通制度。二是组织开展课题研究工作。面向各专业学科委员会及其他会员单位,开展研究会课题招标立项工作,设立工会大调研常态化制度调研、新兴就业形态劳动标准研究、区域行业工会协调劳动关系制度机制建设研究等20个招标课题,形成系列课题成果。三是举办科研学术研讨和交流。作为市社联"第十八届上海市社会科学普及活动周"活动之一,5月29日与市法治研究会联合举办"企业创新发展与尊重职工权利——关于996现象的反思"的学术讲座;9月20日,与复旦大学马克思主义学院联合举办以"'一带一路'背景下劳动关系与工会工作"为主题的研讨会;配合市总工会开展年度上海工会优秀调研报告、论文评选工作,收到各专业学科委员会、团体会员、个人会员上报的调研报告、论文共187篇,评选出一等奖10篇、二等奖12篇、三等奖16篇、优秀奖32篇,并汇编优秀论文集,提供会员交流学习。继续做好内刊《上海工运研究》和《资料专辑》的编辑、发行工作,为广大会员提供学术研讨的交流、共享平台。四是发挥决策咨询服务作用。以《上海工会智库》为载体,为各级党政提供决策信息和理论研究资讯服务,全年共编发19期,得到市领导批示14次。 (邹卫民)

【工运研究会与市法治研究会联合举办学术讲座】 2019年5月29日,市工运研究会与市法治研究会联合举办题为"企业创新发展与尊重职工权利——关于996现象的反思"的学术讲座。邀请市工运研究会副会长、上海社科院杨鹏飞研究员做主旨讲座,讲座由上海工会管理职业学院党委副书记、院长李友钟主持,市工运研究会、市法治研究会的会员及部分工会干部参加讲座。此次讲座被纳入市社联组织的"第十八届上海市社会科学普及活动周"东方讲坛项目,同时面向社会公众开放。杨鹏飞研究员在讲座中介绍了"996"的由来、概念、法律定性、泛滥原因及产生的影响和相应的建议,尤其是从工会的视角对如何应对"996"泛滥的现象提出了建议。提出:工会对"996"现象应该进行反思和有所作为。一是要强化工会的法律监督作用,二是工会要面向市场加强改革创新,包括理论的创新和具体工作方式的改革,尤其在工会组织劳动竞赛时要避免形成"996"的导向。 (邹卫民)

【徐汇区总工会工运研究会承接市总工会委托课题调研】 2019年,徐汇区总工会承接市总工会关于"有效发挥国有企业职工董事、监事作用"和"加强职工人文关怀、心理健康服务"2项委托课题研究,区总工会领导分别牵头担任课题负责人组成课题组,带领区总工会干部深入基层一线,通过座谈、问卷等方式,面对面了解现实情况和基层工会干部、职工的需求想法。年内形成了《关于徐汇区国有企业职工董监事作用发挥情况的调研报告》《徐汇区职工心理健康状况的调研报告》2篇调研报告。 (邹卫民)

【闵行区工会工作研究会坚持问题导向探索"闭环式"调研机制】 2019年,闵行区工会工作研究会以"不忘初心、牢记使命"主题教育查摆工作中的问题与短板为切入点,组织开展相关课题研究,在理论与实践的结合中推动工会调查研究工作落到实处。一是开展一线调查,着力查摆工作中的问题和短板。围绕"推进产业工人公共服务建设"开展专题研究,实地了解产业工人的状况和需求,查摆当前公共服务供给方面的短板和问题,形成《闵行区关于共同加强产业工人队伍公共服务领域有效覆盖的调研报告》,报告提出的相关改善建议,被纳入区政府与工会联席会议的议题并达成共识,推动区产业工人队伍建设改革的具体措施落地生效。二是完善调研制度,推动形成"闭环式"调研机制。研究会将调研课题与工会年度重点工作结合,建立常态化调研机制与调研备案制度,明确所有调研项目都要形成专题研究报告、提出具体解决方案,形成查找问题、分析问题和解决问题的"闭环式"调研机制。2019年,确立"民营企业职工对工会的认知与需求""加强工会工作品牌化建设""工会参与群体性劳资纠纷实证研究"等7个调研课题和3个研究项目,调研转化形成《闵行区工会服务企业与服务职工有关政策文件》《闵行区总工会关于加强园区工会工作的实施意见》等8项制度清单。三是服务大局,调研成果得到区党政领导认可和采纳。研究会《闵行区产业工人公共服务领域有效覆盖调研报告》入选《智慧闵行》论文集,《工会参与群体性劳资纠纷实证研究》课题荣获"2019年度闵行区全面依法治区十大调研课题",《搭建协商平台,在集体争议中发挥工会实效》案例获评"上海工会维护职工权益十大优秀案例",调研提出的意见和建议得到区党政领导的认可和采纳。 (邹卫民)

【卫生系统工会工作研究会着眼于医务职工的关爱服务,组织开展系列调研】 2019年,市卫生系统工会工作研究会结合医务系统职工特点,就关爱服务医务职工、提升广大医务职工的主人翁责任感、幸福感和获得感等主题,设立系列调研课题,组织基层工会广泛参与调研。全年设立与开展的调研包括上海市医务人员健康促进影响因素及作用机制研究、医务职工"五位一体"健康促进服务模式探讨、三甲医院护士群体工作应激状况调研及医院人文关怀应对策略研究、老年护理医院护理员队伍现状分析及对策研究、"四位一体"工会监督体系下职工会员监督举措调研、医务职工需求及工会服务职工工作体系建设的调研等12项课题,各直属医疗机构工会、区医务工会参与了调研,调研针对不同医务职工群体、特殊人群和重点工作,形成系列调研报告,提出相关建议举措。 (邹卫民)

【运输工会工运研究会围绕企业转型发展研究工会工作改革创新】 2019年,运输工会工运研究会围绕交运集团"提升能级、创新发展"主基调,开展新常态下工会工作规范运行、创新发展的理论和实践研究,以提高工会组织服务企业发展大局、服务职工的能力和水平。年初,研究会制定理论学习和课题研究计划,明确在发挥劳模引领作用、提升员工整体素质、提升工会干部理论素养、改进工会工作方式、增强基层工会活力等方面开展研究,组织4个专题研究小组,由运输工会主席班子牵头,会同基层工会主席,采用共学、研讨方式,进行调查研讨,形成了《关于提升国企职工思想政治工作针对性有效性、构建新时代国有企业思想政治工作新格局的研究》《大力提高交运员工队伍技能素质、为集团"提升能级、创新发展"提供坚强保障的研究》《关于发挥工会宣教工作优势、增强工会组织吸引力、凝聚力、向心力的研究》《探索企业独立开展职业技能等级认定有效机制的研究》等4个专题研究报告。这些研究报告,探索了工会在新形势下推进理论创新、服务职工群众、促进集团发展的新思路、新方法、新举措。

(邹卫民)

【金融工会工运研究会围绕深化工会改革和创新开展调查研究】 2019年,金融工会工运研究会从服务上海国际金融中心建设和自贸区金融创新要求出发,围绕加强和改进金融系统工会工作,开展系列调研。按照群团改革的"三性"要求,全年从工会组织建设、职代会制度建设、厂务公开民主管理、职工队伍素质建设、职工权益保障和职工文化建设等方面展开,设置50个子课题,面向本市金融系统工会组织开展调研。其中市金融工会参与了市总工会"劳务派遣工、项目外包工建会入会及工会覆盖问题调研",并对系统内和谐劳动关系状况进行调研;中国太平洋保险集团针对本单位女职工人数较多的实际,开展"金融系统女职工工作压力、生存状况和发展需求研究";光大银行上海分行探索工会工作新模式,开展"互联网+工会建设"的研究;上海国际集团针对混合所有制企业工会工作的开展进行调研;汇丰晋信基金开展了"文体协会、社团、俱乐部等群众性组织的管理和评价机制研究"。在研究会的带动下,本市金融系统各级工会上下联动,扎实开展调研,形成了一批调研报告和成果,为推动金融工会工作的改进和创新夯实了基础。 (邹卫民)

【市经济和信息化系统工会工作研究咨询会积极服务会员和基层工会】 市经济和信息化系统工会工作研究咨询会坚持发挥研究和咨询两大功能,为会员和基层工会开展工作提供服务。2019年,围绕贯彻《新时期产业工人队伍建设改革方案》要求,开展"五位一体劳动技能竞赛新模式"和"基层工会干部素质提升"2项课题研究。同时,在参与市总工会与长三角三省总工会、行业协会和燃气企业等协同举办的"长三角燃气行业职工技能立功创新竞赛"基础上进行专题研究,形成《探索劳动技能竞赛新模式、创建职工技能等级新标准》课题成果。研究咨询会还发挥咨询作用,深入诺基亚贝尔集团公司、上海航天空间电源技术研究所等单位指导工会工作,发掘总结了基层工会维护职工权益、开展集体协商方面的经验;指导航天电源公司制订品牌班组创建规划;参与上海飞奥燃气设备公司"长三角燃气行业劳动技能竞赛"的具体承办工作。 (邹卫民)

【上海大学工会工运研究会以习近平总书记系列重要讲话精神为指导推进调研】 年内,上海大学工会以工运研究会为平台,举办了"工会骨干学习习近平新时代中国特色社会主义思想专题研修班",学校各级工会主席、校工会委员、教代会执委会委员和校工会工作人员参加了学习。研修班用时三个半天和一个整天,学习内容包括习近平总书记关于工人阶级和工会工作的重要论述、党的十九届四中全会精神、全国教育大会和中国工会十七大精神,工会民主管理、财务管理等理论和实务知识。在学习研讨的基础上,校工会下发《关于开展上海大学2019年工会理论研究与调查研究工作的通知》,提出若干调研课题,各基层工会积极组织动员广大教职工会员踊跃申报,经评审最终立项20个课题。其中校工会课题《关于高校教职工思想政治工作的政治性、先进性、群众性研究》,获市教育工会理论研究会立项。上海大学工运研究会制订了《调研课题经费资助与奖励管理办法(试行)》,鼓励广大教职工会员参与工会理论研究和工作调研,以推动学校工会工作的发展创新。 (邹卫民)

【进一步提升新时代上海工会干部专业能力调研】 市总组织部承担并撰写调研报告,是市工运研究会招标课题之一。报告认为,提升工会干部专业能力是适应经济社会发展变化的迫切需要,是持续深化工会改革的内在要求,也是加强工会干部队伍建设的现实需要。新时代对工会干部专业能力提出了加强学习能力、创新能力、担当能力、服务职工群众能力、驾驭风险能力等新要求,全面提高工会干部专业能力,需要各级工会加强组织领导、强化系统整合,在工会干部的选拔、教育、培养和管理上,坚持与时俱进,在思想观念、方法手段、工作机制上有新的突破。对提升工会干部专业能力的方法与途径,报告提出以下四方面建议:一是在干部来源上,突出专业能力,做好工会专职干部的遴选工作、做好有针对性选派挂职干部工作、履行好干部协管职责;二是在实践锻炼中,提升专业能力,进一步拓宽工会干部内部轮岗及与其他机关、企事业单位间干部交流的渠道,健全干部在项目一线、基层一线锻炼培养机制;三是在教育培训中,强化专业能力,做到进一步明确培训方向、优化培训内容和形式、强化分级分类培训;四是在考核激励中,体现专业能力,包括建立科学的工会工作评价体系、完善对工会干部考核机制、建立激励保障机制等。

(邹卫民)

【创新职工劳动技能竞赛运行模式、建立职工技能评价体系】 市总基层工作部承担并撰写调研报告,是市工运研究会招标课题之一。报告认为,近年来,党和国家以及社会各方高度重视和大力推进产业工人队伍的建设,对于职工队伍技能提升相继出台了一系列政策措施。作为职工技能素质提升重要途径的劳动技能竞赛活动,也在工会组织的推动下,不断创新发展。上海市总工会结合制造业转型升级、智能制造大力推进、"四新"经济迅速发展形势,提出以"培训、练兵、竞赛、晋级、激励"为核心的"五位一体"劳动技能竞赛模式,又着眼贯彻国家"长三角经济一体化"战略,牵头联合苏浙皖三省总工会,协商制定了《推进中国长三角地区职工劳动技能创新战略合作协议》。就完善这一劳动技能竞赛新模式,报告提出,在竞赛主体对象上,要确立"两个聚焦",

即聚焦长三角地区对社会经济高质量发展和安全发展有重要影响的产业或行业;聚焦具有领头羊作用的中央企业和国家级行业协会。在职业资格评定上,要直面"两个急需",即职业资格许可与认定急需社会接续;职业资格认定评价体系的建立健全急需适应新产业、新行业、新工种大量涌现的形势。在竞赛格局的打造上,要着力"优势整合",根据工会、央企、国家级行业协会三方的各自职责,实现资源整合,分工合作。 (邹卫民)

【上海"小二级"工会协调劳动关系体系建设研究】 市总劳动关系工作部承担并撰写调研报告,是市工运研究会招标课题之一。报告提出,随着上海工会改革的不断深化,非公企业工会改革的重点从原先的强调非公企业工会聚焦到街镇"小二级"工会。为更好地指导"小二级"工会协调劳动关系制度建设,2019年6月,市总工会下发了《上海市区域性、行业性集体协商、职工代表大会工作规范(试行)》,就区域、行业集体协商、职代会的工作规则、代表构成、工作程序和组织制度等作出更为细化的规定,为本市非公企业协调劳动关系体系建设与发展提供有力支撑。调研显示,非公企业工会改革以来,"小二级"工会协调劳动关系体系建设随之同步推进,推动了区域、行业内劳资矛盾预防调处,纠纷发案率逆势下降;进一步扩大了区域、行业工会的影响力,促进了基层工会的发展;有效地推动了基层民主政治建设,促进了区域经济发展、社会和谐与文明程度。与此同时,"小二级"工会在协调劳动关系方面也存在行业工会定位不明、企业和职工体量较大导致工作资源和能力不匹配、建会建制指标设定较为机械、外资企业建制缺乏抓手等难点问题。为此报告提出要实现"小二级"工会职能定位的理性回归,加强"小二级"建会建制科学性、合理性;强化制度一体化融合发展,进一步增强协调劳动关系队伍建设等对策建议。 (邹卫民)

【上海工会困难职工精准帮扶实现路径调研】 市总权益保障部承担并撰写调研报告,是市工运研究会招标课题之一。报告提出,党的十九大明确把精准脱贫作为决胜全面建成小康社会必须打好的三大攻坚战之一,而"精准扶贫"落实到工会,就是以城市困难职工解困脱困为主的精准帮扶工作。报告梳理了近年来上海工会开展职工解困脱困和困难帮扶的相关举措,2018、2019两年,上海市总工会先后制订下发《关于进一步加强困难职工解困脱困帮扶工作的实施意见》《关于开展困难职工家庭经济状况数据比对和信息共享工作的通知》《关于进一步深化上海工会困难职工帮扶工作的实施意见》《上海工会深度困难职工帮扶工作实施办法(试行)》《上海工会困难职工帮扶工作实施办法(试行)》和《上海工会送温暖工作的实施办法(试行)》等多个指导性文件,逐步探索建立深度困难职工解困脱困、困难职工帮扶、常态化送温暖工作3个层次、各有侧重的精准化梯度帮扶格局。以精准帮扶为目标,市总在实践路径上开展了四方面尝试:从大水漫灌到精准滴灌,在精准识别上运用大数据;从多头分散到统筹集中,在精准资金上改变原格局;从泛泛帮扶到因户施策,在精准帮扶上提升高效能;从粗放随性到精细分层,在精准管理上贯穿全过程。截至2019年底,上海建档困难职工家庭总数为15573户,与2017年156750户相比,困难职工人数大幅度减少。为进一步优化工会精准帮扶实现路径,报告提出3点对策建议:一是强化系统性思维,进一步加强制度完善,促进制度衔接;二是聚焦差异化帮扶,进一步丰富帮扶内涵,创新帮扶举措;三是形成发展性机制,进一步拓展工作方式,激发内生动力。 (邹卫民)

【加强上海职工志愿服务队伍建设调研】 市总宣传教育部承担并撰写调研报告,是市工运研究会招标课题之一。报告提出,职工是志愿服务的重要力量,职工志愿者是社会文明程度的重要标志,目前劳模、健康医疗、心理咨询、文化艺术、法律援助等职工志愿者已遍布上海全市,从市级层面来看,上海市总工会于1997年在市志愿者协会的指导下,成立"上海职工志愿者协会";从区局(产业)工会层面来看,本市多个区局(产业)工会已经组建职工志愿服务组织;从基层工会组织层面来看,已建立区级职工志愿服务组织的各区中,大多数下属街道总工会都成立了志愿服务组织。上海各级工会志愿者组织主要是面向社会开展专业服务、困难帮扶、社会公益、文体活动等四类志愿服务。报告同时调查分析了当前本市职工志愿服务队伍建设存在的主要问题,包括行政色彩较强,强制性与自愿性存在矛盾;工会特色不明显,专业性服务领域表现不足;重宣传强于重实效,整合资源能力有限;项目存在一定随意性,尚未形成长效管理机制。为此提出了四方面政策建议:一是进一步明确职工志愿服务的服务主体与服务对象,二是进一步理清职工志愿服务的项目属性,三是进一步完善职工志愿服务的实现路径,四是进一步建立职工志愿服务长效管理机制。

(邹卫民)

【工会主要领导经济责任审计调研】 市总经审办公室承担并撰写调研报告,是市工运研究会招标课题之一。报告认为,对工会系统主要领导干部开展经济责任审计,既是党中央国务院的要求,工会法律法规的要求,也是工会组织自身建设的需要。根据中共中央办公厅、国务院办公厅2019年7月7日印发的《党政主要领导干部和国有企事业单位主要领导人员经济责任审计规定》,上海各级工会组织不断健全完善主要领导干部经济责任审计制度,取得积极成效,但也存在部分同级经审干部在开展领导干部经济责任审计时有"不敢审、不愿审"心态;一些工会对经济责任审计的概念把握不清,混同于财务收支审计;部分街镇工会对一级工会"谁来审、怎么审"认识还不到位;经审人员兼职化倾向影响业务能力建设、专业培训的达成;审计整改落实与结果运用不规范等问题。报告提出5点对策建议:一是市区两级总工会应协同同级组织部、审计局等相关部门,加入经审工作联席会议成员单位,将工会系统主要领导干部纳入年度审计项目计划;二是为完善工会系统主要领导干部的经济责任审计工作的顶层设计,市总应统一出台规范的指导性意见;三是进一步明确经济责任审计委托主体;四是进

一步重视经济责任审计队伍建设；五是进一步健全经济责任审计结果运用。（邹卫民）

【上海“小二级”工会女职工组织建设与工作发展策略研究】 市总工会女职工委员会承担并撰写调研报告，是市工运研究会招标课题之一。报告对当前上海“小二级”工会女职工组织建设现状进行的调研显示，各区在推进“小二级”工会建设过程中，绝大部分将女职工工作作为“小二级”工会组织建设的组成部分，同步推进、同步运转，目前全市16个区建成街镇、园区行业工会联合会1009个，其中，建立女职工委员会的763家；已创建形成一批富有特色的女职工服务品牌，探索形成一些富有成效的工作机制，产生了良好的社会效应。与此同时，“小二级”工会女职工组织建设中存在着女职工组织建设及服务供给不平衡不充分，缺乏专职干部、大多采取兼任行为，工作开展经费、场地等资源有限；工会干部能力水平面临挑战等问题。报告提出，加强“小二级”工会女职工组织建设要树立需求导向、突出时代性，因地制宜、把握规律性，灵活多样、富于创新性，共建共享、增强实效性的发展思路；在推进路径上，要优化顶层设计，强化“小二级”工会女职工工作的组织网络；优化工作方式方法，充分实现“小二级”工会女职工工作实体化运作；加强工会干部队伍建设，不断夯实“小二级”工会女职工工作基础。（邹卫民）

【上海工会干部素质能力分析课题报告】 上海工会管理学院承担并撰写调研报告，是市工运研究会招标课题之一。报告认为，加强工会干部素质能力研究，是落实党对干部队伍建设要求的重要途径，是承担新时代工会组织职责使命的重要保障，也是加强人才队伍促进科学培养的重要基础。报告从3个维度10个方面梳理了当前工会干部应具备的培养目标，即工会干部从群团组织的维度，应具备政治性、群众性；从工作开展的维度，应具备专业性、普遍性；从职场人的维度，应具备社会性、自然性；从工作维度，应具备推进工会组建、调处劳资矛盾、关心关爱职工、组织群团活动、领导管理工作能力，并提出了上海工会干部素质能力模型的构建指标，以及与之相匹配的工会干部培训课程体系建设方案。为进一步提升工会干部素质能力，报告提出一是加强顶层设计，提升工会培训的系统性和体系性；二是加强精准培训，增强培训内容的针对性和契合性；三是加强教学改革，增强培训效果的吸引力和创新性。（邹卫民）

【新型就业形态的劳动标准研究】 上海工会管理学院承担并撰写调研报告，是市工运研究会招标课题之一。报告认为，技术创新给工作组织、就业方式和劳动关系带来了新挑战，依托网络平台而创造的劳动力市场，通过技术按照工作任务或实际需求在劳动者与消费者之间建立直接联系，改变了传统的“企业+雇员”的就业形态，进而形成了“平台+个人”的新型就业形态。报告分析了新型就业形态的主要特点，一是在就业方式上，新型就业表现为“实时工作”，通常表现为“上线即工作，下线即下班”；二是在劳动关系上，新型就业表现为“雇用主体虚化”；三是在劳动管理上，新型就业表现为“经济依赖性”。为适应新型就业形态的新变化新挑战，报告建议在现有劳动法律法规系统中，通过构建适合新型就业形态的劳动标准作为网络平台服务协议的法定条款，并从适宜与不适宜两个层面进行阐述，即在适宜性上，工资方面，要建立适应劳动报酬支付即时化的工资保障制度；工作时间方面，要建立抑制在线时间过长的强制休息制度；特殊劳动者保护方面，要建立对弱势劳动者的倾斜性保护制度；劳动用工管理方面，要建立人性化、强度适中的劳动管理制度；劳动安全保护方面，要建立适合新型就业的劳动保护制度；社会保障方面，建立全方位、广覆盖的新型就业社会保障制度。而不适宜性上，提出有关“加班”的劳动标准不适用于新型就业，有关“请假”的劳动标准不适用于新型就业。（邹卫民）

【本市职工技能培训及提升状况调研】 市职工技协服务中心承担并撰写调研报告，是市工运研究会招标课题之一。报告认为，推进职工技能培训工作，是落实《新时期产业工人队伍建设改革方案》的重要举措，是推动中国制造2025发展战略的人才支撑需要，是建设上海科创中心、打造“四大品牌”的迫切需求，是上海先进制造业向信息化、智能化、高端化发展的必然要求。报告梳理了近年来上海在开展职业技能培训和高技能人才培养方面的举措与成效。截至2017年底，上海共有110家高技能人才培养基地，技能人才总量超过330万人，其中高技能人才总量达106.8万人，增幅为全国第一；近年来全市开展职业技能培训保持在100万人次以上，约占全国总量的10%；高技能人才占技能劳动者比重从2010年的25.01%提高到了2017年的32.08%，技能劳动者中初、中、高等级比例达32∶37∶31，等级结构比例逐步趋向合理。同时，报告认为当前本市职工技能培训工作还存在着产业工人职业技能与现实要求仍有较大差距，企业对职工技能培训提升主体作用发挥不够，政府及社会各方对职业技能培训的协调协作机制尚不完善，职工自身对职业技能培训与提升的认识模糊、动力不足，职工职业技能培训、提升、晋升的考核评价尚有不足等问题。就此，提出六方面对策建议：一是强化顶层设计，确立技能人才队伍建设的战略规划；二是着力价值观引领，形成尊重技能人才的社会共识；三是抓好资源共享优势互补，更好培育全市公共技能培训平台；四是更好地发挥教育附加专项经费管理对职业技能培训的推动作用；五是以劳模精神、工匠精神为引领，更好推动技能竞赛系列活动的新发展；六是拓展技能培训途径，完善技能评价方法，更好服务新经济条件下的转型升级。（邹卫民）

【外地来沪职工租房开支及需求状况调研】 市总职工援助服务中心承担并撰写调研报告，是市工运研究会招标课题之一。报告通过线上线下相结合方式，在对2960名外省市在沪租房职工开展调查的基础上，分析了外地来沪职工在租房方面的需求、问题及建议。调研显示：被调查外省市户籍租房职工租住房屋户型以两室户和一室户为主，月房租的平均值为2577.75元，有77.4%的职工表示当前的租金高于自己愿意承受的费用；职工普遍认为，当前租房市场存在的最主要问题是租金过高和租房市场制度不规范，而政府提供的公租房和人才公寓的申请门槛高且供给量太少；单位提供租房补贴和公租房申请政策进一步放开是职工的普遍诉求。为此报告提出三条对策建议：一是加强住房租赁市场监管，扩大保障性租赁性住房供应量；二是扩大保障性租赁性住房政策适用范围，适时放宽非本市户籍共有产权保障房申请门槛；三是鼓励有条件的企业各显其能，对本单位租房职工提供宿舍或补贴等福利；四是建议各级工会进一步加大对租房和公积金相关政策的宣传力度。

（邹卫民）

【灵活就业工会会员互助保障情况调研】 上海职工保障互助会承担并撰写调研报告，是市工运研究会招标课题之一。报告认为，“互联网+”经济的快速发展，灵活就业群体人数不断增加，其权益保障问题面临的挑战益发受到社会关注。为满足灵活就业人员对社会保障的新需求，上海职工保障互助会把参保范围扩大到了所有灵活就业人员，为他们量身打造了《灵活就业群体工会会员专享基本保障》。调查显示，截至2019年年底，灵活就业会员专享保障已生效的参保人数为100741人，其中快递物流、网约送餐、房屋中介等八大行业的参保人员为67349人。调查显示，当前灵活就业会员互助保障仍存在群体不够精准聚焦、资金使用仍受限制、部门之间尚未形成合力、续保保障期可能产生重叠等问题。报告提出，要优化灵活就业工会保障工作，必须对标既定保障计划宗旨，进一步聚焦八大行业灵活就业人员参保比例；建议在原有“两非一无”专项财政资金计划的基础上，新增灵活就业人员资金项目，拓宽保障覆盖面；针对灵活就业群体就业形式的特殊性，优化调整投保计划；进一步理顺部门职能分工，加强协调运转，提升项目效能。

（邹卫民）

【推进本市国企退休职工社会化管理服务工作调研】 上海市退休职工服务中心承担并撰写调研报告，是市工运研究会招标课题之一。报告对本市推进企业退休人员社会化管理服务工作开展的调研显示，本市国有企业健在的退休人员约243万人，上海作为我国开展国有企业退休人员社会化管理的5个试点城市之一，试点工作已全面开展，并取得积极成效。但由于国有企业退休人员量大面广，不仅牵涉到数百万企业退休人员的切身利益和方方面面的组织协调，也牵涉整个社会的管理体制和管理观念的转变，当前工作推进中还存在退休人员社会化管理服务工作的正面宣传引导缺乏、对涉及退休职工切身利益的统筹外福利费用事项无明确操作口径、企业缺少承担社会责任的政策依据和财务操作口径、部分退休职工缺乏对街镇（社区）承接能力的信心和安全感等问题。为此，报告提出5点对策建议：一是建立完善的退休人员社会化管理工作体系，加强政策宣传普及；二是对统筹外福利费用项目进行调研分析，出台分类处理统筹外费用操作办法细则，让企业有法可依，平稳过渡；三是出台退休人员社会化管理的配套操作细则和相关规定，切实维护和保障退休职工合法权益；四是建立健全各区、街道（社区）退管组织，根据职责制定社会化管理工作体系，配备工作人员，提高社区为老服务的能力和水平；五是要履行好市退管办承担的主责主业，优化工作职能，转变工作重心，在社会化管理服务新形势下发挥新作用。

（邹卫民）

【市教育系统工会理论研究会召开2019年立项课题终期评审会】 2019年初，各高校工会、区县教育工会以及直属工会申报了市教育工会理论研究课题近80项，经过专家评审，确定了委托课题11个，自主研究课题29个。一年来，市教育工会组织专家召开了市教育系统工会理论研究专家咨询会，进行了课题中期评审指导和结项评审。各研究课题的承担单位和课题申报者积极开展调查研究，并按时提交研究论文和调研成果。经过专家组认真评选，共评出优秀成果一等奖5篇，优秀成果二等奖15篇。专家组还围绕习近平关于劳动、工会工作论述的专题研究、教代会在高校治理体系的作用与机制研究、教育工会服务新进教师的着力点研究、新时代教育工会干部队伍建设问题研究等内容，对2020年上海市教育系统工会理论研究参考课题指南进行了深入讨论。

（高　芳）

优秀论文

论文题目：浦东产业工人队伍建设调研报告

作者：浦东新区总工会

内容摘要：浦东新区总工会组成专题调研组，就浦东制订实施方案以后，产业工人队伍的总体情况、职工需求、短板难题以及工作建设等开展深入调研。先后走访浦东调查队，了解浦东产业工人队伍产业区域分布、年龄、学历构成等方面综合情况。先后与9家企业、自贸保税区座谈；走访浦东五大产业园区；实际发放电子问卷1200份，回收1040份；并结合前期产业工人住房需求和货运驾驶员建会入会两份专题调研，以及多份智库、咨询成果，最终形成本报告。报告结合当前浦东的发展方向详细分析了产业工人的基本现状、产业构成和行业分布，并对和谐劳动关系、劳动竞赛、网上工会建设等方面所取得进展进行了总结。同时，通过对调研数据分析比对，报告指出当前浦东产业工人队伍建设中存在的问题，比如产业工人参政意愿不强、政治地位亟待提高；先进典型选树力度有待加强，学历、职称等参差不齐；职业发展通道需进一步通畅；职业教育和培训体系有待完善；民主管理工作有待推进和监督；向产业工人倾斜的公共服务体系有待完善等问题。

（鞠元卿）

论文题目：黄浦区推进产业工人队伍建设改革的调研报告

作者：黄浦区总工会

内容摘要：为了能更好地落实产业工人队伍建设改革的各项目标任务，黄浦区通过走访基层单位、召开职工座谈会、发放调研问卷等方式，形成该调研报告。报告梳理了黄浦当前的现状及工作措施，总结出“1+3”工作机制（即在产业工人队伍建设领导小组基础上，形成推进技能人才激励工作机制、推进国有企业工会改革工作机制、推进非公企业工会改革工作机制）以及三张工作清单（政策清单、责任清单，服务清单）的人才激励措施，并总结了在强化技能培养、服务保障等方面的举措。在总结经验的同时报告指出了推进改革过程中，产业工人作为工人阶级主力和骨干的作用还没有得到充分发挥、各项经济权益有待进一步保障、职业教育和培训体系仍不够完善等三方面的不足和瓶颈。并在此基础上提出“两个结合”“两个聚焦”“两个基础”的对策建议。

（鞠元卿）

论文题目：关于提升长宁区户外职工爱心接力站运营能力的调研报告

作者：长宁区总工会

内容摘要：为提升户外职工爱心接力站运营能力，长宁区对57个户外职工爱心接力站进行了调研走访，发现爱心接力站运营主要存在个别站点因装修、设施等不符合要求，暂时无法开放；部分站点利用率不高，职工知晓度比较低等问题。报告分析认为，部分站点设置未从职工实际需求出发，缺乏科学合理性；站点设施和布局欠合理，影响使用体验；对爱心接力站的服务功能宣传力度也不够。此外，对站点人员和服务的管理比较松散，缺少激励机制。报告建议，要进一步加强爱心接力站的创设力度，优化站点选择，提升站点功能。除了必须具备6项基本设施之外，对具备条件的，增加免费对外开放的“WIFI、厕所”两项基本设施，鼓励每家站点结合自身实际拓展服务设施和服务内容；要进一步加大爱心接力站的宣传力度，优化使用体验，提升站点知晓度。通过特制宣传手册、增设引导指示牌、新媒体宣传等方式，让职工了解爱心接力站的地理位置、服务对象、服务设施和服务功能；要进一步规范爱心接力站的服务管理，优化激励奖励，提升站点积极性。

（何文庆）

论文题目：新形势下加强闵行区民营企业工会建设的探究报告——民营企业职工对工会的认知与需求调研视角

作者：何爱群、汤怡、王凯

内容摘要：报告采用综合调查方法，选取了闵行区不同行业、不同规模、不同类型的20家企业和不同岗位的2170名职工，围绕民营企业职工对工会的认知与需求进行专题研究。报告在对全样本闵行职工总体结构特点进行分析的基础上，重点对民营企业职工进行特征分析，认为在岗民营企业职工年轻化特征明显，80后、90后占比接近八成；职工学历程度整体较高，大专及以上学历占比接近三分之二；外地户籍职工占比超过六成；民营企业职工岗位流动性较强，尤其是未建会企业职工流动率明显高于建会企业；未建会民营企业职工对工作满意度偏低。报告指出，民营企业职工对工会的知晓度、参与度和认可度总体评价较高，但是民营企业工会工作也存在一些不足和问题，对职工特别是一线职工的工作服务覆盖面还不够；职工对上级工会维权服务政策的知晓度和参与度还不够；工会干部对上级工会指导服务政策的知晓度还不够。尤其是未建会民营企业职工虽然对工会有认同感，但是对工会信任度远低于已建会职工，而且对工会服务期待值不高。为此，报告对进一步推进当前民营企业工会工作提出三方面对策建议：一是对工作的总体设想，要着力形成党委领导、政府支持、工会主抓、职工参与、社会协同的推进工会履职工作格局，着力提高民营企业工会主席的维权履职主动性和积极性；二是对建会民营企业分类指导，要着力创新建会民营企业工会活动方式和活动方法，着力发挥民营企业职工的主力军作用；三是对未建会企业加强指导，要着力瞄准职工需求先行活动覆盖，着力聚焦不同企业情况助力指导。

（张　敏）

论文题目：嘉定区产业工人公共服务体系建设的实践与探索

作者：嘉定区总工会

内容摘要：报告以嘉定区产业工人集聚的工业园区制造业为重点，对加强产业工人公共服务体系建设的实践与探索进行归纳分析。报告认为，嘉定区产业工人队伍发展平台初步形成，教育卫生文化体育交通等基本公共服务较为均等，产业工人权益保障格局基本形成。但是，受嘉定自身发展阶段和资源瓶颈的制约，产业工人公共服务体系建设中还存在基本公共服务配置不均衡、产业工人需求与供给不均、产业工人就业结构性矛盾等问题。为此，报告从3个方面梳理归纳了嘉定区公共服务体系建设的有益探索和实践。一是明确体系建设的四个原则，即坚持政府职责和园区（企业）责任各尽其能，坚持“保基本”和“广覆盖”齐头并进，坚持社会事业和产业政策双轮驱动，坚持顶层设计和创新实践相互结合。二是明确公共服务体系建设六大重点领域，即聚焦技能提升领域，开展产业工人教培共享专项行动；聚焦公共文化领域，开展产业工人文体丰富专项行动；聚焦公共卫生领域，开展产业工人健康促进专项行动；聚焦公共住房领域，开展产业工人住房改善专项行动；聚焦公共交通领域，开展产业工人便捷交通专项行动；聚焦公共就业领域，开展产业工人就业提升专项行动。三是在公共服务重点领域积极开展有益探索，即探索解决产业园区职工上下班交通难问题，探索加强产业工人住房保障机制建设。报告还提出了下阶段工作措施：一是全面梳理和修订不利于公共服务向产业工人覆盖的有关规定和操作细则，提升服务政府效能。二是推广政府和社会资本合作机制，提高设施和公共服务供给水平。

（张　敏）

论文题目：关于农民专业合作社建会入会情况调研报告

作者：崇明区总工会

内容摘要：崇明农民专业合作社的数量和规模近年来呈现快速发展态势，在推动崇明高效生态农业发展、促进农民增收致富中发挥了积极作用。全区正常经营的合作社中，单独建立工会的有11家，联合工会覆盖的有122家。报告认为，由于合作社互助性经济组织的性质以及社员主要以农民为主体的特点，合作社用工呈现老龄化、临时雇工为主，固定劳动关系人员十分少的特点。劳动力不足、社会保险缴纳不规范，党建、工建工作相对薄弱。报告建议，加大对合作社的补贴政策力度，规范用工管理；加强指导力度，引进专业人才。建议乡镇相关部门坚持“党建带工建、工建服务党建”的原则，把合作社的组织建设工作与本地区的产业发展、农民增收和新农村建设相结合，并大力建设服务阵地,给予经费保障,加大关爱力度。以合作社经营管理为中心,广泛开展工会活动。以劳动关系和谐为目标,主动参与协调社员之间、合作社与社员之间、社员与农户之间的关系。加大对农业合作社会员服务职工实事项目的政策倾斜扶持补助力度,使工会工作更富实效性和感染力。

(何文庆)

论文题目:全国化职工队伍基本情况及工会作用发挥的调研

作者:上海建工集团股份有限公司工会

内容摘要:上海建工经历了从"两个拓展,两个提高"到"走出去""走进去",直至"全国化"的国内市场发展历程。经过十余年开拓,形成了"1+5+X"的国内市场布局。2019年国内市场新签合同额1508亿元,占集团新签合同额的42%。伴随着国内市场布局不断深化,职工队伍结构发生了显著变化,并带来了文化融合、异地工作、职称评审、继续教育等一系列问题。围绕集团建设"六个一流"目标,尤其是"内生动力一流""精神状态一流",工会在传承弘扬企业文化、增强职工凝聚力和归属感上需要进一步深化,在推动工会组织属地化、服务职工精准化、竞赛工作全国化上需要取得更大地成效。为此,报告认为,要进一步宣传落实好"十城百人、百城千人"计划,加强全国化领军人才的吸纳、培养与选拔。鼓励经验丰富、家庭稳定的成熟人才到外地做"师傅",着力挖掘、宣传一批志在四方的品牌带头人,把他们塑造成上海建工全国化的领军人物;进一步深化员工发展通道建设,加强全国化核心员工中长期激励。持续优化全国化职工职业发展体系、教育培训体系、专业晋升考评体系建设,进一步完善与职业通道、岗位职级、工作年限等相融通的薪酬待遇体系;进一步推动解决全国化职工的实际困难,加强全国化人才队伍凝聚力向心力。完善细化《上海建工工会职工关爱服务计划》,落实"全国化"职工关爱服务、职工技能提升激励、会员专享保障帮扶等9项实事内容;进一步提高工会工作主动性,加强外埠工会组织建设和作用发挥。推动实现工会组织属地化运作,制订和完善区域公司工会、外埠项目工会的工作规范和工作职责、在维护精神文化权益上给予全国化职工更多关心。

(何文庆)

论文题目:2019年上海市金融系统和谐劳动关系状况的调研和思考

作者:上海市金融工会工作委员会

内容摘要:本报告探索了新时期本市金融行业和谐劳动关系建设的有效路径,上海市金融工会对系统各个业态的金融企业劳动关系现状进行了调研。本次调研共收回企业问卷315份。共收回职工问卷3496份。报告分析了金融行业职工的总体情况,认为金融企业劳动关系总体和谐:职工权益与企业同步发展的机制及诉求基本得到保障;企业普遍设立劳动关系调解机制,劳动争议发生率较平稳,职工维权意识增强;工会作用发挥大,职工首选工会解决争议占比最高。报告也深入剖析了当前劳动关系领域的困境,从经济大环境、部分企业机制建设和企业对落实职工合法权益及需求等3个方面入手,分析了企业与职工的沟通渠道不通畅、传统维权内容发生变化、职工心理问题日渐突出和新兴岗位替代等劳动关系领域出现的新状况、新挑战和新变化。

(鞠元卿)

论文题目:关于提升基层工会干部素质能力的调研与思考

作者:市经信委工会

内容摘要:报告在对上海市经信系统企业工会干部专题调研的基础上,就上海经信系统基层工会干部基本现状及素质能力建设要求进行研究。报告认为,当前本市经信系统基层工会干部队伍呈现出"高与低""迫切与不迫切""三个满意"的特点,即:工龄比较长,但从事工会工作的年限却相对较低;想要提升自身素质能力的意愿迫切,但平时学习阅读有关工会工作的书籍、报刊似乎并不迫切;工会干部普遍对目前工会岗位、对本单位工会作用发挥、对单位党政给予工会工作的重视与支持,表示满意。针对新时代对工会工作提出的新要求、职工对工会的新期盼,报告提出提升工会干部素质能力的"六心"建议,一是选拔工会干部要用心,切实把思想解放、勇于开拓、敢于创新、善于管理、实绩突出的务实型、开拓型、内行型年轻的干部选拔上来;二是熟悉工会业务要专心,做到干工作有标准有质量,不断推动工作创新;三是工会培训工作要精心,把参加培训视为提升素质能力的重要平台和载体,学以致用,精于运用到实际工作中;四是深入基层一线要真心,多深入基层了解实际情况,增进与职工群众的感情;五是服务职工群众要热心,把服务职工落实到行动中,倾注足够的热情;六是创新工会工作要尽心,积极适应改革发展的趋势,适应互联网、多媒体的趋势,创新工作方式。

(邹卫民)

论文题目:新时代增强教职工思想政治工作新途径的探究

作者:上海大学工会

内容摘要:报告在梳理习近平总书记关于高校思想政治工作、教育工作等的论述的基础上,借助查阅文献、专家访谈、访谈调研、案例研究、问卷调研等方法,分析了目前教职工队伍思想政治工作的总体情况,并根据教职工对待思想政治教育的态度,将其划分为四类,即支持型、中庸型、批判型和反感型。据此,报告提出进一步增强教职工思想政治工作政治性、先进性、群众性的3点建议,一是要增强新时代教职工思想政治工作的政治性,教职工思想政治活动要以教育提高教职工思想的政治性为基础,通过高度的政治性为师德作保障、为教职工教书育人作指引;二是要增强新时代教职工思想政治工作的先进性,坚持以社会主义核心价值观引领教职工,深化"中国梦·劳动美"主题教育,打造健康文明、昂扬向上、全员参与的教职工文化;三是要增强新时代教职工思想政治工作的群众性,坚持一切为了群众,一切依靠群众,从群众中来,到群众中去,把党的教育方针政策变为广大教育工作者的自觉行动,把群众路线贯彻到教书育人、立德树人的全过程。

(邹卫民)

2019 年《工会理论研究》要目

类　别	题　　目	作　者	期　数
特稿	学习宣传贯彻习近平总书记重要讲话精神努力开创新时代上海工会工作新局面	莫负春	2019-01
	扎实推进上海产业工人队伍建设改革	莫负春	2019-05
理论探讨	新时代工运事业的理论指导与行动指南——习近平总书记关于工人阶级和工会工作重要论述的深刻内涵与内在逻辑	李友钟	2019-01
	劳动合同立法的回顾与思考	刘　诚	2019-01
	新时代劳工议题的社会治理:群体、组织与行动	黄荣桂　桂　勇等	2019-01
	习近平关于工人阶级和工会工作重要论述的逻辑体系研究	石　云　吴　薇等	2019-02
	中国特色工会社会工作研究的反思与发展	刘志斌　秦　莲	2019-03
	新就业形态下灵活就业人员研究综述	朱婉芬	2019-04
	我国工资集体协商制度刚性程度的法源冲突考辩	石　云	2019-05
	论习近平劳动观对马克思劳动价值论的理论创新	陈志强	2019-05
	论我国工会对会员的代表权	周晓帆	2019-06
热点透视	新时代非公企业民主管理的创新与发展	杨冬梅	2019-02
	民主管理与管理民主——兼论非公企业民主建设的路径与方法	王　琛	2019-02
	工作时间规制:劳动价值保护的视角	朱　丹　何云峰	2019-03
	超时工作现象与劳动法制度设计的应对	陆敬波	2019-03
	中国工会基本职责内涵的演进、意义与履行	李睿祎	2019-04
	新时代工会基本职责的调整与完善	刘素华	2019-04
	上海工会服务职工工作体系建设的实践与探索	殷崇莉　陈美琴等	2019-04
	变迁、经验与展望:新中国成立 70 年来的工运事业和工会工作	冯永光　李　羿 陶志勇	2019-05
	国家治理体系和治理能力现代化视角下的工会角色	陶志勇	2019-06
	中国工会制度形态研究的学术视野与方法论	刘　佳	2019-06
工运广角	上海工匠人才队伍建设调查	崔启明　钱建设等	2019-01
	高校校办企业职工民主参与载体和途径建设的调查研究——以华东师范大学校办企业为例	金之诚　毛秒卿等	2019-01
	农民工向现代产业工人转型的实践路径探析	王海燕　彭红艳	2019-01
	"第一主席"能够务实基础吗? ——兼论工会社会化改革	吴　同	2019-02
	"一路一带"背景下境务外工人员劳动权益维护研究	孙　岩　施　思	2019-02
	工会联系引导劳动关系领域社会组织:背景、功能与路径	常　青	2019-02
	"枫桥经验"在工会工作中的实践与展望——以温州市总工会的实践为例	柯宇航	2019-02

续 表

类　别	题　　目	作　者	期　数
	“互联网+工会”工作:概念、内涵与发展途径	沈锦浩	2019-03
	新时代非公有制企业民主管理的法律与完善	陈旭辉	2019-03
	企业高技能人才培养的现在与路径探析	刘　瑛	2019-03
	群团改革背景下上海工会干部队伍建设状况与对策研究	邹卫民　孙　岩等	2019-04
	上海市外来务工人员的生存状况与政策思考	齐凌云	2019-04
	非公有制企业工会改革的实践与思考——以上海市宝山区为例	赖拥军	2019-06
	劳动争议案件的律师调解机制研究	曹兴龙	2019-06
国际工运/港澳台工运	台湾劳工运动典例分析——以“华航”劳资争议为例	黄安余	2019-02
	零工工作与第四次工业革命:概念和监管挑战	亚历克斯.得.鲁伊特 马廷.布朗 约翰.伯吉斯 姚建华　房小琪 (编译)	2019-03
	美国工会建会中的劳资博弈	史　庆	2019-04
	美国网约工劳动关系认定标准:进展与启示	柯振兴	2019-06
工运历史	香港海员罢工中苏兆征与林伟民的分工与协作	孙　艳	2019-01
	媒介舆论与工人运动:建党初期劳动组合书记部宣传与报道	徐　迟　余丹妮	2019-05

2019 年增刊(上海市闵行区总工会论文专辑)

类　别	题　　目	作　者	出版年月
工会服务职责	关于闵行区卫生计生系统值班室建设情况的调研	闵行区医务工会	
	新形势下工会开展服务职工实事项目的研究——以闵行区浦江镇工会职工群众服务为研究对象	浦江镇总工会	
	拓展职工服务项目增加职工获得感——莘庄镇总工会关于职工服务项目情况调研	莘庄镇总工会	
	新组建单位工会做好服务职工工作的探索与实践	上海市闵行区市场监督管理局工会	
劳动关系	着力发挥工会法援实效积极构建和谐劳动关系	闵行区总工会	
	非公企业工会协调劳动关系体系建设探究	梅陇镇总工会	
	多样并举　预警预防劳资纠纷发生的思考	华漕镇总工会	
就业群体研究	莘庄工业区产业工人队伍建设的调查研究	莘庄工业区总工会	

续表

类别	题目	作者	出版年月
	闵行区新型就业群体发展趋势及权益保护探究情况分析报告	闵行区城市网格化综合管理中心工会	
	闵行区建筑行业女性农民工权益实现状况及思考	闵行区建筑建材业管理所工会	
	关于新形势下工会组织提升女职工职业幸福感的实践与思考——以闵行区农委为研究对象	闵行区农委工会	
	90 后大学生就业现象解析——以闵行区 2018 年毕业大学生为调研对象	闵行区就业促进中心工会	
	精准发力团队成长——青年教师专业成长状况和发展需求调查报告	上海市七宝中学工会	
	关于餐饮行业职工职业培训问题的思考和建议	古美路街道总工会	
文化建设研究	闵行区打响“上海制造”品牌——培育当代工匠专题调研报告	闵行区总工会	
	浅谈丰富职工文体活动对职工文化建设的重要性——以浦锦街道职工文体活动为切入点	浦锦街道总工会	
	机关干部职工文化体育需求现状情况分析报告	闵行区区级机关工会	
	依托工会组织推进传统文化建设的实践和思考——以公安文化建设为切入点	闵行区公安分局工会	
工会工作创新	完善教代会运行机制和评估体系深度推进学校民主管理的研究	中国教育工会上海市闵行区委员会	
	颛桥镇工会网格化工作的初步探索	颛桥镇总工会	
	移动新媒体时代工会工作的探索与实践——以虹桥镇总工会“心驿虹桥”微信公众号为样本	虹桥镇总工会	
	加强规范化建设提升基层工会经审监督效能——以闵行区马桥镇为例	马桥镇总工会	
	移动互联时代工会媒体平台创新改革的思考与实践——以“七宝工会”微信公众号为研究对象	七宝镇总工会	
	关于街道园区工会改革的探索与实践——以闵行经济技术开发区工会为研究对象	江川路街道总工会	
	浅析新时代外企员工内部自主管理的前沿创新	上海米其林轮胎有限公司工会委员会	
工会建设研究	坚持多措并举扎实推进工会经审“四位一体”监督体系建设	闵行区总工会	
	虹桥商务区核心区工会组织建设及运行机制初探	新虹街道总工会	
	新形势下区域纺织行业工会建设的研究——以闵行区吴泾镇为例	吴泾镇总工会	

续 表

类 别	题 目	作 者	出版年月
	区属国有企业工勤雇员入会现状、需求及运行机制的思考	上海闵行后勤管理有限公司工会委员会	
	工会联盟建立及作用的实证性研究情况报告	闵行区交通委工会	

2019 年增刊(上海市医务工会论文专辑)

类 别	题 目	作 者	出版年月
职工队伍建设	新医改形势下上海市医务职工思想动态调查和监测指标体系研究	俞丽辉等	
	EAP 促进医院新员工组织适应性研究	杨石含等	
	发挥工会组织作用推动“六型班组”建设	陈佳玥等	
	上海市第十人民医院医务职工法律素质培养现状	陈 浩	
	社会工作视角下新入职护士角色转变冲突的干预研究	杨 莹等	
	新时期综合性中医院加强中医药国际化临床人才考核评价和培养途径研究	江 云等	
职工需求研究	上海某大型三甲医院女职工现状及需求服务意向的研究与分析	俞郁萍等	
	打造职工之家凝聚人心士气——“我用心·你关心”工会会员需求调研报告	方欣叶等	
	医院职工工作环境满意度调查分析及管理对策研究	杨石含等	
	新形势下疾控职工职住平衡及通勤效率调查	李小攀等	
医院文化建设	品管圈在提高职工之家健身器材使用率的应用	陆 敏等	
	基层医疗机构立体职工书屋建设对策研究	费 苛等	
	基于 PDCA 模型的医院职工文化建设路径探析——以上海某三甲医院 H 为例	柯颖达等	
	在职工中开展读书活动的实践与思考	韩轶伟	
民主管理实践	如何发挥职工代表在医院民主管理中的作用研究——以上海市第十人民医院为例	秦 艺等	
	深化院务公开民主管理工作的难点和途径	刘清海	
	开展“金点子”活动对于推进和谐医院建设的作用和思考	金有欣	
医院工会工作	公立医院工会服务大局、服务职工的作用机制研究及其应用	岑 珏等	
	上海市某三甲专科医院工会工作调查报告	周 韵等	
	在工会经审工作中运用企业风险管理框架浅析	高围溦等	

续 表

类 别	题 目	作 者	出版年月
	微信公众号在区域卫计系统群团建设中的作用	赖晓莹	
	新形势下卫计系统职代会制度建设的实践与思考	陆卫萍	
	新时代、新需求、新服务——“互联网+”肺科之家建设工作的应用与思考	杨晓峰等	
职工心理健康	医院工会对护士群体多源压力的干预探索——以 S 市大型三甲综合性 Y 医院为例	冯　皓等	
	新形势下医务人员对员工关爱计划的需求调研分析	吴晓菁等	
	基于人类需求理论的护士心灵指引项目对低年资护士相关结局指标的影响	孙静敏等	
	宝山区医护人员总体幸福感现状调查分析	孙　珮等	
	重症监护室（ICU）护士主观幸福感的现状及其影响因素分析	任君红等	
光荣榜	上海市卫生健康系统工会工作理论研究会第二十二届年会获奖名单		

国务院办公厅关于印发降低社会保险费率综合方案的通知

国办发〔2019〕13号

各省、自治区、直辖市人民政府，国务院各部委、各直属机构：

《降低社会保险费率综合方案》已经国务院同意，现印发给你们，请认真贯彻执行。

降低社会保险费率，是减轻企业负担、优化营商环境、完善社会保险制度的重要举措。各地区各有关部门要以习近平新时代中国特色社会主义思想为指导，全面贯彻党的十九大和十九届二中、三中全会精神，坚持稳中求进工作总基调，坚持新发展理念，统筹考虑降低社会保险费率、完善社会保险制度、稳步推进社会保险费征收体制改革，密切协调配合，抓好工作落实，确保企业特别是小微企业社会保险缴费负担有实质性下降，确保职工各项社会保险待遇不受影响、按时足额支付。

国务院办公厅

2019年4月1日

降低社会保险费率综合方案

为贯彻落实党中央、国务院决策部署，降低社会保险（以下简称社保）费率，完善社保制度，稳步推进社保费征收体制改革，制定本方案。

一、降低养老保险单位缴费比例

自2019年5月1日起，降低城镇职工基本养老保险（包括企业和机关事业单位基本养老保险，以下简称养老保险）单位缴费比例。各省、自治区、直辖市及新疆生产建设兵团（以下统称省）养老保险单位缴费比例高于16%的，可降至16%；目前低于16%的，要研究提出过渡办法。各省具体调整或过渡方案于2019年4月15日前报人力资源社会保障部、财政部备案。

二、继续阶段性降低失业保险、工伤保险费率

自2019年5月1日起，实施失业保险总费率1%的省，延长阶段性降低失业保险费率的期限至2020年4月30日。自2019年5月1日起，延长阶段性降低工伤保险费率的期限至2020年4月30日，工伤保险基金累计结余可支付月数在18至23个月的统筹地区可以现行费率为基础下调20%，累计结余可支付月数在24个月以上的统筹地区可以现行费率为基础下调50%。

三、调整社保缴费基数政策

调整就业人员平均工资计算口径。各省应以本省城镇非私营单位就业人员平均工资和城镇私营单位就业人员平均工资加权计算的全口径城镇单位就业人员平均工资，核定社保个人缴费基数上下限，合理降低部分参保人员和企业的社保缴费基数。调整就业人员平均工资计算口径后，各省要制定基本养老金计发办法的过渡措施，确保退休人员待遇水平平稳衔接。

完善个体工商户和灵活就业人员缴费基数政策。个体工商户和灵活就业人员参加企业职工基本养老保险，可以在本省全口径城镇单位就业人员平均工资的60%至300%之间选择适当的缴费基数。

四、加快推进养老保险省级统筹

各省要结合降低养老保险单位缴费比例、调整社保缴费基数政策等措施，加快推进企业职工基本养老保险省级统筹，逐步统一养老保险参保缴费、单位及个人缴费基数核定办法等政策，2020年底前实现企业职工基本养老保险基金省级统收统支。

五、提高养老保险基金中央调剂比例

加大企业职工基本养老保险基金中央调剂力度，2019年基金中央调剂比例提高至3.5%，进一步均衡各省之间养老保险基金负担，确保企业离退休人员基本养老金按时足额发放。

六、稳步推进社保费征收体制改革

企业职工基本养老保险和企业职工其他险种缴费，原则上暂按现行征收体制继续征收，稳定缴费方式，"成熟一省、移交一省"；机关事业单位社保费和城乡居民社保费征管职责如期划转。人力资源社会保障、税务、财政、医保部门要抓紧推进信息共享平台建设等各项工作，切实加强信息共享，确保征收工作有序衔接。妥善处理好企业历史欠费问题，在征收体制改革过程中不得自行对企业历史欠费进行集中清缴，不得采取任何增加小微企业实际缴费负担的做法，避免造成企业生产经营困难。同时，合理调整2019年社保基金收入预算。

七、建立工作协调机制

国务院建立工作协调机制，统筹协调降低社保费率和社保费征收体制改革相关工作。县级以上地方政府要建立由政府负责人牵头，人力资源社会保障、财政、税务、医保等部门参加的工作协调机制，统筹协调降低社保费率以及征收体制改革过渡期间的工作衔接，提出具体安排，确保各项工作顺利进行。

八、认真做好组织落实工作

各地区各有关部门要加强领导，精心组织实施。人力资源社会保障部、财政部、税务总局、国家医保局要加强指导和监督检查，及时研究解决工作中遇到的问题，确保各项政策措施落到实处。

2020上海工会年鉴

综合工作

财务资产管理

【概要】 2019年,上海工会财务资产管理工作切实贯彻中央、市委和全国工会十七大、上海工会十四大精神,坚持围绕中心、服务大局,进一步加大服务职工和基层工会经费保障,为上海工会改革发展提供财力和物力支持。一是推进专项工作大调研,探索解决财务资产管理工作堵点难点。以推进非公企业工会经费收支管理改革为目标,开展非公企业工会经费管理调研。在全国工会系统率先制订出台《上海非公有制企业工会经费收支管理实施办法》,对非公有制企业工会经费收支实行差异化管理;形成调整民营企业工会经费管理体制的试行意见;根据市总大调研中各级工会反映的结余经费问题,开展专题调研,对上海市工会系统经费结余资金的现存规模及动用结余经费的情况提出对策和建议,形成调研报告,同时在全总组织的关于工会经费结余管理工作的交流会上进行了交流发言;开展工会资产管理专项工作调研。通过走访、座谈等形式,对40家工会进行调研,形成《关于加强市总本级工会资产管理的调研报告》《关于上海市工人文化宫、工人疗休养院清理整改工作现状的调研报告》《关于规范和统一工会资产服务阵地标识工作的调研报告》;开展区局工会内控管理调研,提出领导重视、增强内控意识,及时修订和完善制度,加强对薄弱环节和重要岗位的控制等对策建议。二是进一步加强管理,不断提高工会财务管理水平。完成上海市总工会机关及直管事业单位内部控制体系建设。基本完成上海市总工会机关及直管事业单位财务资产信息系统建设。基本完成市总机关及直管事业单位信息系统一期建设。完成预算系统、核算系统、费用报销系统,从而实现全面预算管理、会计核算与财务管理一体化、财务管理与业务管理一体化;强化预算绩效管理,建立以职工满意度为导向的工作评价机制。对财政资金、市总实事项目、直管单位重点项目开展预算绩效管理工作,完成上年度项目的绩效评价报告和本年度项目的绩效跟踪报告的编制工作;加强工会系统及直属单位财务干部队伍建设。组织财务干部业务培训,培训内容涵盖内部控制、绩效管理、预算管理、政府会计制度等内容。三是推进工会资产管理,进一步提升资产效能。按照全总《关于加强和规范工人文化宫管理的意见(试行)》等文件精神和上海市总工会关于职工文体场馆清理整改工作"四个一批"的工作要求,指导各工人文化宫、工人疗休养院做好清理整改工作;根据全总关于统一和规范工会资产服务阵地标识工作要求及相关文件精神,推进工会服务阵地标识统一和规范工作;按照《市总工会直管单位小改小建项目实行工程总承包方式试行办法》有关规定,规范做好市总和直管单位小改小建项目的汇总、初审、踏勘、比选、立项等工作,指导项目单位规范实施后续相关工作;继续推进机关事业单位、国有企业工会所办企业的清理规范工作。年内3家机关事业单位所办企业按照要求完成清理规范工作,清理规范达标企业总数达到100家,占全部101家企业的99%。继续指导相关工会根据实际情况做托管、实质性清理企业的清理规范;按规定做好工会资产管理的审批和工会行政、企事业资产的统计汇总工作。四是推进市总重点工程项目的筹备和建设工作。完善重大基建和小改小建项目管理制度体系。修订完成《市总工会直管单位小改小建项目实行工程总承包方式试行办法》(2019版),明确总投资30万—400万元的新建、改建、扩建、修缮、装修等,建设资金为自筹或市总拨款的小型项目采用"设计施工一体化"工程总承包的管理方式;印发《关于市总工会直管单位30万元以下工程项目实行备案程序的通知》,与2018年底前印发的《关于加强对市总直管单位基本建设项目监督管理的实施意见》共同构成市总及直管单位基建项目制度体系;按计划推进工人文化宫茉莉花剧场改造、闵行养老院项目、工人文化宫外立面及防水修缮工程、海鸥饭店防汛墙项目、海鸥饭店改扩建工程、上海工匠展示馆和沪西工人文化宫改扩建项目的建设。 (黄银萍)

【出台《上海非公有制企业工会经费收支管理实施办法》】 根据在大调研中基层反映的《上海基层工会经费收支管理实施办法》不适用非公企业工会经费支出管理实际的问题,市总财务资产管理部在广泛征求各级工会和市总相关部室意见,书面征求市纪委、监察委、市审计局意见,并经全国总工会同意的基础上,于12月在全国率先印发《上海非公有制企业工会经费收支管理实施办法》(以下简称《实施办法》),从2020年1月1日开始实行。《实施办法》明确,非公企业工会与机关事业单位、国有企业工会的经费使用实行差异化管理。即:在"三个必须"和"九个不准"前提下,可以结合各单位实际情况,自行制订支出范围和标准。"三个必须"即:必须实行民主管理,重大事项需集体讨论、决策;必须普遍用于职工会员,不能用于少数人;必须做到支出依据公开、内容公开、程序公开、结果公开,年度工会经费收支情况应向会员大会或会员代表大会报告,主动接受职工会员监督。"九不准"即在《上海基层工会经费收支管理实施办法》规定"八不准"基础上增加"不准违反国家法律法规的有关规定",确保非公企业工会经费管理放而不乱。《实施办法》创新完善了基层工会经费收支管理制度,与《上海基层工会经费收支管理实施办法》共同构成全市基层工会经费收支管理制度体系,对非公企业工会工作发展起到重要作用。 (徐冬梅)

【2019年上海工会财务资产工作会议召开】 1月8日,上海工会财务资产工作会议在市总工会六楼礼堂召开,全市区局(产业)工会财务、资产干部、市总工会直管事业单位财务主管近200人参加会议。会议由市总财务资产部副部长卢家平主持,财务资产部部长黄银萍总结2018年上海工会财务资产工作,对2019年财务资产工作做了部署,传达全国工会财务部长会议主要精神,布置全市工会2018年决算、2019年预算工作,并对全总《工会决算报告制度》和决算汇总工作进行业务培训。市总工会副主席戴光铭出席会议并讲话。会议要求全市各级工会坚持工会经费"依法收缴、依法管理、依法使用"原则,从顶层设计与夯实基层两个维度入手,建立财务管理长效机制,全面推进工会财务管理科学化;增强工会资产"公益性、服务

1月8日，上海工会财务资产工作会议召开 （史 雄）

性”，进一步提高工会资产监督管理水平，聚焦发展职工文化体育教育、疗休养、互助保障三大领域，提升工会企事业服务职工能力，真正发挥工会服务职工的阵地作用。 （徐冬梅）

【推进上海市总工会机关及直属事业单位财务资产信息化系统建设】 年内，在完成市总工会机关和直管事业单位预算管理、资产管理、财务核算和机关费用报销上线模块的基础上，完成事业单位政府会计准则转换、2019年预算编制、直管事业单位费用报销上线，实现审批流和单据流同步流转，使财务核算与预算执行挂钩，从而实现费用从报销发起的源头，就全面进入预算管理系统，实现会计核算与财务管理、预算管理一体化。期间，围绕服务运维、预算管理、费用管理等方面内容，针对各单位费用报销上线过程中的碰到的难点、政府会计准则的年报制作等问题，进行财务资产信息化平台的优化、提升。 （陆 娟）

【推进上海市总工会机关及直属事业单位内部控制体系建设】 在市总机关办公室、党委、经审办等相关部室配合下、在前期完成市总机关及8家直管单位内控缺陷汇总表、内部控制诊断报告、业务流程图、风险矩阵、管控清单等工作的基础之上，对单位原有制度中预算管理、收支管理、资产管理、合同管理、采购管理、建设项目管理6个核心业务及其他相关领域的制度进行补充完善，确认完成市总机关内控手册。并要求各直管事业单位以机关内控手册为标准，对原有制度进行修订完善，于11月底完成各直管事业单位的内控手册制订工作。

（陆 娟）

【推进工人文化宫、工人疗休养院清理工作】 根据全总文件精神和市总关于职工文体场馆清理整改工作“四个一批”的工作要求，积极推进工人文化宫、工人疗休养院清理整改工作，按要求完成了全市工人文化宫清理整改。其中，采取提前或到期收回整改措施的有8家，已收回或计划收回对外出租承包面积约24877平方米；采取物理隔离和运作隔离整改措施的有6家，隔离面积约16845平方米；采取规范合作整改措施的有4家，合作面积约8213平方米。屏风山工人疗养院和东钱湖休养院均采取到期收回整改措施，到期收回面积约21711平方米。 （李少华）

【统一和规范工会资产服务阵地标识】 为加强工会资产服务阵地规范化管理，根据全总关于统一和规范工会资产服务阵地标识通知要求，7月底，各区局（产业）工会及市总各直管单位有计划、有重点、有步骤地推进和完成全市工会资产服务阵地标识统一和规范工作。通过统一和规范工会资产服务阵地标识，提升了全市工会服务品牌和形象，引导工会资产服务阵地向标准化、优质化和品牌化方向发展。 （李少华）

【加强财政项目和工会实事项目的预算绩效管理】 年内，市总工会财务资产部对市财政“劳模三金”、市总7个实事项目，共计10个项目1.622亿资金实施项目预算绩效评价，建立以职工群众的满意度和获得感为重点的绩效考核机制，确保工会经费真正服务于职工群众。同时，配合市财政监督检查局，参与项目绩效评价启动会、五方协调会、评审会等，指导文化宫做好2018年度上海职工公共文化活动项目的后评价工作。配合市财政专项资金评审中心，指导文化宫做好2020年度上海职工公共文化活动项目的预算申请评审工作。 （陆 娟）

【宝钢发展加强工会财务管理】 2019年，宝钢发展进一步规范工会经费使用管理，按照“有制度、有标准、有流程、有授权”的要求，修订完善下发《宝钢发展有限公司工会财务管理细则（QBGHZ03001第3版）》；完成宝钢发展机关第一工会、机关第二工会、罗泾产业园项目组工会账户建账，确保宝钢发展总部机关改革后工会工作有序开展。开展2018年度基层工会经费审查和财务检查，以及配合审计部门对2019年帮困送温暖经费进行了检查，形成工会经费检查报告和帮困送温暖资金审计情况报告，及时发现问题，并督促基层单位对发现的问题立查立改；评选3家基层工会为“2018年度基层工会财务和经审工作先进单位”。进一步加强工会经审工作规范，分别组织60名工会干部开展工会财务经审工作专题培训与服务职工与困难帮扶工作实务培训；完成中国宝武2018年基层工会经审工作规范化考核申报，做好工会主席离任审计工作。加强工会固定资产管理，协同置业公司完成职工俱乐部外租相关事宜，并做好固定资产梳理和切分等工作。 （朱 宏）

【市运输工会举办基层工会财务经审干部培训班】 9月初，市运输工会举行2019年度财务经审干部培训班，来自交运集团各所属单位工会财务、经审干部共70余人参加培训。课程设置《工会财务制度解读》《如何做好工会经审工作》《合规风险的识别与防范》等专题，加深了学员对《上海基层工会经费收支管理实施办法》的理解，提高了工会经费更好地为基层工会工作服务、为职工群众服务的理论根基和思想自觉。（陈　文）

经审工作

【概要】 2019年上海工会持续深入推进“四位一体”立体经审监督体系建设，坚持多措并举，努力发挥经审组织在工会全局工作中的保障和监督作用。一是发挥“四位一体”立体经审监督体系作用。主动接受国家审计机关的监督与指导。配合市审计局对市总2016—2018年度财务收支情况的审计。各区总工会也加强与国家审计的沟通协调，将工会经审融入国家审计等内容列入与区政府的联席会议议题；充分发挥经审组织的监督职能。配合全总经审会开展对市总2018年度帮扶资金、送温暖资金专项审计。各级工会经审组织开展对同级工会经费审查工作，加强对工会经费收入、支出的管理；有效利用社会中介机构开展工作。市总经审会通过开展关于社会中介机构参与工会审计业务的专项调研，研究制定相关办法，通过采取由委托人、被审计单位、特聘专家分别打分的方式，综合评定审计质量，并以此为依据对社会中介机构做出客观评价；充分发挥职工会员的监督作用。制定出台《关于推进在“四位一体”立体经审监督体系中充分发挥基层工会职工会员监督作用的实施办法（试行）》，同时将127家基层工会作为示范点，适时推出可复制、可推广的工作经验。二是发挥审计监督作用。着力开展预算执行审计，把握资金使用方向。开展专项资金审计，促进精准帮扶。对10个区局（产业）工会的帮扶资金、送温暖资金分配、管理和使用情况开展了专项审计。并根据全总经审会的工作安排，各省市经审会建立审计组对2018年度帮扶资金、送温暖资金专项资金进行互检，探索领导干部经济责任审计，制订出台《上海市总工会直管单位主要领导干部经济责任审计办法（试行）》。三是重心下移，做好服务指导工作。开展关于在“四位一体”立体经审监督体系中夯实基层工会职工会员监督等课题调研，为深化经审改革提供依据。举办培训班，提高经审干部业务水平。承办全国工会经审会干部培训班，举办区局（产业）工会经审会主任培训班、新上任工会经审干部业务培训班等。（柴丽琼）

【配合全总审计组来沪开展专项审计】 5月，根据全总经审会的统一部署，配合全总审计小组对本市工会2018年度帮扶资金、送温暖资金的分配、管理和使用情况开展专项审计。审计小组除了对上海市总本级2018年度帮扶资金、送温暖资金进行专项审计，还对普陀、松江、金山、崇明4个区总工会进行了延伸审计。同时，按照全总经审会的要求，对本市工会2018年度帮扶资金、送温暖资金分配、管理和使用情况进行自查，并完成自查报告。（柴丽琼）

【配合市审计局开展对市总工会2016至2018年度财务收支情况的审计】 根据《中华人民共和国审计法》第二十六条的规定，7月25日至10月25日，市审计局对市总工会2016至2018年度的财务收支情况进行审计。对市总工会本部及下属上海市工人文化宫、劳动报社、上海市职工保障互助中心、上海市职工保障互助会、上海海鸥控股（集团）有限公司，以及受托管理的上海市工人疗养院、上海国际海员俱乐部海鸥饭店、上海市职工对外交流中心等进行了审计。同时审计调查了上海市总工会幼儿园收费管理以及浦东、松江和奉贤等3个区总工会“非正规就业、非标准劳动关系和无单独建会”政策执行及专项经费筹集使用管理情况，重点延伸了祝桥镇、九亭镇、奉浦街道等6个街镇。（柴丽琼）

【市总工会经审会召开第十四届第二次常委会】 11月9日，市总工会经费审查委员会第十四届第二次常委会召开。市总工会经审会主任丁巍出席并主持会议。财务资产管理部部长黄银萍汇报了市总工会和市总工会资产管理委员会2019年上半年预算执行情况和2019年预算调整的说明，并解答各位常委提出的问题。会议讨论、审议并原则同意了市总工会和市总工会资产管理委员会2018年上半年经费收支情况和2018年预算调整。会议认为，上海工会财务工作坚持依法收缴、严控预算执行、注重使用效果，为工会开展各项工作提供资金保障。同时各位常委建议，应进一步提升预算的精细化管理。（柴丽琼）

【市总工会经审会召开第十四届第二次全委会】 上海市总工会经费审查委员会第十四届第二次全体会议于1月14日在市总工会召开。市总工会经审会主任丁巍出席并主持会议。会议审议并原则同意《关于上海工会2018年经费审查工作情况和2019年工作安排的报告（征求意见稿）》。鉴于黄银萍工作发生变动，会议决定黄银萍不再担任第十四届经费审查委员会常委职务。（柴丽琼）

【市总工会经审会召开第十四届第三次全委会】 上海市总工会经费审查委员会第十四届第三次全体会议于1月22日在市委党校召开。市总工会经审会主任丁巍出席并主持会议。会议通过了《上海市总工会第十四届经费审查委员会第三次全体会议选举办法（草案）》，审议、通过了上海市总工会第十四届经费审查委员会常委候选人名单，选举产生张居正为上海市总工会第十四届经费审查委员会常委。（柴丽琼）

【市总工会经审会召开第十四届第四次全委会】 上海市总工会经费审查委员会第十四届第四次全体会议于4月25日在市总工会召开。市总工会经审会主任丁巍出席并主持会议。市总工会财务资产管理部部长黄银萍和副部长卢家平、梁军列席会议。会议审议、通过市总工会2018年经费收支决算和2019年经费收支预算，听取2018年对市总工会本级、市总工会直管单位及区局（产业）工会审计情况的综合汇报，讨论《上海市区局（产业）工会经费审查规范化建设工作指南（考核标准）》及近期经审工作的主要事项汇报。（柴丽琼）

【市总工会经审会召开第十四届第五次全委会】 上海市总工会经费审查

委员会第十四届第五次全体会议于12月19日在市总工会召开。市总工会经审会主任丁巍出席并主持会议。会议审议并原则同意《关于上海工会2019年经费审查工作情况和2020年经费审查工作安排的报告(征求意见稿)》(以下简称《经审工作报告》)。2019年上海工会经审组织在全面推进"四位一体"立体经审监督体系建设中做了大量工作,工作亮点突出,取得一定成效。《经审工作报告》中也指出了通过审查审计发现的一些问题和现阶段工会经审工作存在的一些不足,实事求是地反映了工会经审工作的现状。2020年的经审工作安排站在全局高度,对工会经审工作深化改革、规范管理进行了部署,对全市工会经审工作的发展提出了新的要求。
(柴丽琼)

【召开上海工会深化经审改革工作推进会】 2月27日,市总工会与市审计局联合召开了上海工会深化经审改革工作推进会,交流总结上海工会近两年来推行工会内审、国家审计、社会审计、职工会员监督"四位一体"立体经审监督体系所取得的进展和成效,研究部署下一阶段工会经审改革工作,并印发《关于在推进"四位一体"立体经审监督体系中充分发挥基层工会职工会员监督作用的实施办法(试行)》,公布127家上海工会经审工作基层工会示范点名单,今后将适时推出可复制、可推广的工作经验。市人大常委会副主任、总工会主席莫负春,市审计局党组书记、局长王建平出席会议并讲话,市总工会副主席姜海涛主持会议。 (柴丽琼)

【市总工会开展经审工作培训】 2019年,市总工会经审会采用多种形式,对经审干部进行分类培训。对127家基层工会示范点进行培训,解读《关于推进在"四位一体"立体经审监督体系中充分发挥基层工会职工会员监督作用的实施办法(试行)》。借助全总经审会在上海召开全国工会经审会干部培训班的契机,同步举办市总工会经审委员、区局(产业)工会经审会主任培训班,对83名经审干部进行培训,提升他们的综合素质和专业能力。举办新上任工会经审干部业务培训班,共培训新上任的工会经审干部90名,让他们了解工会经审工作,明确工作的目标和要求。举办郊区组工会经审干部业务培训班,为150名郊区的工会经审干部提供送教上门的机会,提高他们对工会经审工作的重要性和必要性的认识,为基层工会提供更多服务。对市总工会社会中介机构审计备选库中的5家会计师事务所、各区总工会聘请的会计师事务所的共约80名审计人员进行培训,强调工会审计的要点和要求。配合组织部和工会学院为新上任工会主席进行经审知识培训,提高他们对工会经审工作的重要性和必要性的认识。继续为有需要的区局(产业)工会进行工会经审干部岗位培训,为基层工会提供更多服务。 (柴丽琼)

【市总工会开展对直管单位的审计】 2019年,市总工会经审办对上海工会管理职业学院、市工人文化宫、劳动报社、市职工技协服务中心、市总工会职工援助服务中心、市职工保障互助中心、市总工会幼儿园、上海海鸥控股(集团)有限公司、市退休职工管理委员会办公室、市退休职工服务中心和市退休职工大学2018年度的预算执行情况和财务收支情况等内容进行审计,并对市职工保障互助会2018年度工会会员专享基本保障资金收支情况进行审计。对上海工会管理职业学院、市总工会幼儿园等单位的23个建设项目进行工程结算审计,送审价5373.15万元,审定价5244.35万元,核减额128.80万元,核减率2.40%。同时,开展对沪东工人文化宫(分部)的竣工决算审计工作,并将审计关口前移,对市工人文化宫外立面改造、茉莉花剧场项目和闵行养老院建设项目进行跟踪审计。 (柴丽琼)

【市总工会开展对区局(产业)工会的预决算和专项资金的审计】 2019年,市总工会经审办共对闵行区总工会、青浦区总工会、东方国际(集团)有限公司工会等25家区局(产业)工会开展了2018年度预算执行情况和财务收支情况的审计,并对其中10家工会2018年度的帮扶资金、送温暖资金进行专项审计。本次审计委托会计师事务所进行,市总工会经审办做好受托会计师事务所的培训、管理以及与被审计单位的协调、沟通工作。
(柴丽琼)

【闵行区扎实推进工会"四位一体"立体经审监督体系建设】 闵行区总工会经审会充分发挥内部审计主体作用,采取"1+2+N"模式(1次审计、2次会议审查、经审主任或经审办负责人全年参加主席办公会监督),对区总本级工会进行经审监督;主动配合接受国家审计,对2019年区审计局延伸审计工会中反馈问题,及时督促基层工会整改落实;认真开展对下审计监督,委托社会审计机构开展对下审计,共审计40个项目;指导各区属工

2月27日,上海工会深化经审改革工作推进会召开 (周 静)

会推行基层职工会员监督工作，做好工会经审监督“最后一公里”。同时，主动配合市总工会对区总工会2018年度工会经费、帮困资金的专项审计，并认真做好审计问题整改，查漏补缺、建章立制，推进区总本级工会经费使用规范。（金 靓）

【仪电工会举办工会财务经审培训】 为进一步贯彻落实《上海市仪表电子工会关于推进“四位一体”立体经审监督体系建设的实施办法》和《上海基层工会经费收支管理实施办法》，10月16日，仪电工会举办工会财务经审培训班，聘请社会中介机构资深讲师解读了《上海基层工会经费收支管理实施办法》，并且针对第三方审计仪电相关基层企业2018年工会财务收支情况，剖析在审计过程中发现的内控制度建设、预算管理、财务收支、合规性等方面存在的问题，培训取得预期效果。仪电经审委员和兼职经审员，重点子公司和直属单位工会主席、经审主任以及相关基层企业工会主席、经审或财务人员90余人参加培训。（邵秀根）

【中国宝武组织开展工会经费使用情况专项检查】 为进一步加强工会经费使用管理，中国宝武工会按照“合规、规范、安全、有效”原则，在集团三年一轮二级工会经费审查全覆盖基础上组织开展集团范围内各级工会经费、基层团队建设活动经费等使用情况检查，沪内、沪外全覆盖，各级独立社团法人工会纵深到底穿透式检查不遗漏。组织集团公司工会经审委员，并邀请集团公司审计部、各二级单位有关财务、审计专家共同参与，对上海、武汉、鄂州、韶关、福州、宁波等区域的各单位工会经费使用管理情况进行检查，集团公司二级单位100%全覆盖，三级以下单位抽查30余家。武钢集团工会、八一钢铁工会分别组织专业力量对所属区域各级子公司工会经费使用管理情况进行全面检查。同时，根据经审工作年度计划，对宝钢股份、宝钢工程、宝地资产、上海不锈、一钢公司、华宝信托、总部机关等单位2018年度工会经费收支情况进行审计。（李士伟）

【上汽集团工会关注资金绩效，管好用好工会经费】 上汽集团工会持续抓好内控建设，深入推行上汽集团基层工会经审规范化考核。2019年，在做好专项资金自查的同时，重点关注资金绩效，坚持问题导向，审查审计，必须含有主要问题、处理意见和建议。基层工会年度预算和专项资金审计报告报上汽工会经审办备案率达到100%。对沪外党群联建平台工会活动经费使用情况，由各召集单位工会经审会开展专项审计，审计报告报上汽工会经审办备案，切实有效地抓好工会经费的使用和管理。（范 融）

【中远海运集团工会推进经审工作规范化建设】 年内，中远海运集团工会修订完善并印发《工会财务规章制度》《工会经费审查管理规定》和《工会经审工作规范化建设标准及考核办法》等规章制度，召开2019年直属单位经审工作规范化建设考评交流会，对考评结果予以通报，共有9家直属单位获得优秀，6家直属单位获得优胜，8家直属单位达标。（张 洁）

【市总工会经审会调研光明食品集团工会经审工作】 4月18日，市总工会经费审查委员会主任丁巍、市总经审办主任倪伟琦等一行到光明食品集团调研光明食品集团工会经审工作及经审“四位一体”体系建设如何加强职工会员监督作用情况。集团党委委员、工会主席潘建军出席了调研会。2019年是上海市总工会推行“四位一体”立体经审监督体系中充分发挥基层工会职工会员监督作用的第一年，光明食品集团有上海捷强烟草糖酒集团配销有限公司工会、上海市粮食储运公司购销分公司工会、上海冠生园食品有限公司奉贤分公司工会等3家基层工会被纳入市总经审工作示范点。会上，集团工会经审会就2019年重点工作向市总工会经审会领导作了汇报，并就推进经审示范点建设谈了初步设想。3家经审示范单位就推进“四位一体”立体经审监督体系中如何发挥职工会员监督作用的做法和需要加强和改进的方面交流了各自的做法。丁巍就推进“四位一体”立体经审监督体系中如何发挥职工会员监督工作提出要求，同时要求集团经审会做好指导基层工会落实职工会员监督工作。（朱莉英）

【锦江国际集团工会加强完善经审监督机制】 锦江国际集团工会探索改革创新，不断完善加强立体经审监督体系建设。一是初步明确集团、二级公司、基层工会、第三方审计公司“四位一体”的立体经审监督体系。二是指导试点单位的工会经审组织发挥工会内部审计的主体作用，确保职工会员民主监督力度和监督实效。配合集团纪委对10家基层工会进行履职待遇检查，进一步规范工会经费使用。三是接受市总工会三年一轮的审计，对薄弱环节及时整改。四是组织基层工会百名财务人员进行全国总工会票据电子化、工会财务操作软件、工会决算汇总软件的培训。五是学习贯彻《上海基层工会经费收支管理实施办法》，对基层企业工会的职工逢年过节慰问品发放、职工生日蛋糕慰问等经费支出工作进行指导，进一步规范工会经费正确使用。同时还对重点基层工会进行财务政策解读培训、落实集团3家经审工作示范点方案和集团5家财务资产调研工作。六是进一步加强集团工会财务管理规范，2019年集团工会荣获全总颁发的市级工会财务工作先进单位荣誉称号。（陈 怡）

网上工作平台建设

【概要】 2019年，上海工会网上工作平台（申工通）项目在二期建设的基础上，进一步坚持业务需求导向，发挥信息化优势，通过变化工作周期、优化工作流程、简化工作步骤等，不断提高工作效率，让基层职工有“看得见、摸得着、能感受、更实在”真切体验。上海工会网上工作平台（申工通）整合完成原“工会服务职工管理系统”，通过同平台系统操作及互联网化，解决原有专用无线数据终端设备登录“局限”问题，避免和减少基层工会干部往返所属上级工会的劳顿，进一步方便基层工会干部办卡、参保等操作与使用。摒弃原先慢速的数据比对接口，搭乘市政府公共数据快车，通过市大数据中心数据共享，申请人口、法人、就业等上海市基础数据库接口，解决数据比对慢问题，极大提高效率同时降低比对错误率等,为提升业务工作时效提供保证。配合业务流程再造,取消制卡前清册交接环节等,进一步解决基层工会操作繁琐问题,做到办卡、制卡全自动,全过程无人工环节,办卡、制卡全提速,从原先需要40天,缩短到只需15天(自然日)就能领到上海工会会员服务卡,办卡、制卡全天候,工会组织实时掌握办卡进程。（周礼昊）

【宝钢股份创新开发工会工作新媒体平台】 2019年,宝钢股份工会以服务职工为核心,紧扣工会创新发展,开发设计“掌上之家”微信公众号,让多功能的网络服务体系覆盖宝钢股份各级工会,通过特色栏目建设及服务深耕,实现让职工“一键找到工会”“一键享受服务”,对于提高工会组织在职工中的吸引力、凝聚力,进而增强工会活力具有重要的现实意义。（顾卫兵）

【上海航天局工会创新工会工作模式实现线上线下联动机制】 上海航天局工会推进“网上工会”建设,不断打造指尖上的职工之家“护航工社”APP。在APP上开展庆祝新中国成立70周年健步走、五一线上慰问、垃圾分类知识竞赛等活动,对网上职工书屋建设、积分商城等板块进行优化,形成线上线下相互促进、联动发展、有机融合的良好工作格局。深化“延长手臂、接长链条”的服务模式,在确保合法合规、稳妥推进的基础上,委托社会机构,以优惠的价格为职工提供专业的服务,举办迎春长跑、第十一届上海航天职工读书节、航天职工水上趣味运动会、第三届上海航天职工书法展、航天职工电竞比赛、健步走等群众性活动,丰富职工生活。通过与第三方签订大客户协议,开展房屋、购车、电器、加油卡等多批次团购活动,把实实在在的优惠带给职工。（周欣彬）

【铁路上海局集团公司“互联网+”工会建设】 2019年,铁路上海局集团公司工会着眼基层一线需求,依托“上铁职工家园”APP平台,推进“互联网+”工会建设。针对职工对健康的需求,在原有功能基础上,新推出“健康在线”栏目,通过购买社会服务,为注册会员免费提供在线体检报告解读、健康热线咨询、健康知识宣传、线上线下活动和针对职工本人的上海市三甲医院专家挂号预约等服务。拓展“会员惠购”栏目功能,在原有京东对私购物平台上,引入苏宁采购平台,同时提供对公对私采购服务,为基层工会提供规范便捷的网上电商采购渠道,并且通过比价竞争,降低基层和职工购买成本。制作“上铁职工家园”APP新增功能使用手册,举办专题培训,将新栏目的操作流程和使用方法教授给每一名工会专兼职干部。分地区开展线下推广,组织京东、苏宁和“健康在线”服务商到管内沿线开展系列推广活动,努力扩大新增功能在职工中的影响力。采用职工实名注册认证,并为每个基层工会提供唯一的集体采购账户,确保资金使用和网络安全。截至年底,“上铁职工家园”APP注册人数达13万人,栏目点击率超过260万人次。（严光临）

【上港集团工会进一步加强网上工会建设】 2019年,为提升基层工会的工作便利度和体验感,上港集团工会结合基层需求,开发运行了工会月度工作管理平台。集团各基层单位工会只需用工会账号在电脑PC端登录上港集团党建网,即可在“工会之声”月度工作管理平台内,查看集团工会每月发布的“月度既定工作”内容清单以及即时发布的“专项工作”内容,还可在“月度既定工作”界面填写上报本工会开展的特色工作内容或项目。每月初,可通过平台查看上月“月度工作完成情况汇总”。（张　容）

【SMG工会优化“互联网+”工会,提升服务职工能力】 2019年,上海广播电视台(上海文化广播影视集团有限公司)工会把网上工作作为工会联系职工、服务职工的重要平台。“SMG职工之家”微信公众号已形成包含工会动态、劳模/工匠风采、服务信息、政策法规、互助保障、基层风采等多板块栏目,每天推送工会工作动态、服务信息等内容;征集各基层单位先进个人、团队事迹材料,以弘扬工匠精神为主题,进行编辑传播;推送事关职工切身利益的政策法规,以灵活、便捷的方式,让广大职工了解相关内容。年内,“SMG职工之家”共上传450篇微信推送,内容涵盖先进事迹报道,以及职工体检安排、工会会员卡服务条例解读、工会活动预告等信息。（秦伊龄）

【上海工会管理职业学院开发智慧校园信息系统】 上海工会管理职业学院学历教育剥离后,原学院信息系统及其相关功能与当下的主业主责任务不匹配,为有效适应工会干部培训和工会理论研究的现代化和信息化的需要,落实市总“网上工会”建设的要求,更好地实现学院在教学、管理、科研以及生活服务等方面的高效运行,2018年底,学院通过公开招标,确定了智慧校园建设承建单位为上海梦创双杨数据科技股份有限公司,项目建设周期为1年。2019年初,双方签订合同,正式启动该项目建设,经过一年的努力,开发了协同办公、教务管理、教学管理、科研管理等智慧校园业务平台,实现了网上办公、办班申请、预约办班、预约上课,课题立项、结项、成果等申报功能模块,在智慧管理、智慧门户和信息安全等方面完成既定建设目标,智慧校园建设取得成效。（张桂华）

信息督查

【概要】 市总工会办公室围绕中心大局工作,制订《上海市总工会信息工作管理办法(试行)》,先后编发《工会简报》69期,其中问题导向类6篇,先进经验分享16篇,上报全总反响约稿11篇、市委反响约稿8篇。同时,开展上海工会信息员培训班,对调研发现的问题进行专项指导,有效消除疑虑、化解难点,增强各级工会信息工作队伍能力水平,更好地发挥信息服务领导决策、上传下达、推动工作价值体现。年内,市总工会督查工作围绕中央、市委、市府和全总工作重点,开展督促检查,全年编报10篇督查报告。做好年度重点工作督促检查。汇总形成《上海市总工会2019年重点工作督查项目》,涉及10个部室共32个项目;做好领导批示督促检查。全年完成各级各类领导批示抄清8篇;做好市委、全总相关重点工作的督查任务。完成学习宣传贯彻习近平总书记在首届中国国际进口博览会上发表的主旨演讲和视察上海时重要讲话精神的报告、贯彻执行中央八项规定精神解决形式主义突出问题为基层减负情况等的自查报告、贯彻落实十一届市委七次全会精神的报告等督查报告。做好产业工人队伍建设改革专项督查,以及人大代表书面意见、政协委员提案督办以及提案办理回访调研和市委市政府督查考核工作,全年共督办人大代表书面意见4件、政协委员提案4件。（徐鑫悦　戴　菁）

【推动落实新时代产业工人队伍建设改革工作开展督促检查】 为确保中央和市委关于新时代产业工人队伍建设改革的决策部署落实落地,5月7日至20日,市总工会、市委督查室、市委改革办、市政府督查室等部门组成联合督查组,按照“突出重点、问题导向、实事求是”的原则,对推进落实新时期上海产业工人队伍建设改革情况进行专项督查。联合督查组分设4个实地督查小组,深入全市16个区、17个市级相关职能部门和部分企业进行实地督查,采用听取汇报、专题座谈、深度访谈等形式,分别与产业工人代表、基层企业负责人、职能部门工作人员等共385人进行交流讨论,分析探讨新时代产业工人队伍建设改革工作取得的成果、遇到的问题及后续建议办法。最终,形成《关于开展“推进新时期产业工人队伍建设改革”情况的专项督查报告》向市委报告。（戴　菁）

【松江区总工会开展工会信息宣传暨新媒体工作培训】 8月30日,松江区总工会开展工会信息宣传暨新媒体工作培训。区总工会党组书记、副主席陈军康,党组成员、经审委主任孙爱华等出席培训。松江区融媒体中心总编辑周梓波结合大量丰富的案例和实践操作经验,围绕新时代新闻宣传工作的要求,从新闻和信息写作的结构、导语、背景、结语四方面为培训学员做了题为《信息写作的要点与技巧》的培训。劳动报新媒体部主任田静以大量微信公众号运营的案例从精准定位、标题制作、网络互动等方面为学员做了题为《如何打造爆款——微信采编营运技巧》的培训。区总工会机关、文化宫、工惠服务中心全体职工近110人参加了培训。（倪晓玲）

【交运集团举行企业报通讯员、信息员业务知识培训】 2月19日,交运集团在交运日红公司五楼会议室举行《上海交运》报通讯员业务知识培训班。交运集团基层单位通讯员、信息员以及工会宣教干部等30余人参加了培训,围绕“如何提升新闻稿、言论稿的写作技巧”等内容进行专题辅导,并确定《上海交运》首批论坛撰稿人和网宣编撰人。《上海交运》报创刊至今20多年,已成为交运集团与员工沟通重要桥梁和企业文化建设有效窗口。（袁俐俊）

信访工作

【概要】 1—12月,市总工会受理和办理职工群众信访的总量为126377件(次),与去年同期相比下降10.37%。其中来信1506件,同比上升19.3%;联名信6件,同比下降117%;来访620批1029人次,同比批次下降22.69%,人次下降1.78%;集访15批361人次,同比批次上升50%,人次上升50.4%;来电124251件(次)含12351热线电话122804件,同比下降10.57%。信访反映的主要矛盾集中在互助医保、劳动关系、历史遗留等方面。按照全总对工会信访工作的要求,围绕“阳光信访”,深化完善工会“网上信访”工作。做好全国信访信息系统上海分系统的工会信访运行工作,推进录入数据规范化。完善“申工通”信访工作板块建设和运行,实现信访办理工作的痕迹化管理、动态化预警、常态化监控;围绕“法治信访”,推进信访矛盾化解工作。把“案清事明”标准和要求贯彻于工会信访工作的全过程,以群体性上访、疑难信访和信访信息化等工作为切入点,落实人员清、责任清、过程清、工作清、方案清的“五清”要求,切实提高化解信访矛盾的有效性;围绕“责任信访”,努力压实信访工作责任。认真贯彻《信访工作责任制实施办法》要求,进一步压实信访工作责任单位的矛盾化解主体责任,做到受理告知、按期办结和按时答复的规范有效,实现信访工作按期转交办率、按期受理告知率、按期办结率、对信访工作机构评价满意率、对有权处理机关评价满意率及参评率市委市政府信访办全部6项业务通报数据达到100%。举办工会信访干部培训班,培训课程涉及信访工作信息化建设、协调劳动关系中的沟通艺术等内容。（丁贤灏）

【上海邮政工会做好员工诉求处理工作】 根据“属地管理、分级负责”和“谁主管、谁负责”的信访工作原则,上海邮政工会在注重员工诉求机制建设的同时,加强市分公司、区分公司和支局(生产科)三级“维护员工权益协调推进发展”工作小组建设,着力把苗头性问题解决在基层,解决在第一时间。拓展员工合理诉求表达渠道,通过员工维权热线、工会主席信箱、民主恳谈会、员工思想动态信息反馈、局务公开栏和劳动争议等6个员工诉求表达渠道反映和解决问题。年内,市分公司维权小组受理和处理员工诉求19件次,处理办结率100%。（陶　晔）

【市监狱管理局工会积极做好信访工作】 局工会对每起来信来访都做到认真调查核实,分类解决,矛盾化解。坚持落实责任制,加强对信访工作的领导;健全和完善两级工会信访管理网络,明确工会主席为信访工作第一责任人,对每起来信来访认真调查核实,会同有关部门和基层分类解决,做到“事事有回音,件件有落实”;参加工会信访干部培训班,提高信访干部履职能力;坚持与行政齐抓共管,联合行政对信访老户做好家访和慰问工作,做好平反落政补助历史遗留等信访件,维护稳定。（江海群）

对外交往

【概要】 按照“多领域、多渠道、多层次开展民间对外交流,增进中国人民同各国人民友谊,维护国家核心利益”的要求,上海市总工会积极开展本会及直管单位、各区局(产业)工会与国(境)外工会的业务交流,同20个国家和地区的工会签署了友好交流协议,形成了覆盖亚、非、欧、美、大洋等五大洲的友好合作交流格局。在“一带一路”倡议的推动下,上海工会以服务国家总体外交战略和地方发展现实需求,不断发展同各国工会组织双边关系。2019年,上海工会应友好工会邀请分别赴阿根廷、比利时、意大利、俄罗斯、日本、美国、澳大利亚、越南、挪威和中国香港访问，持续深化互访交流，同时，应白俄罗斯和冰岛有关工会的邀请，对两国开展破冰之行，进一步拓宽工会外事交往。接待埃及公用事业工会、受中华全国总工会邀请访华的德国工会联合会代表团、挪威海员集体协商联合代表团等重要团组，承接全总“2019 老挝工会干部培训班”在沪培训项目及应市政府和其他兄弟省市工会的邀请访沪的葡萄牙、俄罗斯、韩国等国家和中国香港地区的工会组织。（管一珉）

2019 年上海工会与外国和台港澳工会主要交往简表

团　　名	时　　间	交往	人数
葡萄牙塞杜瓦尔总工会第八次访华团	1 月 4—6 日	来访	3
市总工会代表团访问阿根廷和中国香港	1 月 15—22 日	出访	6
中国香港工联会金融专业委员会考察团	4 月 11—12 日	来访	18
俄罗斯伏尔加格勒州工会访华代表团	4 月 12—14 日	来访	5
市总工会代表团访问比利时和意大利	5 月 13—20 日	出访	6
韩劳总庆尚南道本部第十三次友好访华代表团	5 月 30—31 日	来访	10
埃及公用事业工会访华代表团	6 月 26 日—7 月 1 日	来访	6
市总工会代表团访问俄罗斯和白俄罗斯	6 月 26 日—7 月 3 日	出访	6
德国工会联合会代表团	7 月 10—12 日	来访	16
2019 老挝工会干部培训班	7 月 10—13 日	来访	30
上海教育工会访问美国	9 月 23—27 日	出访	6
挪威卑尔根市总工会访华团	10 月 8—9 日	来访	4
市总工会代表团访问澳大利亚和越南	10 月 25 日—11 月 1 日	出访	6
上海教育工会访问日本	11 月 4—8 日	出访	6
日本教职员工会代表团	11 月 28—29 日	来访	6
挪威海员集体协商联合代表团	11 月 29 日—12 月 1 日	来访	7
上海工会代表团访问挪威和冰岛	12 月 4—11 日	出访	5

【埃及公用事业工会代表团访华】 6 月 26 日—7 月 1 日，应市总工会邀请，以总书记希沙姆·艾哈迈德·福阿德·艾哈迈德为团长的埃及公用事业工会代表团一行 6 人来华访问。在沪期间，市总工会副主席张得志在千禧海鸥大酒店会见并宴请代表团一行。张得志向代表团介绍了上海经济社会发展情况和上海工会加大工会组建力度、扩大工会覆盖面、维护职工权益、服务职工实事项目等方面的工作。同时，双方进一步探讨不断推进两地工会在劳动关系领域、国际和区域性工会活动方面的合作与交流等事宜。代表团团长希沙姆先生介绍了埃及工会发展的有关情况。另外，代表团还访问了义乌和广州。与义乌市总工会、广东省总工会进行了交流。（崔春吉）

【上海工会代表团访问阿根廷和中国香港】 1 月 15—22 日，由上海工会管理职业学院党委书记王厚富率领的上海工会代表团一行 6 人，对阿根廷工人中央工会和中国香港工会联合会进行访问。在阿根廷期间，代表团与阿根廷工人中央工会经济部、媒体宣传部、布宜诺斯艾利斯外省工作部负责人进行座谈交流，司法工会、电力工会和油气工会等介绍了当前的工运形势，代表团拜访解放土地运动组织和占租房运动组织，考察其兴办的住宅项目和电台等，还专程前往阿根廷南部城市马德普拉塔，与能源工人联合会进行工作会谈。在中国香港期间，代表团拜会了香港工会联合会总部，受到副会长唐庚尧的接待，并听取中央传讯部高级秘书王妍婷介绍工联会的组织架构及下属机构活动开展情况，副理事长兼文化艺术促进会主任、康乐体育促进会主任谢爱红介绍了工人俱乐部、工会就业促进中心、文体活动中心、退休职工活动中心，并陪同代表团实地走访上述机构。通过此次出访，代表团了解到阿根廷社会饱受经济低迷和失业率高企的困扰，工会发展面临政府打压、私企敌视和民众不解等多重不利因素，而香港工联会因其政治站位鲜明，社会影响显著，呈现出会员队伍不断壮大、维权服务实效不断增强的良好发展势头。（管一珉）

【上海工会代表团出访比利时、意大利】 5 月 13—20 日，市总工会副主席张得志率领的上海工会代表团一行 6 人，访问比利时和意大利。此次是上海工会首次应比利时天主教工会的邀请出访，在比期间，代表团听取了天主教工会的情况介绍、比利时劳资关系处置和工人权益保护现状，就新型就业形式及工会的回应等主题，互作交流发言，天主教工会前主席、国际劳工组织工人小组现主席吕克·科特贝克先生向代表团介绍了国际劳工组织最新通过的2020年工作愿景蓝皮书，比利时航空业工会就其组织运作及近期活动进行了介绍，代表团访问了泽布吕赫港，参观了港区及港口工人培训中心，并与工会代表进行座谈。在意期间，代表团与米兰总工会、米兰退休职工工会和服务行业工会进行座谈交流，拜访米兰市副市长兼米兰大都会区行政负责人 Arianna Censi 女士，探讨了中意合作等话题，拜访了位于罗马的意大利全国总工会。在米兰时尚行业工会的陪同下走访考察商业品牌会员发展现状。代表团还出席了“米兰大都会区劳动与发展”研讨会，张得志介绍了上海工会在促进经济社会发展、维护职工权益、提升职工生活水平等方面所做的工作。（管一珉）

【上海工会代表团访问俄罗斯及白俄罗斯】 应俄罗斯圣彼得堡市和列宁格勒州工会联合会、白俄罗斯戈梅利州工会联合会邀请，以市总工会副主席桂晓燕为团长的上海工会代表团一行6人，于6月26日至7月3日对上述两国进行友好访问。访俄期间，代表团在工联办公地劳动宫与俄罗斯圣彼得堡市和列宁格勒州工会联合会进行座谈交流，参观了工会历史博物馆、劳动英雄纪念展；分别同当地通讯邮政、医疗、工业、机械制造、国防、轻工等行业工会进行座谈交流，并到工联所属游艇俱乐部、皇家瓷器厂等参观交流。在圣彼得堡工联的积极对接下，上海工会代表团成功与白俄罗斯戈梅利州工联会取得联系并完成首访任务。戈梅利州工联高度重视、精心准备，州执委会副议长亲自到会致欢迎辞，介绍戈梅利州基本情况；工联主席向代表团详细介绍工会情况，下辖的所有区工会负责人全部到会。桂晓燕介绍了上海的基本情况和上海工会的主要工作，并代表上海市总工会邀请戈梅利州工联明年来沪访问，双方初步确定缔结友好协议的意向。座谈会后，代表团还实地参观了戈梅利州糖果厂和医疗中心。（管一珉）

【上海工会代表团出访澳大利亚、越南】 应澳大利亚昆士兰州工会理事会和越南胡志明市劳动联合会的邀请，由市总工会副主席周奇率领的上海工会代表团一行6人，于10月25日至11月1日对两国工会进行访问。在澳期间，代表团与昆士兰州工会理事会执委就两地工会现状、集体谈判、职业教育、职工技能提升等话题进行深入交流；前往昆士兰州劳资关系委员会，旁听行业集体协商听证会，了解澳洲劳动争议调处模式；与昆士兰州教师工会、独立教育工会、昆士兰州护士与助产士工会进行交流，听取昆士兰大学劳动关系学院教授关于工会政策及政府关系的介绍；代表团还拜访了位于墨尔本的澳大利亚工会联合会，就数字经济对劳动关系影响、灵活用工等议题进行广泛交流；并访问职业年金管理公司 sunsuper，了解澳洲养老金政策和投资运作状况。在越期间，代表团与胡志明市劳联就两地经济社会发展情况和工会工作互作介绍，并前往工业开发区与开发区工会主席、企业工会主席等进行交流，参观园区职工宿舍及附属幼儿园等设施，了解胡志明市外来务工人员的工作、生活情况。（管一珉）

【上海工会代表团访问挪威及冰岛】

应挪威市政工会和冰岛工会联合会的邀请，12月4—11日，以上海工会管理职业学院院长李友钟为团长的上海工会代表团一行5人，对两国进行友好访问。在挪期间，代表团拜访了挪威全国总工会，副主席 Roger Haga 先生热情接待代表团并致欢迎词，特级顾问陈伟先生做《北欧之福利社会模式及其工会的巨大作用》专题报告。代表团与挪威市政工会两位副主席及其他班子成员、技能政策顾问、国际事务顾问、集体谈判部部长、工会组织部部长等多位人士就组织建设、职工普惠、干部培训、集体谈判、职业教育与职工技能培训等议题开展了为期两天的研讨；代表团拜访了奥斯陆市议会工党议员团主席、工党书记 Frode 先生，就政党与工会的关系等相关议题作了交流，另赴奥斯陆市垃圾回收处理中心、挪威工会会议和培训基地实地参观。随后，代表团前往冰岛，与工联集体谈判首席律师和青年工作专员就冰岛工会组织、劳动力市场、职工保险待遇等进行交流。（管一珉）

【上海市教育工会代表团访问美国加州】 应美国加州地区教师工会和加州教师联合会邀请，9月23—27日，以市教育工会副主席吉启华为团长的上海市教育工会代表团一行6人，对加州地区教师工会和加州教师联合会进行为期3天的友好访问。在美期间，受到了加州教师联合会副主席肯特王的会见。代表团先后参观了加州大学洛杉矶分校、洛杉矶贸易技术学院以及罗伯特肯尼迪学校，观摩了各年级学生的课堂教学、社团活动、学生餐饮等情况。并与加州洛杉矶教师联合工会、加州教师联合会、美国独立教师工会、就双方共同感兴趣的关于两地工会组织友好交流的继续深化、教师权益的保障、工会经费保障、教育公平、上海基础教育 PISA 测试成绩等民众关注的热点问题，先后进行了5次交流座谈。2019年是双方友好建交20年，此次出访，加强深化了双方的友好交流机制，拓宽了中美教职工的交流沟通途径，达到预期效果。（焦丽佳）

【上海市教育工会代表团访问日本大阪】 11月4—8日，应日本大阪府教职员组合的邀请，以市教育工会副主席李序颖为团长的上海市教育工会代表团一行6人赴日本访问。在日期间，访问团受到了日本大阪府教职员组合的热情接待，并与大阪教职员组合主要干部进行了交流会谈。会谈中，双方就两国教师地位、岗位聘用情况、职业发展过程中的培训工作、教育公平、学生择校、中国取消独生子女政策后对教育的影响等问题展开交流和讨论。双方表示这样的互访交流已进行了13轮，历经20余年，中日双方教育工作者通过这样的交流，促进了了解，加深了友谊，有助于中日两国人民世代友好。访日期间，在大阪府教职员组合的安排下，访问团参观访问了大阪市立鸿池东小学、大阪府立布施北高级中学等，观摩了各年级学生的课堂情况、学校的配餐情况、学生的课外活动情况等，并与校方人员就两国的教育问题展开了交流。因参观学校均有在日中国籍学生，访问团还特别参观了在日中国籍学生的上课情况，并与中国籍学生进行了交流，询问了解他们在日学习、生活等情况。

（胡　琪）

区局(产业)工会概况

区总工会概况

【浦东新区总工会】 直辖基层工会9120个，涵盖单位21180家。职工932311人。工会会员876856人，其中女会员381309人、农民工会员255526人。主要工作：(1)宣传弘扬劳模精神。组成党的十九大、十九届四中全会及中国工会十七大精神宣讲团，为职工宣讲315场，印制发放宣传品3万余份，举办学习活动1883场次，参与知识竞赛10.8万人次。开设浦东劳模工匠创新工作室微展馆，参访职工18.55万人次，与主流媒体合作开展专题报道140余次。"浦东工会通"微信公众号推送各类信息1040次，粉丝人数20.9万。1031个团队职工参加"致敬劳动·礼赞祖国"文化艺术节。(2)开展创新竞赛活动。举办以科创中心建设为主题的劳动竞赛，共计3523场次。组织4117家单位、2.2万个班组、33.4万名职工参加"安康杯"竞赛。建立16家职工实训中心。创办46家上海职工学堂。拨付9964.58万元，开办各类培训班，提高职工技能素质。38.92万人次职工参与浦东十大品牌、十大特色项目活动。286家单位职工参与科技创新活动1307项，获全国"五一"系列奖2项、市级60项、区级200项。评选"上海工匠"4名、"浦东工匠"30名。创建劳模、工匠、职工(技师、巾帼)创新工作室32家。(3)构建和谐劳动关系。召开工会与政府联席会议和劳动关系矛盾预防化解会议，在信息共享、工作联动中化解劳资矛盾742起，涉及职工1.4万人、金额3.1亿元。提供法律援助4426件，涉及金额1.85亿元。开展普法宣传60场次，10万人次职工参与，发放宣传品6万余份。在推行职代会制度中，国企、其他企事业单位职代会建制率95.5%、92.6%。2.44万家企业开展平等协商签订集体合同，涵盖职工112.37万人。1.7万家企业签订工资专项合同，涵盖职工69.9万人。(4)帮扶服务职工群众。累计拨款2464.34万元、帮扶困难职工11.79万人次；各级工会开展送清凉活动6885次，慰问职工52.5万人次，发放防暑降温费用4263.8万元；为全区2.5万名外来建设者提供免费体检。开展"农民工平安返乡返岗""点亮微心愿、筑梦新时代"等活动，5000人次参加。新建50家爱心妈咪小屋，8家职工亲子工作室。建立职工服务站、点754个，表彰49个。组织青年职工开展中小型交友活动56场次。组织职工参加工会疗休养、体检5182人次。新增办理会员服务卡8.9万张，参加互助保障的职工86.36万人次，参保金额2.06亿元，理赔金额1.74亿元。102家文化服务配送平台开展专场活动210次、覆盖职工1.3万人次。新增全总、市、区职工书屋13个。(5)加强工会改革建设。协助区委区政府制定产业工人队伍建设改革方案，22家单位入选市非公企业工会改革示范点。新增工会组织829家，净增会员8万名，"申工通"实名会员66.2万。举办工会干部培训班2000余场、1.4万人次参加。开展"不忘初心、牢记使命"主题教育活动16次、调研164次、解决问题68项，调研成果3项。 (吴周筠)

【徐汇区总工会】 直辖基层工会1855个，涵盖单位13096家。职工298627人。工会会员293637人，其中女会员117835人、农民工会员82247人。主要工作：(1)加强工会组织建设。应对机构改革后变化，加强25人以上企业、100人以上非公企业建立工会组织，建会率82.2%；入会率84.46%。其中滨江功能区5000多名农民工入会，入会率80%。(2)竭诚服务职工群众。通过线上线下联动服务，新办会员卡13863张，211名重病职工获会员服务卡专享保障理赔229万元，为区域内90413名职工送上会员卡专享基本保障A套57165份，B套33248份；组织1114名职工参加工会疗休养，1250名职工参加健康体检；举办由227家单位参加的专场招聘会，提供岗位4050个，就业意向333人次，为5371名会员纳入享受灵活就业群体项目经费政策；为环卫、快递、外卖、的哥等户外职工建爱心接力站65个，爱心加油站135家；新建10家区级职工书屋；26名职工晋升技师或高级技师，10名带教师傅获带徒奖励；培育市级"劳模创新工作室"1家；在劳模和职工创新工作室参加首届中国长三角地区的12个技能竞赛项目中，被授牌工作室4家，2家入选长三角工作室联盟；创建7家上海职工学堂。(3)着力开展帮困工作。制订《徐汇工会困难职工帮扶工作实施办法》和《徐汇工会送温暖工作实施办法》，完善困难职工精准帮扶和送温暖相关政策和制度。慰问滨江建设工地、徐房维急修中心等农民工600人次，慰问金6万元，帮扶慰问困难职工1140人次，合计帮困金额166万元。(4)关心关爱女职工。贯彻落实市总工会关于女职工幸福关爱行动的实施方案，推进"爱心妈咪小屋"建设，新建"爱心妈咪小屋"23家；以"汇聚慧享绘幸福"为主题，举办2次女职工大型活动；以"青春集会·缘来是你—汇聚慧享绘幸福"为主题，举办青年交友联谊会；举办"幸福是奋斗出来的——听女劳模工匠讲成长故事"女职工课堂主题活动。(5)落实职工培训工作。帮助企业落实地方教育专项资金补贴，促使地方教育附加费政策进一步得到落实；帮助企业梳理职工年度培训补贴流程，深入园区召开政策解读会，帮助113家企业答疑解惑，并核准职业培训补贴项目615个，补贴金额2480余万元；指导120家企业上报培训计划项目1126个，补贴金额5639万元。 (徐艳杰)

【长宁区总工会】 直辖基层工会1638个，涵盖单位11657家。职工222937人。工会会员220721人，其中女会员98144人、农民工会员66445人。着力推进工会组织规范化建设，工会建会率达到90%以上。主要工作：(1)开展各项有益活动，激发职工劳动热情。以庆祝新中国成立70周年为契机，开展区劳模精神宣讲团巡讲活动，10位劳模志愿者通过以线上、线下方式，组团开展宣讲100场；举办第六届"长宁职工读书节"；编印"媒体视野中的长宁工会"宣传册下发各级工会组织；连续6年获上海市振兴中华读书活动优秀示范单位；开展第七届"劳动成就梦想"微感言、微视频、微镜头大赛，收到微感言46段、微视频10部、微镜头照片242张。(2)立足服务长宁发展，引导职工建功立业。奖励38名职工晋升技师、高级技师；奖励138人次一线职工的授权发明专利；申报市职工合理化建议优秀成果17个，其中获优秀成果奖1个，合理化建议奖1个。（3）做好维权保障工作，创建和谐劳动关系。参与化解群体性劳资纠纷9起，涉及职工2200人；职工法律援助服务中心为1075名职工提供调解、诉讼等援助服务，挽回经济损失1000余万元；6435家企业签订工资专项集体合同、女职工专项协议，覆盖职工8.6万人；参与农民工工资支付专项检查，检查用人单位1335家，涉及员工64815人，追缴拖欠309名农民工工资533.87万元；完善工会劳动保护监督机制，465家单位参与"安康杯"竞赛活动。（4）深化帮扶服务意识，普惠职工精准常态。在开展重大病医疗帮扶工作中，向186名患病职工发放专项帮扶金30万元；为工会会员新办服务卡8194张；组织4000余名一线职工参加工会举办的疗休养、体检活动；举办庆祝建国70周年长宁职工文艺汇演。（杨柳青）

【普陀区总工会】 辖工会34个，其中街道、镇总工会10个，系统工会11个，直属企业工会5个，行业工会8个。基层工会1874个，覆盖单位5685家。职工159750人。工会会员155406人，其中女会员67426人、农民工会员63553人。主要工作：（1）培育劳模先进精神。通过举办劳模宣讲报告会、工运文化寻访等活动，深化"中国梦·劳动美"职工主题教育；培育选树全国"五一奖"1个、上海市"五一奖"17个；开展新一轮"上海工匠""普陀工匠"活动，评为"上海工匠"提名1名、"普陀工匠"10名、"普陀工匠"提名10名；制作《匠心普陀》《劳动者礼赞》《劳动者荣光》等专题宣传片进行宣传，举办劳模先进事迹展览；成立"垃圾分类劳模志愿服务队"，协助推进垃圾分类。（2）开展技能比武活动。围绕"智能软件、研发服务、科技金融"三大重点产业开展技能比赛，联合举办"H5垃圾分类技能比武大赛"，并会同相关部门开展垃圾分类及战"双高"劳动竞赛；为提升职工素质，新建7个"职工学堂"，在长寿社区学校、天地软件园、品尊楼宇、未来岛等园区的"公益乐学"教学点，开设160余节课程，8850人次职工参加。（3）维护职工合法权益。召开政府与工会联席会议，研讨解决"社工工会经费保障、建立群体性劳动关系矛盾预防处置机制"等问题；各法律援助站点接待职工咨询、来访、来电1340人次，提供代书、调解、代理仲裁诉讼案件676件，为职工挽回经济损失2106万元；联合开展女职工特殊权益、社保欠缴等法律监督19次；参与农民工欠薪督查工作；建立劳动关系矛盾隐患情况排摸周报制度。（4）加强工会改革建设。在深化非公企业工会改革中，新建汽车商贸行业、品尊国际商圈、德必易园区工会联合会和物业行业4个"小二级"工会；新增灵活就业会员1405人；为3201名灵活就业会员发放96万元专项补贴；修订形成29项共101条贯彻落实产业工人队伍改革建设的《任务清单》和《实施意见》，联合政府召开产业工人建设改革推进会。（5）服务帮扶困难职工。在实施实事项目中累计服务职工2.6万人次；"公益乐学"项目向片区、园区、楼宇配送课程200余场，服务职工8700人次；新建户外职工爱心接力站5家，妈咪小屋12家；实施工会服务大篷车送职工福利午餐举措；为老服务进社区等活动16场，服务职工4700人；为困难职工提供生活救助、医疗救助、助学帮扶、就业培训、法律援助等服务6127人次；70人次深度困难职工获得54万余元帮困金；拨付对口帮扶云南扶贫资金100万元；推进职工文体活动中心项目建设。（陆　蕾）

【虹口区总工会】 直辖基层工会1455家，涵盖单位5733家。职工119897人。工会会员116424人，其中女会员40953人、农民工会员17932人。主要工作：（1）举办各类文化活动。举行"中国梦·劳动美"五一表彰、座谈暨市、区政府实事项目"爱心接力站"授牌仪式；区工人文化宫举办的职工摄影比赛作品获"中国梦·劳动美"第二届职工网络摄影大赛金奖；组织"送春联"系列惠民活动，服务职工2000人次；建立全新的工会网络服务机制，发布基层工会各类信息250篇。（2）构建和谐劳动关系。工会法律援助工作站录入上海工会法律援助服务平台案件541件，为职工挽回经济损失153万元；与区法院、司法、人保局联手，加强职工劳动争议工作。（3）真心服务职工群众。组团64个、3162名职工参加工会疗休养；扩大职工体检补贴范围，补贴21家非公企业的792名职工参加健康体检，为9家企业的400名职工提供免费女职工两病筛查；新办工会会员服务卡8941张，持有效卡会员达61060人，会员卡专享保障计划补贴133.6万元；在职、退休职工参保工会互助保障19.75万人，投保金额3411.48万元，理赔3.56万人次，金额4080.86万元。（4）深化职工素质工程。实施"彩虹桥"项目的106名职工分别晋升技师、带教师傅和发明专利奖励；列为市、区政府实事项目的"爱心接力站"建成79个；新建职工学堂6家；建成67家"爱心妈咪"小屋，其中5星级3家、4星级12家、3星级14家。（5）推进职工实事项目。与各街道党建服务中心、社区卫生服务中心等单位合力，为职工提供公共卫生服务；协助区建设管理委员会优化产业园区周边的公交网络，增设产业园区内部停车设施和周边公共区域停车设施；协助区住房保障房屋管理局、区投资促进办加快推进"人才公寓"等项目建设。（6）加强工会改革建设。制定《虹口区总工会关于深入推进非公有制企业工会改革发展的实施方案》，绿地城市建设发展集团有限公司、上海钰翔智慧供应链管理有限公司被市总工会评为非公企业工会改革民营企业示范点；加强"小二级"工会组建工作，7家园区、楼宇、区域性行业工会联合会被市总工会评为非公企业工会改革"小二级"工会示范点。（马伟杰）

【杨浦区总工会】 所辖行业、街道和直属工会组织32个，基层工会2101个，涵盖单位11237家。职工218950人。工会会员213511人，其中女会员88040人、农民工会员110800人。工会建会率93%，职工入会率91%。主要工作：（1）强化思想引领，凝聚奋进力量。举行"礼赞七十年·奋进新杨浦"庆祝建国70周年主题活动，召开"铭记红色工运·建功创新杨浦"庆五一大会。建立沪东地区工人、工厂、工运史料库，上线《沪东工人、工厂、工运电子画册》。成立"沪东工人运动史宣讲团"，举办的"沪东工人运动史展"被命名为"上海职工教育基地"和"区级机关组织生活基地"。编撰《七十年·七十人》劳模先进报告文学集。（2）深化工会改革，增强工会活力。在深化国企工会改革中，制订“1+N”改革方案、制订《关于推进新时期杨浦产业工人队伍建设改革工作举措》，召开产业工人队伍建设改革推进会。在实施企业、园区、楼宇“百人、千家、万名”建工会行动中，职工入会15147人、新建工会250家、建工会联合会31家。同时加强劳务派遣公司组建工会。7个“小二级”工会联合会列为市“小二级”工会示范点。《行业重点岗位职工工资指导建议》评为市“小二级”工会十大服务职工品牌。集体协商等3个项目获上海非公企业工会改革创新奖。定海路街道总工会获市社会化工作技能一等奖。加强“四位一体”工会经审制度。(3)聚力服务大局，引领岗位建功。开展“建功‘十三五’创新你我他”立功竞赛，推进科技创新、重大工程、旧改征收、绿化市容、家庭医生、文明创建领域的“五比五赛”活动。联手上海科技管理学校等6家单位创办“上海职工学堂”。开展群众性“五小”经济技术创新活动。奖励技能晋升的职工和带教师傅111人，奖励专利发明35项。拨发职业培训补贴费856万元。举办30场“垃圾分类我先行·绿色生活伴我行”增绿减排活动。(4)履行主责主业，维护职工权益。推动完成湾谷园区职工优质公共交通服务工作。协助街道办事处创新社会治理工作，累计接待调解案件307件，参与调处群体纠纷13起、职工315人，追讨经济损失430万元。签订集体合同覆盖企业9028家、职工19.69万人；工资集体协议覆盖企业7105家、职工13.44万人。精准帮扶1910名困难职工，帮困金37万元。深化劳模工匠的医疗服务。(5)实施实事项目，提升服务质效。建立“百领导师”团队，开设尤克里里、瑜伽等80门“百领学堂”课程培训班。举办杨浦职工足球联赛、非洲鼓团体挑战赛、“阅读瞬间”读书分享会等10场“百领赛事”活动。每月定期放映“百领影苑”公益电影，提供千余场次文体场馆免费预约服务。举办8场职工心理健康知识讲座。新建户外职工爱心接力站4家、升级改造7家、新建爱心妈咪小屋22家、命名职工书屋自建点30家。为17.2万名持卡会员赠送专享基本保障，136人次获专享保障金138万元；累计投保工会互助保障38.8万人次，保障金4619.63万元，给付5.4万人次，给付金3649.57万元。与相关部门联手助力应届大学毕业生就业，举办50场次“春风行动”招聘会，提供岗位24701个，2015人实现就业。劳模讲师团为230名困难职工子女提供免费升学培训。 (张东寅)

【黄浦区总工会】 直辖街道总工会、产业(局)工会、企业集团(公司)工会41个。基层工会2860个，涵盖单位13463家。职工318411人，其中女职工134844人、农民工85456人。工会会员300336人，其中女会员126169人、农民工会员80370人。工作机构：办公室、基层工作、宣传教育、财务资产管理、维权保障5个部室。直管事业单位：职工援助服务中心、工人文化宫、工人体育馆和工人体育场。主要工作：(1)引领职工建功立业。推出政策、责任、服务清单，建立技能人才激励机制。拨付竞赛经费235.4万元，2家单位获市立功竞赛先进，99个集体和100名个人获区劳动竞赛先进称号。新建13个工匠、技师创新工作室。在先进操作法评选中获优秀成果奖1个、创新奖1个、合理化建议创新奖2个。评选全国五一劳动奖章1名、市五一劳动奖章10名、市五一劳动奖状8家、市工人先锋号10个、上海工匠3名、黄浦工匠10名。(2)保障职工合法权益。完善职代会制度，建制率占92%，国有企事业单位做到全覆盖。健全政府与工会联席会议协调小组。接待法律咨询4651人次，受理法律援助案792个，参与调解劳动争议407件，挽回经济损失650万元。查处拖欠、克扣工资的用人单位117户，为2896名农民工追讨欠薪2719万元。签订集体合同1242份，覆盖企业9520家，涵盖职工17万人；签订工资协议1259份，覆盖企业9449家，涵盖16万人。为1.8万人办理工会会员专享服务卡，累计12.2万人，给付专享保障金418.7万元。组织6231名、3833名职工参加疗休养、健康体检。免费为1000名困难女职工、女农民工提供两病筛查。(3)着力开展文体活动。举办职工文化艺术节、“黄浦杯”职工红色定向文化寻访、“幸福黄浦畔·逐梦新时代”职工摄影大赛和职工朗诵比赛。举办有1100名职工参加的交友活动。组织2万余名职工参加“睿读”思辨、乒羽、台球、保龄球、电竞和真人CS等活动，近万名职工参加“建设杯”农民工运动会、“上海黄浦杯”台球邀请赛、庆“八一”军民长跑、南京路马路运动会等活动。设立“黄工学堂”，向3000名职工配送文化服务。新增妈咪小屋10家、升级星级小屋4家、创建亲子工作室1家、服务职工7739人次。(4)真心实意服务职工。开展“爱心一日捐”活动，9.8万人筹集爱心款609万余元。精准施策帮扶困难职工，三大节日帮扶854人，金额110万余元。下拨323万元慰问高温作业职工。向春节坚守岗位的1000名农民工赠送通讯费及健康医疗补贴10万元。为9.3万名在职、19.3万名退休职工办理工会互助保障，6.4万人办理保障给付金7530万元。实施“黄浦工会”微信公众号升级，提升网上服务功能。(5)加强工会改革建设。强化非公企业“小二级”工会建设。开展工会干部分层分类岗位培训。制订国企工会改革“1+N”方案，形成5个市级改革创新案例、3个市级改革示范点、7家工会列入市非公企业工会改革示范性候选单位。拨缴工会经费收入4650万元，同比增长13.3%。实施区管工会购买第三方服务，拨付经费102万元。制订小微、外资企业工会经费内控规定，返还经费316万元；落实“四位一体”经审制度。组织工会干部和财会人员参加工会财务培训。 (陆中斌)

【静安区总工会】 辖街道总工会13个，镇总工会1个，园区总工会1个，机关事业单位工会18个，企业集团工会14个。基层工会2429个，涵盖单位10563家。职工230929人，女职工109832人。工会会员224462人，其中女会员106129人、农民工会员28168人。工作机构设置：办公室、基层工作部、劳动关系部、维权保障部、宣传教育部。直属事业单位有4家：工人文化宫、工人体育场、职工援助服务中心、事业管理服务中心。主要工作：(1)发挥劳模先进引领作用，激励职工投身经济发展。做好劳模管理服务工作，弘扬劳动风采和工匠精神；组织开展不同形式劳动竞赛；加强职工技能培训，激励广大职工在投身区域经济发展大局中建功立业。(2)深化维权工作，促进劳动关系和谐稳定。以稳定职工队伍为重点,从源头抓牢预防调处劳动关系矛盾;着力开展工会法律援助;联手加强劳动法律监督;坚持开展平等协商签订集体合同制度。(3)提升服务精度,加强工会组织凝聚力。进一步加强服务职工的精细化程度;擦亮工会传统帮扶品牌;做好工会劳动保护工作。(4)持续深化改革,不断扩大工会改革成效。将工会的关心关爱延伸到新兴就业职工群体;建立完善政府与工会联席会议制度。继续深化工会改革。(5)加强自身建设,提高工会工作能力水平。抓好"不忘初心、牢记使命"主题教育;做好中国劳动组合书记部旧址修缮后重新开放工作;扩大工会组织覆盖面,规范工会组织建设;提升工会整体学习工作水平;优化工会经费结构,提高工会经费在普惠使用上下功夫。 (蒋康乐)

【宝山区总工会】 辖直属工会41家,基层工会2143个,覆盖单位14853家。职工400087人。会员381228人,其中女会员139464人、农民工会员126332人。工作机构设办公室(财务资产部)、基层工作部、宣传教育部(经审办)、权益保障部。直属事业单位2家、民办非企业单位1家。启用新建的宝山工人文化活动中心,成立宝山职工艺术团。主要工作:(1)持续推进工会改革。制订《关于推进新时期宝山产业工人队伍建设改革的实施意见》《关于充分发挥工会在推进新时期宝山产业工人队伍建设改革中发挥重要作用的实施办法》,召开国企工会改革推进会,制订"小二级"工会建设规范化文件,2个案例获市非公企业工会改革创新案例,10家企业获市非公企业工会改革"小二级"工会示范点,4家企业获市民营企业工会示范点,1家工会组织获一等奖。落实"小三级"工会各项资金补助及扶持企业建立工会的专项资金。(2)竭诚服务职工群众。构建"竭诚服务职工1+6体系",发布"宝山工会服务地图",组建心理咨询师志愿团,推出12项工会实事服务项目。"爱心一日捐"募集370余万元,发放帮困金286.32万元,为农民工发放通讯费、医疗补贴费,沪滇两地贫困家庭就业扶贫项目创新经验被推荐在全总交流。1个项目获评市级优秀职工读书项目。新建户外职工爱心接力站11家,累计82家,评为全市第一。(3)弘扬劳模工匠精神。宝山劳模工匠风采馆正式开馆,拍摄《劳模讲故事》微视频、编印《致敬时代楷模宝山劳模风采录》、开展"劳模工匠展示日"活动和"红色党课进基层"宣讲。评选全国、市、区五一先进奖214个、第二届"宝山工匠"20名、"上海工匠"3人。在开展创新活动中,制定《宝山区职工创新工作室管理办法(试行)》,1个项目获上海科技进步奖三等奖,开展新"十个一"主题活动,上海市加快科创中心建设立功竞赛获优秀组织奖。(4)维护职工合法权益。发布"职工维权服务地图",召开政府与工会联席工作会议。协调劳动关系调处纳入企业治理体系。新建100个工会法律援助联络站。开展评选10个集体协商、民主管理示范企业。1家企业获全国"安康杯"竞赛优胜五连冠。为14.3万名职工办理工会会员服务卡专享保障计划,互助保障理赔1.36万人次。(5)加强工会组织建设。为成立环卫行业工会联合会筹资55万元。有序推进全国试点的"货运司机集中入会"工作。2个单位获第二届市社会化工会工作者技能比武奖。成立财务结算中心,工会财务工作获全国总工会省(市)级先进单位。建立经费审查工作联席会议制度。建立67家基层工会职工会员监督示范点。扎实开展主题教育,提升工会机关党建及干部队伍整体水平。 (沈 英)

【闵行区总工会】 辖直属工会38家,其中街镇总工会13家,工业区总工会1家,局(产业)工会24家。基层工会组织5370个,其中独立基层工会5033个,联合工会337个,基层工会涵盖单位14586个。职工总数532015人。工会会员516854人,其中女会员230626人、农民工会员254374人。主要工作:(1)在实施"小二级"工会改革中,有示范点30个。推荐产生市级街镇(开发区)非公企业工会改革创新案例3个、"小二级"工会示范点8个、民营企业工会示范点4个、非公企业工会改革先进个人2人。(2)在开展评选工作中,评为闵行当代工匠10人、上海工匠2人、推荐评选全国五一劳动奖章1人、市五一劳动奖章12人、市五一劳动奖状10个、市工人先锋号17个。发挥劳模工匠引领示范作用,创建长三角地区劳模工匠创新工作室3家、市劳模创新工作室3家、区劳模(职工)创新工作室5家。(3)开展各类立功竞赛活动,获得市进博会立功竞赛五一劳动奖项4个、先进集体3个、先进个人3名。举办各类职工技能比武120场。承办2019年上海职工创新大会暨第九届职工科技节开幕式,获市职工合理化建议创新奖2个、市先进操作法成果奖1个、市先进操作法创新奖1个、奖励一线职工发明专利26项。组织80个职工科技项目参加第三届国际发明创新博览会,其中3个项目获首届上海职工优秀创新成果奖。(4)实施职工技能提升助推计划,设立"闵工学堂"19家、"上海职工学堂"5家、累计授课183次、培训职工6155人。(5)启动"百千万"职工法律服务行动,建立职工法律服务站点83个、提供工会法律援助服务14280件、为职工挽回经济损失3.7亿元。(6)建立区域性、行业性职代会制度264个,涵盖企业5696家。签订集体合同1692份,涵盖企业5519家、职工245138人。创建上海市和谐劳动关系达标企业298家,全区达标企业740家,创建劳动关系和谐园区(村、楼宇)/行业7个。全区新建基层服务站12家,职工文化(体育)体验基地18家,爱心妈咪小屋25家,职工亲子工作室3家,新增户外职工爱心接力站12家。举办18项区级层面职工体育赛事。组织向劳动者致敬慰问一线职工专场系列演出10场。提供职工健康体质监测服务1000余人。签约工会会员服务卡特约商户100家。 (王 凯)

【嘉定区总工会】 直辖街、镇、园区、委、局、集团公司等工会47个;基层工会3081个,涵盖单位9745家;职工408456人;工会会员393683人,其中女会员155393人、农民工会员124370人。(1)加强思想政治引领。开展"不忘初心、牢记使命"主题教育,发挥"四责协同"机制作用,推动从严治党有新作为。在建国70周年大会上向13名全国劳模颁发纪念章;召开庆五一大会、举办第二届职工文化艺术节、开展职工"好声音"、劳模文化作品展等活动;产业工人之歌《蓝色动力》在全总和中央网信办主办的歌曲大赛中获奖；在嘉定工会报、微信公众号营造劳动光荣、工人伟大的良好氛围。(2)开展创新、评选工作。在开展职工创新活动中，获市优秀发明金奖1个、银奖7个、铜奖10个；获合理化建议成果奖1个、创新奖2个，先进操作法优秀奖1个，立功竞赛创新奖3个；评选创新英才19名，命名一批职工创新工作室；评选钱建宏为“上海工匠”，选树“嘉定工匠”5名、技能标兵5名、技术能手10名，徐小平获“嘉定工匠”终身成就奖。有35名职工晋升技师(高级技师)、6名职工授予带教师傅并受奖。评选市五一劳动奖状6个、奖章11个；获全总工人先锋号1个、市8个、区224个、示范岗58个。(3)年内创办“上海职工学堂”7家。举办292个培训班参加职工3.8万人次。拍摄《嘉定工匠》、汇编工匠事迹、打造“工匠训练营”，激励职工奋斗热情。联合开展垃圾分类竞赛、参与市生物医药和集成电路竞赛。(4)源头维护职工权益。与政府、12个街镇召开联席会议；建会企业集体协商率90%，签订集体合同、工资专项合同1009份、1276份，覆盖企业6632家、职工24万人；签订女职工专项合同1008份；法律援助1813件，挽回经济损失2063万元；对15家企业开展劳动法律督查，17家单位开展劳动用工评估。(5)竭诚服务职工群众。建立就业服务微信群，使求职招聘互通高效。投入700万元落实15项实事，服务职工8万人次。9.4万人次职工参加“安康杯”竞赛。在东西部扶贫对口支援中助推云品销售471.3万元。(6)助推工会建设改革。在落实产业工人队伍建设改革中，10个区域性工会联合会评为市非公企业“小二级”工会改革示范点、1家工会评为市非公企业改革创新工会、2家工会评为市民企工会改革示范点，田立跃、陆晔评为市非公企业工会改革先进个人。(7)创新建立工会组建网上平台，新建工会117家，新增会员1.05万名。开展“六有”创建活动，表彰18家区先进职工之家、38家职工小家。(8)抓好队伍建设，提高自身水平。加强工会财务和资产管理，深化“四位一体”经审监督制度的改革。新招录社工22名。女职工、信访、信息、统计、年鉴等工作有新进展。 (黄点点)

【金山区总工会】 辖有直属工会35家。基层工会1759个，基层工会涵盖企业11389家。职工257549人。工会会员250456人，其中女会员111249人、农民工会员137106人。工作机构设：办公室、组织部、基层工作部、维权保障部。直属事业单位：工人文化宫，工荟服务中心有社工53名。主要工作：(1)评选先进引领发展。在建国70周年大会上为16名全国劳模颁发纪念章。评选全国五一巾帼标兵岗1个，市五一劳动奖章7人，市五一劳动奖状5家，市、区工人先锋号7个、59个。评选“上海工匠”2人、“金山工匠”10名、“工匠提名奖”10名、“鑫工巧匠”157名。新建劳模创新工作室2个、“上海工匠工作室”1个、“上海职工学堂”25家。新建市职工书屋1家、举办128场读书分享会及文化艺术节。663家单位的7万人次职工参加36个项目主题型竞赛，3家企业入围现场评审。投入779万元培训班组长1700人次。获专利发明56人；晋升技师、高级技师41人，3个项目获市合理化建议和先进操作法奖。举办抖音短视频大赛，点赞数82万。获市职工故事大赛优秀组织奖3个。(2)履行职能维护权益。召开政府与工会联席会议，健全街镇、工业区与工会联席会议制度；创建市和谐劳动关系达标企业82家，与区司法等部门建立建筑业务工人员法律援助工作站，援助692件，挽回经济损失1400万元。纺织行业开展集体协商覆盖企业75家，职工1.2万人。有序推进职代会提案(金点子)活动，“引进垃圾焚烧技术、创新企业热能供给”提案评为全国百佳职工优秀提案。20家企业列为全国劳动关系监测点；组织248家单位、3万名职工参加“安康杯”竞赛，参与调处6起安全生产事故。与应急等部门联合开展安全急救培训。划拨65万元为13000名职工发放防暑降温用品；开展女职工权益保障、职工拒毒、宪法宣传活动。(3)精准帮扶凸显亮点。实施255户困难职工联系卡制度，累计帮困504人次、44万元。拨付1017万元完成30项职工实事项目、拨付23.45万元为环卫职工和外来务工者送保险、拨付275万元用于疗休养和健康体检、拨付30.3万元帮困云南普洱职工。为12.1万名新会员办理工会专享服务卡，购买专项保障220万元，为15.9万名职工办理互助保障，理赔3.28万人次，金额2764.95万元。开展女职工“情暖三月天”主题活动，新建44家户外职工爱心接力站、新建爱心妈咪小屋8家、亲子工作室12家、累计为老服务2万人次。(4)助推工会改革建设。开展“不忘初心、牢记使命”主题教育，进行22次专题学习，1792人次工会干部完成785次大调研。新建工会84家，涵盖单位132家，入会职工5200多名。召开产业工人队伍建设改革专题大会，制定10余项政策、26条改革举措、31个工作项目、5项重点工作。制订加强非公企业小二级工会建设实施意见，9家工会列为市“小二级”工会示范点，463家基层工会、13家“小二级”工会列为“活力鑫工会”，2人评为市非公企业工会改革先进，1家工会列为市非公企业工会改革创新案例。实施“四位一体”“三同步”经审督查，举办工会干部、经审人员业务培训班。 (翁引明)

【松江区总工会】 辖镇、街道、开发区总工会18个，委、局工会26个，直属公司工会2个，行业工会6个；基层工会2882个，基层工会涵盖单位10274家；职工总数363242人，其中女职工154139人、农民工170386人；工会会员344530人，其中女会员146848人、农民工会员162704人。主要工作：(1)团结引领职工群众。开展“不忘初心、牢记使命”主题教育，举办各类专题学习31次、1000余人次参与。拍摄微纪录片《70年，我们一起追过的松江劳模》，获上海职工微电影节铜奖。举办松江“职工小藏品折射大变化”建国70周年网上藏品展，70组(300件)藏品入展，开展一个月参观人数1.5万。召开松江区庆祝五一国际劳动节暨先进表彰大会，推荐、评选、表彰273个全国、市、区五一劳动奖、工人先锋号。在创建劳模创新工作室中，为9家市、区级劳模创新工作室下拨32.5万元创新资金。(2)聚焦职工技能提升。牵头主办首届九城市总工会助推长三角G60科创走廊高质量发展职工劳动技能竞赛，推动形成九城市校企合作、培育万名高技能人才计划，实施公共服务有效覆盖与G60科创走廊相适应的产业工人三年行动计划。落实培育工匠选树计划，1 名职工评为上海工匠、10 名职工评为松江工匠、2 家工作室评为市级工匠创新工作室。（3）履行工会主责主业。优化“4+50+20”法律援助队伍新模式，建立“法援+就业”联动机制；参与职工法律援助 7513 件，挽回经济损失 1.2 亿元；制订下发松江工会三级梯度帮扶系列文件、大病职工慰问行动实施细则；推进职工综合活动中心建设；创设上海职工学堂 5 家，1 家评为市级职工体育示范基地；新建 18 家爱心妈咪小屋，新建或升级 15 家爱心接力站；首次推出公益乐学实事项目，建立 20 家公益乐学教学点，形成八大类 176 门课程方案，累计教学 400 次，惠及职工 1.8 万人。（4）深化工会改革建设。推进产业工人队伍改革建设，新建工会组织 352 家、产业集群工会 2 家。7 家联合工会列为市“小二级”工会改革示范点、3 家街镇（经济技术开发区）案例评为市非公企业工会改革创新案例、3 家企业列为市民营企业工会改革示范点。发展 9907 名灵活就业人员入会。实施新型就业群体工会会员互助保障计划。持续叠加、优化“松江工会”微信功能，并推出 22 项在线服务，“松江工会”微信团队获市工人先锋号称号。修订《松江工惠社会服务中心员工手册》，完善社工薪酬标准体系。（韩春丽）

【青浦区总工会】 辖镇（街道）总工会 11 个，委、局工会 30 个，区级公司工会 7 个，行业工会 8 个（纺织、建筑、旅游、餐饮、物业、环卫、印刷、快递物流）；基层工会组织 2029 个，涵盖单位 12525 家；工会会员 341429 人，其中女会员 138229 人、农民工会员 153538 人。主要工作：（1）引领职工弘扬正能量。举办庆祝新中国成立 70 周年纪念章颁发仪式、劳模先进座谈会、“职工当先锋、创全再出发”五大行动、“学讲话、学论述、颂发展”系列活动。激励职工唱响时代主旋律，争做社会风尚引领者，开展李斌先进事迹学习宣传活动。成立华新、香花桥等街镇职工文体活动中心，推进区、街镇、企业三级职工文化阵地建设。（2）深化职工立功竞赛。开展与吴江、嘉善等三地职工劳动技能创新战略合作，并举办现代物流和会展服务等技能竞赛、水质检测技能大赛、旅游行业职工技能竞赛、服务保障第二届进博会等立功竞赛活动。启动百家企业工会联盟、百家劳模工匠（技师）创新工作室联盟、百家职工（工匠）学堂联盟建设，建成 29 家“职工学堂”，成立“青浦工匠学院”。（3）履行工会主责主业。制订下发实施集体协商，提质增效的实施意见。健全完善区、镇政府与工会联席会议制度。建立“周振波”“喻学记”劳动争议调解工作室；参与调解劳动争议案件 519 件；提供法律援助 918 件、涉及职工 2341 人。为困难职工帮扶送温暖 5200 人次、帮扶金 580 万元；安排 10086 人参加疗休养和健康体检；办理职工互助保障 23.9 万人、理赔金 1392 万元、办理工会会员卡 16 万张。新建 12 家户外职工爱心接力站、25 家爱心妈咪小屋、2 家职工亲子工作室。（4）加强工会改革建设。与有关部门联手起草《关于推进新时期青浦产业工人队伍建设改革的实施意见》，并召开推进大会。加强重点区域、重点行业工会建设，成立西虹桥地区、夏阳街道文旅行业、练塘镇农民专业合作社行业工会联合会，并对 7 家区级国企公司进行工会改革检查评估。组织开展“不忘初心，牢记使命”主题教育活动。加强工会干部队伍建设，培训工会干部 1100 人。（朱建强）

【奉贤区总工会】 辖镇、街道、委、局、院、社区、开发区、区属公司工会及行业工会 68 个。基层工会 1930 个，涵盖单位 3445 家。职工 183575 人。工会会员 174411 人，其中女会员 75634 人、农民工会员 63227 人。工作机构设：办公室、基层工作部、劳动关系部、宣传教育部、权益保障部。直属事业单位 1 个，社团组织 1 个。主要工作：（1）着力提升职工素质。新建职工学院 1 所，职工学堂 20 个，职工学校 46 所，百人企业固定教学点 617 个，百人以下企业流动（联合）教学点 1114 个，车间（班组）课堂 5600 个，培训职工 100 万人次。开展“百堂讲座进企业”和实训课程 280 余场次。新建职工修身基地，创建全国职工书屋 4 家（其中 1 家示范点），市级职工书屋 8 家（其中 6 家示范点），区级职工书屋 139 家，实施“十万在岗人员学力提升”计划；组成讲师团宣讲 53 次，1 万人次职工参加听讲。（2）构建和谐劳动关系。成立劳动争议联调分中心，建立劳动关系三方参与、四方联动协调机制，16 家调解室调处劳动争议 2864 起，职工 2964 人，挽回经济损失 5927 万元。搭建“中心→站→室”三级工会维权网络，调解法律援助案件 564 件，挽回经济损失 1105 万元。新增集体协商“示范单位”35 家，签订集体合同 3337 份、工资专项集体合同 1029 份。开展“尊法守法 · 携手筑梦”法制宣传 11 次、接待农民工 3660 人次、提供法律政策咨询 960 次、发放宣传品 6000 份。组织 937 家单位、4098 个班组、7.65 万名职工参加“安康杯”竞赛。（3）竭诚服务职工群众。在开展送温暖活动中，拨发劳模帮困金 235.8 万元，慰问职工 1759 名，金额 138.2 万元；慰问 21 万名高温作业职工，金额 667.65 万元；开展 8 场“春风送岗位”、“卡卡惠职工”服务活动；组织退休劳模参加疗休养、健康体检、送清凉、红色游活动。为 25.25 万人次职工办理互助保障、住院投保、定向帮扶和“圆梦行动”帮扶项目；为 18241 人次职工办理互助保障理赔，金额 2294.33 万元；为 8.35 万职工办理会员服务卡专享保障。新建户外职工爱心接力站 63 个，爱心妈咪小屋 181 家，亲子工作室 8 家。（4）加强工会改革建设。开展“不忘初心、牢记使命”主题教育。召开产业工人队伍建设推进大会，落实 30 项改革目标任务。开展“百人以上企业建会专项行动”，新建工会联合会 2 个，工会组织 143 家，新增会员 1.9 万余人。新建区直工会 3 个，7 个直属工会进行换届改选，18 个直属工会完成届中调整。制订区总工会工作规则、区工代会代表和区工会委员履责实施意见。726 人次工会主席参加各类研修培训。印发“小三级”工会经费补助实施办法，对 25 家直属工会开展工会经费审计。（钱　洁）

【崇明区总工会】 辖乡镇总工会 18 个，园区总工会 2 个，委、局、区属公司工会 22 个。基层工会 1136 个，涵盖单位 2820 个。职工 102681 人。工会会员 96095 名，其中女会员 43332 人、农民工会员 31552 人。工作机构设“三部一室”，办公室、基层工作部、宣传教育部、维权保障部。下设 1 个正科级事业单位——崇明区职工服务中心。主要工作:(1)加强思想政治引领。学习贯彻习近平关于工人阶级和工会工作论述、全总十七大、上海工会十四大以及区委一届五次全会重要精神。宣传崇明生态发展理念,动员广大职工争做创城主人翁、生态环境治理践行者。(2)提升职工队伍素质。召开庆祝五一劳动节暨最美崇明劳动者、崇明工匠表彰会,表彰最美崇明劳动者10名、崇明工匠10名、金伟国获“上海工匠”称号。评选获全国工人先锋号1个、市五一劳动奖状2家、市五一劳动奖章7个、市工人先锋号3个。举办崇明生态岛建设劳动技能竞赛。开设10家上海职工学堂,举办“迎花博,提升窗口服务行业职工综合素质”培训和工匠创新人才研修班。(3)维护职工合法权益。深化“零门槛”法律援助服务;参与调解劳动争议307起,代理仲裁22起,代理法律文书399件。高温慰问1.2万名职工,指导帮助企业落实安全防护措施。(4)实施职工实事项目。为10836名职工办理会员卡;9395名、1100名职工参加健康体检、职工疗休养;9151名灵活就业人员参加专享保障;新建2个户外职工爱心接力站、16个爱心妈咪小屋、8个职工亲子工作室;举办4期共398名青年参加的职工交友会;健全工会三级梯度帮困体系,慰问困难职工5407人次,发放帮困金369.6万元。(5)深化工会改革建设。深化非公企业工会改革,新河镇村(居)企业工会联合会指定为市非公企业工会改革“小二级”工会示范点。指导农民专业合作社、建筑行业等“小二级”社会组织成立工会联合会。发展民宿、开心农场等新兴组织的灵活就业人员加入工会,吸纳会员5000人。

(陈思佳)

区总工会主席、副主席、经审主任名录

单位名称	主席	副主席	经审主任
上海市浦东新区总工会	王辛翎	李幼林　吴　毅　薛英平(兼职)　刘华新(兼职)　洪　刚(兼职)	刘京蕾(女)
上海市徐汇区总工会	朱伟红(女)	吴元华　钱建平　屠　刚(挂职)　王海斌(兼职)　王　承(兼职)	徐敏宇(女)
上海市长宁区总工会	刘　英(女)	邱　刚　方玲姬(挂职,女)　戴轶青(兼职)　杨　军(兼职)	赵永康
上海市普陀区总工会	李松海	李戍渊　王　鹏　赵龙北　曾　章(挂职)　于井子(兼职,女)　钟　频(兼职,女)	任春海
上海市虹口区总工会	胡　军(女)	蒋红心　黄守虎　朱　琦(女)　钱　健(挂职)　倪集禾(兼职)　张　伟(兼职)	蒋红心
上海市杨浦区总工会	麦碧莲(女)	陈梗宝　朱晓雯(女)　胡春杨(挂职)　刘海燕(兼职,女)　杭国栋(兼职)	王　岚(女)
上海市黄浦区总工会	屠奇敏(女)	朱畅江　吕　炜(女)　姚　璐(挂职,女)　周文武(兼职)　王奇(兼职)	朱旭峰
上海市静安区总工会	叶坚华	郑志勇　谭振勇　李　晅(挂职,女)　徐　晔(兼职,女)　安从真(兼职)	张　伟
上海市宝山区总工会	王丽燕(女)	徐子平　赖拥军　杨晓玲(挂职,女)　沈晓东(兼职)　万慧云(兼职,女)	谢术平(女)
上海市闵行区总工会	倪学斌	许向东　于　璐(女)　李　伟(挂职)　胡振球(兼职)　谷文平(兼职)	袁　飞
上海市嘉定区总工会	王建新	金伟荣　章　华(女)　张肖楠(挂职)　李　炜(兼职)　李香花(兼职,女)	胡素丰(女)
上海市金山区总工会	朱喜林	汪敏良　曹　冠(女)　季　蕾(挂职,女)　童上高(兼职)　胡赟星(兼职)	汪敏良

续 表

单位名称	主席	副主席	经审主任
上海市松江区总工会	徐卫兴	陈军康　孙禄君（女）　薛鸿斌（兼职）　朱　梅（兼职，女）　刘建其（兼职）	孙爱华（女）
上海市青浦区总工会	赵宏林	吴　春　倪　健（女）　蔡学锋　张　维（挂职，女）　周振波（兼职）　黄　敏（兼职，女）	冯永新
上海市奉贤区总工会	陆建国	张辉凤（女）　吴永强　许燕玲（挂职，女）　顾　帅（兼职）　王宇升（兼职）	韩晓燕（女）
上海市崇明区总工会	张建英（女）	秦文新　王可杰　张蕾蕾（挂职，女）　施　烨（兼职）　沈　斌（兼职）	王可杰

局（产业）工会概况

【上海市机电工会】 所属基层工会143家，职工43504人，工会会员41679人，其中女会员8908人、农民工会员1396人。主要工作：（1）健全职代会和集体合同制度。召开电气集团集体协商会议，制订2019—2021年集体合同、女职工权益保护专项集体合同和工资专项集体合同实施意见并达成共识。召开电气集团二届四次职代会，签订2019—2021年集体合同、2019—2021年女职工权益保护专项集体合同、2019年工资专项集体合同。召开职代会联席会议，选举产生电气集团职工监事2名。（2）提供法律援助和帮困服务。在“菜单式”法律服务中，受理非诉类事件91件，预约上门服务4件，法律咨询47次，处理来信7件，代书32件，非诉调解1起。65家单位在“一日捐”活动中捐款539.5万元。下拨帮困金727万元，对8552人次的困难职工、农民工实施节日、助学、大病帮扶和离岗体检；支出565.5万元为回国休假的海外职工安排健康体检；为闵行部分职工宿舍提供空调、洗衣机、淋浴器等生活设施。（3）开展技能培训和竞赛活动。通过李斌技师学院培训职工13076人次，“3+3+3”技能培训3期共96名学员，1200名职工参加“李斌杯”技能大赛。为激励职工劳动积极性，开展海内外工程项目建设专题竞赛和质量专项竞赛。（4）深化班组建设和合理化建议活动。330名基层工会干部、劳动保护干部、班组长参加安全风险管控、劳动保护法规、工会劳动保护、班组安全建设和职业安全健康培训。开展年度优秀合理化建议征集评比活动，提升合理化建议科学化水平。（5）开展学习讨论和文体活动。开展“主人翁精神”的学习讨论和“七个一”系列活动。举办建国70周年职工文化艺术节，26家单位、1200余名职工参加合唱比赛；24支参赛队、200余名职工参加乒乓比赛；1200多名职工观摩文艺晚会，晚会直播视频、图片浏览超过5.4万人次、2.5万人次。（6）推进工会改革和建设。制订并修订完善集团工会工作制度，完成国企工会改革试点工作；3个制度性文件和2个工会改革案例被编入市国企工会改革成果集；实施非公企业工会兼职主席履职津贴制度。（彭伟光）

【上海市仪表电子工会】 辖有基层工会66个（其中1个代管）。职工13679人，其中女职工4550人。工会会员13407人，其中女会员4495人、农民工会员1593人。工作机构设：办公室、基层工作部。主要工作：（1）坚持思想政治引领，深化民主管理制度。组织工会干部和职工学习贯彻习近平总书记关于工人阶级和工会工作重要论述、党的十九届四中全会精神；围绕集团党政工作大局，召开仪电一届五次职代会；构建和谐劳动关系，开展集体协商签订集体合同、巡视检查和职工提案工作。（2）提升职工队伍素质，促进企业持续发展。制订产业工人队伍建设方案；对取得专业技能和紧缺人才资格证书、发明专利和高师带徒等71名职工实施奖励；培训紧缺人才项目管理师和集成项目管理师；开展长三角劳动技能创新、加快科创中心建设立功竞赛，3项竞赛入围市优秀奖；弘扬劳模、工匠、劳动光荣精神，举办劳模（工匠）座谈会和培训班；1家单位获市五一劳动奖状、1名职工获市五一劳动奖章、4个班组获市工人先锋号称号；创建1个市劳模创新工作室、1个上海职工学堂、2个市巾帼文明岗。（3）关心职工生产生活，保障职工安全健康。实施1723人次困难职工助困、助学、助医送暖温暖和“夏送清凉、冬送温暖”活动；为基层职工小家、小屋赠送“健康包”；落实普惠工会会员专享保障13096人；参加市职工健康趣味运动会；成立“仪电跑团”，举办职工健康跑、实况足球赛、棋牌赛和合唱比赛；1100人次职工参加“仪电·慧幸福”APP新年积分兑换活动；3家单位、2个班组在“安康杯”竞赛活动中评为“安康杯”竞赛（上海赛区）优秀组织单位、优胜单位和优胜班组；开展市“职工安全生产知识大赛”获优秀组织奖；（4）加强工会改革建设，提升工会能力水平。选送31名基层工会主席参加市总岗位资格培训；开办有220余人参加的工会干部、班组长培训班；聘请第三方社会中介机构，对8家基层工会主席开展离任审计；推荐3家基层工会为上海工会经审工作基层示范点；加强财务、经审培训和会员监督经费使用工作。（周黎俊）

【上海市化学工会】 辖基层工会84个，工会联合会1个，涵盖单位85个。职工9836人。工会会员9781人，其中女会员2291人、农民工会员144人。主要工作：（1）学习贯彻党的十九大及十九届二中、三中、四中全会精神，树立

"四个意识""四个自信""两个维护"意识，着力建设"一流企业"和"绿色、创新、发展、跨市"一体化五大发展战略。(2)开展"不忘初心，牢记使命"主题教育，积极推进"阳光华谊"企业文化建设。大力弘扬劳模精神、劳动精神、工匠精神，弘扬正能量，增强向心力。(3)围绕职工技能素质提升，开展员工技能大赛，14家二级公司和直管单位开展110项技能比赛，6304人次参加各类技术比武、技能竞赛活动。开展学习交流和评先争优活动，推进产业工人队伍和工会自身改革建设。(4)围绕维护权益、促进和谐，做好关心、服务员工工作。全年新办工会会员卡146张，为9437名会员集中参保办理工会会员专享服务卡。15名患重病、2名意外身故职工领取会员专享保障金34万元。(5)围绕氛围营造、文化引领，丰富职工业余文化生活。完成工会全年各项工作任务，为实现华谊集团战略目标发挥工会作用。（张雪莲）

【上海市轻工业工会(上海轻工业工会联合会)】 辖7个基层工会。职工2761人，其中女职工795人。工会会员2754人，其中女会员794人。轻工业工会联合会现有15个行业工会，会员单位247家。工作机构设办公室、组织部、民管部、法律部、经济工作部、宣教部、女工部、生活保障部、财务部、技协三产办公室等。主要工作：(1)开展技能比武竞赛培训活动。举办"2019年度上海市钟表行业手表装配技能比武大赛"；在行业内评选"巾帼示范岗"，29个班组获"示范岗"称号；评选表彰69名轻工行业优秀班组长；210名工会干部与班组长参加十佳优秀班组长交流演讲；与钟表行业协会联合开展行业班组长《班组管理实务》培训和《班组建设交流学习会》讲座。在9个行业和1家集团公司选树10名2018年度"上海轻工工匠"；上海印钞有限公司的印码生产部陆晔程机台获2018年上海市工人先锋号。上海造币有限公司马庆获2018年上海市五一劳动奖章；上海造币有限公司朱凯锋技师工作室被授予上海市职工(技师、巾帼)创新工作室；(2)提升工会干部学习调研水平。举办《上海制造业职工现状与工会工作着力点》《两会热点与如何认识成立70周年的新中国》《轻工行业工会干部学习强国知识竞赛》《垃圾分类辅导》为主要内容的辅导讲座；深入企业开展《机器人运用对职工就业影响》《企业班组建设》专题调研。(3)丰富职工业余文化体育生活。开展"上海轻工职工庆祝新中国成立70周年书画摄影、剪纸篆刻等艺术作品"征集活动，劳模工匠、企业老总、职工踊跃参加，提交的创作发明、笔墨书画、艺术摄影等作品被汇编在《笔墨丹青颂祖国》轻工工运特刊；与纸业玻璃行业联合分会、室内装饰行业分会合作举办庆祝新中国成立70周年摄影采风、乒乓球邀请赛等活动。（徐俊彦）

【东方国际(集团)有限公司(上海市纺织)工会】 辖基层工会96个，工会联合会2个，涵盖单位99个。职工11486人。工会会员11335人，其中女会员4872人，农民工会员1016人。主要工作：(1)加强学习教育把握工运主题。学习贯彻习近平重要讲话精神，牢牢把握工运主题，引导职工以主人翁姿态建功立业。深化"不忘初心，牢记使命"学习教育，深入职工群众，开展调查研究，掌握社情民意，把检视和整改问题落实到解决基层实际问题的全过程。(2)开展竞赛活动提升职工素质。围绕新"三年行动计划"和十大战役目标任务，以"零风险、零差错，提质增效"为主题，按六大业务板块开展服务进博会竞赛活动。开展"安康杯"劳动竞赛。评选全国工人先锋号1个、市工人先锋号2个，市五一劳动奖状、五一劳动奖章、上海工匠各1个、市巾帼文明岗5个、巾帼建功标兵2名。新建职工创新工作室、技师工作室各1家；10项发明获上海一线职工授权发明专利，10名员工晋升技师。(3)举行庆祝新中国成立70周年系列活动。举办建国70周年文艺汇演暨企业文化核心理念发布会，千余人自编自演的17个节目同台献演，4万多职工收看视频直播；举办市总工会纪念上海解放70周年分会场、职工《歌唱祖国》文化音乐闪唱活动；承办"建国七十年华诞展新时代职工风采"——全国财贸轻纺烟草行业职工摄影作品巡展开幕式暨首站展活动。(4)与劳动报社签约创立《东方时尚》周刊。与劳动报社签订战略合作协议，创建每周四一个彩版的《东方时尚》周刊，运用一刊(纺织工运)、一报(劳动报《东方时尚》周刊)、一平台(市纺织工会微信公众号)媒体渠道，畅通并加强与企业联系，更好服务职工群众。(5)"东方名品汇"惠及职工助力品牌建设。携手龙头股份启动"东方名品汇"线上商城，利用工会平台，在市国资委、上柴股份举办14场、有20家企业参与、2万人次职工参加的"东方名品汇"内购活动，销售金额330多万元。（叶艺琴）

【上海市医药工会】 辖基层工会69个，基层工会涵盖单位70个；职工20977人，工会会员19579人，其中女会员9607人、农民工会员641人。工作机构设办公室、权益保障部、经济宣教部、组织民管部、女工部及财务室。主要工作：以习近平新时代中国特色社会主义思想为引领，强化工会主责主业，精准服务广大职工，着力发挥工会作用。(1)丰富职工文体活动。举办职工喜闻乐见文体活动，11家企业、341名员工参加上实集团职工运动会，获4金、5银、5铜；纪念建国70周年，举办"壮丽来时路"——集团发展历程藏品展，4天展出藏品116件、历史图片200余张、500余名职工参观展览；在"放歌逐梦"上药集团合唱比赛中，23家沪内外企事业单位、20支代表队、1200余名员工参赛。(2)评选劳模工匠先进。开展全国和市五一劳动奖状(章)、工人先锋号及上海工匠评选，评选表彰全国五一劳动奖章1个、市五一劳动奖章2个、市工人先锋号3个、市五一劳动奖状2家、上海工匠3名；创建王平中药饮片泡制生产为市职工创新工作室；授予市三八红旗手2人、市巾帼建功标兵1人、市巾帼文明岗2个。(3)深化创新竞赛活动。通过初审、复审、答辩，评选27个全剂型同线竞赛优秀项目。组织7家企业的6个优秀创新工作室和8个创新项目参加长三角地区职工劳动技能创新立功竞赛活动，其中3家评为劳模工匠创新工作室。6家单位、16个项目参加加快科创中心建设立功竞赛获表彰。旗下600家门店参加长三角地区零售门店"双比双争"竞赛。组织参与市级各类岗位创新、创效竞赛活动。在市职工技协“十大平台”参赛中，获优秀创新成果奖4个、优秀发明奖7个、创新成果奖3个，合理化建议奖4个，先进操作法创新奖3个。（4）精准帮扶困难职工。在爱心一日捐活动中，16412名职工捐款123万元；拨付110.51万元为1653人次大病、助学、一次性困难职工发放帮扶金。启动帮困“爱·助”计划，精准帮扶大病、突发意外的32名困难职工，累计支付83.4万元。（5）加强工会制度建设。深化职代会年度预报、即时预报和会后报告制度。推进工资平等协商签订集体合同工作，企业2项合同签订率100%，女职工专项集体合同续签率100%。完善基层工会主席民主选举制度，工会主席直选率100%。办好医药报，管理好公众号媒体平台，服务好职工群众。（陈玮雯）

【国网上海市电力公司工会】 辖基层工会34个，职工14681人。工会会员14681人，其中女会员3413人。主要工作：（1）坚持正确思想引领。引导职工听党话、跟党走，把个人梦与中国梦结合在一起，把社会主义核心价值观融入到职工价值追求、职业操守和企业发展之中。（2）加强民主管理制度。征集职工合理化建议；健全民管制度，完成“企业民管体系”调研课题、公司董事长联络员调研报告、信息专报汇编。（3）着力实施实事项目。改善符合职业健康要求的工作环境、工作器具和劳动保护用品；开通7×24小时心理咨询服务；举办“明道大讲堂”“幸福悦读”系列活动；解决职工难点，建立和完善特困职工档案。开展幸福企业建设和文化活动。推进幸福企业、职工心理健康中心建设，公司获第二届中国幸福企业最佳实践单位称号。建立EAP理论实践、职工培训长效机制。在开展建国70周年系列活动中，创建“国网印吧”文化品牌，举办职工文化文学创作、文体赛事，“书香国网”“幸福悦读”读书活动。（4）深化评选竞赛活动。获中央企业先进集体1个、中央企业劳模2名，获全国五一劳动奖章1名，9个集体获市五一劳动奖状、工人先锋号和巾帼文明岗称号，10名职工获市五一劳动奖章、上海工匠和巾帼建功个人称号。开展“凝心聚力进博会、建功立业创一流”“架空线入地整治”“长三角地区职工劳动技能创新立功竞赛”等8项劳动竞赛。获进博会立功竞赛先进单位2个、进博会立功竞赛先进个人2名、公司工会获进博会立功竞赛优秀组织奖。（5）加强班组、小家建设。举办班组微讲堂、职工大讲堂、职工创新、技术比武、自主管理活动。落实班组减负工作。深化职工小家建设，实施提升班组员工素质工程。（于　劼）

【上海电力建设有限责任公司工会】 辖基层工会20个，涵盖单位23个。职工6309人。工会会员6253人，其中女会员990人。主要工作：（1）健全完善民主管理制度。建立企业各层级职代会制度，落实职代会评估、履行职代会提案、职工代表听政和监督制度，落实领导干部职代会述职制度、无记名测评制度。完善项目（分支机构）职代会制度建设，有效拓展厂务公开、民管工作途径。规范平等协商签订集体合同制度，严格集体协商程序，提高协商质量，把职工经济、劳动安全、权益保障方面列为协商重点，提高履行集体合同质量。（2）开展群众性技术创新活动。开展以“攻坚克难创佳绩、岗位建功谱新篇”为主题劳动竞赛，推进“五提五创”竞赛内涵，倡导“事事有提高、天天有进步”的竞赛理念。举办“智慧能量”、职工“五小”成果征集发布活动，征集职工创新成果37项，获市职工先进操作法创新奖1项、市职工合理化建议优秀成果奖1项。参加市职工二维工程图识图技能培训暨竞赛，获团体二等奖。（3）深化班组建设和安全竞赛。举办“班组安全论坛、班组安全演练、安全文化演播、安全知识竞赛、安全成果展示”竞赛活动。参加市职工安全生产知识大赛，获优秀组织奖。在沪2家单位在全国“安康杯”竞赛中获优胜称号，1家单位获全国“安康杯”竞赛优胜称号。（4）竭诚帮扶困难职工。节假日帮扶困难职工583人次，金额118.4万元；开展高温送清凉慰问37个施工项目的职工3000余人、慰问金53余万元；建立职工医疗互助金，资助191人次患大病、重病职工帮扶金136.11万元；实施海外职工医疗管理、项目后勤生活管理办法，完善职工后勤生活保障。（5）加强工会自身建设。与基层单位工会签订工作目标责任书，下发《关于开展“迈上新征程”主题活动实施意见》。举办最具活力工会工作特色成果发布会。完成工会财务、统计工作。（傅　诚）

【中国宝武钢铁集团有限公司工会】 所属基层工会146家，涵盖单位155家。职工49095人。工会会员49095人，其中女会员6731人。主要工作：以习近平新时代中国特色社会主义思想为指导，落实党委和上级工会决策部署，为公司持续发展、职工全面发展发挥工会作用。（1）在落实脱贫攻坚任务中，强化组织策划，强化责任落实，着力解决“两不愁、三保障”突出问题。落实主体责任，实施扶贫新模式，加强指标任务动态管理，关心关爱扶贫干部，如期完成目标任务。（2）在管理退休人员中，领导和工作小组定期召开会议，实施社会化管理制度，协同各单位共同推进此项工作并取得实效。（3）在加强职工思想引领中，深化职工理论武装，提高政治站位，强化政治责任感。密切联系基层职工群众，突出政治引领，弘扬劳模、工匠、先进奉献精神，汇聚广大职工实现奋斗目标的磅礴力量。（4）在推进产业工人队伍建设中，开展建功新时代“团队争先、岗位创优”劳动竞赛。营造大众创业、万众创新氛围，推动岗位创新活动蓬勃开展，为集团高质量发展作贡献。加强工会劳动保护，维护职工生命健康权。（5）在推行企业民主管理中，推行职代会民主管理民主监督制度，注重民主管理的顶层设计，注重管理制度建设，注重源头参与和终端检验，保障职工民主权利，构建稳定和谐劳动关系。（6）在关心关爱职工方面，注重“三最”问题，结合主题教育，实施职工突出“三最”实事项目。加大精准帮扶困难职工力度，使职工感受获得感和幸福感。举办职工文体活动，不断丰富职工业余文化生活。（7）在“智慧工会”能力体系建设中，通过学习培训，工会组织政治性、先进性、群众性和工会干部队伍素质不断提高，依法履职、科学履职、智慧履职能力水平不断增强。工会经费收缴、使用和自查自纠制度不断加强。（陈佩红）

【上海宝冶集团有限公司工会】 辖基层工会19个。职工8073人。工会会员8073人,其中女会员1037人、农民工会员1525人。主要工作:(1)注重思想引领,凝聚发展共识。学习贯彻习近平新时代中国特色社会主义思想,发挥工会联系群众桥梁纽带作用,团结引领广大职工当好企业持续稳步发展的主力军。举办建国70周年为全国劳模颁发纪念章仪式,弘扬“劳动光荣、创造伟大”时代精神。(2)开展立功竞赛,聚焦竞赛、创优。以技术创新为亮点,全力投入冬奥会雪车、雪橇工程项目,受到全总劳动和经济工作部高度评价,并获全国工人先锋号荣誉称号。开展“四有四无”、职工“双创”、“安全行为之星”立功竞赛和微课大赛、会计知识竞赛活动。(3)突出技能创新,打造创新品牌。开展发表职工优秀合理化建议成果、选树创新标兵能手、创建职工创新工作室、培育工匠队伍。通过评选分别获市职工优秀创新成果获三等奖,获上海工匠、市技能大师工作室、长三角劳模工匠创新工作室、市劳模创新工作室、技师创新工作室、巾帼创新工作室称号。(4)评选“安康杯”,助力班组安全建设。所属市政工程公司连续八年获全国“安康杯”竞赛优胜单位和市五一劳动奖状、两家单位获市“安康杯”竞赛优胜单位、优秀组织奖。开展“安全行为之星”、安全金点子活动,参评的“金点子”内容范围广、实用推广性高,获市“班组安全管理成果”二等奖、优胜奖。(5)围绕“多彩宝冶”,丰富职工文体活动。以“劳动美”为题材,组织职工开展兴趣创作、写春联送祝福、办“宝冶之春”书画笔会活动。在建国70周年之际,开展丰富多彩的职工文化活动。(6)凝聚“宝冶·家”建设,帮扶服务职工群众。组织500名劳模、先进和一线员工参加疗休养。慰问老干部、老劳模、住院职工、特困职工211人次、驻海外员工及家属300人、高温作业一线职工2.6万人次;连续三年创建职工放心食堂。为4000名职工办理工会会员服务卡并享会员基本保障。 (张 冉)

【上海高桥石油化工有限公司工会】 下属基层工会7家。职工5177人。工会会员5177人,其中女会员1088人、农民工会员71人。公司职代会下设集体协商与集体合同专门委员会、民主评议干部专门委员会、劳动工资奖惩专门委员会、提案工作专门委员会、生产生活保障专门委员会。主要工作:(1)举办竞赛活动。围绕发展经济、安全生产、环境保护等重点工作,开展“当好主力军、奉献在岗位、建功创一流”劳动竞赛。开展标准化班组建设、班组长联谊会和班长讲坛活动。在安全监督工作中,创建“安全环保1000班组”,达标率98%,深化“安康杯”竞赛,评选炼油一部获全国优胜集体、炼油四部三班为上海赛区优胜班组。弘扬宣传劳模、工匠和劳动精神,高桥石化报编辑部评为市巾帼文明岗。(2)构建和谐企业。严格规范化程序,完成职代会换届改选工作。加强民主管理,完善督查机制,重视发挥职工代表作用。健全职代会集体协商集体合同、民主评议干部、劳动工资奖惩、提案工作、生产生活保障专门委员会工作制度。通过无记名投票方式表决通过《高桥石化公司职工处分实施办法》。(3)竭诚服务职工。修订实施《高桥石化帮扶救助工作实施办法》,对739人次困难职工、困难劳模、困难职工子女开展送温暖活动,拨付帮困金294.8万元,对34人次患重病职工拨付帮困金44.5万元,190名住院职工获工会互助保障理赔金31.77万元。走访职工2722人次、一线班组259个,走访率100%。举办职工长跑比赛、新春团拜会、“高化之夏”职工趣味运动会、职工健步走活动。(4)加强工会建设。召开公司第七次工代会,选举新一届工会领导班子。修订《工会工作规定》《高桥石化工会经费管理实施办法》,完善工会工作制度。 (吴 斌)

【中国石化上海石油化工有限公司工会】 辖基层工会24个。职工10765人。工会会员10765人,其中女会员2344人、农民工会员19人。工作机构设办公室、民管宣教科、权益保障科。主要工作:(1)弘扬劳模工匠精神,提升职工队伍素质。强化典型引路,弘扬劳模、工匠和劳动精神,举办“匠心”讲坛活动,做好劳模、先进评选管理工作。加强群众性经济技术活动,深化“创先争优、建功立业”竞赛内涵,巩固深化1个“增收节支”全员增效项目、5个专项劳动竞赛项目,即成本核算进班组、包机制、DCS报警管理、仪表自控率提高和班组劳动纪律达标专项劳动竞赛活动。举办“绿色发展,我们在行动”活动。开展“安康杯”竞赛和劳动保护检查。继续加强职工素质工程建设与企业人才队伍建设相结合工作。推进创建“三标”班组和学习型组织等群众性活动。(2)落实民主制度,精准帮扶职工。深化以职代会为基本形式的厂务公开民主管理制度,推进职代会制度规范化运作,推动职代会职权得到落实。畅通和丰富职工利益诉求表达和协调机制,有效表达和协调不同职工群体的合理诉求。组织职工参加“一日捐”和职工保障互助计划;开展高温慰问、普惠性慰问、“五必访”慰问;服务帮扶困难职工常态化、规范化、精准化。(3)加强工会建设,做工会娘家人。筹备召开第三次工代会,总结部署后五年工作目标和任务,选举新一届工会委员会。深化“走基层、访万家”活动长效机制,推动各级工会干部下基层、访职工、知民情、办实事,当好职工群众信得过、靠得住、离不开的知心人、贴心人、娘家人。严格规范工会经费使用和管理,强化工会财务、资产、经审工作制度。 (石小建)

【上海航天局工会】 所属基层工会34个,涵盖单位35家。职工19214人。工会会员18888人,其中女会员4933人、农民工会员625人。主要工作:(1)融入中心助发展,激发职工创新活力。着力开展创新工作室建设、“领航者”创新创意大赛、创新基金项目支持等活动,激发职工创新热情,48个职工创新项目获市优秀发明选拔赛奖。开展面向科技人员的“聚星杯”数字化协同设计大赛,探索科技人员技能提升新模式。举办首届长三角地区燃气行业职工技能竞赛,推动工会工作融入服务长三角一体化发展。上海航天设备制造总厂王曙群获国家科技进步二等奖,218人获市总职工技能等级晋升,高师带徒、一线职工授权发明专利受到奖励。(2)实施关爱机制,精准帮扶职工。完善困难职工数据库动态管理,帮扶困难职工600人。组织职工家属“看航天”20场次、1200余人;组织16期特殊职工家属体检工作,体检家属375人,陪同家属323人;组织3批、150名先进职工赴庐山、扬州、杭州疗休养；1749 人试验队员开展家访慰问活动；慰问一线骨干 1108 人、高温岗位职工 6334 人。继续开办“天之骄子”亲子工作室，为 260 个职工家庭解决孩子托管的后顾之忧，获上海市职工亲子工作室授牌和资助。（3）开展文体活动，丰富职工生活。举办“激昂时代梦想、书写奋斗华章”职工读书节、“新起点再出发”迎新年健康跑、水上趣味运动会、航天职工电竞比赛等活动；开展“爱・四季”女职工四季讲堂活动；600 余人次职工参加“形象季”“亲子季”“收纳季”“画语季”活动。（4）弘扬劳模风采，传承航天精神。把传承和弘扬航天精神、先进典型风采作为凝聚干部职工、强化使命责任的重要内涵。在开展各类评选中，有 20 名职工获全国、市五一劳动奖章、全国三八红旗手、央企劳模、市巾帼建功标兵、集团公司劳动模范；7 个集体获得央企先进集体、市五一劳动奖状、工人先锋号、市巾帼文明岗等荣誉。（5）强化民主制度，加强工会建设。健全职代会制度，职代会收到提案 47 份，立项 14 项，提案质量及立项数创近年新高；选举第四届职工代表，召开四届一次职工代表大会；召开上海航天第九次工代会，选举产生新一届工会委员会和经费审查委员会。（周欣彬）

【中船上海船舶工业有限公司工会】 辖基层工会 19 个，职工 72095 人，会员 60112 人，其中女会员 8420 人、农民工会员 32043 人。主要工作：（1）以习近平新时代中国特色社会主义思想、工人阶级和工会工作重要论述为指导，着力加强职工思想引领，引导并激励职工争做新时代的奋斗者和创业者，引领职工直面挑战、创新实践、奋勇拼搏。（2）弘扬劳模精神、工匠精神、劳动精神，唱响“工人伟大、劳动光荣”的主旋律。（3）着力构建和谐劳动关系，履行好服务国家战略、支撑国防建设、引领行业发展的使命，推进中国船舶集团持续、稳步发展。（4）着力提升新时代群众工作能力，以问题为导向，围绕中心、服务大局，推进新时期产业工人队伍改革和建设。（5）贯彻落实中国工会第十七次全国代表大会精神，结合中船上海船舶公司工会第七次会员代表大会报告要求，立足履行工会职能，转变思想观念，聚焦工会主责主业，明确工作重点，落实“三项重点”“六大工程”，创新工作方法，谋求工作实效，勇于担当，锐意进取，使工会成为职工群众的“知心人”“贴心人”“娘家人”。同时，在创新方式方法、拓展工作路径、强化自身建设、提升工作能力、围绕形势任务、助推经济发展、维护职工权益、促进和谐稳定等方面取得良好工作业绩。（姚 莹）

【上海市烟草工会】 辖基层工会 10 个。职工 7287 人，其中女职工 1684 人。工会会员 7255 人，其中女会员 1684 人、农民工会员 195 人。机构设办公室、一科、二科、机关工会和退管办。主要工作：（1）加强思想引领，弘扬企业文化。深入开展“不忘初心、牢记使命”主题教育，增强工会干部和职工群众的政治性、先进性、群众性观念。组织职工开展“庆祖国七十华诞，展上烟职工风采”书画作品征集活动，23 幅书法、3 幅篆刻、6 幅中国画作品进行集中展出。举办“新作为・砥砺奋进”趣味运动会，24 家工商单位的 175 名职工参加运动会。（2）弘扬劳模工匠精神，搭建岗位建功平台。制订“上海烟草工匠”培养选树百人计划，五年培养选树一批扎根一线、技艺高超、敬业爱业的上烟能工巧匠，年内评选首届“上海烟草工匠”22 名，并在《劳动报》作专篇报道。制作工匠事迹短视频，编撰工匠画册进行宣传。以营销技能、专卖政策、烟叶分级、优质服务为内容开展岗位竞赛活动，全年征集合理化建议 17040 条、人均 1.96 条、参与率 87%、采纳率 85%、反馈率 100%。（3）聚焦主责主业，服务关爱职工。开展职代会换届选举，组织职工代表网上评议民主管理，参与率 80%、满意率 100%、平均得分 99.3 分。开展对特困职工家庭走访慰问活动；为工会会员投保专享基本保障和职工互助保障；新建职工生活保障网络。384 人次通过线上发放给住院互助、救急济难、大病救助、帮困助学的困难职工。（4）深化工会改革建设，提升工会能力水平。开展产业工人队伍建设、劳模工匠培育、职工人文关怀等 14 个课题的调查研究，并申报课题 23 项，承接市总工会委托课题 1 项。加强补贴基层工会经费使用力度，全年 2 次发放开展劳动竞赛、先进奖励、合理化建议、职工文体等方面活动的专项补助。开展 2 期有工业、商业 90 余名班组长参加的学习贯彻全总十七大精神培训班。建立党群联建责任区制度，落实 13 项工作责任目标清单，推进工会党员干部改善工作作风，发挥表率作用。（王 自）

【上海汽车集团股份有限公司工会】 辖直管企业工会 49 个。职工 113921 人。工会会员 107635 人，其中女会员 20732 人、农民工会员 11787 人。集团工会设女职工委员会、工会资产监督管理委员会、经费审查委员会。工作机构设综合管理部、权益保障部。主要工作：紧密围绕“不忘初心，牢记使命”主题活动和集团“新四化”战略，充分发挥职工在企业转型发展中的主力军作用。依法科学维权、深化服务关爱，把服务企业与服务职工有机结合起来。（1）引领职工凝心聚力，坚定上汽发展信心。引导广大职工以主人翁姿态为企业转型发展建功立业，着力打造志愿者队伍，在品牌传播、车辆推介、法律咨询、爱心公益、学习活动等各个方面发挥工会作用。通过“上汽职工之家”微信平台，弘扬劳模、工匠精神，奏响劳动光荣主旋律，传播正能量信息，坚定企业发展和职工自身发展信心。在上海地区政务类微信公众号中“上汽职工之家”排名前十、工会微信公众号中排名第一。（2）服务经济发展大局，发挥职工主力军作用。组织开展“上汽接待用车服务保障工作立功竞赛”活动，为进博会提供 1200 辆车辆及优质运营服务。在企业“过紧日子”时期，围绕集团重大战略、重点工作、重要项目，组织开展“车有惠营销技能大赛”等 12 项“抓机克危、求新求进，岗位建新功”立功竞赛，激励职工攻坚克难，助推企业发展。举办 300 多场次“工程师创新之家”活动。在开展合理化建议活动中，参与活动的 19.71 万名职工提出 222.92 万条合理化建议，实施 199.84 条。（3）帮扶关爱职工，提升职工满意度。严把企业股权转让、结构调整程序关，确保涉及职工切身利益的安置方案通过职代会进行审议。发挥上汽各级先锋号帮扶中心作用，帮扶慰问职工 11590 人次，帮扶金额 1280 万；为职工办理工会互助保障做到应保尽保，职工重病补充医疗保额全部达到5万元以上;针对职工衣食住行中的实际需求,深化“点亮心愿”“为爱畅行”等实事服务项目。(4)加强调查研究,规范制度建设。在推进群团工作和国资国企改革中,修订《上汽工会企业监管管理制度》;深入基层开展调查研究,组织撰写《新时期上汽工会骨干素质能力模型研究》等4个课题;加强工会财务规范化制度建设,注重资金绩效,实施工会专项资金审核制度。

(范 融)

【中国能源化学工会华东电力工作委员会】 辖基层工会4个,职工1531人,工会会员1531人,其中女会员415人。主要工作:根据上级工会要求,围绕企业中心,服务工作大局,在促进企业和员工共同发展中发挥工会作用。(1)弘扬劳模精神,引导职工深入开展建功立业各项竞赛活动,举办华东电网第五轮技术技能(调度运行专业)竞赛。(2)加强职代会民主管理制度,服务企业持续、稳步发展的大局。(3)关心关爱职工群众,健全完善帮扶职工的长效机制。关心关爱劳模、先进工作生活,组织华东电网劳模开展疗休养活动。(4)组织职工开展文体活动,促进职工身心健康。征集华东机关摄影书画作品、读书征文。举办华东电网系统第十六届“团结杯”网球友谊赛。(5)加强工会自身建设,举办培训班,提升工作水平,华东电力设计院有限公司荣获“上海市五一劳动奖状”,华东审计中心获“上海市工人先锋号”,曹路获“央企劳模”,葛乃成获“上海市五一劳动奖章”,上海辰华网络技术服务有限公司财务部获“上海市巾帼文明岗”。

(施炜伟)

【上海化学工业区工会】 下辖基层工会33个,涵盖单位35个。职工7249人。工会会员7071人,其中女会员1806人、农民工会员439人。主要工作:(1)加强思想政治引领,引导职工建功立业。以庆祝新中国成立70周年为契机,围绕园区发展大局,组织开展系列活动。培育选树具有时代特征、化工区特点和社会影响力的劳动模范和先进典型,引导动员职工为促进企业发展建功立业。(2)开展创新竞赛活动,提升职工技能素质。调动职工群众参与企业技术创新积极性,开展群众性科技创新和立功竞赛,开展技术培训、岗位练兵、技能竞赛、师徒帮教等活动。结合化工区安全生产月、环境日、质量月、公众开放日等活动,开展“安康杯”竞赛,增强企业职工安全健康意识和自我保护意识。(3)实施帮扶服务,维护职工权益。深入基层协调劳动关系,为职工提供法律咨询和指导,推进专项集体合同、女职工特殊权益保护专项合同的签订。保障服务职工实事项目经费,为32家企业、5761名职工办理工会会员专享基本权益保障。组织3批、117人次企业一线职工参加工会疗休养。持续开展冬送温暖、夏送清凉活动,慰问一线职工2800人次。(4)举办文体活动,丰富职工生活。结合园区实际和职工需求,开展丰富多彩的职工文化体育活动。成立上海化工区足球爱好者协会、乒羽爱好者协会和园区工会志愿者服务队;举办长三角化工园区一体化发展联盟“彩星杯”乒乓球团体邀请赛、“浦江杯”乒乓球选拔赛、“天原杯”龙舟赛、“孚宝杯”足球友谊赛、“西萨杯”足球邀请赛等竞赛活动,并邀请乒羽名家进园区开展交流,提高职工业余体育运动竞技水平。(5)加强自身建设,提高能力水平。梳理日常工作中存在的短板,完善管理制度和工作流程,规范对园区工会管理,持续推动园区内企业建立工会。开展工会干部业务培训,提高服务广大会员职工的业务能力和工作水平。构建工会“四位一体”经审监督体系,发挥工会内审主体作用,引入第三方社会审计机构组织开展下审一级工作,全年完成审计项目10个,组织开展基层工会财务经审两个规范化建设考核评比,夯实基工会财务和经审基础。

(邹 毅)

【国药控股股份有限公司工会】 辖上海地区基层工会20个。职工6571人。工会会员5556人,其中女会员3189人、农民工会员496人。主要工作:以习近平新时代中国特色社会主义思想、工人阶级和工会工作的重要论述为指引,以职工为中心,为国药持续稳步发展发挥工会作用。(1)在厂务公开、民主管理方面,发挥“互联网+”作用,运用网站、内网、微信公众号、企业公众号,建立网上网下厂务公开制度,对公司经营状况、重大经营策略、职工诉求强烈的事项、与职工切身利益有关的内容进行全方位公开,为职工知企情、议企事、建良言、献良策提供广阔平台。(2)在保障职工生活方面,组织发动19家子公司干部职工募集爱心款22.59万余元;走访慰问困难职工20人,送上慰问金2.8万元;为5134名职工办理工会会员服务卡,实现会员卡办理全覆盖。(3)在建设职工先进文化方面,先后举办中秋主题活动、卡卡会员日活动、第五届“乐康杯”游泳赛、秋季健康走跑赛等。不定期举办瑜伽、武术、羽毛球、足球、篮球、乒乓球、垂钓等职工文体活动。(4)在工会财务和审计工作方面,不断完善工会经费收、管、用制度,坚持“一个引领、二个注重、三个坚持、四个到位”的工作目标,规范经审工作监督审查程序,坚持依法审计、有效监督、科学评价,使“四位一体”的经审监督制度化。

(江 莹)

【中国铁路工会中国铁路上海局集团有限公司委员会】 共有会员167160名,其中:职工会员总数143781名,劳务派遣工会员16823名,铁路公安等其他用工会员6556名。共有基层工会组织119个,其中:直管单位工会113个(运输站段71个,运输辅助单位5个,非运输企业16个,建设指挥部7个,职培基地5个,卫生监督所、疾控所3个,合资公司4个,集团公司直属机关1个,上铁公安局1个),直管工会工委6个(合资铁路公司3个,办事处3个);共有车间级工会1329个,工会小组7916个。设办公室、组织部、生产宣传部、保障和女工工作部、财务部、经费审查委员会办公室6个机构,下设集团公司职工艺术团、文化体育场馆、职工帮扶中心3个附属机构,代管集团公司体协、退休职工管理委员会办公室。主要工作:在集团公司党委和中华全国铁路总工会的领导下,积极宣传贯彻党的路线、方针、政策和国家有关法律法规,坚持中国特色社会主义工会发展道路,团结引导广大会员群众听党话、跟党走,切实履行“维护职工合法权益,竭诚服务职工”的基本职责,规划部署和组织实施集团公司工会工作,指导和督促检查所属单位工会工作。

(唐宏泉)

【中国远洋海运集团有限公司工会】 辖基层工会73个，覆盖企业75家。职工21600人。工会会员21101人，其中女会员3983人、农民工会员367人。主要工作：(1)实施企业民主管理。召开一届三次职代会，听取党组工作报告，审议总经理工作报告，审议表决《企业年金方案》及实施细则。通报集团企业负责人年度履职待遇、业务支出情况及集团一届二次职代会提案征集处理情况，职工董事向大会作述职报告。闭会期间，整理职代会提案，分送职能部门承办，跟踪拟办处理进展，并及时反馈提案人。召开职工代表联席会议，选举产生集团职工董事。(2)开展职工劳动竞赛。弘扬劳模、劳动精神，鼓励职工发明创新，命名一批集团级劳模创新工作室。举办中国海员技能大比武，获企业组团体冠、亚军。开展"中远海运杯"职工数控车工、船体装配工、钳工劳动技能、全国"安康杯"等竞赛。(3)关心关爱职工群众。元旦春节期间，深入基层慰问基层单位和困难职工；高温期间，走访慰问基层单位，开展防暑降温培训；新学期来临之际，为300名困难职工、困难农民工子女资助助学金；组织76名劳模参加市总组织的疗休养。举办工会劳动保护干部培训班；开展职工代表安全巡视检查，提出安全隐患并抓好整改；坚持工会报告工伤事故及参与调处制度。(4)加强工会基础管理。召开集团工会一届六次、七次全委会，指导10家单位换届选举。表彰2018年度工会先进工作者和工会积极分子。举办工会主席、女工干部、经审干部培训班。召开工会财务经审工作规范化建设考评交流会，对4家单位工会主席进行离任审计。修订印发《集团工会工作实施细则》《集团工会财务规章制度》，实现工会财务和经审工作规范化制度化。（张　洁）

【上海国际港务(集团)股份有限公司工会】 所属基层工会38家，职工27022人，工会会员14673人，其中女会员3103人、农民工会员11980人。主要工作：(1)始终坚持认真学习贯彻习近平新时代中国特色社会主义思想、党的十九大、全总和市总工会精神，开展"不忘初心、牢记使命"主题教育，举办庆祝建国70周年系列活动。以推进国企工会改革试点为抓手，着力破解瓶颈难题，推进各项工作取得新进展。(2)始终坚持党的领导，把引领职工作为重要政治责任，引导职工听党话、跟党走，为强港建设凝聚力量。大力弘扬"劳模精神、劳动精神、工匠精神"，积极推进海港职工队伍建设。广泛开展立功竞赛和职工创新、创效活动，把创新增效融入工作中心、服务发展大局之中，激励广大职工为推动集团发展建功立业。(3)始终坚持健全完善职代会制度、履行职代会职责、注重发挥职工代表作用，积极构建和谐劳动关系，维护职工主人翁地位。工会始终坚持维护职工权益，畅通职工技能提升渠道、多措并举关心关爱职工、开展丰富多彩的海港文化活动。加大对困难职工的帮扶力度，努力服务职工，不断实现职工对美好生活的向往。(4)始终坚持工会组织的政治性、先进性、群众性，强化工会自身建设，加强队伍建设和能力水平，推动工会改革试点工作稳步实施。（张　容）

【中国海员工会上海长江轮船公司委员会】 辖基层工会组织14个，职工1018人，工会会员975人，其中女会员327人、农民工97人。主要工作：(1)在创建安全班组活动中，参加"安康杯"竞赛，上海快乐船长游船有限公司评为全国"安康杯"竞赛(上海赛区)先进集体。(2)在评先工作中，长江国际船舶代理有限公司获市五一劳动奖状、长航海运发展有限公司"长雄"轮获市工人先锋号称号、快乐船长游船有限公司"船长2"号游船服务班组荣获市巾帼文明岗称号。(3)在开展帮扶服务职工中，为在职职工办理住院补充保障；落实发放10万元特困职工补助、金秋助学、两节送温暖、住院慰问帮扶金；做好防暑降温和高温慰问工作，对181艘船舶的1457名职工送去慰问金14.7万元；组织96名先进和一线职工参加工会疗休养活动。(4)在加强工会自身建设中，职代会审议通过各业务线优化调整方案及配套人事调整方案；指导8家基层工会换届选举。(5)在开展丰富多彩的文娱活动中，举办"三八"节活动，为女职工举办烘焙体验培训课；组织开展自做月饼、共度中秋联欢活动；成立首批羽毛球、乒乓球、长跑3个体育兴趣小组，并举办在沪基层单位羽毛球比赛；为弘扬革命精神，激发爱国情怀，开展红色文化寻访活动。(6)在强化工会财务资产管理中，修订完善《上海长江轮船有限公司工会经费收支管理实施细则》《上海长江轮船有限公司工会审计实施办法》，修订发布《上海长江轮船有限公司职工救急济难基金会实施办法》，依法规范工会经费的收缴、使用和管理。（龚　兰）

【上海市运输工会】 辖基层工会组织60个。职工8619人。工会会员7719人，其中女会员1543人、农民工会员1187人。工作机构设办公室、宣教部、保障部、事业部。所属事业单位2个：上海交通运输工人俱乐部、上海交通运输休养院。主要工作：(1)开展学习教育活动，凝聚干部职工思想。学习贯彻习总书记重要讲话精神，开展"不忘初心、牢记使命"、建国70周年爱国主义学习教育，通过开展互动式、团队型活动，使工会干部和职工的思想认识更加深化。(2)开展评选、创新、竞赛活动，提升职工技能素质。开展劳模先进的培养和评选，评选"交运工匠"5名。以"岗位作贡献、创业谋发展"为主题，开展"双创、双提升"立功竞赛，组织船舶轮机员、叉车工、机电维修、物业管理、安全生产、高客车驾驶员开展保养、焊接、游船服务技能竞赛，5000余人参与，700余人参加决赛，44人得到晋级奖励。开展"安康杯"竞赛，以安全促发展、保生产、增效益。开展"情满旅途""关爱农民工、平安过新年"竞赛，使职工在春运中明确目标、措施和责任。成立"王琤乘用车维修技师工作室"，推进创新型职工队伍建设。举办"科普讲师团进班组"培训，强化班组建设。(3)推行职代会制度，服务职工保障权益。在职代会召开期间，坚持职工代表巡视、集团领导恳谈制度，开展集体协商、巡视检查，厂务公开工作。成立"职工服务保障工作室"，实施"六金"公示反馈制度，使职工权益保障常态化。在开展"一日捐"活动中，8313名干部职工捐款41.5万元；为170人次困难劳模发放"三金"40余万元；家访、慰问困难职工101人次、640人次，发放慰问金259225元。(4)加强工会自身建设，提升工会能力水平。为提升工会干部能力水平,举办工会法务沙龙培训;40余人参加工会服务卡操作、50余人参加劳动监察培训;女职工参加"与孩子相处"心理辅导和"公益乐学—职业妆"培训;深入基层调研并撰写工运论文24篇,编辑《桥》——运输工会年度工作汇编和《探索·实践·创新》成果集,撰写30余篇工会信息分别登载中国海员建设工会、上海交运公众号、《劳动报》、市总工会"申工社"APP、《上海交运报》等媒体报刊。对20余家基层工会开展财务检查、12家单位工会主席进行离任审计,对运输工会及直属单位进行工会经费在收、管、用方面的审计。 (杨伟民)

【中国邮政集团工会上海市委员会】 辖基层工会组织29个,职工19334人。工会会员18674人,其中女会员6238人、农民工会员2785人。主要工作:(1)加强思想引领,深入学习贯彻习近平新时代中国特色社会主义思想,以党的十九届四中全会、全总十七大精神为指导,开展"不忘初心、牢记使命"活动,把学习教育、调查研究、检视问题、整改落实贯穿主题教育全过程。突出工会政治性、先进性、群众性,贯彻落实集团工会、市总工会各项工作任务。(2)加强劳动竞赛组织领导,开展群众性劳动竞赛活动。评选出市五一劳动奖状2个、市五一劳动奖章2人、市工人先锋号1个、市巾帼建功标兵1人、市巾帼文明岗2个、"凝心聚力进博会·巾帼建功创一流"立功竞赛上海市巾帼建功标兵1人、"凝心聚力进博会、巾帼建功创一流"立功竞赛上海市巾帼岗1个、第二届进博会交通保障先进集体(班组)1个,市职工创新工作室1个、市巾帼创新工作室1个。(3)加强职代会制度建设,推进局务公开、民主管理制度规范运作。围绕"基层单位职代会规范化运作""加强企业民主管理"2个课题,深入基层开展调研,并查找、整改问题,使职代会制度化。(4)加强服务职工工作,保障员工合法权益,畅通职工诉求渠道,关心职工热点、难点问题,正确处理职工合理诉求,服务凝聚职工人心,最大限度保护、调动和发挥职工积极性、创造性,促进企业和谐稳定发展。开展职工健康体检、心理疏导和咨询工作,帮助员工舒缓工作生活压力。组织100名基层单位先进员工参加休养活动。不断加强职工的文化建设。加强为老服务工作,为离退休老同志提供精准化、个性化服务,丰富离退休老同志精神文化生活,确保离退休职工队伍稳定和谐。 (王 瑛)

【中国移动通信集团工会】 辖基层工会组织1个,职工8183人。工会会员8183人,其中女会员4060人、农民工会员204人。主要工作:(1)引导职工建功立业。以党建为引领,开展"不忘初心、牢记使命"主题教育,强化工会组织政治性、先进性、群众性,明确新时期工会目标任务。运用"互联网+工会"线上与线下相结合平台,切实加强职工思想建设。举办建国70周年各类活动,增强职工爱国主义热情,营造争先创优氛围,引导职工在"大连接"和"四轮驱动"融合发展中建功立业。(2)精准帮扶职工群众。聚焦文化融合,落实"幸福员工实事项目",以"查补缺、重管理、显个性"方式,提升精准帮扶、服务职工水平。在25个有条件的职工小家配置AED自动体外除颤器医疗设备,保障职工生命健康。实施市政府实事项目,创建"户外职工爱心接力站",担当社会责任。开展法律援助、为职工送慰问、开设暑期员工子女学堂、举办员工关爱讲坛、升级爱心妈咪小屋、"幸福1+1"季季有比赛等活动。围绕女职工"三大品牌"建设,培育女职工先进典范,举办纪念"三八节""和绽放"主题活动。(3)开展各类主题竞赛活动。围绕"培育增长动能、助推高质量发展"目标,开展"五大主题、三大专项、四大技能、服务进博会"为内容劳动竞赛。重视做好劳模日常管理工作,关注工匠培养成长,以劳模、工匠精神激励职工创新创效。通过召开区域工作研讨会、"牵手行动"、班组长训练营、师徒带教等方式,强化班组建设。(4)做好工会各项基础工作。坚持构建和谐劳动关系,实行职代会、企务公开、提案处理电子化;实行工会主席巡回日制度;开展"模范职工之家"评选、民主选举工会干部;开展工会理论工作调研和成果评选工作;提升微信公众号"和工社"服务水平。 (徐睿璐)

【中国电信集团工会上海市委员会】 辖有基层工会61家。职工23744人。工会会员23731人,其中女会员9218人、农民工会员204人。主要工作:在公司党委和上级工会领导下,深入学习贯彻习近平新时代中国特色社会主义思想、工人阶级和工会工作的重要论述,贯彻落实上级工会目标任务,围绕中心、服务员工,为企业持续稳步发展发挥工会作用。开办"不忘初心、牢记使命"基层工会小组长培训班。举办20场庆祝中华人民共和国成立70周年文艺宣传巡演。围绕企业高质量发展中的经营生产目标任务,开展"凝心聚力提效能,团结一致保目标"等13项劳动竞赛。为提升员工技能水平,开展客户服务品质提升、智慧家庭装维技能等7项竞赛及进博会立功竞赛活动。评选并荣获全国工人先锋号等国家级荣誉10项、上海市五一劳动奖状等市级荣誉86项、中国电信集团技术能手等集团级荣誉97项。3次参与市级层面企业开展关于外包单位工会共建、民主管理、国企工会改革的经验交流。切实履行央企经济、政治、社会责任,确保中央决策部署落到实处。主动把握上海担负三大任务、建立一大平台的重大机遇,参与承办总工会和经信委"云上智慧城市"建设方案竞赛。统筹整合各方资源,全力做好消费扶贫工作,为对口贫困县送去一份温暖。 (殷 茵)

【中国海员工会交通运输部上海打捞局委员会】 辖基层工会6个,工会会员876人,其中女会员60人、农民工会员2人。主要工作:(1)坚持以职工为中心的工作导向,抓住职工最关心、最直接、最现实的问题,积极履行工会职能,稳步推进各项工作,努力构建上海打捞和谐发展氛围。(2)加强工会组织自身建设,举办基层一线工会工作者培训班,提升基层工会组织服务职工的能力。部署开展"安康杯"竞赛,提升职工安全意识。聚焦抢险打捞主业,1829人次职工参加主题鲜明的技能比武、劳动竞赛。同时,鼓励和指导各单位结合自身经营生产实际开展各类技能比武、技术练兵和劳动竞赛等活动。举办船舶厨师、局食堂厨师厨艺比赛。(3)加大对一线职工的关心力度,实施各项暖心工程和帮扶工作,指导各单位制订2019年一线环境改造方案，下拨28.5万专项资金支持各单位的改造项目。持续开展元旦春节帮困送温暖、“五一”慰问、高温慰问、重大工程慰问和“六一、金秋”助学活动，共计发放各类慰问金23万余元。全年为988名在职职工续办工会会员专项保障B类，为1047名在职职工、1841名退休职工办理《上海市职工住院补充医疗互助保障计划》参保手续。（王　立）

【中交上海航道局有限公司工会】 辖基层工会9个。职工4650人。工会会员4647人，其中女会员436人、农民工会员1460人。主要工作：(1)开展技能创新活动，推进企业发展。制定竞赛考评定标准和内容，参与长三角一体化劳动和技能竞赛。举办第七届职工技术比武总决赛，150名选手参加8大项目决赛。在市重点工程实事立功竞赛活动中，航道赛区所属三家公司获“优秀公司”称号、6个集体获“优秀团队”、10人获“建设功臣”和“优秀建设者”称号。开展创新活动中，创建9家劳模创新工作室，2家劳模工作室获“长三角劳模创新工作室”称号。举办“情系航道、奉献航道—第二届“航道工匠”评选活动，表彰5名“航道工匠”。开展“安康杯”竞赛，4家单位获全国“安康杯”竞赛优胜奖。(2)举办职工系列活动，弘扬企业文化。举办劳模、先进座谈会，营造尊重劳模、尊重劳动、尊重知识、尊重创造的良好氛围。编印班组学习手册《形势与任务100问》，下发各船舶、班组进行宣传学习。开展第八届“我阅读、我快乐、我成长”职工读书活动，被评为上海读书节经典传承项目。举办“礼赞新中国、谱写新篇章”职工舞台演讲赛、职工乒乓球团体赛，100余名选手参赛。(3)实行民主管理制度，关爱服务职工。召开公司职代会，收到职工提案41份、立案25件、回复率100%。对职工代表进行履职考核，9人获优秀，4个部门获提案承办优秀部门；召开企务公开民主管理工作会议暨总经理信息发布会，向职工代表通报公司生产经营情况和集体合同执行情况；召开职工座谈会，对职工关注的热点问题广泛听取意见建议。组织劳模、退休劳模、五一奖获得者及家属每年开展健康体检。(4)加强工会自身建设，做好基础工作。完善基层工会建设，做到组织全覆盖；按照《公司工会考核评价办法》，从组织、民管、竞赛、劳动保护、法律、素质工程、宣教文体、财务经审、自身建设9个方面，对基层工会进行考核。管理好“上航局职工之家”微信平台，每周更新工会动态、市总资讯、劳权保障、最新资讯等信息。加强工会经费收管用制度。（于美庆）

【中交第三航务工程局有限公司工会】 辖有基层工会9个，职工3687人，工会会员3687人，其中女会员587人。主要工作：(1)开展技能创新竞赛活动。开展“六杯六赛”竞赛活动，激励职工劳动积极性；创建“劳模（先进）创新工作室”，累计劳模创新工作室22家；推动科技创新，结合生产实际，举办第十六届“主人杯”双献成果发布会，其中涉及安全生产管理、风电技术探索、铁路施工、船舶改造、节能减排等成果已在生产过程中得到应用，取得良好经济社会效益。开展文明工地创建活动，提升三航企业良好形象。(2)巩固民管、维权工作长效机制。加强职代会、集体协商制度建设，提高职代会运行质量。突出维护职工权益，着力在创建劳动关系和谐企业、杜绝职业危害维护职工生命健康权、加强职工文化建设、助力职工办实事谋实利、化解各种矛盾解决职工实际困难、营造职工安居乐业良好环境等方面发挥工会作用。(3)推进工会各项工作取得实效。以群团改革为契机，坚持开门办会，调动工会干部、基层工会组织和广大会员积极性。夯实工会工作基础，加强工会组织建设，讲求工作实效，把工会建成学习型、服务型、创新型群众组织。（黄书展）

【上海机场集团工会】 辖基层工会45个，基层工会涵盖单位45个。职工22197人。工会会员22067人，其中女会员6525人，农民工会员2513人。主要工作：(1)加强职工思想引领，激发使命担当。以学习、交流、培训和宣讲形式，学习领会习近平新时代中国特色社会主义思想、工人阶级和工会工作重要论述。通过开展“不忘初心、牢记使命”主题教育、组织职工观看《中国机长》、参与中国民航工会答题、举办建国70周年“我和我的祖国”职工文艺演出和征文活动。(2)强化职代会民主管理制度，增强主人翁意识。做好职工代表换届选举工作；组织职工代表巡视职工思想政治工作、实事项目落实情况；加强以职代会为基本形式民主管理，表决通过薪酬管理办法及套改方案、工资集体协商等事项；发动职工建言献策、参与金点子征集、民情直通车、合理化建议、提案议案征集活动，梳理反馈率100%。(3)搭建评选创新竞赛平台，提高职工技能素质。开展有1万名关键岗位职工参加的41项技能大赛；8名选手参加4个项目的民航登机桥技能比赛；开展虹桥职工专项技能大赛；61对师徒完成“百师百徒”结对；制定上海“机场工匠”培养实施意见，评选10名上海“机场工匠”和6名提名奖，张航获“上海工匠”提名奖。在开展创新活动中，3家获全国民航劳模创新工作室、3家入选长三角地区劳模工匠创新工作室、2家获市技师和职工创新工作室、杨令炅安检创新工作室入选长三角地区劳模工匠创新工作室联盟；举办“创新工作室领衔人”研修班；召开年度创新成果评审会。(4)开展职工文化体育活动，激发职工劳动热情。利用微信平台，上线30余门视频课程，支持171名职工通过自学圆大学梦，并新增入学报名54人；鼓励41名职工申报技师、1人申报师徒带教奖；参加职工乒乓、帆船、龙舟、网球比赛；举办空港社区摄影赛、汇编职工文学作品集——“逐梦远航”；开展巾帼讲堂、文化沙龙、“最美芳华·幸福同行”、法律宣讲、花漾市集、亲子互动、“纸短情长”及家书征集系列活动。(5)着力落实实事项目，关爱服务职工群众。投入346万元修缮130余家职工之家，助力“家”功能升级；推出20家单位线上“云宝课堂”，文化赏鉴、兴趣拓展、班组实训等课程申请；建立共享休息站、员工驿站；举办1600余名职工子女升学祝福、体验式夏令营、化身“小记者”活动；健全9大类保障项目，慰问困难职工106名；办理互助保障777人次获理赔163.77万元，女职工特种医疗保障和大病1人、23人，获赔1万元、33.5万元；构建多级、多层面、全覆盖帮扶体系，开展冬送温暖，夏送清凉活动。(6)加强工会组织基础建设，提升工作能力水平。加强“三覆盖、一加强”工作，新建独立企业工会1家，覆盖企业6家。加强班组建设，组织3批次、174名班组长参加业务培训；选送5名优秀班组长参加清华大学研修班、1名参加赋能训练营学习；3个班组获优秀安全班组、3名获优秀安全班组长、2名获优秀安全监督员称号；开展班组“6S目视化管理”工作。加快“智慧工会”建设，确保精准沟通、信息安全、“需求调查”制度化、“一线工作法”常态化；加强“四位一体”工会经审制度建设，强化工会经费收、管、用制度。

（顾　胤）

【中国海员工会上海海事局委员会】 辖有基层工会22个，职工2901人，会员2876人，其中女会员482人。主要工作：学习贯彻党的十九大精神，坚持思想引领，强化“不忘初心、牢记使命”，召开工会六届五次全委（扩大）会，努力做到“两个维护”。（1）开展竞赛创新工作。开展“崇明世界级生态岛建设引领性技能竞赛”和“凝心聚力进博会，建功立业创一流”竞赛活动。在开展创新工作中，“兰蕙”海事政务工作室获市巾帼创新工作室称号，王仲儒护清卫蓝工作室获市职工创新工作室称号，另有3家工作室获全国海事系统劳模先进创新工作室称号。评选5个市职工创造发明及合理化建议奖、姜龙获全国五一劳动奖章、崇明海事局获五一劳动奖状、洋山港海事局海区海巡执法大队获市工人先锋号称号。（2）举办系列教育活动。发挥劳模典型引路作用，组织职工观看《我和我的祖国》影片，《扬帆新时代——上海国际航运中心建设成果展》。开展“职工体验日”“金点子”“青春建功新时代·勇当海事逐梦人”“书香中国”征文演讲和好书推荐等系列活动。（3）着力服务职工群众。为全局1544名在职职工、902名退休职工办理工会互助保险，做好职工新办卡与注册工作。完善劳模管理制度。建立分级帮扶机制，慰问劳模先进68人次发放慰问金4万余元、“重阳节”慰问困难退休职工。做好劳模体检和疗休养工作。开展中西医义诊、“三八节”赏梅踏青等活动。

（陆智静）

【上海市城乡建设和交通工会工作委员会】 辖基层工会70个。职工81903人，其中女职工18330人。工会会员78955人，其中女会员17775、农民工会员4286人。主要工作：（1）开展竞赛评选。评选全国工人先锋号1家、市五一劳动奖状1家，市五一劳动奖章3人，市工人先锋号6个、市巾帼文明岗44个，巾帼建功标兵8名。开展住建委赛区重点工程立功竞赛，与房管局联合开展物业管理行业技能竞赛。以“落实全员安全责任、促进企业安全发展”为主题开展“安康杯”竞赛。在五一节大会上表彰全国和市五一劳动奖等先进代表，命名首届建交工匠并举行市物业劳模“匠心”联盟揭牌仪式。在“三八”节大会上表彰、宣传女职工先进。（2）着力岗位创新。举办劳模（职工）创新工作室评审发布会，命名15家创新工作室，创建成立上海市物业劳模“匠心”联盟，创建劳模、职工创新工作室386个。参加职工科技节等群众性科技创新活动，推动各单位开展高师带徒、岗位发明和技术创新活动。开展首届“建交工匠”培养选树活动，命名20人为首届“建交工匠”。（3）举办系列活动。举办有2000余名职工参加“壮丽70年，奋斗新时代”建国70周年歌咏大会。以“美丽劳动者，奋进新时代”为主题，举办上海市建设交通行业庆祝建国70周年职工摄影大赛、有37家单位组队参加的建设职工乒乓球比赛、举办以“绿色生活新时尚，垃圾分类我先行”为主题的垃圾分类知识竞赛。（4）落实权益保障。开展有160余名工会干部参加的《上海市职代会条例》实务培训。联合市级机关工会举办单身青年职工交友活动。继续推进妈咪小屋建设。举办女职工知识讲座和插花比赛。为基层单位的15880名会员办理工会会员专享基本保障，补贴资金626940元。广泛开展帮困送温暖工作。（5）做好基础工作。规范工会换届选举，落实三委四局工会主席会议制度，推行工会主席直选制度。做好对原归口单位工会组织的划转工作。组织工会干部对新修订的职代会条例、工会统计工作开展集中培训、选送24名新任工会主席、工会干部参加市总工会组织的岗位业务知识培训。加强工会经费的收、管、用制度，强化工会经费审计监督。加大工会网上平台动态管理工作力度。加强直属事业单位“职工之家”场所建设。

（钱　蓉）

【上海建工集团股份有限公司工会】 辖基层工会59个，其中直属工会21个，涵盖单位426家。职工159138人，其中女职工12663人。工会会员158580人，其中女会员12579人、农民工会员118831人。主要工作：（1）开展系列活动，奏响“喝彩建工”主旋律。以线上线下方式，开展“为祖国祝福·为建工喝彩”庆祝建国70周年各项活动。其中由70个城市、700座建筑的7000名职工参加徒步活动、1600余幅职工“随手拍”摄影作品、“上海建工故事”网络演讲赛、“上海建工职工歌会”等活动深受职工欢迎。拍摄制作专题片《匠心匠艺筑精品》《践诺守信坚如磐》，弘扬上海建工人“执行力、诚信、工匠”三大文化基因。（2）举办竞赛活动，立足岗位建功立业。深入开展“精品杯”立功竞赛活动，确保89项上海市重大工程和众多外埠标志性工程顺利推进。在市重点工程实事立功竞赛表彰大会上，3家单位获“金杯公司”称号，3个集体获“金杯团队”称号。11家单位授予“上海市和谐劳动关系达标企业”称号。（3）关爱服务职工，做好维权帮扶工作。落实上海建工工会关爱职工服务计划，在南昌、天津区域公司成立工会服务站，涵盖全国化职工关爱服务等9项实事内容。联合建工医院为17个项目的2720余名建设者开展巡回健康咨询、医疗问诊服务。编印劳动保护手册，做细做实劳动保护工作。加强妈咪小屋建设，3家评为市三星、1家评为市四星。（4）深化评选创新，提升职工技能水平。在深化创新评选工作中，1个集体授予全国工人先锋号、2个集体授予市五一劳动奖状、8人授予市五一劳动奖章、3个集体授予市工人先锋号、2名职工评为“上海工匠”、2个集体和2名个人评为市巾帼先进奖。陈晓明工作室评为上海市劳模创新工作室、谷志旺工作室命名为长三角地区劳模工匠创新工作室、周蓉峰工作室获评上海市巾帼创新工作室。（5）加强自身建设，提升工会能力水平。“建工群英社”上线后，关注和实名注册职工有26000余名，多篇推文的阅读量达到1万+。在上海国企工会改革会议上，集团工会作《践行职工董监事制度，发展和谐

劳动关系》的大会交流，下属试点单位授予“上海国有企业工会改革工作示范单位”称号。（余轶群）

【上海市交通委员会工会】 辖基层工会14个，职工2022人，工会会员2022人，其中女会员756人。主要工作：(1)引领职工思想，传播行业正能量。深入学习贯彻习近平新时代中国特色社会主义思想，教育引导广大干部职工坚定不移听党话、跟党走。开展“我与共和国共奋进”征文、上海职工故事比赛、市民舞台式演讲展示会活动。会同执法总队编撰《身边人，身边事》故事集、与上海市作家协会合作，编撰本市出租汽车行业首部《侬好！上海TAXI》纪实报告文学。(2)参与竞赛活动，展示行业风采。全力以赴落实进博会交通安全生产、平安交通建设的要求，开展进博会交通保障立功竞赛暨上海公路水路行业班组、船舶安全生产竞赛活动，并参加全国公路水路行业班组、船舶安全竞赛和市总工会专项竞赛。(3)履行主责主业，竭诚服务职工。深化困难职工帮扶体系建设，参与海上劳动关系三方协调会议机制相关工作。参加工会会员专享互助保障计划，为每位会员办理医疗保险。开展创建妈咪爱心小屋和星级评定考核工作。开展“安全生产宣传月”活动，组织参加全国“安康杯”竞赛。(4)加强工会建设，做好基础工作。开展对工会专（兼）职干部履职能力的培训。根据机构调整的实施步骤，做好过渡阶段组建工会相关工作。开展工会经费的审查，对帮扶、送温暖资金进行自查和专项审计，对6家单位工会经费收、管、用情况进行监督审查。会同市总工会、上海海事局、上海船东协会等单位，开展“设立上海海员工会的可行性”课题研究。（陈　健）

【上海海洋石油局工会】 辖基层工会7个，职工1632人，其中女职工220人。会员1319人，其中女会员211人。主要工作：(1)抓思想建设。加强形势任务教育，编印时事宣传材料，开展职工思想动态分析。加强学习阵地建设，深化“书香海洋”计划，把海上书屋建成学习新知识、了解新形势、掌握新技能的职工阵地，船舶分公司“勘探225轮”职工书屋被评为“上海工会职工书屋示范点”。举办“庆祝新中国成立70周年，传承石油精神”摄影书画展、参加“第四届全民健身运动会”上海职工健康趣味运动会并获奖。举办“壮丽70年、建功新时代”职工故事会。(2)抓典型选树。以技能比武为平台，举办公司首届7个专业项目职工技能大赛，奖励每个项目前三名，并授予“技术能手”荣誉称号。建立技能大师工作室，培育陈忠华、邓春林授予“上海工匠”，并命名为劳模创新工作室。评选公司“十佳员工”。评选“勘探312”轮为市工人先锋号、研究院刘苗获市五一劳动奖章、“勘探三号”获集团工人先锋号、研究院地震处理组评为市巾帼文明岗。(3)抓精准服务。深入基层调研，对职工提出的劳保用品质量、福利待遇享受、职业健康管理、看病就医难等问题，逐一沟通落实。安装充电桩，方便职工出行，并开通短驳车，解决职工上下班“最后一公里”难题。举办交通安全讲座，增强交通安全意识。帮扶困难职工99人，发放帮扶金24.77万元；“两送”共发放慰问金8万元；落实互助保障及出险理赔，处理补充医疗保险单2584笔，金额379.39万元，办结率100%。关爱女职工，依法维护女职工特殊权益。加强“五小”设施建设，为职工排忧解难。(4)抓自身建设。坚持党建带工建，完善工会组织建设；加强职代会民主管理制度，着力提高职代会运行质量，增强职工代表参政议政能力。举办3期工会工作培训班。加强工会制度建设，对现有制度进行梳理，对无效制度逐步废除。着力加强财务工作，组织对5个二级单位和公司工会开展工会经费审计。（耿卫军）

【上海市绿化和市容管理局工会】 辖有基层工会24个，职工1709人，工会会员1687人，其中女会员783人。主要工作：(1)弘扬劳模先进精神，引领职工建功立业。围绕局重点工作开展劳动竞赛，发挥行业职工在生态文明建设和市容环境保障中的主力军作用。创建8家“行业劳模创新工作室”和“行业技师创新工作室”，发挥先进典型的示范引领作用。助推垃圾分类工作，组建垃圾分类宣传督导员队伍，深入社会单位和社区进行广泛宣传，让垃圾分类深入人心。(2)构建和谐劳动关系，维护职工合法权益。与市总工会联合印发《关于保障环卫职工合法权益，构建和谐劳动关系的通知》，推进集体协商制度有效执行。印发环卫行业、绿化养护行业工资福利待遇工作指导意见，为保障权益、稳定队伍、提高素质提供政策保障。实施职工会员监督制度，强化厂务公开民主管理，推行职代会制度化。(3)关心关爱困难职工，竭诚服务职工群众。元旦春节期间慰问困难职工10350人，慰问款物累计235万余元；高温期间，慰问620余名行业一线职工；新建205家、升级改造200家户外职工爱心接力站。评选表彰市“十佳城市美容师”“十佳爱心接力站”和“十佳关爱环卫工人社会共建案例”。举办女职工法律大讲堂、为女农民工免费提供“两病”筛查。(4)举办职工文体活动，深化行业文化建设。组织职工参加市总工会、建设交通委举办的文艺活动，展示职工行业风采。助力陈扣娣、陈豪杰劳模创新工作室成为全总职工阅读站点，市绿化指导管理站和市环境学校建成“市总工会职工学堂”。参加市总职工网络摄影大赛、建设交通系统乒乓球大赛、市民海派插花花艺大赛并获优秀组织奖。(5)加强工会建设，提升自身水平。加强工会规范化建设，召开局工会、行业工会第三次代表大会。增进工作交流，总结推广工会服务职工“十送工作法”。利用微信公众号等新媒体方式及时发布信息，在市总“申工通”开设专栏。（盖永华）

【华东建筑集团股份有限公司工会】 所辖基层工会17个，职工7241人，工会会员6999人，其中女会员3051人。主要工作：(1)评选创优助力建功立业。为激励职工建功立业，9家子分公司、1500余人参与108项市重大工程建设竞赛，华建集团设计团队获上海城市服务保障进博会立功竞赛先进集体。举办第二届“华建工匠”评选，范一飞获“上海工匠”、季永兴获建交系统“建交工匠”称号；上海院和华东总院项目团队获金杯公司、金杯团队称号；华东总院、都市总院、水利院评为优秀公司；23个集体和个人评为优秀团队、建设功臣、优秀建设者；华东总院获市五一劳动奖状、文勇获市五一劳动奖章、地下空间院（申元岩土)勘察分院评为市工人先锋号;沈立东、瞿燕率领的建筑节能改造关键技术推广应用项目获市职工优秀创新成果三等奖。(2)开展系列活动丰富职工文化生活。召开三八红旗手、红旗集体表彰大会。举办建国70周年"喝彩祖国,筑梦华建"职工文化艺术节、职工摄影作品展、企业文化微电影大赛、"歌唱祖国·筑梦华建"歌会。(3)参与民主管理实现源头维护。召开一届三次职代会暨年度表彰会。14家单位签订《年度工资集体合同》、职工董事、监事参加7次董(监)事会和股东大会,审议43项涉及企业改革发展、投资兼并收购的重大事项。为加强内控管理,协同相关职能部门,走访巡察22家分子公司。(4)关心关爱竭诚服务职工。为4548人办理市总工会服务卡,共计18万余元;帮扶重疾职工58人次、43.3万元;对8家公司、90个项目在高温下作业的500名职工开展慰问;优化完善2019年度体检安排,举办员工体检报告指导讲座。举办两期为期60天的职工健康减重训练营。筹建现代大厦的"爱心妈咪小屋",规划院创办的"爱心妈咪小屋"评为"四星"等级。(5)增强能力水平为职工做好本职工作。修订编制《华建集团工会制度汇编(2019版)》。举办第五期集团工会干部培训班,对华建数创工会按时进行换届改选,新组建雄安设计院工会。积极协助集团党政领导班子进行整改,即时即改现代大厦南楼"小暖宝"安装。落实解决12家子分公司、36项基层职工突出"三最"问题。

(谢志群)

【鲁中矿业有限公司工会】 辖基层工会10个,车间(区队)工会74个,职工5052人。工会会员4645人,其中女会员751人。主要工作:(1)开展创新活动。矿工会指导二级单位成立创新工作室28个,公司级创新工作室12个。小官庄铁矿实施的空压机节能改造、莱新铁矿实施的施工管路合茬项目,获市职工合理化建议项目创新奖、市职工先进操作法创新奖;开展"五小"职工合理化建议活动,对征集的合理化建议件件回复、给予落实、组织实施。举办30多个课时、800余名职工参加的"PLC实践和应用"系列理论讲堂;组织70余名新任班组长参加业务培训。(2)深化"安康杯"竞赛。在开展"强意识、查隐患、反违章、保安全"活动中,通过现场隐患排查等多种形式,抓好班组安全管理。对组织6次查出的1300余条金点子,督促责任单位及时处理。深化安康杯竞赛,获安康杯优胜单位、安康杯竞赛优秀班组称号。以安全生产宣教、职工现场签名、安全歌曲大家唱形式,强化职工安全意识。参加申工社线上答题比赛获优胜奖、优秀组织奖。(3)弘扬劳模精神。在电视、报纸、网络、橱窗等媒体平台宣传劳模风采;组织在岗劳模参加休养和体检。举办五一故事会,280余人聆听劳动者故事,营造学习、争当、尊重、关心劳模氛围。授予小官庄铁矿市五一劳动奖状、莱新铁矿机电维修班市工人先锋号称号。(4)丰富业余生活。组织举办乒乓、羽毛、拔河、女排、男篮等9个项目、17场次、1600余名参加的职工体育比赛,指导乒乓球、羽毛球、声乐、摄影、排球等协会自主开展工作。1000余名干部职工欢聚一堂同庆建国70周年,举办建国70周年升旗、健步行、"我和国旗合个影"活动。(5)开展帮困慰问。申请19名职工参加市总工会专项基本保障,获保障金36万元;救助特困职工35人,发放救助金10.18万元;金秋助学23名职工,发放救助金4.5万元;发放61张特困职工证,发放大病慰问、特困证生活救助1.9万元、2.8万元;深入生产现场并陪同市总领导对高温下作业的一线职工开展高温慰问,并考察创新工作室创建情况。(6)关爱服务职工。累计为2093人办理会员专享保障。履行社会责任,落实消费扶贫工作,发放扶贫农副产品5000余份,价值100万元。发放女职工特殊津贴。实施职工思想动态信息报送、信访接待制度,接待职工来访31人次,增强工会组织凝聚力。

(李宗峰)

【上海市水务局(上海市海洋局)】 辖有基层工会17个,职工1222人,工会会员1222人,其中女会员444人。主要工作:(1)加强学习,突出思想引领。学习贯彻习近平新时代中国特色社会主义思想,邀请专家领导解读中央领导重要讲话、中国工会十七大精神。深化"中国梦·劳动美"主题教育。编印行业《改革开放40周年征文获奖作品集》。与工会学院联合开展职工思想调研。(2)开展竞赛,建功上海水务。搭建竞赛平台,开展"碧水保卫战"技能竞赛,3个集体、3人评为长江水利工程建设竞赛先进集体、个人;4个集体评为河(湖)长制先进;2个河流(湖泊)评为最美河流(湖泊);3人评为最美护河(湖)员。以小区内部雨污水管网改建为主题,有13家单位参加水质监测、雨污混接整治等重点工程竞赛,通过竞赛获金杯公司奖1个、优秀公司奖8个、优秀团队奖8个,建设功臣7名、优秀建设者13名,水务局连续三年评为优秀赛区。开展水利、供水、排水3大行业、3个工种、200多人参加的职业技能竞赛。组织14个单位、124个班组的1184名职工参加"安康杯"竞赛。参加市总和市应急管理局安全知识初赛复赛获好成绩。(3)评选创优,提升技能素质。在开展评选创优中,市水务信息中心、闵行区水务局等3家单位获市五一劳动奖状、刁春晖、孙伟锋等4人获市五一劳动奖章;金山河道管理科等4个部门评为市工人先锋号、城市原水调配技术获市优秀发明金奖;执法一支队评为市工人先锋号;3个集体评为市巾帼文明岗、汪晓蕾评为市巾帼建功标兵。开展评选、表彰局系统先进集体和先进生产(工作)者。安全监督、水务热线、无人机应用评选为优秀案例。(4)维护权益,竭诚服务职工。制定行业职工工资集体协商实施方案。召开行业工资集体协商会议。制订工会送温暖工作实施办法和疗休养补贴制度,协调安排200名职工参加疗休养;落实送温暖、送清凉实事项目;为1211名职工办理会员服务卡。(5)举办文体活动,丰富职工生活。举办历时6个月、有球类健身等10个项目的职工运动会,决出93个奖项,评选15个优秀文体小组。参加全国水利系统"尼尔基纳文湖杯"羽毛球比赛获第6名、参加行业乒乓球比赛获第5名。在垃圾分类知识竞赛中获二等奖。举办纪念三八节微电影制作活动。(6)加强工会建设,提升工作水平。指导8家工会完成换届选举。落实基层工会考核奖励工作。组织新当选基层工会主席参加市总培训班。严格工会经费预、决算和收、管、用。强化工会经费监督审查制度。

(王佐仕)

【中国建筑第八工程局有限公司工会】 辖基层工会26个，涵盖企业445个。职工225907人。工会会员197332人，其中女会员13969人、农民工会员154399人。主要工作：(1)突出典型引领。开展最美代言人、最美劳动者、年度主题人物评选活动，用劳模工匠精神引领职工，评选全国五一劳动奖章、全国工人先锋号、全国巾帼文明岗14个，省部级荣誉182个，地市级荣誉207个。举办劳模创新论坛，制定劳模创新工作室评选办法。命名局10大劳模示范工作室、局劳模工作室和首批工匠人才工作室；7人评为“上海工匠”“中国建筑工匠”和“新中国成立70周年建筑工匠”、20人命名“八局工匠；2名工匠事迹和深坑酒店实物模型入选上海工匠馆。(2)开展竞赛创新活动。在开展竞赛活动中，12.3万人参加有288个项目内容的“铁军杯”劳动竞赛；在开展长三角和省、市劳动技能竞赛中，获57个专项奖；联合业务系统单位，在“五大系列”技能竞赛的基础上开展法务、审计、金融等技能竞赛；在第46届世界技能大赛中，3名大赛场地经理、1名参赛选手获上海选拔赛冠军；召开试点单位竞赛推进会，形成“1+6”试点成果。开展群众性科技创新活动，10项工程获上海职工优秀创新成果奖和技术创新奖。从征集的190个金点子中，评选30项为优秀。(3)竭诚服务职工。制订3大项10个子项的整改，提升精准服务职工水平。实施职工休假、青年婚恋、远征职工家属关爱、文体活动等35项服务职工事项。深入推进“会、站、家”一体化建设，开展“四送”、集体婚礼等关爱活动。走访困难职工和农民工22.63万人次。推出中医问诊、周末托班、工友月、“幸福社区”等服务项目。开展为退休职工服务活动，为327名退休职工办理纪念章。承办10场保护关爱农村留守儿童的宣讲。(4)开展文体宣传活动。新建职工书屋179个。庆祝建国70周年为契机，大力推进职工文化建设，举办职工文艺汇演、首届上海地区职工运动会、巾帼同唱一首歌、“致敬上海城市建设者”春晚活动。五一期间，开展“致敬八局劳模先进”“致敬最美军嫂”“致敬八局老兵”“致敬海外建设者”等事迹宣传。(5)加强自身建设。新建工会工作站182个，组建工会联合会274个，新建工友村102个。组织职工代表巡视监督集体合同履行和提案工作落实情况。先后4次在长三角国企工会改革推进会、农民工加入工会交流会上，介绍八局在海外劳动保护、民主管理、服务农民工方面经验。新华社、人民网、《工人日报》《解放日报》《劳动报》等主流媒体，累计940次报道八局加强工会改革和产业工人队伍建设经验。与外省市和系统行业、上海机场集团等工会交流工会工作，提升履职水平。

（陈　湘）

【上海大屯能源股份有限公司工会】 辖有基层工会16个。职工14726人。工会会员14726人，其中女会员2788人。主要工作：围绕公司“高质量发展年”各项目标任务，坚持“忠诚党的事业，竭诚服务职工”的宗旨，发挥工会组织的桥梁纽带作用。(1)深入开展职工思想引领、劳模先进选树、素质工程建设、工会劳动保护、企业民主管理、开展慰问和疗养、巾帼建功立业、文化体育活动等工作，不断增强工会在发展经济、服务大局、服务职工等方面的能力水平，进一步增强工会组织的政治性、先进性、群众性，工会“大学校、大舞台、大家庭”作用得到充分发挥，赢得广大干部职工的认可。通过开展主题教育、会员季活动、文体活动，推进工作取得实效。(2)开展有万余名职工参与的“大屯工匠”选树、技能竞赛、技术创新等活动，提升职工的技能素质，为公司高质量发展提供高技能人才支撑；通过开展弘扬劳模、劳动精神，激励职工岗位建功，引领大屯公司新风尚。(3)开展群众安全监督检查，反三违、排隐患、报信息，夯实安全管理基础，发挥职工安全管理的主力军作用。(4)规范召开职代会、工代会，深化企业民主管理和厂务公开，落实两个集体合同，和谐企业建设成效显著。(5)实施“十大民生工程”，改善职工居住环境，提高职工工资待遇，加强职业安全卫生，开展全员健康体检，精准帮扶困难职工，开展职工疗休养和丰富多彩的文体活动等，使大屯公司高质量改革发展的成果更多、更公平地惠及广大职工家属，增强广大职工家属的归属感、获得感和幸福感。

（王安友）

【上海市金融工会工作委员会】 辖基层工会140个，职工270056人，工会会员265353人，其中女会员137871人、农民工会员1433人。主要工作：(1)注重正能量引领，增强职工凝聚力。为激发职工凝聚力，举办“礼赞新中国、唱响新时代”庆祝建国70周年合唱比赛、“见证共和国奇迹”摄影书画作品赛、“我和我的祖国”微电影创作征集评选活动。发挥先进劳模引领作用，评选1个全国工人先锋号、4个市五一劳动奖状、9个市五一劳动奖章、6个市工人先锋号。召开“金融巾帼创先锋，凝心聚力谋发展”三八节表彰会和专题培训班。组织2次市妇女代表履职考察、开展“我的家规家训故事”征集活动。(2)开展立功竞赛，展示金融风采。制订下发《上海金融系统职工立功竞赛活动实施办法（试行）》。组织20万名职工参加以“制度创新、服务争优、技能提升”为主题立功竞赛。举办合理化建议、先进操作法优秀成果评选活动。编印“五一劳动者之歌”劳动报纸、“中国梦・金融人・劳动美”系列书籍，展示金融职工岗位建功经验和风采。(3)聚焦主责主业，构建“和谐金融”。推进职代会制度建设，开设法律知识竞赛季度专栏，加大法律援助力度。开办劳动关系协调员培训班，举办工伤和人身伤害、民主管理、劳动关系等讲座。搭建上海金融APP（职工家园）网上服务平台。开展上海金融系统先进职工之家、先进职工小家、优秀工会干部评选工作。(4)实施实事项目，竭诚服务职工。举办12期“上海金融职工身心健康大课堂”讲座和2期急救培训班。组织200名职工、4批次劳模先进参加疗休养。为10万名职工办理工会会员卡。创建健康小屋41家、运动小屋49家。为709名困难职工送去元旦春节帮困慰问金141.8万元。举办10次“1+1”金融青年联谊俱乐部活动。开展8次金融女职工“E起学”培训交流活动。举办“运动・精彩”上海金融职工文体系列比赛。(5)加强工会建设，提升履职能力。指导12家单位完成工会换届选举，接收2家单位工会关系挂靠和衔接工作，组织27名新任工会主席参加岗位资格培训，举办工会文体工作者、金融APP（职工家园）基层管理员、基层金融网点负责人培训

班。（李　伟）

【国家税务总局上海市税务局工会】　辖直属工会13家，其中机关工会9家，事业工会4家。职工1503人。工会会员1503人，其中女会员787人。主要工作：(1)举办各项主题活动。举办有近千人参加的“我和我的祖国”歌咏比赛，抒发税务人筑梦情怀；举办2次有2000名干部职工参加的滨江之畔迎新健步走活动；组织200名干部职工参加羽毛球比赛；在开展征文活动中，围绕主题精心创作，其作品在市读书节活动中获二等奖、三等奖、优秀奖各1个，入围奖3个、优秀组织奖1个。组织开展“学研减税降费政策，喜迎祖国七十华诞”知识竞赛活动。(2)开展劳模、职工技能创新竞赛。制订《上海市税务系统“劳模(职工)创新工作室”管理办法》，授牌命名毛琦敏工作室为税务系统劳模创新工作室和上海市劳模创新工作室；与全国劳模、十九大代表吴娜现场交流发挥劳模精神及其引领作用；浦东新区局和宝山局获市五一劳动奖状、普陀二税所等4家单位和青浦一税所评为市工人先锋号、苏俊等2人获市五一劳动奖章。在开展服务保障进博会竞赛中，市局货物和劳务税处评为立功竞赛先进集体、嵇方荣获立功竞赛先进个人。各基层工会以优化营商环境改革、减税降费为重点，以“新税务、新形象、新作为”为主题开展各类劳动竞赛。(3)竭诚帮扶服务职工。工会和行政领导、各基层工会一起，帮扶服务职工，不定期走访慰问大病困难职工，做到“进职工门、知职工情、暖职工心”。为系统1400余名会员办理职工互助保障、工会会员卡专享基本保障。组织先进个人、工会积极分子和一线职工200余人分别参加杭州、庐山、西山疗休养活动。举办应急救护培训、心理健康、手工制作、艺术体验等讲座，广受职工欢迎。(4)加强工会建设增强能力水平。为提升工会能力水平，突出工会工作特色，对系统工会干部进行专题培训。坚持落实基层工会联系制度，密切与干部职工联系，使工会干部切实担当起广大职工群众信赖的“代言人”“娘家人”。

（娄晓辉）

【上海市人力资源和社会保障局工会】　辖有直属工会15家，职工2371人，工会会员2357人，其中女会员1332人。主要工作：(1)弘扬先进精神，把握发展主题。为庆祝建国和上海解放70周年，开展“铭记革命史、奋进新时代”职工红色文化寻访活动。组织职工参加李斌事迹报告会、生平事迹图片展，激励职工弘扬“李斌精神”。在评选先进中，2个单位获全国工人先锋号称号、培训中心获市五一劳动奖状、金山分中心审核科获市工人先锋号称号。开展“亮人社风采·迎祖国华诞”职工技能竞赛活动，78名职工获办公软件(ATA)职业技能评价证书。(2)关心关爱职工，做好帮扶实事。对46名符合帮扶条件职工发放帮扶金11.2万元、走访慰问18名困难职工资助1.8万元。指导“人才大厦”建成职工之家。浦东分中心蓝丝巾之家、市劳动能力鉴定中心妈咪小屋评为四星级，累计有11家五星级、8家四星级、9家三星级共28家妈咪小屋。为2330名职工办理由A类提升到B类工会专享服务卡，为57名职工办理互助保障理赔。(3)开展文体活动，丰富业余生活。开展“亮人社风采·迎祖国华诞”为主题的“七个一”职工系列文体活动，890名职工参加健步行、摄影、桌球、乒乓球、篮球比赛和职工歌咏、登高技能竞赛。组织247名职工参加庆祝建国70周年“中国梦·劳动美”上海职工文化网络大赛。(4)加强工会建设，提升自身水平。围绕《关于进一步做好关心关爱职工工作的思考》《关于制定局先进职工之家考核标准的研究》2项课题，21次到基层开展座谈调研，通过调研常态化、制度化，进一步改进工作作风，提高工会能力水平。编辑《工会简讯》45期，采用信息135条，制作11部微电影。举办工会财会培训班，加强工会经费的收、管、用，强化工会经费监督审查费。

（瞿葆仁）

【中国教育工会上海市委员会】　辖基层工会85个。职工93292人。工会会员91099人，其中女性会员46730人、农民工会员15701人。工作机构设办公室、基层工作部、宣教文体部、生活保障部、女工部。主要工作：围绕教育大局和教师发展两个中心，全面推进思想引领、素质提升、民主管理、民生保障、自身建设等方面工作，多项工作取得历史性突破。(1)强化思想引领，弘扬教工风采。召开第十次教育工会代表大会。召开“立德树人、砥砺前行”教育系统先进表彰会，表彰获国家、市、系统五一劳动奖状(奖章)、工人先锋号、劳模创新工作室等各级各类先进25项近千人次和集体。拍摄制作并两轮展播13部“师爱无声、师德永铸”身边好教师微电影。举办有近万人次参加的庆祝建国70周年上海教工合唱展演等活动，各类活动实时观摩、录播视频、图片宣传点击量突破5万余人次。(2)强化竞赛活动，提升岗位素质。组织举办第三届上海基础教育青年教师爱岗敬业教学竞赛活动，全市7万多名青年教师参加初赛，16个区教育局和行业中、职校的250名青年教师参加决赛。遴选4名教师参加第二届全国中小学青年教师教学竞赛决赛，获全国总分第一，并获3个一等奖，11个项目获上海加快科创中心建设为主题立功竞赛五一系列大奖。42所高校、16个区教育局和36所中职校的1034名教师参加第六届上海教师“三字笔”大赛。(3)强化民主管理，竭诚服务教工。规范市属和民办高校教代会民主评议校级领导干部制度，落实推进教代会评议职能。非编职工入会形成共识并成为常规工作，累计加入工会人数15710人。调整教育系统补充医保方案，从260元A套餐提升到480元B套餐，全年投入300余万元为8.14万名会员注册办理B套餐工会会员卡。持续关注困难及特殊教师群体，持续深化教师心理咨询和法律援助工作。(4)强化基础工作，提升工会水平。修订《教育工会部室岗位职责》，制订《上海市教育工会关于印章使用的管理规定》，并聘请常年法律顾问。改革基层工会工作考核办法，既强化考核，又精文简会。依法收缴工会经费，收缴总量年增长率近20%。下拨基层工会经费5000万元，下拨基层教工之家建设专项补贴138万元。对28家基层工会经费使用情况进行内审，实施工会经费监督审查制度化，确保工会经费的收管用合理合规合法。

（高　芳）

【上海市科技工会】 辖基层工会46个，基层工会涵盖单位97家；职工31557人，其中女职工11029人；工会会员30394人，其中女会员10458人、农民工会员486人。主要工作：(1)加强职工思想政治引领。学习贯彻党的十九大精神，通过召开会议、举办专题讲座形式，提高职工思想政治水平。运用多媒体、微电影、大讲堂等方式，围绕“科创日”、建国70周年庆、“中国梦劳动美”主题教育，宣传劳模、工匠、先进事迹，争做“科创先行者”。开展一季一培训、一季一活动、一季一展示、一季一交流活动，提高工作谋划的前瞻性。(2)开展职工创新竞赛活动。以服务“五个中心”、确立“科创日”为主题，开展有1500人参加的职工技能竞赛，主赛场有10家单位12个项目、分赛场有14家单位29个项目参评。在参加市总举办的劳动竞赛中，15个项目获市五一劳动奖项，上海硅酸盐研究所获上海职工优秀创新成果奖。(3)维护帮扶职工群众。加强维护职工权益制度建设，健全源头参与、民主协商机制，保障职工权益。年内共有74家单位1621个班组的23139名职工参加“安康杯”竞赛。(4)举办多样化文体活动。在科技机关和上海自然博物馆举办“魅力科技、情系祖国”科技系统职工摄影作品展、“讴歌新中国、奋进新时代”职工合唱音乐会，讴歌新中国成立70周年。(5)强化工会自身建设。加强工会系统党的政治、思想、组织、作风、纪律建设，强化工会组织党的建设。推出信息系统V3.0版，将服务项目延伸到基层工会端口，提高工作效能。做好工会经费预、决算。实施经审工作制度，根据“四位一体”经审要求，严格、合理使用工会经费，使工会经费收管用高效公开透明。 （冯　莺）

【上海市医务工会】 有直属基层工会60家，其中独立基层工会58家、联合工会2家，涵盖单位68家；职工83334人，比上年增加8750人，其中女职工58912人，比上年增加5975人，占职工总数的71%；工会会员80781人，比去年增加7307人，其中女会员58311人，比去年增加6148人、农民工会员100人。会员入会率96.94%。女职工组织覆盖率98.98%。主要工作：(1)加强医务职工思想政治引领。以习近平新时代中国特色社会主义思想和党的十九大精神为指引，加强职工思想政治教育。通过在职工中开展辅导培训、专题学习、主题教育活动等形式，强化职工思想引领，推动十九大精神入耳、入脑、入心。通过工会干部深化中国工会十七大、市工会十四大精神的学习，明确工会目标责任，多措并举、合力推进各项工作有新进展。(2)弘扬劳模风采推进技术创新。注重先进典型的培育和选树，在劳动报、医工报、上海市医务工会微信平台宣传弘扬劳模精神。开展“凝心聚力进博会，医疗服务创一流”立功竞赛活动，总结表彰竞赛中先进典型，助力进博会医疗服务保障有序进行。组织职工参加市总工会发起主办的技师、高级技师晋升奖励申报、带教师傅奖励申报、一线职工授权发明专利奖励申报。并组织开展第九期医务职工科技创新“星光计划”评审。(3)关心关爱服务职工群众。加强基层工会规范化建设，修改医务职工救急济难章程，提高对困难职工的帮困力度。认真做好元旦春节送温暖、高温送清凉、金秋助学等活动。为丰富医务职工精神文化生活，举办有舞蹈、情景剧、话剧展演、主题征文、图片故事、厨艺、书画、摄影、大合唱等表演活动的医务职工文化艺术节，满足职工日益增长的文化需求。(4)加强工会各项基础工作。召开上海市医务工会第九次代表大会，选举产生九届工会、经费审查、女职工委员会。对届内到期的6家单位进行换届改选。健全职代会民主管理制度，推动院务公开制度化。继续做好工会理论研究课题招标。整理下发《上海市医务工会制度汇编》。发挥行业工会优势和作用，加大对市级医疗机构中医疗护理员（护工）群体的关心关爱，多方调研论证后启动市级医疗机构医疗护理员（护工）行业工会联合会组建工作。 （马艳芳）

【上海市新闻出版工会】 辖基层工会16家。职工2924人，其中女职工1401人。工会会员2871人，其中女会员1388人、农民工1827人、女农民工907人。主要工作：(1)举办活动弘扬风采。通过举办庆祝新中国70华诞文艺汇演、开展以“美丽三月·分享快乐”为主题的烘焙制作、基层单位申报读书项目、职工参与文化网络大赛等活动，搭建系统职工之间交流沟通平台，丰富职工群众精神文化生活，展现新时代上海出版界广大职工锐意进取的精神风貌。(2)构建和谐劳动关系。通过微信平台，及时推送市总工会制订的《上海市企业集体协商工作规范》，指导督促基层单位签订和续订集体合同、工资专项集体合同和女职工权益保护专项集体合同。以市总工会制定的《上海市企事业单位职工代表大会工作规范》为依据，推进以职工代表大会为基本形式的企事单位民主管理制度，系统基层单位职代会建制率达93%。组织动员系统165个班组、2924名职工参与“安康杯”竞赛活动，2家单位获市总工会“安康杯”竞赛优胜单位和优胜班组。(3)推进服务职工行动。开展“爱心一日捐”活动，广大职工踊跃参与，募集金额19.72万元。对困难企业及89人次困难职工下拨帮扶款7.23万元。为111位身患重病的退休职工资助31万元。为系统28家单位、4285名会员办理B类工会服务卡会员专享基本保障险，支付金额16.7万元，3名患重病会员除获市总2万元资助外，又各获新闻出版工会6000元资助。拨出31.7万元购买防暑用品，慰问系统全体职工。组织系统劳模先进、操作能手、一线职工等，参加市总疗休养活动，支付费用18.7万元。创建2家基层工会职工亲子工作室，各资助2万元。对已获得由本市主管部门颁发技师职称资格的2名职工，每人一次性奖励1000元。(4)着力加强工会建设。妥善协调办理好上海新华发行集团有限公司和上海新华传媒股份有限公司2家工会、及集团所属11家基层工会关系转移至上海报业集团工会的衔接工作。加强工会财务工作监督检查，对本级工会基本账户、“三项基金”、预决算执行及6家基层工会经费收、管、用情况进行审核审计。召开先进表彰会，对基层单位年度工会特色工作、优秀工会工作者等先进集体和个人予以表彰。年内，1家基层单位获上海市五一劳动奖状，3个班组评为上海市工人先锋号。 （方伟国）

【上海广播电视台（上海文化广播影视集团有限公司）工

会】 辖基层工会46个，职工16617人，其中女职工7486人。工会会员16477，其中女会员7416人、农民工357人、女农民工76人。主要工作：深入学习贯彻习近平新时代中国特色社会主义思想以及习总书记关于工人阶级和工会工作的重要论述精神，全面落实中国工会十七大、市工会第十四次代表大会确立的各项目标任务，围绕台集团的战略目标，围绕中心、服务大局，服务基层、服务职工，全年完成多件实事，其中包括：召开二届一次职代会、开展劳动竞赛暨“SMG工匠”评选活动、创办“SMG职工学堂”、继续加强帮困服务、办好暑托班、关爱女职工身心健康等。（秦伊龄）

【上海社会科学院工会】 辖基层工会22个。职工782人。工会会员780人，其中女会员400人。主要工作：召开第四届职代会暨第八次工代会第二次会议。围绕本院发展，着力于民主管理、权益福利保障等重点工作。(1)举办劳模展览。举办纪念建国70周年活动及上海社科院劳模事迹展。展览集中梳理自1978年复院以来劳模情况，展出所有曾获全国、市级劳模（先进工作者）、五一劳动奖状（奖章）、工人先锋号荣誉的个人、单位先进事迹。(2)强化社团管理支持社团发展。制订《上海社会科学院文体社团管理办法》。经过相关审核，院工会支持尚社飞羽、尚社盟篮、尚社台球协会、尚社乒协、社科书画社、社科摄影社、社科朗诵社、社科合唱团、尚社国标舞协会、尚社足球社、社科腰鼓队等11个职工社团的创建和发展，丰富职工文化生活。(3)举办文体活动展现“社科风采”。以十月歌会为开幕式、全院拔河大赛为闭幕式，举办面向全院职工的首届“尚社文化节”，前后举办红色文化寻访、职工艺术作品发布会、朗诵作品分享会、国画艺术讲座、摄影艺术讲座、三对三篮球赛、趣味乒乓球赛等10多场赛事活动。其中最为亮眼的是“为祖国祝福·为尚社喝彩”十月歌会，全院所属研究所、直属单位共有24支队伍参赛。(4)加强调研交流提升智库水平。为履行研究本市产业工人队伍建设的职能，提升工会干部理论和智库水平，组织工会干部参加国情调研活动。组成3个组分赴武汉、深圳、哈尔滨等地知名企业和地区工会，开展调研、学习、交流。通过调研交流，拓宽工会干部视野，提高对工会性质、职责、职能的认识水平。（杨鹏飞）

【上海市体育局工会】 辖基层工会85个。职工1503人。工会会员1493人，其中女性会员555人。主要工作：以习近平新时代中国特色社会主义思想为指导，围绕建设全球著名体育城市和健康上海为目标，团结凝聚广大职工，为新时代上海体育发展发挥工会作用。(1)以学习贯彻习近平新时代中国特色社会主义思想为重点，弘扬劳模工匠先进精神。组织职工学习领会习近平新时代中国特色社会主义思想的精神实质和内涵，宣传党的创新理论，协助党组织抓好“不忘初心、牢记使命”主题教育活动，增强“四个意识”、坚定“四个自信”、做到“两个维护”。弘扬劳模、工匠精神，为体育系统功勋人物刘翔、吴敏霞、姚明、孙雯、浦海清、严伟莉等6人颁发“庆祝中华人民共和国成立70周年”纪念章。宣讲市劳模年度人物荣誉获得者倪华、钟天使和市五一奖章获得者刘欣的先进事迹。(2)以满足职工日益增长的精神文化需求为出发点，举办丰富多彩文体活动。组织举办“奋进体育人·筑梦新时代”上海体育系统庆祝建国70周年文艺汇演，上海诸多体坛名宿、奥运和世界冠军获得者、运动员、教练员代表等400多位体育人为1200多名职工群众献演。举办局系统职工乒乓球比赛；举办庆“六一”局系统职工亲子嘉年华活动和端午节龙舟比赛；丰富局系统职工子女暑假生活，开设快乐暑期成长营；全年职工参与局工会组织的各类文体活动累计1000人次。(3)以竭诚服务广大职工群众为根本，开展帮困帮扶送温暖工作。会同行政领导及各机关处室，走访慰问患大病重病的困难干部职工、教练员和伤残运动员等50户家庭，发放慰问金15万元；工会对患大病、重病等困难职工帮困救助4人，帮困金额1.3万元；医疗救助45人次、帮困金额4.45万元；高温期间，深入15家训练、场馆单位，为奋战在高温作业下的一线职工进行慰问，赠送防暑降温用品1070余份。(4)以加强工会组织建设为目标，提高工会自身能力水平。随着局系统事业单位改革不断推进，把撤销、组建、更名基层工会组织作为一项重要工作，指导各单位按照工会法规定和组织流程，撤销工会组织5家、更名7家、组建3家、换届5家。进一步规范局系统工会经费的收、管、用，对市第二体育运动学校工会等9家基层工会的财务情况进行审计。（陈宇时）

【上海市经济和信息化工作系统工会工作委员会】 辖直属工会99家，基层工会267家；职工77619人，女职工31807人；工会会员74773人，女性会员数30123人，农民工数1529人。主要工作：(1)开展评选弘扬正能量。学习宣传习近平新时代中国特色社会主义思想，引导干部职工不忘初心、牢记使命。邀请全国劳模包起帆、李斌报告团作专题专场报告。在五一表彰会、《劳动报》宣传劳模工匠风采。制作弘扬劳模、工匠、先进精神的宣传视频。举办建国70周年劳模先进座谈会暨纪念章颁发仪式。评选1个集体获全国工人先锋号、4家单位获市五一劳动奖状、5人获市五一劳动奖章、4个集体获市工人先锋号。举办智力运动会、职工故事大赛、微电影节活动。创建全总职工书屋1家、职工学堂2家。与《劳动报》合力办好“经信工会微信公众号”。组织职工参加红色寻访活动。(2)竞赛创新增强素质。举办集成电路版图设计、人工智能编程比赛，747人参加，评选“智慧工匠”、“领军先锋”各10名。参加“聚力新科技，奋进新时代”立功竞赛，2家单位申报创新项目。开展职工合理化建议和先进操作法成果征集、命名推荐，获三等奖1项、技术创新金奖1项、优秀发明铜奖3项、技术创新入围奖1项。开展职业技能晋升工作，晋升技师、高级技师51人，奖励发明专利28人。推荐10家工作室为长三角劳模工匠创新工作室。评选“上海工匠”3人，“上海工匠”工作室1家、市“技师、职工、巾帼”创新工作室2家，1人当选市优秀农民工。组织对智慧城市建设、“智慧工匠”两项内容的调研。征集长三角地区数控论文3篇、焊接论文3篇。(3)服务职工多办实事。起草下发关于本市国企工会改革通知、深化厂务公开民主管理和创建和谐劳动关系企业的实施意见，并进行跟踪和调研。做好63家单位、4万余人工会服务卡办理、注册、给付工作。有30多家单位参加市安全生产知识大赛。163家工会、2800个班组、3.7万余名职工参加“安康杯”竞赛，推荐18家单位、2名个人为市“安康杯”候选先进集体和先进个人，推荐3家单位申报“安康杯”优秀成果。帮扶困难职工、金秋助学400人、帮扶金55万余元。慰问高温作业职工发放慰问金65万元，慰问品7300份。实施5批次、400余名劳模及先进班组长、优秀职工、工会工作者参加疗休养。举办有200人参加的三八节论坛、单身青年交友活动，18对成功牵手。新建爱心妈咪小屋7家、评为5星1家、4星2家、3星3家。举办亲子活动和亲子教育讲座，创建亲子工作室2家。（4）强化自身提升水平。对13家工会换届、增补5家、更名3家。做好17家工会关系转移的衔接。举办工会主席、宣教、保障、财务和经审业务工作培训班。深入基层调研20余次，完成3个重点课题、4个联合课题的上报评选。贯彻《上海基层工会经费收支管理实施办法》，加强工会经费收、管、用，按照四位一体规定，对15家工会进行审计。

（黄　俭　顾　捷）

【光明食品（集团）有限公司工会】 辖基层工会255家，其中独立工会193家，联合工会62家，基层工会涵盖单位464家；职工53611人，女职工19310人；工会会员53514人，其中女会员19245人、农民工会员8581人。主要工作：坚持以习近平新时代中国特色社会主义思想为指导，贯彻中央群团工作会议和中国工会十七大精神。（1）围绕集团改革发展大局和职工需求为导向，坚持“重学习、重落实、重基层、重引导”，不忘初心、牢记使命，突出“串职工们、知职工情、凝职工心”工作，在集团高质量、高速度、跨越式发展中引导广大职工发挥主力军作用。（2）举办“当好主人翁，建功新时代，为建设殷实农场、构建实力光明做贡献”的劳动技能竞赛。开展“安康杯”竞赛活动，保障广大员工的安全环境。开展“员工第一、崇尚奋斗，爱与尊重”活动，争做光明文化的传播者和传递者，展现光明人风采。线上，通过“光明食品集团工会”微信平台，及时传播广大职工参与发展的正能量，引导广大职工坚定政治方向，坚定企业发展信心，以主人翁的姿态为企业转型发展添砖加瓦。线下，通过宣传先进，弘扬劳动精神、劳模精神、工匠精神，激励广大职工爱岗敬业，投身“光明”发展大局。选树“光明明星员工”及一批市级先进个人和集体。（3）参与“上海工匠”“进博会”“优秀农民工”选树。创建各类创新工作室，以起到示范引领作用。做好依法维权、关爱服务职工的实事，增强职工的获得感、幸福感。（4）从健全工会组织建设入手，加强子公司工会组建工作。从完善工会工作制度入手，对工会经费预决算执行情况和工会经费的收缴、使用、管理进行专项审计。

（朱菊英）

【上海市民政局工会】 辖有基层工会53个。职工4806人。工会会员4517人，其中女会员2495人、农民工会员232人。主要工作：（1）加强职工思想政治引领，组织工会干部和职工参观中国劳动组合书记部旧址陈列馆、参观上海工匠馆等。（2）成功召开局工会第七次代表大会，选举产生局工会第七届委员会和经审会。（3）深入推动群众性劳动竞赛活动，15个成绩突出班组被授予局“工人先锋号”称号。（4）发动组织28家基层单位、290个班组、3668名职工参加本市“安康杯”竞赛。（5）以“拥抱新时代、展示新风采”为主题，举办纪念三八国际劳动妇女节109周年暨三八红旗手（集体）表彰活动。（6）做好上海工匠等先进典型选树工作，市假肢厂有限公司高级技师吕永兵被命名为2019年上海工匠。（7）开展夏季走访基层单位送清凉活动。（8）广泛开展“两节”送温暖活动，通过市社会组织等支持，筹集100多万元帮困款，对困难职工进行帮扶。（9）按照市总工会统一部署，为53家基层单位、3870名会员续办会员卡专项保障。（10）举办基层工会主席、工会财务和经审干部培训班。

（胡积伟）

【上海市监狱管理局工会】 辖有基层工会19个。职工7004人。会员7004人，其中女会员1059人。工作机构设：办公室、组宣部。主要工作：（1）服务职工，维护权益。对困难干警职工开展帮扶慰问和助学帮困，帮困金21.5万元。为全局会员办理会员卡专项保障。配合行政做好送清凉工作。对取得职业资格等级证书会员进行奖励，共奖励5.05万元。开展会员体质检测与评估。（2）开展职业竞赛，提升技能素质。开展民警职业技能竞赛，通过5项分赛和总决赛，决出年度总冠军。选树培育劳模先进，荣获市五一劳动奖状1个，市五一劳动奖章1人、市工人先锋号1个。荣获市职工先进操作法创新奖1个，市职工合理化建议创新奖1个。《劳动报》在“女性周刊”上专版介绍监狱局五一先进风采巡礼，监狱民警的3个感人爱情故事。开展线上垃圾分类知识竞赛、线上安全生产月答题和警务车辆驾驶技能比武岗位练兵等活动。（3）举办文体活动，丰富职工生活。开展足球、羽毛球、乒乓球、台球、电子竞技、垂钓比赛和健步走活动。组织职工参加读书活动，“书香警营”读书系列评为上海读书节示范引领项目。组织参加中国农林水利气象工会“与祖国同行”文艺作品通讯比赛，获一等奖、三等奖和优秀作品奖。摄制的“歌唱祖国”微视频，荣获上海法学法律界“歌唱祖国”微视频大赛一等奖。对部分基层工会职工书屋、警体中心、职工之家创建给予经费支持。组织开展“我与祖国同行”知心杯征文和书画摄影比赛活动，有多幅作品入围市法学会和市总工会展览并获奖。做好局工会“一网一刊”工作。开展台球技艺、减脂减重、手机摄影摄像培训班。（4）建爱心小屋，展女工风采。开展“巾帼展风采·奋进新时代”三八节主题活动，向全局女工献上一朵玫瑰花。成立2家爱心妈咪小屋；开展“大手牵小手，梦圆泡泡秀”迎“六一”亲子活动；组织参加家规家训故事征集、布艺缝纫创意大赛和三八优秀案例申报。参加市退管会才艺展示、浦江游、征文和扑克比赛等项活动。做好困难退休职工慰问和体检工作。（5）加强工会建设，提升工作水平。举办工会干部、新上岗工会主席、职工EAP执行师培训班。指导5家基层工会开展换届改选。出台新制定的帮扶送温暖实施办法。规范工会经审和财务工作，确保收好、用好、管好

工会经费。（江海群）

【锦江国际集团工会】 辖基层工会85家，基层工会涵盖单位418家。职工41874人。会员41874人，其中女会员17828名、农民工会员2069人，会员入会率100%。实现工会组织和会员入会全覆盖。主要工作：工会在党组织领导下，充分发挥工会作用，助力锦江国际集团提前实现“十三五”目标——10000家酒店、100万间客房、120个国家、跻身“全球第二”，实现从区域性国内公司向跨国集团公司的重大转型。(1)突出政治引领，彰显锦江风采。通过多种形式学习领会习近平关于“不忘初心、牢记使命”重要论述、有关重要法规汇编读本，深刻领会精神，指导工作实践。组织开展以“壮丽七十年、奋斗新时代、共筑锦江梦”为主题的摄影大赛，入选决赛作品630幅。作品展示新中国成立70年来取得的辉煌成就，展示锦江80多年民族品牌和重组16年来的发展成果、敬业奉献的时代风采。(2)弘扬劳模精神，激发劳动热情。评选上海市五一劳动奖状(奖章)、工人先锋号、进博会先进集体、劳模创新工作室等一批先进集体和个人。在五一劳模座谈会上颁发奖状和奖章，举行全国劳模和世博先进佩戴“建国70周年”纪念章仪式。制作成15块弘扬劳模精神的宣传板面进行现场展示，并通过劳动报、东方电视台等媒体进行宣传，激励广大职工投身建功立业、奉献锦江发展的热情。(3)搭建创新平台，提升技能素质。举办第六届“锦江杯”职业技能大赛，分设酒店高档商务宴和汽车维修两大赛场，为职工搭建提升技能水平的平台。选树首批“锦江工匠”15名，其中马浩成评为“上海工匠”；徐黎明工作室评为“上海市劳模创新工作室”；郁锦香、陈刚工作室评为职工创新工作室；翁建和工作室评为首届中国长三角地区劳模创新工作室。(4)加强工会建设，助力深化工会改革。依法合规建会办会，理顺企业工会的管理关系，加强指导和衔接，有序推进基层工会期满换届、增选补选工作。推进工会“互联网+”建设，建立和完善工会数据库，理顺工会会员服务卡制作流程，为职工会员顺利办妥参保工作。平稳推进国有企业工会改革，选取两家试点单位形成具体案例。持续深化工会改革，建机制、强功能、增实效。（顾明方）

【上海市东湖(集团)公司工会】 下属基层工会组织10个。职工6073人。工会会员3898人，其中女会员1369人、农民工会员257人。主要工作：(1)加强思想引领，弘扬劳模精神。学习贯彻中央和市委的大政方针，以各种形式和载体，引导职工听党话、跟党走。弘扬劳模、劳动、工匠精神，评选全国工人先锋号、市工人先锋号各1个、市五一劳动奖状1家、陈轶和周立新评为市五一劳动奖章；进博会立功竞赛中，评出先进集体1个、李嘉评为进博览会立功竞赛先进个人、俞冯兴荣获“上海工匠”称号；在开展各类技能比武中，9名职工获总工会技能晋升奖13000元、其中5人晋升技师、4人晋升高级技师，获集体奖9个、个人奖23个，奖金为15700元、27700元。(2)开展“安康杯”竞赛，保障安全作业。结合“八个一”活动和安全生产月宣传，开展“安康杯”竞赛，组织开展安全生产防暑降温专项检查165次、整改事故隐患102个、工会劳动保护监督检查活动67次、职工代表参与安全巡查活动30次，保障职工有安全作业环境。高温期间，下拨31.6万元用于购买夏季清凉消暑慰问品，分路下基层慰问在高温下作业的职工。(3)深化服务办实事，竭诚服务为职工。元旦春节期间，开展“一日捐”活动，向患大病的16人在职职工、15人退休职工、16人直系亲属送去救助金11万元；慰问特种重病患者16人、金额39万元；办理职工医疗互助保障4323人，参保女职工特种重病1485人，保障金理赔1216人次，给付金765826元；为3809名职工办理会员专享服务卡年度续费，其中为358名职工新办工会服务卡；开展每年一度金秋助学活动，助学30人，发给助学金28050元。(4)开展文体活动，弘扬东湖文化。开展丰富多彩的职工文体活动，举办“我和我的祖国——东湖集团职工庆祝新中国成立70周年歌咏比赛”、举办职工拔河比赛、开展工团主题日活动。组织开展职工网上问卷调查，收到有效问卷1151份。在开展东湖美食节期间，举办员工食堂美食节活动，通过观摩交流，互鉴互评，使职工食堂办得让群众更加满意。(5)加强工会建设，提升能力水平。学习贯彻十九大精神，协助集团落实主题教育整改方案。加强班组建设，评选文明班组27个。做好市总工会年报统计和服务卡工作培训。依据《工会法》规定，对集团工会第五届委员会和经费审查委员会、所属3家基层工会进行换届改选。创办集团工会工作信息动态，为职工搭建学习、交流平台，更好地服务工会，服务职工。（胡　明）

【上海市衡山(集团)公司工会】 直辖基层工会12个，职工3157人，工会会员2830人，其中女会员633人、农民工会员91人。主要工作：在集团党委领导下，围绕集团中心工作，服从服务于衡山发展大局，履行工会建设、参与、教育、维护职能，发挥桥梁纽带作用，开展丰富多彩的活动，协助党政抓职工队伍建设，着力发挥工作的作用。(1)开展特色活动，丰富职工业余生活。举办“扬体育精神，展衡山风采”职工运动会，14个代表队、420名职工踊跃参加。举办“上海衡山集团庆祝新中国成立七十周年大会”，16个歌舞节目登台表演。在圣鲁迅竞技场举办第四届“衡山杯”足球锦标赛，“衡汽之队”等7支职工业余足球队参加角逐。(2)加强职代会制度，开展评先创优活动。体现“民主、团结、务实”精神的第四届职工代表大会第七次会议在国际贵都大饭店召开，会议动员干部员工统一思想，推动企业创新、转型、发展。在“五一”节，评选江艳获全国五一劳动奖章、王晓梅获市五一劳动奖章。在市总工会召开的“凝心聚力进博会，建功立业创一流”第二届中国国际进口博览会立功竞赛先进事迹报告会上，集团工会获“上海城市服务保障中国国际进口博览会立功竞赛活动”优秀组织奖、国际贵都被授予市五一劳动奖状、王晓梅被授予市五一劳动奖章、上海大厦1个班组授予市工人先锋号、衡山宾馆张依文、明珠大饭店陶航评为上海城市服务保障中国国际进口博览会立功竞赛活动先进个人。(3)关心服务职工，保障职工生活。在帮困送温暖活动中，认真做好困难员工的帮扶工作，开展定向帮困职工

56 人，发放慰问金、慰问品 22.21 万元；应急帮困 4 人，发放救助金 1.2 万元；慰问高温作业一线职工 2717 人，发放慰问品 23.36 万元；为 2753 持卡会员办理专享基本保障服务卡，使部分患病员工得到及时帮助；组织 10 批次、400 名参加疗休养，受到广大职工的普遍好评。（4）开展多样化活动，为女工办实事好事。举办庆"三八"节"品味中国风·解读传统美"主题活动，近 70 名来自基层企业的女性骨干一起感受旗袍手工技艺的魅力。举办欢乐庆"六一"活动，43 组家庭参加由集团工会和女工委在金山城市沙滩举办的"快乐小渔夫，幸福一家人"亲子活动，增强员工对企业的归属感。（王 艳）

【上海市市级机关工会工作委员会】 辖基层工会 333 个，职工 50856 人，其中女职工 22894 人；工会会员 49043 人，其中女性会员 18187 人、农民工会员 936 人。主要工作：（1）理想信念更加坚定。组织开展 13 场"书香涵泳，润泽心灵"讲座，覆盖广、影响大，逾 5000 名干部职工踊跃参与。举办"巾帼心向党·建功新时代"主题宣传，展示市级机关女性在平凡岗位上建功新时代的风采。开展"勇当追梦人·创造新传奇""先进榜样前行力量"主题展示，并联合各媒体进行专题宣传报道。为倡导良好家风，推荐全国最美家庭 4 户、上海市文明家庭 3 户、上海市最美家庭 31 户。（2）示范引领更加凸显。深化岗位建功实践，凝心聚力进博会，继续扩大"改革先锋·岗位建功"劳动竞赛活动覆盖范围，在参与"凝心聚力进博会、巾帼建功创一流"立功竞赛活动中，32 家单位获 81 个进博会专项奖。联合浦东、徐汇、黄浦、静安四区机关工作党委，开展"垃圾分类新时尚机关带头做模范"为主题的定向示范活动，工委、区各级机关干部职工、先进代表等逾 1200 余人参加活动，征集倡议书签名 1360 个，收集意见建议 1000 余条。在礼赞新中国活动中，商务委、市气象局、市统计局、财政部上海监管局、生态环境部门与辐射安全监督站等单位，以形式多样活动，献礼新中国 70 华诞。（3）服务保障更加完善。在关爱职工办实事中，新建 5 家爱心妈咪小屋和 10 家亲子工作室；举办 12 家单位 1000 多人次参加的红十字救护培训；全覆盖办理会员卡注册工作，注册会员 5 万 6 千人，支出经费 230 万元；围绕健康膳食营养、运动健身、心理调节等 8 个方面内容，启动"市级机关公务员健康促进行动"，推进健康食堂、运动健身、心灵呵护等 10 个项目深入开展。组织系统万余名干部职工参加"一日捐"活动，募款 87.81 万元；春夏两季走访慰问一线干部职工 25357 名，发放慰问金 236.43 万元；"关爱月"专项慰问儿童 46 人，支付慰问金 9.2 万元；大病慰问 1167 人，发放慰问金 348.6 万元；向系统 439 名全国、市级劳模发放劳模"三金"，发放金额 76 万元；以"新征程、追梦人"为主题，组织庆祝建国 70 周年市级机关系列体育赛事活动，举办拔河比赛、羽毛球、篮球赛和智力运动等赛事，80 家单位 360 支代表队 3000 名运动员参赛。（王 颖）

【百联集团有限公司工会】 辖基层工会 123 个，职工 29919 人，工会会员 26786 人，其中女会员 13861 人、农民工会员 2000 人。主要工作：围绕集团中心工作，为集团创新转型提供保障。（1）开展"2017—2018 年度百联集团创新创效项目""2018 年百联集团服务优秀奖"评选活动，共推荐产生 27 个创新创效候选项目、15 名最佳服务明星候选人、9 个最佳服务班组候选集体、9 个最佳服务门店候选集体。（2）评选 1 个全国工人先锋号、2 个市五一劳动奖状、2 名市五一劳动奖章、4 个市工人先锋号，并在 5 月 7 日出版的《劳动报》上制作题为"书写奋进新时代的百联篇章"专版进行宣传。（3）开展"每天多推一条信息、每天多拉一名会员、每天多做一笔订单"为主题劳动竞赛，年内完成订单 160 万笔，同比增长 103%；完成销售额 27098 万元，同比增长 123%；完成阅读量 222 万，同比增加 140%。（4）元旦春节期间，开展有 2.2 万人参加的"一日捐"活动，捐款 86.7 万元。为 29175 名职工投保工会服务卡专享保障 B 计划，共计支付 116.70 万元。高温慰问市内企业 80 家、职工 5168 人、发放价值 131.79 万元慰问品。（5）响应"百企帮百村"村企结对精准帮扶工作，开展助力百联云南扶贫项目主题活动，赴滇采购当地农产品 1940100 元，惠及 26522 名职工。（6）开展"我和我的祖国"百联职工喜迎新中国成立 70 周年主题歌咏活动，1000 多名职工参与，6000 多名职工及中外消费者现场观摩。（7）举办百联集团工会保障工作业务培训，110 家基层企业的 124 名工会干部参加。举办百联集团工会经审工作业务培训，106 家基层企业的 191 名工会财务及经审干部参加。（8）进一步推广工会改革的成果，作为试点单位之一的新华联大厦工会接受市总工会的检查指导，介绍工作经验、特色亮点和有效成果，在加强和改进工会改革建设方面起示范引领作用。（姜 杰）

【申能（集团）有限公司工会】 辖有基层工会 48 个，职工 16474 人，工会会员 16450 人，其中女会员 5247 人、农民工会员 7 人。主要工作：（1）开展创新竞赛活动，引领职工建功申能。推进申能系统"安康杯"竞赛活动，评选出 11 家优胜单位、98 个优秀班组、3 家优秀组织单位和 51 名优秀个人 1 个班组评为市"班组安全管理成果"三等奖开展服务创优劳动竞赛，35 家基层工会申报 92 个项目，参与人数 8558 人，集团下拨资金 973480 元；评选劳模、工匠、技师、巾帼创新工作室创建工作，天然气管网五号沟 LNG 站工作室命名为市技师创新工作室、上海燃气"创新与职业培训中心"被市总命名为职工学堂。（2）民主管理，竭诚服务职工。召开职工代表大会，投票表决因企业改革涉及的劳动关系变更方案、通报企业"混改"增资方案，确保改革平稳推进 24 家单位签订综合集体合同、覆盖职工 13076 人，24 家单位签订工资专项集体合同、覆盖职工 9322 人为 16317 名注册会员购买上海市工会专项基本保障（B 类）会员服务卡，参保资金 65 万余元修订完善《申能（集团）有限公司帮困慰问专用资金管理办法》，全年帮困职工 150 人次，拨付帮困金 43.73 万元。（3）选树先进典型。以劳模、工匠和先进代表为主体拍摄快闪《我和我的祖国》，为新中国成立 70 周年献礼参与第四批"上海工匠"评选，邵良获"上海工匠提名奖"；2 名职工授予市五一劳动奖章大众燃气授予市五一劳动奖状；2 家集体授予市工人先锋号。开展庆祝建国70周年系列文体活动,5000人次职工参加“悦动申能”健康跑、摄影、乒乓、足球、棋牌、书画以及美文名言征集等活动。(4)加强工会建设。推进国企工会改革,燃气浦东销售被列为上海市国企工会改革示范单位,做好电缆所工会组织关系转移衔接工作。加强女职工工作创新发展,1人获市巾帼建功标兵,1家集体获市巾帼文明岗。开展“有情申能,助贫扶智”对口援助云南省富宁县脱贫工作,连续6年开展四川自贡申能希望小学支教活动,发挥好“申飞扬·能无限”微信公众号网络平台的宣传作用。 (李晓萍)

【上海久事(集团)有限公司工会】 辖基层工会61家,基层工会涵盖单位73家。职工56873人。工会会员55926人,其中女会员6971人、农民工会员1089人。主要工作:(1)开展劳模、工匠评选。弘扬劳模先进的风采,为6名劳模颁发建国70周年纪念章、2个劳模工作室评为市级劳模创新工作室、10个劳模工作室和7个技师工作室获久事劳模(技师)工作室。开展“久事工匠”评选,1个工作室被评为上海首批工匠工作室、葛兵工作室评为市技师创新工作室、10名职工评为“久事工匠”。有3家公司、7名个人获市五一劳动奖状、奖章;3个集体获上海市工人先锋号;1家公司、1名个人获进博会先进集体、先进个人;1个集体、3名个人获上海市三八红旗集体、红旗手;久事公交大学堂和强生职工学堂被命名为上海职工学堂。(2)深化竞赛活动。为保障进博会主体工作,开展服务第二届进博会专项保障立功竞赛。开展“安康杯”竞赛,2家单位经考核获全国“安康杯”竞赛优胜奖。参加上海市职工安全生产知识大赛,为5个高温作业场所安装降温喷雾装置。(3)服务职工办实事。下拨专项工会经费,资助爱心妈咪小屋建设,有3家被市总工会评为四星爱心妈咪小屋。首次为大病和突发困难职工发放慰问金;助资为全体会员办理工会会员B类保障服务卡;向一线职工开放143个爱心休息点,免费提供饮水、如厕、餐食加热等服务。(4)举办职工艺术节。举办纪念建国70周年第二届久事职工艺术节暨文艺汇演,组织10900名职工和家属观摩上海马术比赛、田径钻石联赛、F1赛车、斯诺克和网球大师赛等国际性赛事,组织职工分21批观看久事男篮比赛。举办职工兴趣烘焙、油画活动。(5)推进工会建设制度化。坚持召开职代会(暨工代会),并确保职代会运作规范、职权到位,推进法人治理工作制度化,完善日常管理流程。深化国企工会改革,持续推进国企工会改革试点工作,巴士一公司列为市国企工会改革示范单位。制定实施工会全委会、常委会、主席办公会、经审工作等议事制度及工会采购物品管理办法。开展工会主席、职工董事监事、工会财务、经费审查、工会保障业务和理论知识培训,提升工作能力水平。实施工会经费“四位一体”监督审查,聘请社会审计机构对17家基层工会经费使用情况进行审查。 (陈 珺)

【上海申通地铁集团有限公司工会】 辖基层工会31家,职工29322人,会员28390人,其中女会员6408名、农民工会员35人。主要工作:(1)开展竞赛评选活动,提升职工队伍素质。弘扬劳模精神,培育先进典型,评选全国五一劳动奖章1名、市五一劳动奖章2名、市五一劳动奖状2个、市工人先锋号3个;评选市职工合理化建议创新奖3个,职工创新成果奖1个、银奖2个、铜奖1个、入围奖1个;评选市职工先进操作法成果奖1个、市职工先进操作法创新奖3个;创建市职工创新工作室1个;获优秀发明奖1个、银奖8个、铜奖7个;评出上海工匠1名、市工匠创新工作室1个;评出市竞赛优秀公司4个、市建设功臣13名;评选全国巾帼文明岗1个,市三八红旗手3名、红旗集体1个。举办地铁劳动者主题展、地铁“匠心”沙龙、“巾帼新作为·建功新时代”女工系列活动。开展“登峰行动”劳动竞赛,赛出5名总冠军、10名总亚军,若干名入围奖。举办轨道保障进博会专项劳动竞赛,及“防风险、保安全、促转型”为主题5个竞赛活动;参与全国轨道行业劳动竞赛;组织1871个班组、2.6万名职工参加“安康杯”竞赛活动。(2)关心服务职工,实施实事项目。开展“走100个班组,访1000名职工”活动。为11个岔站增配淋浴房,对厕所、茶水间进行改造。整修8座车站停车棚。慰问在职、退休困难职工和先进代表36次,拨发慰问金5.7万元。为职工增加防暑降温设备、并送去慰问金23万元。为职工办理大病保障,理赔133人次、1941984元;为27169名职工办理会员卡注册、206张新卡办理投保,支付保障金327774元。组织开展“关爱女性乳腺健康”讲座。(3)开展文体活动,丰富申通文化。举办足球、篮球等9大类、28个单项的职工运动会;举办年度风采人物颁奖典礼暨职工文艺汇演;拍摄《和你在一起》职工形象宣传片;举办“上海职工讲故事”和“致敬！劳动者”图片展并参加歌咏大会;开展文化艺术培训;输送25个公益乐学项目下基层;在参加对外竞技交流中,足球队获“森河杯”联赛冠军,网球队获“漕河泾杯”精英组季军。(4)民主管理企业,加强制度建设。关注跟踪职工热点,参与处理舆情事件。推选集团职工董事1人、监事2人。指导6家基层单位进行工会换届选举。推进职代会制度建设,开展集体协商。规范基层工会工作流程,推进“四位一体”经审监督,严格工会经费管理,确保工会经费合法、合规、合理使用。 (蔡伟东)

【上海城投(集团)有限公司工会委员会】 辖基层工会140个,涵盖单位143家。职工15684人。工会会员15570人,其中女会员4289人、农民工会员832人。主要工作:(1)开展主题教育,弘扬劳模先进精神。牢牢把握工会组织的政治方向和政治属性,开展“不忘初心、牢记使命”主题教育,以党课、培训形式,帮助各级工会干部学深悟透开展主题教育的深刻内涵及重要意义。召开五一表彰会,弘扬劳模先进精神,一批单位、个人获全国、市级五一劳动奖状、奖章。以庆祝建国70周年为主题,举办第七届职工艺术节,讲好城投故事,弘扬城投精神。(2)深化竞赛创新活动,服务城投发展大局。持续开展城投“五比五赛”,全力以赴确保进博会保障服务和重大工程投资建设任务的完成,创建2家金杯公司等共计106个市级荣誉。在“安康杯”竞赛中,实现全覆盖,43支队伍参加“上海市职工安全生产知识大赛”并取得好成绩。在开展群众性科技创新活动中，获市职工优秀创新成果奖和市优秀发明选拔赛金、银、铜奖在内的 23 个奖项。(3)推进实事建设，竭诚帮扶职工。实施服务职工实事项目，推出 13 项实事建设项目。落实“冬送温暖”“夏送清凉”、领导结对、金秋助学等各类帮扶工作。组织 700 余名各类先进、有毒有害岗位人员开展疗休养。运用线上平台，组织 300 支队伍参加“垃圾分类　清城之旅”在线健步走活动。(4)增强工会活力，着力履职尽责。召开集团职代会，完成工会改革试点工作，努力创建和谐企业。广泛开展工作调研，形成一批调研成果。开展工会干部专题培训，提升工会工作水平。定期收集职工思想动态，关注职工热点问题，运用工会微信，全年发布信息 104 篇，通过平台作用，不断增强工会凝聚力。（熊　巍）

【上海隧道工程股份有限公司工会】　辖基层工会 108 个，基层工会涵盖单位 118 个。职工 36662 人。工会会员 34318 人，其中女会员 6400 人、农民工会员 15640 人。主要工作：(1)引领职工实现“隧道”蓝图。学习贯彻习近平新时代中国特色社会主义思想、关于工人阶级和工会工作的重要论述，贯彻落实中国工会十七大精神。通过报告会、网络教育、专题讲座、班组学习等形式，深刻领会其精神实质和历史意义。召开职工座谈会，邀请党政领导，倾听员工和家属的心声，引导广大员工，充分认识中国的隧道股份和全国发展、全球视野的发展蓝图。(2)开展技能竞赛创新活动。动员和组织职工广泛开展创新技术培训、高师带徒、劳动技能竞赛活动，有 8 家直属公司 131 个在建项目、9769 人参加长三角地区竞赛活动；以“四着力、四提高”为重点，开展 10 大板块立功竞赛，创新机制，提质增效。(3)创建开办职工学堂。为推进产业工人队伍建设，创建两级“职工学堂”考评管理机制，推荐评出上海职工学堂 2 家、隧道股份职工学堂 6 家，举办“不忘初心、建功新时代”上海职工学堂开学典礼。为 8 家“职工学堂”授牌，首批 150 名学员参加二维工程识图技能培训。(4)举办丰富多彩职工文体活动。组织开展“蓝色光影 · 隧跃非凡”图片展、“拓展向前新时代 · 领跑未来”上海城市足迹定向探寻比赛；在参与全国各类行业摄影大赛中，有 3 名职工获一等奖；在“我与共和国共奋进”读书节活动中，以口述方式，展现三代隧道人奋斗足迹被列为示范项目；制作的微电影获纪录片大赛金奖；举办有 14 个参赛队、250 名职工参加的“路桥杯”职工足球、羽毛球比赛。(5)制订完善职工帮困机制。在落实帮扶工作中，对 40 份职工困难状况帮扶档案进行全面梳理、分析和比对，修订制度、规定和办法，从措施上落实帮困送温暖、职工关爱激励、会员叠加保障、职工健康发展等方面制度，建立常态化帮扶工作机制。（牛泽鑫）

【中国联合通信有限公司上海市分公司工会】　辖基层工会 1 家，职工 2712 人。工会会员 2712 人，其中女会员 1081 人。主要工作：以学习贯彻十九大精神为主线，以“新理念 · 新方法 · 新作为”继续深入实施工会“五心工程”，凸显“五心工程”的“以政治性为灵魂、以先进性为引领、以群众性为基础”，团结职工，维护职工，凝聚力量，增强动力，推动企业高质量发展，满足职工精神获得感。（康　迪）

【上海电力股份有限公司工会】　辖基层工会 20 家，基层工会涵盖单位 23 家；职工 6309 人。工会会员 6253 人，其中女会员 990 人。主要工作：(1)以思想政治建设为引领，深入开展“不忘初心、牢记使命”主题教育。在电力工业摇篮——杨树浦发电厂举办“百年电力、光影见证”职工书画作品展、“不忘初心、走向复兴”职工红色文化寻访活动。在庆祝建国 70 周年”系列活动中，举办“奋楫者先、勇创一流”职工龙舟赛、“我和我的祖国”职工歌咏会。(2)搭建职工为电力建功立业的平台，大力宣传工匠奋斗精神，通过专家指导、专项资金支持、交流互建方式，创建创新工作室。祝建飞和汪洋评为“创新工匠”、徐嵘工作室评为创新工作室、严琳创新工作室评为“班组创新工作室”、5 项职工技术创新成果获中国能源化学地质系统优秀成果奖。开展项目管理、热控、汽机本体、风电运维、继电保护等技能竞赛，累计培训、集训 470 多天。(3)竭诚服务职工，对赴境外、偏远和艰苦地区工作一线员工，实行“一对一”服务，以解决后顾之忧。确立困难职工梯级帮扶体系，编制档案清单并签订帮困责任书，深化帮困工作责任，赴困难职工家中慰问覆盖率 100%，10 人通过精准帮扶脱离困境。(4)强化工会基础管理，深化民主管理，推行厂务公开，修订《职工代表大会条例》《厂务公开制度》，依法规范召开职代会，着力抓好职代会 14 项提案并予以实施，实施率 100%。（陈威俊）

【中铝上海铜业有限公司工会】　辖基层工会 7 个。职工 504 名，其中女职工 84 名。工会会员 504 名，其中女会员 84 名。主要工作：(1)开展主题活动，突出思想政治引领。学习贯彻党的十九大精神，以习近平新时代中国特色社会主义思想为指导，开展“不忘初心、牢记使命”主题教育活动。举办“迎新春，展风采”活动、爱国歌曲大合唱、党建知识和党的十九大知识竞赛，引领职工思想政治，为上海铜业转型、发展谱写新篇章。(2)培育劳模工匠精神，凝聚职工创新活力。开展高弘师徒带教、助推人才发展活动，创建陈卫春劳模创新工作室；1 个班组评为市工人先锋号；开展“上海工匠”、中铝工匠创新成果推荐评选工作；开展“安康杯”竞赛、“安全、干净”劳动竞赛以及“安全、干净”示范班组建设活动。(3)推行职代会制度，民主管理企业。召开四届五次职代会暨二届三次工代会，审议公司行政工作报告、各项涉及职工切身利益的重大事项、公司重要决策，选举职工董事和职工监事、征集职工提案、职工代表意见建议等。坚持推行厂务公开制度，凡公司重大决策、生产经营管理、涉及职工切身利益重大问题、评先评优、工程项目招投标、职工代表和会员代表选举、帮扶困难职工、爱心捐款等工作均予以公示。(4)精准帮扶职工，多办好事实事。办理在职和退休职工住院、重大疾病、意外伤害、女职工特种保险 4 项互助保障和会员专享 B 类互助保障；对 39 名困难职工情况进行调整、补充、分类和完善，为大病职工减负 36688 元；上门探望和慰问生病住院职工（职工亲属），安排 3 期由先进代表、职工代表、献血职工参加的疗休养;安排2批职工参加团体春游、参观广富林遗址;坚持每月职工思想动态分析制度,鼓励职工无偿献血。(5)丰富业余生活,激发劳动热情。举办“追梦2019—颂诗会”等渲讲和合唱比赛、女职工插花培训、党员应知应会知识竞赛。(6)加强工会建设,做好基础工作。学习贯彻中央《关于加强和改进党的群团工作的意见》,建立健全工会干部培训和会议制度;开展评选、表彰优秀工会工作者和工会积极分子工作;规范经审工作做好工会经费的收缴、管理、使用。加强工会网络建设,突出抓好信访维稳零报告制度。 (徐家富)

【中国商用飞机有限责任公司工会】 辖基层工会11个。职工14038人,其中女职工3935人。工会会员13215人,其中女会员3822人、农民工会员71人。主要工作:以习近平新时代中国特色社会主义思想、工人阶级和工会工作的重要论述为指引,着力加强职工思想政治引领。开展主题教育活动,举办建国70周年系列活动,各项工作取得新进展。(1)扎实推进“勇担责任、强基升力”工作。以工会系统“不忘初心、牢记使命”主题教育为抓手,集中学习研讨,深刻检视问题。召开公司第二次工会会员代表大会,召开工会主席办公例会、职工代表恳谈会。深入西安阎良、山东东营、云南地区,多方位多渠道向职工问需问计问难,制定任务清单,协调解决困难。评选表彰“最美商飞人”。召开劳模先进代表座谈会。举办职工阅读分享活动。开展职工合唱比赛,传诵经典、歌唱祖国。以配合中央巡视工作,开展自查自纠和整改落实为抓手,重点对公司及所属各单位工会成立以来的工会账目进行系统检查,逐条整改。(2)有效开展“服务型号、赋能助力”活动,着力增强工会组织的先进性。启动“精益”为主题的新一轮班组建设,根据制定出台的《大飞机精益班组建设实施方案》,结合班组特点和管理模式,以创建细化质量管控、安全生产、效率效益、创新改进、思想文化、廉政廉洁等各项指标,推动基层班组建设水平全面提升,推动群策群力由“单兵作战”向“集群突击”转变;以项目为牵引,合力攻关,全面推进100余项群策群力专项,有力推动提案数量、质量上台阶;以型号任务、项目攻关、科技创新、技术改造为重点,与三大型号项目团队、C919外场试验队联合组织开展劳动竞赛,推动“新时代工匠学院”落户公司,为产业工人人才培养搭建平台。(3)大力实施“关爱职工、暖心聚力”工程,着力增强工会组织的群众性。坚持和完善以职代会为基本形式的民主管理制度,研究建立公司职代会管理办法,指导各所属单位进一步落实职工代表提案制度,保障职工参与管理与监督的民主权利、畅通职工表达合理诉求渠道。认真做好公司党委交办的实事项目,着力解决职工住房困难、职工子女入托入园入学难问题。完善图书馆、文体中心功能配套。统筹推进定点扶贫工作,组织西吉县5个乡镇、30名建档立卡的贫困户优秀中小学生开展冬令营活动。组织开展“大飞机助学金”发放仪式,实施台堡镇贫困户建档立卡并参加医疗保险的项目。引进帮扶资金,整合供应商、其他央企、社会机构资源共同参与定点帮扶工作。 (阎 超)

【临港产业园区工会】 辖基层工会76家,其中独立基层工会73家,联合工会3家,基层工会涵盖单位87家;职工10401人,女职工2682人;工会会员10187人,其中女会员2549人、农民工会员1277人。主要工作:(1)评选创新典型,弘扬“临港人”正能量。宣传劳模精神,运用媒体对“15年·15人——临港集团系统建设功臣”事迹进行宣传报道;在市总指导下,创立“杨菁工作室”等4个创新工作室;推荐王宝华工作室为首批中国长三角地区劳模工匠创新工作室;张在鹏获“上海工匠”、陆雯获全国巾帼建设标兵称号;王麟等7人获市五一劳动奖章、资管公司等5家单位获市五一劳动奖状称号。(2)搭建竞赛平台,提升技能水平。聚焦产业发展,推动科技创新,参与市总举办的“聚力新科技·奋进新时代”加快科创中心建设为主题立功竞赛,并开展竞赛评估工作,从89个竞赛案例中挑选出26个典型案例,形成可复制、可借鉴经验。围绕“安全为大家”理念,开展“安康杯”竞赛,增强职工安全生产意识。(3)举办文体活动,激发职工活力。在园区内组织开展“活力临港·健康腾飞”为主题的临港体育健康年活动,设立竞技类、趣味类、亲子类等15个项目,3万多人参加自行车定向赛、铁人三项赛、彩虹接力跑等比赛。承办由市体育局主办的业余网球赛、俱乐部等级羽毛球联赛。临港队分别获大师组网球冠军、“上海空港杯”网球亚军。(4)加强民主管理,保障职工权益。推进民主管理、民主监督制度化,督促各企业以职代会形式实施民主管理,发挥职工参政议政的作用。推进“两会”及劳动关系三方等平台机制建设,督促企业开展《集体合同》《工资专项集体合同》《女职工专项集体合同》等制度的制定和实施,保障职工的合法权益。(5)立足服务职工,营造“家”的温馨。以职工所需、企业所能,整合服务资源,真心实意落实服务项目,为105名女职工进行“两病”筛查。新建4家妈咪小屋(其中1家四星级)。为全体工会会员办理职工互助综合保障;为15名退休人员办理职工互助保险;新办理工会会员卡1140张;2846人参加年度工会服务卡专享保障。(6)加强工会建设,增强能力水平。坚持“园区开发到哪里,工会覆盖到哪里”建会原则,办妥漕河泾新兴技术开发区发展总公司工会由市总转入临港产工委的衔接工作。召开三届三次会员代表大会;举办70人参加的工会财务、经审工作培训班;参加市总举办的工会主席、民管工作培训。 (闫昊鹏)

【中国电信集团工会号百信息服务有限公司委员会】 辖基层工会2个;职工307人,女职工140人;工会会员307人,其中女会员140人。主要工作:(1)以习近平新时代中国特色社会主义思想为指导,贯彻落实党对群团工作要求,围绕中心、服务大局,深化“强基础,铸品牌”工作的内涵和外延,动员组织职工参加“不忘初心筑牢高质量发展,牢记使命谱写码号新篇章”年度主题实践活动。(2)坚持“以人为中心”的经营理念,持续打造满足人民对美好生活向往的智能化信息产品。通过职工信息沟通反馈平台、权益保障平台、岗位创新平台、职工关心关爱平台等载体,积极开展帮困救助、岗位练兵、文娱体育等活动;关注职工诉求,凝聚职工力量,打造健康向上、奋发有为、勤于学习、协同高效的高素质职工队伍，诠释“积极向上、创新实干、风清气正”的企业文化理念，不断提升职工获得感、成就感和幸福感。经过推荐评选，分别获“上海市劳动五一劳动奖章”“中国电信集团模范职工小家”“中国电信集团优秀工会积极分子”“中国电信集团关爱员工优秀案例”“2019 年中国技能竞赛——上海市经济和信息化系统职业技能竞赛软件配置与操作竞赛二等奖”“2019 年中国电信网络和信息安全技能竞赛”以及“探雷”活动先进单位和个人各类奖项 10 余项。

（童合明）

【上海上实（集团）有限公司工会】 下设基层工会 37 个，基层工会涵盖单位 44 家。职工 4254 人，工会会员 3550 人，其中女会员 1078 人、农民工会员 660 人。职工入会率 100%。主要工作：（1）开展主题活动。围绕新中国成立 70 周年主题和学习十九届四中全会精神，开展形势任务教育。通过开展学习教育活动，明确“服务大局、求真重效、力促发展”的工作思路，明确工会的主责主业，明确工会目标任务。（2）开展创新评选工作。通过评选有 1 家集体获上海市工人先锋号、3 人获市三八红旗手、1 家集体获市三八红旗集体、1 家集体获“全国巾帼建功先进集体”。有 8 个项目申报上海市职工合理化建议奖，其中“垃圾分类语音提示器”项目首次获上海职工合理化建议成果奖、“下水道疏通器”项目获上海职工合理化建议创新奖。（3）开展岗位竞赛。针对集团各级企业行业分布广的现状，提出分板块开展立功竞赛活动，鼓励上实发展、上实东滩等体量较大的工会充分发挥职工的积极性、主动性、创造性，开展岗位学习、岗位创新，推动岗位成才、岗位奉献活动。（4）加强民主管理。以基层调研和全面梳理相结合，检查直管企业工会落实民主管理工作情况，切实维护职工的合法权益，保障职工的民主参与、民主监督和民主管理权利，推动企业民主管理创新发展，保持企业和谐稳定的发展。（5）精准帮扶职工。摸排困难职工情况及时更新数据库，推进工会会员卡普惠工作。制定《职工疗休养工作管理办法》。开展安全金点子、知识竞赛等活动，形成“我懂安全、我要安全、我会安全、人人有责”的安全文化氛围。（6）开展文体活动。举办“喜迎 70 华诞 · 追梦奋斗路上”集团第九届职工运动会。举办三八妇女节暨女职工周末学校活动。前往中国航海博物馆参观，与荣获“上海三八红旗集体”巾帼特保队交流学习。（7）加强工会建设。全年到基层调研超过 20 次，以务实作风更好推动工会改革创新；制订上海上实（集团）有限公司工会全委会议事规则、职工疗休养工作管理办法等；及时替补经审主任；继续邀请社会机构对直管企业工会进行审计；加强网上工会建设，及时更新工会网络平台操作指引。

（王玉君）

【上海市农业农村委员会系统工会工作委员会】 辖基层工会 27 个，职工 3098 人，工会会员 2494 人，其中女会员 1075 人、农民工会员 244 人。主要工作：（1）服务“三农”大局，深化创新竞赛活动。组织开展评选工作，评选五一劳动奖状 1 家、工人先锋号 1 家、王建获五一劳动奖章；申报第 31 届市优秀发明选拔赛 2 项，获金奖 1 个、银奖 1 个；申报“上海工匠”评选，施永海评为“上海工匠”；开展创建市巾帼文明岗活动；印发《关于开展 2019 年群众性劳动竞赛的通知》，有 9 个单位申报 10 个劳动竞赛项目；开展有 171 人次参与的“我为乡村振兴献一计”课题调研和合理化建议活动，收到调研报告 44 篇；申报职工专利发明获奖 15 项。（2）开展文体活动，丰富职工业余生活。举办历时 4 个多月的“喜迎 70 华诞 · 影动乡村振兴”摄影大赛，有 18 个单位、236 名干部职工参赛，提交作品 295 幅，经遴选后作巡回展出；举办“兴农杯”职工篮球赛并参加“临港杯”篮球邀请赛；参加“我与共和国共奋进”读书系列活动，并作为优秀代表参加舞台式演讲展示；参加市总举办的上海市职工安全生产知识大赛；先后举办公益讲座、趣味运动会、亲子活动、垃圾分类讲座等活动。（3）做好事办实事，竭诚服务职工。修订完善困难职工大病帮扶、金秋助学和送温暖补助办法，举办“爱心一日捐”活动，慰问困难职工 235 名，资助 22 余万元；开展对高温作业职工慰问，送去慰问金 11 万余元；为 3035 名工会会员办理专项保障 B 计划会员服务卡；组织 133 名女职工作乳腺健康检查；组织劳模参加工会疗休养。（4）加强自身建设，提升能力水平。加强工会组织建设，做好基层工会换届选举工作；学习培训《上海市职工代表大会条例》，着力推行民主管理制度；加强工会经费划拨审核确认和年度帮扶资金、送温暖资金专项审计，完成年度财务预决算等工作。

（陈颖娅）

【上海绿地控股集团工会】 辖基层工会 14 个。职工 4117 人。工会会员 3989 人，其中女会员 1549 人、农民工会员 1 人。主要工作：紧跟发展步伐，紧贴工作中心，紧扣主题活动。主动适应新常态，努力践行绿地文化，为提升集团在更高水平上发展发挥工会作用。（1）围绕中心，团结一致谋发展。围绕集团“进军世界一流企业”目标，全面展开“亿路”系列主题活动，多措并举激发活力，凸显永不满足、思变图强，永不止步、争创一流精神。挖掘先进经验，树立先进典型，以《绿地报》、工会专栏、集团党建网、“绿地文化之窗”微信公众号为平台进行学习、宣传和交流，发挥鼓舞人、激励人、凝聚人的作用。（2）关爱凝聚员工，构建和谐企业。举办“亿路奔跑”——集团第四届运动会，近万名员工参加 8 个项目的竞技比赛，2600 余名员工参加闭幕式，近 3 万名员工通过微信点播参加或观摩活动，展现“朝气、活力、蓬勃”的绿地；落实员工福利方案，在原有“三必访”、三八节慰问、生日慰问、夏送清凉、家庭日活动基础上，新增 7 大节日慰问，并印发《关于切实做好防暑降温工作的通知》，增强员工向心力和凝聚力；组织 59 名、20 批次劳模和先进员工参加疗休养；在开展评选市级以上荣誉工作中，多个集体和个人荣获市五一劳动奖状、市五一劳动奖章、市三八红旗手等荣誉称号。（3）完善各项制度，加强自身建设。完善《绿地集团基层工会管理办法》《困难职工帮扶办法》《关于进一步做好员工关怀工作的意见》等长效管理的办法和制度；在集团发展壮大的同时，及时在新建单位中成立工会组织；开展工会干部培训、年度考评、优秀党群干部评选等工作，提高工会工作

水平,更好为企业、为员工服务。 (翟晓璠)

【上海电影(集团)有限公司工会】 辖基层工会26个,基层工会涵盖单位56个。职工2637人。工会会员2386人,其中女会员1096人、农民工会员119人。主要工作:(1)开展新中国成立70周年、上影厂成立70周年“双庆”系列活动。在北京星光电视制作基地,录制完成中国文艺——向经典致敬;在车墩影视乐园举办“爱在上影”上影家庭日活动。(2)助力电影《攀登者》宣传、发行。为向各行各业做出杰出贡献的攀登者们致敬,上影集团邀请吴尔愉、蒋莎、陶依嘉、张永明等15位全国劳模代表,出席影片《攀登者》的全球首映礼上海站活动并观摩首映礼;上影集团工会携手华山医院共同举办第二期“尚影人文化艺术沙龙”——“攀登者”、华山·上影文化沙龙活动。(3)开展上影文体品牌和特色活动。举办第9届“创新与特色——基层工会工作PPT展评”、“美食每刻——2019’厨艺秀”、“魅力上影·非凡女性”纪念三八节文艺联欢、“鱼乐无穷”第13届职工钓鱼比赛、第13届“SFG杯”职工乒乓球团体赛、第6届“王牌对决”职工80分扑克牌比赛、第5届楼宇职工乒乓球趣味比赛、尚影人文化艺术沙龙第一期“无形未象艺术鉴赏”等活动。 (高 羿)

【五冶集团上海有限公司工会】 下设8个二级公司分工会,会员人数2691人。主要工作:紧紧围绕公司“打造一流五冶、建设幸福五冶”发展战略,带领职工深入践行“持续创新,追求卓越”的发展文化,“严细新实,持续提升”的管理文化,“忠诚为先,业绩为重”的责任文化,“阳光科学,广聚英才”的用人文化。通过抓思想引领、团队建设、员工关爱、劳动竞赛、技能比武、技术练兵、文化体育等活动为推动公司高质量发展做出了积极贡献。2019年公司荣获上海市多项荣誉表彰。其中:工程分公司荣获2019年上海市五一劳动奖状,华东分公司谭春乐荣获2019年上海市五一劳动奖章。 (程 仟)

【上海世纪出版(集团)有限公司工会】 辖有直属工会47家,涵盖基层单位51家。职工3974人。工会会员3830人,其中女会员1915人、农民工会员303人。(1)围绕中心,发挥工会组织作用。召开二届三次职代会和职工代表情况通报会,审议并表决通过工作要点和工作报告,保障职工履行知情权、参与权、表达权和监督权。实施《集团职代会提案工作条例》,召开提案工作专题会议,推动提案得到落实解决,推进厂务公开、民主管理制度化。(2)关爱职工,推进实事项目落实。开展元旦春节帮困送温暖,慰问大病职工9人,生活困难职工5人,发放慰问款2.3万元;发动职工开展“一日捐”活动,捐资20.1万元,用于帮困10.3万元;慰问17家重点项目、高温作业职工,发放慰问品和补贴30.58万元;组织250名职工参加疗休养,安排全部职工年度健康体检;为3802名、158名新老会员办理工会会员专享B类保障卡,交纳保费15.76万元;为17名身患大病工会会员办理会员专享理赔34万元;创建职工亲子工作室,举办2期朵云轩暑托班,暑托班评为全国爱心托管班。(3)评选先进,弘扬“世纪出版”风采。评选市五一劳动奖状1家、五一劳动奖章2人、工人先锋号1家;在开展“上海工匠”评选活动中,郑名川和万世琴评为“上海工匠”;在开展“上海市巾帼文明岗”推选申报活动中,3个单位获此殊荣、姚映然获市“巾帼建功标兵”称号。(4)开展活动,创建“世纪”文化品牌。举办15个场次的职工迎新健步走、职工文化艺术节活动,有职工合唱比赛、美好生活系列讲座、中外经典诵读会、职工及子女手工作品展示、印刷技艺成果回顾展等参加。通过开展文化活动,营造团结奋进的企业文化氛围,激励职工奋斗新时代,展示新风貌。(5)强化服务,认真做好退管工作。在元旦春节期间走访、慰问退休劳模和90岁以上高龄、特困老党员、老同志,做好退休职工逢五逢十生日礼金发放等。 (江 文)

【中国福利会工会工作委员会】 辖基层工会12个,职工2098人。工会会员2095人,其中女会员1692人、农民工会员1692人。主要工作:深入贯彻落实习近平总书记致中福会成立八十周年贺信的重要指示精神,努力践行宋庆龄主席全心全意为妇女儿童服务的办会方针。(1)坚定初心使命,提升服务水平。开展主题教育活动,在围绕大局、服务职工、不忘初心、缔造未来中发挥工会作用。完成《“以职工为本”提升工会服务水平,为中国福利会事业新发展凝心聚力》的调研报告。(2)开展评选竞赛活动,提升创新发明水平。开展上海市劳模年度人物评选,中福会文明班组和先进工作者的评选表彰,有1人获全国五一劳动奖章、1人获市五一劳动奖章、1个集体评为市工人先锋号。成立中福会第一家劳模创新工作室,1人获医务职工科技创新市发明铜奖、1人获两项发明专利奖励、1人获高级工带教师傅奖励。组织开展“弘扬宋庆龄精神、建功新时代”中国福利会劳动竞赛风采展示活动。(3)承办文体活动,丰富文化生活。承办“我和我的祖国”——中福会庆祝建国70周年文艺汇演。举办“我和我的祖国”庆祝建国70周年宣传系统职工书画展,参与市总举办的“与共和国同成长——我们的童年”主题照片征集活动。为解决青年职工婚恋难题,开展“最美深秋·邂逅浪漫”单身青年联谊活动。(4)办好事做实事,竭诚服务职工。为2074人办理工会会员专项保障和职工大病保障、住院补充医疗续保、理赔工作。开展慰问、服务劳模工作,对一线职工进行高温慰问,元旦春节开展送温暖活动。资助建设“爱心妈咪小屋”,累计7家,其中1个五星级、1个四星级。关心关爱女职工,在“三八”节期间开展各项特色活动。(5)推进依法办会,增强能力水平。指导两家单位新建工会、5家单位完成工会换届选举。管理好工会组织和劳模先进数据库。举办第二届工会干部培训班,邀请各单位党政领导参加。配合市审计局开展工会经费审计,依法审查预、决算执行情况,确保工会经费的收、管、用,推进工会财务制度规范化。 (朱金妹)

局(产业)工会主席、副主席、经审主任名录

单位名称	主席(主任)	副主席(副主任)	经审主任
上海市机电工会	朱 斌	袁胜洲 万敏莉(女) 李 敏(兼职)	袁胜洲
上海市仪表电子工会	顾 文(女)	张 波 林华勇(兼职) 王海云(挂职,女)	林华勇
上海市化学工会	黄岱列	俞少俊 李爱敏(兼职,女)	俞少俊
上海市轻工业工会(上海轻工业工会联合会)	庄 勤(女)	应蓓卿(女) 李 黎(兼职) 曹湛卢(兼职)	
东方国际(集团)有限公司工会(上海市纺织工会)	黄 勤(女)	邵玉虎 陈 敏(女) 吉伟忠(兼职) 郭 愚(女)	邵玉虎
上海市医药工会	佘 群	陈 旻(女) 朱 阳(兼职)	张坚挺(女)
国网上海市电力公司工会	娄 为	金 祎 潘 锋	丁 钧
上海电力建设有限责任公司工会	林德斌	钱晓政	陆秀国
中国宝武钢铁集团有限公司工会	傅连春	周 瑾(女)	周 瑾(女)
中冶宝钢技术服务有限公司工会		姜 武	文 俭
上海宝冶集团有限公司工会	裴志清		毛一新
上海高桥石油化工公司工会	李海东	刘 学	刘 学
中国石化上海石油化工股份有限公司工会	马延辉	陈宏军 徐 红(兼职,女) 王江迪(挂职)	陈宏军
上海航天局工会	李 昕	王 林 王曙群(兼职)	王 林
中船上海船舶工业有限公司工会	朱大弟	姚 莹(女) 赵海东(兼职)	姚 莹(女)
上海市烟草工会	杨桂选	陆 勇 征 嵘 王斯薇(挂职,女)	征 嵘
上海汽车集团股份有限公司工会	钟立欣	甘 平 祝培莉(女)	祝培莉(女)
中国能源化学工会华东电力工作委员会	王 路	乔谦明	冯新卫
上海华虹(集团)有限公司工会	陈继旺	赵 蓉(挂职,女) 董骏平(兼职) 李 鸿(兼职,女)	薛 遥(女)
中国华源集团有限公司工会	吴鸿妹(女)		
上海化学工业区工会	李庆红(女)	庄彬英(女) 郭 盛 支宏斌 邬平平(女)	庄彬英(女)
国药控股股份有限公司工会	冯 蓉(女)	沈 莉(女)	张 健(女)
中国铁路工会上海铁路局委员会	何元庆	邹开伟 包晓朵(女)	邹开伟
中国远洋海运集团有限公司工会	张善民	是 铮	是 铮
上海国际港务(集团)股份有限公司工会	庄晓晴(女)	王晶奇	王晶奇
中国海员工会上海长江轮船公司委员会			赵麒麟
上海市运输工会	张 正	王 勤(女) 李 军(兼职)	王 勤(女)
中国邮政集团工会上海市委员会	黄来芳(女)	秦国敏(女)	徐 镔

续 表

单位名称	主席(主任)	副主席(副主任)	经审主任
中国移动通信集团工会上海市委员会	梁志强	刘德彪	沈国玮(女)
中国电信集团工会上海市委员会	常朝晖	金小铭(女) 陈晓军	陈晓军
中国海员工会交通运输部东海救助局委员会	黄金裕	周 莺(女)	张 铭
中国海员工会交通运输部上海打捞局委员会	白成军	王 军	陈 绮(女)
中交上海航道局有限公司工会	包中勇	汪 正	成彦璟(女)
中交第三航务工程局有限公司工会	傅瑞球		王 珏
中国民航工会华东地区管理局委员会	西绍波		雷 晓(女)
中国东方航空集团公司工会	袁 骏		
上海机场(集团)有限公司工会	张永东	于明洪	于明洪
中国海员工会上海海事局委员会	顾 平	崔 虹(女)	张强伟(女)
上海市城乡建设和交通工会工作委员会	黄 熊	张 静(女) 樊 好	刘方定
上海建工集团股份有限公司工会	卞 炯	张 超 廉永梅(女)	张 超
上海市交通委员会工会	曹秀峰(女)	韩竹青 周建荣	王 青(女)
上海海洋石油局工会	朱岿然	朱 泉 于永鹏(兼职)	郑 莉(女)
上海市绿化和市容管理局工会	肖龙根	冯 磊(女) 张洪斌	冯 磊(女)
上海市绿化市容行业工会	肖龙根	冯 磊(女) 张洪斌 宋 燕(女) 倪永红 李 影(女)	冯 磊(女)
华东建筑集团股份有限公司工会	王 玲(女)	姜凯耀 张 铁	夏 明
鲁中矿业有限公司工会	李 洲	李祥生 王光辉	王 辉
上海市水务局(上海市海洋局)工会	徐永康	高 伟(女) 谢翠松	高 伟(女)
中国建筑第八工程局有限公司工会	于金伟	王为兵 李现花(女)袁丰宝 张 慧(兼职,女) 苏亚武(兼职) 黄德彪(兼职)	王为兵
上海大屯能源股份有限公司工会	马振欣		王安友
上海市金融工会工作委员会		赵 彪 周 健(兼职) 吴 勇(兼职) 杨 明(兼职) 赵永刚(兼职) 马海燕(兼职,女)	许耀武
上海市税务工会	胡兰芳(女)	汪 菁(女)	董 理(女)
上海市人力资源和社会保障局工会	朱 军	李 萍(兼职,女) 周维钢(兼职)	陆 跃
中国教育工会上海市委员会	滕建勇	李 蔚(女) 吉启华 陶文捷 司徒蕙琪(兼职,女) 李序颖(兼职) 于朝阳(兼职) 李 敏(兼职,女)	吉启华
上海市科技工会	陈 龙	赵福祥 汪显坤(兼职)	汪显坤
上海市医务工会	郑 锦(女)	何 园(女) 马艳芳(女) 方秉华(兼职) 付 晨(兼职)	张居正
上海市新闻出版工会	薛建华	王瑛萍(女)	王瑛萍(女)

续 表

单位名称	主席（主任）	副主席（副主任）	经审主任
上海报业集团工会	刘　可（女）	党　勇　王玲英（兼职，女）　张　裕（兼职）　邱　琳（兼职，女）　童　杰（兼职）　徐莲娜（兼职，女）	吴有培
新华通讯社上海分社工会委员会	季　明	潘　清（女）	凡　军
上海市文化广播影视管理局工会		李盛旺	戴曙萍（女）
上海广播电视台（上海文化广播影视集团有限公司）工会	王治平	陶丽娟（女）　严洪涛（兼职）　马　喆	李　桦（女）
上海社会科学院工会	杨鹏飞	王　英（女）　韩汉君　赵蓓文（女）　刘　峰	王　英（女）
上海市体育局工会	赵光圣	吴晓莹（女）　王曙芳（女）　张　亮	张　元
上海市经济和信息化工作系统工会工作委员会	汪　羽	那海燕（女）　谢书清（女）　朱春林	徐　方（女）
上海市信息化行业工会		徐　方（女）　王　勇（兼职）　戴志伟（兼职）　黄　俭（秘书长）	
光明食品（集团）有限公司工会	潘建军		李　林
上海市民政局工会	陈占彪	丁　烨（女）	许夏萍（女）
上海市监狱管理局工会	肖美芳（女）	吴学军	张顺华
锦江国际（集团）有限公司工会	宋　刚	孙　侃（女）	孙　侃（女）
上海市东湖（集团）公司工会	胡迎军	胡　明（女）	胡姝萍
上海市衡山（集团）公司工会	熊　凯	黄嘉宇（兼职）	陈月华（女）
上海市市级机关工会工作委员会	陈　玲（女）		金林勇
百联集团有限公司工会	秦青林	祁月红（女）	吴玲芳
上海市商业行业工会	刘晓敏（女）	王逢祥　姚黄平　林　强	
申能（集团）有限公司工会	须伟泉	李松华（兼职）　杜卫华（兼职）　王偕勇　刘先军（兼职）	李争浩
上海久事（集团）有限公司工会	孙　江	王雯洁（女）　马卫星（兼职，女）	徐　珉（女）
上海申通地铁集团有限公司工会	蔡伟东	严婵琳（女）	徐宪明
上海城投（集团）有限公司工会	徐　文	黄　吉	黄　吉
上海电器科学研究所（集团）有限公司工会	陈红洁		何正平（女）
上海隧道工程股份有限公司工会	朱东海	彭　瑶（女）　周翀凯（兼职）　李章林（兼职）	彭　瑶（女）
上海地产（集团）有限公司工会		王卫卫（女）	王幸儿（女）
上海东浩兰生国际服务贸易（集团）有限公司工会	葛　平	王　鸿　归潇蕾（女）	陈振宇
中国联合网络通信有限公司工会上海市委员会	李　爽（女）	魏　炜	张乐燕（女）

续 表

单位名称	主席(主任)	副主席(副主任)	经审主任
上海市电力股份有限公司工会	顾　皑	唐　兵	俞耀洲
中铝上海铜业有限公司工会	张火兴	龚　斌	王　琳(女)
上海市通信管理局工会	凌　坚		
上海市宾馆业工会联合会		王行泽　徐中尼　高耀敏(女)　陈雪羽(秘书长)	
中国商用飞机有限责任公司工会	谭万庚	王深远　曹印诺(女)	尹建海
中国民用航空华东地区空中交通管理局工会	孟　磊(女)		黄　钧
上海临港产业园区工会委员会	韩国华	邰惠青(兼职,女)　陆　怡(兼职,女)	叶　娣(女)
中国电信集团工会号百信息服务有限公司委员会		陈　颖	易梅青(女)
上海上实(集团)有限公司工会	陈　欣(女)	季　定(女)	舒　东
上海市公安局工会	周海健	洪兆枫　丁　艳(女)　倪蓓蓓(兼职,女)	钱洪乔
上海市农业委员会系统工会工作委员会	姚　冰(女)	陈　赛(女)	陈　赛(女)
上海国盛(集团)有限公司工会	王旭岗	顾远凡	颜　妍(女)
华能上海分公司工会	陈永平		张晓煜(女)
上海绿地控股集团工会		张海峰	徐跃华(女)
上海世博发展(集团)有限公司工会	吴晓莺(女)	居　正	孙惠宏
上海申迪(集团)有限公司工会	金　涛	蒋　靖(兼职)　周　锋(兼职)	戴蓓蕾(女)
上海电影(集团)有限公司工会	严　峻	陈　艳(女)　易　磊	陈　艳(女)
中国金融工会上海工作委员会	赵杰	周　健　吴　勇(兼职)　齐　红(兼职,女)　王翠婷(兼职,女)　张　立(兼职)　赵　彪(兼职)	
五冶集团上海有限公司工会	倪治寿		王继红
上海东方网股份有限公司工会	陆　黛(女)	王　迪(女)　寇志红(女)	张丽娜(女)
上海化工研究院	黄　焱	周勇明(兼职)　刘　虹(兼职,女)	刘彦明
上海世纪出版(集团)有限公司工会	何向莲	王云斌　夏一鸣(兼职)　李敏君(兼职,女)	张佩芳(女)
中国福利会工会工作委员会	邹勇飞	舒　敏(女)张　霞(女)	王颖淑(女)
上海诺基亚贝尔股份有限公司工会	冯来周	陈　丹(女)	朱　燕(女)

直管单位概况

直管单位概况

【上海工会管理职业学院】 学习贯彻中国工会十七大和上海市工会第十四次代表大会精神，围绕中心、服务大局，深化改革、完善机制，开放办学、整合资源，推进学院“三个一流”基地建设，圆满完成年度工作任务。参与编制《上海工会干部培训规划（2019—2023）》，形成学院《“三个一流”建设行动计划（2019—2021）》，提炼形成学院文化建设核心理念，学院获评第19届（2017—2018年度）上海市文明单位，已连续8次获此称号。以项目化方式推进分层分类工会干部培训课程体系建设，开发完善“小二级工会主席”“国有大中型企业工会主席”“社会化工会工作者轮训”“规模园区工会主席”等培训项目。坚持“以学员为中心”理念，创新教学方法、模式，开发“学员论坛”课程。开展“小班化”教学，分组式布置教学场地，探索结构化研讨、牵引式教学、工作案例复盘等教学形式。强化课堂与工作现场的融合，新增“上海百事通技术服务有限公司”“张江园区工会”“陆家嘴金融贸易区”“上海普兰金融服务有限公司”等4个现场教学基地。从“政治理论”“党性修养”“工会业务”“知识拓展”“能力素养”5个方面，构建新时代工会干部培训的课程体系。开设新课8门，构建达标课、重点课、精品课课程框架，推进7门重点课建设。完成各类培训班155期，培训工会干部10553人，培训天数579天，培训班数量、人数分别比上年增长19.2%、21.2%。开展工运理论与工会课题研究，申报并完成全总委托课题《习近平总书记关于工人阶级和工会工作重要论述研究的理论渊源、深刻内涵及实践意义》，形成“1+3”课题研究成果，牵头完成“上海市劳动争议分析报告（2018）”专项课题任务，均填补学院历史空白。承接并完成“新时代工会干部能力素质模型研究”“新兴就业形态的劳动标准研究”2项市工运研究会招标课题。完成市总委托课题、学院课题、论文获奖各9项、论文发表13篇，分别比上年增长3项、2项、2项和5篇。跨部门首次成立18人组成的学院“快速调研团队”，全年共编发智库专报24期，其中获市总主要领导批示11期，同比分别增长2期和8期；其中获市政府领导批示2期，填补智库专报历史空白。通过制订完善学报《编委会章程》、邀请知名学者专家组成编委会、定期召开编委会会议等一系列措施，提升《工会理论研究》学报的学术质量和办刊水平，有7篇学报文章被转载。学报顺利通过市新闻出版局年检，获全国高校文科学报研究会“全国优秀社科期刊”，评为全国高职、成高学报研究会“核心期刊”和“特色栏目”，并在年度市期刊编校质量检查中再次获评“优秀期刊”。举办“‘一带一路’背景下劳动关系与工会工作”专题学术研讨会。与市哲社办对接，将“新时代工人阶级和工会工作研究”“新时代产业工人队伍建设研究”两个选题纳入2019年度上海市哲学社会科学规划课题指南目录，扩大工运理论及工会工作研究的影响力。

（张桂华）

【上海市工人文化宫】 位于西藏中路120号，市中心人民广场区域，是职工群众文化活动的重要场所和策源地之一。2019年，承办“中国梦·劳动美”上海市庆祝五一国际劳动节特别节目。承办第四届“中国梦·劳动美”2019年上海市职工文化网络大赛，区（局）产业工会、街道社区及其他组织等共计1290家、20多万人参加。参与策划、组织各类文化活动、公益专场演出、音乐会共计70场。举办10场“茉莉飘香、情系职工”一线职工专场慰问演出，观演职工观众超2万人次。全年创作排演艺术类作品超过20个，其中歌曲《种子》获得全国群星奖音乐类作品奖；歌曲《茧》获得全国总工会网络歌曲征集活动最佳创意奖；民乐合奏《龙凤呈祥》获得上海之春新人新作展评音乐类作品奖。主办专场演出超过20场，分别在上海贺绿汀音乐厅、上海东方艺术中心举办民乐、交响、合唱等3场庆祝建国70周年系列专场音乐会，累计网络视频观看人次超过20万。举办“礼赞新中国·奏响新时代”新中国成立70周年交响乐团专场音乐会。策划“戏苑新风”戏曲演唱会12场。策划“爱乐空间”公益音乐会11场。举办2019年首届上海职工歌手演唱会。联合市党建服务中心并通过“党员远教平台”向全市16个区、2万余个基层站点直播李斌先进事迹报告会，收看人数达40万。并将李斌先进事迹制成展板（每套28块）、海报（每套12张），以微展形式在全市16区240个街镇、园区的党建服务中心巡展。举办“中日艺术展”。承办运营《时代领跑者——上海劳动模范风采主题展》，全年接待团队700余个，散客2万余人次，参观人数超6万。该展被命名为市学生社会实践基地、市爱国主义教育基地。举办《“致敬！劳动者”庆祝中华人民共和国成立七十周年主题图片展》《时代奋斗者——上海工匠馆》于9月28日开馆，历时三月参观者超4万余人次。举办“礼赞新中国·建功新时代”第二十一届上海读书节活动。举办上海职工文化系列讲座暨“五一讲堂”共6场。开展“我与共和国共奋进”庆祝新中国成立70周年读书系列活动，包括“我和我的祖国”——庆祝中华人民共和国成立70周年征文活动；编撰出版“振兴中华”丛书《我和我的祖国》；举办“礼赞新中国·奋进新时代”——上海职工优秀舞台式演讲展示会，网络直播总观看人数达386.6万。出版《主人》杂志6期。撰写纪实报告文学《铸梦东方——上海工匠精神践行者》。连续第六年实施职工文化服务配送，并推出文化服务菜单，推进“百千万职工素质培训工程”的实施。“公益乐学”通过剧场版、流动课堂等2个子系列，实现各教学点联动互动。在全市设立44家市属教学点，各区局（产业）工会开设55个常态化现场版授课场所，公益乐学市宫教学点现场版开设123场，企业版开设284场，向各区局（产业）工会送教上门2034场，服务6.3万人次，全年服务30万人次。举办职工文化组织者培训班。开展“带副春联回家乡”活动，全市16个区局（产业）及下属企事业单位组织送春联慰问农民工，送出手书春联8000副。开展传统文化直通车活动，全年共计举行16站，以走进大型企业、楼宇、工业园区、公共文化服务场所职工为主要对象，服务17500余人次，所有活动覆盖职工群众达15万人次。组织20名上海职工书画家举行“五一义卖”，所

得23800元全部捐赠给春华秋实西部助学项目。“八一”建军节期间,慰问驻沪94774部队。（王家辉）

【劳动报社】 劳动报社属市总工会直管事业单位。1949年7月1日,《劳动报》在上海创刊,系新中国成立后第一张工人自己的报纸,距今已有70年历史。该报既是市总机关报,也是市委宣传部确定的上海主流媒体之一。报社目前有:1份《劳动报》、1册《上海工运》杂志、7个新媒体平台、1个申工社微信公众号(市总官方)、视频演播厅、上工电视制作中心等。劳动报设网站、微博、微信公众号(粉丝28.5万)、劳动观察APP(设9个频道,21个栏目)。报纸版面为周一至周五24版,周六、周日和节假日4版,年度发行量18.2万份。《劳动报》深入宣传党的理论、路线、方针、政策,致力于做大做强主流舆论。在新中国成立70周年、上海解放70周年之际,围绕市委、市政府和市总各项决策部署,精心策划选题,推出“我和我的祖国”“爱国情・奋斗者”等系列报道。采用图、文、视频相结合形式,报道上海改革发展成就、工人阶级先进事迹和时代风采。始终围绕工会主责主业,推出“工匠的故事”“工会组建进行时”“工会年终特稿”和“职播上海”等专题。在保持《劳权周刊》的影响力和特色、做强工会和职工新闻版面的基础上,推出《调查周刊》。通过深入调查采访,把握一线职工动态,回应社会关切,讲好上海故事、上海职工故事、上海工会故事。劳动观察APP上线后推出的“职播上海”专题,用一线职工自拍画面,呈现各行各业各岗位最真实的现场“工作照”。迎战台风“利奇马”,三天之内APP共发出近百篇报道。品牌栏目“夏令热线”,年内首次开通电话、微信公众号、APP等爆料渠道,做到24小时响应,接热线电话300余次,APP推出报道50篇,帮助读者解决“急、难、愁”事。加强新媒体选题策划和内容制作,高频率产出“10万+”微信。市网信办传播影响力排行榜显示,在上海213个媒体公众号中,劳动报微信传播力位居第三,影响力名列第五。清博指数排行榜显示,在全国1万余个工会微信公众号中,劳动报微信稳居第一。年内有23条微信阅读量突破10万+,粉丝增至28.5万。负责运维的申工社APP等市总各类媒体平台,粉丝增至97.8万,有14条微信推送阅读量突破10万+。全年获各类荣誉74个,其中新闻奖45个、1篇作品获上海新闻奖二等奖、4篇作品获三等奖、1篇作品荣获五一新闻奖一等奖、7篇作品获二等奖和三等奖、1篇作品获人大新闻奖二等奖、2篇作品分别获教育新闻奖二、三等奖。全年宣传报道获市委阅评表扬22次,“走、转、改”先进作品7篇。报社首次获“市文明单位”称号,进博会报道小组评为第二届进博会立功竞赛先进集体。

（胡晓云）

【上海市职工技术协会】 根据市总工会整体部署和要求,围绕工会主责主业,深化职能转型,着力开展群众性科技活动,组织引导技协会员和广大职工做好有关职工技术创新、技能提升和技术协作服务工作。举办上海职工创新大会暨第九届上海职工科技节开、闭幕式;邀请沪苏浙皖工匠代表,举办第九届李斌技师创客论坛;邀请包起帆、徐小平等举办创新发明“大咖秀”;开展市职工合理化建议和先进操作法成果征集命名活动;创建命名一批年度市级工匠(技师、职工、巾帼)创新工作室;拓展科普讲师团讲师阵容,开展科普讲师团进企业活动20场。举办第三十一届上海市优秀发明选拔赛;选树优秀发明项目参加第十四届“海峡两岸职工创新成果展”、第二十三届全国发明展览会;推荐2个上海市科技进步奖(工人、农民组)获奖项目参加2018年度国家科技进步奖角逐,其中1项发明成果获得国家科技进步二等奖;推荐6个项目参加全国职工优秀技术创新成果交流,1项成果获得一等奖,3项成果获优秀奖;推荐16个项目参评2018年度上海市科技进步奖评选,评选2个项目获二等奖,5个项目获三等奖。开展筹建上海工匠馆工作,在上海工匠馆9月28日开馆时,全总副主席、书记处书记、党组副书记张工和原上海市委副书记尹弘为上海工匠馆揭牌。做好年度“上海工匠”选树工作;与东方卫视合作,拍摄第五季《上海工匠》纪录片;与《林海秀》节目组、《质量与标准化》核心期刊合作,开设“上海工匠”人物宣传专栏;举办“上海工匠风采展”。成立“工匠技术服务队”开展公益活动;与开放大学合作,举办市、区两级工匠研修班。做好市总服务职工实事项目奖励工作;创设300家“上海职工学堂”,发布300家职工学堂名单及一批精品课程,成立汽修技术专业委员会;联合苏、浙、皖三地工会举办年度长三角职工数控论文及插花花艺大赛;举办上海职工焊接技术论文征集、上海职工数控技术和焊接技术骨干培训交流、二维工程图识图和智能制造技术技能培训送教下企业活动;开展上海职工数控软件、二维工程图识图技能竞赛活动等。先后举办云南昭通教师培训班、云南高技能人才来沪培训班、云南省医护培训班、勐腊县致富带头人培训班及云南昭通乡村医生培训班。组织上海工会技协医疗、技术和教育三支小分队,赴云南昆明、昭通等地开展协作交流。（钱传东）

【上海市职工技协服务中心】 市职工技协服务中心是市总工会的直管事业单位,也是市职工技术协会的日常办事机构,下设办公室、财务科、技术服务科、技术培训科、技术创新科、资产管理科、经济发展科等部门。主要工作:聚焦重点、整合资源,搭建平台、健全机制,着力提升服务职工能级,深入推进各项工作开展。举办上海职工创新大会暨第九届上海职工科技节开幕式及闭幕式、第九届李斌技师创客论坛;深入开展市职工合理化建议和先进操作法成果征集命名活动,82家区局(产业)工会的359家基层工会申报568项职工“五小”成果,40项评为上海市职工合理化建议和先进操作法优秀成果。创建命名一批年度市级工匠(技师、职工、巾帼)创新工作室。拓展科普讲师团讲师阵容,累计开展20场科普讲师团进企业活动,其中非公企业12场。举办第三十一届上海市优秀发明选拔赛,402家基层单位近万名职工参赛,报送参赛项目1512项,评选优秀发明获奖项目762个。选树优秀项目参加第14届“海峡两岸职工创新成果展”、第二十三届全国发明展览会。在第7届中国(上海)国际技术进出口交易会上,举办“上海工匠风采展”。推荐2个上海市科技进步奖(工人农民组)获奖项目参加2018年度国家科技进步奖角逐,其中上海航天王曙群的发明成果获国家科技进步二等奖;推荐6个项目参加全国职工优秀技术创新成果交流活动,1项成果获一等奖,3项成果获优秀奖;推荐16个项目参与上海市科技进步奖的评选,2个项目获二等奖,5个项目获三等奖。按照“以物见技、以技见人、以人见精神”的展示原则,筹建“时代奋斗者——上海工匠馆”,在开馆时,全国总工会副主席、书记处书记、党组副书记张工和原上海市委副书记尹弘为工匠馆揭牌。选树命名102名上海工匠;与东方卫视合作,拍摄第五季《上海工匠》纪录片;与《林海秀》节目组、《质量与标准化》核心期刊合作,开设16位“上海工匠”人物宣传专栏。与开放大学合作举办第三期上海工匠研修班和区局(产业)工会工匠研修班,180余人参加。成立“工匠技术服务队”,深入园区和非公企业开展技术交流、技术咨询、技术服务等公益活动。做好技能人才职业技能晋升与一线职工发明专利申报奖励工作,共收到80家区局(产业)工会提交的奖励申请8079份,通过申报7478人。创设300家“上海职工学堂”,制定下发《“上海职工学堂”创设管理办法(试行)》,发布300家职工学堂名单及一批精品课程。成立市技协汽修技术专业委员会。联合江苏、浙江、安徽三地工会举办长三角职工数控论文、插花花艺大赛。开展上海职工焊接技术论文征集、上海职工数控技术和焊接技术骨干培训交流、二维工程图识图和智能制造技术技能培训、送教下企业等活动。举办上海职工数控软件和二维工程图识图技能竞赛、上海职工插花花艺大赛。举办云南昭通教师和乡村医生、云南高技能人才来沪、云南省医护、勐腊县致富带头人等培训班;组织上海工会技协医疗、技术和教育3支小分队赴云南昆明、昭通、鲁甸和盐津等地开展协作交流,义诊病人1600余人、开办专业知识讲座6场、签订8份结对帮扶协议。经考核本中心获市总年度责任目标考核先进单位。（钱传东）

【上海市总工会职工援助服务中心】

上海市总工会职工援助服务中心(上海市职工物价监督总站)(简称“中心”)是市总工会直管事业单位,是服务职工、服务基层、提供维权服务的实体机构。下设办公室、基层服务部、法律服务部、权益服务部、就业服务部、12351服务部、信息服务部。一是强化思想和制度建设,激励中心全体人员更好服务职工。深入开展“不忘初心、牢记使命”主题教育,突出抓学习教育和思想建设,党总支中心组学习12次、支部主题日24次、领导讲党课3次、组织专题研讨会2次、基层调查研究6次,通过开展不同方式学习教育活动,用新思想、新精神引领干部职工思想。通过开展“双争”活动,激励党员干部更好发挥作用、服务职工;突出抓制度建设,严格执行“三重一大”集体决策制度,建立“四责协同”机制、《中心规章制度》,依靠制度实现以“关键”少数管住绝大多数,确保权力在制度的笼子里运行;突出抓解决巡视中发现的问题,完成全部37项问题的整改。拟定《服务中心人事结构优化调整方案》进一步清晰岗位职责、简化工作流程、整合多方资源、实现高效运转,做实做强1室6部。二是打出服务职工组合拳,提升工作做深、做实、做细的能力水平。在提供就业服务方面,主办招聘会14场,提供岗位1.5万余个,服务职工1.1万余人次,达成意向4480人次;职工物价监督方面,对“职工技能培训开支”“职工租房开支”“猪肉涨价情况对困难职工生活影响”等开展调研并提出对策建议;法律援助方面,加强与政府部门联动,引导职工理性维权,着力化解劳资矛盾;主持12351热线方面,派单式落实工作目标责任,提升服务能级,来电评价满意率99.58%;创建户外职工爱心接力站方面,超额完成市政府实事项目既定目标;为工会会员办理服务卡方面,突破路径依赖,用信息化手段缩短办卡进程,近10万职工在“火车票补贴”活动中受益;工会法人资格登记方面,推出预约审核系统,实现“一次办结、当天办好”;帮扶困难职工方面,细化市总帮扶操作口径和操作流程、计算定级审核标准,为精准服务困难职工提供有力保障。信息化服务工作方面,承接市总各单位服务器上云工作,开发“四季恋歌·会缘”等微信小程序,继续维护、开发互助保障业务系统,为全市职工服务提供信息化保障。（卢　赟）

【上海市职工保障互助中心】　谋划新思路、追求新突破,细致深入地服务职工,打通服务职工“最后一公里”,做实、做优、做强会员保障。一是依托社会团体,推进保障工作。2019年,各项互助保障计划参保人数均有不同程度增长。至12月底,有效会员1281.55万人次,同比增加32.77万人次。全年有322.47万人次获得互助保障金15.57亿元,对3061名工会会员发放大病慰问金306.1万元。二是优化保障方式,提高保障力度。将原11项在职职工保障计划调整为三纵三横的“上海职工互助保障2020”,显著提高职工保障力度。完成在职住院起付标准补助金“自动给付”方案,拓展工会会员服务卡功能。三是推进职工就业,实施就业保障。组织10万灵活就业人员参加“灵活就业会员专享基本保障”,共向276人次给付38.51万元保障金,提高抵御疾病和突发意外风险的能力。四是搭建人性化平台,优化缴费渠道。根据“一网通办”要求,开通社区统一公共支付平台,实行银联、支付宝、微信等多渠道、更便捷、更人性化缴费方式。在“申工社”“职保会”微信公众号中,开通“退休住院保障计划”社区续保二维码自助缴费通道,减少跑动办理。至6月,退休职工社区参保数创历史新高达101.57万人,其中实施代扣款缴费的91.85万人,现金和二维码自助缴费9.72万人。五是加强培训走访,提高服务水平。根据各区街、镇互助保障服务点工作时间上的差异,按基层就近参加原则,分片实施下沉式送培训4场、708人次参加。根据实际需要,走访320家基层工会,宣传指导互助保障业务工作的有效开展。（顾艳斐）

【上海市总工会幼儿园】　上海市总工会幼儿园隶属于上海市总工会,是一所具有浓厚环保气息和教育特色的大型寄宿制幼儿园,占地15201平方米,建筑面积9300平方米,教职员工150人,教师学历水平100%为学前教育本科、专科学历,并大部分毕业于华东师范大学。园内设施一流，教育资源丰富。多年来，幼儿园以《3—6岁幼儿学习与发展指南》为目标，对素质教育模式和特色课程进行专题科研。发挥寄宿制优势，完善园本课程，使幼儿在生活适应性、情商发育、亲子关系、良好生活学习习惯、自理能力、交往能力和社会性发展等方面得到锻炼。孩子个性良好，行为习惯规范，求知欲强，学习兴趣高，知识面广，思维敏捷，审美有情趣，交往、自理、动手操作能力强，有一定想象力和创造性。完善制度建设，形成长效机制。以公开、公正、合理的考核及建设凝聚力工程的柔性管理来保证制度切实执行，使管理制度化、规范化、科学化。重视做好人力资源与教育资源的整合。历年来，在各级、各界领导的关心扶植下，全体教职员工同心同德、开拓创新、求真务实，连续11届获上海市文明单位，先后获全国五一巾帼标兵岗、市五一劳动奖状、市五一巾帼奖、市三八红旗集体、市托幼机构保育工作先进集体、市厂务公开民主管理工作先进单位、市先进女职工集体、市平安示范单位、市爱国卫生先进集体、市慈善之星、市花园单位、五星级环保绿色单位等荣誉称号。园长先后评为“上海市劳动模范”“上海市三八红旗手”“全国优秀教师”“上海市优秀园丁”“上海市职工最信赖的(经营)管理者”，并当选市第八、九次党代会代表。 (秦　峰)

【上海海鸥控股(集团)有限公司】 聚焦工会企业主责主业，健全集团化管理制度，提升经营管理能级，着力解决经营管理短板，推进海鸥集团平稳发展。一是坚持目标导向，开拓发展思路。集团通过强化信息化管理，修改完善疗休养实事项目预约平台、开通工会会员短信发送功能、加强在申工社和疗休养平台等微信公众号的政策宣传，打通工会与企业、会员之间的沟通渠道；积极开拓、创新思路，召开疗休养实事项目推介会，拓展工会疗休养资源，以“新线路、新服务、新补贴”来提升疗休养产品吸引力，提高疗休养实事项目服务质量，完成年初市总疗休养实事项目“8+4”万人目标。二是强化基础管理，谋求集团发展。启动物业管理“贯标”工作，通过规范物业管理流程、加强物业管理人员专业培训，提升物业经营管理和服务的能力水平，获得物业管理市场竞争的资质。在基建管理方面，加强管理队伍建设，提升管理能级，并从体制、机制上规范基建项目管理，加强基建项目廉政建设，确保基建项目重要环节处于受控状态。此外，为确保集团内部管理制度有效执行，保证各项工作有序开展，根据市总内控手册修订完善集团管理制度，明确监管责职，搭建集团内控体系框架，正式启动集团内控体系建设。三是增强创新意识，提高竞争能力。开展“建功新时代、海鸥新作为”立功竞赛活动，引导激励各单位增强市场意识和创新意识，提高市场竞争能力和服务能力。各单位通过梳理经营管理中存在的问题和短板，认真开展调研，细化分解目标、制定具体措施、落实责任部门，形成有效解决问题和短板的实施方案，为海鸥进一步发展奠定良好基础。 (姚芸婕)

【上海海鸥国际酒店投资管理有限公司(千禧海鸥大酒店)】 千禧海鸥大酒店是全国工会系统酒店中首家委托国际品牌千禧酒店集团(Millennium Hotel and Resorts)管理的五星级酒店，同时也是全国工会酒店系统内唯一一家“国家金叶级绿色饭店”。一是开展主题教育，助推酒店发展。在市总和海鸥集团的领导下，准确把握经营方向，在面对错综复杂的经济形势和瞬息万变的市场环境等多重经营压力下，以“不忘初心、牢记使命”主题教育为契机，在学习新思想中谋划和推动酒店的各项经营工作，把学习成效转化为推动酒店高质量发展的实践和动力。二是利用新媒体资源，多渠道分销引入客流。通过调整产品结构、扩大销售渠道、与第三方网络平台(会小二)合作，进一步开拓客房、会议和餐饮的线上销售；餐饮方面，首先在抓好菜肴品种与质量上推陈出新，根据时令并结合网络热点推出不同主题促销措施；其次充分打开线上渠道，通过酒店和千禧集团公众号、美食公众号等多渠道进行推广。此外，结合中秋节推出的手工制作鲜肉月饼和创新小龙虾口味月饼受到追捧，创约6万元营收。餐厅营业额同比增5.2%，用餐人数上升6.32%。三是结合“两新”活动，助力酒店经营。设定各项有助于酒店经营的“两新”目标。首先，结合最新的行业规范，通过优化客房部工作流程，在不降低服务标准的前提下，实现降低单间客房易耗品及洗涤费用成本。通过对客用品总量控制、不主动提供“六小件”客用品、执行垃圾分类等措施，减少资源损耗；其次，由于客房装修造成可售房数量减少，导致酒店在国际性订房网站上的排名有所下降。为此，积极协调各营运部门对客接待工作及时跟进、及时反馈客户需求，使年内订房量超过3300间，网上订房排名跃升至第94名。四是强化队伍建设，完善育人留人措施。酒店成立薪酬委员会，摒弃之前统一调整的方案，根据员工个人表现考核、对部门和酒店的贡献度、结合市场工资水平，进行精细化研究，在此基础上确定、调整人员资格和幅度，既提高低收入和突出表现员工的工资水平，也灵活兼顾酒店用工成本和经营状况。五是发挥党支部核心作用，建设先进企业文化。酒店党支部紧紧围绕“把握酒店发展方向，做好经营工作；加强队伍建设，培养骨干力量；建设企业文化，推进酒店和谐发展”的党建目标，通过务实工作，不断探索新形势下党建工作的理念创新和方法创新。 (李　渊)

【上海职工休养旅游服务总社】 上海职工休养旅游服务总社成立于1985年，由上海市总工会全额出资建办，现为上海海鸥控股(集团)有限公司旗下专业化的职工休养运行机构。休旅总社秉承发展职工疗休养事业、服务职工日益增长的精神文化需求为宗旨，发挥工会组织服务职工疗休养的特色，有效挖掘、充分整合本市和外省市工会系统劳模、职工休养资源，专业承接各类机关、企事业单位劳模、职工的疗休养服务业务，累计超过50万人次。贴近市场、贴近客户，确立“以客户需求为导向”的市场营销模式，分别与近500家各类单位建立合作关系，为其个性化订制职工疗休养活动方案，培育一支专业的营销服务管理人员队伍。曾成为全国总工会“全国千名劳模看世博指定接待单位”，得到全国总工会和上海市政府的充分肯定。年内根据市总实事项目职工疗休养和健康体检“8+4”的总目标，完成疗休养团队人数82,976人，参加健康体检43,012人。为做好市总实事项目，扩大疗休养计划覆盖面、提升保障计划执行率，全年走访上海11个区总工会、9个局（产业）工会、21个基层工会企业，还对申报参加的83个区、局（产业）工会的1500家街镇、园区、基层（单位）工会以电话形式进行全覆盖回访，做到360度无盲区、无死角。通过调研会、座谈会、实地拜访等形式，广泛听取各区、局（产业）工会对疗休养、健康体检实事项目的意见和建议，了解掌握劳模、职工在疗休养、健康体检中的意见、建议、问题和难点，宣传市总实事项目相关政策和工会会员卡优惠活动情况，促进接待服务工作不断改进。坚持为广大一线职工服务，突出工会主责主业，依托市总工会和海鸥集团支持，不断提高职工疗休养服务质量，扩大覆盖面，成为基层工会职工的“娘家人”。

（陈　皎）

【沙家浜大酒店】　以党的十九大和习近平新时代中国特色社会主义思想为指导，开展“不忘初心，牢记使命”主题教育和“两学一做”“两新竞赛”活动，围绕上海工会工作大局，突出工会主责主业，推进党建工作与酒店经营紧密融合。年内累计接待4.19万人次。主要工作：一是优化服务，完善功能。不断提升服务质量，提高疗休养职工满意度，树立大酒店疗休养窗口形象。二是订制专享，惠及会员。依托“申工社”“工会会员卡”网络平台，推广市总工会会员个人休养度假房价补贴政策，进一步惠及会员职工。三是整合资源，创收增效。抓好会务培训，做好会务市场，填补周末时间段易产生的客源空白；根据客户不同需求，发挥休养度假特色，量身定制行程线路，提供度假、休养、旅游一体化服务。四是节能降耗，加强管理。加强能源管理，减少成本费用；勤访市场，货比三家，降低原材料购进成本；掌握内控指标，挖掘节能潜力。五是开展业务培训，提升服务水平。根据各部门工作特点，开展培训、考核、技术比武。利用淡季分期分批开展餐饮和客房服务、礼貌礼仪服务等方面培训。六是保安全保质量，防患于未然。组织全体员工开展消防知识培训和演练，确保住店客人的生命财产安全。建立进货台账索证登记，确保食品质量及安全。七是落实制度，夯实基础。认真执行酒店议事规则、“三重一大”事项决策制度；落实“一岗双责”工作机制。八是加强党建，聚力发展。抓好党风廉政建设和党员领导干部的政治学习，起好党员表率作用；组织党员开展结对帮困活动，关心身边弱势群体；加强一线优秀青年员工的培养，加强对工会、团支部工作领导，凝聚广大员工同心协力发展大酒店。

（邱紫娟）

【上海市工人疗养院（上海市职工康复医院）】　在习近平新时代中国特色社会主义思想指导下，坚持党建引领，秉持“突出公益、聚焦主业”原则，完成各项工作目标。全年接待职工体检人数9万余人（其中市总保障体检计划4万人），连续6次获“上海市文明单位称”称号，党支部评为上海市总工会机关系统“双争”活动先进。主要工作：一是秉持“调结构、稳增长”的工作方针，坚持市场和计划两手抓，确保自营业务质与量同步推进。在保质保量完成体检保障计划基础上，年内体检车到检率同比增加5%。同时，以提高市场化营销能力为重点，深入挖潜众群体的健康管理需求，探索开展有针对性的健康管理增值服务，确保主营体检业务有效突破。二是作为全国劳模健康体检基地，在“四个一”劳模健管模式基础上，优化体检套餐设计，推出“1+X+2”方案、设立劳模体检日专家讲堂、检后健康指标趋势分析从三年提增为五年、检后增加三甲医院就医绿色通道等举措，全年客户满意率96%以上、医疗质控检查98.5分，继续评为“上海市健康体检质控督查优秀单位”。三是多渠道建立与三甲医院科研医疗合作关系，配合完成“关于职工健康管理的专项课题研究”；与岳阳医院和中国健促会鼻咽癌早筛研究中心开展慢疲、筛查相关课题合作；作为长征医院肾病研究所的直接合作伙伴，荣列为市级慢性肾病诊治筛查基地，已加入上海市公共卫生体系建设三年行动计划项目。四是以“双争”竞赛为载体，结合集团党委开展的“两新”活动，始终围绕解决当前突出矛盾和短板问题为切入点，经全院动员提出四个立项课题和一项合理化建议，激发干部职工进取意识、市场意识和创新意识。引进多名关键岗位专技人员，多措并举稳定专业人员队伍，充分挖掘和释放现有人力资源潜力，加大对中青年骨干和专业人才培养力度，进一步增强工疗的市场竞争力和为职工服务的能力水平。五是注重抓“不忘初心、牢记使命”主题教育的学习实效，抓党员干部学习强国APP的学习效率，坚定党员干部的理想信念。全面从严治党，落实“两个主体责任”和“一岗双责”。开展建国70周年系列活动，摄制“我和我的祖国工疗篇”、举办歌颂祖国文艺汇演等，在增强职工民族自豪感和向心力的同时，展现工疗人积极向上精神风貌。

（唐文璟）

【杭州屏风山投资管理有限公司（杭州千禧度假酒店）】　以习近平新时代中国特色社会主义思想和工会十七大精神为指导，在市总工会与海鸥集团领导下，突出工会酒店服务工会主责主业，着力酒店经营管理，以“市场化、专业化”发展要求，在平衡市场经营和服务职工效能中进行有益探索并取得实效。一是明确市场定位，突出经营特色。着眼于深挖酒店的市场潜力，根据家庭型、商务型、旅游型等不同类型散客的住店特点，通过建立符合度假型酒店特色设施和举办个性化活动，使酒店成为一个多元文化综合体。通过努力，酒店在携程网上获得4.7的评分，在国际市场booking.com上也获得8.9高评分。同时，酒店还荣获大众点评“2019年杭州必住酒店奖”及缤客网“2019年亲密无间奖”。二是整合资源基础，扩大销售渠道。在做好重点客户接待服务基础上，完善客户档案，细分客户类别，实时把握顾客需求，培育稳定的消费群体。建立详细的客户档案信息资料，通过分析影响客户消费频率、额度等因素，选择符合酒店发展需求的重点客户群体。通过努力，成功签订如阿里巴巴、中国平安保险、泰隆商业银行等15家500强公司的住房协议；结合新能源产业发展带来的商机，和特斯拉、捷豹、奥迪等新能源汽车产品达成新一轮市场推广活动,成功接待奢侈品集团LVMH旗下高端化妆品春季发布会。三是开发服务新路子,精益求精促发展。为更好服务疗休养团队,酒店反复就接待行程等内容进行沟通并实地勘察,精心设计高质量行程安排。为满足接待需求,通过调整、改造房型,尽力解决接待团队中遇到的瓶颈问题。在改进硬件服务水平的同时,还回访各休养团征求意见和建议。年内增加无人机拍摄集体照等人性化、个性化的服务项目,开通微信群交流服务工作,确保在服务接待中做到沟通无障碍,提高疗休养服务满意度。四是发挥党建引领作用,助推千禧不断发展。党支部始终围绕促进酒店经营发展开展党建工作,善于发挥工会作用,贴近员工真情实感,在工作和生活中给予关心帮助,关键时刻展身份、许承诺、担责任,维护职工权益,帮助职工解决实际问题,凝聚员工向心力。在打造融合载体、传承企业精神、获得员工认同等方面作不懈努力,使党建工作深植于酒店的经营管理之中,助力千禧实现更好发展。

(赵　琨)

【上海市总工会洞庭西山休养院】 以党的十九大和工会十七大精神为指引,围绕主责主业,优化管理模式,提升服务质量,完善设施配置,较好地完成经营管理目标和各项工作任务。全年接待客人4.97万人次,实现营业收入2195.6万元,实现GOP(营业毛利)25.6万元。主要工作:一是加强思想政治引领。深入学习贯彻习近平新时代中国特色社会主义思想和党的十九届四中全会精神;开展"不忘初心、牢记使命"主题教育;落实"四责协同"工作责任制,坚持全面从严治党;加强队伍建设,强化争优创先,发扬民主,关爱职工,增强党组织凝聚力、战斗力。二是加强服务设施改建。充分发挥疗休养院所服务职能,承接职工疗休养保障计划;接待服务好上海援外干部团和劳模休养团;推出工会会员专享计划;积极探索营销服务平台;不断完善服务设施配置,自筹资金170多万元,将原职工餐厅改造并增设厨房间,餐厅增设LED大屏幕及音响灯光设施,5号楼(东)场地改建成停车场和篮球场。三是加强市场化运营能力:充分依托度假村(休养院)微信公众平台,制定各类营销套餐计划;以公众号开通5周年为契机,开展微信订房享折扣、送景点门票、消费代金券等特惠活动;组织相关人员参加OTA营销培训,邀请金天鹅金牌老师来院做全方位服务指导;邀请上海电视台生活时尚频道来院拍摄专题片,宣传推广洞庭西山美景休养。四是塑造良好西山精神:注重志愿者服务队建设,每年开展爱心一日捐、义务献血、义务劳动、义务带休养团队等活动,并与金庭镇3户贫困户结对开展定向扶贫帮困活动。年内休养院被授予上海市文明单位荣誉称号。

(蔡玉蓉)

【上海市总工会黄山休养院】 上海市总工会黄山休养院于1986年开业,系上海市总工会直管事业单位,由上海海鸥控股(集团)管理,是全国工会系统第一个集资建造的上海职工休养基地,主要负责职工在黄山地区疗休养事宜。休养院地处G3京台高速谭家桥出口处、著名风景胜地黄山罗汉峰东麓,占地132亩,建筑面积13000平方米,绿化面积达76%,有4栋独立接待楼宇,88间客房,院、餐、厅能同时容纳200人用餐,会议室、棋牌楼、KTV包厢、垂钓中心、工会超市、养生堂、大型停车场等配套设施齐全。年内黄山休养院共接待23740人;营收3326.46万元,其中保障计划19684人,实现营收2331.15万元;市场拓展4056人,实现营收994.19万元;实现经营利润(GOP)为534.91万元。其中自营收入973.3万元,营业毛利为530.7万元。休养院不断进行自身硬件更新,绿化改造,加强职工培训,以服务广大劳动者为目标,以"劳动光荣,休养快乐"为宗旨,以服务树口碑,扩大黄山休养院在上海地区的影响力,打造温馨的职工之家。

(贝　卓)

上海市总工会直管单位负责人名录

单位名称	职务	姓名
上海工会管理职业学院	党委书记	王厚富
	院长、党委副书记	李友钟
上海市工人文化宫	主任、党委副书记	高　越(女)
	党委书记	谢　鹰
劳动报社	总编、党委副书记	王厚富
	党委书记	邵新宇(女)
上海市职工技协服务中心	主任	钱传东
	党总支书记	钱传东(2019.11免) 竺　敏(2019.11任)

续 表

单位名称	职务	姓名
上海市总工会职工援助服务中心(上海市职工物价监督总站)	主任	陈　鲁
	党总支书记	陈　鲁(2019.11免) 杨　敏(女,2019.11任)
上海市职工保障互助中心	主任、党总支书记	顾学庆
	党总支书记	顾学庆(2019.11免) 陈　嵘(2019.11任)
上海市总工会幼儿园	园长、党支部书记	周稼超(女)
上海市退休职工管理委员会办公室 上海市退休职工服务中心	主任、党总支副书记	刘培顺
	党总支书记、副主任	顾莉萍(女)
上海海鸥控股(集团)有限公司	董事长、党委书记	吕泰康
	总裁、党委副书记	孙　伟

说明：1. 主要负责人名录以2019年12月底为准。
2. 上述人员职务以市总工会批复为准。

2020上海工会年鉴

人物

2019年上海市“劳模年度人物”简要事迹

宁　光

上海市先进工作者　上海交通大学医学院附属瑞金医院副院长

宁光院士在“内分泌代谢性疾病的临床诊断和治疗研究”和“慢性非传染性代谢病发病机制、流行病学研究”两大研究方向上致力于开展大规模、前瞻性、多中心、高质量的临床诊疗规范研究。2019年优质完成国家代谢性疾病临床医学研究中心的建设工作，院士团队目前承担了1项科技部973项目、15项国家重点研发计划、62项国家自然科学基金。系统建立了34项诊断新技术与5项治疗新方案，实现内分泌肿瘤精准诊疗，报告基于国际最新诊断标准的糖尿病严峻流行趋势，首次提出肠型指导糖尿病精准治疗；创建国家标准化代谢性疾病管理中心，为中国慢病管理提供全新思路。

宁光曾荣获上海市先进工作者等荣誉称号。

高　波

全国先进工作者　上海出入境边防检查总站上海机场边检站十五队队长

高波带队长期奋战在边检一线。2019年，他在新中国成立70周年大庆和第二届进博会期间，共查获非法出入境案件121起162人次，排查变换身份在逃人员信息150条，成功处置了“8.15”调包偷渡、骗取某发达国家电子签证出境等典型案件，在进博会期间，成功阻止2起3人次中东籍疑似涉恐人员入境。他参编《世界各国验讫章汇编》《出入境证件鉴别术语汇编》等专业书籍，参编并审核《出入境证件鉴别》教材等，参与设计研发《出入境证件大数据运用平台》系统软件，5次荣立个人三等功，6次受到嘉奖。

高波曾荣获全国五一劳动奖章、上海市劳模年度人物、全国公安机关爱民模范、全国特级优秀人民警察、全国优秀人民警察等荣誉称号。

许　昕

全国先进工作者　上海市竞技体育训练管理中心乒乓球运动员

许昕在2009年至2019年的10余年里，共获得世界冠军16次，成为继王励勤之后上海乒乓球新的领军人物。2017年第十三届全国运动会上，率上海男乒获得时隔52年的男团冠军，实现了里约周期在全国乒乓球顶级赛事的“四连冠”。2018年获得世界乒乓球团体锦标赛男团冠军，2019年世界乒乓球锦标赛混合双打冠军，共收获了6枚世锦赛金牌。2019年世界乒联举办的巡回赛上多次斩获冠军，甚至是双冠王。

许昕两次被上海市人民政府荣记一等功，曾荣获上海市五一劳动奖章、国家体育总局体育荣誉奖章、上海市青年五四奖章和上海市劳动模范等荣誉称号。

陈白桦

全国先进工作者　中国福利会少年宫名誉主任、艺术

总监

陈白桦从教近40年，创作百余个少儿精品力作，长期担任上海舞蹈家协会副主席和顾问。她主持多项国家课题和上海名师基地，名师效应辐射全国。她带领小伙伴艺术团创新融合发展，精彩亮相APEC、世博会、进博会等国内外重要演出。2019年，她带领艺术团勇夺全市全国及多项国际金奖，完成“海上琼英”新春音乐会、国家大剧院六一演出，虹桥机场快闪、“向祖国致敬”上海市庆祝新中国成立70周年演出，策划编导庆祝澳门回归20周年音乐电视片《明天会更好》，高质量完成港澳贵宾接待任务，圆满完成第二届进博会机场献花、欢迎晚宴、豫园双边活动等重要任务。

陈白桦曾荣获上海市劳动模范、全国优秀教师、全国五一劳动奖章、全国先进工作者等荣誉称号。

郁　非

全国劳动模范　上海第一食品连锁发展有限公司专柜柜长

郁非是上海市第十一次党代会代表，她用创新的服务手法为顾客提供温馨优质服务。她发挥工作室示范引领作用，为公司创新发展、人才培养做出了重要贡献。她提出的“4S工作法”在门店一线营业员中得到了普遍推广，顾客满意度得到大幅提升。在上海全力打响“四大品牌”建设的当下，郁非聚焦“上海购物”和“上海服务”，致力于激发老字号新活力，带领劳模工作室团队，推动第一食品自有品牌创新发展，取得了年销售规模超8000万元的良好业绩，公司入选首批“上海礼物—优选经营店”。

郁非曾荣获全国商贸流通服务业劳动模范、上海市劳动模范、2019年全国五一劳动奖章等荣誉称号。

张　郁

全国劳动模范　上海申通地铁集团有限公司上海地铁维护保障有限公司通号分公司总经理、信号技术总监

张郁作为上海轨道交通大动脉的守护者，世界第一规模线网的信号专家。先后主持完成12条线路及延伸线信号工程建设，以及2条既有线改造、集控大楼机电平台等多项重大工程；他带领团队探索形成一套超大规模网络信号系统“边建设、边运营、边改造”的新模式，9号线成为全国第一条最短间隔突破2分钟大关的地铁线路。同时他大力推进通信信号设备智能运维，晚点率指标在世界地铁CoMET体系指标中居前列，上海轨道交通信号系统健康管理平台获得2019年全国质量创新大赛最高奖，确保轨道交通运营安全。

张郁曾荣获中国国际博览会立功竞赛活动先进个人、全国住房城乡建设系统劳动模范、全国五一劳动奖章等荣誉称号。

邱莉娜

全国劳动模范　中国电信股份有限公司上海崇明电信局销售组织与现场管理

邱莉娜在各营业厅设立“邱莉娜带教岗”，归纳了10余套课件，带头编写的《营业服务手册》获得全国二十多省的好评，成为上海电信营业人员系统培训教材。她的门店销售带教法使崇明三岛门店规范在上海文明行业测评中屡获殊荣。她推进智慧养老，实在的便民举措得到了老

年客户的欢迎。在两届进博会上,邱莉娜作为窗口代表在现场提供电信服务。她的"理论宣传"被新华社采用为"理论之光"专题报道,该报道仅在学习强国一个平台中获赞数近10万,为弘扬正能量取得了广泛的影响力。

邱莉娜曾荣获2019年全国巾帼建功标兵、上海市劳动模范、全国五一劳动奖章等荣誉称号。

李国保

全国五一劳动奖章　宝山钢铁股份有限公司中央研究院首席研究员

李国保带领团队突破国外领先企业技术封锁,自主创新开发出低温高磁感取向硅钢制造技术并实现产业化,率先应用于国家重大工程,高端产品在我国特高压输电工程领域市场占有率达到70%以上;低温取向硅钢自主知识产权体系总体达到世界领先水平,曾获得国家和上海市科学技术奖一等奖。2019年,他牵头负责的国家"十三五"重点研发的三项产品全球首发,实现了系列产品全球领跑,新产品在2019年累计销售4.8万吨,毛利1.39亿元,项目获得上海市科技进步奖一等奖,已成为国内乃至全球业内公认的取向硅钢研发领域的顶尖人才。

李国保曾荣获冶金行业突出贡献奖、上海市劳动模范、全国五一劳动奖章等荣誉称号。

曾　峻

全国先进工作者　中共上海市委党校副校长

曾峻在干部教育培训改革创新、党的理论研究与宣传等方面作出贡献,他运用全媒体形式为全党开展的主题教育提供优质学习资源,组织策划的四档全媒体党课,在全国党校系统产生了良好的示范引领作用。2019年,出版《坚持和加强党的全面领导研究》;担任大型系列丛书"中国道路·政治建设卷"主编,独立完成20万字书稿《政治体制改革》;在《人民日报》《中央党校学报》等报刊发表7篇论文。他承担上海市哲学社会科学委托课题"中国共产党百年自身建设思想研究",开设习近平新时代中国特色社会主义思想学习纲要辅导等多门课程,把政治性、学术性和艺术性有机结合,受到学员好评。

曾峻曾荣获上海市劳动模范、全国先进工作者等荣誉。

李　勇

上海市劳动模范　上海外高桥造船有限公司班组长

李勇作为我国船舶的高级专家,国家1+X特殊焊接技术专家组专家,获得国务院政府特殊津贴奖。他主要负责上海市相关项目的前沿研究工作。攻克了海洋石油981高强度钢焊接难题,创造经济效益135万余元;在建造国内首艘超大型集装箱船和"海上巨无霸"矿砂船过程中,创造焊接领域的新技术。他在国家核心期刊发表论文6篇,获得21项国家专利授权和公布。培养高级技师5名、技师6名,高级工28名。2019年他带队以高超的技艺圆满完成首艘国产大型邮轮焊接任务。他作为新时代工人楷模入选《筑梦东方——上海工匠精神践行者》一书,被劳动报、上海东方卫视等多家新闻媒体专题宣传、报道。

李勇曾荣获上海市劳动模范等荣誉称号。

表彰

2019年全国五一劳动奖状(章)、工人先锋号

上海市2019年全国五一劳动奖状(3个)

捷普科技(上海)有限公司

上海市浦东新区城市运行综合管理中心

上海国际港务(集团)股份有限公司尚东集装箱码头分公司

上海市2019年全国五一劳动奖章(31个)

朱邦范 上海浦东建筑设计研究院有限公司总建筑师

朱 兰(女) 上海市徐汇区斜土街道社区卫生服务中心全科团队长

葛承全 中国建材国际工程集团有限公司总工程师

沈美兰(女) 上海杨浦环境发展有限公司海杰保洁分公司清道班民工组长

陆亚明 上海豫园旅游商城股份有限公司绿波廊酒楼联席经理

宋玉姐(女) 上海城市国际企业发展有限公司区域店长

刘纪周 上海广为焊接设备有限公司研发部经理

刘 霞(女) 上海电气电站设备有限公司上海汽轮机厂技术科副科长

朱 阳 上海医药集团股份有限公司高级研究员

苏 伟 上海市南电力(集团)有限公司不停电作业分公司副经理

戴苏峰 上海电力股份有限公司副总工程师兼工程部主任

吉志勇 上海宝钢工业技术服务有限公司资深作业师

李伟伟 中冶宝钢技术服务有限公司第三分公司作业长

张玉花(女) 上海航天技术研究院嫦娥型号副总指挥、副总设计师

陈景毅 江南造船(集团)有限责任公司首席技师

樊 勇 上海汽车集团股份有限公司乘用车分公司制造工程部兼物流部总监

李 军 上海交运集团股份有限公司汽车零部件制造分公司模具中心主任

柴闪闪 中国邮政集团公司上海市邮区中心局接发员

赵 辉 中交三航局第二工程有限公司总工程师

吴志巨 东方航空技术有限公司虹桥维修基地定检维修部结构修理车间主任

史志瑛(女) 上海国际机场股份有限公司航站区管理部值班长

姜 龙 中华人民共和国浦东海事局海巡执法大队队长兼“海巡01”轮船长

郑君锋 中国电子科技集团公司第五十一研究所装备制造部主任

郁 非(女) 上海第一食品连锁发展有限公司南京东路旗舰店壹食壹品专柜柜长

江 艳(女) 上海市衡山(集团)公司衡山宾馆餐厅经理

严如珏(女) 上海地铁第一运营有限公司专业主管

程蔚蔚(女) 中国福利会国际和平妇幼保健院党委副书记、第一副院长

钱 进 中国商用飞机有限责任公司总飞行师、民用飞机试飞中心主任

唐均君 上海华力微电子有限公司党委书记、执行副总裁

张 浩 上海市医务工会常务副主席

毛登文 中国建筑第八工程局有限公司总承包公司项目经理

上海市2019年全国工人先锋号(32个)

春秋航空股份有限公司维修工程部

上海亿君汽车服务有限公司运营部

上海朝晖药业有限公司物料部仓库

昕诺飞灯具(上海)有限公司产品开发部

上海沃迪智能装备股份有限公司机器人研发组

正泰电气股份有限公司中压设备事业部二次线车间A组

上海申鼎建设科技(集团)有限公司申鼎中小河道整治班组

上海化学工业区中法水务发展有限公司水研究中心

上海第一八佰伴有限公司郭强新零售服务劳模创新工作室

上海白玉兰烟草材料有限公司工艺质量部检验班组

中国铁路上海局集团有限公司上海动车段调试车间列调一班

中远海运能源运输股份有限公司桐林湾轮

中国电信股份有限公司上海分公司浦东电信局张杨路营业厅

上海建工集团股份有限公司总承包部第四项目管理公司

中国建筑第八工程局西南分公司亚投行项目部

上海航空电器有限公司总装分厂批产装配组

上海东湖汽车服务公司中宾车队

上海环境物流有限公司一分公司集卡班组

上海宝冶集团有限公司国家雪车雪橇中心项目部

上海东方广播有限公司直通990工作室

上海市公安局青浦分局国家会展中心治安派出所

上海市建设工程设计文件审查管理事务中心勘察设计监管科

上海市交通委员会交通指挥中心应急指挥室

上海市市容环境质量监测中心道路保洁科

上海证券交易所国际发展部

上海市人才服务中心流动人才档案管理中心

上海电力大学海上风电与电网安全研究团队

上海海关上海虹桥机场海关值机科

上海市公安局城市轨道和公交总队虹桥综合交通枢纽治安派出所

上海锅炉厂有限公司管子车间西部工段焊接班

东方国际(集团)有限公司布局新疆、践行“一带一路”项目组

光明乳业股份有限公司光明乳业研究院配方部液态奶项目组

2019 年上海市五一劳动奖状(章)、工人先锋号

2019 年上海市五一劳动奖状(201 个)

上海市浦东新区行政服务中心(上海市浦东新区市民中心)
上海市浦东新区公利医院
上海市浦东新区价格认证中心
上海市浦东新区体育管理指导中心
上海临港海洋高新技术产业发展有限公司
证通股份有限公司
上海诗丹德标准技术服务有限公司
巴斯夫(中国)有限公司
特乐斯特机械(上海)有限公司
安靠封装测试(上海)有限公司
上海上蔬永辉生鲜食品有限公司
英泰克工程顾问(上海)有限公司
上海英恒电子有限公司
台达电子企业管理(上海)有限公司
上海煜诚保安服务有限公司
上海中南建筑材料有限公司
澜起科技股份有限公司
辉正(上海)医药科技有限公司
用友网络科技股份有限公司上海分公司
上海市徐汇区中心医院
上海百傲科技股份有限公司
上海市光华中西医结合医院
上海荣茂工贸有限公司
上海美天副食品市场经营管理有限公司
上海东银企业(集团)有限公司
同济大学第二附属中学
上海市普陀区桃浦镇人民政府
上海月星环球家饰博览中心有限公司
上海开弈人才服务(集团)有限公司
上海宸新智能系统集成有限公司
上海犹太难民纪念馆
上海市三门中学
优刻得科技股份有限公司
上海精智实业股份有限公司
上海市杨浦区大数据中心
上外-黄浦外国语小学
上海李小华律师事务所
上海申丰地质新技术应用研究所有限公司
上海市黄浦区车辆停放管理公司
上海星光照相器材批发市场经营管理有限公司
上海市总工会黄浦区工人体育馆
上海市黄浦区劳动人事争议仲裁院
上海城建建设实业集团新型建筑材料有限公司
杭州丘比食品有限公司上海分公司
上海市静安区人民政府大宁路街道办事处
上海建筑装饰(集团)有限公司
上海云兰建筑装饰工程有限公司
上海武定莱市场经营管理有限公司
上海宝山大陆汽车配件有限公司
上海佳琳餐饮管理有限公司
国家税务总局上海市宝山区税务局
上海海淞环境卫生服务有限公司
上海市宝山区住房保障事务中心
上海市宝山区供销合作总社
上海宝信汽车销售服务有限公司
上海永裕塑胶有限公司
广汽菲亚特克莱斯勒汽车销售有限公司上海分公司
上海市闵行区华漕镇赵家村民委员会
上海吴泾环卫综合服务有限公司
伟巴斯特车顶供暖系统(上海)有限公司
强生(中国)有限公司
上海申菱钢结构有限公司
舍弗勒贸易(上海)有限公司
上海重塑能源科技有限公司
上海生大医保股份有限公司
上海市嘉定区市场监督管理局
上海驴妈妈兴旅国际旅行社有限公司
中共上海市嘉定区委办公室
上海金标实业有限公司
上海金欣环境卫生综合服务有限公司
上海市金山区建设和管理委员会
上海肯特仪表股份有限公司
上海永太服装金山有限公司
蒂森克虏伯电梯(上海)有限公司
上海市松江区民乐学校
上海北玻玻璃技术工业有限公司
中建材凯盛机器人(上海)有限公司
中饮巴比食品股份有限公司
阿克苏诺贝尔太古漆油(上海)有限公司
上海安谱实验科技股份有限公司
上海普利特复合材料股份有限公司
上海华新建设(集团)有限公司
青浦区金泽镇蔡浜村村民委员会
上海安诺其集团股份有限公司
书香门地(上海)美学家居股份有限公司
上海青浦巴士公共交通有限公司
上海巴安水务股份有限公司
能率(中国)投资有限公司
上海伟星新型建材有限公司
上海市奉贤区南桥镇社区卫生服务中心
上海和黄药业有限公司
上海超诚科技发展有限公司
上海崇明巴士公共交通有限公司
开利空调销售服务(上海)有限公司
上海集优标五高强度紧固件有限公司
上海电气环保集团

云赛智联股份有限公司
上海华谊能源化工有限公司
上海市药材有限公司
国网上海市电力公司金山供电公司
国网上海市电力公司客户服务中心
上海上电电力工程有限公司
上海电力监理咨询有限公司
华宝信托有限责任公司
上海国益工贸实业发展有限公司
中冶宝钢技术服务有限公司重型机械分公司
上海宝冶集团有限公司南京分公司
中国石化上海石油化工股份有限公司芳烃部
上海航天实业有限公司
上海复合材料科技有限公司
沪东重机有限公司
上海烟草贸易中心有限公司
上海汇众汽车制造有限公司
上海汽车工业销售有限公司
上海汽车国际商贸有限公司
中国电力工程顾问集团华东电力设计院有限公司
华能(上海)电力检修有限责任公司
国药控股分销中心有限公司
中国铁路上海局集团有限公司上海工务大修段
上海中远海运集装箱运输有限公司
上海锦江航运(集团)有限公司
上海上港集团足球俱乐部有限公司
上海长江国际船舶代理有限公司
上海市轮渡有限公司
中国邮政集团公司上海市普陀区分公司
中国电信股份有限公司上海分公司网络操作维护中心
交通运输部东海救助局上海救助基地
上海航道物流有限公司
中交三航(上海)新能源工程有限公司
上海民航华东通信网络发展有限公司
东航技术应用研发中心有限公司
上海东航投资有限公司
上海国际机场股份有限公司交通保障部
中华人民共和国崇明海事局
上海勘测设计研究院有限公司
上海建工二建集团有限公司
上海园林(集团)有限公司
上海市交通委员会行政服务中心
上海市绿化管理指导站
华建集团华东建筑设计研究总院
小官庄铁矿
上海市防汛信息中心(上海市水务信息中心、上海市海洋信息中心)
中国建筑第八工程局有限公司青岛分公司
中国建筑第八工程局有限公司南方分公司
上海大屯能源股份有限公司龙东煤矿
交通银行上海漕河泾支行
上海期货交易所
长江养老保险股份有限公司
上海股权托管交易中心股份有限公司
国家税务总局上海市浦东新区税务局
上海市干部培训中心(上海市军队转业干部培训中心)
东方城乡报社
中国电子科技集团公司第三十二研究所
上海市研发公共服务平台管理中心
上海中药标准化研究中心
上海市免疫学研究所
上海建桥学院
上海市内分泌代谢病研究所
上海市第六人民医院东院
华东疗养院
上海市疾病预防控制中心
东方出版中心
中国上海国际艺术节中心
上海东方传媒技术有限公司
上海歌舞团有限公司
上海市第二体育运动学校(上海市体育中学)
中国铁塔股份有限公司上海市分公司
中国华电集团有限公司上海分公司
中国外运华东有限公司
中国航发上海商用航空发动机制造有限责任公司
上海大瀛食品有限公司
上海海博出租汽车有限公司第一分公司
上海江杨农产品市场经营管理有限公司
上海市儿童临时看护中心
上海市北新泾监狱
上海锦江国际投资管理有限公司
上海锦江国际酒店发展股份有限公司南京饭店
上海国际技贸联合有限公司
上海市法律援助中心
上海警盾保安服务有限公司
上海市统计局普查中心
上海上勤高级楼宇管理有限公司
上海百联南桥购物中心有限公司
百联集团上海物贸大厦有限公司
上海地铁第三运营有限公司
上海强生控股股份有限公司第一分公司
上海久事体育赛事运营管理有限公司
上海城投水务(集团)有限公司供水分公司
上海大众燃气有限公司
上海国际棉花交易中心股份有限公司
隧道股份上海城建市政工程(集团)有限公司
上海地产乡悦建设发展有限公司
上海外服(集团)有限公司
上海法信机电设备制造有限公司
上海临港经济发展集团资产管理有限公司
上海市公安局城市轨道和公交总队
上海绿地酒店旅游(集团)有限公司
上海美术设计有限公司
中国人寿保险股份有限公司上海数据中心

五冶集团上海有限公司工程分公司
上海科学技术出版社有限公司

2019 年上海市五一劳动奖章(319 个)

肖　林　中共上海市浦东新区委员会组织部行政审批制度改革处处长
郭树宝　上海市洋泾中学/西藏江孜县教育局/西藏江孜县第二中学校务办主任/副局长/校长
禹宝庆　上海市浦东医院副院长、骨科主任
黄晓燕(女)　浦东新区市场监督管理局浦东洋泾市场监管所所长
杨　鑫　国家税务总局上海市浦东新区税务局科员
冯琍萍(女)　上海新金桥环保有限公司副总经理
何冬梅(女)　高桥镇文化服务中心绒绣师
陈天石　上海寒武纪信息科技有限公司首席执行官
毕全翠(女)　上海优爱宝智能机器人科技股份有限公司生产经理\工会主席
徐元平　上海骋顺楼宇智能设备科技有限公司维修工
石　冬　上海高桥捷派克石化工程建设有限公司机泵维修钳工
刘立全　上海康耐特光学有限公司部门经理
王进成　上海通用电焊机股份有限公司总监
顾庆华　上海浦江缆索股份有限公司技术部副经理
张　洁(女)　上海弘辉种业有限公司研发中心组长
袁振宇　上海微创心脉医疗科技股份有限公司高级研发总监
曾红林　中芯国际集成电路制造(上海)有限公司技术总监
张贤坤　上海申浦建筑安装有限公司技术员
高建卫　上海众材工程检测有限公司科研中心主任
左亚军(女)　上海仁会生物制药股份有限公司研发中心负责人
严粹人(女)　上海德尔格医疗器械有限公司研发部项目群管理部经理
戴灵焰(女)　卡西欧(中国)贸易有限公司行政公关部课长
金　萍(女)　上海帝泰发展有限公司政府事务部 & 物业部负责人、工会主席
沈　荣　上海南园之星餐饮有限公司大区经理
谢　伟(女)　上海新龙成集团有限公司项目经理
陆莉莺(女)　浦东新区养老机构服务管理中心副主任
张　冲　上海卓繁信息技术股份有限公司项目经理
陈　黎　上海万象汽车制造有限公司副总经理
戴丽丽(女)　上海市徐汇区宛南实验幼儿园高级教师
计三勇　商派软件有限公司副总裁
周　娟(女)　上海东冉信息技术有限公司副总经理、党支部书记
刘奎林　上海亚欧汽车销售服务有限公司汽车油漆技师
孔荣辉　中共上海市徐汇区委员会、上海市徐汇区人民政府信访办公室督解办副主任
张　宁(女)　上海百事通信息技术股份有限公司副总裁、工会主席
孟水莲(女)　上海市长宁区江苏路第五小学校长
朱　峰　千城智联(上海)网络科技有限公司副总裁
钱　倩(女)　上海兰卫医学检验所股份有限公司工会主席、团委书记
戴轶青　联邦快递(中国)有限公司策略发展经理，上海分公司工会主席
董春健　上海西联环境卫生服务有限公司设备管理员
杨继军　上海华程西南国际旅行社有限公司携程副总裁
姚　伟　上海中环国际中小企业总部社区投资有限公司工会联合会主席
车国兴　上海红星美凯龙装饰家具城有限公司总经理
杨华峰　上海西部企业集团房屋维修有限公司维修组副班长
刘宗军　上海市普陀区中心医院心内科主任
金　晶　上海顺灏新材料科技股份有限公司经理
冯春生　上海华为电信设备工程有限公司部门经理
裘黎明　上海蔓楼兰企业发展有限公司董事长
雷国兴(女)　嘉兴路街道新港居民区党总支书记、居委会主任
陈　荔　上海市虹口区人民检察院检务保障部副主任
谢祥荣　上海市虹口区救助管理站站长
张美贵　上海威悦建筑安装有限公司班组长
陈轶卉(女)　上海市杨浦区中心医院眼科副主任
王登庭　上海悦易网络信息技术有限公司运营体系副总裁 VP
杨佳威　达疆网络科技(上海)有限公司运营负责人
黄　洋(女)　上海市杨浦区人民法院知识产权审判庭庭长
史团委　上海流利说信息技术有限公司副总裁
刘绍旭　上海杨树浦置业有限公司总经理
吴军豪　上海交通大学医学院附属第九人民医院黄浦分院中医骨伤科主任
邹富建　上海欣望环境卫生服务有限公司公共厕所保洁员
张　新　尼康映像仪器销售(中国)有限公司副总经理
赵义恩　上海艾能电力工程有限公司设计师总工程师
林龙全　上海市黄浦区半淞园路街道耀江花园居民委员会党总支部书记
杨　喆(女)　上海老凤祥有限公司首席设计师
胡磁勋　上海益民商业投资发展有限公司副总经理
杨　清(女)　上海蔡同德药业有限公司党委书记、总经理

周　静（女）　上海大富贵酒楼有限公司总店餐饮部经理
徐治文（女）　上海欧亚多媒体产业发展有限公司工会主席、招商部副经理
堵琳琳（女）　上海市风华初级中学校长
朱赛娟（女）　参数技术（上海）软件有限公司研发部测试经理
俞　颀（女）　上海大宁商业投资有限公司执行董事
施明昌　南京西路街道城市网格化综合管理中心专职副主任
陈春华（女）　上海静安城市发展（集团）有限公司静环环卫分公司作业二部驾驶员
孙英豪　朝日啤酒（中国）投资有限公司法务部长
段　勇　上海梅龙镇酒家股份有限公司厨师长
须军成　上海市宝山区月浦镇城乡建设和管理服务中心主任
杨　彪　上海市宝山区给排水管理所书记、所长
张　俊　上海良工阀门厂有限公司军工核电焊接车间主管
罗凤梅（女）　上海市宝山区乐业小学校长兼党支部副书记
姚　砚（女）　上海宝山国际民间艺术交流与研究中心国际交流部主任
王　龙　中国二十冶集团有限公司市场部部长
郭春景　上海市宝山区大场镇城市网格化综合管理中心主任
赵明芳（女）　上海柯瑞冶金炉料有限公司机械类工程师、工会主席
李　蔚　上海复控华龙微系统技术有限公司总工程师
白向阳　上海红星美凯龙家居市场经营管理有限公司安全经理
纪　超　上海相宜本草化妆品股份有限公司供应链总监
曹黎民　上海市宝山区政府重大工程建设项目管理中心前期协调科科长
孙　冬　上海神洲绿化实业有限公司技师、部门经理
范晔平　上海广为电器集团有限公司董事长兼集团总裁
刘　玮　上海市闵行区古美社区卫生服务中心家庭医生
高俊仕　上海诺诚电气股份有限公司体系管理部经理
狄　方　大金空调（上海）有限公司人事总务部部长、党总支书记、工会主席
马开阳　上海闵行浦江王艳美容美发厅美发师
刘庆江　上海市闵行区教育学院音乐学科研训员
周　瑾（女）　上海仲盛世界商城管理有限公司租金主管、工会主席、党支部书记
徐　晖（女）　闵行区科学技术委员会综合管理科科长
马燕萍（女）　闵行区七宝镇佳宝新村居委会党总支书记、居委主任
赵　欢　上海中升沃茂汽车销售服务有限公司保修员，机电工
孙勤囡（女）　上海市嘉定区安亭镇黄渡敬老院护理部主任
周红亮　上海远大铝业工程有限公司项目经理
徐志菁（女）　上海市嘉定区新成路街道办事处信访办主任
宋　华　上海荣庆国际储运有限公司运营管理部总监
季　红（女）　上海圆迈贸易有限公司副总监
朱春明　上海新康电子有限公司部门经理
马永其　上海同济黄渡小学书记、校长
陈海云（女）　上海古猗园小笼食品有限公司面点师
宋志文　德力西电气有限公司上海分公司上海产品研发部技术专家
王　勤（女）　上海蒲汇企业管理有限公司草编传承人
时拥军　上海市嘉定区外冈镇人民政府外冈镇联勤和城市网格化综合管理中心主任、施晋村党总支书记（兼）
李　强　上海金山锦湖日丽塑料有限公司总工程师
陈海萍（女）　上海水工建设工程有限公司技术负责人，总工程师
王三峰　上海吕峰物业管理有限公司保安队长
董建国　上海东大化学有限公司党总支书记、技术总监
王　斌　上海市金山区博物馆文物保护部主任
夏晓明　上海市第六人民医院金山分院胸外科主任
郑　平　上海起帆电缆股份有限公司动力设备科科长
夏进东　上海市松江区中心医院影像诊治中心主任兼放射科主任，院党总支委员，医技一支部书记
周俊标　上海市松江区小昆山镇俊标粮油店个体经营者
杨　川　上海飞科个人护理电器有限公司生产技术部技术员
冯旭东　上海保隆汽车科技股份有限公司工程师
王建平　上海市松江区人民检察院检务保障部主任
顾芳英（女）　上海市松江区市场监督管理局佘山市场监督管理所所长
陈　容（女）　中共上海市松江区经济工作委员会副书记，上海市松江区经济委员会主任、商务委员会主任、投资促进服务中心主任
杨旗钢　上海华尔卡氟塑料制品有限公司职工
张建国　上海曼恒数字技术股份有限公司研发中心/引擎产品研发部经理
董春燕（女）　中共松江区永丰街道仓吉居民区党支部委员会书记
韩　向　上海新山田精密刀具有限公司技术部科长
程小磊（女）　上海沪工焊接集团股份有限公司焊接工艺组组长
杜春玲（女）　复旦大学附属中山医院青浦分院呼吸内科主任

蒋伟勇　上海市朱家角中学校长
徐皓卿　上海市青浦区文化市场行政执法大队职员
赵春慧(女)　上海淀山湖新城发展有限公司党群部经理、工会副主席、纪委委员
马美君(女)　上海市青浦区工人文化宫主任、党支部书记
关立平　申通快递有限公司司机
黄爱明　上海德真工贸有限公司车间主任
张培丽(女)　上海奉贤钢管厂有限公司副总经理
薛晨红(女)　上海市奉贤区青溪中学教师
王文国　上海市奉贤区奉城商会秘书长
方　敏(女)　上海奉贤贤润水务建设有限公司支部委员
陈秀芳(女)　上海臻臣化妆品有限公司班组长
顾松兰(女)　上海市崇明区港西镇党委书记
严学生　上海天和制药机械有限公司技术开发部经理
陈士林　建设镇蟠南村村民委员会村支部书记、村主任
杨培忠　上海泰和经济发展区招商部经理
费哲为　新华医院崇明分院党委副书记、执行院长
许志平　上海电气电站设备有限公司上海电站辅机厂班组长
夏秋瑾(女)　上海三菱电梯有限公司扶梯管理部扶梯开发科科长
崔荣生　上海海立电器有限公司顾客与产品中心总经理
崔　伟　上海电气风电集团有限公司区域经理
张　明　上海电气电站设备有限公司上海发电机厂熔焊班班组长
赖春波　上海华谊(集团)公司技术中心集团技术专家/课题组
王乃葭(女)　上海印钞有限公司电气组组长
邵　奇　上海上药信谊药厂有限公司药物研究所吸入制剂研发总监
买买提艾力　上药控股有限公司国际总部总经理、上海医药进出口有限公司总经理
沈　冰　国网上海市电力公司电力科学研究院部门副主任
胡海敏　国网上海市电力公司市区供电公司班组长
褚炜樑　上海电力股份有限公司新能源管理主管
王　辉　上海电力安装第一工程有限公司项目经理
丁海绍　宝山钢铁股份有限公司机械设备技能大师
胡乐江　宝钢金属有限公司体系与管理改善总监
陶　钧　上海宝信软件股份有限公司高级技术总监
朱　俊　欧冶云商股份有限公司技术中心总经理助理
刘　欣　中冶宝钢技术服务有限公司副总经理,兼第四分公司党委书记、经理
方学军　上海宝冶集团有限公司副总工程师
刘燕飞　中国石化上海高桥石油化工有限公司 1#连续重整联合装置装置长
黄　勇　中国石化上海石油化工股份有限公司精细化工部主任师
李琦凤(女)　上海航天控制技术研究所操作工
朱士青　上海航天技术研究院型号总师(技术总负责人)
高振美(女)　江南造船(集团)有限责任公司班组长
赵立苏　上海外高桥造船有限公司电焊工
李建坡　沪东中华造船(集团)有限公司下属上海欣务工贸有限公司作业长
徐　剑　中船第九设计研究院工程有限公司项目经理
陈夏萍(女)　上海飞机制造有限公司检验高级技师
周良道　上海飞机设计研究院 C919 飞机副总设计师
李　峰　上海烟草集团有限责任公司上海卷烟厂三车间丙班值班长兼党支部书记
王　琼(女)　上汽大通汽车有限公司总监
王建峰　上海汽车集团股份有限公司乘用车分公司荣威品牌营销部总监
顾　丹　华域视觉科技(上海)有限公司产品设计部部长
李　育(女)　上海汽车变速器有限公司控制与标定部总监
马扎根　上汽大众汽车有限公司高级总监
吴志国　博世华域转向系统有限公司客户质量服务与返工
林　刚　上海漕河泾新兴技术开发区发展总公司海宁分区副总经理
葛乃成　国家电网公司华东分部科长
李　琛　上海集成电路研发中心有限公司副部长
马　浩　华能国际电力股份有限公司上海石洞口第一电厂检修部热控专业专工
张　俊　上海化学工业区技术咨询有限公司副总经理、党支部书记、工会主席
伊　欣(女)　国药控股股份有限公司风险与运营管理部部长、工会经审会委员
徐　萍(女)　中国铁路上海局集团有限公司上海华铁旅客服务有限公司乘务分公司总经理
乔　成　中国铁路上海局集团有限公司上海高铁维修段宁杭高铁综合维修车间主任
计　磊　中国铁路上海局集团有限公司上海机务段沪宁第三指导组指导司机、“周恩来号”机车司机长
郭　斌　上海中远海运工程物流有限公司技术部经理
卢书亮　中远海运船员管理有限公司上海分公司船舶水手长
赵　龙　上海海勃物流软件有限公司软件三部经理
曹仪明　上海沪东集装箱码头有限公司设备主管
马阿翠(女)　上海浦江游览集团有限公司服务主任
陈　曼(女)　中国邮政集团公司上海市奉贤区分公司理财经理
刘渊明　中国移动通信集团上海有限公司网络部通信保障部经理

封　江　中国电信股份有限公司上海分公司南区电信局行业经理
曹建华　中国电信集团客服运营支撑中心产品研发经理
冷玉婵(女)　中国电信股份有限公司上海分公司移动互联网部首席销售
蔡　扬　号百信息服务有限公司产品经理
盛王森　交通运输部东海救助局船长
李　智　交通运输部上海打捞局船长
季　岚(女)　中交上海航道勘察设计研究院有限公司副总经理
薛冬永　中交三航局兴安基建筑工程有限公司项目经理
谭新宇　中国民用航空华东地区空中交通管理局空管中心带班主任
仇文君(女)　民航华东地区管理局主任科员
刘伟伟　中国东方航空股份有限公司运行控制中心飞机性能部副经理
梁桂红(女)　中国东方航空股份有限公司地面服务部派驻北京新机场地服筹备工作推进组行李小组长
孙文吉　上海航空有限公司飞行二部分部高级经理
陈琼怡(女)　中国东方航空股份有限公司销售委上海营业部客户体验中心党支部书记、高级副经理
谭　悦　上海机场(集团)有限公司虹桥国际机场公司建设管理部科长
顾　煜　上海市城乡建设和交通发展研究院交通所建设室室主任
张宝军　国核电站运行服务技术有限公司科技与技术研发部主任
王传存　上海振华港机重工有限公司工艺师
王文熙　上海市安装工程集团有限公司华南工程公司总经理党支部书记
姚燕飞　上海建工材料工程有限公司605号泵车车长
邹　锋　上海建工一建集团有限公司副总经济师、四川公司常务副总经理
扶新立　上海建工集团工程研究总院工程装备研究所副所长
孙锦伟　上海建工五建集团有限公司第三工程公司总经理、党总支副书记
沈　军　上海建工四建集团有限公司党委书记、董事长
阮欢欢　上海市航务管理处副站长
刘　苗　中石化海洋石油工程有限公司上海规划设计研究院物探所所长
彭　志　上海市林业总站副科长
文　勇(女)　上海现代建筑装饰环境设计研究院有限公司院总工程师
刁春晖　上海市供水调度监测中心科长
哈小平　中建八局第一建设有限公司总经理、党委副书记
惠乐怡　中国建筑第八工程局有限公司人力资源部经理
杜华瑞　中建八局第二建设有限公司基础设施公司副经理
向云国　中国建筑第八工程局有限公司上海分公司责任工程师
孟　强　中建八局东孚公司项目党支部书记
冯　辉　中建八局第三建设有限公司上海分公司分公司经理
于学刚　中建八局第四建设有限公司分公司经理
段　龙　上海大屯能源股份有限公司孔庄煤矿综采二队队长
许　可　东方证券股份有限公司系统研发总部总经理助理
黄贝宁　中国银行股份有限公司上海市分行杨浦支行个人金融部副主任
张　翼　中国人民财产保险股份有限公司上海市分公司海外业务部部门经理
徐　涛(女)　申万宏源证券有限公司上海黄浦区新昌路营业部副经理(主持工作)
卢亚迪(女)　上海农村商业银行股份有限公司零售行长助理
钱敬星　海通证券股份有限公司南京广州路证券营业部总经理
魏　刚　上海证券交易所发行上市服务中心总经理
戎　瑛(女)　中国民生银行股份有限公司上海分行风险管理部总经理
苏　俊　国家税务总局上海市税务局主任科员
王晓琪　上海市劳动保障监察总队支队长、一级主办
王　建　上海市动物疫病预防控制中心诊断中心副主任
黄　忠　中国科学院上海巴斯德研究所研究组长
陈海鹏　上海市科学技术委员会基础研究处处长
邱锦波　中煤科工集团上海有限公司电气副总工程师、电气研究所所长
李国娟(女)　上海应用技术大学马克思主义学院院长、人事处处长、教师工作部部长
熊　斌　华东师范大学教师
杜文莉(女)　华东理工大学院长
傅　欣　上海师范大学基础教育发展中心常务副主任
戴小杰　上海海洋大学渔业资源系教授
张　荻　上海交通大学金属基复合材料国家重点实验室主任
夏术阶　上海市第一人民医院副院长、泌尿外科中心主任、博导
马　雄　上海交通大学医学院附属仁济医院科副主任、副所长
吴焕淦　上海中医药大学附属岳阳中西医结合医院针灸经络研究所所长
虞先濬　复旦大学附属肿瘤医院胰腺外科主任,上海市/复旦大学胰腺肿瘤研究所所长

靳令经 上海市同济医院神经内科副主任
潘高峰 新民晚报社特聘首席记者
张 裕 文汇报社《文汇读书周报》主编
陈 杰 上海博物馆考古研究部主任
张利明 上海嘉定东方有线网络有限公司副总经理
黄 晋 上海东方明珠广播电视塔有限公司总经理
金永明 上海社会科学院法学研究所比较法研究室主任、研究员
居文君(女) 上海棋院(上海市棋牌运动管理中心)国际象棋运动员
宋归月(女) 号百控股股份有限公司翼集分电子商务(上海)有限公司部门总监
梁澎涛 中机国能电力工程有限公司副总工
张 猛 中国石油天然气股份有限公司上海销售分公司加油站经理
谭淑英(女) 上海航空电器有限公司工人
瞿 峰 惠氏营养品(中国)有限公司总裁
徐伯军 上海开创远洋渔业有限公司船长
刘振民 光明乳业股份有限公司研究院主任
吴梦秋 上海蔬菜(集团)有限公司党委书记、董事长、总裁
诸伟琦 光明食品集团上海置地有限公司工程部总经理
许培培(女) 上海市宝兴殡仪馆化妆组副组长
许 冬 上海市五角场监狱副科长
任 强 上海锦江汽车销售服务有限公司技术经理
马浩成 上海和平饭店有限公司厨师长
陈 轶(女) 上海兴国宾馆房务部总监
钱春梅(女) 上海大厦团委副书记、餐饮部 17 楼宴会厅领班
刘哲昕 中国浦东干部学院法律与人文综合教研部主任
魏云寺 上海海关后勤管理中心职工
马 屹 上海国际经济贸易仲裁委员会(上海国际仲裁中心)秘书长
陈 东 上海市夏阳强制隔离戒毒所副大队长
史玉金 上海市地质调查研究院地质环境研究所所长
陆 蕙(女) 上海新华联大厦有限公司主管
叶 菁(女) 上海三联(集团)有限公司车间主任
郑晓斌 上海地铁维护保障有限公司供电分公司班组长
吴东鹏 上海轨道交通十四号线发展有限公司项目经理四部经理
张胜昔 上海强生市北出租汽车有限公司驾驶员
徐 超 上海巴士第四公共交通有限公司驾驶员
樊森林 上海巴士第四公共交通有限公司驾驶员
董雅串 上海强生物业有限公司久事商务大厦管理中心副主任
张美兰(女) 上海老港废弃物处置有限公司科信部经理
张 辰 上海城投置地(集团)有限公司副总经理
姚 杰 上海城投污水处理有限公司总经理
张国祥 上海吴淞煤气制气有限公司班组长
吕勇根 上海申能临港燃机发电有限公司机械点检长
邹孟奇 上海电器科学研究所(集团)有限公司党委书记
付昌飞 上海市纺织科学研究院有限公司技术研发中心技术研发部副经理
王广志 隧道股份上海隧道地基基础工程有限公司项目经理
齐明山 隧道股份城建设计集团轨道院副总工
史志东 上海地产三林滨江生态建设有限公司部门经理
高雪峰 上海东浩兰生国际物流有限公司项目经理
蔡俊靓 中国联合网络通信有限公司上海市分公司银行行业销售中心首席客户经理
张文新 中建三局第一建设工程有限责任公司华东公司金茂事业部经理
王 麟 上海临港产业区经济发展有限公司副总经理
杨 丽(女) 上海南院实业发展有限公司总经理助理
金 鑫 上海市公安局特警总队防暴突击一支队副大队长
侯晓文 上海市公安局出入境管理局副处长
武敏刚 绿地控股集团有限公司江西事业部总经理助理
黄国勤 上海国际主题乐园有限公司游艺设施工程服务团队经理
林 斌 上海影城有限公司放映技术副经理
俞晓燕(女) 中国光大银行股份有限公司上海分行理财经理
谭春乐 五冶集团上海有限公司华东分公司营销副经理
王 寅 上海化工研究院有限公司检测中心副总工程师
郑名川 上海朵云轩艺术发展有限公司朵云轩木版水印中心主任
黄 莺(女) 中国福利会幼儿园副园长
毛 伟 上海国盛集团仁源企业管理有限公司副总裁

2019 年上海市工人先锋号(335 个)

陆家嘴金融贸易区党建服务中心
中国共产党上海市浦东新区委员会办公室综合处
浦东新区环境监测站现场监测室
上海浦东新区金高公共交通有限公司浦东 32 路班组
上海市公安局浦东分局交警支队一大队世纪大道女警中队
上海新金桥建设发展有限公司金桥二标养护班组
克模塑胶(上海)有限公司制造部成型课作业组
上海欧姆龙控制电器有限公司 D2HW 开关班组
上海东振环保工程技术有限公司研发部
上海正阳投资集团有限公司金汇通航公司机务工程部

上海良信电器股份有限公司点焊班组
上海卫康光学眼镜有限公司护理液班组
上海红星美凯龙全球家居有限公司红星美凯龙浦东沪南店顾客服务部
上海赞瑞实业有限公司消防服新品样衣组
丰益(上海)生物技术研发中心有限公司家庭用油组
上海华强环保设备工程有限公司设计部
上海申利螺纹工具有限公司产品研发中心
上海浦东喜来登由由酒店洗衣房
上海航新航宇机械技术有限公司航空电气维修组
上海巨人网络科技有限公司巨人技术中心
马克华菲(上海)商业有限公司电子商务事业部
斯伯丁体育用品(中国)有限公司财务人事部
上海市徐汇区汇师小学数学教研组
星环信息科技(上海)有限公司分布式存储团队
上海新轻物业管理有限责任公司徐汇绿地缤纷城安保专项服务部
上海韩泰轮胎销售有限公司 PCLT HK 销售部
上海西岸开发(集团)有限公司规划管理部
上海乔家栅饮食食品发展有限公司非遗传人工作室(大木桥店)
上海和黄白猫有限公司技术中心产品研发团队
上海欧坊装饰设计有限公司工程部
史泰博(上海)有限公司资讯科技部
日立物流(中国)有限公司 FT 事业部北上海物流中心
上海服装集团置业有限公司物业管理部维修中心
上海素然服饰有限公司技术部
上海佰仁健康产业有限公司运营管理中心
上海盛旺雅洁环境管理有限公司管理部门
上海复宏汉霖生物技术股份有限公司 HLX-01 项目核心团队
华腾地毯有限公司上海分公司设计中心班组
上海天地软件创业园有限公司招商部班组
国家税务总局上海市普陀区税务局第二税务所
上海市普陀区就业促进中心开业指导服务中心
上海市虹口区嘉兴路街道社区卫生服务中心天宝路社区卫生服务站班组
上海众华律师事务所行政办公室
上海品欢文化传播有限公司文艺志愿者服务队
上海盈联电信科技有限公司技术研发班组
华太极光光电技术有限公司太赫兹工程化产品组
上海优景智能科技股份有限公司项目管理部
运和源健康管理(上海)有限公司为老服务班组
上海杨浦区延吉街道养老院护理小组
上海市社区体育协会指导部
佑肯人力资源(上海)有限公司百领服务组
杨浦区发展和改革委员会综合规划(改革)科
天域生态环境股份有限公司上海杨浦分公司苗木培育班组
上海兴桥盛物业有限公司卫百辛房屋维修平台一分中心维修班
上海复欣物业管理发展有限公司发展管理部
上海金外滩(集团)发展有限公司北京东路地区城市更新项目青年突击队
上海明华物业管理有限公司磁浮列车管理处
恒源祥(集团)有限公司亿人善衣项目组
欧姆龙健康医疗(中国)有限公司上海分公司电商事业本部
王子制纸妮飘(苏州)有限公司上海分公司纸尿裤事业部
上海信衡房地产估价有限公司评估二部
上海吉晨卫生后勤服务管理有限公司驻中山医院项目部
上海豫园商业发展集团有限公司营运管理部
上海市公安局静安分局出入境管理办公室
上海吉利翟然汽车设计有限公司上海造型设计中心数字化团队
上海嘉静门诊部护理部
上海蓝梦广告传播股份有限公司创意班组
静安区市场监督管理局共和新路市场监管所
上海王家沙餐饮股份有限公司王家沙总店一号柜
上海悦佳物业管理有限公司永和管理处
上海二工大柒立方科技管理有限公司运营班组
上海汉神机电股份有限公司电焊班
上海安畅网络科技股份有限公司解决方案中心
上海华军电力安装工程有限公司配网抢修班
上海申丝企业发展有限公司运营管理部
福然德股份有限公司上海宝山分公司落料线班组
上海市宝山区中西医结合医院急诊科
上海亨钧科技股份有限公司铁路信号科技创新组
上海华银日用品有限公司设备科
上海新闵重型锻造有限公司锻造班组
上海景铭建设发展有限公司新虹环卫清道班组
上海思源高压开关有限公司 ERT 应急小组
红星美凯龙家居集团股份有限公司招商管理中心增值服务部
上海十方生态园林股份有限公司事业一部
上海紫丹食品包装印刷有限公司制造部设备创新团队
中航华东光电(上海)有限公司许召辉智能语音研发团队
国家税务总局上海市闵行区税务局收入核算和税收经济分析科
上海永慈康复医院康复重症病区
上海七宝环卫综合服务有限公司清道清洁班
上海烟草集团闵行烟草糖酒有限公司金牌服务班组
上海市公安局闵行分局古美路派出所
上海嘉实(集团)有限公司总包工程部
南亚新材料科技股份有限公司运营处仓管部成品库
曼胡默尔滤清器(上海)有限公司进气歧管班组
上海市嘉定自来水有限公司嘉水热线
上海嘉定汽车客运场站管理有限公司太嘉线
上海市曹杨二中附属江桥实验中学史地教研组
上海市嘉定区拆除违法建筑工作领导小组办公室稽查科
上海市嘉定区农业信息服务中心宣传组
上海合全药业股份有限公司生产部 2-丁班
荣欣书院国学传播班组
上海皓月电气股份有限公司制造部

上海食品科技学校食品专业科
国家税务总局上海市金山区税务局纳税服务科
上海南翼包装有限公司制品车间
上海泽润绿化建设有限公司河道养护班组
上海亿山睦教育科技有限公司产品研发部
上海市松江区城市管理行政执法局执法大队广富林街道中队
上海华侨城投资发展有限公司欢乐谷旅游分公司艺术团
上海市公安局松江分局中山派出所
上海松江公共交通有限公司一车队虹桥枢纽10路
上海钜祥精密模具有限公司研发设计课
上海联景高分子材料有限公司聚氨酯部设备组
上海圣克赛斯液压机械有限公司研发部
上海市松江区婚姻登记管理所婚姻登记班组
上海泽胜复合材料有限公司上硅车间甲班
上海市松江区总工会“松江工会”微信工作团队
上海市松江区水务局河道管理科(河长办)
国基电子(上海)有限公司CPE生产部SMT301线
上海正伟印刷有限公司综印车间
上海新朋实业股份有限公司市场开发部
青浦区重固镇福定社区居民委员会社区垃圾分类推进办公室
上海福思特流体机械有限公司装配车间
上海天驽食品有限公司技术设备科
上海青翼建设工程有限公司运营管理中心
申雅密封件有限公司挤出丙班
上海奉贤园林绿化工程有限公司工程管理部
礼来(上海)动物保健有限公司销售部食品动物业务温氏团队
上海广隆金属有限公司生产管理二课
上海开伦造纸印刷集团有限公司财务部
伽蓝(集团)股份有限公司配制组
上海市奉贤区体育局竞技体育科
上海ABB安奕极电力元件有限公司FD生产线
上海腾辉锻造有限公司研发部
上海洋明塑料科技有限公司组装四组
上海市崇明区新闻传媒中心外宣和新媒体部
上海气动成套公司三分厂五金车间
上海阿勒法船舶设备有限公司技术科研小组
上海电气人力资源有限公司职工服务中心
上海电气上重铸锻有限公司冶铸分厂精炼炉班组
上海电气输配电试验中心有限公司220kV回路室
国家会展中心智慧景观照明改造工程班组
上海仪电楼宇科技有限公司创新事业部
上海仪电(集团)有限公司中央研究院i-stack智慧城市操作系统团队
上海氯碱化工股份有限公司技术中心Deacon班组
上海回力鞋业有限公司内贸部
上海造币有限公司机雕组
上海上药第一生化药业有限公司质量控制科
上海上药新亚药业有限公司技术中心研发项目组
上海上药中西制药有限公司制剂开发部
国网上海市电力公司浦东供电公司变电运维一班
国网上海市电力公司市南供电公司调控组
上海送变电工程有限公司输电施工分公司应急抢修一班
上海电力绿色能源有限公司前滩项目部
上海电力机械有限公司上海临港海上风电一期4.0MW风机塔架项目部
宝山钢铁股份有限公司炼钢厂一炼钢分厂连铸日班生产准备作业区
宝武炭材料科技有限公司宝山化产厂沥青焦作业区乙班
上海宝田新型建材有限公司立磨作业区
上海宝钢包装股份有限公司印铁分公司设备维护团队
宝钢资源控股(上海)有限公司合同管理操作手册编撰组
中冶宝钢技术服务有限公司宝钢协力生产分公司工业炉窑车间一中间包作业区
上海宝冶工业工程有限公司运转三车间厚板精整作业区
上海宝冶集团有限公司财务共享中心
中国石化上海石油化工股份有限公司烯烃部安全环保科
中国石化上海石油化工股份有限公司质量管理中心分析一车间
中铝上海铜业有限公司行政服务分公司安保大队乙班
上海航天智能装备有限公司实训班组
上海精密计量测试研究所筛选试验班组
上海船舶研究设计院设计二部电气科
沪东中华造船(集团)有限公司总装二部甲装作业区低温管焊接一组
中国商飞民用飞机试飞中心 试飞运行部 试飞工程师一中队
上海飞机设计研究院试验验证中心
上海烟草集团有限责任公司上海烟草储运公司原料物流二部保质组
上汽通用汽车整车装调技师工作室
上海柴油机股份有限公司R系列柴油机设计开发团队
华域三电汽车空调有限公司 电动压缩机开发科
延锋彼欧汽车外饰系统有限公司技术中心
上海漕河泾开发区赵巷新兴产业经济发展有限公司工程建设部
国家电网公司华东分部华东审计中心
上海华虹宏力半导体制造有限公司华虹二厂
华能上海石洞口第二电厂安全生产管理技术创新工作室
上海化学工业区医疗中心医疗保障部
国药控股国大复美大药房上海连锁有限公司民康店
中国铁路上海局集团有限公司上海通信段上海通信工区
中国铁路上海局集团有限公司上海货运中心杨浦经营部
中国铁路上海局集团有限公司上海车辆段动态检测设备维修班
中远海运资产经营管理有限公司中远海运大厦项目建设管理团队
中远海运能源运输股份有限公司“远大湖”轮
上港集团工程建设指挥部工程一部
上海外轮理货有限公司沪东理货部一班
上港集团振东集装箱码头分公司信息技术组
上港集团张华浜分公司门机修理组

上海长航海运发展有限公司长雄轮
上海交运起豪汽车销售服务有限公司售后班组
中国邮政集团公司上海市青浦区青浦镇邮政支局
上海邮电医院大健康医疗呵护工作团队
中国移动通信集团上海有限公司闵行分公司建设客响部
中国电信上海号百商云通产品班组
中国电信上海公司松江局新城分局
中国电信上海公司市场部营销策划管理处/品牌处
交通运输部东海救助局厦门救助基地应急救助队班组
交通运输部上海打捞局打捞业务处
中港疏浚有限公司新海虎4轮
中交上海港湾工程设计研究院有限公司中交港湾(上海)科技研究院
中国民用航空华东地区空中交通管理局技术保障中心技术支持室
上海龙华航空发展建设有限公司工程管理部
中国东方航空股份有限公司综合管理部职工服务中心
上海浦东国际机场货运站有限公司一期进港查询组“捷讯组”
上海机场建设指挥部浦东卫星厅工程部
上海霍克太平洋公务航空地面服务有限公司信服组
中华人民共和国洋山港海事局海区海巡执法大队班组
虹口区架空线入地和合杆整治联席会议办公室(虹口区建设管理委重大工程科)
上海川北物业有限公司马师傅便民服务队
中国船级社上海规范研究所船体结构室
上海市建筑科学研究院交通市政与勘测运维研究所
中铁上海工程局集团有限公司上海轨道交通15号线21标项目部
上海核工程研究设计院有限公司CAP1400自主化燃料组件研发团队
上海市建筑建材业市场管理总站建筑节能管理科
国核工程有限公司海阳项目部
上海外经集团控股有限公司厄立特里亚金矿项目部
上海建工七建集团有限公司上海天文馆项目部
上海市政工程设计研究总院(集团)有限公司松浦大桥大修工程项目经理部
上海市路政局王维凤道路规划设计创新工作室
中石化海洋石油工程有限公司上海船舶分公司“勘探312”轮班组
上海市市容景观事务中心户外广告科
上海申元岩土工程有限公司勘察分院
莱芜莱新铁矿有限责任公司防治水工区机电维修班
上海市水务局执法总队(中国海监上海市总队)一支队
中建八局亚运三馆项目部
中建八局埃及新首都中央商务区项目部
上海大屯能源股份有限公司选煤中心大屯厂选煤车间
上海大屯能源股份有限公司徐庄煤矿采煤一队张广兴班
中国票据交易系统项目组
上海浦东发展银行宝山支行
国泰君安证券上海江苏路营业部
中国工商银行上海市虹口支行营业厅
中国建设银行上海市分行虹桥会展支行
中国银联信息总中心
国家税务总局上海市税务局第三税务分局税源管理一科
上海市社会保险事业管理中心金山分中心审核科
上海市农业科学院抗病优质特色瓜菜新品种选育团队
中科院上海药物研究所上海中药现代化研究中心
电子科技集团公司第二十一研究所电机事业部设计研究室
复旦大学医学表观遗传学与分子代谢团队
上海理工大学工程热物理研究所
同济大学钢与轻型结构研究室
上海海事大学上海国际航运研究中心
上海中医药大学人体解剖学教研室
上海交通大学医学院附属第九人民医院 口腔颌面头颈肿瘤科
复旦大学附属眼耳鼻喉科医院麻醉科
上海市血液中心检验部
上海市疾病预防控制中心环境职业场所卫生评价科
上海市第六人民医院超声医学科
上海中医药大学附属龙华医院上海工匠陆金根中医肛肠团队
上海当纳利印刷有限公司节能减排环保项目小组
上海新华传媒连锁有限公司上海书城五角场店
上海新闻出版职业技术学校财务科
上观编辑中心
新华通讯社上海分社总编室
上海市旅游质量监督所综合业务科
看东方(上海)传媒有限公司 融媒体中心时政报道组
上海东方娱乐传媒集团有限公司《我们在行动》项目组
上海社会科学院社会科学报社
上海市竞技体育训练管理中心女子篮球队
上海市信息管线有限公司架空线入地项目组
中国石化销售股份有限公司上海石油分公司浦东凯隆第29加油站
上海现代制药股份有限公司上海事业部固体制剂一车间
上海东湖机械厂光电火控修理车间
上海开创远洋渔业有限公司LOMALO轮
上海良友新港储运有限公司设备信息部港机维修班
上海市上海农场上农种植事业部农机部
上海市救助管理二站救助甄别科
上海市新收犯监狱三监区
上海锦江外事汽车公司国宾主车手班组
上海静安昆仑大酒店有限公司宴会服务班组
上海虹桥迎宾馆机关服务部班组
上海衡山汽车服务有限公司接待分公司
上海市国资委企业改革处
上海市人民检察院第三分院(铁检分院)公诉处
上海市政府办公厅电子政务办公室
上海市商务委员会市场秩序管理处
上海图书馆文献保护修复部
财政部驻上海市财政监察专员办事处业务一处
长三角环境气象预报预警中心预报预警科

国家统计局上海调查总队分析研究处
生态环境部华东核与辐射安全监督站辐射安全处
上海市邮政管理局申诉中心
上海联华快客便利有限公司新港店班组
百联集团财务有限责任公司营业部
中共百联集团有限公司委员会党校培训二部
好美家装潢建材有限公司斜土路体验店
上海地铁第四运营有限公司12号线管理部汉中路站
上海市隧道工程轨道交通设计研究院技术研发中心BIM技术应用研究所
上海现代交通建设发展有限公司变配电车间
上海强生集团汽车修理有限公司花茂飞上海市技能大师工作室
上海水域环境发展有限公司外滩景观班组
上海城投原水有限公司金泽水库管理分公司金泽泵站
上海北横通道工程建设现场指挥部
上海迅翔水利工程有限公司蕰藻浜项目部
上海城投公路投资(集团)有限公司第一事业部第一现场指挥部
上海环境工程技术有限公司工程建设中心
上海东飞环境工程服务有限公司浦东启明保洁班组
上海市市政规划设计研究院有限公司研发中心
上海天然气管网有限公司输配管理部巡线三组
东方证券股份有限公司上海杨浦区长阳路证券营业部
上海电科智能系统股份有限公司智能交通事业部
上海新联纺进出口有限公司进口部
东方国际集团上海市对外贸易有限公司业务一部
隧道股份路桥集团道路工程公司
隧道股份城建水务市政事业部
隧道股份第一管线市南分公司
隧道股份上海地空防护设备有限公司技术部
上海中星集团申城物业有限公司复旦大学南区项目物业服务中心班组
东浩兰生集团上海工业商务展览有限公司机器人展部
中国联合网络通信有限公司上海市青浦分公司
中建三局第三建设工程有限责任公司(沪)中骏天悦项目
上海新世纪房产服务有限公司洋山深水港区物业管理处
临港集团规划设计管理中心
上海市公安局刑侦总队打击“套路贷”突击队
上海市公安局智慧公安办数据警察组
上海长江资产经营有限公司不动产管理项目组
上海绿地龙翔置业有限公司虹桥世界中心项目
上海国际旅游度假区置业有限公司横沔项目团队
上海申迪园林投资建设有限公司世博文化项目部班组
上海世博城市最佳实践区商务有限公司园区招商及运维团队
上海影城营运管理部
中国银行上海市分行公司金融部项目实施团队
太平金融科技服务(上海)有限公司客户联系中心
上海东方怡动信息技术有限公司班组
上海东方数字社区发展有限公司宝山嘉定班组
上海化工研究院有限公司稳定性同位素研究所碳13组
上海商务数码图像技术有限公司数字化项目班组
中国福利会托儿所保教组
上海市计量测试技术研究院电子与电气计量技术研究所
上海市消费者投诉举报中心

第45届世界技能大赛上海获奖选手及相关个人、团队即时表彰

上海市五一劳动奖章(1个)

徐澳门　　车身修理项目金牌选手

上海市工人先锋号(12个)

网站设计与开发项目技术指导专家团队
健康和社会照护项目技术指导专家团队
网络安全项目技术指导专家团队
网络安全和网络系统管理项目在沪中国集训基地保障团队
健康和社会照护项目在沪中国集训基地保障团队
酒店接待和商务软件解决方案项目在沪中国集训基地保障团队
机电一体化项目在沪中国集训基地保障团队
商品展示技术项目在沪中国集训基地保障团队
烹饪(西餐)项目在沪中国集训基地保障团队
精细木工项目在沪中国集训基地保障团队
原型制作项目在沪中国集训基地保障团队
化学实验室技术项目在沪中国集训基地保障团队

第二届“凝心聚力进博会、建功立业创一流”立功竞赛专项表彰

上海市五一劳动奖状(30个)

上海市闵行区经济委员会
上海市青浦区徐泾镇人民政府
上海市青浦区市场监督管理局
国网上海市电力公司调度控制中心
中国邮政集团公司上海市青浦区分公司
中国移动通信集团上海有限公司政企客户部
中国电信股份有限公司上海分公司网络发展部/重大项目办公室
中国东方航空股份有限公司地面服务部
上海机场贵宾服务有限公司
中华人民共和国黄浦海事局
上海驿动汽车服务有限公司
上海市交通委员会交通指挥中心
上海中建东孚资产管理有限公司
上海市精神卫生中心
新闻报社
上海市非物质文化遗产保护中心(上海市群众艺术馆)
上海文广实业有限公司
上海和平饭店有限公司
上海东湖汽车服务公司(中宾车队)
上海国际贵都大饭店有限公司

上海市财政专项资金评审中心(上海市农业综合开发评审中心)
上海市食品药品检验所
上海海关工业品与原材料检测技术中心
上海地铁第二运营有限公司
上海巴士第三公共交通有限公司
隧道股份城市运营上海浦江桥隧运营管理有限公司
上海外经贸商务展览有限公司
上海市公安局黄浦分局
上海市公安局交警总队
上海市闵行区建设和管理委员会

上海市五一劳动奖章(43个)

曲 峥(女)	上海市闵行区人民政府新虹街道办事处党工委书记、人大工委主任
王 勇	上海市嘉定区城市管理行政执法局勤务督察科科长
车 鸣(女)	上海市青浦区城市管理行政执法局执法大队机动中队副队长
姚银根	上海市青浦区绿化管理所副所长
陆春辉	上海市公安局青浦分局交警支队二大队大队长
陈超杰	国网上海市电力公司青浦供电公司副总经理
郝景贤	上海汽车集团股份有限公司商用车技术中心主任
张 伟	中国铁路上海局集团有限公司副主任
姜姚瑶(女)	中国电信集团有限公司上海分公司网络运行部负责人
沈绮华(女)	中国东方航空股份有限公司客舱服务部乘务五部示范组大组长
胡稚鸿	上海国际机场股份有限公司总经理
马新燕(女)	上海机场(集团)有限公司虹桥国际机场公司机电信息保障部技术支持部经理
张士俊	上海市城市管理行政执法局二级主任科员
刘亚涛	上海建工集团股份有限公司项目经理
韩文东	上海中建东孚投资发展有限公司党委书记、董事长
蔡艳艳(女)	中国太平洋保险(集团)股份有限公司集团团委书记、进博会项目组长
李 涛	上海市医疗急救中心医师
赵 诣(女)	上海市卫生健康委员会一级主任科员
高慧娟(女)	锦江国际酒店管理有限公司运营副总监
周立新	上海西郊宾馆餐饮部经理
王晓梅(女)	上海衡山汽车服务有限公司接待分公司支部书记、经理
赵 禹	上海锦勤汽车服务有限公司总经理
段玉森	上海市环境监测中心科长
刘水清(女)	上海市人民政府外事办公室副处长
朱 敏(女)	上海出入境边防检查总站上海机场边检站一队二级警长
冯 楠	国家会展中心(上海)有限责任公司会议中心总经理
沈伟涛	上海市市场监督管理局专员一级调研员
鲍逸明	公安部第三研究所常务副主任
陈刘栋	上海市青年志愿者行动指导中心事业单位干部
陆勇峰	上海市人民政府合作交流办公室交流一处处长
郁俊雷	上海强生控股股份有限公司第一分公司驾驶员
张 军	上海老港废弃物处置有限公司运营管理部经理
胡绍有	隧道股份路桥集团朱建路(青浦闵行区界~规划开兴路)道路改建工程项目书记兼项目经理
应 岚(女)	上海东浩兰生集团进口商品展销中心有限公司副总经理
黄 俊	上海市公安局黄浦分局交警支队一大队民警
沈海燕(女)	上海市公安局治安总队处长
何 骜	上海市公安局静安分局上海站地区治安派出所民警
陈 宇	上海世纪朵云文化发展有限公司营运总监
孙海跃	中共上海市委对外宣传办公室一级主任科员
张 诚	上海市青浦区重大项目建设办公室副主任
石小平	上海市商务委员会进博会协调处处长
罗志松	上海市商务委员会外事处处长
金险峰	上海市消防救援总队特勤支队支队长

上海市工人先锋号(30个)

上海市公安局闵行分局虹桥综合交通枢纽广场治安派出所
上海市消防救援总队青浦区支队核心区安保团队
上海市青浦区徐泾镇城市网格化综合管理中心会展网格小组
国网上海市电力公司设备管理部
2019上汽大通进博会保障突击队
中国铁路上海局集团有限公司上海站虹桥车间
中国电信上海公司网络操作维护中心传输网络维护分中心
中国东方航空股份有限公司运控中心运行经理部
上海园林(集团)有限公司申字形高架沿口(悬挂)绿化整治工程项目班组
中建八局蟠中路南侧28-02地块商办项目部
锦江汽车公司“进博会”服务接待团组
上海大厦客房部VIP管家服务班组
上海市国家安全局技保人民防线工作组
上海市经济和信息化委员会频率管理处
国家会展中心(上海)有限责任公司安保部
中共上海市委办公厅联络处
上海市测绘院中国国际进口博览会地图服务项目组

上海市市场监督管理局机关进博保障组(办公室)
上海市人民政府外事办公室进博会外事活动保障组宴会组
上海出入境边防检查总站上海机场出入境边防检查站九队
中华人民共和国上海会展中心海关
市政府合作交流办公室交流二处
上海地铁维护保障有限公司供电分公司触网检修二部
上海新联谊大厦有限公司酒店管理分公司礼宾部班组
上海市公安局城市轨道和公交总队人民广场站治安派出所
上海市政府新闻办公室新闻发布处
中共上海市委网络安全和信息化委员会办公室网络新闻信息传播处
上海市商务委员会服务进博综合组
上海市商务委员会服务进博上海交易团秘书组
上海市商务委员会服务进博餐饮组

“聚力新科技　奋进新时代”加快科创中心建设主题立功竞赛专项表彰

上海市五一劳动奖状(10个)

中国科学院上海应用物理研究所
上海微创心脉医疗科技股份有限公司
西门子实验系统(上海)有限公司
中芯国际集成电路制造(上海)有限公司
上海张江药谷公共服务平台有限公司
国网上海能源互联网研究院有限公司
上海华力集成电路制造有限公司
中国科学院上海光学精密机械研究所
同济大学建筑设计研究院(集团)有限公司
中国科学院上海高等研究院

上海市五一劳动奖章(43个)

赵　海　中芯国际集成电路制造(上海)有限公司技术专家
李宗海　科济生物医药(上海)有限公司首席科学官
郭新军　上海复宏汉霖生物技术股份有限公司高级副总裁、董事会秘书
王立辉　上海复旦微电子集团股份有限公司安全实验室主任
王　翌　上海流利说信息技术有限公司董事长兼首席执行官
雷淮刚　上海儒竞自动控制系统有限公司董事长
陈金培　千寻位置网络有限公司首席执行官
董　亮　上海复控华龙微系统技术有限公司北斗产品线负责人、副总经理
左彦飞　上海衡道医学病理诊断中心有限公司医疗大数据与人工智能研发中心总裁
高耀宗　上海联影医疗科技有限公司人工智能研发副总裁
李建国　上海邦邦机器人有限公司总经理
唐　健　上海电气燃气轮机有限公司副部长
刘　超　上海仪电(集团)有限公司中央研究院技术总监
吴光昊　上海交联药物研发有限公司副总经理
高　崎　上海上药杏灵科技药业股份有限公司副总经理
毕德忠　上海信谊天平药业有限公司副总经理
万铁伦　国网上海市电力公司浦东供电公司专业工程师
汪顺利　上海飞机制造有限公司航空制造技术研究所党总支部副书记、副所长
关天鹏　上海市华力集成电路制造有限公司部长助理
曹子贵　上海华虹宏力半导体制造有限公司高级工程师
顾学强　上海集成电路研发中心有限公司部长助理
胡　苹(女)　中国科学院分子细胞科学卓越创新中心(生物化学与细胞生物学研究所)研究员、党支部书记
殷　非　中国船舶重工集团公司第七〇四研究所动力推进部副主任工程师
沈其林　中国电子科技集团公司第五十研究所科技处副处长
黄伟光　中国科学院上海高等研究院副院长
魏　星　中国科学院上海微系统与信息技术研究所研究员
夏　寒　上海市疾病预防控制中心信息所副所长
王利新　复旦大学附属中山医院血管外科主任医师,硕士生导师
徐亚伟　上海市第十人民医院心脏中心主任、同济大学医学院泛血管病研究所所长
何学红　上海集成电路研发中心有限公司模拟IC工程师
戴绍宾　上海华虹宏力半导体制造有限公司科长
吴子奇　上海贝岭股份有限公司版图设计主任工程师
李　晋　上海控创信息技术股份有限公司研发部经理
魏贤杰　上海曼恒数字技术股份有限公司资深技术架构师
陈方明　博雷顿科技有限公司总经理
史鸣奇　上海推进科技创新中心建设办公室二级主任科员
何志颖　上海市东方医院执行所长
康晓旭　上海集成电路研发中心有限公司技术研发部高级工程师
张　卫　复旦大学微电子学院教授
杨帮华(女)　上海大学机电工程与自动化学院研究员
林　伟　复旦大学数学学院教授、类脑人工智能科学与技术研究院副院长
许家佗　上海中医药大学教授、基础医学院院长

丁奎岭　　上海交通大学党委常委、常务副校长

上海市工人先锋号(55 个)
中芯国际集成电路制造(上海)有限公司南方特殊工艺技术研发处
中微半导体设备(上海)股份有限公司高端等离子刻蚀设备技术研发团队
上海思岚科技有限公司机器人平台及解决方案产品事业部
上海安必生制药技术有限公司孟鲁司特钠项目组
博动医学影像科技(上海)有限公司冠脉定量血流分析系统项目团队
优刻得科技股份有限公司数据安全流通平台(UCloud 安全屋)项目团队
上海勘察设计研究院(集团)有限公司人工智能的地铁隧道病害识别与大数据分析预警研究团队
上海道客网络科技有限公司航海家卓越技术研发部
上海阿为特精密机械股份有限公司技术中心
基因科技(上海)股份有限公司基因检测与分析班组
上海联影医疗科技有限公司分子影像物理算法团队
上海新傲科技股份有限公司射频 SOI 晶圆研发项目组
上海仪电(集团)有限公司中央研究院"汇享福"智慧医疗项目团队
上海三维生物技术有限公司细胞与病毒培养技术研究班组
上海上药信谊药厂有限公司经口吸入氟利昂替代定量气雾剂研究项目组
上海医药集团股份有限公司中央研究院靶向小分子抗肿瘤药物研发团队
赛可智能科技(上海)有限公司赛可智能深度决策团队
上海华虹宏力半导体制造有限公司深沟槽型超级结技术开发团队
上海华虹宏力半导体制造有限公司 90 纳米嵌入式闪存团队
上海华力微电子有限公司集成电路智能智造系统-缺陷与潜在良率失效的智能追溯团队
上海华力集成电路制造有限公司先进工艺平台上的核心 IP 开发团队
上海华力集成电路制造有限公司 28 纳米先进工艺良率提升工程班组
上海华力微电子有限公司 55SONOS 产品研发及量产班组
上海集成电路研发中心有限公司 AIFab 项目组
中国科学院上海药物研究所、上海绿谷制药有限公司治疗阿尔茨海默病新药—九期一("甘露特钠胶囊",代号 GV-971)研发团队
上海市生物医药科技产业促进中心(上海新药研究开发中心)上海市生物医药产业技术功能型平台
中国科学院上海微系统与信息技术研究所仿生视觉创新团队
中国科学院微小卫星创新研究院北斗导航卫星研制团队
中国科学院上海药物研究所药物化学研究室杨春皓课题组
中国科学院分子细胞科学卓越创新中心(生物化学与细胞生物学研究所)人类干细胞定向分化及胰腺肝脏组织体外再造研究组
中国科学院分子植物科学卓越创新中心/植物生理生态研究所植物抗病信号转导与水稻功能基因组学研究组
上海交通大学人工智能研究院
同济大学上海自主智能无人系统中心平台建设团队
上海理工大学食品质量与安全研究所谷物加工与营养团队
上海大学机电工程与自动化学院智能农机装备与机器人技术团队
上海交大智邦科技有限公司
华东理工大学脑机接口及控制班组
复旦大学智能抗肿瘤药物班组
复旦大学附属华山医院门诊部
复旦大学附属中山医院周平红内镜中心创新工作室护理组
上海交通大学医学院附属第九人民医院骨科
上海市肺科医院呼吸三科
上海市第十人民医院放射科
上海上实龙创智慧能源科技股份有限公司技研中心
上海申铁信息工程有限公司研发中心
中国电信股份有限公司上海分公司信息网络部产品创新处
上海地铁维护保障有限公司通号分公司网络中央维护部
上海市数字证书认证中心有限公司政务业务中心
上海雄捷医疗器械有限公司技术研发部
上海君实生物工程有限公司 JS001 项目核心团队
上海新昇半导体科技有限公司 40-28nm 项目 02 小组
上海观安信息技术股份有限公司人工智能团队
上海市基础工程集团有限公司硬 X 射线自由电子激光装置建安总体 1、3 标项目部
上海推进科技创新中心建设办公室行政审批处
上海市财政局行政政法处

首届中国长三角地区职工劳动技能创新立功竞赛专项表彰

上海市五一劳动奖状(1 个)
上海中建城市发展投资有限公司

上海市五一劳动奖章(2 个)
朱绍光　　上海飞奥燃气设备有限公司总经理
邱　凌(女)　上海市财政局预算处一级主任科员

上海市工人先锋号(4 个)
国家税务总局上海市青浦区税务局第一税务所
华东送变电工程有限公司无锡华虹项目班组
中冶宝钢技术服务有限公司第二分公司高广志工作室班组
中交三航局第三工程有限公司苏锡常南部高速公路 CX-WX2 标项目部

上海市科学技术进步奖（工人农民组）专项表彰

上海市五一劳动奖章（2个）
熊朝林　上海阿为特精密机械股份有限公司工程部经理
徐　楠　国网上海市电力公司检修公司变电检修中心（检修基地）副主任

“碧水保卫战”劳动和技能竞赛专项表彰

上海市五一劳动奖状（4个）
上海市水文总站
上海市松江区水务局
上海市崇明区水务局（上海市崇明区海洋局）
上海市普陀区水务局

上海市五一劳动奖章（7个）
黄　震　上海万禾农业科技发展有限公司总经理
李培芳（女）　上海市长宁区河道管理所副所长兼党支部书记
李滢莹（女）　静安区河道水政管理所书记/所长
朱承寅　上海市金山区水务建设工程安全质量监督管理站副站长
孙晓峰　上海市水务规划设计研究院总工程师室主任
沈秀观　上海市徐汇区市政和水务管理中心书记、主任
金　明　上海极链网络科技有限公司董事长

上海市工人先锋号（6个）
上海市闵行区水务局行政审批科
上海市浦东新区排水管理所供水分所
上海市水务局执法总队（中国海监上海市总队）三支队
上海市奉贤区水文站水质科
上海新黄浦资产管理有限公司黄浦滨江管理处
上海市财政局农业处

第四届上海气象行业重要天气预报技能竞赛专项表彰

上海市五一劳动奖章（1个）
赵渊明　上海中心气象台（太湖流域气象中心）助理工程师

“户外职工爱心接力站”优秀管理成果评选活动专项表彰

上海市工人先锋号（4个）
上海市宝山区职工服务中心活动部
上海市静安区总工会职工援助服务中心项目服务部
上海市浦东新区职工援助服务中心职工服务科
上海市闵行区职工服务中心技能创新科

“五星级爱心妈咪小屋”管理团队评选活动专项表彰

上海市工人先锋号（6个）
中国银行上海市浦东开发区支行爱心妈咪小屋管理团队
上海市公共卫生临床中心爱心妈咪小屋管理团队
凯迪克大厦爱心妈咪小屋管理团队
霍尼韦尔（中国）有限公司爱心妈咪小屋管理团队
上海市第八人民医院“百雁”爱心妈咪小屋管理团队
上海新丸商业运营有限公司服务部

“聚焦精准发力　助推脱贫攻坚”劳动竞赛活动专项表彰

上海市五一劳动奖状（2个）
上海市对口支援新疆工作前方指挥部
上海市对口支援西藏干部联络组

上海市五一劳动奖章（9个）
权良余　上海市对口支援新疆工作前方指挥部干部人才组组长
倪　华　上海市对口支援新疆工作前方指挥部产业发展组副组长
张　彬　上海市对口支援新疆工作前方指挥部叶城分指挥部副指挥长
张　舟　上海市对口支援西藏干部联络组拉孜县卫生健康委副主任
怀向军　上海援滇干部联络组德宏州陇川县扶贫办副主任
宋　杰　上海援滇干部联络组普洱市景东县委常委、副县长
李国文　上海援黔干部联络组正安县委常委、副县长
陶兴国　上海援黔干部联络组赤水市委常委、副市长
周　磊　上海援万州干部联络小组重庆市万州区政府办公室副主任

上海市工人先锋号（8个）
上海市对口支援新疆工作前方指挥部联络保障组
上海市对口支援新疆工作前方指挥部泽普五中上海援疆教师工作队
上海市对口支援克拉玛依市前方指挥部
上海市对口支援西藏干部联络组定日小组
上海市对口支援西藏干部联络组萨迦小组
上海市对口支援果洛（青海）干部联络组
上海援滇干部联络组昆明市小组
上海援滇干部联络组大理州小组

2019年度上海市重点工程实事立功竞赛活动专项表彰

上海市五一劳动奖状(1个)
上海建工四建集团有限公司

上海市五一劳动奖章(6个)
沈　珉(女)　上海市住房和城乡建设管理委员会行政服务中心科长
刘　健　上海隧道轨道交通工程项目管理部总经理
李浩泉　上海公路桥梁(集团)有限公司项目经理
焦峰华　上海中建八局投资发展有限公司党委书记、副总经理
郑泉泉　上海晟允环保科技有限公司总工程师
方　浩　景裕恒(上海)建设有限公司技术总监

上海市工人先锋号(1个)
隧道股份上海隧道工程有限公司构件分公司

第九批“上海市劳模创新工作室”(48家)

戴志伟软件开发劳模创新工作室
徐敏企业注册许可劳模创新工作室
王承家居设计服务劳模创新工作室
张东平推进数字化学习劳模创新工作室
孙卫岳数字水利研究劳模创新工作室
张国樑房屋征收劳模创新工作室
蒋华云房屋应急维修劳模创新工作室
项明洁临床检验诊断劳模创新工作室
王时佳中式点心技艺劳模创新工作室
黄彩娣静安绿化艺术发展劳模创新工作室
张志龙高分子过滤材料劳模创新工作室
徐雅芳思辨性历史教学劳模创新工作室
杨桂生高性能新材料开发劳模创新工作室
胡振球环卫专用车技改劳模创新工作室
陈晓群警用装备研发劳模创新工作室
龚辉心血管介入技术劳模创新工作室
戚珊红锁定髓内钉瞄准技术劳模创新工作室
孙刚车用聚烯烃材料劳模创新工作室
宋林飞乡土课程研究劳模创新工作室
魏乐樵电化学仪器研发劳模创新工作室
苏伟不停电作业劳模创新工作室
高延峰特色主题装饰技术劳模创新工作室
张文军滤棒成型设备维修劳模创新工作室
纪丽伟内燃机技术劳模创新工作室
汪伟栋汽车焊装技术劳模创新工作室
陶建良大型养路机械劳模创新工作室
许力智能港口设备管理劳模创新工作室
丛中芹游船服务劳模创新工作室
陈兆波无线网络优化劳模创新工作室
夏显文工程测量技术劳模创新工作室
李增红电工技能劳模创新工作室
陈晓明数字化建筑施工劳模创新工作室
项天平品牌设计劳模创新工作室
张晓勇建筑工程科研管理劳模创新工作室
毛琦敏纳税服务劳模创新工作室
钱锋石化过程智能制造劳模创新工作室
赵东元先进功能材料劳模创新工作室
孙立军智能车路系统劳模创新工作室
杨国荣文化建设与话语体系劳模创新工作室
董绍明陶瓷基复合材料研发劳模创新工作室
张长青股骨坏死与软骨修复劳模创新工作室
宁光内分泌学研究劳模创新工作室
郁非4S服务劳模创新工作室
陆爱民保粮技术劳模创新工作室
徐黎明海派西点研发劳模创新工作室
王玉梅公交线路特色策划劳模创新工作室
马良物业精细化服务劳模创新工作室
杨戌雷污泥处理技术劳模创新工作室

2019年度“上海工匠”(共102人)

序号	系统	姓名	性别	单位
1	浦东新区	蔡丽妮	女	上海微创电生理医疗科技股份有限公司
2	浦东新区	顾庆华	男	上海浦江缆索股份有限公司
3	浦东新区	何冬梅	女	上海市浦东新区高桥镇文化服务中心
4	浦东新区	曾红林	男	中芯国际集成电路制造(上海)有限公司
5	徐汇区	周向争	男	普天轨道交通技术(上海)有限公司
6	杨浦区	胡玉娟	女	上海市杨浦职业技术学校
7	杨浦区	涂意辉	男	上海市杨浦区中心医院
8	黄浦区	赵　赟	男	上海申厦物业有限公司

续 表

序号	系统	姓名	性别	单位
9	黄浦区	张卫东	男	上海老凤祥有限公司
10	黄浦区	罗玉麟	男	上海老饭店
11	静安区	吴有伟	男	上海建筑装饰(集团)有限公司
12	静安区	吴灶发	男	上海尚凡玉舍工艺品有限公司
13	宝山区	张鹏举	男	美钻能源科技(上海)有限公司
14	宝山区	于相武	男	众宏(上海)自动化股份有限公司
15	宝山区	裴成凤	女	伊斯特伟斯(上海)金刚石模具有限公司
16	闵行区	潘阿锁	男	上海爱登堡电梯集团公司
17	闵行区	袁　野	男	袁野(上海)陶瓷科技有限公司
18	嘉定区	钱建宏	男	上海科世达一华阳汽车电器有限公司
19	金山区	郭秀玲	女	上海沙涓时装科技有限公司
20	金山区	沈云金	男	上海丁义兴食品股份有限公司
21	松江区	殷书伟	男	上海荟珍屋文化发展有限公司
22	青浦区	王　辉	男	上海青翼建设工程有限公司
23	奉贤区	何建忠	男	上海天阳钢管有限公司
24	奉贤区	王　平	男	上海德华国药制品有限公司
25	奉贤区	赵有中	男	上海康达化工新材料股份有限公司
26	崇明区	金伟国	男	崇明区东滩国家级鸟类自然保护区
27	机电	庄秋峰	男	上海电气电站设备有限公司上海汽轮机厂
28	机电	陈　勇	男	上海电气液压气动有限公司
29	化学	李　君	女	上海华谊新材料有限公司
30	纺织	陆育明	男	上海德福伦化纤有限公司
31	医药	丁金国	男	上海上药第一生化药业有限公司
32	电力工业	吴家华	男	国网上海市电力公司奉贤供电公司
33	电力工业	沈　冰	男	国网上海市电力公司电力科学研究院
34	宝武	陈　杰	男	宝山钢铁股份有限公司
35	宝武	杨建华	男	宝山钢铁股份有限公司炼钢厂
36	宝冶建设	彭　辉	男	上海宝冶冶金工程有限公司
37	石化股份	冯林明	男	中国石化上海石油化工股份有限公司腈纶部
38	航天	曹　毅	男	上海航天设备制造总厂有限公司
39	航天	宋华辉	男	上海卫星装备研究所
40	航天	顾　威	男	上海空间电源研究所

续 表

序号	系统	姓名	性别	单位
41	船舶	周蔚慈	女	沪东中华造船集团船舶配套设备公司船用管件厂
42	船舶	樊冬辉	男	上海外高桥造船有限公司
43	船舶	陈宜峰	男	江南造船(集团)有限责任公司
44	烟草	柳　捷	男	上海海烟物流发展有限公司
45	汽车	邵满良	男	上海汽车制动系统有限公司
46	汽车	严海桥	男	上汽大众汽车有限公司
47	汽车	夏　樑	男	上汽通用汽车有限公司
48	华虹	田　明	男	上海华力集成电路制造有限公司
49	港务	许　力	男	上港集团尚东分公司
50	移动通信	徐　健	男	中国移动通信集团上海公司信息系统运营部
51	电信	陈兆波	男	中国电信股份有限公司上海分公司
52	电信	邱莉娜	女	中国电信股份有限公司上海分公司
53	建设交通	林绍萱	男	上海核工程研究设计院有限公司
54	建设交通	张治宇	男	上海建科检验有限公司
55	建工集团	扶新立	男	上海建工集团工程研究总院
56	建工集团	万连环	男	上海建工材料工程有限公司湖州新开元公司
57	航道局	陈海英	女	中交上海航道勘察设计研究院有限公司
58	三航局	孟若轶	男	中交上海港湾工程设计研究院有限公司
59	海洋石油	陈忠华	男	中石化海洋石油工程有限公司上海钻井分公司
60	海洋石油	邓春林	男	中石化海洋石油工程有限公司上海船舶分公司
61	绿化局	朱彬彬	男	上海市林业总站
62	华建集团	范一飞	男	华东建筑集团股份有限公司上海建筑科创中心
63	中建八局	向云国	男	中建八局上海公司
64	中建八局	唐立宪	男	中建八局轨道交通建设有限公司
65	科技	单　毅	男	中国科学院上海微系统与信息技术研究所
66	科技	姜　锋	男	万达信息股份有限公司
67	医务	徐文东	男	复旦大学附属华山医院
68	医务	刘颖斌	男	上海交通大学医学院附属新华医院
69	医务	赵　强	男	上海交通大学医学院附属瑞金医院
70	医务	许剑民	男	复旦大学附属中山医院
71	医务	华克勤	女	复旦大学附属妇产科医院
72	医务	张陈平	男	上海交通大学医学院附属第九人民医院

续　表

序号	系统	姓名	性别	单位
73	医务	柴益民	男	上海市第六人民医院
74	医务	孙武权	男	上海中医药大学附属岳阳中西医结合医院
75	教育	华一志	男	上海音乐学院
76	世纪出版	万世琴	女	上海印刷技术研究所有限公司
77	世纪出版	郑名川	男	上海朵云轩集团有限公司
78	文广集团	谢渝熙	男	上海舞台技术研究所
79	经济信息化	花　荣	男	中国人民解放军四八〇五集团上海船厂
80	经济信息化	孙智君	男	中国航发上海商用航空发动机制造公司
81	经济信息化	李　俊	男	航空工业上海航空电器有限公司
82	光明集团	池　坚	男	上海种业(集团)有限公司
83	民政局	吕永兵	男	上海假肢厂有限公司
84	锦江集团	马浩成	男	上海和平饭店有限公司
85	东湖集团	俞冯兴	男	上海东湖宾馆
86	申通公司	林　宏	男	上海申通地铁集团有限公司轨道交通培训中心
87	城建投资	顾锦昕	男	上海老港废弃物处置有限公司
88	隧道股份	宋兴宝	男	上海隧道工程有限公司
89	隧道股份	宋　云	男	上海外高桥隧道机械有限公司
90	上海联通	姚赛彬	男	中国联合网络通信有限公司上海市分公司
91	商用飞机	陈夏萍	女	上海飞机制造有限公司
92	临港产业区	张在鹏	男	上海水利工程集团公司
93	市公安局	黄晓春	男	上海市公安局刑事侦查总队刑技中心照录像室
94	市农委	施永海	男	上海市水产研究所(上海市水产技术推广站)
95	电力工程行业协会	汪　强	男	华东送变电工程有限公司
96	电力工程行业协会	赵　斌	男	上海久隆电力(集团)有限公司
97	市场监督管理局	唐方东	男	上海市计量测试技术研究院
98	市场监督管理局	王继锋	男	上海市特种设备监督检验技术研究院
99	美容美发协会	卢晨明	男	上海迪爱克思美发技术咨询有限责任公司
100	插花花艺协会	刘成林	男	上海成林园艺设计有限公司
101	个人自荐	朱俊江	男	上海和黄药业有限公司
102	个人自荐	华国津	男	上海工艺美术职业学院

2019 年度“上海工匠”提名奖（共 10 人）

序号	系统	姓名	性别	单位
1	普陀区	金　晶	男	上海顺灏新材料科技股份有限公司
2	长宁区	韩爱军	男	上海置信电气非晶公司
3	申能集团	邵　良	男	上海液化天然气有限责任公司
4	中铝铜业	高　弘	女	中铝上海铜业有限公司工程建设分公司
5	电力建设	杨宇春	男	上海电力建筑工程有限公司
6	虹口区	胡智海	男	上海市中西医结合医院
7	个人自荐	李志华	男	民间针灸传承人
8	铁路局	沈　杰	男	中国铁路上海局集团有限公司上海机车检修段
9	上海机场	张　航	男	上海虹桥国际机场飞行区管理部
10	运输	丛中芹	女	上海浦江游览集团有限公司

2019 年度上海市科技进步奖（工人组）获奖项目

序号	推荐系统	完成人	身份	项目名称	完成单位	备注
1	宝武	金国平	高级技师	方坯连铸轻压下质量优化控制技术	中国宝武集团宝山钢铁股份有限公司	二等
2	航天	沈蔚松	技师	柱塞式管路接头的拆卸方法及拆卸工具	上海航天设备制造总厂有限公司	三等

2020上海工会年鉴

统　计

各区局(产业)工会基层组织数据一览表(一)

单位名称	基层工会	基层工会涵盖单位	职工	女性	农民工	工会会员	女性	农民工
	个	个	人	人	人	人	人	人
总计	**47919**	**178033**	**7364194**	**2819883**	**2340515**	**7057342**	**2720673**	**2185558**
浦东新区总工会	9120	21180	932311	398653	298803	876856	381309	255526
徐汇区总工会	1855	13096	298627	119509	83373	293637	117835	82247
长宁区总工会	1638	11657	222937	99059	66825	220721	98144	66445
普陀区总工会	1874	5685	159750	68856	65877	155406	67426	63553
虹口区总工会	1455	5733	119897	41999	18689	116424	40953	17932
杨浦区总工会	2101	11237	218950	88746	111743	213511	88040	110800
黄浦区总工会	2860	13463	318411	134844	85456	300336	126169	80370
静安区总工会	2429	10563	230929	109832	28870	224462	106129	28168
宝山区总工会	2143	14853	400087	145466	132200	381228	139464	126332
闵行区总工会	5370	14586	532015	235558	260909	516854	230626	254374
嘉定区总工会	3081	9745	408456	161177	129937	393683	155393	124370
金山区总工会	1758	11389	257549	113733	140274	250456	111249	137106
松江区总工会	2882	10274	363242	154139	170386	344530	146848	162704
青浦区总工会	2029	12525	362815	146900	160323	341429	138229	153138
奉贤区总工会	1930	3445	183575	79564	69104	174411	75634	63227
崇明区总工会	1136	2820	102681	46610	34543	96095	43332	31552
机电工会	143	143	43504	9028	2723	41679	8908	1396
仪表电子工会	66	66	13679	4550	1617	13407	4495	1593
化学工会	84	85	9836	2301	154	9781	2291	144
轻工工会	7	7	2761	795	0	2754	794	0
东方国际(纺织工会)	96	99	11486	4937	1050	11335	4872	1016
医药工会	69	70	20977	10452	651	19579	9607	641
电力公司工会	34	34	14681	3413	0	14681	3413	0
电力股份工会	20	23	6309	1001	0	6253	990	0
电力建设工会	10	10	2843	264	30	2711	248	13
宝武集团工会	146	155	49095	6731	0	49095	6731	0
中冶宝钢工会	13	13	20503	3084	15332	16656	2647	12402
上海宝冶集团工会	19	19	8073	1037	1525	8073	1037	1525
高桥石化工会	7	7	5177	1088	71	5177	1088	71

续 表

单位名称	基层工会	基层工会涵盖单位	职 工	女 性	农民工	工会会员	女 性	农民工
	个	个	人	人	人	人	人	人
上海石化工会	24	24	10765	2344	19	10765	2344	19
中铝铜业工会	7	7	504	84	0	504	84	0
航天局工会	34	35	19214	4992	797	18888	4933	625
船舶工会	19	19	72095	9858	43656	60112	8420	32043
商用飞机工会	11	11	14038	3935	77	13215	3822	71
烟草工会	10	10	7285	1684	195	7255	1684	195
汽车工业工会	49	49	113921	21524	15685	107635	20732	11787
华东电力工会	4	4	1531	415	0	1531	415	0
华虹工会	8	9	9388	2568	1467	9287	2554	1467
华源工会	2	2	32	8	0	32	8	0
华能工会	8	8	2347	448	0	2347	448	0
化学工业区工会	33	35	7249	1819	442	7071	1806	439
国药集团	20	20	6571	3636	668	5556	3189	496
铁路工会	35	35	34960	5076	3008	34492	4912	2697
中国远洋海运集团工会	73	75	21600	4143	434	21101	3983	367
国际港务工会	38	38	27137	3115	11980	27022	3103	11980
长江轮船工会	14	14	1018	328	97	975	327	97
运输工会	60	60	8619	1885	1981	7719	1543	1187
邮政工会	29	29	19334	6273	3110	18674	6248	2785
移动通信工会	1	1	8183	4060	204	8183	4060	204
电信集团工会	61	62	23744	9225	204	23731	9218	204
中国电信号百公司工会	2	2	307	140	0	307	140	0
东海救助局工会	10	10	975	70	0	726	67	0
打捞局工会	6	6	876	60	2	876	60	2
航道局工会	9	9	4650	438	1460	4647	436	1460
三航局工会	9	9	3687	587	0	3687	587	0
民航华东空管局工会	15	15	2162	516	0	2162	516	0
民航华东工会	8	8	3905	1971	59	3891	1969	45
东方航空工会	37	41	50358	16985	4146	49334	16664	4063
上海机场工会	45	45	22197	6544	2513	22067	6525	2513

续 表

单位名称	基层工会	基层工会涵盖单位	职工	女性	农民工	工会会员	女性	农民工
	个	个	人	人	人	人	人	人
海事局工会	22	22	2901	502	0	2876	482	0
建设和交通工会	70	70	81903	18330	4381	78955	17775	4286
建工集团工会	59	426	159138	12663	118831	158580	12579	118831
交通委员会工会	14	14	2022	756	0	2022	756	0
海洋石油工会	7	7	1632	220	300	1319	211	0
绿化工会	24	24	1709	797	0	1687	783	0
华东建筑集团工会	17	17	7241	3213	0	6999	3051	0
鲁中矿业工会	10	10	5052	751	365	4645	751	0
水务局工会	17	17	1222	444	0	1222	444	0
中建八局工会	26	445	225907	17643	182036	197332	13969	154399
大屯能源工会	16	16	14726	2788	0	14726	2788	0
金融工会	140	140	270056	140473	1438	265353	137871	1433
税务工会	13	13	1503	787	0	1503	787	0
人保局工会	15	15	2371	1342	0	2357	1332	0
市农委工会	27	27	3098	1401	362	2494	1075	244
科技工会	46	97	31557	11029	717	30394	10458	486
教育工会	85	85	93292	47438	17121	91099	46730	15701
医务工会	60	68	83334	58912	100	80781	58311	100
新闻出版工会	16	16	2924	1401	1827	2871	1388	1827
上海报业集团工会	29	29	5438	2388	184	5327	2362	184
新华社工会	1	1	173	99	0	173	99	0
文广影视局工会	27	31	1917	1024	1	1898	1015	1
上海广播电视台工会	70	77	16617	7486	357	16477	7416	357
社科院工会	22	22	782	401	0	780	400	0
体育局工会	22	22	1503	557	0	1493	555	0
经济和信息化系统工会	267	267	77619	31807	2392	74773	30123	1529
光明食品集团工会	255	464	53611	19310	8634	53514	19245	8581
民政局工会	53	54	4806	2681	290	4517	2495	232
监狱管理局工会	19	19	7004	1059	0	7004	1059	0
锦江集团工会	85	418	41874	17828	2069	41874	17828	2069

续　表

单位名称	基层工会	基层工会涵盖单位	职工	女性	农民工	工会会员	女性	农民工
	个	个	人	人	人	人	人	人
东湖集团工会	10	10	6073	2569	338	3898	1369	257
衡山集团工会	12	12	3157	685	214	2830	633	91
市级机关工会	333	333	50856	19006	1024	49043	18187	936
百联集团工会	123	123	26786	13861	2000	26786	13861	2000
申通集团工会	31	31	29322	6748	158	28390	6408	35
久事公司工会	61	73	56873	7420	1343	55926	6971	1089
上海城投(集团)有限公司工会	140	143	15684	4320	849	15570	4289	832
申能集团工会	48	48	16474	5258	7	16450	5247	7
电器科研所工会	8	8	1717	482	18	1625	443	17
上海隧道工程股份有限公司工会	108	118	36662	6714	16998	34318	6400	15640
地产集团工会	79	91	5930	2007	319	5432	1851	318
东浩兰生服务贸易集团工会	30	31	2643	1441	22	2574	1417	19
上海联通工会	1	1	2712	1081	0	2712	1081	0
通信管理局工会	2	2	88	29	0	88	29	0
上实集团工会	37	44	4254	1291	1043	3550	1078	660
上海临港产业区工会工作委员会	76	87	10401	2682	1287	10187	2549	1277
市公安局工会	1	1	11408	2628	0	11408	2628	0
国盛工会	31	36	1585	437	0	1552	426	0
绿地集团工会	14	14	4117	1588	1	3989	1549	1
申迪集团	11	13	11343	5914	88	11150	5833	84
世博发展集团	6	6	236	115	0	236	115	0
上海电影(集团)工会	26	56	2637	1156	200	2264	1035	119
中国金融工会上海工作委员会	31	31	19411	9771	114	16442	9427	114
上海东方网股份有限公司工会	3	3	924	652	43	923	652	43
中国五冶集团上海有限公司工会	8	8	2570	488	0	2570	488	0
上海化工研究院工会	1	1	939	322	0	939	322	0
上海世纪出版(集团)有限公司工会	47	51	3974	1967	310	3830	1915	303
中国福利会工会工作委员会	12	12	2098	1694	45	2095	1692	45
上海市市场监管工会工作委员会	27	27	4706	2058	0	4677	2043	0
上海诺基亚贝尔股份有限公司工会	12	12	5874	1912	20	5831	1899	20

各区局（产业）工会基层组织数据一览表（二）

单位名称	专职工会工作人员	女性	兼职工会工作人员	女性	本级工会建立女职工组织		本级工会女职工工作人员		建立经费审查委员会
					建立女职工委员会	仅设立女职工委员	专职	兼职	
	人	人	人	人	个	个	人	人	个
总计	**8182**	**3499**	**190497**	**96767**	**17821**	**25481**	**1301**	**75536**	**34079**
浦东新区总工会	1098	589	24056	13826	2013	6849	107	11435	6159
徐汇区总工会	339	142	6182	3241	764	784	55	2258	944
长宁区总工会	54	28	4656	2770	1218	412	12	1792	1638
普陀区总工会	270	124	4346	2316	320	1105	48	1858	790
虹口区总工会	96	65	5478	3381	405	843	8	2067	594
杨浦区总工会	133	66	7574	4427	963	1047	25	4650	1624
黄浦区总工会	109	60	9281	4563	1343	1406	25	4114	1633
静安区总工会	203	61	9047	5474	470	1581	25	4618	1744
宝山区总工会	85	43	16555	8012	899	1237	12	9405	2143
闵行区总工会	1233	55	18007	9473	2779	1892	18	7425	4210
嘉定区总工会	75	38	12618	5086	1356	1577	28	4083	2330
金山区总工会	117	68	6097	3009	875	744	42	2383	1530
松江区总工会	128	48	10666	4800	741	1618	10	3230	1502
青浦区总工会	144	48	5512	2481	673	1177	15	2142	1428
奉贤区总工会	180	96	6386	3068	770	766	56	2315	1428
崇明区总工会	141	62	2859	1423	252	563	20	1046	652
机电工会	88	38	1019	435	74	56	25	339	135
仪表电子工会	9	3	396	206	29	37	3	141	66
化学工会	56	24	323	161	29	46	12	144	75
轻工工会	17	7	79	36	3	3	4	27	7
东方国际（纺织工会）	23	15	386	212	45	46	8	177	95
医药工会	38	19	555	359	44	24	7	249	68
电力公司工会	120	52	261	104	25	8	27	105	34
电力股份工会	31	11	152	56	17	2	6	60	20
电力建设工会	14	6	77	19	6	4	2	24	10
宝武集团工会	156	58	954	408	122	23	29	316	143
中冶宝钢工会	0	0	123	39	7	3	0	38	1

续 表

单位名称	专职工会工作人员	女性	兼职工会工作人员	女性	本级工会建立女职工组织		本级工会女职工工作人员		建立经费审查委员会
					建立女职工委员会	仅设立女职工委员	专职	兼职	
	人	人	人	人	个	个	人	人	个
上海宝冶集团工会	18	6	180	46	13	6	4	35	19
高桥石化工会	21	13	77	27	4	3	0	16	7
上海石化工会	36	20	190	85	22	1	17	86	24
中铝铜业工会	0	0	12	5	0	5	0	5	0
航天局工会	70	40	464	255	21	9	23	150	34
船舶工会	41	21	521	131	13	5	4	82	18
商用飞机工会	49	30	454	195	7	3	9	44	10
烟草工会	44	26	97	57	10	0	8	52	10
汽车工业工会	176	94	1442	585	47	2	26	228	49
华东电力工会	11	6	27	13	3	1	2	11	4
华虹工会	1	1	159	89	5	2	0	30	8
华源工会	0	0	4	1	0	1	0	1	1
华能工会	6	4	66	24	5	3	2	24	8
化学工业区工会	0	0	191	97	12	18	0	74	24
国药集团	2	2	153	104	2	18	0	27	20
铁路工会	61	19	447	140	28	4	8	81	33
中国远洋海运集团工会	57	35	746	355	39	26	21	211	62
国际港务工会	80	34	271	104	28	10	9	65	38
长江轮船工会	5	1	59	27	10	4	1	24	13
运输工会	63	22	206	100	16	28	7	71	33
邮政工会	18	14	432	253	26	3	4	89	29
移动通信工会	17	14	40	19	1	0	0	29	1
电信集团工会	38	26	647	373	56	2	8	201	60
中国电信号百公司工会	1	0	20	11	1	1	0	4	2
东海救助局工会	0	0	58	17	0	5	0	11	9
打捞局工会	0	0	57	11	1	5	0	8	6
航道局工会	24	8	96	14	4	5	8	8	9
三航局工会	30	19	86	27	8	1	7	17	9

续 表

单位名称	专职工会工作人员	女性	兼职工会工作人员	女性	本级工会建立女职工组织		本级工会女职工工作人员		建立经费审查委员会
					建立女职工委员会	仅设立女职工委员	专职	兼职	
	人	人	人	人	个	个	人	人	个
民航华东空管局工会	7	4	108	41	12	3	1	39	4
民航华东工会	7	2	35	19	6	0	1	11	7
东方航空工会	109	63	351	188	19	13	14	111	32
上海机场工会	31	12	455	221	41	4	5	172	44
海事局工会	8	4	124	40	18	2	4	32	22
建设和交通工会	277	120	3320	1042	48	22	34	282	69
建工集团工会	120	49	1054	441	28	30	16	167	58
交通委员会工会	5	2	143	79	7	7	2	35	14
海洋石油工会	4	2	33	14	7	0	0	7	7
绿化工会	15	8	94	56	7	17	5	41	16
华东建筑集团工会	1	1	260	155	10	6	1	62	14
鲁中矿业工会	22	7	95	19	10	0	6	30	10
水务局工会	1	1	135	70	3	14	1	54	17
中建八局工会	87	41	1874	317	23	3	30	132	25
大屯能源工会	84	31	211	33	15	1	23	114	16
金融工会	180	110	3517	2083	71	60	39	629	126
税务工会	9	4	85	44	3	8	0	11	13
人保局工会	2	0	94	37	7	8	0	34	8
市农委工会	22	6	134	66	6	21	6	53	26
科技工会	23	17	738	359	23	21	4	178	44
教育工会	214	132	1783	938	59	23	50	575	77
医务工会	111	81	852	538	53	7	37	395	54
新闻出版工会	2	1	76	48	9	7	1	34	13
上海报业集团工会	8	5	210	106	11	16	2	48	21
新华社工会	0	0	10	3	1	0	0	3	1
文广影视局工会	3	3	123	66	4	21	1	45	16
上海广播电视台工会	24	15	598	367	13	42	5	167	61
社科院工会	0	0	73	37	12	9	0	35	7

续　表

单位名称	专职工会工作人员	女性	兼职工会工作人员	女性	本级工会建立女职工组织		本级工会女职工工作人员		建立经费审查委员会
					建立女职工委员会	仅设立女职工委员	专职	兼职	
	人	人	人	人	个	个	人	人	个
体育局工会	3	2	98	48	0	12	2	21	14
经济和信息化系统工会	95	51	2052	1047	90	111	16	534	220
光明食品集团工会	92	50	1021	556	63	185	24	454	255
民政局工会	12	9	258	160	16	31	3	97	30
监狱管理局工会	40	14	373	99	19	0	6	57	19
锦江集团工会	61	28	1087	551	35	49	9	164	85
东湖集团工会	2	1	51	25	6	4	1	15	9
衡山集团工会	6	0	78	42	2	9	0	37	12
市级机关工会	85	47	2190	1118	95	183	22	702	250
百联集团工会	131	53	547	341	66	51	29	195	123
申通集团工会	25	14	219	117	18	11	4	82	31
久事公司工会	67	32	393	170	29	25	14	131	61
上海城投(集团)有限公司工会	95	54	620	328	37	96	29	219	133
申能集团工会	56	29	429	236	19	25	11	108	45
电器科研所工会	0	0	57	29	5	3	0	29	8
上海隧道工程股份有限公司工会	73	38	463	235	41	57	17	174	60
地产集团工会	13	10	265	144	17	41	4	83	48
东浩兰生服务贸易集团工会	8	5	130	76	11	16	1	46	28
上海联通工会	4	3	115	60	1	0	1	4	1
通信管理局工会	0	0	11	5	1	1	0	4	1
上实集团工会	0	0	163	86	3	23	0	43	36
上海临港产业区工会工作委员会	10	5	348	172	8	63	5	123	73
市公安局工会	0	0	263	93	1	0	0	65	0
国盛工会	6	1	122	61	2	17	0	32	26
绿地集团工会	0	0	113	65	0	11	0	25	12
申迪集团	14	10	137	72	4	4	1	32	10
世博发展集团	3	1	26	11	5	1	0	12	6
上海电影(集团)工会	5	3	108	76	4	18	2	57	2

续表

单位名称	专职工会工作人员	女性	兼职工会工作人员	女性	本级工会建立女职工组织		本级工会女职工工作人员		建立经费审查委员会
					建立女职工委员会	仅设立女职工委员	专职	兼职	
	人	人	人	人	个	个	人	人	个
中国金融工会上海工作委员会	29	16	528	332	15	11	6	87	25
上海东方网股份有限公司工会	0	0	28	18	2	1	0	11	3
中国五冶集团上海有限公司工会	16	7	77	18	7	1	7	20	8
上海化工研究院工会	2	1	9	3	1	0	0	6	1
上海世纪出版(集团)有限公司工会	2	0	237	135	25	15	0	102	38
中国福利会工会工作委员会	3	1	69	47	8	4	0	32	8
上海市市场监管工会工作委员会	7	5	197	110	11	7	2	77	22
上海诺基亚贝尔股份有限公司工会	15	7	183	104	4	6	0	35	11

工会基层组织建设状况(一)

所在行业	基层工会	基层工会涵盖单位	职工	女性	农民工	工会会员	女性	农民工
	个	个	人	人	人	人	人	人
总计	**47919**	**178033**	**7364194**	**2819883**	**2340515**	**7057342**	**2720673**	**2185558**
按国民经济行业分组								
农、林、牧、渔业	723	2873	72333	26754	23529	70360	25374	22708
采矿业	59	395	24363	4517	1909	23641	4508	1242
制造业	11680	22721	1914965	706079	825424	1827771	675929	774268
电力、热气、燃气及水生产和供应业	467	518	78846	20276	9369	77395	19671	8649
建筑业	1862	3292	703185	92979	428387	660158	87027	392516
批发和零售业	4118	16656	403082	194182	95838	390457	188003	93406
交通运输、仓储及邮政业	1984	2370	450277	103366	70298	439725	100966	67456
住宿和餐饮业	2047	5194	227111	110625	92492	218405	105931	88680
信息传输、软件和信息技术服务业	2248	6631	340522	127157	114167	310105	122858	84009
金融业	880	1733	364841	184123	9862	355057	179638	9616
房地产业	1403	2924	128357	45129	24427	120305	42386	21556
租赁和商务服务业	3363	26247	488104	192638	155773	472140	187744	151325

续 表

所在行业	基层工会	基层工会涵盖单位	职工	女性	农民工	工会会员	女性	农民工
	个	个	人	人	人	人	人	人
科学研究和技术服务业	902	1732	141947	50280	13042	134592	48293	12731
水利、环境和公共设施管理业	833	1039	88754	29714	26409	85420	28578	25163
居民服务、修理和其他服务业	5424	52134	765499	291445	291415	728444	276013	281137
教育	3177	3292	312688	214643	24782	306236	210456	22891
卫生和社会工作	1084	1959	270060	182864	17560	263747	179996	17129
文化、体育和娱乐业	1139	1715	83808	39304	8147	81607	38477	7739
公共管理、社会保障和社会组织	4526	24608	505452	203808	107685	491777	198825	103337
按经济类型分组								
国有企业	1877	6375	455676	135553	77884	427331	127096	65695
集体企业	1808	19028	315143	112589	100870	306031	109664	98560
股份合作企业	393	782	61769	27099	14883	59818	26557	14288
联营企业	39	44	4073	1682	1484	4048	1676	1478
国有独资公司	1143	1901	556692	97505	250109	509391	89641	209436
其他有限责任公司	2701	5313	449395	150716	97982	434417	145552	93396
股份有限公司中的国有控股公司	875	957	608639	209267	35597	595205	206017	29750
其他股份有限公司	595	1066	163752	64716	29907	157504	62046	27507
私营企业	22732	85861	2078041	812383	916545	1995132	781797	881694
其他内资企业	488	3451	184284	34712	135449	179128	33170	134513
港澳台商投资企业	1407	2957	318476	138689	152138	309096	134572	147917
外商投资企业	3587	5689	889751	373845	303505	836098	358741	265447
财政拨款的事业单位	4817	5661	491919	308436	25611	482163	303630	23564
其他事业单位	1008	2246	178074	104262	12505	175320	103214	11122
机关	1225	1382	176789	61581	1591	175943	61190	1591
个体经济组织	356	5995	34877	15748	15739	33904	15508	15370
社会团体	310	3074	37077	18661	13770	36644	18450	13728
民办非企业单位	647	774	63594	37829	13142	60279	35453	11952
基金会	6	6	162	72	7	143	64	7
其他组织	1905	25471	296011	114538	141797	279747	106635	138543

工会基层组织建设状况(二)

所在行业	专职工会工作人员	女性	兼职工会工作人员	女性
	人	人	人	人
总计	**8182**	**3499**	**190497**	**96767**
按国民经济行业分组				
农、林、牧、渔业	70	31	2267	1030
采矿业	80	27	835	431
制造业	1634	571	43292	19278
电力、热气、燃气及水生产和供应业	341	155	2035	901
建筑业	838	338	11293	4063
批发和零售业	401	153	12827	6913
交通运输、仓储及邮政业	727	300	7943	3680
住宿和餐饮业	155	58	7064	3469
信息传输、软件和信息技术服务业	277	116	7603	3716
金融业	255	147	6214	3586
房地产业	172	81	4450	2189
租赁和商务服务业	374	99	17105	8832
科学研究和技术服务业	220	100	4254	2142
水利、环境和公共设施管理业	186	98	3089	1678
居民服务、修理和其他服务业	606	206	18646	9747
教育	799	416	15081	10558
卫生和社会工作	334	223	5653	3619
文化、体育和娱乐业	143	64	3804	2153
公共管理、社会保障和社会组织	570	316	17042	8782
按经济类型分组				
国有企业	1019	485	9660	4543
集体企业	323	78	11471	5651
股份合作企业	67	19	1117	501
联营企业	6	2	117	61
国有独资公司	708	351	9095	3848
其他有限责任公司	571	280	11975	5623
股份有限公司中的国有控股公司	1177	555	10056	4827
其他股份有限公司	78	43	2955	1427

续　表

所在行业	专职工会工作人员	女性	兼职工会工作人员	女性
	人	人	人	人
私营企业	1732	420	69282	34136
其他内资企业	30	7	1639	755
港澳台商投资企业	123	34	4900	2452
外商投资企业	385	123	13410	6835
财政拨款的事业单位	1110	612	22570	14624
其他事业单位	282	183	4729	2480
机关	326	159	6106	2998
个体经济组织	29	8	1010	537
社会团体	19	9	1302	672
民办非企业单位	51	34	2247	1536
基金会	1	1	11	6
其他组织	145	96	6845	3255

工会基层组织建设状况(三)

所在行业	本级工会建立女职工组织		本级工会女职工工作人员	
	建立女职工委员会	仅设立女职工委员	专职	兼职
	个	个	人	人
总计	**17821**	**25481**	**1301**	**75536**
按国民经济行业分组				
农、林、牧、渔业	194	456	20	852
采矿业	34	21	16	455
制造业	4404	6129	236	15942
电力、热气、燃气及水生产和供应业	197	235	76	782
建筑业	663	1016	156	2490
批发和零售业	1193	2506	63	5629
交通运输、仓储及邮政业	699	1090	110	2943
住宿和餐饮业	865	1060	21	3141
信息传输、软件和信息技术服务业	769	1252	32	3581
金融业	327	512	51	1636

续 表

所在行业	本级工会建立女职工组织		本级工会女职工工作人员	
	建立女职工委员会	仅设立女职工委员	专职	兼职
	个	个	人	人
房地产业	455	781	44	1731
租赁和商务服务业	1202	1789	27	8712
科学研究和技术服务业	304	521	55	1491
水利、环境和公共设施管理业	237	468	53	1054
居民服务、修理和其他服务业	2137	2738	51	8226
教育	1627	1484	67	6377
卫生和社会工作	595	444	83	2262
文化、体育和娱乐业	328	661	29	1484
公共管理、社会保障和社会组织	1591	2318	111	6748
按经济类型分组				
国有企业	704	921	233	3088
集体企业	705	905	32	4539
股份合作企业	164	166	7	439
联营企业	13	26	0	48
国有独资公司	447	588	164	2186
其他有限责任公司	873	1547	112	4575
股份有限公司中的国有控股公司	517	306	217	2465
其他股份有限公司	196	273	12	773
私营企业	7880	12774	117	32635
其他内资企业	124	354	2	602
港澳台商投资企业	622	705	12	1989
外商投资企业	1474	1875	58	5045
财政拨款的事业单位	2081	2403	148	8941
其他事业单位	465	434	64	1867
机关	403	577	62	1981
个体经济组织	137	164	0	442
社会团体	121	167	3	561
民办非企业单位	240	353	16	961
基金会	1	1	0	3
其他组织	654	942	42	2396

工会权益保障工作（一）

所在行业	工会所在单位签订劳动合同				本年度领导干部联系生活困难职工户活动	
	基层工会	涵盖单位	签订劳动合同的职工人数	签订劳动合同的农民工	参加活动的领导干部	联系的困难职工家庭
	个	个	人	人	人	户
总计	**42571**	**140357**	**6131719**	**1623276**	**24472**	**28515**
按国民经济行业分组						
农、林、牧、渔业	627	2379	62285	17346	497	573
采矿业	55	362	21281	355	70	96
制造业	11355	21653	1795538	677076	5170	5764
电力、热气、燃气及水生产和供应业	456	495	75827	8419	464	613
建筑业	1820	2594	440360	184941	1384	1689
批发和零售业	4063	16093	385267	83342	1239	1441
交通运输、仓储及邮政业	1923	2301	416426	61904	1702	2207
住宿和餐饮业	1997	4496	212421	82099	546	595
信息传输、软件和信息技术服务业	2195	5735	293235	76768	268	247
金融业	867	1717	358800	9303	144	165
房地产业	1359	2855	111148	21844	712	809
租赁和商务服务业	3227	23088	425615	103443	692	875
科学研究和技术服务业	849	1647	130482	10553	323	371
水利、环境和公共设施管理业	750	953	81440	23926	759	970
居民服务、修理和其他服务业	4351	35955	539293	167725	1375	1558
教育	2752	2852	271567	20085	5342	6125
卫生和社会工作	944	1440	243545	12823	1171	1174
文化、体育和娱乐业	1050	1600	74056	6500	593	753
公共管理、社会保障和社会组织	1931	12142	193133	54824	2021	2490
按经济类型分组						
国有企业	1820	6095	384182	50922	3056	3840
集体企业	1747	18573	280731	62550	814	1052
股份合作企业	389	778	57615	10990	243	351
联营企业	39	44	4048	1246	35	26
国有独资公司	1122	1875	480838	187937	1589	2032
其他有限责任公司	2620	4304	413813	56523	1960	2249

续　表

所在行业	工会所在单位签订劳动合同				本年度领导干部联系生活困难职工户活动	
	基层工会	涵盖单位	签订劳动合同的职工人数	签订劳动合同的农民工	参加活动的领导干部	联系的困难职工家庭
	个	个	人	人	人	户
股份有限公司中的国有控股公司	864	946	568284	21850	1714	2069
其他股份有限公司	579	977	160315	27030	324	329
私营企业	22405	83682	1978587	795740	3591	3696
其他内资企业	485	3081	61157	14891	39	34
港澳台商投资企业	1389	2939	295414	122056	387	390
外商投资企业	3542	5643	808030	229669	1186	1440
财政拨款的事业单位	4374	5130	449287	20153	6893	7829
其他事业单位	926	2061	165155	11240	771	955
机关	0	0	0	0	1182	1493
个体经济组织	270	4229	24263	10479	28	25
社会团体	0	0	0	0	29	25
民办非企业单位	0	0	0	0	368	390
基金会	0	0	0	0	3	4
其他组织	0	0	0	0	260	286

工会权益保障工作（二）

所在行业	单独签订综合集体合同		其中有劳动安全卫生专章或附件		其中有女职工权益保护专章或附件	
	合同数（覆盖企业数）	覆盖职工数	合同数（覆盖企业数）	覆盖职工数	合同数（覆盖企业数）	覆盖女职工数
	个	人	个	人	个	人
总计	**22670**	**2934414**	**5440**	**919168**	**9809**	**311222**
按国民经济行业分组						
农、林、牧、渔业	390	28738	121	11493	114	2856
采矿业	22	4926	9	1917	10	310
制造业	7184	1166005	1854	376591	2523	135239
电力、热气、燃气及水生产和供应业	287	49736	122	23060	122	4702
建筑业	941	292075	298	97786	250	14228
批发和零售业	2104	175817	829	58213	956	25833

续 表

所在行业	单独签订综合集体合同		其中有劳动安全卫生专章或附件		其中有女职工权益保护专章或附件	
	合同数(覆盖企业数)	覆盖职工数	合同数(覆盖企业数)	覆盖职工数	合同数(覆盖企业数)	覆盖女职工数
	个	人	个	人	个	人
交通运输、仓储及邮政业	1082	296395	437	121486	464	22766
住宿和餐饮业	902	115347	231	24401	202	14639
信息传输、软件和信息技术服务业	1097	179348	223	29611	487	15848
金融业	586	93494	68	36089	244	6675
房地产业	1289	63849	199	18808	850	10574
租赁和商务服务业	2358	134052	377	32071	1225	16800
科学研究和技术服务业	381	49927	90	16013	168	6827
水利、环境和公共设施管理业	287	46653	97	17872	74	4627
居民服务、修理和其他服务业	1588	155447	301	38606	596	15551
教育	132	10153	34	3345	24	1071
卫生和社会工作	214	23724	46	6589	56	4164
文化、体育和娱乐业	456	20798	74	3168	222	2801
公共管理、社会保障和社会组织	1370	27930	30	2049	1222	5711
按经济类型分组						
国有企业	1064	244243	472	118759	451	35147
集体企业	925	83284	186	14177	263	10547
股份合作企业	207	27846	56	9588	72	3193
联营企业	25	2933	6	508	6	292
国有独资公司	707	365246	331	157688	244	21103
其他有限责任公司	1376	222404	397	64569	364	18764
股份有限公司中的国有控股公司	433	321422	199	154602	129	16308
其他股份有限公司	333	64421	92	17806	101	8499
私营企业	13258	879321	2719	212076	5720	107820
其他内资企业	165	16504	42	3584	49	1252

续 表

所在行业	单独签订综合集体合同		其中有劳动安全卫生专章或附件		其中有女职工权益保护专章或附件	
	合同数(覆盖企业数)	覆盖职工数	合同数(覆盖企业数)	覆盖职工数	合同数(覆盖企业数)	覆盖女职工数
	个	人	个	人	个	人
港澳台商投资企业	1949	190246	241	34031	1450	18842
外商投资企业	2217	515935	696	131702	959	69417
财政拨款的事业单位	0	0	0	0	0	0
其他事业单位	0	0	0	0	0	0
机关	0	0	0	0	0	0
个体经济组织	11	609	3	78	1	38
社会团体	0	0	0	0	0	0
民办非企业单位	0	0	0	0	0	0
基金会	0	0	0	0	0	0
其他组织	0	0	0	0	0	0

工会权益保障工作(三)

所在行业	单独签订工资专项集体合同		单独签订劳动安全卫生专项集体合同		单独签订女职工权益保护专项集体合同	
	合同数(覆盖企业数)	覆盖职工数	合同数(覆盖企业数)	覆盖职工数	合同数(覆盖企业数)	覆盖女职工数
	个	人	个	人	个	人
总计	**21801**	**2743934**	**2526**	**651141**	**11752**	**682522**
按国民经济行业分组						
农、林、牧、渔业	361	27089	27	2301	232	6790
采矿业	12	1078	2	57	12	409
制造业	6747	1097423	921	229801	4236	277786
电力、热气、燃气及水生产和供应业	210	38238	41	8371	150	7513
建筑业	970	281827	176	141488	684	41469
批发和零售业	2003	168152	240	24791	1067	53952
交通运输、仓储及邮政业	978	272305	138	66399	567	35057
住宿和餐饮业	860	103441	127	15531	625	36160
信息传输、软件和信息技术服务业	1061	171118	147	83624	543	49964
金融业	559	63988	25	4728	327	56935

续　表

所在行业	单独签订工资专项集体合同		单独签订劳动安全卫生专项集体合同		单独签订女职工权益保护专项集体合同	
	合同数(覆盖企业数)	覆盖职工数	合同数(覆盖企业数)	覆盖职工数	合同数(覆盖企业数)	覆盖女职工数
	个	人	个	人	个	人
房地产业	1282	58491	103	9863	453	12008
租赁和商务服务业	2308	128121	147	9339	915	25103
科学研究和技术服务业	376	49393	48	8398	206	10558
水利、环境和公共设施管理业	281	41150	37	10912	208	10156
居民服务、修理和其他服务业	1643	157755	224	22405	949	35017
教育	139	10951	20	1015	112	5385
卫生和社会工作	207	24540	29	3979	142	7050
文化、体育和娱乐业	444	21830	49	2353	214	5150
公共管理、社会保障和社会组织	1360	27044	25	5786	110	6060
按经济类型分组						
国有企业	896	179294	170	29896	642	37505
集体企业	858	79887	109	6980	570	18331
股份合作企业	182	24675	23	2769	113	6227
联营企业	27	3113	5	288	15	524
国有独资公司	595	298515	96	143448	449	44991
其他有限责任公司	1267	216723	196	58836	905	54457
股份有限公司中的国有控股公司	354	246192	56	72227	292	89077
其他股份有限公司	322	64734	52	15182	206	11003
私营企业	13109	897357	1487	139770	6959	226238
其他内资企业	178	16700	15	922	117	5335
港澳台商投资企业	1908	206817	95	29510	426	55441
外商投资企业	2094	509058	220	151271	1047	132973
财政拨款的事业单位	0	0	0	0	0	0
其他事业单位	0	0	0	0	0	0
机关	0	0	0	0	0	0
个体经济组织	11	869	2	42	11	420
社会团体	0	0	0	0	0	0
民办非企业单位	0	0	0	0	0	0
基金会	0	0	0	0	0	0
其他组织	0	0	0	0	0	0

工会权益保障工作（四）

层次	本级工会签订区域性集体合同			本级工会签订行业性集体合同		
	合同	覆盖企业	覆盖职工	合同	覆盖企业	覆盖职工
	个	个	人	个	个	人
总计	**3771**	**73027**	**1116402**	**300**	**8500**	**496342**
省级地方工会	0	0	0	0	0	0
地市级地方工会	0	0	0	0	0	0
县级地方工会	3771	73027	1116402	158	7084	176266
省级产业工会或履行产业工会职能的厅、局、公司工会	0	0	0	142	1416	320076
地市级产业工会或履行产业工会职能的局、公司工会	0	0	0	0	0	0
县级产业工会或履行产业工会职能的局、公司工会	0	0	0	0	0	0
归属中央的企业集团工会	0	0	0	0	0	0
归属地方的企业集团工会	0	0	0	0	0	0
乡镇、街道总工会	0	0	0	0	0	0
其他乡镇、街道级工会	0	0	0	0	0	0
村工会（联合会）	0	0	0	0	0	0
社区工会（联合会）	0	0	0	0	0	0
工业园区工会	0	0	0	0	0	0

工会民主管理工作（一）

所在行业	建立职代会制度情况		本年度召开过职代会（包括职工大会）	职代会职工代表（建立职工大会制单位不填）		工会所在单位实行厂务公开情况
	建立职代会制度	建立职工大会制度			女性	
	个	个	个	人	人	个
总计	**12555**	**24625**	**33002**	**514391**	**190978**	**37337**
按国民经济行业分组						
农、林、牧、渔业	186	408	546	6672	1971	599
采矿业	31	24	50	1869	288	56
制造业	4170	5783	8606	182040	61945	10058
电力、热气、燃气及水生产和供应业	236	191	388	10760	2779	439

续　表

所在行业	建立职代会制度情况		本年度召开过职代会(包括职工大会)	职代会职工代表(建立职工大会制单位不填)	女性	工会所在单位实行厂务公开情况
	建立职代会制度	建立职工大会制度				
	个	个	个	人	人	个
建筑业	619	1072	1525	24351	5678	1699
批发和零售业	886	2658	3114	31876	13723	3517
交通运输、仓储及邮政业	675	1094	1608	29646	7914	1779
住宿和餐饮业	493	1317	1622	17185	7404	1781
信息传输、软件和信息技术服务业	563	1423	1690	19340	7028	2004
金融业	235	556	715	13515	6333	780
房地产业	284	980	1108	10372	3677	1267
租赁和商务服务业	766	2107	2547	31341	10900	2868
科学研究和技术服务业	223	525	606	11215	3832	779
水利、环境和公共设施管理业	232	476	649	8623	2506	721
居民服务、修理和其他服务业	1209	2663	3535	43203	15139	3851
教育	693	1094	1688	29587	19079	1791
卫生和社会工作	491	355	803	24059	14439	847
文化、体育和娱乐业	227	662	788	6554	2696	884
公共管理、社会保障和社会组织	336	1237	1414	12183	3647	1617
按经济类型分组						
国有企业	865	840	1507	37668	11324	1728
集体企业	532	986	1348	23690	6723	1589
股份合作企业	137	210	320	6833	1754	360
联营企业	15	20	32	398	166	37
国有独资公司	527	571	963	26308	7540	1085
其他有限责任公司	922	1200	1866	36324	12397	2129
股份有限公司中的国有控股公司	570	265	776	34392	11402	832
其他股份有限公司	225	251	412	12053	4179	485
私营企业	5285	14988	17878	180290	63172	20212
其他内资企业	124	236	337	4212	1939	368
港澳台商投资企业	513	678	1041	23984	8755	1197
外商投资企业	1384	1686	2707	63605	24428	3109

续 表

所在行业	建立职代会制度情况		本年度召开过职代会（包括职工大会）	职代会职工代表（建立职工大会制单位不填）		工会所在单位实行厂务公开情况
	建立职代会制度	建立职工大会制度			女性	
	个	个	个	人	人	个
财政拨款的事业单位	1086	2039	2910	47615	28808	3163
其他事业单位	282	481	676	14158	7366	812
机关	0	0	0	0	0	0
个体经济组织	88	174	229	2861	1025	231
社会团体	0	0	0	0	0	0
民办非企业单位	0	0	0	0	0	0
基金会	0	0	0	0	0	0
其他组织	0	0	0	0	0	0

工会民主管理工作（二）

所在行业	工会所在单位涵盖单位建立董事会	董事			工会主席或副主席进入了董事会	工会所在单位涵盖单位建立监事会	监事			工会主席或副主席进入了监事会
			职工董事	女性				职工监事	女性	
	个	人	人	人	个	个	人	人	人	个
总计	**4931**	**16765**	**1594**	**502**	**870**	**3391**	**5592**	**1645**	**656**	**701**
按国民经济行业分组										
农、林、牧、渔业	51	160	26	5	13	47	74	24	12	11
采矿业	4	12	1	1	1	4	11	1	0	1
制造业	1233	5396	439	141	209	721	1346	385	140	190
电力、热气、燃气及水生产和供应业	65	355	32	11	17	55	151	42	14	17
建筑业	694	1193	159	32	110	626	445	129	57	79
批发和零售业	371	1327	144	48	93	298	504	124	54	54
交通运输、仓储及邮政业	231	1092	58	11	46	169	396	113	35	41
住宿和餐饮业	423	429	39	12	24	50	98	25	12	17
信息传输、软件和信息技术服务业	196	1032	102	25	33	152	357	110	38	41
金融业	200	1293	73	21	25	171	511	179	70	38
房地产业	327	1235	138	41	65	272	506	154	68	59
租赁和商务服务业	669	1216	147	47	75	487	511	148	61	64

续 表

所在行业	工会所在单位涵盖单位建立董事会	董事	职工董事	女性	工会主席或副主席进入了董事会	工会所在单位涵盖单位建立监事会	监事	职工监事	女性	工会主席或副主席进入了监事会
	个	人	人	人	个	个	人	人	人	个
科学研究和技术服务业	82	381	24	11	12	60	135	41	16	18
水利、环境和公共设施管理业	66	279	38	15	21	53	116	36	18	9
居民服务、修理和其他服务业	164	704	87	20	83	119	193	59	15	29
教育	51	216	46	37	25	28	49	23	19	8
卫生和社会工作	30	116	11	6	7	18	40	9	9	7
文化、体育和娱乐业	68	303	26	14	9	55	130	36	14	15
公共管理、社会保障和社会组织	6	26	4	4	2	6	19	7	4	3
按经济类型分组										
国有企业	0	0	0	0	0	0	0	0	0	0
集体企业	337	495	101	26	37	294	221	61	23	32
股份合作企业	81	409	53	20	21	59	129	40	13	23
联营企业	14	60	1	0	2	8	14	1	0	0
国有独资公司	902	1796	208	55	130	849	874	281	119	82
其他有限责任公司	878	3618	311	106	194	745	1334	386	152	186
股份有限公司中的国有控股公司	373	2182	144	31	88	336	1002	307	118	119
其他股份有限公司	520	1022	111	34	45	162	420	149	63	52
私营企业	1033	3339	463	156	259	568	978	289	113	154
其他内资企业	61	356	39	23	21	39	110	34	18	4
港澳台商投资企业	174	860	28	7	19	66	119	25	7	17
外商投资企业	558	2628	135	44	54	265	391	72	30	32
财政拨款的事业单位	0	0	0	0	0	0	0	0	0	0
其他事业单位	0	0	0	0	0	0	0	0	0	0
机关	0	0	0	0	0	0	0	0	0	0
个体经济组织	0	0	0	0	0	0	0	0	0	0
社会团体	0	0	0	0	0	0	0	0	0	0
民办非企业单位	0	0	0	0	0	0	0	0	0	0
基金会	0	0	0	0	0	0	0	0	0	0
其他组织	0	0	0	0	0	0	0	0	0	0

工会劳动保护工作（一）

所在行业	工会建立劳动保护监督检查委员会	工会小组劳动保护检查员	本年度本级工会劳动保护监督组织受理举报案件	提请劳动安全卫生监督部门处理案件
	个	人	件	件
总计	**11436**	**43857**	**1290**	**58**
按国民经济行业分组				
农、林、牧、渔业	185	336	26	2
采矿业	34	280	0	0
制造业	4022	16614	691	43
电力、热气、燃气及水生产和供应业	193	2593	8	0
建筑业	640	4473	75	2
批发和零售业	866	2476	46	1
交通运输、仓储及邮政业	546	3788	84	1
住宿和餐饮业	430	848	15	3
信息传输、软件和信息技术服务业	405	796	31	0
金融业	128	289	59	0
房地产业	285	656	22	2
租赁和商务服务业	662	2008	11	0
科学研究和技术服务业	220	947	3	0
水利、环境和公共设施管理业	204	652	11	0
居民服务、修理和其他服务业	1062	1789	105	4
教育	567	2007	31	0
卫生和社会工作	404	2474	29	0
文化、体育和娱乐业	198	272	10	0
公共管理、社会保障和社会组织	385	559	33	0
按经济类型分组				
国有企业	811	6202	34	2
集体企业	569	1235	69	4
股份合作企业	153	219	28	0
联营企业	15	35	0	0
国有独资公司	415	4799	100	0
其他有限责任公司	770	3617	58	7
股份有限公司中的国有控股公司	435	8423	58	0
其他股份有限公司	151	389	61	13

续　表

所在行业	工会建立劳动保护监督检查委员会	工会小组劳动保护检查员	本年度本级工会劳动保护监督组织受理举报案件	提请劳动安全卫生监督部门处理案件
	个	人	件	件
私营企业	5374	9633	525	18
其他内资企业	133	326	71	0
港澳台商投资企业	363	858	64	2
外商投资企业	890	2767	161	12
财政拨款的事业单位	992	3544	29	0
其他事业单位	311	1737	11	0
机关	0	0	0	0
个体经济组织	54	73	21	0
社会团体	0	0	0	0
民办非企业单位	0	0	0	0
基金会	0	0	0	0
其他组织	0	0	0	0

工会劳动保护工作（二）

所在行业	本年度工会参加安全生产检查	本年度工会组织职工查找事故隐患和职业危害数量	事故隐患和职业危害整改数	本年度工会参加处理工伤事故
	次	件	件	件
总计	**112540**	**146333**	**132757**	**3094**
按国民经济行业分组				
农、林、牧、渔业	2549	2332	2290	65
采矿业	341	3541	3536	13
制造业	37156	94505	86703	1066
电力、热气、燃气及水生产和供应业	2745	8730	8284	31
建筑业	7722	13178	12863	141
批发和零售业	7269	3076	1740	75
交通运输、仓储及邮政业	8644	8612	7802	198
住宿和餐饮业	3369	1171	624	76
信息传输、软件和信息技术服务业	2827	743	626	511
金融业	680	122	56	16

续 表

所在行业	本年度工会参加安全生产检查	本年度工会组织职工查找事故隐患和职业危害数量	事故隐患和职业危害整改数	本年度工会参加处理工伤事故
	次	件	件	件
房地产业	4754	2717	2483	30
租赁和商务服务业	5055	1157	837	52
科学研究和技术服务业	2486	1727	1616	81
水利、环境和公共设施管理业	2881	1733	1564	108
居民服务、修理和其他服务业	6885	864	428	90
教育	8017	716	308	280
卫生和社会工作	4544	798	580	191
文化、体育和娱乐业	2330	353	281	28
公共管理、社会保障和社会组织	2286	258	136	42
按经济类型分组				
国有企业	13555	21952	21173	233
集体企业	4518	1065	814	69
股份合作企业	1372	322	207	27
联营企业	216	22	18	7
国有独资公司	9226	15122	14603	170
其他有限责任公司	10776	12693	10102	240
股份有限公司中的国有控股公司	8510	66501	62282	165
其他股份有限公司	1301	1247	1161	57
私营企业	33548	6611	3906	707
其他内资企业	804	93	57	8
港澳台商投资企业	3058	5199	4438	84
外商投资企业	8771	12474	11663	783
财政拨款的事业单位	13617	2173	1557	426
其他事业单位	2908	842	759	115
机关	0	0	0	0
个体经济组织	360	17	17	3
社会团体	0	0	0	0
民办非企业单位	0	0	0	0
基金会	0	0	0	0
其他组织	0	0	0	0

工会劳动保护工作（三）

所在行业	女职工劳动保护								
	执行女职工禁忌从事劳动的有关规定			执行女职工在经期、孕期、产期、哺乳期享有特殊待遇的有关规定			建立女职工哺乳室		
	基层工会	涵盖单位	女职工数	基层工会	涵盖单位	女职工数	基层工会	涵盖单位	女职工数
	个	个	人	个	个	人	个	个	人
总计	**41743**	**135422**	**2475960**	**41914**	**137249**	**2495339**	**6595**	**18271**	**972298**
按国民经济行业分组									
农、林、牧、渔业	648	2397	23332	643	2392	23281	52	81	3987
采矿业	56	358	4341	56	363	4347	9	14	475
制造业	10971	20901	669555	10863	20798	665362	1619	2240	202513
电力、热气、燃气及水生产和供应业	441	480	19340	447	486	19770	67	67	5516
建筑业	1789	2550	85121	1793	2554	85518	219	229	28626
批发和零售业	3955	15866	186184	3978	15890	188104	313	1105	59282
交通运输、仓储及邮政业	1906	2284	100124	1915	2293	101047	223	226	44992
住宿和餐饮业	1953	4399	99953	1965	4454	100658	117	180	13243
信息传输、软件和信息技术服务业	2138	5654	121288	2160	5704	122989	266	398	59487
金融业	854	1699	181994	862	1707	182554	275	296	156448
房地产业	1323	2777	41787	1342	2827	42544	186	231	9455
租赁和商务服务业	3089	22103	166122	3141	22972	172595	364	4676	45161
科学研究和技术服务业	854	1594	47756	859	1602	48497	181	204	28403
水利、环境和公共设施管理业	755	957	27950	764	966	28245	95	95	4358
居民服务、修理和其他服务业	4226	33247	213830	4264	34008	217768	329	4439	27045
教育	2817	2918	194872	2844	2945	196592	1564	1572	134012
卫生和社会工作	960	1488	172475	968	1496	173601	390	424	121225
文化、体育和娱乐业	1031	1580	35760	1058	1607	37420	154	190	16494
公共管理、社会保障和社会组织	1977	12170	84176	1992	12185	84447	172	1604	11576
按经济类型分组									
国有企业	1777	6034	130247	1797	6054	132642	369	2157	55269
集体企业	1695	17904	106291	1687	17896	106242	177	2523	13584
股份合作企业	375	764	25846	373	762	25849	45	128	8621
联营企业	38	43	1673	37	42	1617	5	7	168

续 表

所在行业	女职工劳动保护								
	执行女职工禁忌从事劳动的有关规定			执行女职工在经期、孕期、产期、哺乳期享有特殊待遇的有关规定			建立女职工哺乳室		
	基层工会	涵盖单位	女职工数	基层工会	涵盖单位	女职工数	基层工会	涵盖单位	女职工数
	个	个	人	个	个	人	个	个	人
国有独资公司	1092	1846	94858	1110	1865	96021	268	281	53373
其他有限责任公司	2540	4161	143421	2558	4215	144697	346	465	52765
股份有限公司中的国有控股公司	847	923	207304	858	934	208879	284	287	157464
其他股份有限公司	559	951	62826	556	948	62357	100	143	31849
私营企业	21780	79662	770825	21839	81309	781996	1851	8186	107465
其他内资企业	476	3072	29821	484	3080	29931	87	112	4799
港澳台商投资企业	1350	2898	128011	1333	2881	126452	170	242	46777
外商投资企业	3437	5528	361448	3435	5526	361405	643	741	171057
财政拨款的事业单位	4618	5435	301152	4676	5493	304153	1986	2037	195292
其他事业单位	947	2078	102060	958	2092	102876	239	286	71916
机关	0	0	0	0	0	0	0	0	0
个体经济组织	212	4123	10177	213	4152	10222	25	676	1899
社会团体	0	0	0	0	0	0	0	0	0
民办非企业单位	0	0	0	0	0	0	0	0	0
基金会	0	0	0	0	0	0	0	0	0
其他组织	0	0	0	0	0	0	0	0	0

工会法律工作（一）

所在行业	建立工会劳动法律监督组织	工会劳动法律监督员	劳动保障法律监督员	本年度工会劳动法律监督组织受理违法、违规案件
	个	人	人	件
总计	**8650**	**15153**	**10807**	**967**
按国民经济行业分组				
农、林、牧、渔业	182	243	136	16
采矿业	20	121	151	0

续　表

所在行业	建立工会劳动法律监督组织	工会劳动法律监督员	劳动保障法律监督员	本年度工会劳动法律监督组织受理违法、违规案件
	个	人	人	件
制造业	2950	4873	3523	305
电力、热气、燃气及水生产和供应业	117	335	239	4
建筑业	482	1106	1033	21
批发和零售业	567	896	509	7
交通运输、仓储及邮政业	394	897	622	7
住宿和餐饮业	318	494	399	3
信息传输、软件和信息技术服务业	393	494	263	8
金融业	132	287	203	2
房地产业	197	315	211	2
租赁和商务服务业	420	620	379	2
科学研究和技术服务业	224	307	236	3
水利、环境和公共设施管理业	163	294	182	2
居民服务、修理和其他服务业	811	1249	810	128
教育	514	1236	674	11
卫生和社会工作	315	825	752	12
文化、体育和娱乐业	150	203	165	3
公共管理、社会保障和社会组织	301	358	320	431
按经济类型分组				
国有企业	486	1205	979	5
集体企业	461	739	292	64
股份合作企业	97	139	97	15
联营企业	11	21	11	0
国有独资公司	260	770	717	1
其他有限责任公司	559	1133	808	131
股份有限公司中的国有控股公司	259	936	732	0
其他股份有限公司	121	226	143	16
私营企业	4383	5883	3968	236
其他内资企业	136	265	235	6

续 表

所在行业	建立工会劳动法律监督组织	工会劳动法律监督员	劳动保障法律监督员	本年度工会劳动法律监督组织受理违法、违规案件
	个	人	人	件
港澳台商投资企业	240	352	301	41
外商投资企业	628	1153	762	43
财政拨款的事业单位	766	1818	1306	409
其他事业单位	221	481	429	0
机关	0	0	0	0
个体经济组织	22	32	27	0
社会团体	0	0	0	0
民办非企业单位	0	0	0	0
基金会	0	0	0	0
其他组织	0	0	0	0

工会法律工作（二）

所在行业	工会所在单位建立劳动争议调解委员会	劳动争议调解委员会中工会成员(职工代表)	本年度劳动争议调解委员会受理劳动争议	本年度劳动争议调解委员会调解成功劳动争议
	个	人	件	件
总计	**15003**	**43633**	**2033**	**967**
按国民经济行业分组				
农、林、牧、渔业	211	509	52	4
采矿业	29	118	0	0
制造业	4461	12836	953	242
电力、热气、燃气及水生产和供应业	183	823	8	4
建筑业	746	2011	74	39
批发和零售业	1131	4015	75	57
交通运输、仓储及邮政业	575	1801	31	15
住宿和餐饮业	707	1854	63	51
信息传输、软件和信息技术服务业	679	1632	47	40
金融业	196	577	10	3

续　表

所在行业	工会所在单位建立劳动争议调解委员会	劳动争议调解委员会中工会成员（职工代表）	本年度劳动争议调解委员会受理劳动争议	本年度劳动争议调解委员会调解成功劳动争议
	个	人	件	件
房地产业	397	974	16	15
租赁和商务服务业	1058	2591	30	8
科学研究和技术服务业	301	983	6	5
水利、环境和公共设施管理业	234	655	15	12
居民服务、修理和其他服务业	1466	3776	100	26
教育	1502	4766	34	18
卫生和社会工作	456	1942	37	21
文化、体育和娱乐业	265	705	3	2
公共管理、社会保障和社会组织	406	1065	479	405
按经济类型分组				
国有企业	693	2556	51	45
集体企业	702	1883	122	3
股份合作企业	171	380	24	6
联营企业	19	50	1	1
国有独资公司	371	1282	38	25
其他有限责任公司	808	2128	188	39
股份有限公司中的国有控股公司	388	2439	19	18
其他股份有限公司	178	493	31	20
私营企业	7458	19243	762	243
其他内资企业	129	350	18	0
港澳台商投资企业	547	1547	122	61
外商投资企业	1354	3925	174	71
财政拨款的事业单位	1824	6077	471	433
其他事业单位	277	1095	9	2
机关	0	0	0	0
个体经济组织	84	185	3	0
社会团体	0	0	0	0
民办非企业单位	0	0	0	0
基金会	0	0	0	0
其他组织	0	0	0	0

工会经济技术工作（一）

所在行业	本年度工会开展劳动和技能竞赛	本年度参加劳动和技能竞赛职工	本年度职工提出合理化建议	本年度已实施合理化建议	本年度开展岗位练兵活动
	个	人次	件	件	个
总计	**9150**	**1920867**	**1286662**	**1062559**	**4332**
按国民经济行业分组					
农、林、牧、渔业	169	20964	641	321	70
采矿业	26	10090	1912	1036	18
制造业	2090	450417	1208936	1022674	767
电力、热气、燃气及水生产和供应业	208	38444	3968	1937	142
建筑业	483	381904	8099	5196	258
批发和零售业	684	88326	4903	2045	292
交通运输、仓储及邮政业	586	230568	25950	10517	308
住宿和餐饮业	317	44253	2551	1014	156
信息传输、软件和信息技术服务业	287	109278	2048	1253	129
金融业	174	184222	2399	1236	64
房地产业	323	18990	1278	693	123
租赁和商务服务业	401	28865	3782	2340	122
科学研究和技术服务业	157	24783	3164	1873	86
水利、环境和公共设施管理业	254	23865	843	481	137
居民服务、修理和其他服务业	473	43719	1813	625	144
教育	1527	99609	3899	2791	889
卫生和社会工作	498	89438	9217	5964	389
文化、体育和娱乐业	205	19515	747	310	113
公共管理、社会保障和社会组织	288	13617	512	253	125
按经济类型分组					
国有企业	1001	222203	46961	26690	611
集体企业	210	13828	8030	4860	69
股份合作企业	66	7852	475	180	23
联营企业	12	720	92	31	6
国有独资公司	582	405459	281410	241866	355
其他有限责任公司	692	154450	239949	191866	332

续　表

所在行业	本年度工会开展劳动和技能竞赛	本年度参加劳动和技能竞赛职工	本年度职工提出合理化建议	本年度已实施合理化建议	本年度开展岗位练兵活动
	个	人次	件	件	个
股份有限公司中的国有控股公司	558	426831	166860	131251	356
其他股份有限公司	125	49779	1915	1149	72
私营企业	2539	155092	14782	7755	675
其他内资企业	24	2920	1774	1321	13
港澳台商投资企业	206	49737	28876	18632	71
外商投资企业	597	204986	486700	431008	199
财政拨款的事业单位	2163	169126	6236	4118	1322
其他事业单位	341	54034	2581	1816	227
机关	0	0	0	0	0
个体经济组织	34	3850	21	16	1
社会团体	0	0	0	0	0
民办非企业单位	0	0	0	0	0
基金会	0	0	0	0	0
其他组织	0	0	0	0	0

工会经济技术工作（二）

所在行业	本年度技术革新项目	本年度职工发明创造项目	本年度取得国家专利项目	本年度推广先进操作法项目	建有职工技协组织	技协会员
	项	项	项	项	个	人
总计	**13442**	**11431**	**17122**	**5344**	**213**	**8156**
按国民经济行业分组						
农、林、牧、渔业	35	7	20	22	1	2
采矿业	450	44	10	19	0	0
制造业	8626	4771	6943	3030	68	2421
电力、热气、燃气及水生产和供应业	524	187	388	69	8	302
建筑业	1020	1714	3153	1025	28	1182
批发和零售业	105	289	188	35	8	55

续 表

所在行业	本年度技术革新项目	本年度职工发明创造项目	本年度取得国家专利项目	本年度推广先进操作法项目	建有职工技协组织	技协会员
	项	项	项	项	个	人
交通运输、仓储及邮政业	338	78	101	104	6	1910
住宿和餐饮业	41	63	0	3	2	4
信息传输、软件和信息技术服务业	410	409	671	270	33	1335
金融业	179	37	11	108	2	21
房地产业	39	222	63	23	12	229
租赁和商务服务业	132	63	39	25	7	109
科学研究和技术服务业	709	1017	2104	169	19	463
水利、环境和公共设施管理业	134	122	176	84	4	36
居民服务、修理和其他服务业	126	95	9	28	7	32
教育	122	1881	2527	18	2	18
卫生和社会工作	408	364	686	293	3	5
文化、体育和娱乐业	26	9	28	11	1	2
公共管理、社会保障和社会组织	18	59	5	8	2	30
按经济类型分组						
国有企业	1300	1053	2108	346	22	1265
集体企业	21	16	7	10	3	50
股份合作企业	82	36	79	9	3	9
联营企业	2	0	1	0	0	0
国有独资公司	3544	1797	2617	828	14	3220
其他有限责任公司	1281	1084	1165	599	18	891
股份有限公司中的国有控股公司	2894	1804	3257	563	7	75
其他股份有限公司	235	127	310	95	10	1008
私营企业	1211	1165	1250	652	98	744
其他内资企业	34	10	16	39	2	4
港澳台商投资企业	208	100	159	95	8	147
外商投资企业	1560	1124	1360	1710	13	334

续　表

所在行业	本年度技术革新项目	本年度职工发明创造项目	本年度取得国家专利项目	本年度推广先进操作法项目	建有职工技协组织	技协会员
	项	项	项	项	个	人
财政拨款的事业单位	637	2655	3559	215	9	223
其他事业单位	432	419	1224	182	6	186
机关	0	0	0	0	0	0
个体经济组织	1	41	10	1	0	0
社会团体	0	0	0	0	0	0
民办非企业单位	0	0	0	0	0	0
基金会	0	0	0	0	0	0
其他组织	0	0	0	0	0	0

职工文化体育工作

所在行业	建立职工书屋
	个
总计	**6538**
按国民经济行业分组	
农、林、牧、渔业	96
采矿业	23
制造业	965
电力、热气、燃气及水生产和供应业	98
建筑业	292
批发和零售业	672
交通运输、仓储及邮政业	414
住宿和餐饮业	123
信息传输、软件和信息技术服务业	180
金融业	123
房地产业	283
租赁和商务服务业	332

续 表

所在行业	建立职工书屋
	个
科学研究和技术服务业	141
水利、环境和公共设施管理业	221
居民服务、修理和其他服务业	331
教育	942
卫生和社会工作	335
文化、体育和娱乐业	183
公共管理、社会保障和社会组织	784
按经济类型分组	
国有企业	530
集体企业	142
股份合作企业	36
联营企业	10
国有独资公司	344
其他有限责任公司	361
股份有限公司中的国有控股公司	198
其他股份有限公司	102
私营企业	1357
其他内资企业	48
港澳台商投资企业	191
外商投资企业	705
财政拨款的事业单位	1629
其他事业单位	242
机关	362
个体经济组织	21
社会团体	25
民办非企业单位	54
基金会	0
其他组织	181

工会财务和经费审查工作

所在行业	工会经费情况			建立工会经费审查组织	
	按工资总额2%拨缴工会经费	有拨缴，但不足额	没有拨缴工会经费	建立经费审查委员会	建立经费审查委员会办公室
	个	个	个	个	个
总计	**21091**	**16567**	**10261**	**34079**	**3905**
按国民经济行业分组					
农、林、牧、渔业	384	249	90	553	85
采矿业	34	14	11	48	11
制造业	4250	5075	2355	8813	1171
电力、热气、燃气及水生产和供应业	303	119	45	378	96
建筑业	868	717	277	1362	156
批发和零售业	1352	1305	1461	2515	262
交通运输、仓储及邮政业	962	465	557	1286	164
住宿和餐饮业	507	939	601	1334	121
信息传输、软件和信息技术服务业	717	870	661	1324	82
金融业	542	232	106	694	58
房地产业	861	415	127	1083	87
租赁和商务服务业	1151	1316	896	2299	156
科学研究和技术服务业	453	302	147	598	74
水利、环境和公共设施管理业	577	193	63	632	123
居民服务、修理和其他服务业	1288	2607	1529	3572	288
教育	2858	182	137	2877	204
卫生和社会工作	737	210	137	892	161
文化、体育和娱乐业	638	274	227	759	71
公共管理、社会保障和社会组织	2609	1083	834	3060	535
按经济类型分组					
国有企业	1704	89	84	1534	333
集体企业	1066	622	120	1475	199
股份合作企业	193	163	37	283	26
联营企业	24	13	2	35	4
国有独资公司	1098	26	19	964	200
其他有限责任公司	1549	624	528	1974	232

续 表

所在行业	工会经费情况			建立工会经费审查组织	
	按工资总额2%拨缴工会经费	有拨缴，但不足额	没有拨缴工会经费	建立经费审查委员会	建立经费审查委员会办公室
	个	个	个	个	个
股份有限公司中的国有控股公司	813	49	13	804	107
其他股份有限公司	270	196	129	385	61
私营企业	4715	11262	6755	14996	1306
其他内资企业	153	259	76	402	10
港澳台商投资企业	564	505	338	1009	154
外商投资企业	1658	1076	853	2522	365
财政拨款的事业单位	4530	200	87	4097	397
其他事业单位	769	184	55	779	159
机关	980	139	106	888	150
个体经济组织	61	144	151	237	2
社会团体	97	76	137	195	35
民办非企业单位	326	188	133	483	59
基金会	5	0	1	1	0
其他组织	516	752	637	1016	106

2020 上海工会年鉴

索引

A

B

C

D

E

F

G

H

J

K

L

M

N

O

P

Q

S

T

W

X

Y

Z

图书在版编目(CIP)数据

上海工会年鉴. 2020 /《上海工会年鉴》编纂委员会编. —上海: 上海社会科学院出版社, 2021

ISBN 978-7-5520-3584-1

Ⅰ. ①上… Ⅱ. ①上… Ⅲ. ①地方工会—工会工作—上海—2020—年鉴 Ⅳ. ①D412.851-54

中国版本图书馆 CIP 数据核字(2021)第 144712 号

上海工会年鉴(2020)

编　　者:《上海工会年鉴》编纂委员会
责任编辑: 蓝　天
装帧设计: 姚　毅
出版发行: 上海社会科学院出版社
上海顺昌路 622 号　电话 021-63315947　邮编 200025
http://www.sassp.cn　E-mail:sassp@sassp.cn
印　　刷: 上海展强印刷有限公司
开　　本: 890 毫米×1240 毫米　1/16
印　　张: 26.25
插　　页: 21
字　　数: 1030 千字
版　　次: 2021 年 8 月第 1 版　2021 年 8 月第 1 次印刷

ISBN 978-7-5520-3584-1/D · 624　定价: 260.00 元